# 济南统计年鉴

# JINAN STATISTICAL YEARBOOK

2012

(总第30期 NO.30)

济 南 市 统 计 局
国家统计局济南调查队 编

中国统计出版社
China Statistics Press

(京)新登字041号



**图书在版编目(CIP)数据**

济南统计年鉴. 2012 / 济南市统计局, 国家统计局济南调查队编. -- 北京 : 中国统计出版社, 2012.8

ISBN 978-7-5037-6641-1/C.2718

Ⅰ. ①济… Ⅱ. ①济… ②国… Ⅲ. ①统计资料－济南市－2012－年鉴 Ⅳ. ①C832.521-54

中国版本图书馆CIP数据核字(2012)第192138号

# 济南统计年鉴—2012

作　　者/ 济南市统计局　国家统计局济南调查队
责任编辑/ 陈越月　明　磊
出版发行/ 中国统计出版社
通信地址/ 北京市西城区月坛南街57号
邮　　编/ 100826
办公地址/ 北京市丰台区西三环南路甲6号
电　　话/ (010)63376907
E-mail/ csp.stats.gov.cn
印　　刷/ 济南市委机关文印中心
经　　销/ 新华书店
开　　本/ 890×1240毫米　1/16
字　　数/ 95.50万字
印　　张/ 28.75印张
印　　数/ 1-2000册
版　　别/ 2012年8月第1版
版　　次/ 2012年8月第1次印刷
书　　号/ ISBN 978-7-5037-6641-1/C.2718
定　　价/ 280.00元

# 《济南统计年鉴—2012》编辑委员会

# 编辑说明

一、《济南统计年鉴－2012》是一部全面反映济南市国民经济和社会发展情况的资料性统计年刊。本书收录了济南市及所辖县(市)、区2011年经济和社会发展各方面大量的统计数据，以及历史重要年份的主要统计数据，是认识和研究济南市情，经济和社会发展，制定宏观政策、指导工作的重要工具书。

二、本年鉴以丰富、翔实的统计资料为主，辅以直观的统计图、特载，全面反映了济南市国民经济和社会发展状况。全书统计资料分为二十个部分，即：1. 行政区划及自然资源；2. 人口；3. 综合；4. 国民经济核算；5. 劳动就业；6. 固定资产投资；7. 城市公用事业和环境保护；8. 财政金融保险；9. 物价；10. 人民生活；11. 农业；12. 工业；13. 建筑业；14. 运输与邮电；15. 国内贸易；16. 对外经济贸易与国际旅游；17. 科技；18. 教育与文化；19. 卫生教育；20. 民政，司法和其它。各篇末附有《主要统计指标解释》，对主要统计指标的含义、统计范围，统计方法以及历史变动情况作了简要说明。

三、本年鉴主要经济指标(包括生产总值及三次产业等)总量及增长速度均按全国第二次经济普查结果对历史数据进行了调整。

四、本年鉴中使用的度量衡均采用国际统一标准计量单位，统计口径除特别注明外，均包括济南市区，章丘市，平阴县、济阳县、商河县、高新区。资料取自济南市统计局，国家统计局济南调查队及有关部门的统计报表。

五、本年鉴部分数据合计数或相对数不等于分项数之和，是由于单位取舍和不同产业的计算误差，部分指标未做机械调整。

六、本年鉴表中的符号使用说明：

"空格"表示该项统计指标数据不详；

"…"表示数据不足本表最小单位数；

"–"表示无此项事实；

"#"表示其中的主要项；

"*"或"①"表示本表下有注解。

《济南统计年鉴》自出版以来，受到了社会各界的关心，支持，在此我们深表感谢。同时，欢迎使用《济南统计年鉴－2012》，敬请广大读者提出宝贵意见。谢谢!

编　者

2012年8月

# 目　　录

## 特　载



## 一　行政区划及自然资源



## 二　人　口



## 三　综　合

## 四 国民经济核算



## 五 劳动就业



## 六 固定资产投资

## 七　城市公用事业和环境保护



## 八　财政和金融保险



## 九　物　价

## 十　人民生活



## 十一　农　业

## 十二 工 业

## 十三　建筑业



## 十四　运输与邮电



## 十五　国内贸易



## 十六　对外贸易与国际旅游

## 十七 科 技



## 十八 教育与文化



## 十九 卫生体育

## 二十　民政、司法和其它



## 附　录

# CONTENTS

## SPECIAL REPORT



## Chapter 1 DIVISIONS OF ADMINISTRATIVE AREAS AND NATURAL RESOURCES



## Chapter 2 POPULATION



## Chapter 3 GENERAL SURVEY

## Chapter 4 NATIONAL ACCOUNTS



## Chapter 5 EMPLOYMENT AND WAGES



## Chapter 6 INVESTMENT IN FIXED ASSETS

## Chapter 7 URBAN PUBLIC UNILITIES AND ENVIRONMENTAL PROTECTION



## Chapter 8 GOVERNMENT FINANCE、BANKING AND INSURANCE



## Chapter 9 PRICE

## Chapter 10 PEOPLE'S LIVELIHOOD



## Chapter 11 AGRICULTURE

## Chapter 12 INDUSTRY

## Chapter 13 CONSTRUCTION



## Chapter 14 TRANSPORTATION POST AND TELECOMMUNICATION SERVICES



## Chapter 15 DOMESTIC TRADE

## Chapter 16 FOREIGN ECONOMY TRADE AND INTERNATIONAL TOURISM



## Chapter 17 SCIENCE AND TECHNOLOGY

## Chapter 18 EDUCATION AND CULTURE



## Chapter 19 SPORTS AND PUBLIC HEALTH



## Chapter 20 SOCIAL WELFARE、CIVIL ADMINISTRATION AND OTHERS



## APPENDIX

TZ

# 特　载

SPECIAL REPORT

特载-1

# 济南概况

## INTRODUCTION OF JINAN

济南市位于山东省中部，地理位置介于北纬36°01′至37°32′、东经116°11′至117°44′之间，面积8177平方公里。南部为泰山山地，北部为黄河平原，地势南高北低，地形复杂多样。境内河流较多，主要有黄河、小清河两大水系。还有南北大沙河、玉符河等河流。湖泊有大明湖、白云湖等。济南属于暖温带大陆性气候，春季干燥少雨，多西南风；夏季炎热多雨，秋季天高气爽：冬季严寒干燥，多东北风。年平均气温13.5℃-15.5℃，全年无霜期230天左右，降水量600-900毫米。

济南矿产资源丰富，主要有铁、煤、花岗石、耐火粘土以及铜、钾、铂、钴等多种有色金属、稀有金属和非金属。特别是石灰岩品位高、储量大。花岗石中的黑色花岗石，质地纯正，为国内独有。林木资源分乔木、灌木两大类，共有60多科300多种。南部山区盛产苹果、黄梨、柿子、核桃、山楂、板栗等，并产有远志、丹参，野菊、香附等多种药材。北部沿黄河的平原地带，大枣也有很高的产量。济南种植和养殖资源也相当丰富，有多种粮食作物、经济作物以及家禽、家畜、水产品等。这些资源为济南城乡建设和经济发展储备了一定的物质基础。

济南自然景色秀丽，名胜古迹众多，是中国历史文化名城之一。尤以泉水遍布、清冽甘美而闻名于世，有“济南泉水甲天下”和“泉城”之美誉。主要风景名胜有趵突泉、黑虎泉、珍珠泉、五龙潭、百脉泉五大泉群，大明湖、千佛山，龙洞、灵岩寺、五峰山、华山、城子崖龙山文化遗址，孝堂山汉代郭氏祠、隋代四门塔、唐代龙虎塔、九顶塔以及抢救挖掘的洛庄汉墓，新建的野生动物世界，红叶谷生态旅游区等，供人们观赏游览。

济南现在共辖历下、市中、槐荫、天桥、历城、长清六区和平阴、济阳、商河三县以及章丘市。2011年末，全市户籍总人口606.64万人，人口密度为742人／平方公里。济南又是一个多民族聚居的城市，除汉族外，主要有回、满、苗、蒙古、壮、朝鲜等49个少数民族。

济南是一座有着悠久历史的古城。据史学家考证，早在公元前45世纪之前，已有人类在此繁衍，生息。传说东夷族的首领舜，曾躬耕于济南历山(今千佛山)之下。2600多年前，就建有城廓，最早出现史册上的名称为“泺”(《春秋左传》)，系因济南诸泉汇为泺水，故名。春秋战国时代，济南为齐国之泺邑。随后，齐国又把泺邑改为历下。2100多年前的汉代改称济南(《史记》)。因处于济水之南，故名。公元前164年设立济南国。公元前154年又废国改郡。到了宋代至道三年(公元997年)，分全国为15路，济南属京东路，为齐州(《宋史》)。徽宋政和六年(公元1116年)，齐州升为济南府，辖历城等五县，治所设历城，为府治之始。自明代以来、一直是山东省的省会。1929年7月设济南市至今。1928年4月至1937年底，日本帝国主义先后二次侵占了济南，济南人民深受暴虐的民族压迫和经济掠夺，致使大部分工厂倒闭，无辜同胞惨遭杀戮。1945年8月，日寇投降后，国民党反动派又进行强盗式的劫收，城市又遭到了摧残蹂躏，民生凋敝，物价飞涨，古城一片萧条。1948年9月24日，济南获得解放，这座古城终于回到了人民的怀抱，开始了她新的历史时期。

新中国建立后，济南市始终是中国东部沿海经济大省——山东省省会，是全国副省级城市和特大城市之一，是全省的政治，经济和科技、教育、文化中心。济南是全国区域性金融中心。2011年年末金融机构人民币各项存款余额达8276亿元，各项贷款余额6894亿元。

济南是山东省铁路、公路，航空的交通枢纽，京沪，胶济铁路在市区交汇，北连北京，天津，南接南京、上海、福州，东达港口城市青岛、烟台。济南机场是经国家批准的国际空港，有通往香港、北京，哈尔滨、上海，广州，深圳、福州、厦门、西安、武汉、珠海、海口等城市的几十余条空中航线，通航城市达到53个，并开通了济南至俄罗斯的国际货运包机。“济青高速”，“济聊高速”与“京福高速”在济南交汇，从而形成了辐射全省、连接全国的高速公路系统省内中心、全国区域性枢纽的格局。济南基本形成了铁路、航空，公路立体构造，联结全省，全国和海外的现代交通网络。

特载-2

# 2011 年济南市
# 国民经济和社会发展统计公报

## STATISTICAL COMMUNIQUE ON NATIONAL AND SOCIAL DEVELOPMENT OF JINAN IN 2011

济 南 市 统 计 局

国家统计局济南调查队

2011 年，面对各种复杂严峻的困难和挑战，在市委、市政府的坚强领导下，全市上下牢牢把握“主题主线”，坚决贯彻落实中央、省各项决策部署，以大力实施四大战略为强劲动力，全力推进“调结构、稳物价、保民生、促改革”工作，结构转型取得积极进展，发展动力和活力不断增强，城市规模、总体实力、功能形象、文化品位继续提升，社会民生事业全面进步，实现了“十二五”良好开局。(注 1)

### 一、综 合

**经济持续平稳较快发展。**初步核算，2011 年全市生产总值 4406.29 亿元，比上年增长 10.6%，其中：第一产业增加值 237.86 亿元，增长 4.4%；第二产业增加值 1828.97 亿元，增长 11.7%；第三产业增加值 2339.46 亿元，增长 10.3%。按常住人口计算人均生产总值 64331 元，增长 8.9%，折合 9960 美元。

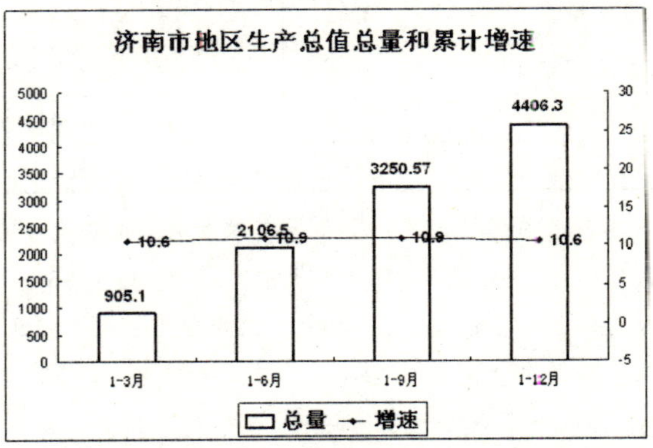


全市地域财政收入和地方公共财政预算收入分别达到 1387.4 亿元和 325.4 亿元，分别增长 7.96% 和 22.3%(注 2)。全部税收 653.5 亿元(含海关代征、出口退税共计 50.4 亿元)，增长 23.8%；税收占生产总值比重 14.8%，提高 1.3 个百分点。

三次产业结构比例(%)

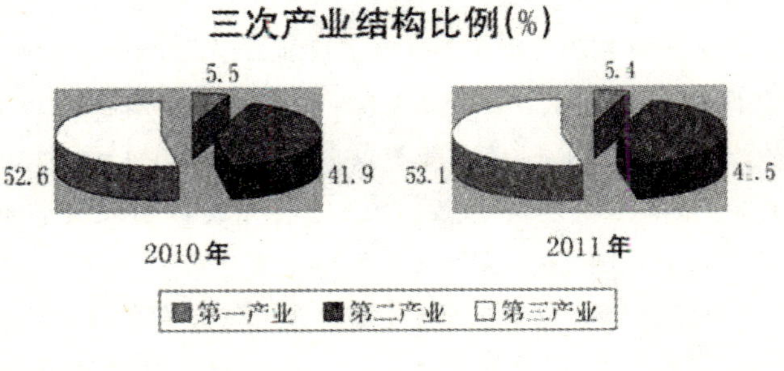


**转方式调结构步伐加快。**三次产业比例由上年的 5.5:41.9:52.6 调整为 5.4:41.5:53.1，第三产业比重提高 0.5 个百分点。经济外向度(注 3)15.04%，比上年提高 2.44 个百分点。**工业结构优化提升。**高新技术产业产值 1979.7 亿元，增长 12.2%，占规模以上工业总产值的比重为 33.66%，提高 1.01 个百分点。新一代信息技术、高端装备制造、生物医药、新能源等战略性新兴产业实现主营业务收入 2310.3 亿元，增长 10.6%。**自主创新能力增强。**当年新增高新技术企业 87 家，年末累计达到 353 家。新增国家级企业技术中心 2 家、国家地方联合工程实验室 1 家、省级工程实验室 2 家。中科院量子技术研究中心、国家级千万亿次超级计算济南中心正式建成挂牌。**节能减排和环保力度加大。**严格落实节能减排目标责任制，分别淘汰炼铁、电解铝产能 280 万吨和 4 万吨。列入全省重点考核的四条主要河流，均达到恢复鱼类生长的水质目标。**森林城市建设积极推动。**完成造林面积 23.2 万亩，其中：荒山造林 9.9 万亩，退耕还林 6.5 万亩。森林覆盖率 31.1%，提高 1.1 个百分点。中心城区完成新建绿地 391 万平方米。

**社会民生事业继续进步。**全年社会保障和就业、医疗卫生支出 76.5 亿元，增长 20.4%；占财政支出的比重 19.3%，提高 0.4 个百分点。**城乡居民保障水平进一步提高。**城镇职工基本养老、基本医疗、失业、工伤、生育保险参保人数分别增加 15.80 万人、20.66 万人、12.10 万人、2.36 万人和 17.79 万人，城镇居民养老保险、新农村养老制度和新型农村合作医疗实现全覆盖。**保障性住房建设加快推进。**开工建设公共租赁住房 20200 套、廉租住房 2114 套、经济适用住房(企业集资建房)4200 套，保障性安居工程竣工 16657 套。

**“平安济南”建设成效显著。**据济南市社会公众安全感调查，2011 年群众安全感和满意度分别达到 96.64%、96.70%，较上年分别提升 0.38 和 0.36 个百分点。破获刑事案件较上年提高 21.9%。**安全生产形势稳定。**全市共发生各类安全生产事故 1367 起，比上年减少 84 起，下降 5.8%；死亡 299 人，下降 2.3%，实现了事故起数和死亡人数双下降。

目前经济社会发展中还存在一些突出的矛盾和问题，主要表现在：经济结构调整和节能减排的压力依然较大，城乡居民持续增收的长效机制尚需健全和完善，公共服务水平还不适应人们日益增长的物质文化生活需要等，要在今后的工作中着力加以解决。

## 二、农业和农村

**农业生产稳定增长。**全年粮食播种面积702.7万亩，增长0.2%；粮食总产295.8万吨，增长2.2%，实现连续9年丰收。

**2011年主要农产品产量**

| 产品名称 | 单位 | 产品产量 | 比上年±% |
|---|---|---|---|
| 粮食 | 万吨 | 295.8 | 2.2 |
| 棉花 | 万吨 | 2.8 | -3.3 |
| 油料 | 万吨 | 5.5 | -6.7 |
| 水果 | 万吨 | 48.0 | 1.2 |
| 蔬菜 | 万吨 | 617.8 | 2.7 |
| 肉类 | 万吨 | 38.8 | 2.0 |
| 禽蛋 | 万吨 | 35.2 | -2.4 |
| 奶类 | 万吨 | 31.4 | 0.7 |
| 水产品 | 万吨 | 4.4 | 2.3 |

**农业产业化水平进一步提高。**年末全市规模以上农业龙头企业（注4）410家，新增60家。农民专业合作社3278家，新增620家。全市认证无公害产品累计435个、绿色品牌116个、有机农产品138个、农产品地理标志18个。全市各类畜牧业规模化小区（场）达到826处。农业机械化总动力527.39万千瓦，增长3.48%。农业综合机械化水平达到80%。

**统筹城乡发展七大工程扎实推进。**开展农房建设100094户，其中整村建设93224户（竣工49485户、在建43739户）。落实水利投资27.2亿元。完成治理水土流失面积88平方公里。新打农灌机井1250眼，恢复和改善灌溉面积64万亩。新型农村养老制度实现全覆盖，新型农村合作医疗人均筹资标准250元，基本实现全覆盖。河道治理完成投资1.76亿元，农村饮水安全工程完成投资1.36亿元。完成农村道路保通工程项目187个。重点扶持80个都市农业园区和47个特色品牌基地建设，建成核心示范区26万亩，发展标准化生产基地200万亩、畜禽标准化养殖基地30处、优质果品生产基地30万亩。800个生态文明村庄建设全部完成；44个乡镇（办）基本完成城乡环卫一体化建设；农村户用沼气达到19万户。公共文化设施建设不断加强，1502个村建设了文化大院。

## 三、工业、建筑业

**工业生产平稳增长。**全年全部工业增加值1507.9亿元，增长12.2%。其中：规模以上工业（注5）增加值1355.2亿元，增长13.1%。在规模以上重点工业产品中，全年产量增长的占66.7%，提高6.6个百分点。

**规模以上工业企业主要产品产量**

| 产品名称 | 单位 | 2011年 | 比上年±% |
|---|---|---|---|
| 重工业产品 | | | |
| 原煤 | 万吨 | 354.4 | 16.4 |
| 原油加工量 | 万吨 | 561.3 | 13.1 |
| 发电量 | 亿千瓦时 | 154.4 | 21.8 |
| 化肥（折纯） | 万吨 | 44.2 | 7.8 |
| 钢 | 万吨 | 835.8 | -12.9 |
| 钢材 | 万吨 | 935.5 | -4.6 |
| 水泥 | 万吨 | 861.1 | 20.5 |
| 变压器 | 万千伏安 | 5155.5 | 5.6 |
| 电站锅炉 | 蒸发量吨 | 15985.7 | 10.9 |
| 金属成型机床 | 台 | 459 | 30 |
| 发电设备 | 万千瓦 | 822.1 | 42.4 |
| 发动机 | 万千瓦 | 1864.4 | -30.5 |
| 载货汽车 | 万辆 | 12.8 | -34.4 |
| 轻工业产品 | | | |
| 纱 | 万吨 | 8.7 | 2 |
| 布 | 亿米 | 1.1 | 39.9 |
| 乳制品 | 万吨 | 42.6 | 9.3 |
| 软饮料 | 万吨 | 105.4 | 4.5 |
| 啤酒 | 万千升 | 25.2 | 3.8 |
| 卷烟 | 亿支 | 516.3 | 2.7 |
| 服务器 | 万台 | 13 | 31.1 |
| 摩托车整车 | 万辆 | 67.8 | -29 |
| 彩色电视机 | 万台 | 67.8 | 155.9 |
| 塑料制品 | 万吨 | 19.6 | 22.3 |

**工业效益保持稳定。**全年规模以上工业主营业务收入5023.1亿元，增长15.3%；实现利税517.1亿元，增长7.3%；实现利润（注6）251.5亿元，增长4.9%。工业品产销衔接良好，全市工业销售产值增长14.2%；工业产销率98.2%，比上年提高0.5个百分点。

**重点行业基本保持较快发展。**全市机械装备、石化及新材料、食品药品业、电子信息、新能源及节能环保产业等重点行业增势较好，其中：机械装备业实现营业收入1124.8亿元，增长22.8%；石化及新材料实现营业收入801.9亿元，增长34.5%。

**园区承载能力提高。**济南出口加工区及8家省级经济开发区年末规模以上工业企业508家，全年工业增加值339.8亿元，增长12.6%，占全市规模以上工业企业的25.1%，提高0.9个百分点；实现利税总额129.7亿元，增长17.21%，占全市规模以上工业企业的28.9%，提高2.4个百分点。

**建筑业较快发展。**全年全市建筑业增加值321.1亿元，增长9.2%。新资质等级建筑业企业486家，实现总产值

1126.7亿元，增长26.1%。

## 四、现代服务业

**现代服务业平稳增长**（注7）。现代服务业增加值1098.1亿元，增长8.5%；占全部第三产业比重为46.9%，降低0.7个百分点。

**金融业发展形势稳定**。全年金融业增加值330.10亿元，增长10.0%。年末金融机构本外币各项存款余额8364.1亿元，较年初增加767.4亿元，其中人民币各项存款余额8275.8亿元，较年初增加770.6亿元；本外币各项贷款余额8009.8亿元，较年初增加981.4亿元，其中人民币各项贷款余额6893.7亿元，较年初增加581.2亿元。**保险业快速增长**。保险业务收入110.4亿元，增长9.8%；保险业务支出27.7亿元，增长25.0%。**证券交易下降**。有价证券交易成交总量6765.6亿元，下降29.7%，其中，股票基金交易成交总量6420.5亿元，下降15.7%。

**房地产业平稳增长**。全年房地产业增加值247.6亿元，增长6.0%（注8）。房屋施工面积3520.9万平方米，增长49.0%；其中住宅2608.1万平方米，增长39.6%；房屋新开工面积1220.8万平方米，增长25.6%。商品房销售面积594.1万平方米，增长11.8%，其中住宅536.8万平方米，增长12.5%。

**旅游业快速发展**。全年接待国内外游客4008.5万人次，增长18.3%。其中：接待国内游客3979.5万人次，增长18.3%；接待入境游客29万人次，增长25.5%。实现旅游总收入382.8亿元，增长22.0%。其中：实现国内旅游总收入373.7亿元，增长22.0%；旅游外汇收入1.42亿美元，增长25.3%。

**物流业、软件业、会展业发展势头较好**。社会物流总额10705.3亿元（注9）。软件服务业销售收入800亿元，增长31.1%。举办会展141场，参观人数745万人次，增长18.3%；展会交易额1110亿元，增长11.8%。

## 五、国内贸易、对外经济

**国内贸易较快增长**。全年社会消费品零售总额2023.1亿元，增长17.3%。其中：城镇社会消费品零售额1856亿元，增长17.7%。限额以上批发和零售业、住宿和餐饮业单位1662家（注10），实现零售额847.7亿元，增长18.5%。“家电下乡”销售58.6万台（件），增长97.3%；销售额15.3亿元，增长112.2%。

**限额以上批零贸易企业消费品零售额**

| 商品类别 | 零售额(亿元) | 增幅(%) |
|---|---|---|
| 粮油、食品、饮料、烟酒类 | 118.8 | 18.4 |
| 服装、鞋帽、针纺织品类 | 80.5 | 29.8 |
| 化妆品类 | 13.1 | 13 |
| 金银珠宝类 | 21.5 | 26.4 |
| 日用品类 | 35.1 | 20 |
| 家用电器和音像器材类 | 53.9 | 39.9 |
| 中西药品类 | 37.2 | 43.9 |
| 文化办公用品类 | 17.6 | 1.5 |
| 家具类 | 21.1 | 38.9 |
| 通讯器材类 | 18.4 | 26.2 |
| 石油及制品类 | 139.8 | 33.5 |
| 汽车类 | 201.1 | 8.1 |

**对外经济增势较好**。全年进出口总值104.0亿美元，增长40.4%。其中：进口43.5亿美元，增长29.8%；出口60.5亿美元，增长49.1%，内资企业出口43.7亿美元，增长59.4%。在出口产品中，机电产品出口42亿美元，增长56.2%；高新技术产品出口5.5亿美元，增长26.2%。新签外商投资项目86个，实现合同外资额14.1亿美元，增长17%。实际到账外资11.0亿美元，增长5.8%。

## 六、交通、通讯

**交通运输业继续增长**。年末公路通车里程11940公里（含村级公路），增长2.8%，其中高级次高级路面里程11663.7公里，增长4.3%。境内高速公路346.7公里，与上年持平。年末民用机动车拥有量131.9万辆，其中民用汽车拥有量93.4万辆。公交线路长度4200公里，线路219条；公交营运车辆4375辆，旅客运输量8.62亿人次。航空旅客吞吐量788.0万人次，增长14.2%；货邮吞吐量7.76万吨，增长10.6%。

**各种运输工具完成的运输量**

| 指标 | 单位 | 2011年 | 比上年±% |
|---|---|---|---|
| 客运量 | 万人 | 15224.9 | -7.5 |
| 铁路 | 万人 | 3626.9 | 9 |
| 公路 | 万人 | 11165 | -12.5 |
| 民航 | 万人 | 433 | 15.5 |
| 客运周转量 | 亿人公里 | 622.3 | 10.7 |
| 铁路 | 亿人公里 | 335.3 | 8.9 |
| 公路 | 亿人公里 | 144.1 | 4.1 |
| 民航 | 亿人公里 | 142.9 | 23.3 |
| 货运量 | 万吨 | 25402.8 | 10.7 |
| 铁路 | 万吨 | 10825 | 9.2 |
| 公路 | 万吨 | 14574 | 11.9 |
| 民航 | 万吨 | 3.76 | 11.8 |
| 货物周转量 | 亿吨公里 | 1448.3 | 6.1 |
| 铁路 | 亿吨公里 | 1193 | 5.4 |
| 公路 | 亿吨公里 | 253.6 | 9.5 |
| 民航 | 亿吨公里 | 1.7 | 18.1 |

**邮政通信业增势平稳**。邮电通信业营业收入66.8亿元，增长8.3%。邮政局所211处；固定电话用户数186.8万户，下降12.4%；移动电话用户数931.1万户，增长8.6%；宽带网用户数132.7万户，增长13.1%。

## 七、固定资产投资

**投资规模继续扩大。**全年固定资产投资1934.3亿元，增长18.1%。(注11)其中：第一产业投资48.6亿元，增长20.8%；第二产业投资607.3亿元，增长19.1%；第三产业投资1278.4亿元，增长17.5%。三次产业投资比重为2.5:31.4:66.1。现代服务业完成投资941.7亿元，增长16.1%。在全部投资中：水利环境和公共设施管理业投资122.1亿元，增长12.9%；交通运输投资111.1亿元，增长1.1%；卫生社会保障和公共管理投资51.2亿元，增长102.2%。

**高新技术产业投资增幅提高。**工业投资576.7亿元，增长18.0%，其中高新技术产业投资226.2亿元，增长36.8%，比上年提高12.3个百分点。在建工业投资项目1264个，持平，其中新开工工业投资项目1084个，增加107个；在新开工工业投资项目中，亿元及以上项目45个，增加4个。

**房地产投资稳定增长。**全年房地产开发投资527.2亿元，增长8.8%，其中住宅投资402.3亿元，增长10.4%；商业营业用房投资57.2亿元，增长0.7%。

## 八、市场物价

**城市居民消费价格冲高回落。**2011年居民消费价格(CPI)比上年上涨5.4%，其中12月分同比上涨3.7%。分类别看，食品类价格上涨11.3%，其中粮食价格上涨8.9%。

**2011年济南市居民消费价格指数(CPI)**

| 指标 | 以上年价格为100 |
|---|---|
| 居民消费价格指数 | 105.4 |
| 食品 | 111.3 |
| 烟酒 | 107.1 |
| 衣着 | 100.5 |
| 家庭设备用品及维修服务 | 102.5 |
| 医疗保健和个人用品 | 105.4 |
| 交通和通信 | 98.9 |
| 娱乐教育文化用品及服务 | 99.9 |
| 居住 | 107.7 |

**工业生产者出厂价格和购进价格涨幅回落。**全年工业生产者出厂价格增长5.3%。其中：生产资料出厂价格增长5.8%，生活资料出厂价格增长2.9%。工业生产者购进价格增长8.2%。

**住宅销售价格得到有效控制。**12月份，全市新建住宅销售价格同比上涨0.8%，环比下降0.3%；二手住宅销售价格同比上涨1.0%，环比下降0.2%。

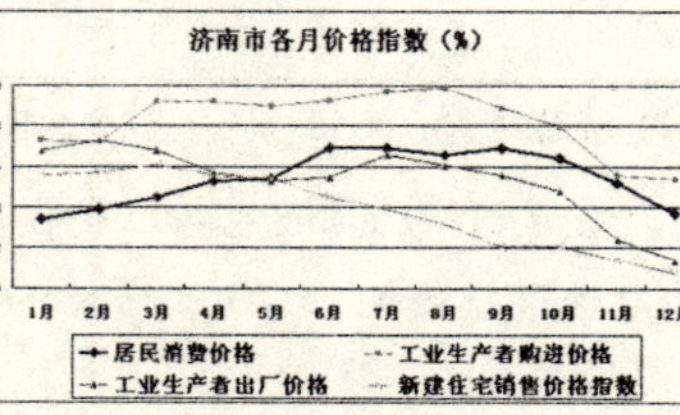


## 九、教育和科学技术

**教育事业健康发展。**年末各类学校在校学生144.84万人，增长0.2%。学龄儿童入学率100%，小学毕业生升学率100%。

| | 单位 | 2010年 | 2011年 |
|---|---|---|---|
| 学校所数 | 所 | 1025 | 982 |
| 普通高校 | 所 | 35 | 39 |
| 中等职业学校 | 所 | 73 | 70 |
| 技工学校 | 所 | 20 | 20 |
| 普通中学 | 所 | 209 | 205 |
| 小学 | 所 | 645 | 631 |
| 特殊教育 | 所 | 12 | 12 |
| 在校生 | 万人 | 144.6 | 144.8 |
| 普通高校 | 万人 | 47.6 | 50.2 |
| 中等职业学校 | 万人 | 8.1 | 9.2 |
| 技工学校 | 万人 | 3.5 | 2.4 |
| 普通中学 | 万人 | 30.2 | 30.5 |
| 小学 | 万人 | 38.4 | 39 |
| 特殊教育 | 人 | 1857 | 2172 |
| 专任教师 | 人 | 83106 | 83248 |
| 普通高校 | 人 | 26870 | 27693 |
| 中等职业学校 | 人 | 4511 | 4195 |
| 技工学校 | 人 | 1916 | 1988 |
| 普通中学 | 人 | 21943 | 23767 |
| 小学 | 人 | 24801 | 23584 |
| 特殊教育 | 人 | 409 | 411 |

**国家创新型试点城市建设稳步推进。**年末市级以上创新型企业总数145家，其中省级以上40家；省级创新联盟33家。全年认定自主创新产品128个，年末累计达到379项。全市获得国家科技进步二等奖3项，省科技进步二等奖43项。全年专利申请量18564件，增长19.6%，其中发明专利申请量5125件，增长49.3%。专利授权量11329件，增长18.1%，其中发明专利授权量1623件，增长28.8%。国家科技成果转化服务(济南)示范基地正式启动，遴选成果174项，开展对接转化28项。新增19家省级工程技术研究中心。建成国家级科技园区5个、火炬计划特色产业基地8个、"863"成果转化基地2个、国际科技合作基地4个。

**高新技术产业开发区快速发展。**2011年，高新区实现生产总值380.31亿元，增长20.6%，其中：第二产业增加值239.26亿元，增长20.9%；第三产业增加值141.05亿元，增长20.1%。公共财政预算收入20.0亿元，增长52.7%。固定资产投资242.5亿元，增长22.1%。出口6.39亿美元，增长33.6%。新签合同利用外资项目35项，实际使用外资2.13亿美元，增长1.3%。企业科技项目立项159项，新认定“双软”企业43家，累计达到168家，6家企业入选全国软件收入百强企业；新引进服务外包企业26家，累计87家。

## 十、文化、卫生和体育事业

**文化事业繁荣发展。**年末拥有各种艺术表演团体14个，其中省属6个，市属8个；文化馆（站）及群众艺术馆151个；电影院15家，增加3家，全年放映17.1万场，增长72.0%，观众349.2万人次，增长28.4%；博物馆10个；档案馆14个；公共图书馆12个；市级以上文物保护单位共156处，其中国家级12处。全年出版报纸19.86亿份，各类杂志0.73亿册，图书2.9亿册。年末广播人口混合覆盖率和电视人口混合覆盖率均达到100%。有线广播电视用户152.14万户，其中数字电视用户114.57万户，增长102.5%。

**卫生事业发展良好。**年末拥有卫生机构5159个，其中医院200个。卫生机构床位3.5万张，增加0.3万张；其中医院床位2.8万张，增加0.4万张。各类卫生技术人员42116人，增长6.9%；执业（助理）医师18328人，增长4.3%。社区卫生服务中心（站）253个，村卫生室2668个。按常住人口计算，每千人拥有病床5.2张，每千人拥有卫生技术人员6.1人。

**体育事业取得新的成果。**济南运动员在省级以上比赛中共获得金牌172枚，银牌190枚，铜牌172枚。其中：在世界级比赛中获金牌18枚，银牌8枚，铜牌5枚；在全国比赛中获金牌19枚，银牌19枚，铜牌30枚。举办较大规模全民健身活动126次，参与人数100余万人次。共培训社会体育指导员1813人，其中：二级326人，三级1487人。体育彩票销售量13.7亿元，增长50.5%。奥体场馆运营收入突破5000万元。

## 十一、城市建设、环境保护

**城市基础设施建设继续加强。**城市发展空间进一步拓展。年末城市建成区面积355.35平方公里，增加8.35平方公里。客站片区完成投资99.4亿元，西部新城京沪高铁通车，西站前综合体、省会文化艺术中心等重点工程加快推进；小清河综合治理二期完成投资8.3亿元，滨河新区开发建设全面展开。东部新区基础设施不断完善，鲁商国奥城、黄金时代广场等项目取得积极进展。**城市公用事业发展水平不断提高。**全年液化石油气供应量5.0万吨，增长31.0%；天然气供气量3.6亿立方米，增长30.2%；管道煤气供气量4658万立方米，下降12.0%。集中供热面积8300万平方米，增长17.2%。自来水供水量2.4亿吨，增长2.0%。年末，城市绿化覆盖率37%；人均公园绿地面积11.4平方米，增长1.1%。

**环境质量总体得到改善。**环境空气质量持续改善，水环境质量明显好转，声环境质量和生态环境质量保持良好。市区环境空气质量改善率达9.4%，环境空气中三项主要污染物可吸入颗粒物、二氧化硫、二氧化氮年均浓度分别为0.156毫克/立方米、0.085毫克/立方米、0.053毫克/立方米，同比分别下降8.2%、15%、5.4%。每月对地下水监测的24项指标中，总硬度、硝酸盐氮、氨氮年均浓度分别为331毫克/升、5.99毫克/升、0.074毫克/升，达到国家地下水质量Ⅲ类标准，其余指标达到地下水质量Ⅱ类标准。地下水水质保持良好状态。市区声环境质量总体状况良好。市区交通噪声达到《声环境质量标准》（GB3096－2008）中适用于交通干线两侧的4a类区域标准；区域环境噪声达到以居住、文教机关为主的1类区域标准。

## 十二、社会保障、社会福利事业

**社会保险覆盖面继续扩大。**年末全市城镇职工基本养老保险参保人数164.75万人，增加15.80万人；城镇基本医疗保险参保人数275.17万人，增加20.66万人；失业保险参保人数103.68万人，增加12.10万人；工伤保险参保人数131.59万人，增加2.36万人；生育保险参保人数90.05万人，增加17.79万人。

**社会保障水平提高。**城市最低生活保障标准由上年月人均360元提高到400元；农村最低生活保障标准由年人均不低于1320元提高到1800元。农村五保供养最低标准，集中供养标准由每人每年不低于2800元提高到3600元，分散供养标准由每人每年1800元提高到2300元。享受城镇最低生活保障的城镇居民2.6万户、5.6万人，发放最低生活保障金及各类补贴1.88亿元；享受农村最低生活保障的农村居民5万户、8.2万人，发放最低生活保障金及各类补贴1.08亿元。

**残疾人事业持续发展。**全年完成白内障复明手术9552例，为残疾人供应辅助器具30862件，为2629名符合条件的贫困重度智力、精神、肢体残疾人提供居家护理服务。培训残疾人6795人次，多渠道安置1951名残疾人就业。创建26处“我的兄弟姐妹”阳光家园。为近万名贫困重度残疾人发放生活补贴580余万元。筹资165万元，救助1009名贫困残疾学生及残疾人家庭子女。为1万余名盲人、下肢残疾人发放免费电子乘车卡。

## 十三、人口、人民生活

**人口数量保持低速均衡增长。**年末户籍总人口606.64万人，年人口增长率4.22‰。常住人口688.51万人(注12)。全年人口出生率11.00‰，下降0.13个千分点；人口死亡率6.66‰，下降1.69个千分点。人口自然增长率4.34‰，上升1.56个千分点。人口机械增长率0.43‰。

**就业形势总体稳定。**年末全市从业人员375.5万人。其中：第二产业、第三产业从业人员分别占32.14%和47.90%。实施就业优先发展战略，城镇新增就业15.46万人，新增农村劳动力转移就业11.29万人，城镇登记失业率3.61%。

**城乡居民收入增加较快。**全年城市居民人均可支配收入28892元，增长14.1%，扣除价格因素，实际增长8.3%。农民人均纯收入10412元，增长16.9%，扣除价格因素，实际增长10.5%。年末城乡居民储蓄存款余额2427.5亿元，比年初增长11.5%。

**居民消费支出水平继续提高**。全年城市居民人均消费性支出18045.23元，增长13.0%；农民人均生活消费支出5905元，增长9.2%。城市居民恩格尔系数31.7%，提高0.1个百分点；农村居民恩格尔系数36.4%，提高2.8个百分点(注13)。城市居民人均衣着支出2202.54元，增长17.0%；人均交通通讯支出2830.12元，增长7.0%。农村居民人均衣着支出359元，增长24.5%；人均家庭设备用品消费支出382元，增长14.0%。

**每百户居民家庭主要耐用消费品拥有量**

| 指　　标 | 单位 | 2011年 | 比上年±% |
|---|---|---|---|
| 城市居民家庭 | | | |
| 彩电 | 台 | 118.33 | 2.5 |
| 电冰箱 | 台 | 100.33 | 3.8 |
| 洗衣机 | 台 | 96.33 | 3.9 |
| 空调器 | 台 | 139.83 | 15.1 |
| 家用电脑 | 台 | 89.17 | 10.1 |
| 移动电话 | 部 | 196.5 | 9.4 |
| 家用汽车 | 辆 | 25.33 | 11.7 |
| 农村居民家庭 | | | |
| 电冰箱 | 台 | 87.8 | 5.3 |
| 空调器 | 台 | 36.0 | 0.6 |
| 洗衣机 | 台 | 82.2 | 3.8 |
| 彩电 | 台 | 116.3 | −3.1 |
| 摩托车 | 台 | 71.1 | −16.3 |
| 家用电脑 | 台 | 36.1 | 27.5 |
| 移动电话 | 部 | 175.4 | 14.9 |

**居住条件继续改善**。年末，城市居民人均住宅建筑面积30.3平方米，增加0.6平方米；农村居民人均生活用房面积41.3平方米，增加1.1平方米。

注：

1. 2011年统计数据为统计快报数或初步核算数，正式数据以出版的《济南统计年鉴－2012》为准。

2.地域财政收入含预算外收入和社保基金收入口径。按财政部门规定，财政一般预算收入统一改为公共财政预算收入，财政一般预算支出统一改为公共财政预算支出。

3.也叫对外贸易系数、外贸依存度或外贸依存率，是指一个国家或地区的进出口贸易额占国内(地区)生产总值(GDP)的比重，它反映一个国家或地区的经济与国际经济联系的紧密程度，是衡量一个国家或地区开放型经济发展规模和发展水平的宏观指标之一。一个国家或地区的经济外向度高，说明这个国家或地区的经济与国际经济联系紧密，开放程度高，也说明这个国家或地区的进出口对国际市场依赖程度高。

4.规模以上农业企业指从事农产品加工、运输、销售且年销售收入500万元及以上的法人企业。

5.经国务院批准，国家统计调查从2011年1月起，纳入规模以上工业统计范围的工业企业起点标准已从年主营业务收入500万元提高到2000万元；固定资产投资项目统计的起点标准已从计划总投资额50万元提高到500万元。

6.主营业务收入、利税、利润总量数据含山东电力、山东中烟省反馈部分。

7.现代服务业包括：信息传输、计算机服务业和软件业，金融业，房地产业，商务服务业，研究与试验发展，专业技术服务，科技交流与技术推广服务业，教育，卫生，体育，娱乐业。

8.房地产业包括：房地产开发经营业、物业管理业、房地产中介服务业、其他房地产活动、居民自有住房服务。

9.社会物流总额：一定时期内，初次进入社会物流领域，经社会物流服务，已经或正在送达最终用户的全部物品的价值总额。它是一定时期内社会物流需求规模的价值量的表现。与货运量、物品周转量等指标共同反应社会物流需求规模。主要有以下5个方面：①农产品物流总额；②工业品物流总额；③进口总额；④再生资源物流总额⑤单位与居民物品物流额。

10.限额以上批发和零售业、住宿和餐饮业指批发业年主营业务收入2000万元以上、零售业年主营业务收入500万元以上和年主营业务收入200万元以上的住宿和餐饮业企业。

11.固定资产投资项目统计的起点标准从计划总投资额50万元提高到500万元。

12.常住人口包括：居住在本乡镇街道且户口在本乡镇街道或户口待定的人；居住在本乡镇街道且离开户口登记地所在的乡镇街道半年以上的人；户口在本乡镇街道且外出不满半年或在境外工作学习的人。"境外"是指我国海关关境以外。

13.恩格尔系数是指食品支出在消费支出中的比重。

特载-3

# 中华人民共和国统计法

STATISTICAL LAW OF THE PEOPLE'S REPUBLIC OF CHINA

（1983年12月8日第六届全国人民代表大会常务委员会第三次会议通过　根据1996年5月15日第八届全国人民代表大会常务委员会第十九次会议《关于修改〈中华人民共和国统计法〉的决定》修正　2009年6月27日第十一届全国人民代表大会常务委员会第九次会议修订）

## 第一章 总 则

**第一条**　为了科学、有效地组织统计工作，保障统计资料的真实性、准确性、完整性和及时性，发挥统计在了解国情国力、服务经济社会发展中的重要作用，促进社会主义现代化建设事业发展，制定本法。

**第二条**　本法适用于各级人民政府、县级以上人民政府统计机构和有关部门组织实施的统计活动。

统计的基本任务是对经济社会发展情况进行统计调查、统计分析，提供统计资料和统计咨询意见，实行统计监督。

**第三条**　国家建立集中统一的统计系统，实行统一领导、分级负责的统计管理体制。

**第四条**　国务院和地方各级人民政府、各有关部门应当加强对统计工作的组织领导，为统计工作提供必要的保障。

**第五条**　国家加强统计科学研究，健全科学的统计指标体系，不断改进统计调查方法，提高统计的科学性。

国家有计划地加强统计信息化建设，推进统计信息搜集、处理、传输、共享、存储技术和统计数据库体系的现代化。

**第六条**　统计机构和统计人员依照本法规定独立行使统计调查、统计报告、统计监督的职权，不受侵犯。

地方各级人民政府、政府统计机构和有关部门以及各单位的负责人，不得自行修改统计机构和统计人员依法搜集、整理的统计资料，不得以任何方式要求统计机构、统计人员及其他机构、人员伪造、篡改统计资料，不得对依法履行职责或者拒绝、抵制统计违法行为的统计人员打击报复。

**第七条**　国家机关、企业事业单位和其他组织以及个体工商户和个人等统计调查对象，必须依照本法和国家有关规定，真实、准确、完整、及时地提供统计调查所需的资料，不得提供不真实或者不完整的统计资料，不得迟报、拒报统计资料。

**第八条**　统计工作应当接受社会公众的监督。任何单位和个人有权检举统计中弄虚作假等违法行为。对检举有功的单位和个人应当给予表彰和奖励。

**第九条**　统计机构和统计人员对在统计工作中知悉的国家秘密、商业秘密和个人信息，应当予以保密。

**第十条**　任何单位和个人不得利用虚假统计资料骗取荣誉称号、物质利益或者职务晋升。

## 第二章 统计调查管理

**第十一条**　统计调查项目包括国家统计调查项目、部门统计调查项目和地方统计调查项目。

国家统计调查项目是指全国性基本情况的统计调查项目。部门统计调查项目是指国务院有关部门的专业性统计调查项目。地方统计调查项目是指县级以上地方人民政府及其部门的地方性统计调查项目。

国家统计调查项目、部门统计调查项目、地方统计调查项目应当明确分工，互相衔接，不得重复。

**第十二条**　国家统计调查项目由国家统计局制定，或者由国家统计局和国务院有关部门共同制定，报国务院备案；重大的国家统计调查项目报国务院审批。

部门统计调查项目由国务院有关部门制定。统计调查对象属于本部门管辖系统的，报国家统计局备案；统计调查对象超出本部门管辖系统的，报国家统计局审批。

地方统计调查项目由县级以上地方人民政府统计机构和有关部门分别制定或者共同制定。其中，由省级人民政府统计机构单独制定或者和有关部门共同制定的，报国家统计局审批；由省级以下人民政府统计机构单独制定或者和有关部门共同制定的，报省级人民政府统计机构审批；由县级以上地方人民政府有关部门制定的，报本级人民政府统计机构审批。

**第十三条**　统计调查项目的审批机关应当对调查项目的必要性、可行性、科学性进行审查，对符合法定条件的，作出予以批准的书面决定，并公布；对不符合法定条件的，作出不予批准的书面决定，并说明理由。

**第十四条**　制定统计调查项目，应当同时制定该项目的统计调查制度，并依照本法第十二条的规定一并报经审批或者备案。

统计调查制度应当对调查目的、调查内容、调查方法、调查对象、调查组织方式、调查表式、统计资料的报送和公布等作出规定。

统计调查应当按照统计调查制度组织实施。变更统计调查制度的内容，应当报经原审批机关批准或者原备案机关备案。

**第十五条** 统计调查表应当标明表号、制定机关、批准或者备案文号、有效期限等标志。

对未标明前款规定的标志或者超过有效期限的统计调查表，统计调查对象有权拒绝填报；县级以上人民政府统计机构应当依法责令停止有关统计调查活动。

**第十六条** 搜集、整理统计资料，应当以周期性普查为基础，以经常性抽样调查为主体，综合运用全面调查、重点调查等方法，并充分利用行政记录等资料。

重大国情国力普查由国务院统一领导，国务院和地方人民政府组织统计机构和有关部门共同实施。

**第十七条** 国家制定统一的统计标准，保障统计调查采用的指标涵义、计算方法、分类目录、调查表式和统计编码等的标准化。

国家统计标准由国家统计局制定，或者由国家统计局和国务院标准化主管部门共同制定。

国务院有关部门可以制定补充性的部门统计标准，报国家统计局审批。部门统计标准不得与国家统计标准相抵触。

**第十八条** 县级以上人民政府统计机构根据统计任务的需要，可以在统计调查对象中推广使用计算机网络报送统计资料。

**第十九条** 县级以上人民政府应当将统计工作所需经费列入财政预算。

重大国情国力普查所需经费，由国务院和地方人民政府共同负担，列入相应年度的财政预算，按时拨付，确保到位。

## 第三章 统计资料的管理和公布

**第二十条** 县级以上人民政府统计机构和有关部门以及乡、镇人民政府，应当按照国家有关规定建立统计资料的保存、管理制度，建立健全统计信息共享机制。

**第二十一条** 国家机关、企业事业单位和其他组织等统计调查对象，应当按照国家有关规定设置原始记录、统计台账，建立健全统计资料的审核、签署、交接、归档等管理制度。

统计资料的审核、签署人员应当对其审核、签署的统计资料的真实性、准确性和完整性负责。

**第二十二条** 县级以上人民政府有关部门应当及时向本级人民政府统计机构提供统计所需的行政记录资料和国民经济核算所需的财务资料、财政资料及其他资料，并按照统计调查制度的规定及时向本级人民政府统计机构报送其组织实施统计调查取得的有关资料。

县级以上人民政府统计机构应当及时向本级人民政府有关部门提供有关统计资料。

**第二十三条** 县级以上人民政府统计机构按照国家有关规定，定期公布统计资料。

国家统计数据以国家统计局公布的数据为准。

**第二十四条** 县级以上人民政府有关部门统计调查取得的统计资料，由本部门按照国家有关规定公布。

**第二十五条** 统计调查中获得的能够识别或者推断单个统计调查对象身份的资料，任何单位和个人不得对外提供、泄露，不得用于统计以外的目的。

**第二十六条** 县级以上人民政府统计机构和有关部门统计调查取得的统计资料，除依法应当保密的外，应当及时公开，供社会公众查询。

## 第四章 统计机构和统计人员

**第二十七条** 国务院设立国家统计局，依法组织领导和协调全国的统计工作。

国家统计局根据工作需要设立的派出调查机构，承担国家统计局布置的统计调查等任务。

县级以上地方人民政府设立独立的统计机构，乡、镇人民政府设置统计工作岗位，配备专职或者兼职统计人员，依法管理、开展统计工作，实施统计调查。

**第二十八条** 县级以上人民政府有关部门根据统计任务的需要设立统计机构，或者在有关机构中设置统计人员，并指定统计负责人，依法组织、管理本部门职责范围内的统计工作，实施统计调查，在统计业务上受本级人民政府统计机构的指导。

**第二十九条** 统计机构、统计人员应当依法履行职责，如实搜集、报送统计资料，不得伪造、篡改统计资料，不得以任何方式要求任何单位和个人提供不真实的统计资料，不得有其他违反本法规定的行为。

统计人员应当坚持实事求是，恪守职业道德，对其负责搜集、审核、录入的统计资料与统计调查对象报送的统计资料的一致性负责。

**第三十条** 统计人员进行统计调查时，有权就与统计有关的问题询问有关人员，要求其如实提供有关情况、资料并改正不真实、不准确的资料。

统计人员进行统计调查时，应当出示县级以上人民政府统计机构或者有关部门颁发的工作证件；未出示的，统计调查对象有权拒绝调查。

**第三十一条** 国家实行统计专业技术职务资格考试、评聘制度，提高统计人员的专业素质，保障统计队伍的稳定性。

统计人员应当具备与其从事的统计工作相适应的专业知识和业务能力。

县级以上人民政府统计机构和有关部门应当加强对统计人员的专业培训和职业道德教育。

## 第五章 监督检查

**第三十二条** 县级以上人民政府及其监察机关对下级人民政府、本级人民政府统计机构和有关部门执行本法的情况，实施监督。

**第三十三条** 国家统计局组织管理全国统计工作的监督检查，查处重大统计违法行为。

县级以上地方人民政府统计机构依法查处本行政区域内发生的统计违法行为。但是，国家统计局派出的调查机构组织实施的统计调查活动中发生的统计违法行为，由组织实施该项统计调查的调查机构负责查处。

法律、行政法规对有关部门查处统计违法行为另有规定的，从其规定。

**第三十四条** 县级以上人民政府有关部门应当积极协助本级人民政府统计机构查处统计违法行为，及时向本级人民政府统计机构移送有关统计违法案件材料。

**第三十五条** 县级以上人民政府统计机构在调查统计违法行为或者核查统计数据时，有权采取下列措施：

（一）发出统计检查查询书，向检查对象查询有关事项；

（二）要求检查对象提供有关原始记录和凭证、统计台账、统计调查表、会计资料及其他相关证明和资料；

（三）就与检查有关的事项询问有关人员；

（四）进入检查对象的业务场所和统计数据处理信息系统进行检查、核对；

（五）经本机构负责人批准，登记保存检查对象的有关原始记录和凭证、统计台账、统计调查表、会计资料及其他相关证明和资料；

（六）对与检查事项有关的情况和资料进行记录、录音、录像、照相和复制。

县级以上人民政府统计机构进行监督检查时，监督检查人员不得少于二人，并应当出示执法证件；未出示的，有关单位和个人有权拒绝检查。

**第三十六条** 县级以上人民政府统计机构履行监督检查职责时，有关单位和个人应当如实反映情况，提供相关证明和资料，不得拒绝、阻碍检查，不得转移、隐匿、篡改、毁弃原始记录和凭证、统计台账、统计调查表、会计资料及其他相关证明和资料。

## 第六章 法律责任

**第三十七条** 地方人民政府、政府统计机构或者有关部门、单位的负责人有下列行为之一的，由任免机关或者监察机关依法给予处分，并由县级以上人民政府统计机构予以通报：

（一）自行修改统计资料、编造虚假统计数据的；

（二）要求统计机构、统计人员或者其他机构、人员伪造、篡改统计资料的；

（三）对依法履行职责或者拒绝、抵制统计违法行为的统计人员打击报复的；

（四）对本地方、本部门、本单位发生的严重统计违法行为失察的。

**第三十八条** 县级以上人民政府统计机构或者有关部门在组织实施统计调查活动中有下列行为之一的，由本级人民政府、上级人民政府统计机构或者本级人民政府统计机构责令改正，予以通报；对直接负责的主管人员和其他直接责任人员，由任免机关或者监察机关依法给予处分：

（一）未经批准擅自组织实施统计调查的；

（二）未经批准擅自变更统计调查制度的内容的；

（三）伪造、篡改统计资料的；

（四）要求统计调查对象或者其他机构、人员提供不真实的统计资料的；

（五）未按照统计调查制度的规定报送有关资料的。

统计人员有前款第三项至第五项所列行为之一的，责令改正，依法给予处分。

**第三十九条** 县级以上人民政府统计机构或者有关部门有下列行为之一的，对直接负责的主管人员和其他直接责任人员由任免机关或者监察机关依法给予处分：

（一）违法公布统计资料的；

（二）泄露统计调查对象的商业秘密、个人信息或者提供、泄露在统计调查中获得的能够识别或者推断单个统计调查对象身份的资料的；

（三）违反国家有关规定，造成统计资料毁损、灭失的。

统计人员有前款所列行为之一的，依法给予处分。

**第四十条** 统计机构、统计人员泄露国家秘密的，依法追究法律责任。

**第四十一条** 作为统计调查对象的国家机关、企业事业单位或者其他组织有下列行为之一的，由县级以上人民政府统计机构责令改正，给予警告，可以予以通报；其直接负责的主管人员和其他直接责任人员属于国家工作人员的，由任免机关或者监察机关依法给予处分：

（一）拒绝提供统计资料或者经催报后仍未按时提供统计资料的；

（二）提供不真实或者不完整的统计资料的；

（三）拒绝答复或者不如实答复统计检查查询书的；

（四）拒绝、阻碍统计调查、统计检查的；

（五）转移、隐匿、篡改、毁弃或者拒绝提供原始记录和凭证、统计台账、统计调查表及其他相关证明和资料的。

企业事业单位或者其他组织有前款所列行为之一的，可以并处五万元以下的罚款；情节严重的，并处五万元以上二十万元以下的罚款。

个体工商户有本条第一款所列行为之一的，由县级以上人民政府统计机构责令改正，给予警告，可以并处一万元以下的罚款。

**第四十二条** 作为统计调查对象的国家机关、企业事业单位或者其他组织迟报统计资料，或者未按照国家有关规定设置原始记录、统计台账的，由县级以上人民政府统计机构责令改正，给予警告。

企业事业单位或者其他组织有前款所列行为之一的，可以并处一万元以下的罚款。

个体工商户迟报统计资料的，由县级以上人民政府统计机构责令改正，给予警告，可以并处一千元以下的罚款。

**第四十三条** 县级以上人民政府统计机构查处统计违法行为时，认为对有关国家工作人员依法应当给予处分的，应当提出给予处分的建议；该国家工作人员的任免机关或者监察机关应当依法及时作出决定，并将结果书面通知县级以上人民政府统计机构。

**第四十四条** 作为统计调查对象的个人在重大国情国力普查活动中拒绝、阻碍统计调查，或者提供不真实或者不完整的普查资料的，由县级以上人民政府统计机构责令改正，予以批评教育。

**第四十五条** 违反本法规定，利用虚假统计资料骗取荣誉称号、物质利益或者职务晋升的，除对其编造虚假统计资料或者要求他人编造虚假统计资料的行为依法追究法律责任外，由作出有关决定的单位或者其上级单位、监察机关取消其荣誉称号，追缴获得的物质利益，撤销晋升的职务。

**第四十六条** 当事人对县级以上人民政府统计机构作出的行政处罚决定不服的，可以依法申请行政复议或者提起行政诉讼。其中，对国家统计局在省、自治区、直辖市派出的调查机构作出的行政处罚决定不服的，向国家统计局申请行政复议；对国家统计局派出的其他调查机构作出的行政处罚决定不服的，向国家统计局在该派出机构所在的省、自治区、直辖市派出的调查机构申请行政复议。

**第四十七条** 违反本法规定，构成犯罪的，依法追究刑事责任。

## 第七章 附 则

**第四十八条** 本法所称县级以上人民政府统计机构，是指国家统计局及其派出的调查机构、县级以上地方人民政府统计机构。

**第四十九条** 民间统计调查活动的管理办法，由国务院制定。

中华人民共和国境外的组织、个人需要在中华人民共和国境内进行统计调查活动的，应当按照国务院的规定报请审批。

利用统计调查危害国家安全、损害社会公共利益或者进行欺诈活动的，依法追究法律责任。

**第五十条** 本法自2010年1月1日起施行。

特载–4

# 统计违法违纪行为处分规定

STATISTICS REGULATION VIOLATIONS OF LAW

中华人民共和国监察部
中华人民共和国人力资源和社会保障部 令
国家统计局

第18号

《统计违法违纪行为处分规定》已经监察部2009年2月9日第一次部长办公会议、人力资源社会保障部2008年12月30日第十六次部务会议、国家统计局2008年11月6日第十八次局务会议审议通过。现予公布,自2009年5月1日起施行。

监察部部长 马馼
人力资源社会保障部部长 尹蔚民
国家统计局局长 马建堂
二〇〇九年三月二十五日

## 统计违法违纪行为处分规定

**第一条** 为了加强统计工作,提高统计数据的准确性和及时性,惩处和预防统计违法违纪行为,促进统计法律法规的贯彻实施,根据《中华人民共和国统计法》、《中华人民共和国行政监察法》、《中华人民共和国公务员法》、《行政机关公务员处分条例》及其他有关法律、行政法规,制定本规定。

**第二条** 有统计违法违纪行为的单位中负有责任的领导人员和直接责任人员,以及有统计违法违纪行为的个人,应当承担纪律责任。属于下列人员的(以下统称有关责任人员),由任免机关或者监察机关按照管理权限依法给予处分:

(一)行政机关公务员;

(二)法律、法规授权的具有公共事务管理职能的事业单位中经批准参照《中华人民共和国公务员法》管理的工作人员;

(三)行政机关依法委托的组织中除工勤人员以外的工作人员;

(四)企业、事业单位、社会团体中由行政机关任命的人员。

法律、行政法规、国务院决定和国务院监察机关、国务院人力资源社会保障部门制定的处分规章对统计违法违纪行为的处分另有规定的,从其规定。

**第三条** 地方、部门以及企业、事业单位、社会团体的领导人员有下列行为之一的,给予记过或者记大过处分;情节较重的,给予降级或者撤职处分;情节严重的,给予开除处分:

(一)自行修改统计资料、编造虚假数据的;

(二)强令、授意本地区、本部门、本单位统计机构、统计人员或者其他有关机构、人员拒报、虚报、瞒报或者篡改统计资料、编造虚假数据的;

(三)对拒绝、抵制篡改统计资料或者对拒绝、抵制编造虚假数据的人员进行打击报复的;

(四)对揭发、检举统计违法违纪行为的人员进行打击报复的。

有前款第(三)项、第(四)项规定行为的,应当从重处分。

**第四条** 地方、部门以及企业、事业单位、社会团体的领导人员,对本地区、本部门、本单位严重失实的统计数据,应当发现而未发现或者发现后不予纠正,造成不良后果的,给予警告或者记过处分;造成严重后果的,给予记大过或者降级处分;造成特别严重后果的,给予撤职或者开除处分。

**第五条** 各级人民政府统计机构、有关部门及其工作人员在实施统计调查活动中，有下列行为之一的，对有关责任人员，给予记过或者记大过处分；情节较重的，给予降级或者撤职处分；情节严重的，给予开除处分：

（一）强令、授意统计调查对象虚报、瞒报或者伪造、篡改统计资料的；

（二）参与篡改统计资料、编造虚假数据的。

**第六条** 各级人民政府统计机构、有关部门及其工作人员在实施统计调查活动中，有下列行为之一的，对有关责任人员，给予警告、记过或者记大过处分；情节较重的，给予降级处分；情节严重的，给予撤职处分：

（一）故意拖延或者拒报统计资料的；

（二）明知统计数据不实，不履行职责调查核实，造成不良后果的。

**第七条** 统计调查对象中的单位有下列行为之一，情节较重的，对有关责任人员，给予警告、记过或者记大过处分；情节严重的，给予降级或者撤职处分；情节特别严重的，给予开除处分：

（一）虚报、瞒报统计资料的；

（二）伪造、篡改统计资料的；

（三）拒报或者屡次迟报统计资料的；

（四）拒绝提供情况、提供虚假情况或者转移、隐匿、毁弃原始统计记录、统计台账、统计报表以及与统计有关的其他资料的。

**第八条** 违反国家规定的权限和程序公布统计资料，造成不良后果的，对有关责任人员，给予警告或者记过处分；情节较重的，给予记大过或者降级处分；情节严重的，给予撤职处分。

**第九条** 有下列行为之一，造成不良后果的，对有关责任人员，给予警告、记过或者记大过处分；情节较重的，给予降级或者撤职处分；情节严重的，给予开除处分：

（一）泄露属于国家秘密的统计资料的；

（二）未经本人同意，泄露统计调查对象个人、家庭资料的；

（三）泄露统计调查中知悉的统计调查对象商业秘密的。

**第十条** 包庇、纵容统计违法违纪行为的，对有关责任人员，给予记过或者记大过处分；情节较重的，给予降级或者撤职处分；情节严重的，给予开除处分。

**第十一条** 受到处分的人员对处分决定不服的，依照《中华人民共和国行政监察法》、《中华人民共和国公务员法》、《行政机关公务员处分条例》等有关规定，可以申请复核或者申诉。

**第十二条** 任免机关、监察机关和人民政府统计机构建立案件移送制度。

任免机关、监察机关查处统计违法违纪案件，认为应当由人民政府统计机构给予行政处罚的，应当将有关案件材料移送人民政府统计机构。人民政府统计机构应当依法及时查处，并将处理结果书面告知任免机关、监察机关。

人民政府统计机构查处统计行政违法案件，认为应当由任免机关或者监察机关给予处分的，应当及时将有关案件材料移送任免机关或者监察机关。任免机关或者监察机关应当依法及时查处，并将处理结果书面告知人民政府统计机构。

**第十三条** 有统计违法违纪行为，应当给予党纪处分的，移送党的纪律检查机关处理。涉嫌犯罪的，移送司法机关依法追究刑事责任。

**第十四条** 本规定由监察部、人力资源社会保障部、国家统计局负责解释。

**第十五条** 本规定自2009年5月1日起施行。

## 国民经济主要指标增长速度（%）

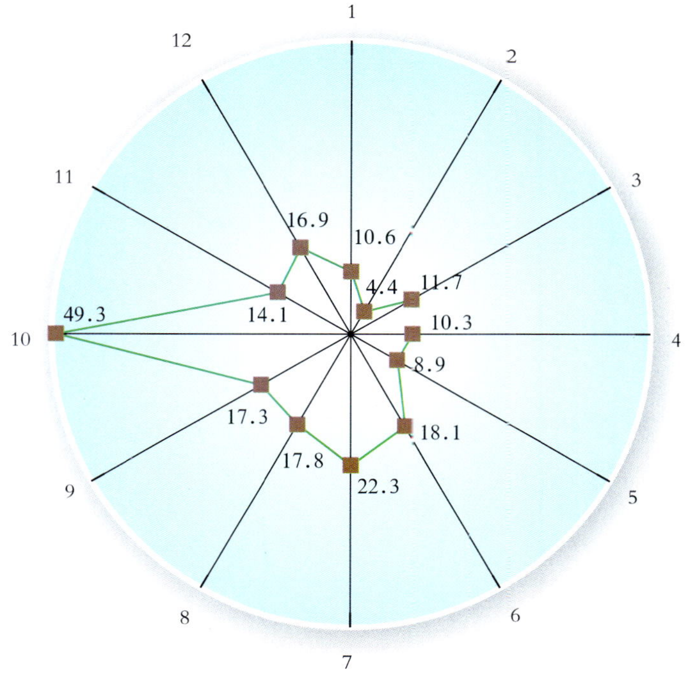


1.生产总值
2.第一产业增加值
3.第二产业增加值
4.第三产业增加值
5.人均生产总值
6.固定资产投资
7.地方公共财政预算收入
8.地方公共财政预算支出
9.社会消费品零售总额
10.出口总额
11.城市居民人均可支配收入
12.农民人均纯收入

## 生产总值（亿元）

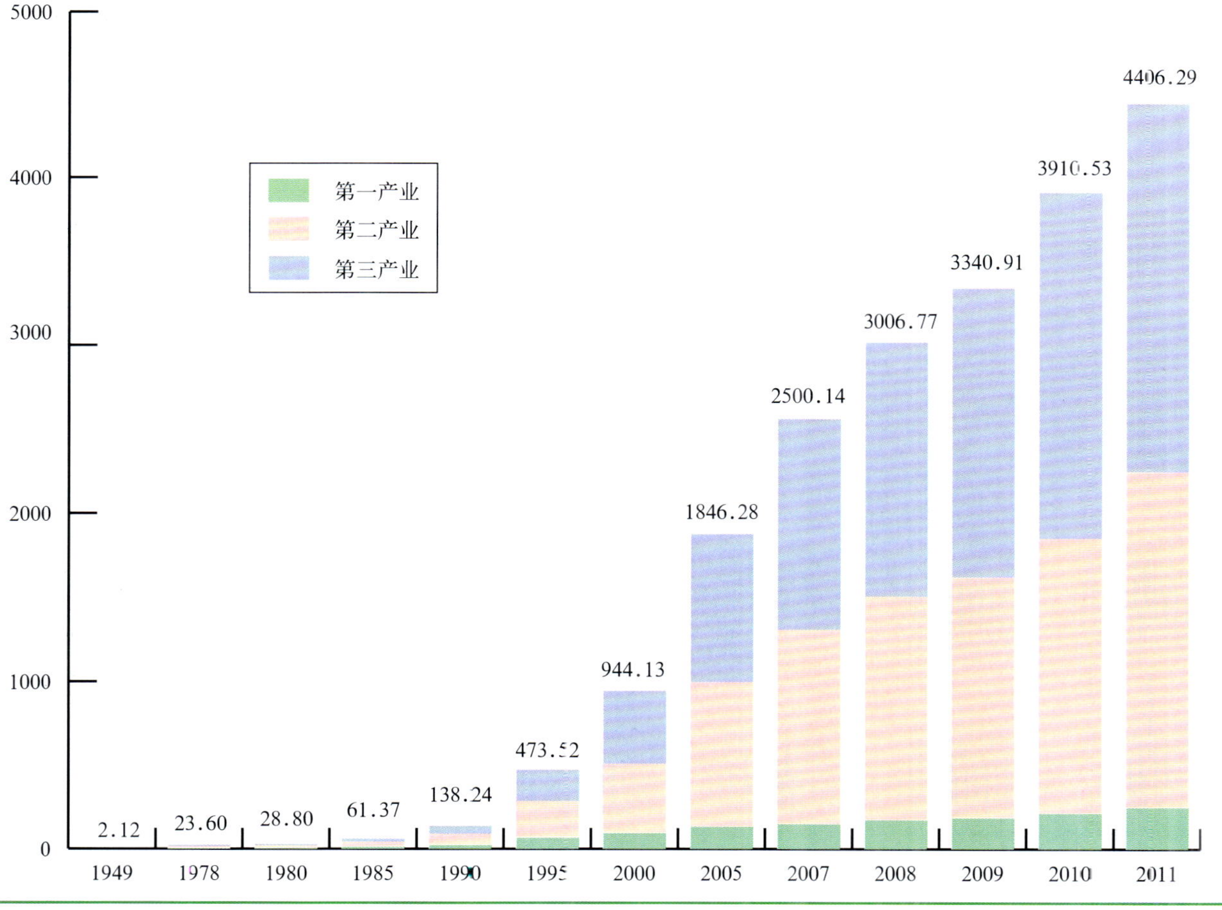

## 人均生产总值（元）

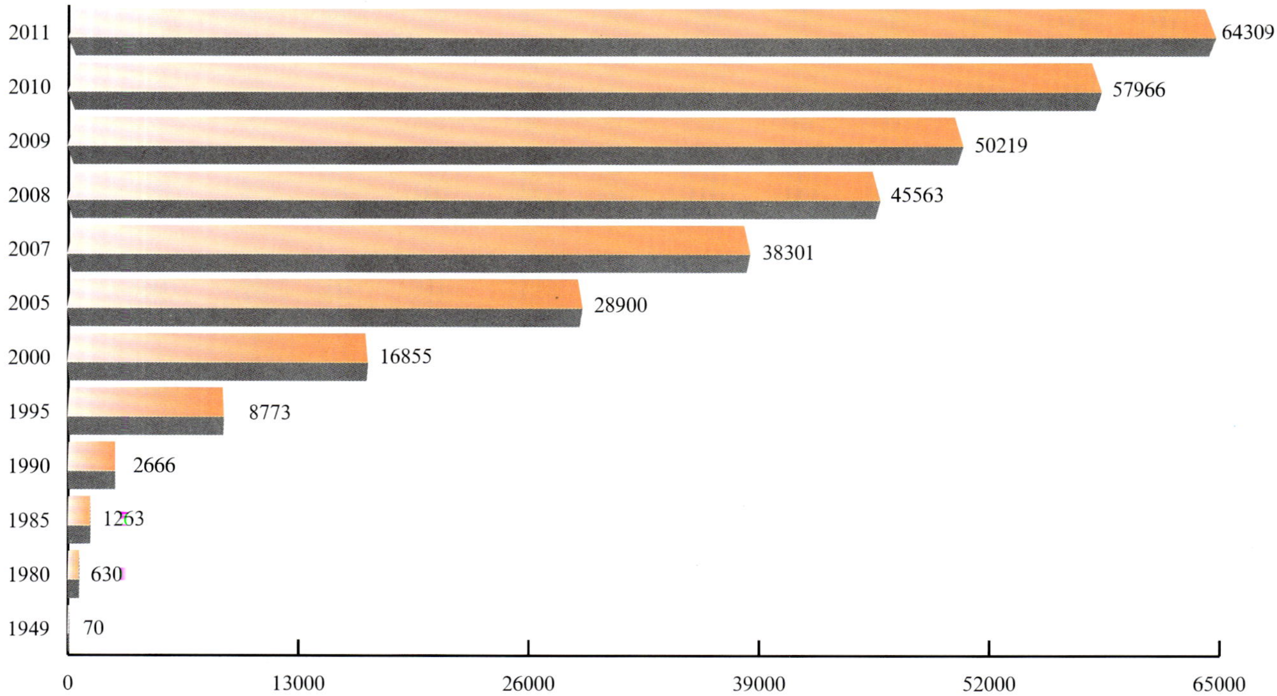


## 非公有制增加值及增速(亿元/%)

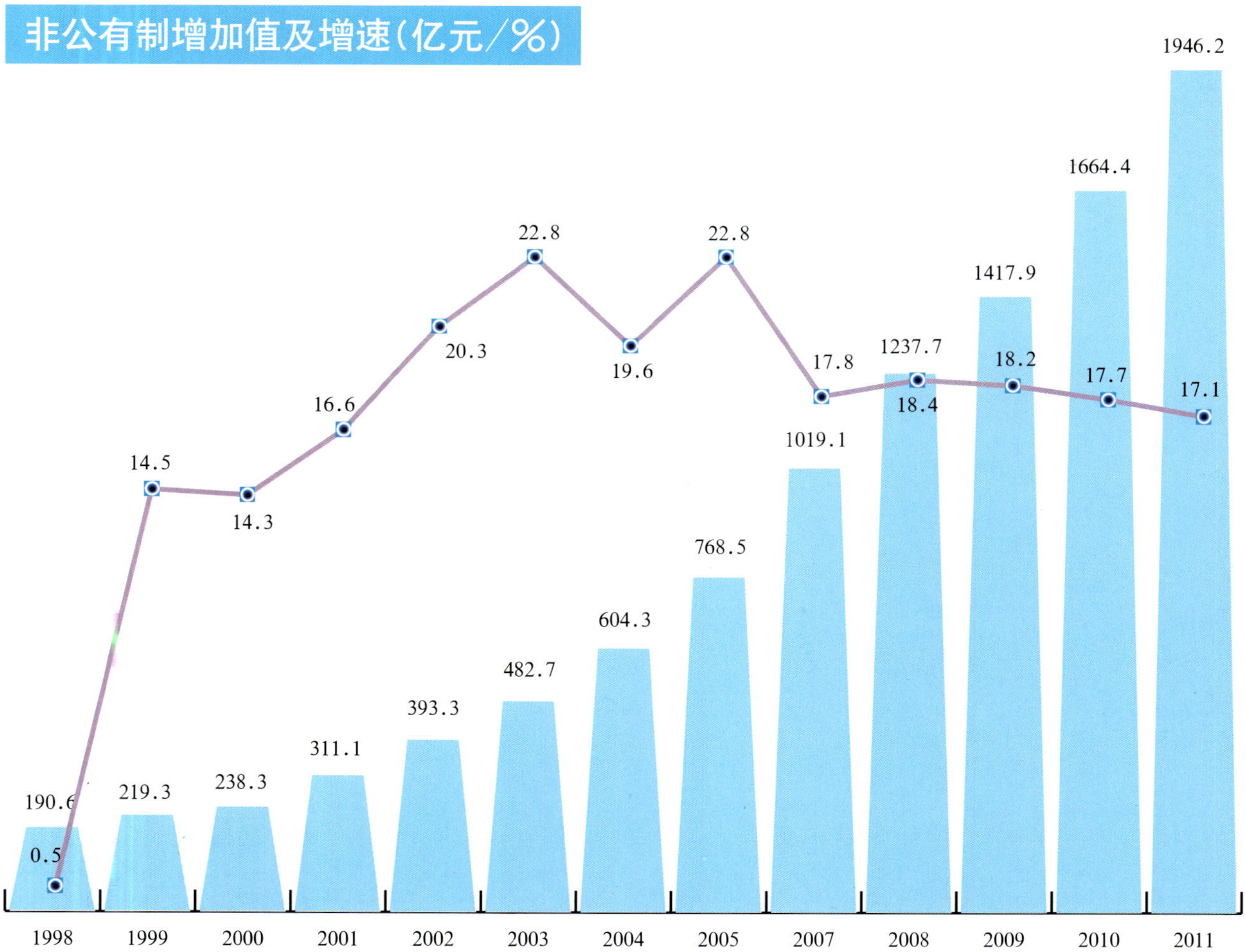

## 全社会从业人员（万人）

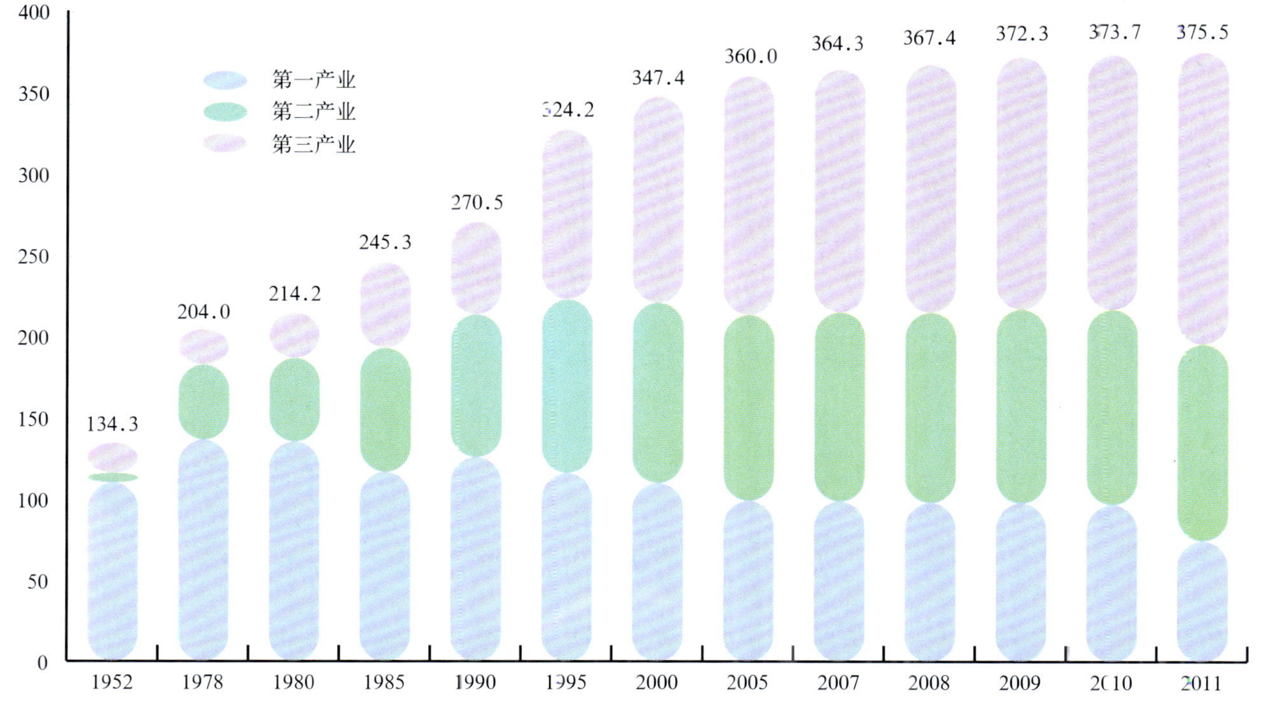


## 在岗职工平均工资（元）

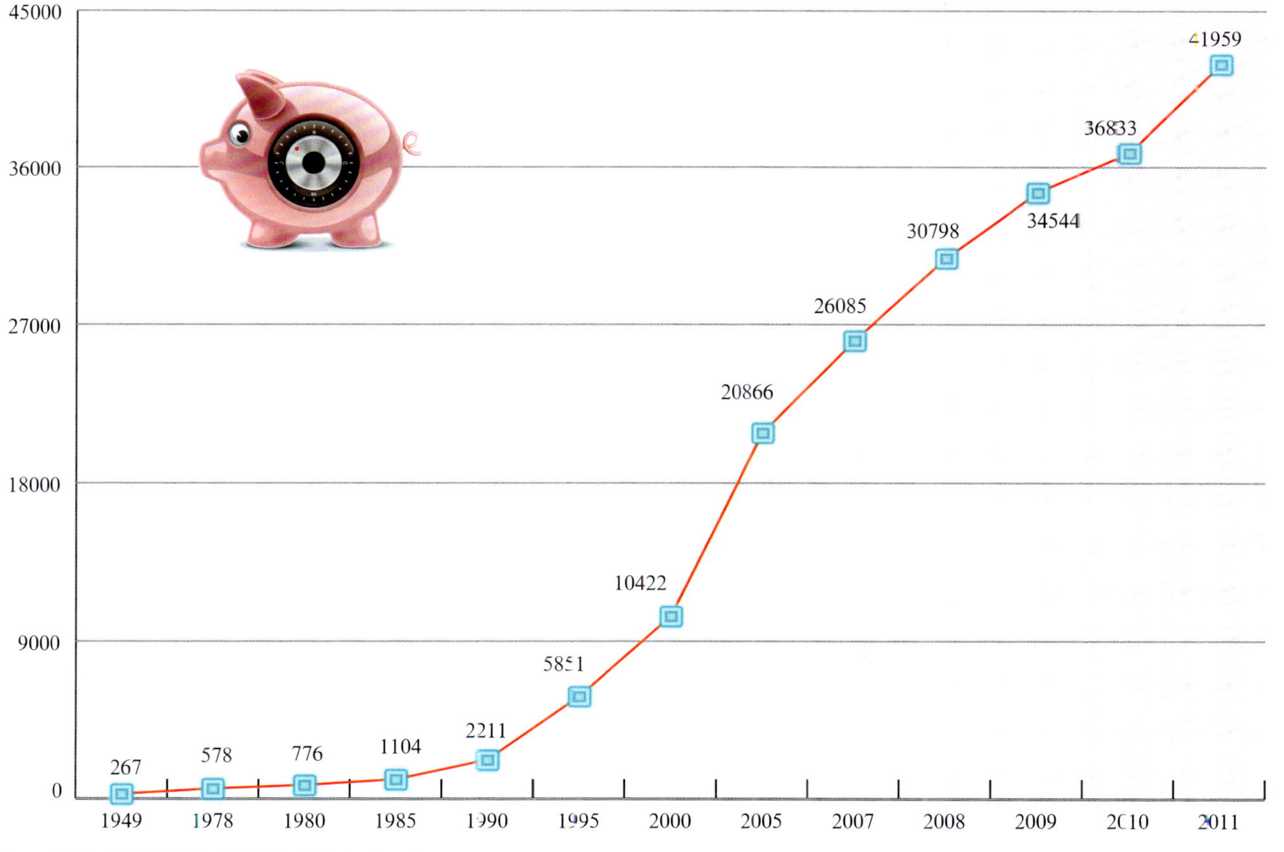


注：2006年后数据为非私营单位从业人员口径。

## 年末总人口（万人）

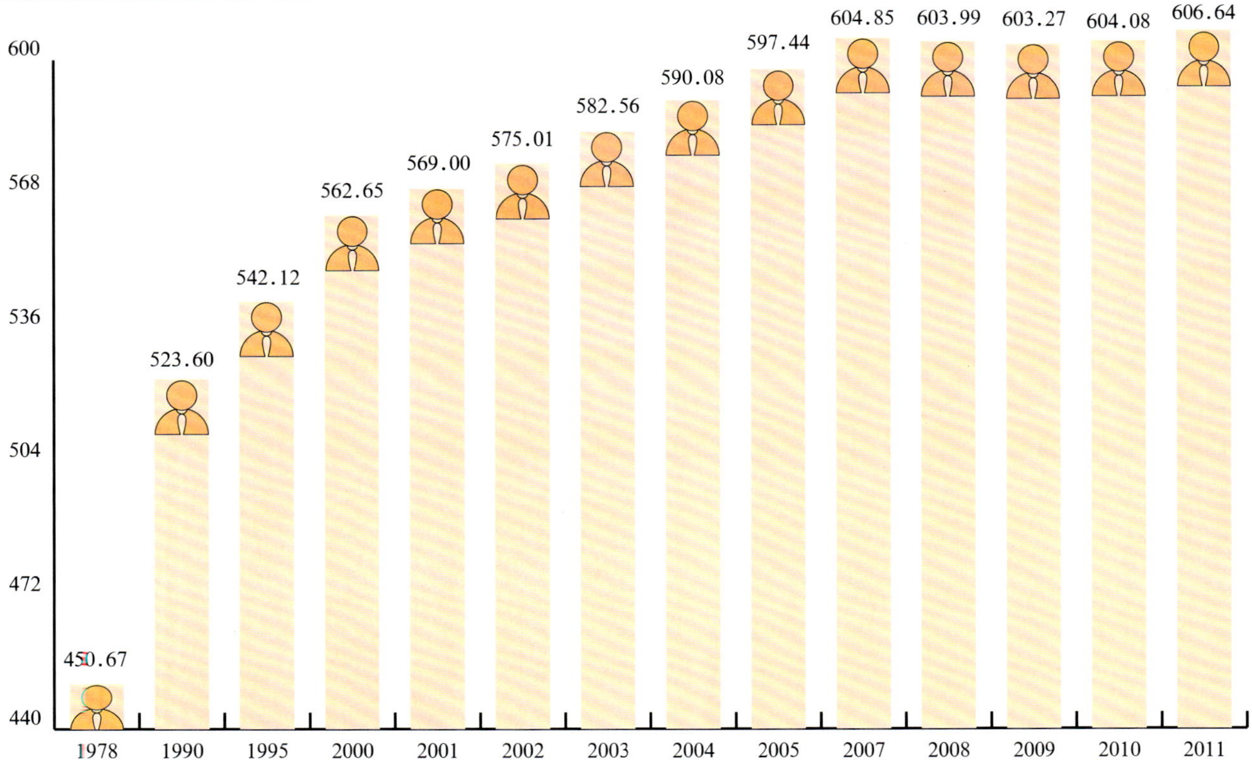


## 人口自然变动情况（‰）

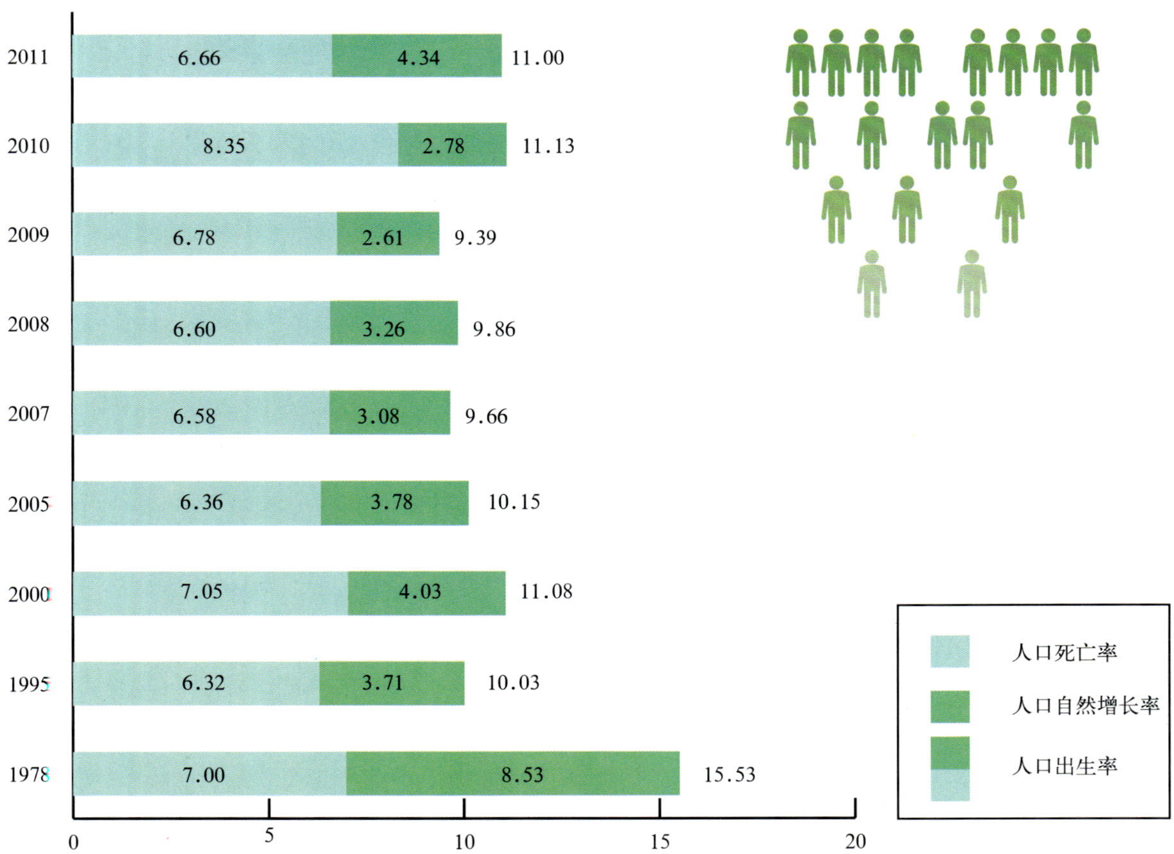

## 地方公共财政预算收支（亿元）

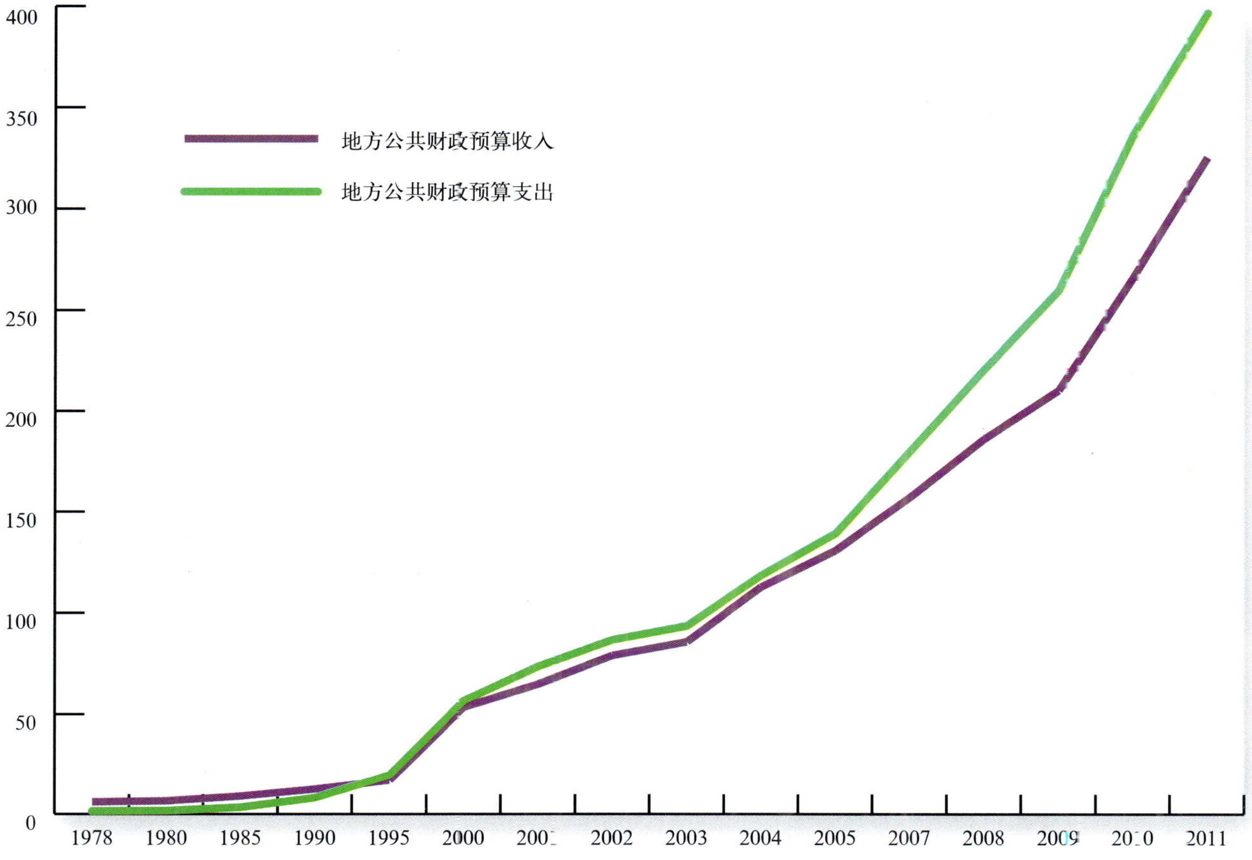


## 金融机构人民币存、贷款余额（亿元）

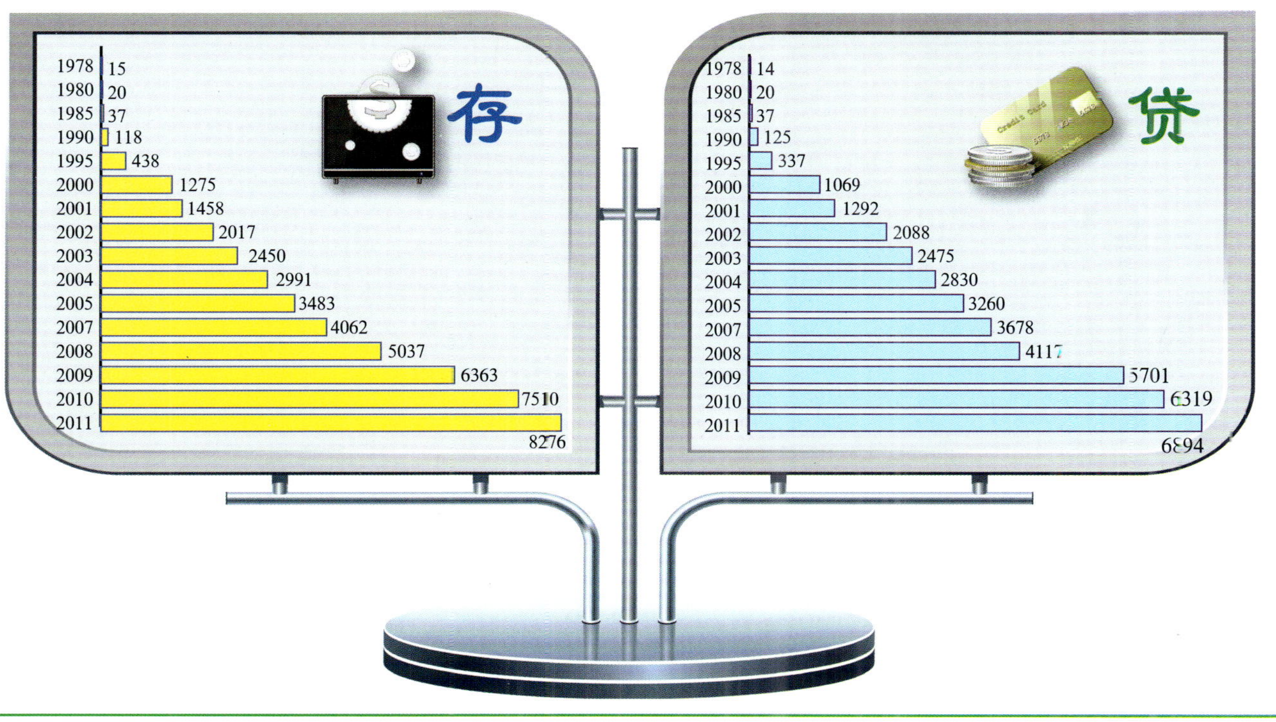

## 城市居民人均可支配收入和农民人均纯收入（元）

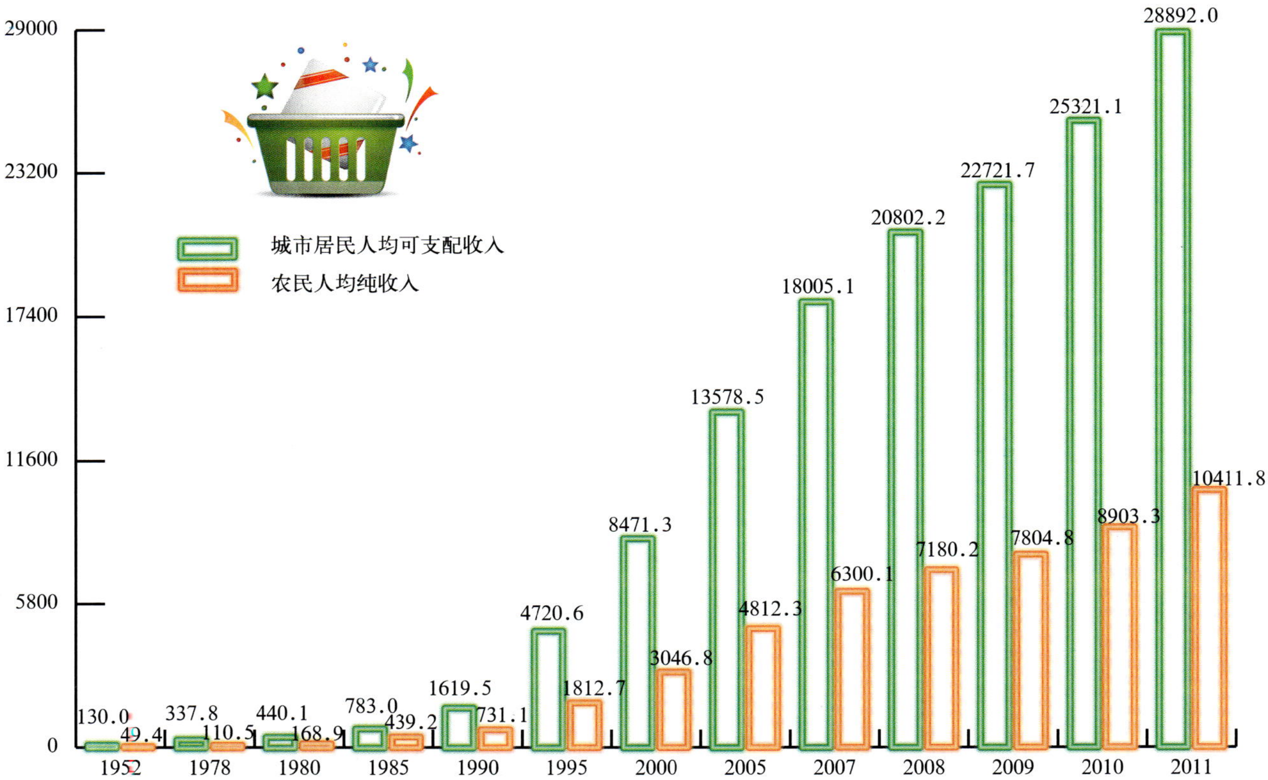


## 城市居民人均消费性支出和农民人均生活费支出（元）

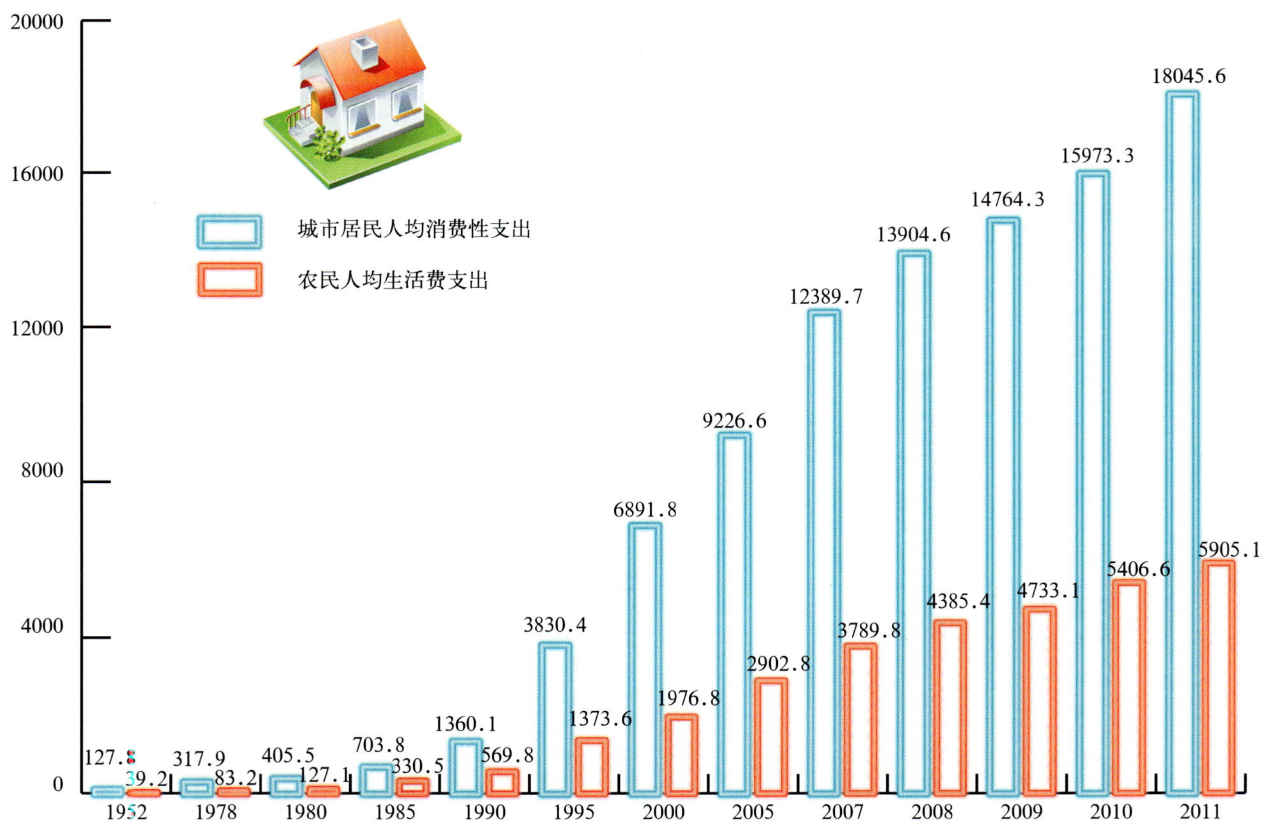

## 城市居民与农村居民恩格尔系数（%）

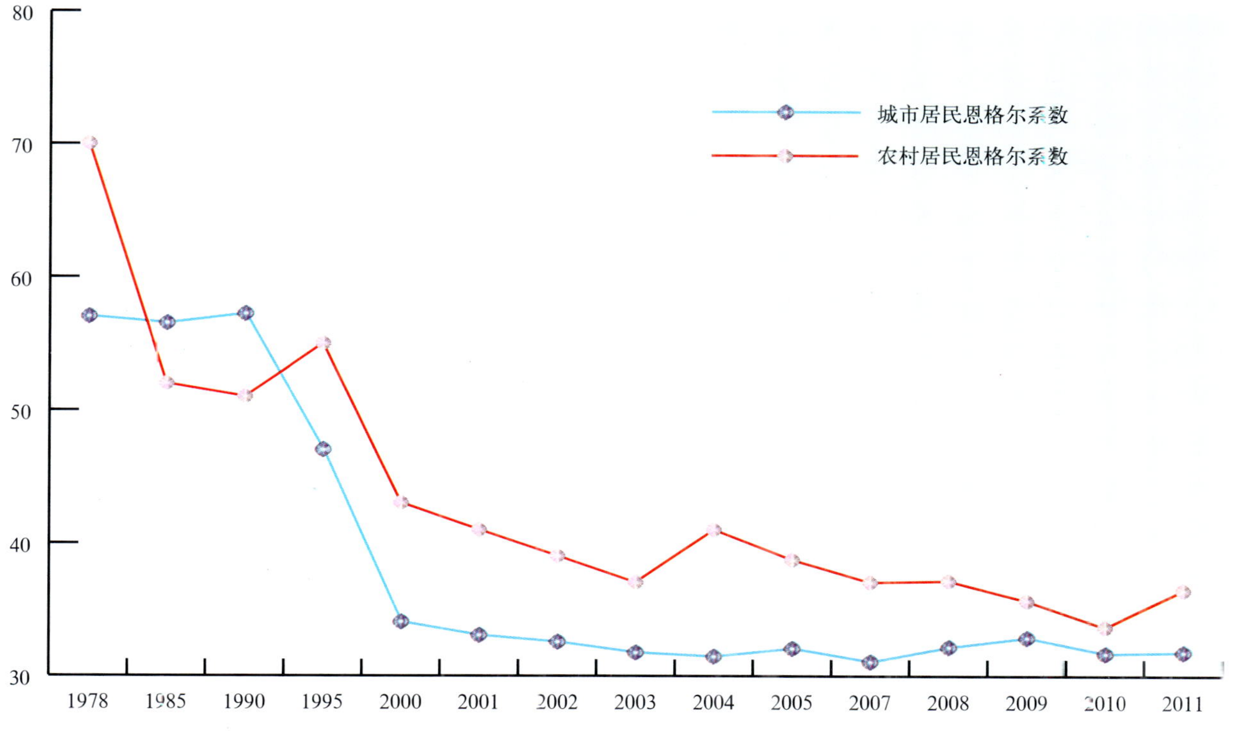


## 城市居民与农村居民基尼系数

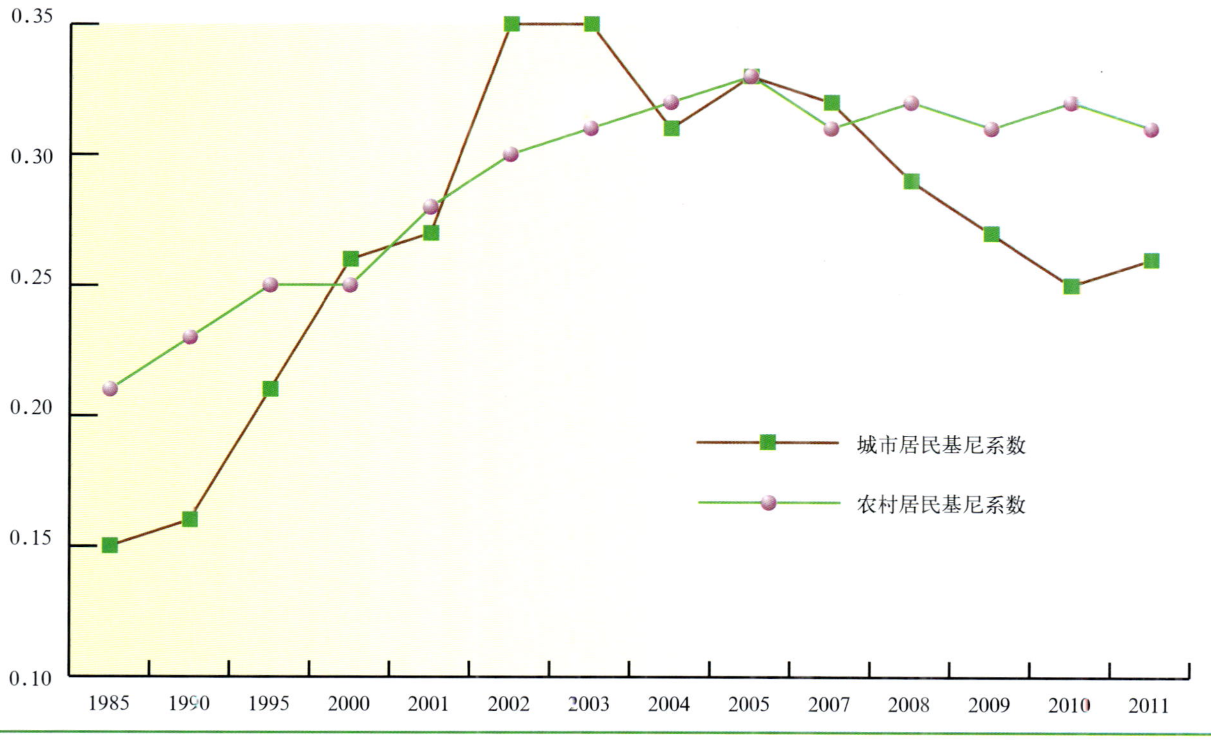

## 居民消费价格指数与商品零售价格指数（以上年为100／%）

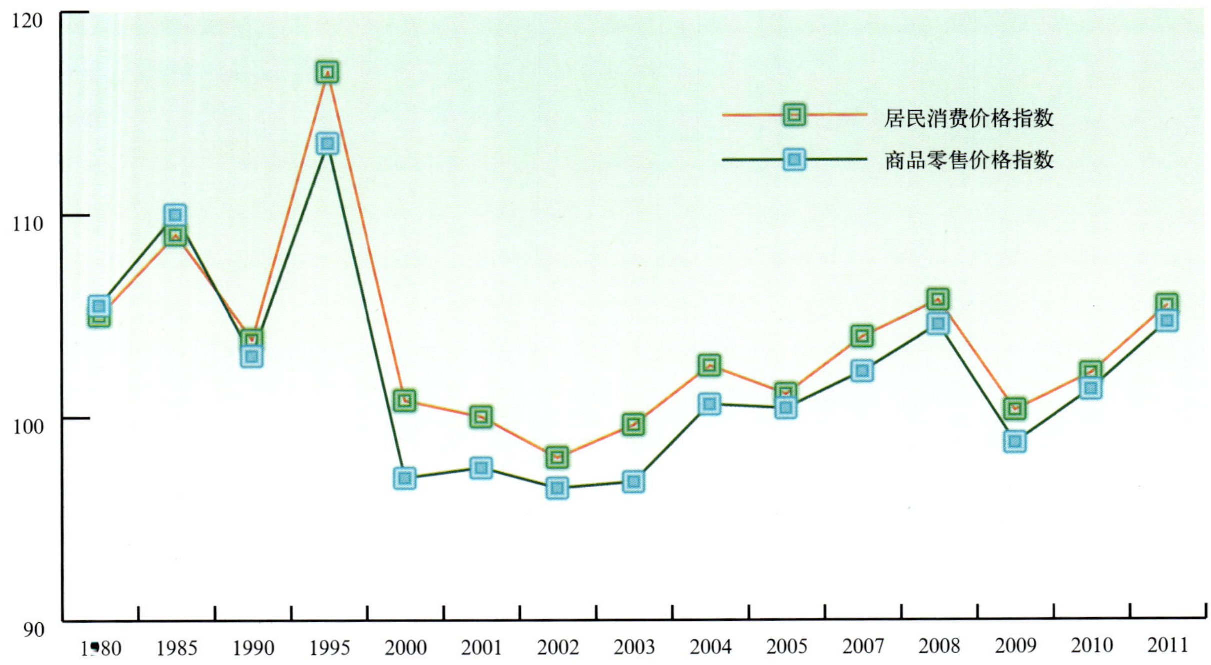


## 工业生产者出厂价格指数与工业生产者购进价格指数（以上年为100／%）

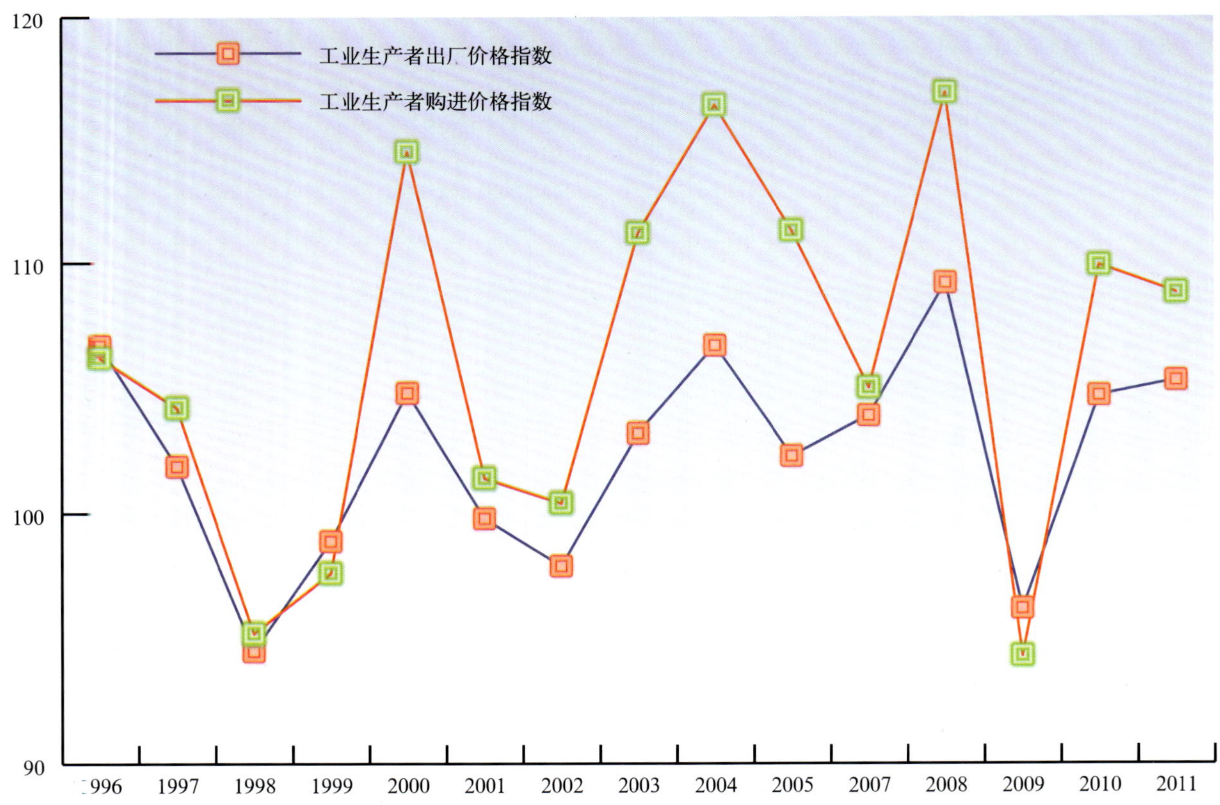

## 规模以上工业高新技术产业产值及占规模以上工业总产值的比重（亿元/%）

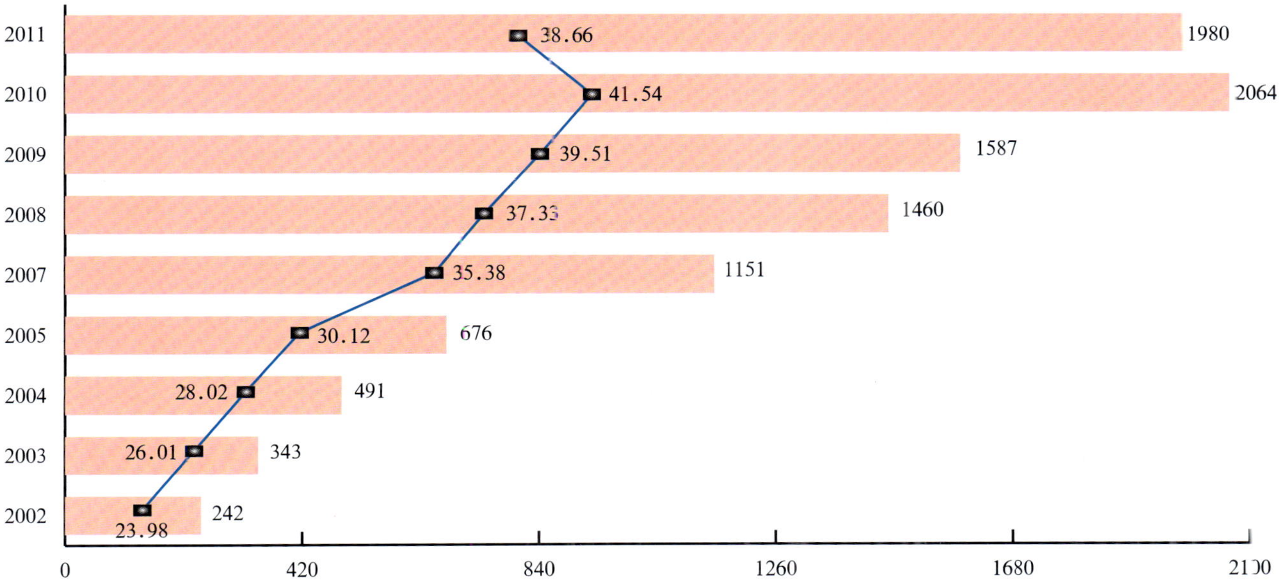


## 实际外资金额（万美元）

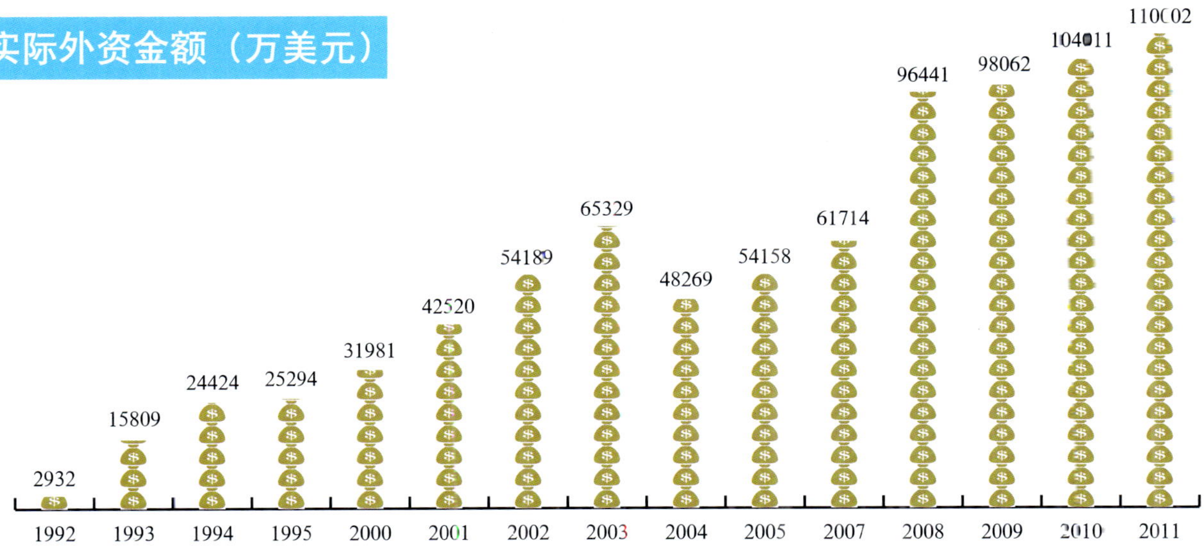


## 海关进出口总值（万美元）

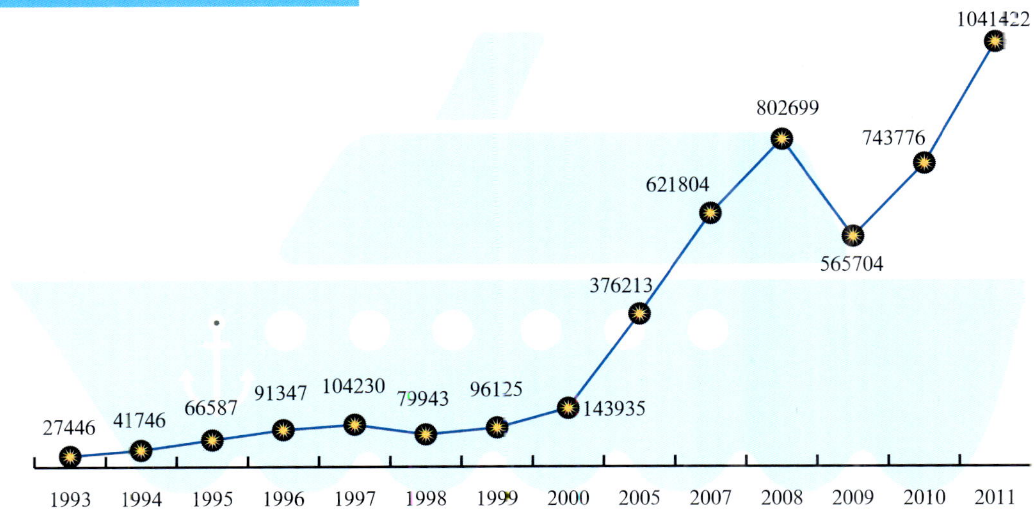

## 农林牧渔业增加值（亿元）

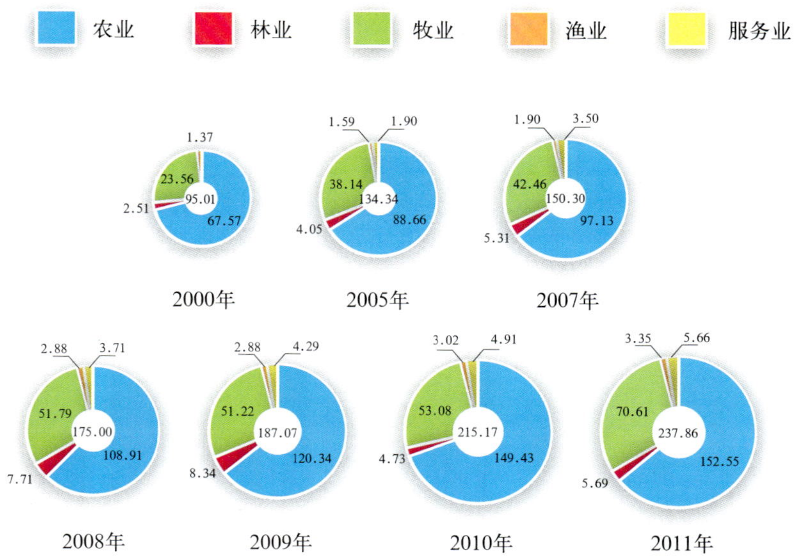


## 主要农产品产量（万吨）

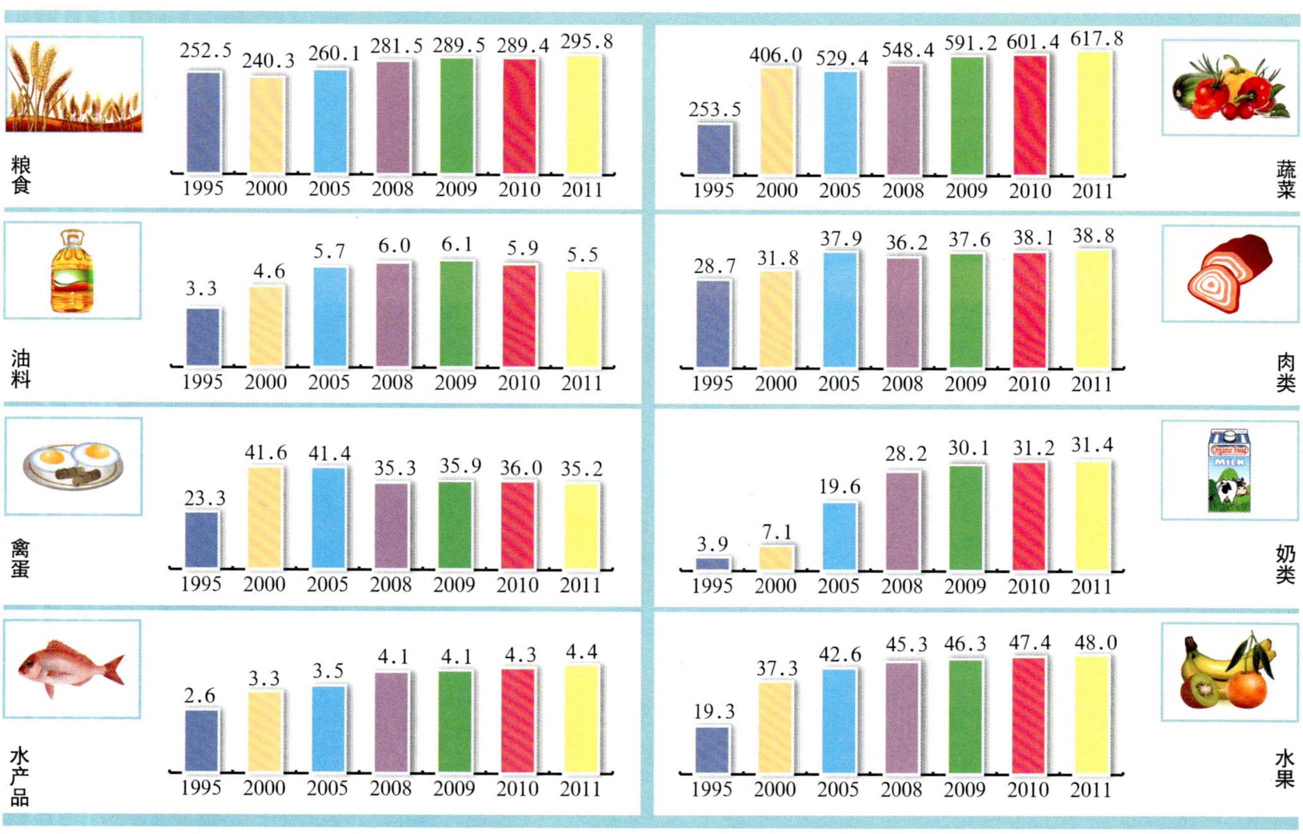

## 规模以上工业增加值（亿元）

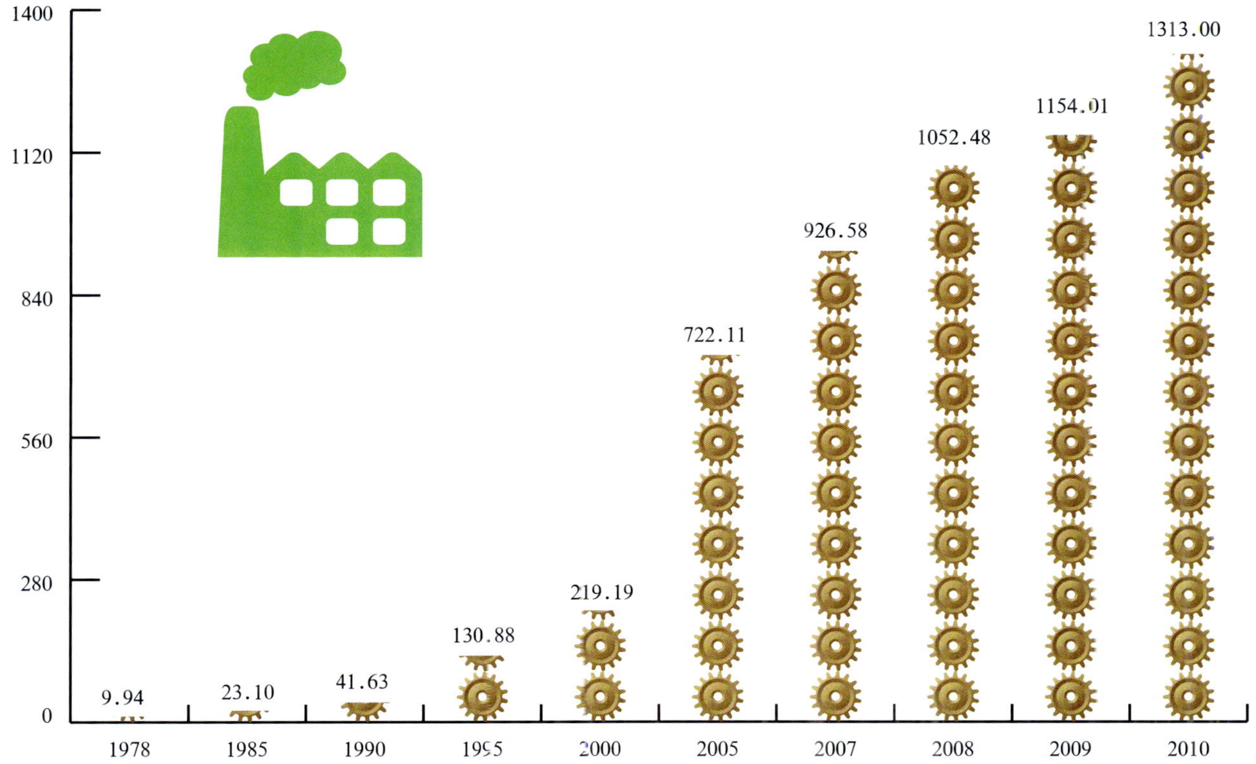


## 规模以上工业主营业务收入（亿元）

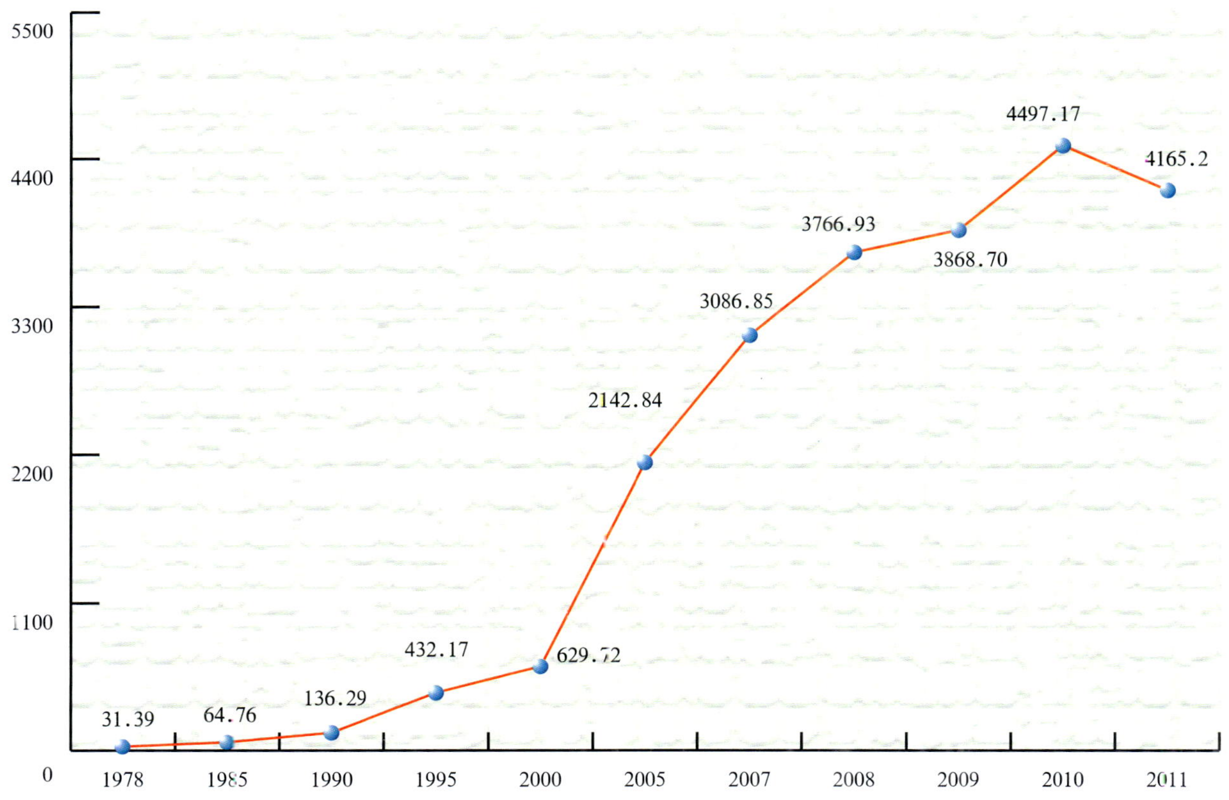

## 规模以上工业利税总额（亿元）

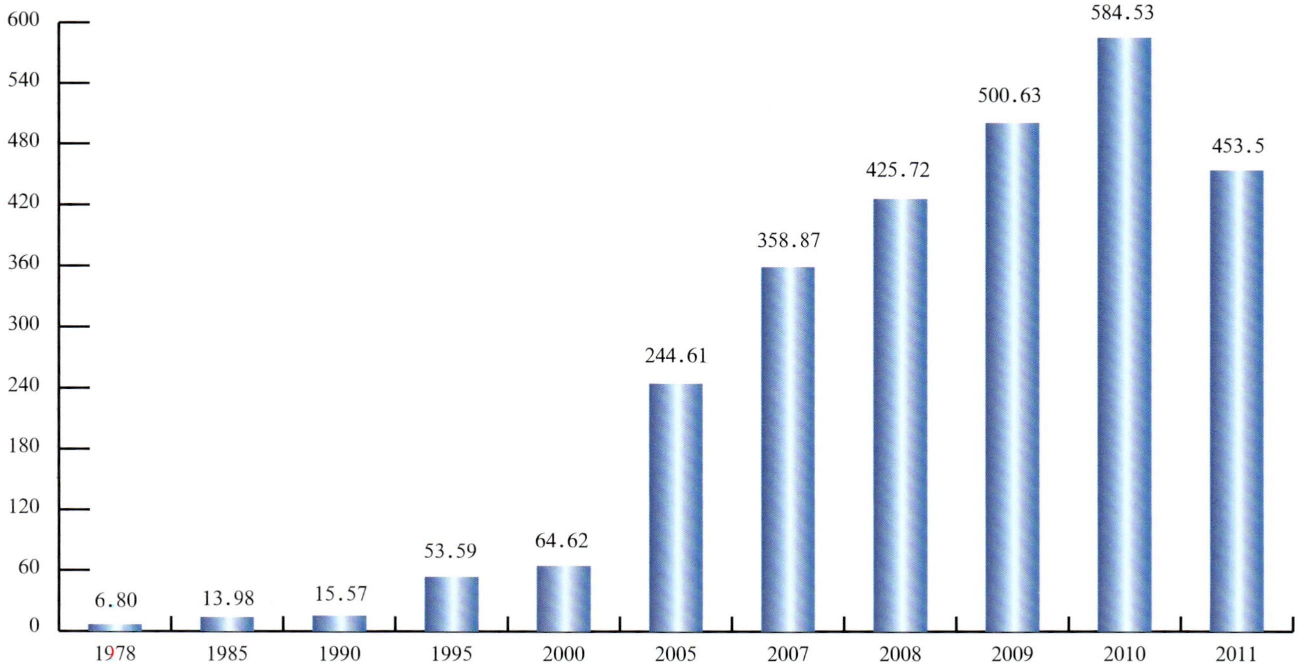


## 主要工业产品产量

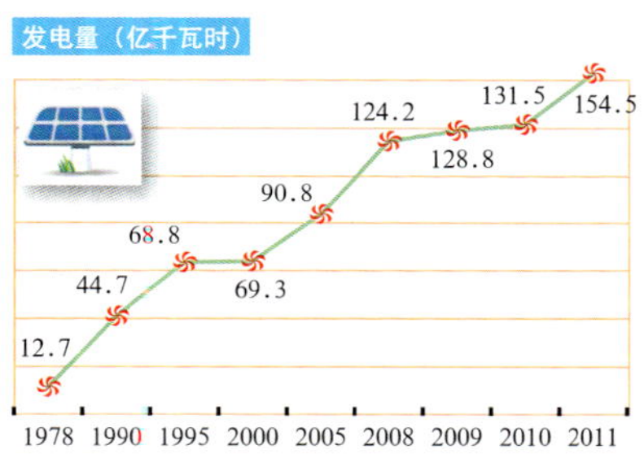


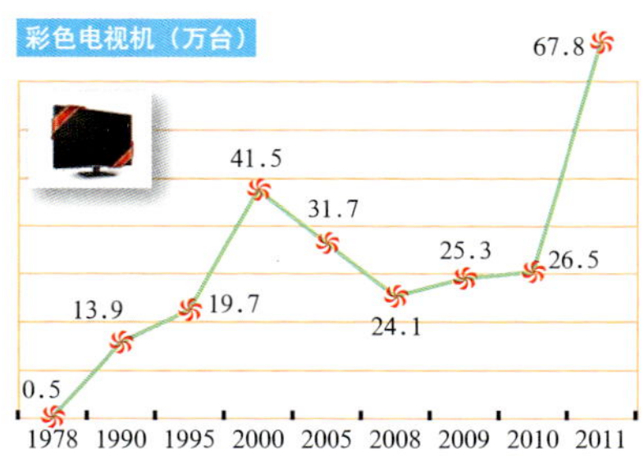


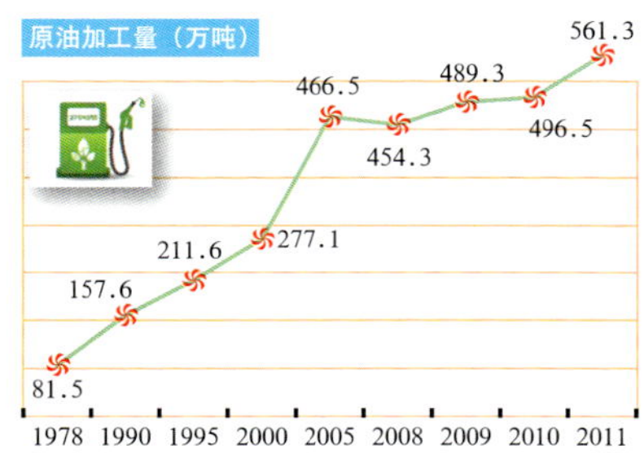


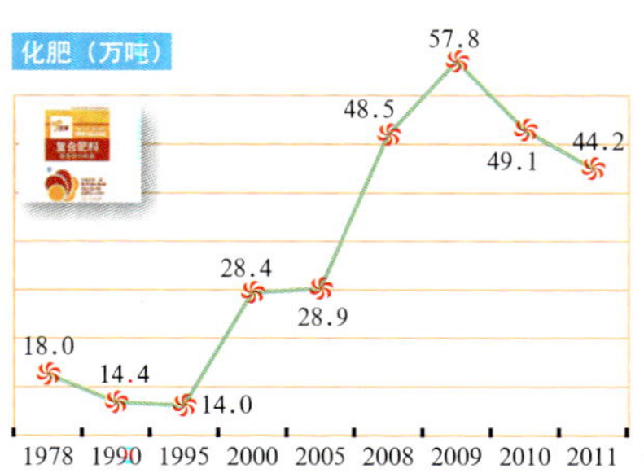


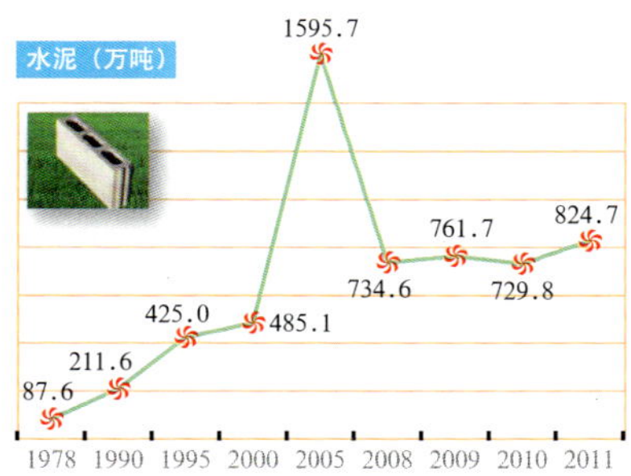


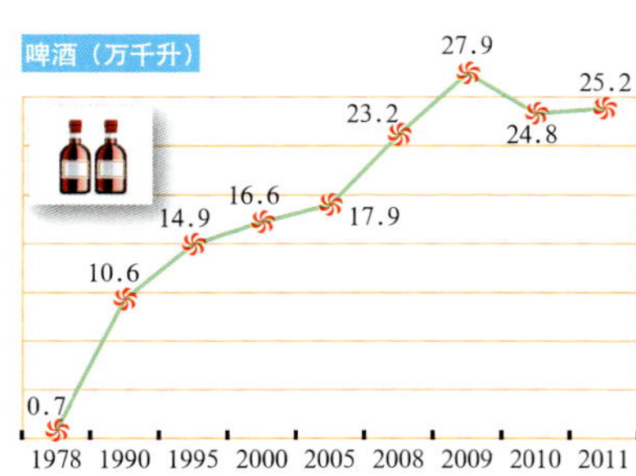


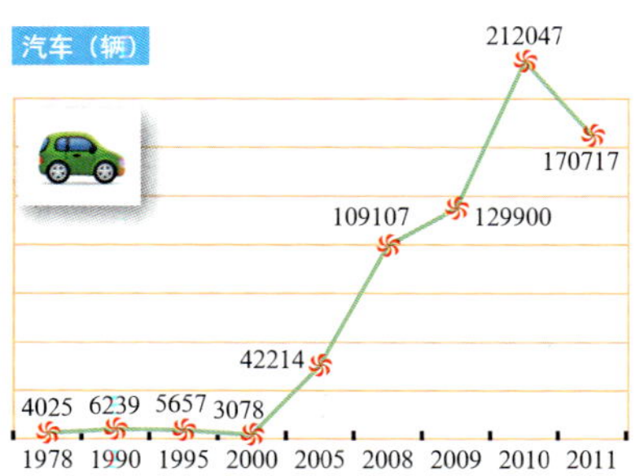


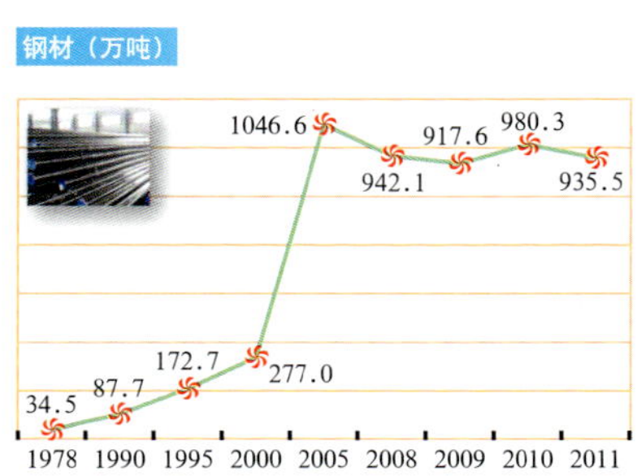


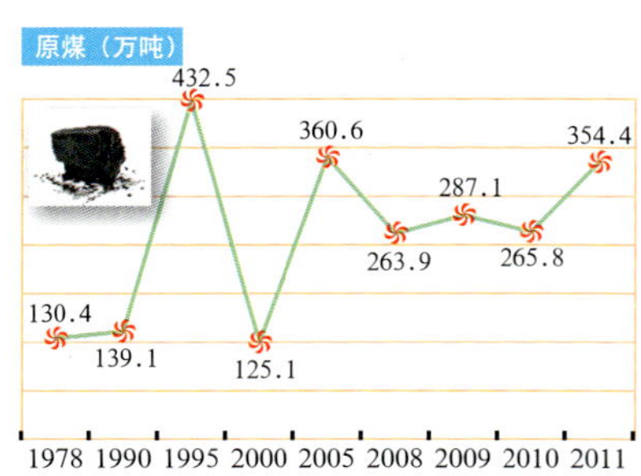

## 社会消费品零售总额及构成（亿元）

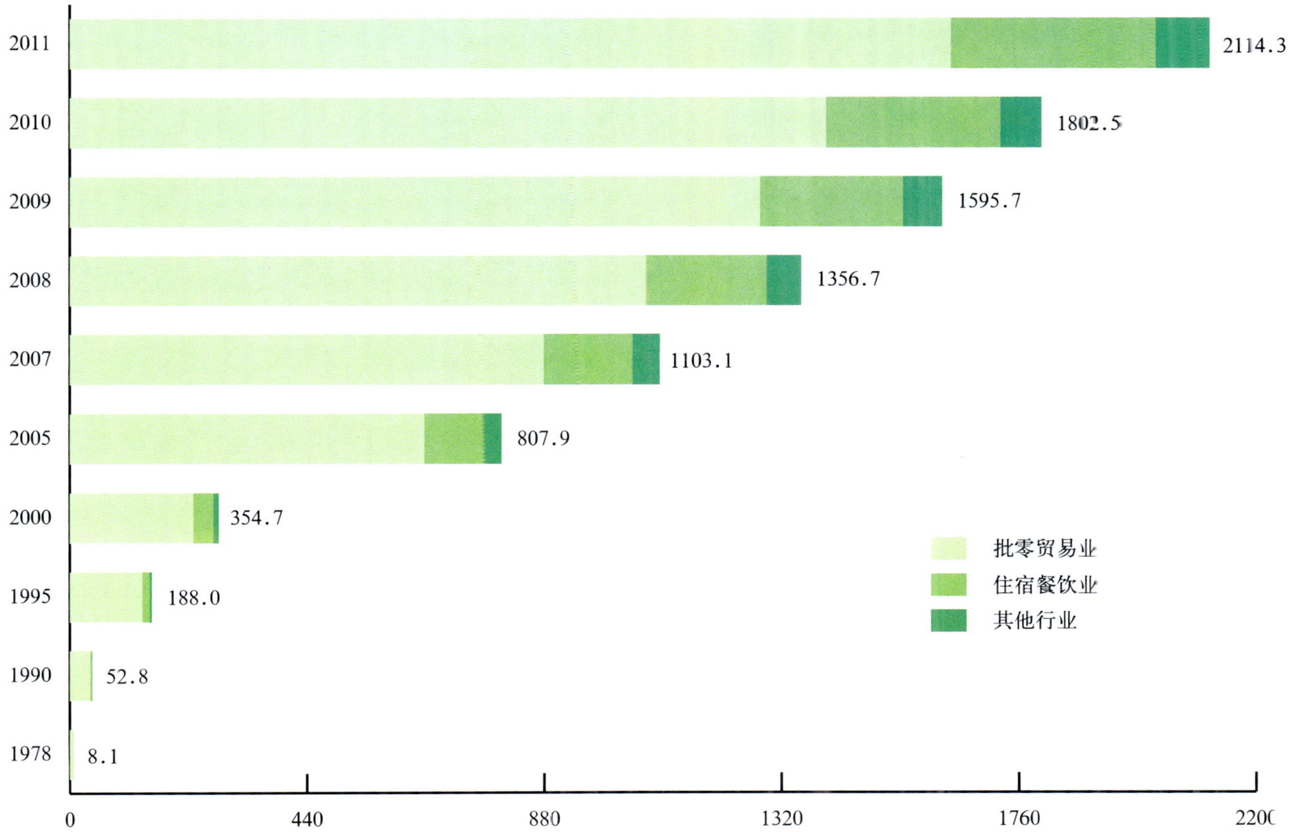


## 固定资产投资及构成（亿元）

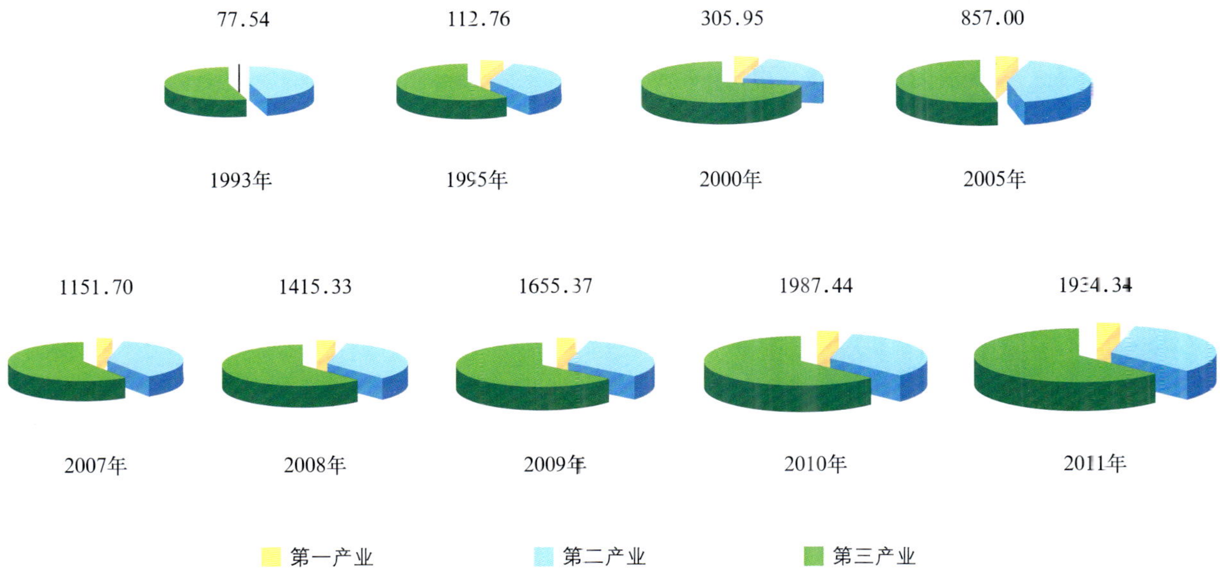


注：从2011年开始固定资产投资项目统计的起点标准从计划总投资50万元以上提高到500万元以上。

## 移动电话用户、宽带及互联网拨号注册电话用户（万户）

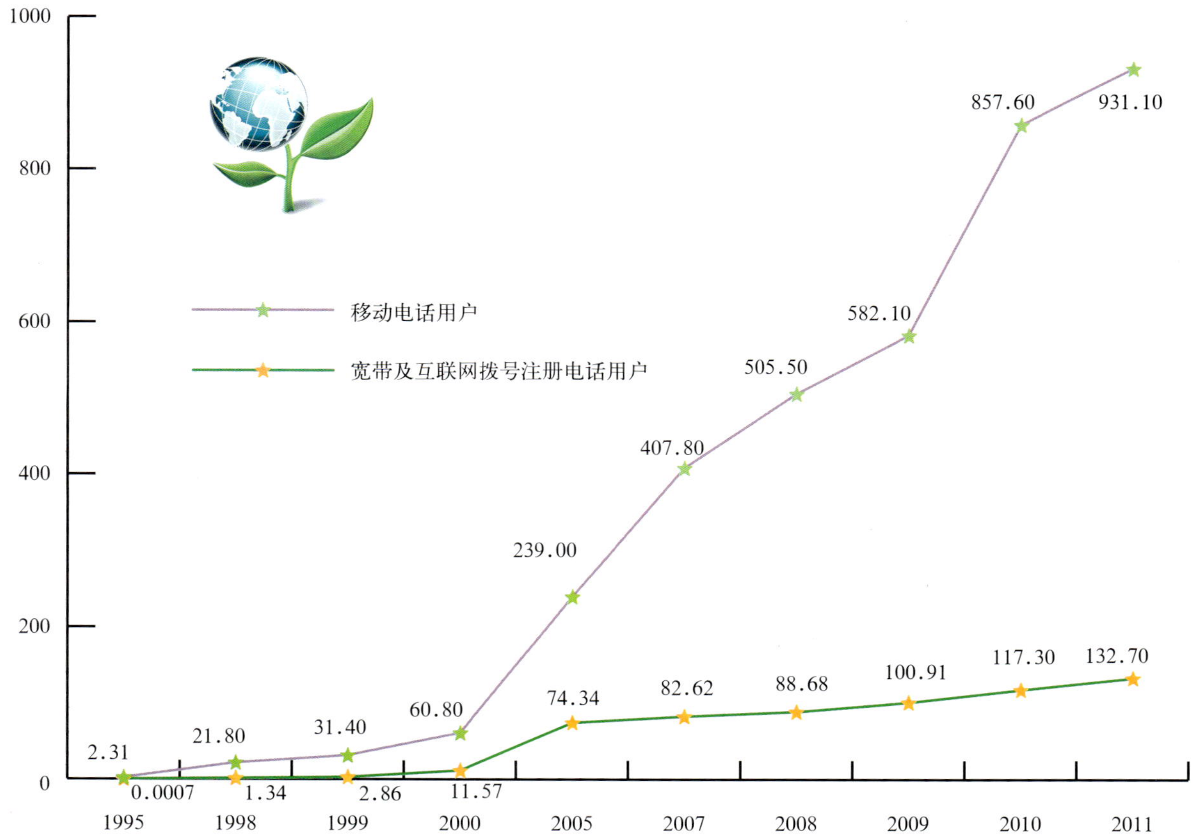


## 客运量（万人）

## 货运量（万吨）

铁路

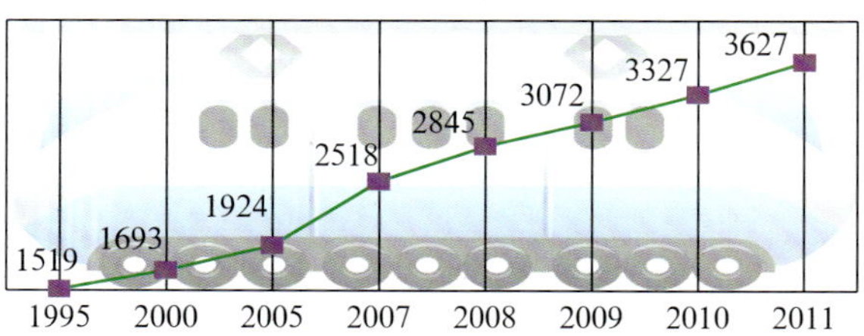


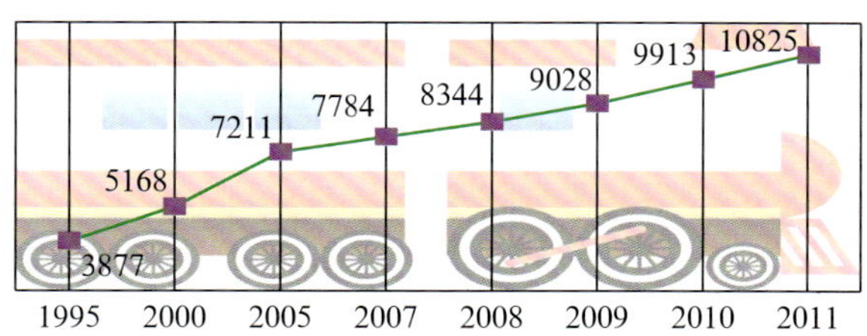


公路

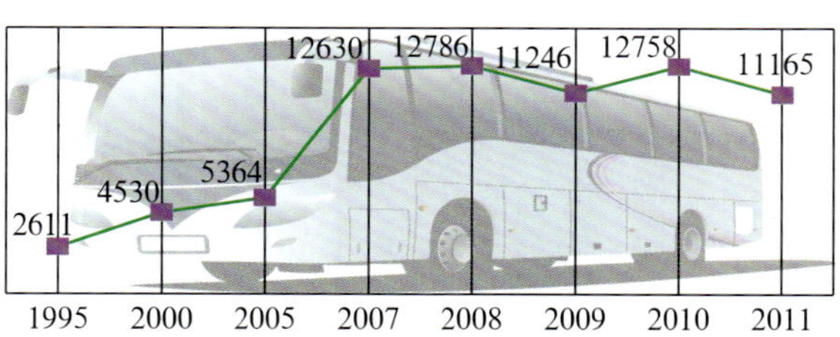


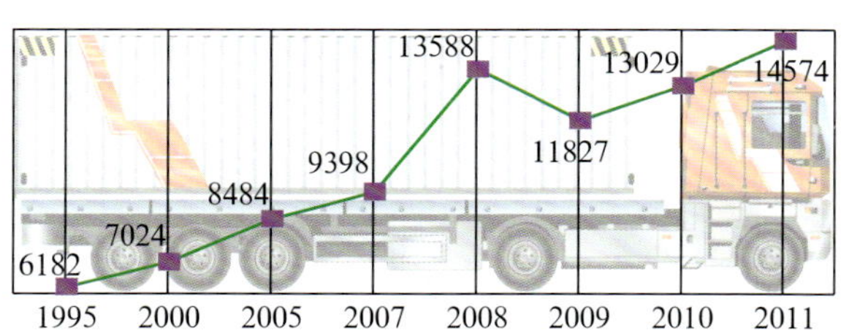


航空

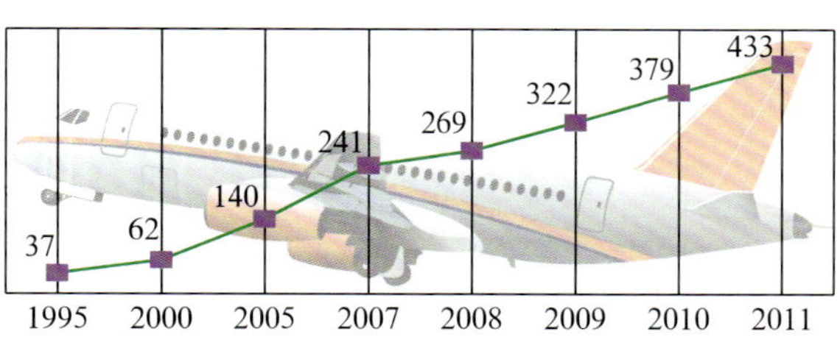


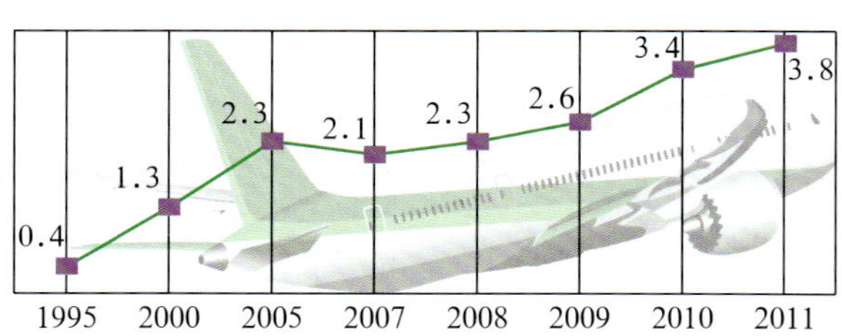

## 全社会用电量（万千瓦时）

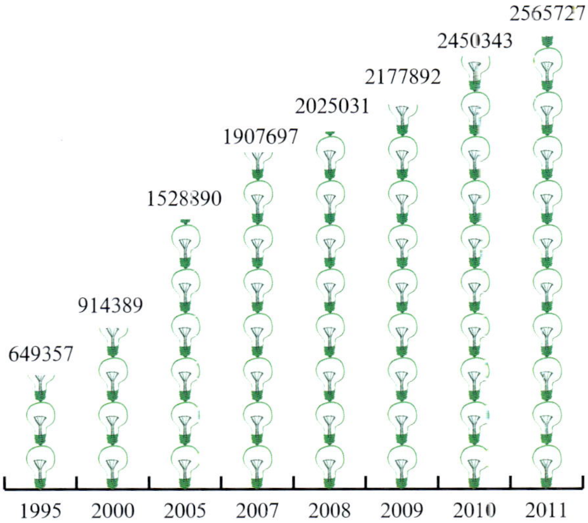


## 全社会供气量

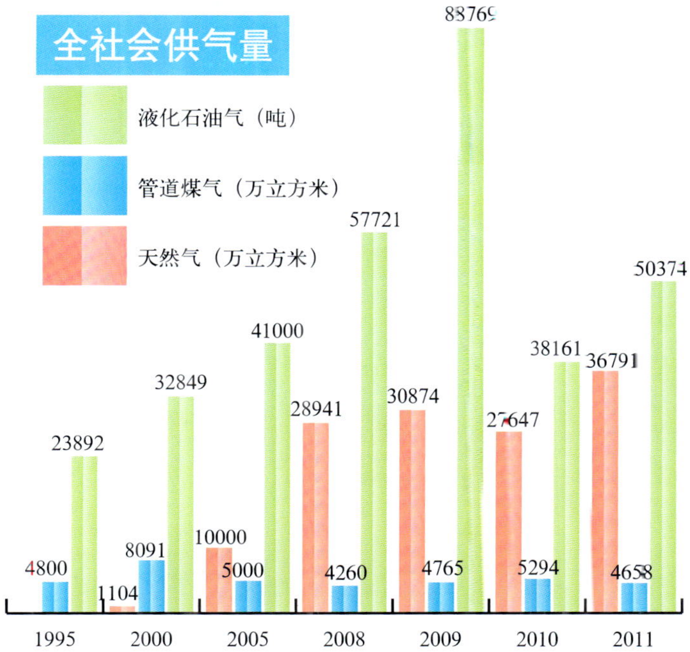


## 公共交通客运量（万人次）

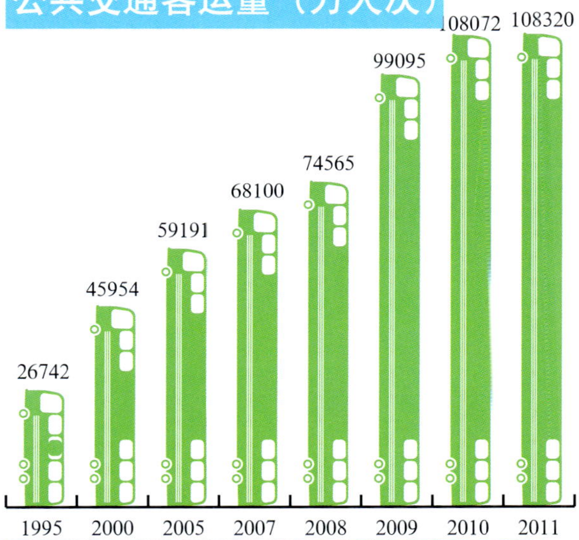


## 供热面积（万平方米）

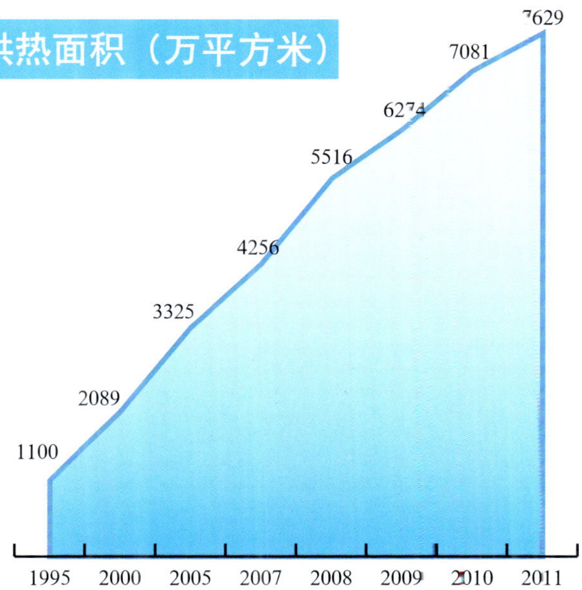


## 人均公共绿地面积（平方米/人）

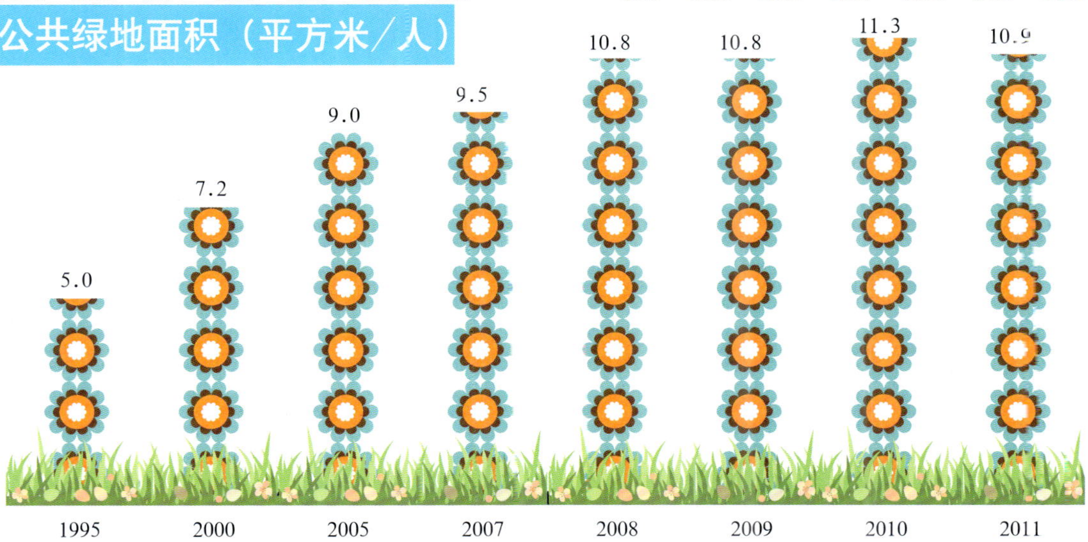

## 专利申请量（件）

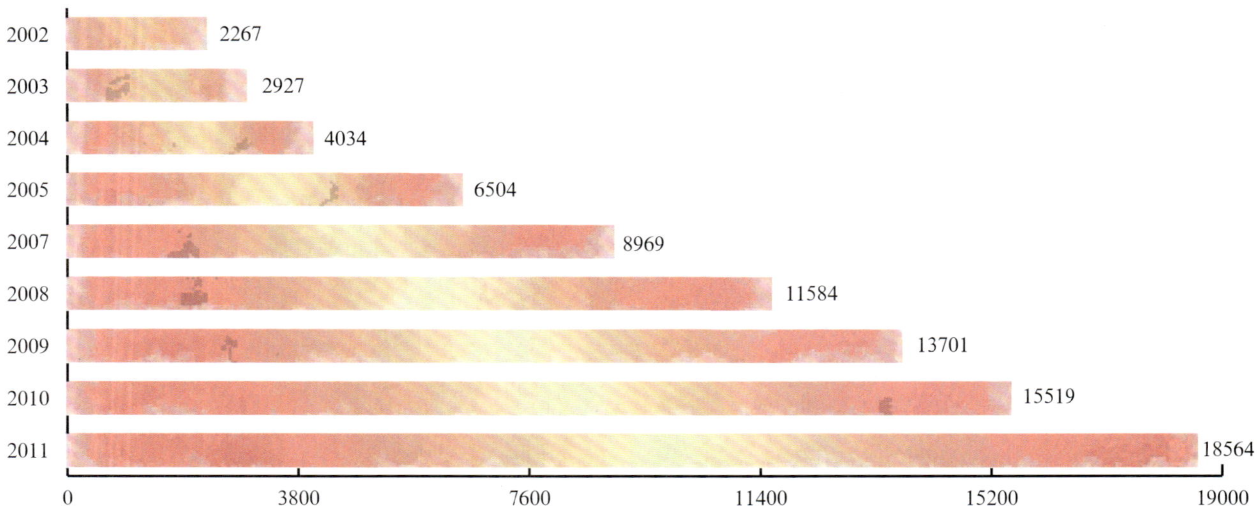


注：此数据为地域口径。

## 各类学校专任教师（人）

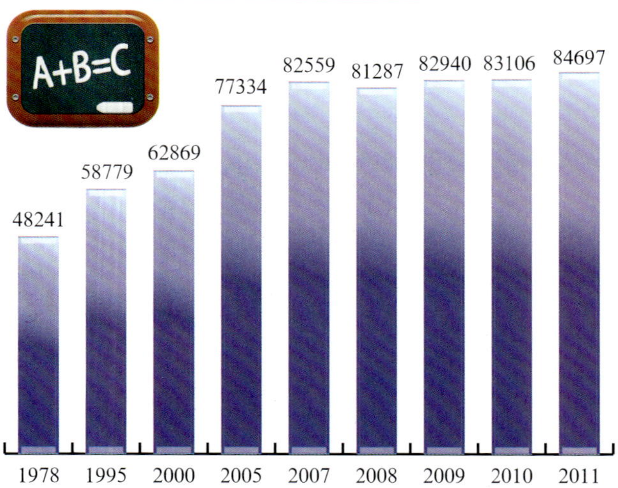


## 各类学校在校学生（万人）

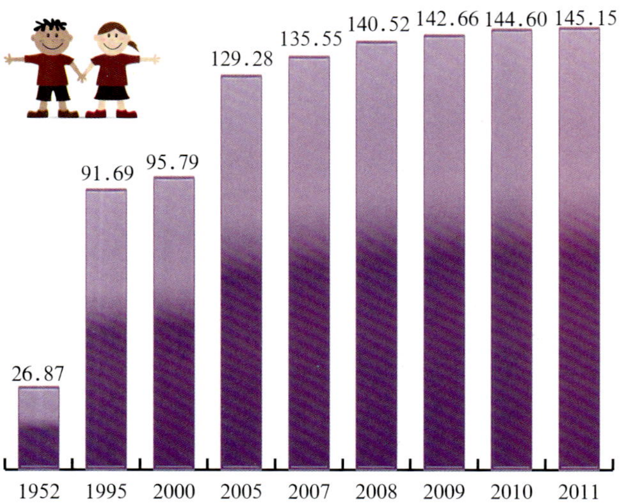


## 各类出版物—杂志（万册）

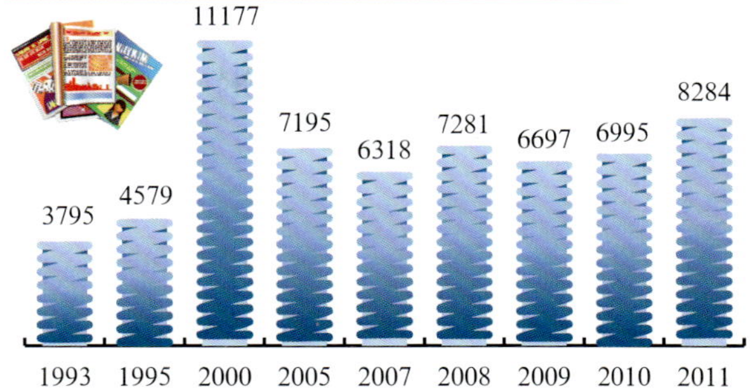


## 各类出版物—报纸（万份）

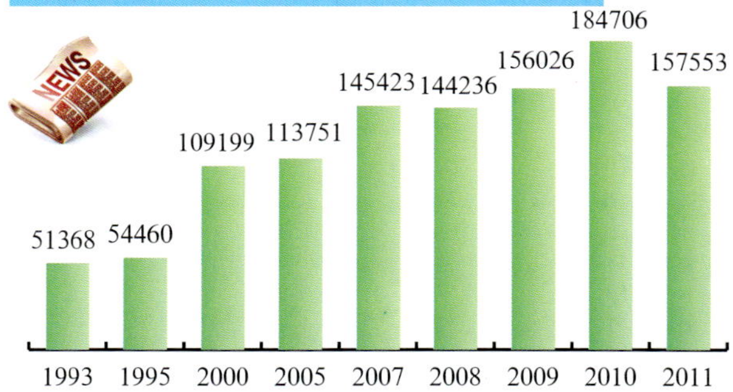


## 各类出版物—图书（万册）

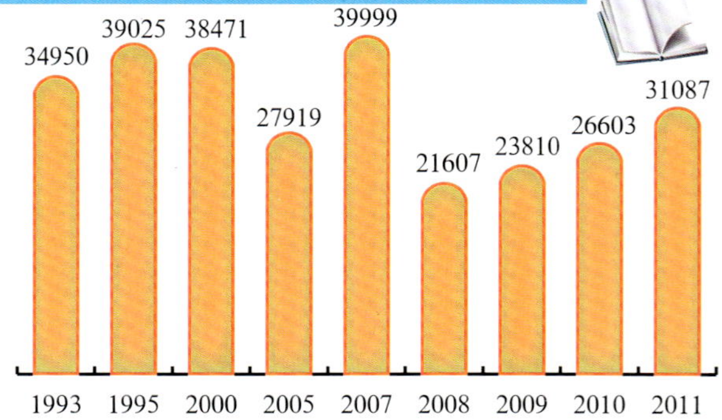

# 济南的一天

## 出生182人

## 死亡110人

## 迁入174人
## 迁出167人

## 结婚179对

## 供水80.5万吨

## 用电7029万千瓦时

## 交通事故2.1件

## 火灾1.6起

# 1

# 行政区划及自然资源

## DIVISIONS OF ADMINISTRATIVE AREAS AND NATURAL RESOURCES

# 1-1 行政区划

## DIVISIONS OF ADMINISTRATIVE AREAS

| 年份地区 | 乡(个) | 镇(个) | 街道(个) | 村(个) | 居委会(个) | 土地面积(平方公里) |
|---|---|---|---|---|---|---|
| **全市主要年份** | | | | | | |
| 1989 | 57 | 54 | 53 | 4710 | 702 | 8227 |
| 1990 | 57 | 54 | 48 | 4752 | 669 | 8227 |
| 1991 | 57 | 54 | 48 | 4752 | 670 | 8227 |
| 1992 | 57 | 54 | 48 | 4759 | 670 | 8227 |
| 1993 | 56 | 55 | 48 | 4756 | 670 | 8227 |
| 1994 | 55 | 56 | 48 | 4759 | 670 | 8227 |
| 1995 | 48 | 63 | 49 | 4723 | 721 | 8227 |
| 1996 | 42 | 68 | 49 | 4704 | 685 | 8154 |
| 1997 | 42 | 68 | 50 | 4696 | 616 | 8154 |
| 1998 | 42 | 69 | 50 | 4711 | 505 | 8154 |
| 1999 | 42 | 69 | 50 | 4714 | 468 | 8154 |
| 2000 | 42 | 69 | 50 | 4702 | 416 | 8154 |
| 2001 | 28 | 64 | 54 | 4677 | 417 | 8177 |
| 2002 | 27 | 65 | 54 | 4657 | 487 | 8177 |
| 2003 | 27 | 61 | 58 | 4657 | 487 | 8177 |
| 2004 | 27 | 61 | 58 | 4657 | 487 | 8177 |
| 2005 | 12 | 53 | 64 | 4628 | 400 | 8177 |
| 2006 | 11 | 53 | 64 | 4604 | 487 | 8177 |
| 2007 | 11 | 50 | 73 | 4563 | 500 | 8177 |
| 2008 | 11 | 50 | 73 | 4551 | 521 | 8177 |
| 2009 | 11 | 50 | 75 | 4553 | 522 | 8177 |
| 2010 | 6 | 49 | 86 | 4552 | 532 | 8177 |
| 2011 | 4 | 51 | 86 | 4538 | 556 | 8177 |
| **2011年分地区** | | | | | | |
| 市　区 | 0 | 16 | 75 | 1546 | 473 | 3257 |
| 历下区 | | | 13 | 19 | 73 | 101 |
| 市中区 | | | 17 | 77 | 102 | 280 |
| 槐荫区 | | 2 | 12 | 92 | 70 | 151 |
| 天桥区 | | 2 | 13 | 120 | 127 | 249 |
| 历城区 | | 6 | 13 | 597 | 47 | 1298 |
| 长清区 | | 6 | 4 | 585 | 38 | 1178 |
| 平阴县 | | 6 | 2 | 337 | 14 | 827 |
| 济阳县 | | 8 | 2 | 813 | 40 | 1076 |
| 商河县 | 4 | 7 | 1 | 948 | 15 | 1162 |
| 章丘市 | | 14 | 6 | 894 | 14 | 1855 |
| 高新区 | | | 3 | 56 | 16 | |

# 1-2 县(市)、区所辖乡镇、办事处(2011年末)

TOWNSHIP AND SUB-BRANCHES AT COUNTY LEVEL(END OF 2011)

| 县(市)、区 | 乡、镇、街道(个) | 乡、镇、街道名称 |
| --- | --- | --- |
| 历下区 | 13 | 解放路街道、千佛山街道、趵突泉街道、泉城路街道、大明湖街道、东关街道、文东街道、建筑新村街道、甸柳街道、燕山街道、姚家街道智远街道、龙洞街道 |
| 市中区 | 17 | 大观园街道、杆石桥街道、四里村街道、魏家庄街道、二七街道、七里山街道、六里山街道、舜玉路街道、泺源街道、王官庄街道、舜耕街道、白马山街道、七贤街道、党家街道、陡沟街道、十六里河街道、兴隆街道 |
| 槐荫区 | 14 | 振兴街道、中大槐树街道、道德街街道、西市场街道、五里沟街道、营市街街道、青年公园街道、南辛庄街道、段店北路街道、张庄路街道、匡山街道、美里湖街道、吴家堡镇、段店镇 |
| 天桥区 | 15 | 无影山街道、天桥东街道、北村街道、南村街道、堤口街道、北坦街道、制锦市街道、宝华街道、官扎营街道、纬北路街道、药山街道、北园街道、泺口街道、桑梓店镇、大桥镇 |
| 历城区 | 19 | 山大路街道、洪家楼街道、东风街道、全福街道、遥墙街道、王舍人街道、华山街道、港沟街道、荷花路街道、鲍山街道、唐冶街道、临港街道、郭店街道、唐王镇、董家镇、仲宫镇、彩石镇、柳埠镇、西营镇 |
| 长清区 | 10 | 文昌街道、崮云湖街道、平安街道、五峰山街道、归德镇、孝里镇、万德镇、张夏镇、马山镇、双泉镇 |
| 平阴县 | 8 | 榆山街道、锦水街道、洪范池镇、东阿镇、孔村镇、孝直镇、玫瑰镇、安城镇 |
| 济阳县 | 10 | 济阳街道、济北街道、回河镇、垛石镇、孙耿镇、曲堤镇、仁风镇、崔寨镇、太平镇、新市镇 |
| 商河县 | 12 | 许商街道、殷巷镇、怀仁镇、龙桑寺镇、郑路镇、贾庄镇、玉皇庙镇、白桥镇、孙集乡、沙河乡、韩庙乡、张坊乡、 |
| 章丘市 | 20 | 明水街道、双山街道、龙山街道、枣园街道、埠村街道、圣井街道、普集镇、绣惠镇、相公庄镇、垛庄镇、水寨镇、文祖镇、刁镇、曹范镇、白云湖镇、高官寨镇、宁家埠镇、辛寨镇、官庄镇、黄河镇 |
| 高新区 | 3 | 巨野河街道、孙村街道、舜华路街道 |

## 1-3 分地区气象情况(2011年)

METEOROLOGICAL DATA BY REGION(2011)

| 指　　标 | 单位 | 全市 | 市区 | 长清 | 平阴 | 济阳 | 商河 | 章丘 |
|---|---|---|---|---|---|---|---|---|
| 年平均气温 | ℃ | 13.4 | 14.1 | 13.9 | 13.5 | 12.9 | 12.4 | 13.5 |
| 极端最高气温 | ℃ | 36.9 | 36.8 | 36.9 | 36.3 | 36.9 | 36.3 | 35.3 |
| 出现日期 | 月.日 | 7.1、7.9 | 7.24 | 7.1 | 7.9 | 7.9 | 7.9 | 7.9 |
| 极端最低气温 | ℃ | -16.2 | -11.6 | -13.3 | -12.0 | -15.9 | -16.2 | -13.9 |
| 出现日期 | 月.日 | 1.16 | 1.16 | 1.16 | 1.16 | 1.16 | 1.16 | 1.16 |
| 全年降水量 | 毫米 | 615.8 | 667.1 | 556.9 | 606.8 | 561.3 | 542.5 | 759.9 |
| 日最大降水量 | 毫米 | 95.9 | 95.9 | 70.6 | 52.4 | 54.1 | 55.0 | 94.0 |
| 出现日期 | 月.日 | 8.11 | 8.11 | 7.2 | 8.19 | 5.8 | 6.23 | 5.8 |
| 年降水日数（≥0.1mm） | 天 | 79 | 85 | 80 | 79 | 77 | 73 | 80 |
| 全年日照时数 | 小时 | 2197.5 | 2084.0 | 2186.7 | 2330.9 | 2213.3 | 2543.6 | 1826.2 |
| 年平均相对湿度 | % | 60 | 54 | 59 | 60 | 64 | 64 | 57 |
| 年平均风速 | 米/秒 | 2.8 | 2.6 | 4.0 | 3.6 | 1.8 | 2.1 | 2.5 |
| 年平均气压 | 百帕 | 1007.7 | 997.5 | 1005.9 | 1008.0 | 1015.6 | 1016.1 | 1003.1 |
| 无霜期天数 | 天 | 224 | 275 | 258 | 204 | 212 | 196 | 196 |

## 1-4 历年气象情况

METEOROLOGICAL DATA BY YEAR

| 指　　标 | 单位 | 1985年 | 1990年 | 1995年 | 2000年 | 2005年 | 2010年 | 2011年 |
|---|---|---|---|---|---|---|---|---|
| 年平均气温 | ℃ | 12.8 | 13.8 | 14.0 | 14.0 | 13.6 | 13.6 | 13.4 |
| 最高气温 | ℃ | 36.9 | 36.7 | 36.5 | 37.8 | 41.2 | 39.6 | 36.9 |
| 出现日期 | 月.日 | 6.8 | 6.13 | 6.19 | 7.1 | 6.23 | 7.6 | 7.1、7.9 |
| 最低气温 | ℃ | -26.8 | -21.1 | -12.6 | -15.5 | -14.9 | -18.1 | -16.2 |
| 出现日期 | 月.日 | 12.8 | 1.31 | 12.25 | 1.25 | 2.2 | 1.5 | 1.16 |
| 全年降水量 | 毫米 | 593.2 | 844.9 | 636.2 | 636.7 | 720.6 | 762.2 | 615.8 |
| 日最大降水量 | 毫米 | 87.5 | 112.4 | 88.3 | 101.3 | 167.4 | 155.6 | 95.9 |
| 出现日期 | 月.日 | 7.29 | 8.29 | 8.7 | 7.22 | 9.19 | 8.9 | 8.11 |
| 年降水日数（≥0.1mm） | 天 | 82 | 88 | 65 | 71 | 62 | 75 | 79 |
| 全年日照时数 | 小时 | 2356.3 | 2424.0 | 2501.8 | 2400.3 | 2378.8 | 2198.9 | 2197.5 |
| 年均相对湿度 | % | 68 | 69 | 61 | 65 | 58 | 60 | 60 |
| 年平均风速 | 米/秒 | 2.5 | 2.5 | 2.5 | 2.6 | 2.8 | 3.1 | 2.8 |
| 年平均气压 | 百帕 | 1010.8 | 1011.0 | 1009.7 | 1008.5 | 1008.6 | 1006.3 | 1007.7 |
| 无霜期天数 | 天 | 210 | 208 | 214 | 206 | 226 | 236 | 224 |

## 1-5 分月份气象情况(2011年)

## MONTHLY METEOROLOGICAL DATA(2011)

| 月　　份 | 平均气温（℃） | 降水量（mm） | 气压（hpa） | 日照时数（小时） | 相对湿度（%） | 平均风速（m/s） |
|---|---|---|---|---|---|---|
| **全市全年** | 13.4 | 615.8 | 1007.7 | 2197.5 | 60 | 2.8 |
| 一　月 | -4.4 | 0.3 | 1022.0 | 187.2 | 38 | 2.4 |
| 二　月 | 1.4 | 11.8 | 1013.7 | 121.5 | 51 | 3.0 |
| 三　月 | 8.0 | 1.2 | 1013.4 | 266.3 | 35 | 3.5 |
| 四　月 | 14.7 | 16.1 | 1004.9 | 260.3 | 44 | 3.9 |
| 五　月 | 20.2 | 69.6 | 1000.3 | 255.4 | 55 | 3.4 |
| 六　月 | 26.5 | 32.5 | 994.4 | 221.0 | 52 | 3.3 |
| 七　月 | 27.3 | 124.2 | 993.4 | 175.3 | 72 | 2.4 |
| 八　月 | 24.8 | 156.1 | 997.8 | 138.2 | 84 | 2.0 |
| 九　月 | 19.1 | 112.7 | 1005.7 | 133.6 | 78 | 2.1 |
| 十　月 | 15.1 | 11.7 | 1011.3 | 173.2 | 68 | 2.5 |
| 十一月 | 8.5 | 70.3 | 1014.5 | 109.6 | 74 | 2.6 |
| 十二月 | -0.7 | 9.4 | 1021.0 | 155.9 | 67 | 2.2 |
| **市区全年** | 14.1 | 667.1 | 997.5 | 2084.0 | 54 | 2.6 |
| 一　月 | -3.4 | 0.4 | 1010.8 | 177.3 | 33 | 2.2 |
| 二　月 | 2.6 | 16.2 | 1002.8 | 116.4 | 46 | 2.6 |
| 三　月 | 8.7 | 2.1 | 1002.9 | 260.4 | 31 | 3.2 |
| 四　月 | 15.5 | 20.3 | 994.7 | 267.6 | 39 | 3.7 |
| 五　月 | 20.9 | 55.8 | 990.4 | 261.8 | 49 | 3.2 |
| 六　月 | 27.2 | 14.9 | 984.8 | 176.9 | 48 | 3.1 |
| 七　月 | 27.5 | 119.1 | 984.0 | 122.2 | 66 | 2.2 |
| 八　月 | 24.9 | 227.5 | 988.3 | 108.6 | 78 | 1.9 |
| 九　月 | 19.5 | 119.8 | 995.9 | 135.3 | 71 | 2.1 |
| 十　月 | 16.0 | 14.3 | 1001.3 | 182.0 | 57 | 2.3 |
| 十一月 | 9.1 | 67.8 | 1004.1 | 109.5 | 67 | 2.5 |
| 十二月 | 0.2 | 8.9 | 1010.2 | 166.0 | 58 | 2.1 |

# 主要统计指标解释

EXPLANATORY NOTES ON MAIN STATISTICAL INDICATORS

**行政区划** 指国家对行政区域的划分。根据宪法规定，我国的行政区域划分如下：⑴全国分为省、自治区、直辖市；⑵省、自治区分为自治州、县、自治县、市；⑶自治州分为县、自治县、市；⑷县、自治县分为乡、民族乡、镇；⑸直辖市和较大的市分为区、县；⑹国家在必要时设立的特别行政区。

**国土** 指一个主权国家管辖下的领土、领海和领空。

**气候** 指地球与大气之间长期能量交换与质量交换所形成的一种自然环境状态，它是多种因素综合作用的结果。气候既是人类生活和生产的环境要素之一，又是供给人类生活和生产的重要资源。气温、降水、湿度等气象要素的多年平均值是用来描述一个地区气候状况的主要参数，而各种气象要素某年、某月的平均值（或总量）则可以反映出该时期天气气候状况的重要特征。

**自然资源** 指人类可以直接从自然界获得，并用于生产和生活的物质资源。自然资源一般可以分成可再生资源和非再生资源两大类。可再生资源指在较短时间内可以再生、可以循环利用的资源，包括土地资源、水资源、气候资源、生物资源和海洋资源等。非再生资源指在使用后不能再生的资源，包括矿产资源和地热能源。

**土地** 指陆地的表层部分，它主要由岩石、岩石的风化物和土壤构成。土地资源按利用类型可以分为农用地、建筑用地和未利用地。农用地包括耕地、园地、林地、牧草地和水面。建筑用地包括居民点及工矿用地、交通用地和水利设施用地。未利用地指农用地和建筑用地以外的土地，包括滩涂、荒漠、戈壁、冰川和石山等等的总体。

**水资源** 水在自然界中以固体、液体和气态三种聚集状态存在，分布于海洋、陆地（包括土壤）以及大气之中，通过水循环形成水资源。水资源包括经人类控制并直接可供灌溉、发电、给水、航运、养殖等用途的地表水和地下水，以及江河、湖泊、井、泉、潮汐、港湾和养殖水域等。水资源是发展国民经济不可缺少的重要自然资源。

**气温** 指空气的温度，我国一般以摄氏度（℃）为单位表示。气象观测的温度表是放在离地面约1.5米处通风良好的百叶箱里测量的，因此，通常说的气温指的是离地面1.5米处百叶箱中的温度。其统计计算方法为：

月平均气温是将全月各日的平均气温相加，除以该月的天数而得。

年平均气温是将12个月的月平均气温累加后除以12而得。

**相对湿度** 指空气中实际水气压与当时气温下的饱合水气压之比。其统计方法与气温相同。

**降水量** 指从天空降落到地面的液态或固态（经融化后）水，未经蒸发、渗透、流失而在地面上积聚的深度。其统计计算方法为：

月降水量是将全月各日的降水量累加而得。

年降水量是将12个月的月降水量累加而得。

**日照时数** 指太阳实际照射地面的时间。其统计方法与降水量相同。

2

# 人　口

## POPULATION

## 2–1 主要年份总户

TOTAL HOUSEHOLD AND

| 年　　份 | 年末总户数(万户) | 年末总人口(万人) | 按农业、非农业户口分(万人) | | 非农比(%) |
|---|---|---|---|---|---|
| | | | 非农业 | 农　业 | |
| 1952 | 70.19 | 318.66 | 61.65 | 256.51 | 19.35 |
| 1957 | 76.44 | 346.38 | 79.24 | 267.15 | 22.88 |
| 1962 | 81.45 | 351.44 | 85.83 | 265.61 | 24.42 |
| 1965 | 83.01 | 373.22 | 91.55 | 281.67 | 24.53 |
| 1970 | 89.48 | 407.50 | 87.49 | 320.00 | 21.47 |
| 1975 | 96.54 | 437.73 | 95.14 | 342.59 | 21.73 |
| 1976 | 98.63 | 442.09 | 96.63 | 345.47 | 21.86 |
| 1977 | 100.60 | 445.05 | 97.71 | 347.35 | 21.95 |
| 1978 | 102.93 | 450.67 | 103.69 | 346.97 | 23.00 |
| 1979 | 105.34 | 456.37 | 107.81 | 348.56 | 23.60 |
| 1980 | 106.83 | 458.61 | 112.36 | 346.25 | 24.50 |
| 1981 | 110.52 | 467.93 | 117.28 | 350.65 | 25.06 |
| 1982 | 112.51 | 474.23 | 120.90 | 353.32 | 25.49 |
| 1983 | 114.92 | 479.38 | 125.38 | 354.00 | 26.15 |
| 1984 | 116.92 | 483.85 | 135.01 | 348.83 | 27.90 |
| 1985 | 120.19 | 488.39 | 141.43 | 346.96 | 28.96 |
| 1986 | 122.67 | 494.06 | 140.96 | 353.10 | 28.53 |
| 1987 | 125.43 | 501.03 | 146.12 | 354.91 | 29.16 |
| 1988 | 130.32 | 507.18 | 152.04 | 355.04 | 29.98 |
| 1989 | 134.77 | 513.39 | 157.79 | 355.60 | 30.73 |
| 1990 | 140.36 | 523.60 | 160.67 | 362.93 | 30.69 |
| 1991 | 143.42 | 527.43 | 163.29 | 364.14 | 30.96 |
| 1992 | 147.50 | 530.70 | 166.01 | 364.69 | 31.28 |
| 1993 | 149.42 | 533.53 | 169.31 | 364.22 | 31.73 |
| 1994 | 153.60 | 537.31 | 180.28 | 357.03 | 33.55 |
| 1995 | 156.45 | 542.12 | 186.04 | 356.08 | 34.32 |
| 1996 | 156.42 | 543.45 | 190.97 | 352.48 | 35.14 |
| 1997 | 157.66 | 549.20 | 194.23 | 354.97 | 35.37 |
| 1998 | 160.93 | 553.54 | 199.29 | 354.25 | 36.00 |
| 1999 | 163.52 | 557.63 | 202.47 | 355.16 | 36.31 |
| 2000 | 166.63 | 562.65 | 207.68 | 354.97 | 36.91 |
| 2001 | 168.46 | 569.00 | 222.24 | 343.14 | 39.06 |
| 2002 | 170.10 | 575.01 | 285.83 | 285.17 | 49.71 |
| 2003 | 172.18 | 582.56 | 297.21 | 283.58 | 51.02 |
| 2004 | 173.24 | 590.08 | 307.96 | 281.64 | 52.19 |
| 2005 | 177.69 | 597.44 | 330.26 | 267.18 | 55.28 |
| 2006 | 179.48 | 603.35 | 338.61 | 264.74 | 56.12 |
| 2007 | 181.88 | 604.85 | – | – | – |
| 2008 | 184.63 | 603.99 | | | |
| 2009 | 187.70 | 603.27 | | | |
| 2010 | 190.65 | 604.08 | | | |
| 2011 | 193.61 | 606.64 | | | |

## 数、总 人 口(户籍人口)

## POPULATION IN MAJOR YEARS

| 按性别分(万人) | | 性别比 (女=100) | 年平均人口(万人) | 比上年增长(‰) | 人口密度 (人/平方公里) |
|---|---|---|---|---|---|
| 男 性 | 女 性 | | | | |
| 157.68 | 160.98 | 97.95 | 315.94 | 3.30 | 387 |
| 170.30 | 176.09 | 96.71 | 343.25 | 17.40 | 421 |
| 174.55 | 176.89 | 98.68 | 350.18 | -4.60 | 427 |
| 186.08 | 187.14 | 99.43 | 370.24 | 19.50 | 454 |
| 203.16 | 204.34 | 99.42 | 404.17 | 16.60 | 495 |
| 217.82 | 219.91 | 99.05 | 435.15 | 9.90 | 532 |
| 220.89 | 221.20 | 99.86 | 439.91 | 10.90 | 537 |
| 222.46 | 222.59 | 99.94 | 443.57 | 8.30 | 541 |
| 226.31 | 224.36 | 100.87 | 447.86 | 9.70 | 548 |
| 228.57 | 227.80 | 100.34 | 453.52 | 12.60 | 555 |
| 230.47 | 228.15 | 101.02 | 457.49 | 8.80 | 557 |
| 235.35 | 232.58 | 101.19 | 463.27 | 12.60 | 569 |
| 238.99 | 235.26 | 101.59 | 471.08 | 16.80 | 576 |
| 242.02 | 237.36 | 101.54 | 476.81 | 12.20 | 583 |
| 244.32 | 239.53 | 102.00 | 481.62 | 10.10 | 588 |
| 246.86 | 241.53 | 102.21 | 486.12 | 9.30 | 594 |
| 250.09 | 243.97 | 102.51 | 491.23 | 10.50 | 601 |
| 253.95 | 247.08 | 102.78 | 497.55 | 12.90 | 609 |
| 257.22 | 249.86 | 102.95 | 504.11 | 13.20 | 616 |
| 260.79 | 252.61 | 103.24 | 510.29 | 12.30 | 624 |
| 265.91 | 257.69 | 103.19 | 518.50 | 16.10 | 636 |
| 267.78 | 259.65 | 103.13 | 525.52 | 13.50 | 641 |
| 269.46 | 261.25 | 103.14 | 529.07 | 6.70 | 645 |
| 270.77 | 262.76 | 103.05 | 532.12 | 5.80 | 649 |
| 272.76 | 264.54 | 103.11 | 535.42 | 6.20 | 653 |
| 274.98 | 267.14 | 102.93 | 539.72 | 8.00 | 656 |
| 275.59 | 267.86 | 102.89 | 542.79 | 5.70 | 666 |
| 278.30 | 270.90 | 102.73 | 546.33 | 6.50 | 674 |
| 279.91 | 273.63 | 102.30 | 551.37 | 9.20 | 679 |
| 281.71 | 275.93 | 102.09 | 555.59 | 7.70 | 684 |
| 284.19 | 278.46 | 102.06 | 560.14 | 8.20 | 690 |
| 287.39 | 281.61 | 102.06 | 565.83 | 10.20 | 696 |
| 290.58 | 284.43 | 102.16 | 572.00 | 10.90 | 703 |
| 294.04 | 288.52 | 101.91 | 578.78 | 11.90 | 712 |
| 297.25 | 292.82 | 101.51 | 586.32 | 13.03 | 722 |
| 300.42 | 297.02 | 101.15 | 593.76 | 12.69 | 731 |
| 302.72 | 300.63 | 100.70 | 600.39 | 11.17 | 738 |
| 302.87 | 301.98 | 100.29 | 604.10 | 6.17 | 740 |
| 302.00 | 301.99 | 100.00 | 604.42 | 0.53 | 739 |
| 301.26 | 302.01 | 99.75 | 603.63 | -1.30 | 738 |
| 301.28 | 302.80 | 99.50 | 603.68 | 0.08 | 739 |
| 302.19 | 304.44 | 99.26 | 605.36 | 2.78 | 742 |

## 2-2 主要年份市区总户数、总人口(户籍人口)

### TOTAL HOUSEHOLD AND POPULATION OF URBAN IN MAJOR YEARS

| 年份 | 年末总户数(万户) | 年末总人口(万人) | 按农业、非农业户口分(万人) | | 按性别分(万人) | | 年平均人口(万人) |
|---|---|---|---|---|---|---|---|
| | | | 非农业 | 农业 | 男性 | 女性 | |
| 1952 | 26.46 | 124.96 | 58.21 | 66.75 | 63.95 | 61.01 | 123.83 |
| 1957 | 29.13 | 143.17 | 74.52 | 68.65 | 72.05 | 71.13 | 140.11 |
| 1962 | 32.25 | 153.35 | 81.14 | 72.21 | 78.52 | 74.83 | 154.18 |
| 1965 | 34.03 | 162.82 | 85.86 | 76.96 | 83.20 | 79.62 | 161.90 |
| 1970 | 37.21 | 167.82 | 81.22 | 86.60 | 85.61 | 82.21 | 168.51 |
| 1975 | 40.67 | 178.78 | 86.07 | 92.71 | 90.83 | 87.95 | 177.74 |
| 1976 | 41.59 | 180.99 | 87.12 | 93.87 | 91.83 | 89.16 | 179.88 |
| 1977 | 42.34 | 181.49 | 88.05 | 93.45 | 91.92 | 89.57 | 181.24 |
| 1978 | 43.79 | 186.43 | 93.28 | 93.15 | 94.70 | 91.73 | 183.96 |
| 1979 | 45.33 | 189.26 | 96.86 | 92.40 | 96.22 | 93.04 | 187.84 |
| 1980 | 46.12 | 190.01 | 100.88 | 89.13 | 97.22 | 92.79 | 189.63 |
| 1981 | 48.64 | 194.05 | 104.22 | 89.83 | 99.37 | 94.69 | 192.03 |
| 1982 | 50.60 | 201.31 | 106.95 | 94.35 | 101.44 | 99.87 | 197.68 |
| 1983 | 52.32 | 205.48 | 110.93 | 94.55 | 103.42 | 102.07 | 203.39 |
| 1984 | 54.30 | 209.55 | 115.21 | 94.34 | 105.57 | 103.99 | 207.52 |
| 1985 | 56.88 | 213.28 | 120.15 | 93.13 | 107.96 | 105.33 | 211.42 |
| 1986 | 58.65 | 216.98 | 122.70 | 94.28 | 111.54 | 105.43 | 215.13 |
| 1987 | 60.54 | 221.49 | 126.05 | 95.44 | 113.79 | 107.70 | 219.23 |
| 1988 | 63.03 | 225.00 | 132.60 | 92.40 | 115.51 | 109.39 | 223.25 |
| 1989 | 65.29 | 228.88 | 134.70 | 94.18 | 117.49 | 111.39 | 226.94 |
| 1990 | 81.22 | 283.66 | 141.07 | 142.59 | 145.29 | 138.36 | |
| 1991 | 83.30 | 286.20 | 143.07 | 143.13 | 146.55 | 139.65 | 284.93 |
| 1992 | 85.87 | 288.52 | 147.74 | 140.78 | 145.19 | 143.33 | 287.36 |
| 1993 | 88.02 | 291.24 | 147.99 | 143.26 | 149.07 | 142.17 | 289.88 |
| 1994 | 90.10 | 294.60 | 153.26 | 141.34 | 150.75 | 143.85 | 292.92 |
| 1995 | 92.04 | 299.20 | 158.19 | 141.00 | 152.97 | 146.23 | 296.90 |
| 1996 | 93.12 | 302.78 | 162.50 | 140.28 | 154.58 | 148.20 | 300.99 |
| 1997 | 93.90 | 306.98 | 169.35 | 137.63 | 156.54 | 150.44 | 304.88 |
| 1998 | 96.65 | 309.90 | 169.20 | 140.70 | 157.58 | 152.32 | 308.44 |
| 1999 | 97.74 | 313.18 | 171.81 | 141.37 | 159.19 | 153.99 | 311.54 |
| 2000 | 99.25 | 317.20 | 176.04 | 141.16 | 161.03 | 156.17 | 315.19 |
| 2001 | 100.53 | 322.45 | 185.00 | 133.84 | 163.73 | 158.72 | 319.83 |
| 2002 | 101.62 | 327.55 | 234.60 | 88.97 | 166.43 | 161.12 | 325.00 |
| 2003 | 102.71 | 334.80 | 243.29 | 89.73 | 169.84 | 164.96 | 331.18 |
| 2004 | 102.68 | 341.73 | 251.69 | 89.56 | 172.91 | 168.82 | 338.27 |
| 2005 | 104.87 | 347.87 | 272.64 | 75.22 | 175.41 | 172.45 | 344.80 |
| 2006 | 106.19 | 352.29 | 277.02 | 75.27 | 177.10 | 175.19 | 350.08 |
| 2007 | 107.55 | 352.71 | | | 176.70 | 176.01 | 352.50 |
| 2008 | 109.26 | 350.23 | | | 175.08 | 175.15 | 351.47 |
| 2009 | 111.07 | 348.24 | | | 173.71 | 174.53 | 349.24 |
| 2010 | 112.91 | 348.02 | | | 173.19 | 174.83 | 348.13 |
| 2011 | 114.75 | 349.44 | | | 173.51 | 175.93 | 348.73 |

注:1990年以前的数据中不包括长清区。

# 2-3 主要年份人口自然变动情况

NATURAL CHANGE OF POPULATION IN MAJOR YEARS

| 年　份 | 出生人口(人) | 人口出生率(‰) | 死亡人口(人) | 人口死亡率(‰) | 人口自然增长(人) | 人口自然增长率(‰) |
|---|---|---|---|---|---|---|
| 1952 | 72861 | 23.06 | 29949 | 9.48 | 42912 | 13.58 |
| 1957 | 108432 | 31.59 | 38082 | 11.09 | 70350 | 20.50 |
| 1962 | 108029 | 30.85 | 44464 | 12.70 | 63565 | 18.15 |
| 1965 | 121364 | 32.78 | 39355 | 10.63 | 82009 | 22.15 |
| 1970 | 111861 | 27.68 | 29965 | 7.41 | 81896 | 20.27 |
| 1975 | 82939 | 19.06 | 33837 | 7.78 | 49102 | 11.28 |
| 1976 | 70065 | 15.93 | 34693 | 7.89 | 35372 | 8.04 |
| 1977 | 67413 | 15.20 | 33723 | 7.60 | 33690 | 7.60 |
| 1978 | 69541 | 15.53 | 31343 | 7.00 | 38198 | 8.53 |
| 1979 | 72596 | 16.01 | 30205 | 6.66 | 42391 | 9.35 |
| 1980 | 60336 | 13.19 | 32004 | 7.00 | 28332 | 6.19 |
| 1981 | 70327 | 15.18 | 31671 | 6.84 | 38656 | 8.34 |
| 1982 | 74147 | 15.74 | 28679 | 6.09 | 45468 | 9.65 |
| 1983 | 56454 | 11.84 | 30080 | 6.31 | 26374 | 5.53 |
| 1984 | 61156 | 12.70 | 32277 | 6.70 | 28879 | 6.00 |
| 1985 | 55386 | 11.39 | 31678 | 6.52 | 23708 | 4.87 |
| 1986 | 69901 | 14.23 | 30790 | 6.27 | 39111 | 7.96 |
| 1987 | 86752 | 17.44 | 30007 | 6.03 | 56745 | 11.41 |
| 1988 | 78922 | 15.66 | 32850 | 6.52 | 46072 | 9.14 |
| 1989 | 76380 | 14.97 | 30721 | 6.02 | 45659 | 8.95 |
| 1990 | 66806 | 12.88 | 33916 | 6.54 | 32890 | 6.34 |
| 1991 | 59374 | 11.30 | 32675 | 6.20 | 26699 | 5.10 |
| 1992 | 52825 | 9.98 | 34969 | 6.61 | 17856 | 3.37 |
| 1993 | 46007 | 8.65 | 35317 | 6.64 | 10690 | 2.01 |
| 1994 | 49940 | 9.30 | 35308 | 6.60 | 14632 | 2.70 |
| 1995 | 54132 | 10.03 | 34107 | 6.32 | 20025 | 3.71 |
| 1996 | 58254 | 10.73 | 36452 | 6.71 | 21802 | 4.02 |
| 1997 | 62245 | 11.39 | 35768 | 6.55 | 26477 | 4.84 |
| 1998 | 62490 | 11.33 | 36497 | 6.64 | 25893 | 4.69 |
| 1999 | 55931 | 10.07 | 34956 | 6.29 | 20975 | 3.78 |
| 2000 | 62059 | 11.08 | 39499 | 7.05 | 22560 | 4.03 |
| 2001 | 55536 | 9.82 | 33816 | 5.98 | 21720 | 3.84 |
| 2002 | 57317 | 10.02 | 36234 | 6.33 | 21083 | 3.69 |
| 2003 | 54599 | 9.43 | 42539 | 7.35 | 12060 | 2.08 |
| 2004 | 60670 | 10.35 | 38158 | 6.51 | 22512 | 3.84 |
| 2005 | 60240 | 10.15 | 37782 | 6.36 | 22458 | 3.78 |
| 2006 | 57706 | 9.61 | 39040 | 6.50 | 18666 | 3.11 |
| 2007 | 58367 | 9.66 | 39752 | 6.58 | 18615 | 3.08 |
| 2008 | 59600 | 9.86 | 39887 | 6.60 | 19713 | 3.26 |
| 2009 | 56694 | 9.39 | 40911 | 6.78 | 15783 | 2.61 |
| 2010 | 67162 | 11.13 | 50380 | 8.35 | 16782 | 2.78 |
| 2011 | 66563 | 11.00 | 40310 | 6.66 | 26253 | 4.34 |

## 2-4 分地区户数、人口数(2011年)(户籍人口)

HOUSEHOLDANDPOPULATIONBYREGION(2011)

| 地　　区 | 户数(万户) | 人口数(万人) | 按性别分(万人) | |
|---|---|---|---|---|
| | | | 男　性 | 女　性 |
| **全　市** | 193.61 | 606.64 | 302.19 | 304.44 |
| 市　区 | 114.75 | 349.44 | 173.51 | 175.93 |
| 历下区 | 17.23 | 54.26 | 27.07 | 27.20 |
| 市中区 | 19.77 | 57.55 | 28.23 | 29.32 |
| 槐荫区 | 13.39 | 38.44 | 18.90 | 19.54 |
| 天桥区 | 18.20 | 50.69 | 25.13 | 25.56 |
| 历城区 | 29.61 | 92.76 | 46.29 | 46.47 |
| 长清区 | 16.56 | 55.74 | 27.90 | 27.84 |
| 平阴县 | 13.68 | 37.35 | 18.71 | 18.63 |
| 济阳县 | 16.35 | 55.55 | 27.96 | 27.59 |
| 商河县 | 18.26 | 62.52 | 31.62 | 30.90 |
| 章丘市 | 30.57 | 101.77 | 50.39 | 51.39 |

## 2-5 计划生育情况(2011年)

BASIC STATISTICS OF FAMILY PLANNING(2011)

| 地　　区 | 合法生育(人) | | 合法生育率% | 违法生育(人) | | |
|---|---|---|---|---|---|---|
| | 一　孩 | 二　孩 | | 一　孩 | 二　孩 | 多　孩 |
| **总　计** | 43887 | 10565 | 96.9 | 106 | 1291 | 333 |
| 市　区 | 26411 | 4830 | 98.1 | 40 | 462 | 93 |
| 历下区 | 3883 | 306 | 99.3 | 0 | 23 | 7 |
| 市中区 | 4179 | 606 | 99.2 | 0 | 33 | 4 |
| 槐荫区 | 2819 | 382 | 98.5 | 3 | 40 | 5 |
| 天桥区 | 3641 | 387 | 98.1 | 5 | 57 | 17 |
| 历城区 | 6847 | 1653 | 98.1 | 10 | 123 | 34 |
| 长清区 | 3560 | 1243 | 95.4 | 22 | 182 | 26 |
| 高新区 | 1482 | 253 | 99.8 | 0 | 4 | 0 |
| 平阴县 | 2299 | 639 | 94.7 | 38 | 106 | 21 |
| 济阳县 | 4347 | 1269 | 95.2 | 4 | 228 | 50 |
| 商河县 | 4895 | 1620 | 93.1 | 4 | 357 | 120 |
| 章丘市 | 5935 | 2207 | 97.5 | 20 | 138 | 49 |

## 2-6 分地区人口机械变动情况(2011年)

UN-NATURAL CHANGES OF POPULATION BY REGION(2011)

| 地 区 | 迁入人口(人) | 迁入率(‰) | 迁出人口(人) | 迁出率(‰) | 人口机械增长(人) | 人口机械增长率(‰) |
|---|---|---|---|---|---|---|
| 全 市 | 63635 | 10.51 | 61005 | 10.08 | 2630 | 0.43 |
| 市 区 | 42376 | 12.15 | 42090 | 12.07 | 286 | 0.08 |
| 历下区 | 10915 | 20.12 | 15205 | 28.03 | -4290 | -7.91 |
| 市中区 | 7852 | 13.69 | 7768 | 13.55 | 84 | 0.15 |
| 槐荫区 | 4968 | 12.99 | 2424 | 6.34 | 2544 | 6.65 |
| 天桥区 | 6138 | 12.15 | 2635 | 5.21 | 3503 | 6.93 |
| 历城区 | 9648 | 10.43 | 8516 | 9.21 | 1132 | 1.22 |
| 长清区 | 2855 | 5.11 | 5542 | 9.92 | -2687 | -4.81 |
| 平阴县 | 3925 | 10.52 | 3572 | 9.57 | 353 | 0.95 |
| 济阳县 | 7290 | 13.16 | 6598 | 11.91 | 692 | 1.25 |
| 商河县 | 5249 | 8.43 | 5264 | 8.45 | -15 | -0.02 |
| 章丘市 | 4795 | 4.72 | 3481 | 3.42 | 1314 | 1.29 |

## 2-7 分地区人口自然变动情况(2011年)

NATURAL CHANGES OF POPULATION BY REGION(2011)

| 地 区 | 出生人口(人) | 出生率(‰) | 死亡人口(人) | 死亡率(‰) | 人口自然增长(人) | 人口自然增长率(‰) |
|---|---|---|---|---|---|---|
| 全 市 | 66563 | 11.00 | 40310 | 6.66 | 26253 | 4.34 |
| 市 区 | 37444 | 10.74 | 21809 | 6.25 | 15635 | 4.48 |
| 历下区 | 5400 | 9.95 | 2513 | 4.63 | 2887 | 5.32 |
| 市中区 | 5986 | 10.44 | 3433 | 5.99 | 2553 | 4.45 |
| 槐荫区 | 4258 | 11.13 | 2507 | 6.55 | 1751 | 4.58 |
| 天桥区 | 5152 | 10.20 | 3378 | 6.68 | 1774 | 3.51 |
| 历城区 | 10969 | 11.86 | 6004 | 6.49 | 4965 | 5.37 |
| 长清区 | 5679 | 10.16 | 3974 | 7.11 | 1705 | 3.05 |
| 平阴县 | 3206 | 8.59 | 2196 | 5.89 | 1010 | 2.71 |
| 济阳县 | 7620 | 13.76 | 4588 | 8.28 | 3032 | 5.47 |
| 商河县 | 9064 | 14.55 | 3999 | 6.42 | 5065 | 8.13 |
| 章丘市 | 9229 | 9.08 | 7718 | 7.59 | 1511 | 1.49 |

# 2-8 结 婚 情 况

## NUMBER OF MARRIAGES

单位:对

| 地　区 | 2006年 | 2007年 | 2008年 | 2009年 | 2010年 | 2011年 |
|---|---|---|---|---|---|---|
| **总　计** | 54673 | 48354 | 54628 | 66782 | 55735 | 65338 |
| 市　直 | 91 | 77 | 89 | 97 | 77 | 112 |
| 历下区 | 7307 | 5337 | 6099 | 7664 | 6481 | 8384 |
| 市中区 | 6800 | 5370 | 6002 | 7339 | 5839 | 7260 |
| 槐荫区 | 5019 | 3920 | 4648 | 5765 | 4397 | 5160 |
| 天桥区 | 5686 | 4494 | 5205 | 6335 | 4987 | 6383 |
| 历城区 | 9750 | 7871 | 8393 | 10017 | 8288 | 9440 |
| 长清区 | 3935 | 3717 | 3789 | 4788 | 4328 | 5039 |
| 平阴县 | 3009 | 2818 | 2974 | 3386 | 3191 | 3621 |
| 济阳县 | 3879 | 4533 | 4718 | 6143 | 5970 | 6357 |
| 商河县 | 3261 | 4767 | 6085 | 6763 | 5477 | 5950 |
| 章丘市 | 5936 | 5450 | 6626 | 8485 | 6700 | 7632 |

# 2-9 离 婚 情 况

## NUMBER OF DIVORCES

单位:对

| 地　区 | 2006年 | 2007年 | 2008年 | 2009年 | 2010年 | 2011年 |
|---|---|---|---|---|---|---|
| **总　计** | 11493 | 13301 | 13922 | 14832 | 18395 | 19066 |
| 法院数 | 5005 | 5128 | 5631 | 5420 | 6658 | 6698 |
| 民政数 | 6488 | 8173 | 8291 | 9412 | 11737 | 12368 |
| 市　直 | 12 | 19 | 12 | 12 | 14 | 17 |
| 历下区 | 1193 | 1374 | 1378 | 1520 | 1999 | 2027 |
| 市中区 | 1136 | 1469 | 1411 | 1591 | 1726 | 1865 |
| 槐荫区 | 662 | 919 | 915 | 931 | 1238 | 1178 |
| 天桥区 | 978 | 1292 | 1239 | 1386 | 1624 | 1522 |
| 历城区 | 1021 | 1133 | 1350 | 1496 | 1802 | 2006 |
| 长清区 | 360 | 383 | 410 | 484 | 646 | 752 |
| 平阴县 | 237 | 347 | 343 | 404 | 517 | 571 |
| 济阳县 | 174 | 230 | 291 | 409 | 634 | 680 |
| 商河县 | 240 | 375 | 224 | 274 | 334 | 390 |
| 章丘市 | 475 | 632 | 718 | 905 | 1203 | 1360 |

# 主要统计指标解释

## EXPLANATORY NOTES ON MAIN STATISTICAL INDICATORS

**人口统计资料主要有三个来源** 人口普查、人口抽样调查和人口经常性登记。

**人口普查** 是在国家规定的统一时间内，用统一的方法，统一的调查项目，对全国或某一地区的人口进行的一种专门调查。

**人口抽样调查** 是从所要研究的总人口中，随机抽取部分人口，并根据对这些人口调查所得到的数据来推算该人口总体相应指标的方法。

**人口经常性登记** 是指对人口出生、死亡、婚姻、迁移等事件进行连续的、持久的、强制的全面登记制度。

**人口数** 指一定时点、一定地区范围内的有生命的个人的总和。

**年度统计的年末人口数** 指每年12月31日24时的人口数。

**出生率(又称粗出生率)** 指在一定时期内（通常为一年）平均每千人所出生的人数的比率，一般用千分率表示。计算公式为：

出生率＝年出生人数／年平均人数×1000‰

式中：出生人数指活产婴儿，即胎儿脱离母体时（不管怀孕月数），有过呼吸或其他生命现象。

**出生人数** 是指活产婴儿，即胎儿脱离母体时（不管怀孕月数），有过呼吸或其他生命现象。

**年平均人数** 是指年初、年底人口数的平均数，也可用年中人口数代替。

**死亡率(又称粗死亡率)** 指在一定时期内（通常为一年）一定地区的死亡人数与同期平均人数（或期中人数）之比，一般用千分率表示。计算公式为：

死亡率＝年死亡人数／年平均人数×1000‰

**人口自然增长率** 指在一定时期内（通常为一年）人口自然增加数（出生人数减死亡人数）与该时期内平均人数（或期中人数）之比，一般用千分率表示。计算公式为：

人口自然增长率＝（本年出生人数－本年死亡人数）／年平均人数×1000‰

人口自然增长率＝人口出生率－人口死亡率

**机械增长率** 是反映迁移变动的一个相对指标。它表明一个地区在一定时间内迁入人口数与迁出人口数相抵后的差额与总人口数的比率，一般用千分率表示。计算公式为：

机械增长率=一定时期的迁入迁出人口差额/该时期的平均人口×100%

**人口密度** 指一定时点，一定地区的人口数与该时点、该地区的面积之比，即一定时点的单位土地面积上的人口数，通常以每平方公里的居民人数来表示：

$$人口密度=\frac{该地区人口数}{该地区土地面积}\times 100\%$$

**性别比** 反映两性人口间比例的指标，指在总人口中或各年龄组人口中，男性人数与女性人数之比。通常以每100个女性人口相对应的男性人口数。计算公式：

$$性别比=\frac{男性人口}{女性人口}\times 100\%$$

# 3

# 综　合

## GENERAL SURVEY

## 3-1 国民经济和社会发展总量指标

PRINCIPAL AGGREGATE INDICATORS ON NATIONAL ECONOMIC AND SOCIAL DEVELOPMENT

| 指　　标 | 单位 | 1978 | 1990 | 1995 | 2000 | 2005 | 2010 | 2011 |
|---|---|---|---|---|---|---|---|---|
| **人　口** | | | | | | | | |
| 建成区面积 | 平方公里 | 85 | 103 | 114 | 120 | 295 | 347 | 355 |
| 年末总户数 | 万户 | 102.93 | 140.36 | 156.45 | 166.63 | 177.69 | 190.65 | 193.61 |
| 年末总人口 | 万人 | 450.67 | 523.60 | 542.12 | 562.65 | 597.44 | 604.08 | 606.64 |
| #市区 | 万人 | 186.43 | 232.30 | 247.57 | 317.20 | 347.87 | 348.02 | 349.44 |
| #男性 | 万人 | 226.31 | 265.91 | 274.98 | 284.19 | 300.42 | 301.28 | 302.19 |
| **就　业** | | | | | | | | |
| 全社会从业人员 | 万人 | 204.04 | 270.54 | 324.22 | 347.37 | 360.00 | 373.70 | 375.50 |
| 第一产业 | 万人 | 136.30 | 125.73 | 116.13 | 109.98 | 99.10 | 76.66 | 74.95 |
| 第二产业 | 万人 | 46.06 | 87.75 | 106.68 | 110.81 | 114.20 | 120.20 | 120.70 |
| 第三产业 | 万人 | 21.68 | 57.06 | 101.41 | 126.58 | 146.70 | 176.84 | 179.85 |
| 职工人数 | 万人 | 66.79 | 96.45 | 99.82 | 81.94 | 94.57 | 125.09 | 133.08 |
| 国有 | 万人 | 47.20 | 71.25 | 71.27 | 54.45 | 46.09 | 56.31 | 54.29 |
| 集体 | 万人 | 19.59 | 24.63 | 22.08 | 9.57 | 6.79 | 7.42 | 6.17 |
| 职工工资总额 | 亿元 | 3.78 | 21.06 | 58.14 | 85.73 | 196.68 | 469.54 | 556.91 |
| 国有 | 亿元 | 2.87 | 16.63 | 46.53 | 63.93 | 112.69 | 246.29 | 264.71 |
| 集体 | 亿元 | 0.91 | 4.30 | 7.99 | 5.95 | 7.77 | 17.94 | 16.95 |
| 职工平均工资 | 元 | 578 | 2211 | 5851 | 10422 | 20866 | 36833 | 41959 |
| 国有 | 元 | 626 | 2370 | 6561 | 11761 | 24626 | 43339 | 49342 |
| 集体 | 元 | 465 | 1751 | 3623 | 6211 | 11890 | 22593 | 26646 |
| 城镇登记失业人员数 | 万人 | | | 2.45 | 3.90 | 5.75 | 5.97 | 5.65 |
| 城镇登记失业率 | % | | | 2.30 | 3.70 | 3.86 | 3.84 | 3.61 |
| **国民经济核算** | | | | | | | | |
| 生产总值 | 亿元 | 23.60 | 138.24 | 473.52 | 944.13 | 1846.28 | 3910.53 | 4406.29 |
| #非公有制经济 | 亿元 | | | | 238.32 | 768.50 | 1664.43 | 1946.20 |
| 第一产业 | 亿元 | 4.16 | 23.93 | 67.64 | 96.02 | 134.34 | 215.17 | 237.86 |
| 第二产业 | 亿元 | 13.32 | 67.36 | 220.37 | 414.74 | 847.47 | 1637.45 | 1828.97 |
| #工业 | 亿元 | 12.89 | 60.43 | 194.16 | 336.61 | 715.87 | 1352.42 | 1507.88 |
| 第三产业 | 亿元 | 6.12 | 46.95 | 185.51 | 433.38 | 864.47 | 2057.90 | 2339.46 |
| 人均生产总值 | 元 | 527 | 2666 | 8773 | 16855 | 31095 | 57966 | 64309 |
| **固定资产投资** | | | | | | | | |
| 全社会固定资产投资 | 亿元 | 3.19 | 30.60 | 112.76 | 305.95 | 857.00 | 1987.44 | 1934.34 |
| 第一产业 | 亿元 | 0.55 | 0.52 | 3.24 | 13.57 | 38.28 | 68.08 | 48.65 |
| 第二产业 | 亿元 | 1.15 | 14.62 | 46.26 | 73.14 | 362.05 | 677.28 | 607.32 |
| #工业 | 亿元 | 0.75 | 2.05 | 45.35 | 67.72 | 352.27 | 667.35 | 576.74 |
| 第三产业 | 亿元 | 1.29 | 13.94 | 63.27 | 219.24 | 456.67 | 1242.08 | 1278.37 |
| 城镇投资 | 亿元 | 3.03 | 20.55 | 88.11 | 251.47 | 724.42 | 1297.93 | 1305.93 |
| 房地产投资 | 亿元 | 0.00 | 2.18 | 16.46 | 50.53 | 121.09 | 484.50 | 527.16 |
| 农村投资 | 亿元 | 0.17 | 10.04 | 24.65 | 54.48 | 132.58 | 205.01 | 101.25 |

注:"职工工资总额"及"职工平均工资"2006年以前为在岗职工口径,2006年及以后为非私营单位从业人员口径。

3-1续1

| 指　　标 | 单位 | 1978 | 1990 | 1995 | 2000 | 2005 | 2010 | 2011 |
|---|---|---|---|---|---|---|---|---|
| **财政税收** | | | | | | | | |
| 地域财政收入 | 亿元 | | | 58.60 | 169.80 | 380.76 | 1285.06 | 1387.40 |
| 地方财政收入 | 亿元 | 5.95 | 12.38 | 16.99 | 53.30 | 130.78 | 595.59 | 622.28 |
| #公共财政预算收入 | 亿元 | 5.90 | 12.40 | 16.99 | 49.05 | 106.15 | 265.13 | 325.42 |
| 地方财政支出 | 亿元 | 1.48 | 8.19 | 19.63 | 56.67 | 139.38 | 659.72 | 668.13 |
| #公共财政预算支出 | 亿元 | 1.50 | 8.20 | 19.63 | 54.72 | 120.66 | 336.80 | 396.38 |
| 各项税收收入 | 亿元 | | | 53.49 | 112.35 | 231.34 | 527.70 | 653.47 |
| 国税税收收入 | 亿元 | | | 39.55 | 72.54 | 144.20 | 309.87 | 361.43 |
| 地税税收收入 | 亿元 | | | 13.94 | 39.80 | 87.14 | 217.82 | 292.04 |
| **金融保险** | | | | | | | | |
| 金融机构人民币存款余额 | 亿元 | 15.43 | 117.95 | 438.01 | 1274.96 | 3483.34 | 7510.44 | 8275.30 |
| #城乡储蓄 | 亿元 | 1.14 | 51.08 | 222.06 | 463.04 | 1024.42 | 2187.68 | 2427.48 |
| 金融机构人民币贷款余额 | 亿元 | 14.08 | 124.76 | 337.26 | 1069.31 | 3259.86 | 6319.09 | 6893.70 |
| #工业贷款 | 亿元 | 7.63 | 49.86 | 104.95 | 156.95 | 445.87 | – | – |
| 金融机构现金收入 | 亿元 | 8.86 | 110.73 | 627.69 | 2295.64 | 4716.28 | 7402.89 | – |
| 金融机构现金支出 | 亿元 | 8.35 | 105.71 | 596.03 | 2191.43 | 4630.37 | 7282.23 | – |
| 保险承保额 | 亿元 | | | | 2169 | 5295 | 16802 | 26747 |
| 保险业务收入 | 万元 | | | | 124982 | 415338 | 1223791 | 1122605 |
| 保险业务支出 | 万元 | | | | 59618 | 141353 | 437708 | 392821 |
| **农　业** | | | | | | | | |
| 农林牧渔业总产值 | 亿元 | 6.57 | 36.92 | 114.07 | 154.30 | 230.46 | 373.43 | 422.99 |
| 农用机械总动力 | 万千瓦 | 69.70 | 183.40 | 241.20 | 349.47 | 426.76 | 509.68 | 527.39 |
| 年末实有耕地面积 | 千公顷 | 373.19 | 347.56 | 339.30 | 333.72 | 324.84 | 362.30 | 361.25 |
| 粮食总产量 | 万吨 | 115.38 | 181.47 | 252.48 | 240.27 | 260.11 | 289.43 | 295.34 |
| 蔬菜总产量 | 万吨 | 49.19 | 126.09 | 253.54 | 405.95 | 529.37 | 601.44 | 617.32 |
| 肉类总产量 | 万吨 | 2.50 | 11.38 | 28.68 | 31.82 | 37.93 | 38.08 | 38.35 |
| 奶类总产量 | 万吨 | 0.40 | 1.87 | 3.48 | 7.09 | 19.61 | 31.20 | 31.40 |
| 棉花总产量 | 万吨 | 0.51 | 5.00 | 2.91 | 2.73 | 3.55 | 2.94 | 2.34 |
| **规模以上工业** | | | | | | | | |
| 单位数 | 个 | 1319 | 2007 | 2648 | 1038 | 1670 | 2021 | 1417 |
| 工业总产值 | 亿元 | 37.67 | 174.89 | 526.48 | 680.04 | 2237.51 | 4485.61 | 4028.49 |
| 工业增加值 | 亿元 | 9.94 | 41.63 | 130.88 | 219.19 | 722.11 | 1313.00 | – |
| 主营业务收入 | 亿元 | 31.39 | 136.29 | 432.17 | 629.72 | 2142.84 | 4497.17 | 4165.19 |
| 利税总额 | 亿元 | 6.80 | 15.57 | 53.59 | 64.62 | 244.61 | 584.53 | 453.47 |
| 利润总额 | 亿元 | 3.88 | 3.23 | 16.30 | 21.69 | 131.30 | 339.76 | 242.53 |
| 资产总计 | 亿元 | 25.68 | 125.25 | 578.55 | 958.10 | 1868.06 | 3904.42 | 3932.90 |
| 所有者权益 | 亿元 | 7.47 | 36.82 | 180.86 | 363.37 | 630.06 | 1481.75 | 1407.39 |

3-1续2

| 指　　标 | 单位 | 1978 | 1990 | 1995 | 2000 | 2005 | 2010 | 2011 |
|---|---|---|---|---|---|---|---|---|
| **建筑业** | | | | | | | | |
| 资质以上企业个数 | 个 | 10 | 46 | 141 | 569 | 737 | 739 | 488 |
| 建筑业总产值 | 万元 | 6785 | 125572 | 587769 | 1419160 | 4626493 | 8943039 | 11291079 |
| 施工面积 | 万平方米 | | 269 | 1030 | 1611 | 3298 | 4655 | 5805 |
| 竣工面积 | 万平方米 | 49 | 170 | 306 | 701 | 1400 | 1306 | 1185 |
| 其中：住宅 | 万平方米 | | 77 | 141 | 396 | 884 | 773 | 693 |
| **交通运输** | | | | | | | | |
| 货运量 | 万吨 | 3967 | 7436 | 10059 | 12193 | 15697 | 22946 | 25403 |
| 铁路 | 万吨 | 2191 | 3416 | 3877 | 5168 | 7211 | 9913 | 10825 |
| 公路 | 万吨 | 1670 | 3970 | 6182 | 7024 | 8484 | 13029 | 14574 |
| 航空 | 万吨 | | | 0.4 | 1.3 | 2.0 | 3.4 | 3.8 |
| 客运量 | 万人 | 1807 | 3242 | 4169 | 6285 | 7428 | 16465 | 15225 |
| 铁路 | 万人 | 1302 | 1438 | 1519 | 1693 | 1924 | 3327 | 3627 |
| 公路 | 万人 | 505 | 1801 | 2611 | 4530 | 5364 | 12758 | 11165 |
| 航空 | 万人 | | 2.6 | 37.0 | 62.0 | 140.0 | 379.2 | 433.0 |
| 民用汽车拥有量 | 辆 | 1684 | 39748 | 86766 | 129204 | 347687 | 807378 | 928553 |
| #载客 | 辆 | 1353 | 26032 | 33968 | 68625 | 196415 | 627849 | 755966 |
| #载货 | 辆 | 224 | 12141 | 47790 | 56627 | 71588 | 117994 | 126250 |
| **邮电通信** | | | | | | | | |
| 邮电业务总收入 | 亿元 | 0.09 | 0.88 | 6.73 | 24.97 | 51.82 | 63.80 | – |
| 电话交换机总容量 | 万门 | 1.4 | 6.4 | 50.2 | 173.7 | 254.0 | 151.0 | – |
| 固定电话 | 万户 | 2.68 | 9.87 | 39.18 | 106.34 | 258.90 | 213.30 | 186.80 |
| #城市 | 万户 | 2.27 | 9.12 | 36.48 | 83.08 | 206.30 | 177.40 | 152.10 |
| 移动电话 | 万户 | | | 2.3 | 60.8 | 239.0 | 857.6 | 931.1 |
| 互联网用户 | 万户 | | | | 11.57 | 74.34 | 117.30 | 132.70 |
| **国内贸易** | | | | | | | | |
| 社会消费品零售总额 | 亿元 | 8.13 | 52.82 | 188.02 | 354.71 | 807.88 | 1802.46 | 2114.29 |
| #国有经济 | 亿元 | 5.26 | 19.43 | 46.10 | 51.26 | 59.98 | 318.03 | – |
| 集体经济 | 亿元 | 2.81 | 23.53 | 45.71 | 69.13 | 29.82 | 159.08 | – |
| 个体私营经济 | 亿元 | 0.02 | 6.05 | 52.45 | 139.27 | 540.39 | 1247.64 | – |
| **对外经济和国际旅游** | | | | | | | | |
| 进出口总额 | 万美元 | | | 66587 | 143935 | 376213 | 743776 | 1041422 |
| 进口总额 | 万美元 | | | 29812 | 86827 | 198370 | 338888 | 436966 |
| 出口总额 | 万美元 | | | 36775 | 57108 | 177843 | 404888 | 604456 |
| 实际外资 | 万美元 | | | 25294 | 31981 | 54158 | 104011 | 110002 |
| 合同外资 | 万美元 | | | 47449 | 44074 | 112072 | 120903 | 141440 |
| 国际旅游人数 | 人 | | 20583 | 54468 | 103990 | 120164 | 230985 | 289953 |
| 外国人 | 人 | | 12705 | 30011 | 40990 | 69762 | 153327 | 193963 |
| 港澳台同胞 | 人 | | 7878 | 24457 | 63000 | 50402 | 77658 | 95990 |
| 旅游外汇收入 | 亿美元 | | 0.15 | 0.19 | 0.32 | 0.42 | 1.14 | 1.42 |

3-1续3

| 指　　标 | 单位 | 1978 | 1990 | 1995 | 2000 | 2005 | 2010 | 2011 |
|---|---|---|---|---|---|---|---|---|
| **教　育** | | | | | | | | |
| 普通高等教育在校生 | 万人 | 1.09 | 3.73 | 5.66 | 9.30 | 38.04 | 50.53 | 50.93 |
| 普通高等教育专任教师 | 人 | 2947 | 7245 | 7500 | 8267 | 18434 | 26870 | 27957 |
| 中等专业学校在校生 | 万人 | 0.68 | 2.51 | 4.79 | 5.75 | 4.79 | 2.12 | 3.04 |
| 中等专业学校专任教师 | 人 | 1020 | 2890 | 2890 | 2916 | 1578 | 1334 | 1035 |
| 普通中学在校生 | 万人 | 30.61 | 22.45 | 27.15 | 33.82 | 30.91 | 30.18 | 30.47 |
| 普通中学专任教师 | 人 | 19275 | 16065 | 17621 | 20585 | 21915 | 21943 | 23767 |
| 小学在校生 | 万人 | 60.91 | 47.57 | 49.23 | 41.40 | 37.88 | 38.4 | 38.97 |
| 小学专任教师 | 人 | 24926 | 26922 | 27417 | 27417 | 25201 | 24801 | 23584 |
| **文　化** | | | | | | | | |
| 图书馆藏书量 | 万册 | 341.0 | 476.0 | 524.6 | 591.7 | 725.1 | 941.2 | 989 |
| 图书出版种数 | 种 | 389 | 2001 | 2603 | 3851 | 5389 | 6586 | 8305 |
| 图书量 | 万册 | 20166 | 31685 | 39025 | 38471 | 27919 | 26603 | 31087 |
| 报纸量 | 万份 | 25055 | 46930 | 54460 | 109199 | 113751 | 184706 | 157553 |
| 杂志量 | 万份 | 2209 | 3321 | 4579 | 11177 | 7195 | 6995 | 8284 |
| **卫　生** | | | | | | | | |
| 卫生机构数 | 个 | 1017 | 1300 | 1185 | 1414 | 2138 | 5086 | 5159 |
| #医院及卫生院 | 个 | 148 | 178 | 216 | 231 | 246 | 277 | 262 |
| 卫生机构床位数 | 张 | 11496 | 18214 | 20747 | 21698 | 24695 | 31947 | 34920 |
| #医院及卫生院 | 张 | 9856 | 17216 | 19534 | 20830 | 23524 | 29844 | 31545 |
| 卫生工作人员 | 人 | 24949 | 41444 | 43648 | 45166 | 41499 | 54711 | 58590 |
| #卫生技术人员 | 人 | 19198 | 31130 | 32848 | 35669 | 34129 | 39366 | 42116 |
| **人民生活** | | | | | | | | |
| 城市居民人均可支配收入 | 元 | 337.8 | 1619.5 | 4720.6 | 8471.3 | 13578.5 | 25321.1 | 28892.0 |
| 城市居民人均消费性支出 | 元 | 317.9 | 1360.1 | 3830.4 | 6891.8 | 9226.6 | 15973.3 | 18045.6 |
| #食品 | 元 | 181.6 | 781.6 | 1823.6 | 2387.1 | 3046.9 | 5051.2 | 5722.7 |
| 农民人均纯收入 | 元 | 110.5 | 731.1 | 1812.7 | 3046.8 | 4812.3 | 8903.3 | 10411.8 |
| 农民人均生活费支出 | 元 | 83.2 | 569.8 | 1373.6 | 1976.8 | 2902.8 | 5406.6 | 5905.1 |
| #食品支出 | 元 | 58.2 | 287.7 | 770.8 | 860.0 | 1134.8 | 1818.3 | 2147.3 |
| 农民人均住宅居住面积 | 平方米 | 9.6 | 22.5 | 24.7 | 28.6 | 33.8 | 40.2 | 41.2 |
| **社会治安** | | | | | | | | |
| 交通事故起数 | 起 | | 509 | 1231 | 1306 | 911 | 774 | 762 |
| 交通事故死伤人数 | 人 | | 518 | 1345 | 1364 | 1186 | 1121 | 838 |
| 交通事故损失折款 | 万元 | | 64 | 369 | 357 | 316 | 189 | 247 |
| 火灾事故起数 | 起 | | 309 | 110 | 1281 | 1071 | 791 | 571 |
| 火灾事故死伤人数 | 人 | | 67 | 87 | 26 | 3 | 9 | 1 |
| 火灾事故损失折款 | 万元 | | 166 | 925 | 471 | 76 | 462 | 773 |

注："职工工资总额"及"职工平均工资"2006年以前为在岗职工口径，2006年及以后为非私营单位从业人员口径。

# 3-2 国民经济和社会发展比例和效益指标

INDICATORS ON PROPORTIONS AND EFFICIENCY IN NATIONAL ECONOMIC AND SOCIAL DEVELOPMENT

| 指标 | 单位 | 1978年 | 1985年 | 1990年 | 1995年 | 2000年 | 2010年 | 2011年 |
|---|---|---|---|---|---|---|---|---|
| **人口** | | | | | | | | |
| 出生率 | ‰ | 15.53 | 11.39 | 12.88 | 10.03 | 11.08 | 11.13 | 11.00 |
| 死亡率 | ‰ | 7.00 | 6.52 | 6.54 | 6.32 | 7.05 | 8.35 | 6.66 |
| 自然增长率 | ‰ | 8.53 | 4.87 | 6.34 | 3.71 | 4.03 | 2.78 | 4.34 |
| **就业** | | | | | | | | |
| 就业者负担人口 | 人 | 2.21 | 1.99 | 1.94 | 1.67 | 1.62 | 1.62 | 1.62 |
| 三次产业从业者比例 | | | | | | | | |
| 第一产业 | % | 66.8 | 47.5 | 46.5 | 35.8 | 31.7 | 20.5 | 19.96 |
| 第二产业 | % | 22.6 | 31.0 | 32.4 | 32.9 | 31.9 | 32.2 | 32.14 |
| 第三产业 | % | 10.6 | 21.5 | 21.1 | 31.3 | 36.4 | 47.3 | 47.9 |
| 城镇登记失业率 | % | | | | 2.45 | 3.70 | 3.84 | 3.61 |
| **国民经济核算** | | | | | | | | |
| 三次产业增加值比例 | | | | | | | | |
| 第一产业 | % | | 21.1 | 17.3 | 14.3 | 10.0 | 5.5 | 5.4 |
| 第二产业 | % | | 51.8 | 48.7 | 46.5 | 43.9 | 41.9 | 41.5 |
| 第三产业 | % | | 27.1 | 34.0 | 39.2 | 46.1 | 52.6 | 53.1 |
| 人均生产总值 | 元 | | 1263 | 2666 | 8773 | 16999 | 57966 | 64309 |
| 资本形成率（投资率） | % | | | 39.1 | 39.5 | 40.2 | 52.6 | 53.6 |
| 最终消费率（消费率） | % | | | 37.8 | 41.9 | 56.9 | 46.9 | 48.5 |
| **固定资产投资** | | | | | | | | |
| 全社会固定资产投资占生产总值比重 | % | | 23.7 | 22.1 | 23.8 | 32.1 | 50.8 | 43.9 |
| **财政** | | | | | | | | |
| 地方财政收入占生产总值比重 | % | 25.2 | 14.5 | 9.0 | 3.6 | 5.2 | 15.2 | 14.1 |
| 地方财政支出占生产总值比重 | % | 6.3 | 5.6 | 5.9 | 4.1 | 5.8 | 16.9 | 15.2 |
| **农业** | | | | | | | | |
| 人均耕地面积 | 亩 | 1.24 | 1.10 | 1.00 | 0.94 | 0.88 | 0.90 | 0.90 |
| 每公顷耕地化肥施用量(折纯) | 公斤 | | 225 | 330 | 569 | 641 | 645.7 | 653.4 |
| 每公顷播种面积粮食产量 | 公斤 | 2475 | 3864 | 4273 | 5512 | 5354 | 6192 | 6315 |
| 机耕地占耕地的比重 | % | 61.1 | 58.2 | 72.4 | 78.6 | 78.6 | 98.3 | 93.6 |

3-2续

| 指　　　　标 | 单位 | 1978年 | 1985年 | 1990年 | 1995年 | 2000年 | 2010年 | 2011年 |
|---|---|---|---|---|---|---|---|---|
| **规模以上工业** | | | | | | | | |
| 产品销售率 | % | | | | 97.12 | 98.24 | 98.71 | 98.52 |
| 总资产贡献率 | % | | | | 12.25 | 8.45 | 15.98 | 13.05 |
| 增加值率 | % | | | | 29.41 | 32.23 | 26.43 | |
| 流动资产周转次数 | 次 | | | | 1.69 | 1.52 | 2.11 | 1.92 |
| **建筑业** | | | | | | | | |
| 建筑业企业技术装备率 | 元/人 | | | 3283 | 3858 | 4862 | 5051 | 13247 |
| 产值利税率 | % | | 8.41 | 4.27 | 3.50 | 4.26 | 8.91 | 6.30 |
| 全员劳动生产率(按总产值计算) | 元 | 3783 | 6828 | 16234 | 42423 | 60449 | 180800 | 309259 |
| **邮电通讯业** | | | | | | | | |
| 每百人拥有电话机 | 部 | 0.60 | 1.26 | 1.89 | 7.23 | 18.98 | 35.31 | 33.05 |
| **国内商业** | | | | | | | | |
| 人均消费品零售总额 | 元 | 182 | 500 | 1009 | 3468 | 6332 | 28563 | 34926 |
| **教　育** | | | | | | | | |
| 学龄儿童入学率 | % | | 99.44 | 99.03 | 99.40 | 99.93 | 100.00 | 100.00 |
| 学校教师负担人数 | 人 | 21.28 | 16.75 | 14.20 | 15.60 | 15.24 | 17.40 | 17.14 |
| 高等学校 | 人 | 2.47 | 6.55 | 5.15 | 7.55 | 11.25 | 21.76 | 20.8 |
| 中等学校 | 人 | 16.65 | 14.46 | 12.99 | 15.30 | 16.78 | 14.72 | 14.07 |
| 小学学校 | 人 | 34.99 | 20.33 | 17.67 | 18.20 | 15.10 | 15.48 | 16.52 |
| **卫　生** | | | | | | | | |
| 每万人拥有医院卫生院数 | 个 | 0.33 | 0.34 | 0.34 | 0.40 | 0.41 | 0.46 | 0.45 |
| 每万人拥有医生数 | 人 | 23.3 | 26.3 | 29.2 | 27.9 | 29.5 | 29.1 | 30.3 |
| 每万人拥有医院床位数 | 张 | 22.0 | 28.2 | 32.9 | 36.0 | 38.6 | 52.9 | 57.7 |
| **市政建设** | | | | | | | | |
| 城市自来水普及率 | % | 99.0 | 100.0 | 100.0 | 100.0 | 100.0 | 100.0 | 100.0 |
| 城市用气普及率 | % | 17.8 | 26.3 | 45.7 | 72.2 | 90.7 | 95.5 | 95.3 |
| 城市绿地覆盖率 | % | 12.0 | 23.0 | 30.0 | 30.5 | 36.1 | 36.9 | 37.1 |
| **生　活** | | | | | | | | |
| 城市家庭就业者负担人口 | 人 | 1.89 | 1.68 | 1.72 | 1.72 | 1.71 | 1.67 | 1.67 |
| 农村劳动力负担人口 | 人 | 1.70 | 1.65 | 1.61 | 1.40 | 1.40 | 1.35 | 1.41 |

# 3-3 平均每天主要社会经济活动

## SELECTED INDICATORS ON AVERAGE DAILY SOCIAL AND ECONOMIC ACTIVITIES

| 指　　标 | 单位 | 1978年 | 1985年 | 1990年 | 1995年 | 2000年 | 2010年 | 2011年 |
|---|---|---|---|---|---|---|---|---|
| **每天创造的财富** | | | | | | | | |
| 生产总值（当年价） | 万元 | 646 | 1682 | 3787 | 12973 | 26087 | 107138 | 120720 |
| 第一产业 | 万元 | 114 | 354 | 656 | 1853 | 2603 | 5895 | 6517 |
| 第二产业 | 万元 | 365 | 872 | 1845 | 6257 | 11469 | 44862 | 50109 |
| #工　业 | 万元 | 353 | 755 | 1656 | 5539 | 9222 | 37053 | 41312 |
| 第三产业 | 万元 | 167 | 456 | 1286 | 5082 | 12015 | 56381 | 64095 |
| 地方财政收入 | 万元 | 163 | 244 | 339 | 465 | 1460 | 16318 | 17049 |
| 地方财政支出 | 万元 | 41 | 94 | 224 | 537 | 1553 | 18074 | 18305 |
| 全社会固定资产投资 | 万元 | | 399 | 838 | 3089 | 8382 | 54450 | 52996 |
| **每天生产主要工、农业产品** | | | | | | | | |
| 粮　食 | 吨 | 3161 | 4479 | 4972 | 6917 | 6583 | 7930 | 8105 |
| 棉　花 | 吨 | 14 | 136.2 | 137 | 79.7 | 74.7 | 81 | 78 |
| 蔬　菜 | 吨 | 1348 | 2304 | 3455 | 6946 | 14733 | 16478 | 16927 |
| 猪　肉 | 吨 | 67 | 138 | 215 | 390 | 478 | 597 | 591 |
| 奶　类 | 吨 | 11 | 23 | 51 | 95 | 194 | 855 | 860 |
| 布 | 万米 | 37.8 | 49.6 | 55.2 | 41.2 | 45.2 | 22 | 31 |
| 原　煤 | 吨 | 3574 | 4844 | 3811 | 11849 | 3426 | 7282 | 9710 |
| 发电量 | 万千瓦时 | 347 | 724 | 1225 | 1884 | 1898 | 3601 | 4233 |
| 钢　材 | 吨 | 689 | 1197 | 1576 | 2856 | 6507 | 26857 | 25630 |
| 水　泥 | 吨 | 2399 | 3699 | 5796 | 11644 | 13291 | 19994 | 22595 |
| 汽　车 | 辆 | 12.1 | 30.5 | 17.1 | 15.5 | 8.4 | 581 | 468 |
| 电视机 | 台 | – | 383 | 381 | 540 | 1136 | 726 | 1858 |
| 家用洗衣机 | 台 | – | 867 | 157 | 919 | 1250 | 577 | — |
| **每天其他经济活动** | | | | | | | | |
| 最终消费量 | 万元 | | 780 | 1580 | 5524 | 14833 | 50253 | 58604 |
| 居民消费 | 万元 | | 638 | 1274 | 4567 | 11098 | 39460 | 38132 |
| 农业居民 | 万元 | | 367 | 624 | 1938 | 3596 | 5142 | 4982 |
| 非农业居民 | 万元 | | 271 | 650 | 2629 | 7502 | 34317 | 33150 |
| 政府消费 | 万元 | | 142 | 306 | 957 | 3735 | 10794 | 20472 |
| 社会消费品零售总额 | 万元 | 261 | 640 | 1447 | 5151 | 9718 | 49382 | 57926 |
| 货运量 | 万吨 | 10.9 | 14.2 | 20.4 | 27.6 | 33.4 | 63 | 70 |
| 客运量 | 万人 | 5 | 7.8 | 8.9 | 11.4 | 17.2 | 45 | 42 |
| 自来水供水量 | 万吨 | 36.9 | 40 | 45.3 | 57.5 | 76.7 | 64 | 80 |
| 用电量 | 万千瓦时 | 754 | 747 | 1255 | 1779 | 2505 | 6713 | 7029 |
| 市内公共车辆乘客人数 | 万人次 | 34 | 62.2 | 73.3 | 73.3 | 125.9 | 296 | 297 |
| 实际利用外资额 | 万美元 | | | 8.5 | 69.3 | 87.6 | 285 | 301 |
| 港澳台及外国来济旅游人数 | 人 | | 27 | 56 | 149 | 285 | 633 | 794 |
| **每天人口变动和婚姻** | | | | | | | | |
| 出　生 | 人 | 191 | 152 | 183 | 148 | 170 | 184 | 182 |
| 死　亡 | 人 | 86 | 87 | 93 | 94 | 108 | 138 | 110 |
| 结　婚 | 对 | | | 103 | 137 | 120 | 153 | 179 |
| 离　婚 | 对 | | | | 17 | 20 | 50 | 52 |

# 3-4 国民经济人均指标

PER INDICAORS OF NATIONAL ECONOMIC

| 指标 | 单位 | 1978年 | 1985年 | 1990年 | 1995年 | 2000年 | 2010年 | 2011年 |
|---|---|---|---|---|---|---|---|---|
| **生产总值** | 元 | 527 | 1263 | 2666 | 8773 | 16999 | 57966 | 64309 |
| **主要农产品产量** | | | | | | | | |
| 粮　食 | 公斤 | 258 | 336 | 350 | 468 | 429 | 479 | 439 |
| 棉　花 | 公斤 | 1.14 | 10.22 | 9.64 | 5.38 | 4.87 | 4.87 | 4.70 |
| 猪　肉 | 公斤 | 5.44 | 10.33 | 15.13 | 26.33 | 31.15 | 36.10 | 35.62 |
| 水　果 | 公斤 | 12.65 | 14.70 | 12.88 | 35.81 | 66.56 | 78.58 | 79.33 |
| 禽　蛋 | 公斤 | | | 18.27 | 41.29 | 74.29 | 59.68 | 58.[illegible]4 |
| 蔬　菜 | 公斤 | 109.84 | 173.02 | 243.10 | 469.77 | 960.06 | 995.29 | 1020.74 |
| 牛　奶 | 公斤 | 0.88 | 1.76 | 3.46 | 6.44 | 12.65 | 51.68 | 51.89 |
| 水产品 | 公斤 | 0.29 | 0.41 | 1.80 | 4.72 | 5.87 | 7.06 | 7.22 |
| **主要工业产品产量** | | | | | | | | |
| 钢　材 | 公斤 | 48.1 | 69.6 | 169.1 | 195.7 | 424.0 | 1623.8 | 1545.6 |
| 发电量 | 千瓦小时 | 232.5 | 543.9 | 862.3 | 1237.0 | 1231.5 | 2177.5 | 2552.6 |
| 原　煤 | 公斤 | 291.3 | 363.7 | 268.3 | 715.4 | 223.3 | 440.3 | 585.5 |
| 水　泥 | 公斤 | 195.5 | 277.9 | 408.0 | 728.4 | 866.1 | 1208.9 | 1362.5 |
| 布 | 米 | 30.8 | 37.2 | 38.9 | 19.9 | 29.5 | 13.6 | 18.9 |
| 啤　酒 | 公斤 | 4.0 | 14.4 | 20.7 | 25.2 | 30.0 | 41.0 | 41.6 |
| 摩托车 | 辆 | 0.003 | 0.024 | 0.020 | 0.190 | 0.220 | 0.158 | 0.112 |
| 洗衣机 | 台 | — | 0.065 | 0.010 | 0.062 | 0.081 | 0.035 | — |
| 电视机 | 台 | 0.001 | 0.022 | 0.026 | 0.036 | 0.074 | 0.044 | 0.112 |
| **其他经济活动** | | | | | | | | |
| 社会消费品零售总额 | 元 | 182 | 500 | 1009 | 3468 | 6332 | 28563 | 34931 |
| 地方财政收入 | 元 | 133 | 183 | 239 | 315 | 952 | 9866 | 10281 |
| 地方财政支出 | 元 | 33 | 70 | 158 | 363 | 1012 | 10928 | 11039 |
| 城乡居民储蓄存款余额 | 元 | 33 | 236 | 985 | 4115 | 8266 | 36239 | 40106 |
| 城市居民人均可支配收入 | 元 | 338 | 732 | 1620 | 4721 | 8471 | 25321 | 28892 |
| 城市居民人均消费性支出 | 元 | 318 | 704 | 1369 | 3830 | 6892 | 15973 | 18046 |
| 农民人均纯收入 | 元 | 111 | 439 | 731 | 1813 | 3047 | 8903 | 10412 |
| 农民人均生活费支出 | 元 | 83 | 330 | 570 | 1374 | 1977 | 5407 | 5905 |

# 3-5 国民经济主要指标及占全国、全省比重(2011年)

MAIN INDICATORS OF NATIONAL ECONOMY AND THEIR PROPORTION IN CHINA AND SHANDONG PROVINCE(2011)

| 指　　标 | 单位 | 全国 | 全省 | 济南 | 济南占全国比重% | 济南占全省比重% |
|---|---|---|---|---|---|---|
| 区划面积 | 万平方公里 | 960 | 15.71 | 0.82 | 0.09 | 5.22 |
| 年末总人口 | 万人 | 134735 | 9637.27 | 606.64 | 0.45 | 6.29 |
| 生产总值(当年价) | 亿元 | 471563.7 | 45429.2 | 4406.3 | 0.93 | 9.70 |
| 第一产业 | 亿元 | 47712.0 | 3973.8 | 237.9 | 0.50 | 5.99 |
| 第二产业 | 亿元 | 220591.6 | 24037.4 | 1829.0 | 0.83 | 7.61 |
| #工　业 | 亿元 | 188571.7 | 21290.3 | 1507.9 | 0.80 | 7.08 |
| 第三产业 | 亿元 | 203260.1 | 17418.0 | 2339.5 | 1.15 | 13.43 |
| 规模以上工业主营业务收入 | 亿元 | 843315 | 102470.24 | 4165.19 | 0.49 | 4.06 |
| 规模以上工业利税总额 | 亿元 | 36817 | 11136.15 | 453.47 | 1.23 | 4.07 |
| 规模以上工业利润总额 | 亿元 | 54544 | 6998.26 | 242.63 | 0.44 | 3.47 |
| 粮食总产量 | 万吨 | 57120.8 | 4426.30 | 295.84 | 0.52 | 6.68 |
| 棉花总产量 | 万吨 | 658.9 | 78.50 | 2.84 | 0.43 | 3.62 |
| 全社会固定资产投资额 | 亿元 | 311021.9 | 26770.74 | 1934.34 | 0.62 | 7.23 |
| 铁路货运周转量 | 亿吨公里 | 29466 | 1526.1 | 1193 | 4.05 | 78.17 |
| 公路货运周转量 | 亿吨公里 | 51375 | 6624.4 | 254 | 0.49 | 3.83 |
| 社会消费品零售总额 | 亿元 | 183919 | 16675.9 | 2114.3 | 1.15 | 12.68 |
| 实际使用外资 | 亿美元 | 1177 | 111.6 | 11.00 | 0.93 | 9.86 |
| 地方公共财政预算收入 | 亿元 | 103740 | 3455.71 | 325.4 | 0.31 | 9.42 |
| 地方公共财政预算支出 | 亿元 | 108929.7 | 5001.22 | 396.9 | 0.36 | 7.94 |
| 普通高校在校学生 | 万人 | 2308.5 | 164.6 | 63.96 | 2.77 | 38.86 |
| 中等职业教育在校学生 | 万人 | 2196.9 | 117.7 | 9.21 | 0.42 | 7.82 |
| 医院、卫生院个数 | 个 |  | 3135 | 262 |  | 8.36 |
| 卫生技术人员 | 万人 | 620.3 | 48.19 | 4.21 | 0.68 | 8.74 |
| #医　生 | 万人 | 246.6 | 18.63 | 1.83 | 0.74 | 9.82 |
| 年末全部职工人数 | 万人 | 76420 | 1001 | 117.1 | 0.15 | 11.70 |
| 城市居民人均可支配收入 | 元 | 21810 | 22792 | 28892 |  |  |
| 农民人均纯收入 | 元 | 6977 | 8342 | 10412 |  |  |

## 3-6　济南市高新技术开发区国民经济主要指标

MAIN INDICATORS OF NATIONAL ECONOMY OF HI-TECHDEVELOPMENT ZONE OF JINAN

| 指标名称 | 单位 | 1990年 | 1995年 | 2000年 | 2005年 | 2010年 | 2011年 |
|---|---|---|---|---|---|---|---|
| **综合情况** | | | | | | | |
| 规划面积 | 平方公里 | 15.9 | 15.9 | 15.9 | 15.9 | 15.9 | 15.9 |
| 累计已开发面积 | 平方公里 | 0 | 2.26 | 4.3 | 15.9 | 15.9 | 15.9 |
| 开发区企业数 | 家 | 22 | 1989 | 1876 | 3912 | 5358 | 6521 |
| 公共财政预算收入 | 万元 | | 5102 | 24458 | 31755 | 131120 | 200149 |
| 公共财政预算支出 | 万元 | | 5082 | 24171 | 65720 | 238745 | 332607 |
| 固定资产投资 | 万元 | | 32940 | 80483 | 319637 | 2117478 | 2425041 |
| #基础设施 | 万元 | | 3437 | 1880 | 41452 | 24234 | 59567 |
| 新开工项目 | 项 | | 18 | 50 | 42 | 464 | 298 |
| 开工建筑面积 | 平方米 | | 102000 | 413143 | 465119 | 3474384 | 4318078 |
| 竣工建筑面积 | 平方米 | | 77500 | 388707 | 1012902 | 1973772 | 1444176 |
| 合同利用外资 | 万美元 | | 4504 | 1178 | 19388 | 30181 | 36237 |
| 实际利用外资 | 万美元 | | 464 | 302 | 8120 | 21001 | 21265 |
| 实施火炬计划项目 | 项 | 8 | 42 | 25 | 15 | 20 | 22 |
| #国家级 | 项 | 2 | 4 | 8 | 12 | 14 | 16 |
| 火炬统计数据 | | | | | | | |
| 统计企业数 | 家 | 22 | 332 | 227 | 363 | 521 | 497 |
| #高新技术企业 | 家 | 22 | 179 | 161 | 239 | 157 | 148 |
| #外商投资企业 | 家 | 0 | 65 | 36 | 60 | 67 | 65 |
| 从业人员数 | 人 | 2966 | 25496 | 40288 | 91494 | 138505 | 157633 |
| #高新技术企业 | 人 | 2966 | 16829 | 33356 | 45076 | 68413 | 55988 |
| #外商投资企业 | 人 | 0 | 4510 | 4432 | 9110 | 44942 | 45146 |
| 总收入 | 万元 | 21379 | 497926 | 1043071 | 6452846 | 15120425 | 18009895 |
| 工业增加值 | 万元 | 6558 | 133179 | 286576 | 1523180 | 3643393 | 4357757 |
| 工业总产值 | 万元 | 21862 | 412330 | 1000368 | 5865669 | 11529999 | 13801587 |
| 产品销售收入 | 万元 | 20434 | 350825 | 935692 | 5674615 | 11410153 | 13366168 |
| #高新技术产品 | 万元 | 20434 | 213880 | 543886 | 1992920 | 6394612 | 5355721 |
| 净利润 | 万元 | 1406 | 45726 | 35833 | 127114 | 1248584 | 1461646 |
| 实际上缴税费 | 万元 | 148 | 27603 | 48195 | 520122 | 1498492 | 1658731 |
| 出口创汇 | 万美元 | 100 | 5702 | 5724 | 36187 | 204528 | 231036 |

# 3-7 重点服务业企业分行业主要经济指标(2011年)

MAIN INDICATORS OF ENTERPRIESE IN SERVICE INDUSTRY BY SECTOR(2011)

| 指标 | 单位 | 装卸搬运及其他运输业 | 仓储业 | 计算机服务业 | 软件业 | 租赁业 |
|---|---|---|---|---|---|---|
| 单位数 | 个 | 269 | 366 | 1501 | 1135 | 232 |
| 固定资产原价 | 万元 | 29866 | 364702 | 112387 | 97030 | 77426 |
| 所有者权益合计 | 万元 | 31935 | 195163 | 180356 | 173260 | 304718 |
| 其中：实收资本 | 万元 | 32667 | 194945 | 233004 | 204582 | 273940 |
| 本年折旧 | 万元 | 2515 | 22564 | 17212 | 11844 | 6170 |
| 营业收入 | 万元 | 89853 | 741489 | 630498 | 4292494 | 96850 |
| 其中：主营业务收入 | 万元 | 89844 | 739418 | 629458 | 1997799 | 96537 |
| 营业成本 | 万元 | 55726 | 648356 | 446922 | 149246 | 46143 |
| 其中：主营业务成本 | 万元 | 53570 | 646390 | 444733 | 244496 | 46143 |
| 营业税金及附加 | 万元 | 2528 | 11704 | 13611 | 378600 | 4109 |
| 其中：主营业务税金及附加 | 万元 | 2485 | 11500 | 12620 | 61895 | 4107 |
| 主营业务利润 | 万元 | 33424 | 37387 | 141470 | 988044 | 43218 |
| 其他业务利润 | 万元 | 30 | 5190 | 3768 | 720 | 1379 |
| 营业费用、管理费用、财务费用合计 | 万元 | 21515 | 70871 | 104808 | 140835 | 12891 |
| 其中：税金 | 万元 | 1419 | 2902 | 1539 | 2585 | 628 |
| 其中：利息支出 | 万元 | 77 | 2979 | 2194 | 1059 | 882 |
| 营业利润 | 万元 | 14721 | 13392 | 53458 | 244496 | 34408 |
| 职工工资和福利费 | 万元 | 19319 | 41699 | 72283 | 240490 | 12087 |
| 本年应交增值税 | 万元 | 488 | 1507 | 6780 | 13383 | 124 |
| 全部从业人员年平均人数 | 人 | 9103 | 15299 | 21554 | 61895 | 4573 |
| 增加值 | 万元 | 40653 | 92466 | 162805 | 988044 | 57505 |

3-7续

| 指标 | 单位 | 商务服务业 | 居民服务业 | 其他服务业 | 娱乐业 | 科技交流和推广服务业 | 体育 |
|---|---|---|---|---|---|---|---|
| 单位数 | 个 | 6746 | 528 | 790 | 142 | 19 | 3 |
| 固定资产原价 | 万元 | 4708600 | 35408 | 54915 | 17044 | 146478 | 1525 |
| 所有者权益合计 | 万元 | 13869417 | 37853 | 49942 | 13655 | 132488 | -2064 |
| 其中：实收资本 | 万元 | 9774505 | 41347 | 45541 | 21405 | 24449 | 4011 |
| 本年折旧 | 万元 | 211590 | 2975 | 8975 | 1503 | 2574 | 43 |
| 营业收入 | 万元 | 2590796 | 67981 | 119766 | 30040 | 28516 | 529 |
| 其中：主营业务收入 | 万元 | 2428828 | 66200 | 119719 | 29375 | 28466 | 276 |
| 营业成本 | 万元 | 1584795 | 32635 | 66953 | 10159 | 15234 | 0 |
| 其中：主营业务成本 | 万元 | 1472068 | 29650 | 66761 | 9994 | 13705 | 0 |
| 营业税金及附加 | 万元 | 78613 | 2825 | 3950 | 4259 | 1281 | 14 |
| 其中：主营业务税金及附加 | 万元 | 74730 | 2826 | 3282 | 4237 | 10474 | 14 |
| 主营业务利润 | 万元 | 707343 | 20880 | 34981 | 9864 | 12894 | 39 |
| 其他业务利润 | 万元 | 29260 | 605 | 32 | 128 | 253 | 0 |
| 营业费用、管理费用、财务费用合计 | 万元 | 942233 | 22047 | 28198 | 13223 | 11716 | 1825 |
| 其中：税金 | 万元 | 32561 | 1382 | 3467 | 339 | 724 | 0 |
| 其中：利息支出 | 万元 | 63867 | 162 | 229 | 548 | 409 | 0 |
| 营业利润 | 万元 | 890968 | 10566 | 17737 | 3138 | 2241 | -1749 |
| 职工工资和福利费 | 万元 | 437764 | 17187 | 23292 | 7521 | 4743 | 1460 |
| 本年应交增值税 | 万元 | 13311 | 375 | 1512 | 233 | 0 | 0 |
| 全部从业人员年平均人数 | 人 | 114287 | 7201 | 8318 | 2668 | 744 | 119 |
| 增加值 | 万元 | 677535 | 35089 | 57900 | 16878 | 9661 | 1524 |

## 3-8 重点服务业行政事业单位分行业主要经济指标(2011年)

### MAIN INDICATORS OF INSTITUTIONS AND STATE ORGANIZATIONS IN SERVICE INDUSTRY BY SECTOR(2011)

| 指　　标 | 单位 | 计算机服务业 | 商务服务业 | 居民服务业 | 科技交流和推广服务业 | 社会福利业 | 体育 |
|---|---|---|---|---|---|---|---|
| 单位数 | 个 | | 51 | 12 | 28 | 28 | 20 |
| 固定资产原价 | 万元 | 1516 | 97229 | 7754 | 35081 | 685099 | 43210 |
| 本年收入合计 | 万元 | 242 | 25694 | 6244 | 24818 | 20015 | 40139 |
| 其中：财政拨款 | 万元 | 0 | 7639 | 500 | 19845 | 14384 | 31649 |
| 事业收入 | 万元 | 0 | 3453 | 4866 | 1095 | 2299 | 2031 |
| 经营收入 | 万元 | 242 | 13781 | 877 | 473 | 192 | 481 |
| 本年支出合计 | 万元 | 844 | 18078 | 6051 | 22843 | 18112 | 33204 |
| 其中：工资福利支出 | 万元 | 241 | 5809 | 2305 | 5753 | 5798 | 12893 |
| 商品和服务支出 | 万元 | 13 | 9031 | 2846 | 6704 | 2686 | 8439 |
| 取暖费 | 万元 | 7 | 47 | 10 | 94 | 128 | 248 |
| 劳务费 | 万元 | 0 | 313 | 90 | 378 | 19 | 44 |
| 差旅费 | 万元 | 6 | 83 | 30 | 101 | 29 | 241 |
| 出国费 | 万元 | 0 | 0 | 0 | 3 | 2 | 14 |
| 工会经费 | 万元 | 0 | 35 | 0 | 32 | 18 | 98 |
| 福利费 | 万元 | 0 | 42 | 50 | 23 | 33 | 27 |
| 对个人和家庭补助 | 万元 | 0 | 1592 | 181 | 1640 | 8353 | 2544 |
| 抚恤金 | 万元 | 0 | 0 | 0 | 7 | 24 | 16 |
| 生活补助 | 万元 | 0 | 0 | 4 | 7 | 24 | 16 |
| 救济费 | 万元 | 0 | 0 | 0 | 0 | 1 | 0 |
| 助学金 | 万元 | 0 | 0 | 0 | 0 | 0 | 65 |
| 退职(役)费 | 万元 | 0 | 6 | 0 | 0 | 2731 | 0 |
| 经营支出 | 万元 | 244 | 397 | 454 | 403 | 0 | 0 |
| 经营税金 | 万元 | 14 | 1512 | 19 | 114 | 7 | 25 |
| 全部从业人员年平均人数 | 人 | 38 | 1024 | 565 | 987 | 747 | 1111 |
| 增加值 | 万元 | 321 | 26541 | 3370 | 9481 | 41503 | 17916 |

# 3-9 重点服务业个体户分行业主要经济指标(2011年)

MAIN INDICATORS OF SELF-EMPLOYED INDUSTRIES IN SERVICE INDUSTRY BY SECTOR(2011)

| 指　　标 | 单　位 | 装卸搬运及其他运输业 | 仓 储 业 | 计算机服务业 | 软件业 | 租赁业 |
|---|---|---|---|---|---|---|
| 单位数 | 个 | 786 | 465 | 670 | 40 | 2672 |
| 期末从业人员数 | 人 | 2388 | 2418 | 2688 | 171 | 6954 |
| 其中：雇员 | 人 | 1436 | 1628 | 1878 | 131 | 3348 |
| 营业收入 | 万元 | 43862 | 22074 | 38101 | 1006 | 131778 |
| 营业支出 | 万元 | 25596 | 9351 | 24240 | 580 | 75350 |
| 其中：雇员报酬 | 万元 | 2966 | 2023 | 3138 | 201 | 7108 |
| 缴纳税费 | 万元 | 1711 | 1144 | 4363 | 154 | 9020 |
| 场地租金 | 万元 | 258 | 391 | 1797 | 57 | 892 |
| 水电费 | 万元 | 357 | 237 | 982 | 24 | 757 |
| 管理费 | 万元 | 339 | 116 | 490 | 13 | 747 |
| 通信业务费 | 万元 | 461 | 242 | 588 | 7 | 1384 |
| 商品购进成本 | 万元 | 6182 | 2906 | 2825 | 74 | 27496 |
| 固定资产原价 | 万元 | 11043 | 6696 | 6188 | 475 | 49838 |
| 资产总计 | 万元 | 14116 | 12806 | 10000 | 603 | 64482 |
| 营业面积 | 平方米 | 73249 | 72122 | 58977 | 3920 | 192803 |
| 增加值 | 万元 | 22942 | 15889 | 21363 | 782 | 72556 |

3-9续

| 指　　标 | 单　位 | 商务服务业 | 居民服务业 | 其他服务业 | 娱乐业 |
|---|---|---|---|---|---|
| 单位数 | 个 | 1872 | 13003 | 13800 | 974 |
| 期末从业人员数 | 人 | 5733 | 60504 | 56692 | 6222 |
| 其中：雇员 | 人 | 3543 | 44913 | 39386 | 4972 |
| 营业收入 | 万元 | 58625 | 604948 | 458399 | 69821 |
| 营业支出 | 万元 | 33679 | 341631 | 293947 | 42841 |
| 其中：雇员报酬 | 万元 | 6266 | 93675 | 52037 | 10319 |
| 缴纳税费 | 万元 | 4876 | 59525 | 38834 | 4764 |
| 场地租金 | 万元 | 2089 | 31303 | 16933 | 2961 |
| 水电费 | 万元 | 791 | 11378 | 5818 | 695 |
| 管理费 | 万元 | 488 | 6001 | 3379 | 635 |
| 通信业务费 | 万元 | 722 | 3961 | 4312 | 134 |
| 商品购进成本 | 万元 | 6829 | 55356 | 64472 | 5088 |
| 固定资产原价 | 万元 | 10685 | 71553 | 85194 | 40545 |
| 资产总计 | 万元 | 15566 | 106107 | 175402 | 44286 |
| 营业面积 | 平方米 | 78022 | 1039112 | 909606 | 139151 |
| 增加值 | 万元 | 36088 | 416517 | 255322 | 42062 |

# 主要统计指标解释

## EXPLANATORY NOTES ON MAIN STATISTICAL INDICATORS

**几点说明：**

1. 生产总值及一、二、三次产业增加值，历史数据有所调整，以本年鉴所列数据为准。

2. 生产总值及一、二、三次产业增加值，全部工业增加值，农业总产值等指标的增长速度均以可比价格计算。

3. 由于国家在1994年开始财税体制改革，1994年及以后各年的财政收支与以前年份不可比。另外，2000年财政收入统计口径也有微调，请注意。

4. 工业统计口径调整。1998年以前工业统计范围为乡及乡以上独立核算工业企业，从1998年起，统计范围调整为规模以上工业，即全部国有及年销售收入500万元以上的非国有工业单位。

5. 建筑业统计范围变化。建筑业统计范围1994-1995年为县及县以上单位，1996-1997年为资质等级四级及以上独立核算建筑业企业，1998年至今为资质等级五级及以上独立核算建筑业企业。

**企业(单位)登记注册类型**　是以在工商行政管理机关登记注册的具有法人资格的各类企业为划分对象。行政机关、事业单位和社会团体及其他经济组织参照执行。

本项以工商行政管理部门对企业(单位)登记注册的类型为依据，将企业(单位)登记注册类型分为以下几种：

(1)国有企业是指企业全部资产归国家所有，并按《中华人民共和国企业法人登记管理条例》规定登记注册的非公司制的经济组织。不包括有限责任公司中的国有独资公司。

(2)集体企业是指企业资产归集体所有，并按《中华人民共和国企业法人登记管理条例》规定登记注册的经济组织。

(3)股份合作企业是指以合作制为基础，由企业职工共同出资入股，吸收一定比例的社会资产投资组建，实行自主经营，自负盈亏，共同劳动，民主管理，按劳分配与按股分红相结合的一种集体经济组织。

(4)联营企业是指两个及两个以上相同或不同所有制性质的企业法人或事业单位法人，按自愿、平等、互利的原则，共同投资组成的经济组织。

联营企业包括国有联营企业、集体联营企业、国有与集体联营企业和其他联营企业。

(5)有限责任公司是指根据《中华人民共和国登记管理条例》规定登记注册，由两个以上，五十个以下的股东共同出资，每个股东以其所认缴的出资额对公司承担有限责任，公司以其全部资产对其债务承担责任的经济组织。

有限责任公司包括国有独资公司以及其他有限责任公司。

①国有独资公司是指国家授权的投资机构或者国家授权的部门单独投资设立的有限责任公司。

②其他有限责任公司是指国有独资公司以外的其他有限责任公司。

(6)股份有限公司是指根据《中华人民共和国登记管理条例》规定登记注册，其全部注册资本由等额股份构成并通过发行股票筹集资本，股东以其认购的股份对公司承担有限责任，公司以其全部资产对其债务承担责任的经济组织。

(7)私营企业是指由自然人投资设立或由自然人控股，以雇佣劳动为基础的营利性经济组织。包括按照《公司法》、《合伙企业法》、《私营企业暂行条件》规定登记注册的私营有限责任公司、私营股份有限公司、私营合伙企业和私营独资企业。

①私营独资企业是指按《私营企业暂行条例》的规定，由一名自然人投资经营，以雇佣劳动为基础，投资者对企业债务承担无限责任的企业。

②私营合伙企业是指按《合伙企业法》或《私营企业暂行条例》的规定，由两个以上自然人按照协议共同投资、共同经营、共负盈亏，以雇佣劳动为基础，对债务承担无限责任的企业。

③私营有限责任公司是指按《公司法》、《私营企业暂行条例》的规定，由两个以上自然人投资或由单个自然人控股的有限责任公司。

④私营股份有限公司是指按《公司法》的规定，由五个以上自然人投资，或由单个自然人控股的有限公司。

(8)其他内资企业是指上述第(1)条至第(7)条之外的其他内资经济组织。

(9)与港澳台商合资经营企业是指港澳台地区投资者与内地的企业依照《中华人民共和国中外合资经营企业法》及有关法律的规定，按合同规定的比例投资设立、分享利润和分担风险的企业。

(10)与港澳台商合作经营企业是指港澳台地区投资者与内地企业依照《中华人民共和国中外合作经营企业法》及有关法律的规定，依照合作合同的约定进行投资或提供条件设立、分配利润和分担风险的企业。

(11)港澳台商独资经营企业是指依照《中华人民共和国外资企业法》及有关法律的规定，在内地由港澳台地区投资者全额投资设立的企业。

(12)港澳台商投资股份有限公司是指根据国家有关规定，经外经贸部依法批准设立，其中港、澳、台商的股本占公司注册资本的比例达25%以上的股份有限公司。凡其中港、澳、台商的股本占公司注册资本的比例小于25%的，属于内资企业中的股份有限公司。

(13)中外合资经营企业是指外国企业或外国人与中国内地企业依照《中华人民共和国中外合资经营企业法》及有关法律的规定，按合同规定的比例投资设立、分享利润和分担风险的企业。

(14)中外合作经营企业是指外国企业或外国人与中国内地企业依照《中华人民共和国中外合作经营企业法》及有关法律的规定，依照合作合同的约定进行投资或提供条件设立、分配利润和分担风险的企业。

(15)外资企业是指依照《中华人民共和国外资企业法》及有关法律的规定，在中国内地由外国投资者全额投资设立的企业。

(16)外商投资股份有限公司是指根据国家有关规定，经外经贸部依法批准设立，其中外资的股本占公司注册资本的比例达25%以上的股份有限公司。凡其中外资股本占公司注册资本的比例小于25%的，属于内资企业中的股份有限公司。

机关、事业单位和社会团体参照《企业登记注册类型与代码》，主要按其经费来源和管理方式划分。具体规定如下：

(1)机关包括国家机关和政党机关，原则上均列为“国有”。但有特殊规定的，如供销社等，则列为“集体”。

(2)事业单位包括经国家机构编制部门和有关业务主管部门批准成立的各类事业单位，不包括实行企业化管理的事业单位。事业单位的划分办法如下：

①由国家财政预算拨款或列入财政预算外资金管理以及经费主要来源于国有主管部门或国有上级单位的事业单位，列为“国有”。

②经费主要来源于集体单位的事业单位，列为“集体”。

③公民个人(或个人合伙)开办的事业单位，列为“私营”。

④上述以外的其他事业单位，如果其经费来源不明确，按管理方式进行归类。

(3)社会团体包括经民政部门批准成立以及未纳入社会团体管理条例范围的工会、妇联等各类社会团体。社会团体的划分办法如下：

①未纳入民政部社会团体管理条例范围的工会、妇联、共青团、青联、工商联、科协、侨联等社会团体，国家拨款设立的基金会或基金管理组织以及经费主要来源于国有业务主管部门或国有上级单位的社会团体，列为“国有”。

②经费主要来源于集体单位的社会团体，列为“集体”。

③公民个人(或个人合伙)开办的社会团体，划为“私营”。

④上述以外的其他社会团体，如果其经费来源不明确，改按管理方式进行归类。

**平均增长速度** 我国计算平均增长速度有两种方法：一种是习惯上经常使用的“水平法”，又称几何平均法，是以间隔期最后一年的水平同基期水平对比来计算平均每年增长(或下降)速度；另一种是“累计法”，又称代数平均法或方程法，是以间隔期内各年水平的总和同基期水平对比来计算平均每年增长(或下降)速度。在一般正常情况下，两种方法计算的平均每年增长速度比较接近；但在经济发展不平衡、出现大起大落时，两种方法计算的结果差别较大。

本《年鉴》内所列的平均增长速度，除固定资产投资用“累计法”计算外，其余均用“水平法”计算。从某年到某年平均增长速度的年份，均不包括基期年在内。如建国四十三年的平均增长速度是以1949年为基期计算的，则写为1950-1992年平均增长速度，其余类推。

# 4

# 国民经济核算

## NATIONAL ACCOUNTS

# 4-1 各时期生产总值(按当年价格计算)

## GROSS DOMESTIC PRODUCT IN EACH PERIOD

| 年份 | 生产总值（万元） | 第一产业 | 第二产业 | | 第三产业 | 人均生产总值（元） |
|---|---|---|---|---|---|---|
| | | | | 工业 | | |
| 1952 | 38282 | 14464 | 11300 | 10907 | 12518 | 121 |
| 1957 | 66616 | 19282 | 22378 | 21840 | 24956 | 194 |
| 1962 | 62056 | 10271 | 24346 | 23610 | 27439 | 177 |
| 1965 | 96827 | 18837 | 44395 | 43388 | 33595 | 262 |
| 1970 | 136085 | 21582 | 76949 | 75571 | 37554 | 337 |
| 1975 | 162427 | 28985 | 86500 | 84614 | 46942 | 373 |
| "五五"时期 | | | | | | |
| 1976 | 181751 | 33447 | 99797 | 97215 | 48507 | 413 |
| 1977 | 199814 | 35831 | 112347 | 109811 | 51636 | 450 |
| 1978 | 235993 | 41633 | 133172 | 128910 | 61188 | 527 |
| 1979 | 265619 | 50144 | 147679 | 141048 | 67796 | 586 |
| 1980 | 288001 | 59580 | 158591 | 142369 | 69830 | 630 |
| "六五"时期 | | | | | | |
| 1981 | 315623 | 65646 | 176516 | 151131 | 73461 | 681 |
| 1982 | 360552 | 88026 | 185548 | 157894 | 86978 | 765 |
| 1983 | 420075 | 116162 | 204758 | 179572 | 99155 | 881 |
| 1984 | 479948 | 103502 | 254684 | 201017 | 121762 | 997 |
| 1985 | 613741 | 129221 | 318193 | 275447 | 166327 | 1263 |
| "七五"时期 | | | | | | |
| 1986 | 712831 | 148165 | 344782 | 286895 | 219884 | 1451 |
| 1987 | 845431 | 175195 | 402857 | 328783 | 267379 | 1699 |
| 1988 | 1142249 | 222330 | 570722 | 474895 | 349197 | 2266 |
| 1989 | 1258319 | 237692 | 615209 | 546591 | 405418 | 2466 |
| 1990 | 1382350 | 239283 | 673593 | 604274 | 469474 | 2666 |
| "八五"时期 | | | | | | |
| 1991 | 1633920 | 253797 | 765582 | 677340 | 614541 | 3109 |
| 1992 | 2078386 | 277408 | 983638 | 868539 | 817340 | 3928 |
| 1993 | 2707637 | 326614 | 1331453 | 1153600 | 1049570 | 5088 |
| 1994 | 3718760 | 494413 | 1768214 | 1544940 | 1456133 | 6946 |
| 1995 | 4735176 | 676399 | 2203700 | 1941631 | 1855077 | 8773 |
| "九五"时期 | | | | | | |
| 1996 | 5808366 | 742400 | 2749300 | 2383100 | 2316666 | 10701 |
| 1997 | 7099490 | 825200 | 3279700 | 2788668 | 2994590 | 12995 |
| 1998 | 8021619 | 902000 | 3664300 | 2984090 | 3455319 | 14549 |
| 1999 | 8813156 | 925171 | 3998006 | 3188000 | 3889979 | 15863 |
| 2000（调整前） | 9521798 | 950125 | 4186077 | 3366075 | 4385596 | 16999 |
| 2000 | 9441315 | 960185 | 4147355 | 3319701 | 4333775 | 16855 |
| "十五"时期 | | | | | | |
| 2001 | 10579155 | 983242 | 4380564 | 3507175 | 5215349 | 18697 |
| 2002 | 11901167 | 1000514 | 5016352 | 4023830 | 5884300 | 20807 |
| 2003 | 13521540 | 1048068 | 5886754 | 4822007 | 6586718 | 23362 |
| 2004 | 16002700 | 1205800 | 7219300 | 6034000 | 7577600 | 27293 |
| 2005 | 18462792 | 1343400 | 8474679 | 7158669 | 8644713 | 28900 |
| "十一五"时期 | | | | | | |
| 2006 | 21615316 | 1451210 | 9971161 | 8441795 | 10192945 | 33480 |
| 2007 | 25001427 | 1502995 | 11287598 | 9548644 | 12210834 | 38301 |
| 2008 | 30067703 | 1750100 | 13130913 | 11152190 | 15186690 | 45563 |
| 2009 | 33409059 | 1870700 | 14335100 | 11913600 | 17203259 | 50219 |
| 2010 | 39105271 | 2151700 | 16374544 | 13524244 | 20579027 | 57947 |
| "十二五"时期 | | | | | | |
| 2011 | 44062889 | 2378573 | 18289700 | 15078800 | 23394616 | 64310 |

注：1. 2000年之后数据为经济普查调整口径。
  2. 2005年之后人均生产总值为常住人口口径。

# 4-2 生产总值环比指数(以上年为100)

## CIRCLE INDICES OF GROSS DOMESTIC PRODUCT

| 年份 | 生产总值 | 第一产业 | 第二产业 | 工业 | 第三产业 | 人均生产总值 |
|---|---|---|---|---|---|---|
| 1952 | 123.9 | 119.1 | 153.2 | 126.2 | 132.7 | 118.0 |
| 1957 | 97.5 | 91.7 | 89.0 | 92.3 | 112.7 | 95.7 |
| 1962 | 105.6 | 116.7 | 82.7 | 81.3 | 121.9 | 105.9 |
| 1965 | 120.8 | 120.4 | 138.8 | 132.9 | 105.3 | 120.7 |
| 1970 | 113.7 | 95.9 | 131.9 | 130.8 | 100.5 | 108.7 |
| 1975 | 139.0 | 121.5 | 160.4 | 167.8 | 117.6 | 133.9 |
| “五五”时期 | | | | | | |
| 1976 | 104.9 | 93.2 | 114.6 | 113.1 | 104.5 | 104.6 |
| 1977 | 106.8 | 95.0 | 112.3 | 113.9 | 106.3 | 104.7 |
| 1978 | 113.0 | 99.3 | 114.2 | 111.9 | 119.0 | 109.1 |
| 1979 | 112.1 | 120.0 | 110.5 | 109.0 | 110.4 | 110.8 |
| 1980 | 113.6 | 124.5 | 112.5 | 105.7 | 107.9 | 112.6 |
| “六五”时期 | | | | | | |
| 1981 | 109.5 | 110.1 | 111.2 | 106.1 | 105.1 | 108.0 |
| 1982 | 116.0 | 136.2 | 106.7 | 106.1 | 120.2 | 114.1 |
| 1983 | 117.0 | 132.5 | 110.8 | 114.2 | 114.5 | 115.6 |
| 1984 | 118.4 | 92.3 | 128.9 | 116.0 | 127.3 | 117.3 |
| 1985 | 105.4 | 102.9 | 103.0 | 112.9 | 112.6 | 104.4 |
| “七五”时期 | | | | | | |
| 1986 | 110.8 | 109.4 | 103.4 | 99.4 | 126.1 | 109.6 |
| 1987 | 112.2 | 111.9 | 110.5 | 108.4 | 115.0 | 110.8 |
| 1988 | 119.0 | 111.8 | 124.8 | 127.2 | 115.0 | 117.5 |
| 1989 | 103.2 | 100.1 | 101.0 | 107.8 | 108.8 | 101.9 |
| 1990 | 108.3 | 99.2 | 107.9 | 109.0 | 114.2 | 106.6 |
| “八五”时期 | | | | | | |
| 1991 | 112.8 | 101.2 | 108.5 | 107.0 | 124.9 | 111.3 |
| 1992 | 122.8 | 105.5 | 124.0 | 123.8 | 128.4 | 122.0 |
| 1993 | 121.4 | 109.7 | 126.1 | 123.8 | 119.7 | 120.7 |
| 1994 | 118.9 | 131.0 | 115.0 | 115.9 | 120.1 | 118.2 |
| 1995 | 113.3 | 121.7 | 110.9 | 111.8 | 112.3 | 112.4 |
| “九五”时期 | | | | | | |
| 1996 | 114.9 | 102.8 | 116.9 | 115.0 | 117.0 | 114.3 |
| 1997 | 119.6 | 108.8 | 116.7 | 114.5 | 126.3 | 118.8 |
| 1998 | 113.8 | 110.1 | 112.6 | 107.8 | 116.3 | 112.8 |
| 1999 | 113.1 | 109.5 | 111.8 | 110.6 | 115.4 | 112.2 |
| 2000 | 112.1 | 106.1 | 110.8 | 112.2 | 114.9 | 111.2 |
| “十五”时期 | | | | | | |
| 2001 | 112.1 | 104.0 | 109.8 | 111.0 | 115.9 | 110.9 |
| 2002 | 113.2 | 102.6 | 114.8 | 115.2 | 113.9 | 112.0 |
| 2003 | 114.5 | 104.6 | 118.2 | 121.9 | 113.0 | 113.2 |
| 2004 | 115.6 | 107.8 | 119.8 | 121.9 | 113.0 | 114.1 |
| 2005 | 115.6 | 106.0 | 117.4 | 119.8 | 115.4 | 114.2 |
| “十一五”时期 | | | | | | |
| 2006 | 115.7 | 106.0 | 117.2 | 119.3 | 115.6 | 114.4 |
| 2007 | 115.8 | 100.0 | 115.3 | 116.0 | 118.5 | 114.5 |
| 2008 | 113.0 | 105.0 | 110.0 | 110.7 | 116.8 | 111.8 |
| 2009 | 112.2 | 105.1 | 112.1 | 110.5 | 113.1 | 111.3 |
| 2010 | 112.7 | 104.9 | 111.0 | 110.7 | 114.9 | 111.1 |
| “十二五”时期 | | | | | | |
| 2011 | 110.6 | 104.4 | 111.7 | 112.2 | 110.3 | 108.9 |

注：2005年后人均生产总值指数为常住人口口径。

## 4-3 资本形成总额(按当年价格计算)

BASIC STATISTICS ON GROSS CAPITAL FORMATION

单位:万元

| 指　　标 | 2009年 | 2010年 | 2011年 |
|---|---|---|---|
| 资本形成总额 | 17490485 | 20557304 | 23609893 |
| 一、固定资本形成总额 | 16969266 | 19676184 | 20748371 |
| 1.住　宅 | 3003100 | 3371426 | 3203114 |
| 2.非住宅建筑物 | 7095748 | 8044139 | 8822620 |
| 3.机器和设备 | 3275834 | 3514184 | 3713787 |
| 4.土地改良支出 | 26281 | 33947 | 62357 |
| 5.矿藏勘探费 | 8273 | 12574 | 1372 |
| 6.计算机软件 | 799696 | 1700000 | 1874997 |
| 7.其他 | 2829190 | 2999914 | 3070125 |
| 二、存货增加 | 521219 | 881120 | 2861521 |
| 1.农林牧渔业 | -25482 | -17214 | 24037 |
| 2.工业 | 2760333 | 719146 | 538492 |
| 3.建筑业 | 204281 | 86940 | 130654 |
| 4.交通运输、仓储和邮政业 | -139799 | 13755 | -190 |
| 5.批发和零售业 | 128800 | -26384 | 203792 |
| 6.住宿和餐饮业 | 1100 | 1216 | -2815 |
| 7.房地产业 | 85420 | 103661 | 1967551 |
| 8.其他服务业 | 0 | 0 | 0 |

# 4-4 最终消费支出(按当年价格计算)

FINAL CONSUMPTION EXPENDITURE

单位:亿元

| 指　　　标 | 2006年 | 2007年 | 2008年 | 2009年 | 2010年 | 2011年 |
|---|---|---|---|---|---|---|
| **最终消费支出** | 907.16 | 1171.15 | 1371.87 | 1517.38 | 1834.25 | 2139.05 |
| 居民消费支出 | 621.65 | 820.82 | 940.61 | 1022.07 | 1197.34 | 1391.82 |
| 农村居民 | 97.26 | 100.39 | 117.90 | 128.11 | 159.19 | 181.85 |
| 食品类支出 | 32.87 | 35.57 | 40.69 | 42.09 | 45.66 | 53.74 |
| 衣着类支出 | 5.43 | 5.60 | 6.32 | 6.74 | 7.24 | 8.99 |
| 居住类支出 | 8.57 | 8.40 | 9.56 | 8.90 | 23.76 | 24.82 |
| 家庭设备、用品及服务类支出 | 5.66 | 5.64 | 7.14 | 6.82 | 8.41 | 9.56 |
| 医疗保健类支出 | 6.93 | 6.96 | 9.86 | 10.12 | 13.96 | 20.73 |
| 公共医疗消费支出 | 0.68 | 1.15 | 2.04 | — | — | — |
| 交通和通信类支出 | 11.53 | 13.10 | 15.86 | 18.64 | 24.68 | 22.23 |
| 文教娱乐用品及服务类支出 | 14.57 | 11.74 | 11.46 | 12.07 | 10.47 | 9.70 |
| 金融中介服务虚拟支出 | 0.57 | 0.52 | 0.78 | 1.14 | 1.63 | 1.85 |
| 保险服务消费支出 | | | | 5.38 | 5.92 | 7.22 |
| 自有住房服务虚拟支出 | 9.11 | 10.59 | 13.10 | 15.00 | 15.88 | 21.15 |
| 其他商品和服务类支出 | 1.36 | 1.12 | 1.10 | 1.21 | 1.58 | 1.88 |
| 城镇居民 | 524.39 | 720.43 | 822.71 | 893.96 | 1038.15 | 1209.97 |
| 食品类支出 | 124.25 | 178.21 | 207.61 | 227.86 | 262.68 | 305.32 |
| 衣着类支出 | 46.32 | 62.54 | 70.44 | 75.96 | 106.35 | 127.65 |
| 居住类支出 | 47.27 | 68.15 | 79.24 | 87.29 | 103.67 | 108.38 |
| 家庭设备、用品及服务类支出 | 25.74 | 48.65 | 58.16 | 59.50 | 69.18 | 87.58 |
| 医疗保健类支出 | 41.47 | 51.10 | 66.10 | 70.30 | 73.60 | 91.37 |
| 公共医疗消费支出 | 9.58 | 13.52 | 19.96 | — | — | — |
| 交通和通信类支出 | 82.07 | 119.23 | 121.69 | 133.35 | 159.91 | 175.54 |
| 文教娱乐用品及服务类支出 | 67.69 | 88.40 | 98.82 | 98.13 | 106.11 | 123.12 |
| 金融中介服务虚拟支出 | 16.17 | 19.73 | 22.05 | 24.05 | 28.61 | 30.91 |
| 保险服务消费支出 | | | | 9.46 | 10.47 | 13.13 |
| 自有住房服务虚拟支出 | 36.05 | 45.39 | 49.44 | 79.24 | 80.50 | 94.73 |
| 实物消费支出 | 11.15 | 4.98 | 5.27 | 4.04 | 5.99 | 5.72 |
| 其他商品和服务类支出 | 16.64 | 20.54 | 23.92 | 24.78 | 31.08 | 46.52 |
| 政府消费支出 | 285.51 | 350.33 | 431.26 | 495.31 | 636.91 | 747.23 |

注:从2009年开始"公共医疗消费支出"项目取消。

# 4-5 实际最终消费(按当年价格计算)

BASIC STATISTICS ON FINAL REAL CONSUMPTION EXPENDITURE 单位:亿元

| 指　　标 | 2006年 | 2007年 | 2008年 | 2009年 | 2010年 | 2011年 |
|---|---|---|---|---|---|---|
| 最终消费 | 907.16 | 1171.15 | 1371.87 | 1517.38 | 1834.25 | 2139.05 |
| 居民消费 | 775.05 | 1009.05 | 1129.53 | 1239.06 | 1440.27 | 1676.83 |
| 农村居民 | 124.30 | 133.57 | 139.85 | 153.36 | 187.70 | 215.30 |
| 食品类消费 | 35.56 | 38.86 | 40.99 | 42.44 | 46.03 | 54.17 |
| 衣着类消费 | 5.88 | 6.14 | 6.37 | 6.79 | 7.30 | 9.06 |
| 居住类消费 | 9.16 | 9.12 | 9.63 | 8.99 | 23.84 | 24.91 |
| 家庭设备、用品及服务类消费 | 6.03 | 6.09 | 7.19 | 6.88 | 8.47 | 9.63 |
| 医疗保健类消费 | 7.44 | 7.59 | 9.93 | 22.68 | 27.59 | 36.73 |
| 公共医疗消费 | 7.84 | 9.94 | 12.92 | — | — | — |
| 交通和通信类消费 | 12.14 | 13.85 | 15.98 | 18.78 | 24.84 | 22.42 |
| 文教娱乐用品及服务类消费 | 28.39 | 28.70 | 21.76 | 23.90 | 24.42 | 26.07 |
| 金融中介服务虚拟消费 | 0.60 | 0.56 | 0.78 | 1.14 | 1.64 | 1.86 |
| 保险服务消费支出 |  |  |  | 5.43 | 5.97 | 7.27 |
| 自有住房服务虚拟消费 | 9.83 | 11.47 | 13.20 | 15.12 | 16.01 | 21.31 |
| 其他商品和服务类消费 | 1.45 | 1.23 | 1.11 | 1.22 | 1.59 | 1.89 |
| 城镇居民 | 650.75 | 875.48 | 989.69 | 1085.69 | 1252.57 | 1461.53 |
| 食品类消费 | 132.32 | 188.10 | 209.15 | 229.64 | 264.67 | 307.66 |
| 衣着类消费 | 49.15 | 66.01 | 70.96 | 76.56 | 107.01 | 128.43 |
| 居住类消费 | 50.07 | 71.58 | 79.82 | 87.97 | 104.43 | 109.28 |
| 家庭设备、用品及服务类消费 | 27.67 | 51.02 | 58.59 | 60.00 | 69.70 | 88.19 |
| 医疗保健类消费 | 44.12 | 54.35 | 66.59 | 154.51 | 168.29 | 202.47 |
| 公共医疗消费 | 47.28 | 59.79 | 92.95 | — | — | — |
| 交通和通信类消费 | 86.74 | 124.97 | 122.59 | 134.39 | 161.08 | 176.90 |
| 文教娱乐用品及服务类消费 | 128.03 | 162.44 | 187.61 | 200.12 | 219.50 | 256.15 |
| 金融中介服务虚拟消费 | 17.17 | 20.96 | 22.21 | 24.24 | 28.82 | 31.16 |
| 保险服务消费支出 |  |  |  | 9.54 | 10.55 | 13.23 |
| 自有住房服务虚拟消费 | 38.19 | 48.01 | 49.81 | 79.67 | 81.19 | 95.54 |
| 实物消费消费 | 12.31 | 6.39 | 5.31 | 4.08 | 6.03 | 5.76 |
| 其他商品和服务类消费 | 17.72 | 21.87 | 24.10 | 24.98 | 31.30 | 46.77 |
| 政府消费 | 132.11 | 162.10 | 242.34 | 278.33 | 393.98 | 462.22 |

注:从2009年开始“公共医疗消费支出”项目取消。

# 4-6 生产总值分布情况

DISTRIBUTION OF GROSS DOMESTIC PRODUCT

单位:亿元

| 年　　份 | 政　府<br>最终消费 | 居　民<br>最终消费 | 国　内<br>总投资 | 国　内<br>储蓄总额 | 资金差额 |
|---|---|---|---|---|---|
| G D P分布 | | | | | |
| 1990 | 14.63 | 52.28 | 54.12 | 71.36 | 17.24 |
| “八五”时期 | | | | | |
| 1991 | 16.43 | 60.70 | 56.35 | 86.26 | 29.91 |
| 1992 | 20.06 | 71.02 | 80.23 | 116.76 | 36.53 |
| 1993 | 22.75 | 90.63 | 122.66 | 157.38 | 34.71 |
| 1994 | 25.57 | 122.10 | 152.31 | 224.21 | 71.90 |
| 1995 | 34.93 | 197.61 | 190.05 | 240.98 | 50.93 |
| “九五”时期 | | | | | |
| 1996 | 50.21 | 240.49 | 236.98 | 290.14 | 53.16 |
| 1997 | 98.69 | 291.30 | 246.44 | 319.96 | 73.52 |
| 1998 | 100.52 | 347.78 | 285.39 | 353.86 | 68.47 |
| 1999 | 126.27 | 362.71 | 347.37 | 392.34 | 44.97 |
| 2000 | 132.05 | 332.70 | 398.13 | 479.38 | 81.25 |
| “十五”时期 | | | | | |
| 2001 | 146.90 | 357.84 | 418.38 | 553.18 | 134.79 |
| 2002 | 161.84 | 401.23 | 500.89 | 627.04 | 126.16 |
| 2003 | 184.97 | 430.62 | 562.41 | 736.57 | 174.15 |
| 2004 | 206.80 | 457.71 | 760.12 | 935.75 | 175.63 |
| 2005 | 223.46 | 522.10 | 1017.39 | 1100.72 | 83.33 |
| “十一五”时期 | | | | | |
| 2006 | 285.51 | 621.65 | 1126.39 | 1254.37 | 127.98 |
| 2007 | 350.33 | 820.82 | 1286.16 | 1328.99 | 42.83 |
| 2008 | 431.26 | 940.61 | 1577.87 | 1634.90 | 57.03 |
| 2009 | 495.31 | 1022.07 | 1749.05 | 1823.53 | 74.48 |
| 2010 | 636.91 | 1197.34 | 2055.73 | 2076.28 | 20.55 |
| “十二五”时期 | | | | | |
| 2011 | 747.23 | 1391.82 | 2360.99 | 2267.24 | -93.75 |

## 4-7 生产总值(按当年价格计算)

VALUE OF GROSS DOMESTIC PRODUCT

单位:亿元

| 指　　标 | 2006年 | 2007年 | 2008年 | 2009年 | 2010年 | 2011年 |
|---|---|---|---|---|---|---|
| **地区生产总值** | 2161.53 | 2500.14 | 3006.77 | 3340.91 | 3910.53 | 4406.29 |
| 第一产业 | 145.12 | 150.30 | 175.01 | 187.07 | 215.17 | 237.86 |
| 农林牧渔业 | 145.12 | 150.30 | 175.01 | 187.07 | 215.17 | 237.86 |
| 农　业 | 95.80 | 97.13 | 108.91 | 120.34 | 149.43 | 152.55 |
| 林　业 | 4.54 | 5.31 | 7.71 | 8.34 | 4.73 | 5.69 |
| 畜牧业 | 40.32 | 42.46 | 51.79 | 51.22 | 53.08 | 70.61 |
| 渔　业 | 1.77 | 1.90 | 2.88 | 2.88 | 3.02 | 3.35 |
| 农林牧渔服务业 | 2.69 | 3.50 | 3.72 | 4.29 | 4.91 | 5.66 |
| 第二产业 | 997.12 | 1128.76 | 1313.09 | 1433.51 | 1637.45 | 1828.97 |
| 工　业 | 844.18 | 954.86 | 1115.22 | 1191.36 | 1352.42 | 1507.88 |
| 采矿业 | 11.06 | 12.49 | 11.94 | 26.60 | 31.64 | 34.11 |
| 制造业 | 802.54 | 909.07 | 1068.52 | 1073.42 | 1194.23 | 1299.80 |
| 电力、燃气及水的生产和供应业 | 30.58 | 33.30 | 34.76 | 91.34 | 126.56 | 173.98 |
| 建筑业 | 152.94 | 173.90 | 197.87 | 242.15 | 285.03 | 321.09 |
| 房屋和土木工程建筑业 | 116.05 | 130.54 | 146.84 | 193.94 | 233.87 | 265.87 |
| 建筑安装业 | 24.93 | 28.91 | 33.52 | 36.02 | 38.26 | 38.41 |
| 建筑装饰业 | 7.00 | 8.85 | 11.20 | 7.51 | 7.78 | 11.77 |
| 其他建筑业 | 4.97 | 5.60 | 6.30 | 4.69 | 5.12 | 5.04 |
| 第三产业 | 1019.29 | 1221.08 | 1518.67 | 1720.33 | 2057.90 | 2339.46 |
| 交通运输、仓储及邮政业 | 127.87 | 149.02 | 173.70 | 200.27 | 236.81 | 296.61 |
| 铁路运输业 | 43.71 | 45.27 | 46.89 | 52.01 | 56.18 | 60.70 |
| 道路运输业 | 46.47 | 61.42 | 79.41 | 96.68 | 118.25 | 152.71 |
| 城市公共交通业 | 18.54 | 16.68 | 13.26 | 13.62 | 14.71 | 17.08 |
| 水上运输业 | 1.09 | 0.75 | 0.52 | 0.60 | 0.73 | 0.94 |
| 航空运输业 | 6.96 | 10.85 | 15.40 | 17.01 | 24.76 | 33.73 |
| 管道运输业 | 0.39 | 0.63 | 1.02 | 1.20 | 1.36 | 1.37 |
| 装卸搬运和其他运输服务业 | 6.57 | 8.10 | 9.98 | 11.84 | 13.55 | 21.59 |
| 仓储业 | 2.54 | 3.88 | 5.94 | 5.79 | 6.09 | 7.18 |
| 邮政业 | 1.59 | 1.42 | 1.29 | 1.52 | 1.19 | 1.30 |
| 信息传输、计算机服务和软件业 | 48.81 | 55.03 | 62.56 | 66.24 | 116.38 | 136.70 |
| 电信和其他信息传输服务来 | 30.53 | 32.20 | 33.96 | 30.95 | 31.15 | 29.93 |
| 计算机服务业 | 10.26 | 12.21 | 14.54 | 17.95 | 25.14 | 31.67 |
| 软件业 | 8.03 | 10.62 | 14.06 | 17.33 | 60.09 | 75.10 |
| 批发和零售业 | 245.33 | 308.14 | 389.57 | 416.50 | 476.43 | 522.96 |
| 批发业 | 99.41 | 140.85 | 198.75 | 234.13 | 288.90 | 335.52 |
| 零售业 | 145.92 | 167.29 | 190.82 | 182.37 | 187.53 | 187.44 |
| 住宿和餐饮业 | 73.42 | 95.89 | 122.13 | 125.55 | 142.81 | 143.73 |
| 住宿业 | 9.63 | 12.55 | 15.84 | 12.43 | 16.44 | 16.77 |

4-7续

| 指　　标 | 2006年 | 2007年 | 2008年 | 2009年 | 2010年 | 2011年 |
|---|---|---|---|---|---|---|
| 餐饮业 | 63.79 | 83.34 | 106.29 | 113.12 | 126.37 | 126.96 |
| 金融业 | 112.83 | 130.88 | 191.20 | 240.21 | 288.33 | 330.14 |
| 银行业 | 101.40 | 110.80 | 120.19 | 164.58 | 226.00 | 278.34 |
| 证券业 | 1.15 | 8.03 | 56.04 | 60.51 | 47.28 | 32.05 |
| 保险业 | 7.58 | 8.64 | 9.85 | 10.02 | 5.37 | 6.43 |
| 其他金融活动 | 2.69 | 3.41 | 5.11 | 5.10 | 9.68 | 13.32 |
| 房地产业 | 86.38 | 104.14 | 134.55 | 172.63 | 220.79 | 254.98 |
| 房地产开发经营业 | 27.43 | 39.80 | 58.37 | 62.40 | 83.08 | 99.19 |
| 物业管理业 | 11.42 | 12.02 | 13.33 | 18.69 | 28.65 | 31.55 |
| 房地产中介服务业 | 4.31 | 5.15 | 7.22 | 10.13 | 15.53 | 17.11 |
| 其他房地产活动 | 1.54 | 2.61 | 5.15 | 7.21 | 11.05 | 12.20 |
| 居民自有住房服务业 | 41.67 | 44.57 | 50.49 | 74.20 | 82.48 | 94.94 |
| 租赁和商务服务业 | 42.47 | 54.10 | 68.94 | 88.71 | 107.32 | 131.18 |
| 租赁业 | 1.97 | 2.77 | 3.89 | 4.92 | 7.01 | 8.39 |
| 商务服务业 | 40.50 | 51.33 | 65.05 | 83.78 | 100.31 | 122.79 |
| 科学研究、技术服务和地质勘查业 | 29.66 | 39.43 | 52.45 | 57.79 | 63.63 | 69.22 |
| 研究与试验发展 | 9.80 | 13.27 | 17.97 | 19.95 | 18.95 | 22.14 |
| 专业技术服务业 | 14.78 | 19.68 | 26.19 | 27.36 | 32.94 | 33.95 |
| 科技交流和推广服务业 | 2.81 | 3.74 | 4.96 | 6.74 | 7.16 | 7.87 |
| 地质勘查业 | 2.27 | 2.75 | 3.32 | 3.74 | 4.58 | 5.27 |
| 水利、环境和公共设施管理业 | 10.16 | 11.70 | 13.84 | 12.18 | 13.84 | 13.62 |
| 水利管理业 | 3.30 | 3.82 | 4.62 | 5.06 | 6.06 | 5.91 |
| 环境管理业 | 1.53 | 1.72 | 2.13 | 2.46 | 2.90 | 2.54 |
| 公共设施管理业 | 5.32 | 6.15 | 7.08 | 4.67 | 4.37 | 5.17 |
| 居民服务和其他服务业 | 29.44 | 29.15 | 29.58 | 32.95 | 40.75 | 46.88 |
| 居民服务业 | 20.88 | 18.58 | 16.53 | 18.41 | 22.77 | 26.18 |
| 其他服务业 | 8.56 | 10.57 | 13.05 | 14.53 | 17.98 | 20.70 |
| 教　育 | 69.19 | 82.20 | 97.63 | 109.66 | 116.49 | 123.09 |
| 卫生、社会保障和社会福利业 | 49.54 | 51.25 | 55.47 | 64.87 | 87.30 | 105.00 |
| 卫生 | 36.23 | 41.90 | 48.46 | 56.31 | 74.52 | 95.70 |
| 社会保障业 | 12.33 | 8.03 | 5.23 | 6.37 | 9.46 | 7.11 |
| 社会福利业 | 0.98 | 1.32 | 1.78 | 2.19 | 3.32 | 2.19 |
| 文化、体育和娱乐业 | 17.83 | 19.22 | 20.84 | 23.60 | 28.01 | 28.40 |
| 新闻出版业 | 7.28 | 7.96 | 8.71 | 9.99 | 10.94 | 11.82 |
| 广播、电视、电影和音像业 | 4.71 | 4.82 | 4.93 | 5.27 | 6.65 | 6.97 |
| 文化艺术业 | 2.87 | 3.37 | 3.95 | 4.26 | 5.84 | 4.46 |
| 体育 | 0.86 | 1.10 | 1.40 | 2.08 | 2.21 | 2.47 |
| 娱乐业 | 2.11 | 1.97 | 1.84 | 2.01 | 2.37 | 2.68 |
| 公共管理和社会组织 | 76.39 | 90.93 | 106.22 | 109.18 | 119.01 | 136.93 |

## 4-8 生产总值贡献率(按不变价格计算)

DISTRIBUTION RATE OF GROSS DOMESTIC PRODUCT(CALCULATED AT CURRENT PRICES) 单位:%

| 指　　标 | 2006年 | 2007年 | 2008年 | 2009年 | 2010年 | 2011年 |
|---|---|---|---|---|---|---|
| **生产总值贡献率** | 100.0 | 100.0 | 100.0 | 100.0 | 100.0 | 100.0 |
| 第一产业 | 2.8 | 0.0 | 2.2 | 2.3 | 1.9 | 2.3 |
| 农林牧渔业 | 2.8 | 0.0 | 2.2 | 2.3 | 1.9 | 2.3 |
| 农　业 | 1.7 | 0.1 | 1.7 | 1.3 | 2.3 | -1.3 |
| 林　业 | 0.1 | 0.1 | 0.1 | 0.0 | -0.6 | 0.2 |
| 畜牧业 | 0.7 | -0.3 | 0.3 | 1.0 | 0.2 | 3.3 |
| 渔　业 | 0.0 | 0.0 | 0.0 | 0.0 | 0.0 | 0.0 |
| 农林牧渔服务业 | 0.2 | 0.1 | 0.1 | 0.0 | 0.1 | 0.1 |
| 第二产业 | 50.5 | 45.0 | 35.7 | 44.6 | 39.1 | 46.2 |
| 工　业 | 47.9 | 40.6 | 33.1 | 33.8 | 32.6 | 39.9 |
| 采矿业 | -1.9 | 0.7 | -0.4 | 3.9 | 1.1 | 0.6 |
| 制造业 | 55.0 | 37.2 | 33.0 | 15.0 | 23.3 | 27.5 |
| 电力、燃气及水的生产和供应业 | -5.2 | 2.8 | 0.5 | 14.8 | 8.2 | 11.7 |
| 建筑业 | 2.6 | 4.4 | 2.6 | 10.8 | 6.5 | 6.3 |
| 房屋和土木工程建筑业 | 1.6 | 3.0 | 1.5 | 11.5 | 6.3 | 5.8 |
| 建筑安装业 | 0.6 | 0.9 | 0.6 | 0.6 | 0.1 | -0.2 |
| 建筑装饰业 | 0.3 | 0.4 | 0.4 | -0.9 | 0.0 | 0.9 |
| 其他建筑业 | 0.1 | 0.1 | 0.1 | -0.4 | 0.0 | -0.1 |
| 第三产业 | 46.7 | 55.0 | 62.1 | 53.1 | 59.0 | 51.5 |
| 交通运输、仓储及邮政业 | 6.9 | 6.2 | 5.3 | 12.4 | 6.4 | 13.0 |
| 铁路运输业 | 1.3 | 0.5 | -0.5 | 1.2 | 1.1 | 0.8 |
| 道路运输业 | 4.7 | 4.7 | 4.7 | 9.7 | 3.1 | 7.6 |
| 城市公共交通业 | -0.8 | -0.9 | -1.1 | 0.1 | 0.2 | 0.5 |
| 水上运输业 | -0.1 | -0.1 | -0.1 | 0.1 | 0.2 | 0.0 |
| 航空运输业 | 0.9 | 1.1 | 1.3 | 0.9 | 1.2 | 2.0 |
| 管道运输业 | 0.1 | 0.1 | 0.1 | 0.1 | 0.0 | 0.0 |
| 装卸搬运和其他运输服务业 | 0.5 | 0.5 | 0.4 | 0.5 | 0.4 | 1.8 |
| 仓储业 | 0.3 | 0.4 | 0.5 | -0.1 | 0.1 | 0.2 |
| 邮政业 | 0.0 | -0.1 | -0.1 | 0.0 | 0.1 | 0.0 |
| 信息传输、计算机服务和软件业 | 2.5 | 3.1 | 1.5 | 2.9 | 7.7 | 4.7 |
| 电信和其他信息传输服务来 | 1.0 | 1.2 | 0.0 | -0.3 | 0.1 | -0.3 |
| 计算机服务业 | 0.7 | 0.9 | 0.5 | 2.9 | 2.6 | 1.5 |
| 软件业 | 0.8 | 1.0 | 0.9 | 0.3 | 5.1 | 3.5 |
| 批发和零售业 | 15.2 | 17.1 | 16.4 | 10.5 | 12.4 | 7.6 |
| 批发业 | 9.5 | 11.5 | 13.3 | 10.6 | 11.8 | 9.5 |
| 零售业 | 5.7 | 5.6 | 3.1 | -0.1 | 0.6 | -1.8 |
| 住宿和餐饮业 | 5.8 | 4.9 | 3.9 | 2.0 | 3.4 | -0.6 |
| 住宿业 | 0.8 | 0.6 | 0.5 | -0.1 | 1.1 | 0.1 |

4-8续

| 指　　标 | 2006年 | 2007年 | 2008年 | 2009年 | 2010年 | 2011年 |
|---|---|---|---|---|---|---|
| 餐饮业 | 5.1 | 4.3 | 3.4 | 2.1 | 2.4 | -0.7 |
| 金融业 | 2.6 | 5.3 | 13.7 | 8.7 | 8.3 | 7.0 |
| 银行业 | 1.8 | 2.9 | -0.6 | 9.4 | 11.9 | 10.0 |
| 证券业 | 0.3 | 1.9 | 13.2 | 0.1 | -3.0 | -4.0 |
| 保险业 | 0.2 | 0.2 | 0.5 | -0.4 | -1.0 | 0.2 |
| 其他金融活动 | 0.3 | 0.3 | 0.7 | -0.4 | 0.9 | 0.8 |
| 房地产业 | 3.9 | 4.7 | 5.4 | 5.3 | 8.3 | 4.9 |
| 房地产开发经营业 | 1.8 | 3.2 | 3.9 | 0.7 | 3.6 | 3.1 |
| 物业管理业 | 0.2 | 0.3 | 0.0 | 1.3 | 2.1 | 0.4 |
| 房地产中介服务业 | 0.4 | 0.3 | 0.6 | 0.7 | 1.2 | 0.2 |
| 其他房地产活动 | 0.4 | 0.2 | 0.4 | 0.4 | 0.7 | 0.2 |
| 居民自有住房服务业 | 1.0 | 0.7 | 0.5 | 2.1 | 0.6 | 1.0 |
| 租赁和商务服务业 | 2.8 | 3.0 | 3.3 | 5.4 | 3.6 | 5.2 |
| 租赁业 | 0.2 | 0.2 | 0.3 | 0.4 | 0.3 | 0.3 |
| 商务服务业 | 2.6 | 2.7 | 3.0 | 5.1 | 3.2 | 4.9 |
| 科学研究、技术服务和地质勘查业 | 2.4 | 2.8 | 3.5 | 1.0 | 0.5 | 1.0 |
| 研究与试验发展 | 0.8 | 1.0 | 1.3 | 0.4 | -0.6 | 0.7 |
| 专业技术服务业 | 1.2 | 1.4 | 1.8 | 0.1 | 1.0 | 0.1 |
| 科技交流和推广服务业 | 0.2 | 0.3 | 0.3 | 0.4 | 0.1 | 0.1 |
| 地质勘查业 | 0.1 | 0.1 | 0.1 | 0.0 | 0.0 | 0.1 |
| 水利、环境和公共设施管理业 | 1.3 | 0.2 | 0.2 | -0.3 | -0.2 | -0.1 |
| 水利管理业 | 0.4 | 0.1 | 0.1 | 0.1 | -0.1 | -0.1 |
| 环境管理业 | 0.2 | 0.0 | 0.0 | 0.1 | 0.0 | -0.1 |
| 公共设施管理业 | 0.6 | 0.1 | 0.1 | -0.5 | -0.1 | 0.0 |
| 居民服务和其他服务业 | -0.5 | -0.2 | 0.0 | 0.7 | 1.8 | 1.3 |
| 居民服务业 | -1.0 | -0.8 | -0.7 | 0.4 | 1.0 | 0.7 |
| 其他服务业 | 0.5 | 0.5 | 0.7 | 0.3 | 0.8 | 0.6 |
| 教　育 | 3.0 | 3.5 | 4.0 | 2.8 | 1.1 | 1.0 |
| 卫生、社会保障和社会福利业 | -0.4 | 0.4 | 0.9 | 0.9 | 3.5 | 3.8 |
| 卫生 | 1.7 | 1.5 | 1.6 | 0.6 | 2.6 | 4.7 |
| 社会保障业 | -2.1 | -1.2 | -0.9 | 0.3 | 0.6 | -0.6 |
| 社会福利业 | 0.1 | 0.1 | 0.1 | 0.1 | 0.2 | -0.3 |
| 文化、体育和娱乐业 | 0.3 | 0.3 | 0.3 | 0.7 | 1.1 | 0.0 |
| 新闻出版业 | 0.2 | 0.2 | 0.1 | 0.3 | 0.2 | 0.2 |
| 广播、电视、电影和音像业 | 0.0 | 0.0 | 0.0 | 0.1 | 0.3 | 0.0 |
| 文化艺术业 | 0.1 | 0.1 | 0.1 | 0.1 | 0.4 | -0.4 |
| 体育 | 0.1 | 0.1 | 0.1 | 0.2 | 0.0 | 0.1 |
| 娱乐业 | -0.1 | -0.1 | -0.1 | 0.0 | 0.1 | 0.1 |
| 公共管理和社会组织 | 1.0 | 3.7 | 3.8 | 0.1 | 0.7 | 2.6 |

## 4-9 生产总值比重(按当年价格计算)

RATIO OF GROSS DOMESTIC PRODUCT(CALCULATED AT CURRENT PRICES)

单位:%

| 指　　标 | 2006年 | 2007年 | 2008年 | 2009年 | 2010年 | 2011年 |
|---|---|---|---|---|---|---|
| **生产总值比重** | 100.0 | 100.0 | 100.0 | 100.0 | 100.0 | 100.0 |
| 第一产业 | 6.7 | 6.0 | 5.8 | 5.6 | 5.5 | 5.4 |
| 农林牧渔业 | 6.7 | 6.0 | 5.8 | 5.6 | 5.5 | 5.4 |
| 农　业 | 4.4 | 3.9 | 3.6 | 3.6 | 3.8 | 3.5 |
| 林　业 | 0.2 | 0.2 | 0.3 | 0.2 | 0.1 | 0.1 |
| 畜牧业 | 1.9 | 1.7 | 1.7 | 1.5 | 1.4 | 1.6 |
| 渔　业 | 0.1 | 0.1 | 0.1 | 0.1 | 0.1 | 0.1 |
| 农林牧渔服务业 | 0.1 | 0.1 | 0.1 | 0.1 | 0.1 | 0.1 |
| 第二产业 | 46.1 | 45.1 | 43.7 | 42.9 | 41.9 | 41.5 |
| 工　业 | 39.1 | 38.2 | 37.1 | 35.7 | 34.6 | 34.2 |
| 采矿业 | 0.5 | 0.5 | 0.4 | 0.8 | 0.8 | 0.8 |
| 制造业 | 37.1 | 36.4 | 35.5 | 32.1 | 30.5 | 29.5 |
| 电力、燃气及水的生产和供应业 | 1.4 | 1.3 | 1.2 | 2.7 | 3.2 | 3.9 |
| 建筑业 | 7.1 | 7.0 | 6.6 | 7.2 | 7.3 | 7.3 |
| 房屋和土木工程建筑业 | 5.4 | 5.2 | 4.9 | 5.8 | 6.0 | 6.0 |
| 建筑安装业 | 1.2 | 1.2 | 1.1 | 1.1 | 1.0 | 0.9 |
| 建筑装饰业 | 0.3 | 0.4 | 0.4 | 0.2 | 0.2 | 0.3 |
| 其他建筑业 | 0.2 | 0.2 | 0.2 | 0.1 | 0.1 | 0.1 |
| 第三产业 | 47.2 | 48.8 | 50.5 | 51.5 | 52.6 | 53.1 |
| 交通运输、仓储及邮政业 | 5.9 | 6.0 | 5.8 | 6.0 | 6.1 | 6.7 |
| 铁路运输业 | 2.0 | 1.8 | 1.6 | 1.6 | 1.4 | 1.4 |
| 道路运输业 | 2.1 | 2.5 | 2.6 | 2.9 | 3.0 | 3.5 |
| 城市公共交通业 | 0.9 | 0.7 | 0.4 | 0.4 | 0.4 | 0.4 |
| 水上运输业 | 0.1 | 0.0 | 0.0 | 0.0 | 0.0 | 0.0 |
| 航空运输业 | 0.3 | 0.4 | 0.5 | 0.5 | 0.6 | 0.8 |
| 管道运输业 | 0.0 | 0.0 | 0.0 | 0.0 | 0.0 | 0.0 |
| 装卸搬运和其他运输服务业 | 0.3 | 0.3 | 0.3 | 0.4 | 0.3 | 0.5 |
| 仓储业 | 0.1 | 0.2 | 0.2 | 0.2 | 0.2 | 0.2 |
| 邮政业 | 0.1 | 0.1 | 0.0 | 0.0 | 0.0 | 0.0 |
| 信息传输、计算机服务和软件业 | 2.3 | 2.2 | 2.1 | 2.0 | 3.0 | 3.1 |
| 电信和其他信息传输服务来 | 1.4 | 1.3 | 1.1 | 0.9 | 0.8 | 0.7 |
| 计算机服务业 | 0.5 | 0.5 | 0.5 | 0.5 | 0.6 | 0.7 |
| 软件业 | 0.4 | 0.4 | 0.5 | 0.5 | 1.5 | 1.7 |
| 批发和零售业 | 11.3 | 12.3 | 13.0 | 12.5 | 12.2 | 11.9 |
| 批发业 | 4.6 | 5.6 | 6.6 | 7.0 | 7.4 | 7.6 |
| 零售业 | 6.8 | 6.7 | 6.3 | 5.5 | 4.8 | 4.3 |
| 住宿和餐饮业 | 3.4 | 3.8 | 4.1 | 3.8 | 3.7 | 3.3 |
| 住宿业 | 0.4 | 0.5 | 0.5 | 0.4 | 0.4 | 0.4 |

4-9续

| 指　　标 | 2006年 | 2007年 | 2008年 | 2009年 | 2010年 | 2011年 |
|---|---|---|---|---|---|---|
| 餐饮业 | 3.0 | 3.3 | 3.5 | 3.4 | 3.2 | 2.9 |
| 金融业 | 5.2 | 5.2 | 6.4 | 7.2 | 7.4 | 7.5 |
| 银行业 | 4.7 | 4.4 | 4.0 | 4.9 | 5.8 | 6.3 |
| 证券业 | 0.1 | 0.3 | 1.9 | 1.8 | 1.2 | 0.7 |
| 保险业 | 0.4 | 0.3 | 0.3 | 0.3 | 0.1 | 0.1 |
| 其他金融活动 | 0.1 | 0.1 | 0.2 | 0.2 | 0.2 | 0.3 |
| 房地产业 | 4.0 | 4.2 | 4.5 | 5.2 | 5.6 | 5.8 |
| 房地产开发经营业 | 1.3 | 1.6 | 1.9 | 1.9 | 2.1 | 2.3 |
| 物业管理业 | 0.5 | 0.5 | 0.4 | 0.6 | 0.7 | 0.7 |
| 房地产中介服务业 | 0.2 | 0.2 | 0.2 | 0.3 | 0.4 | 0.4 |
| 其他房地产活动 | 0.1 | 0.1 | 0.2 | 0.2 | 0.3 | 0.3 |
| 居民自有住房服务业 | 1.9 | 1.8 | 1.7 | 2.2 | 2.1 | 2.2 |
| 租赁和商务服务业 | 2.0 | 2.2 | 2.3 | 2.7 | 2.7 | 3.0 |
| 租赁业 | 0.1 | 0.1 | 0.1 | 0.1 | 0.2 | 0.2 |
| 商务服务业 | 1.9 | 2.1 | 2.2 | 2.5 | 2.5 | 2.8 |
| 科学研究、技术服务和地质勘查业 | 1.4 | 1.6 | 1.7 | 1.7 | 1.6 | 1.6 |
| 研究与试验发展 | 0.5 | 0.5 | 0.6 | 0.6 | 0.5 | 0.5 |
| 专业技术服务业 | 0.7 | 0.8 | 0.9 | 0.8 | 0.8 | 0.8 |
| 科技交流和推广服务业 | 0.1 | 0.1 | 0.2 | 0.2 | 0.2 | 0.2 |
| 地质勘查业 | 0.1 | 0.1 | 0.1 | 0.1 | 0.1 | 0.1 |
| 水利、环境和公共设施管理业 | 0.5 | 0.5 | 0.5 | 0.4 | 0.4 | 0.3 |
| 水利管理业 | 0.2 | 0.2 | 0.2 | 0.2 | 0.2 | 0.1 |
| 环境管理业 | 0.1 | 0.1 | 0.1 | 0.1 | 0.1 | 0.1 |
| 公共设施管理业 | 0.2 | 0.2 | 0.2 | 0.1 | 0.1 | 0.1 |
| 居民服务和其他服务业 | 1.4 | 1.2 | 1.0 | 1.0 | 1.0 | 1.1 |
| 居民服务业 | 1.0 | 0.7 | 0.5 | 0.6 | 0.6 | 0.6 |
| 其他服务业 | 0.4 | 0.4 | 0.4 | 0.4 | 0.5 | 0.5 |
| 教　育 | 3.2 | 3.3 | 3.2 | 3.3 | 3.0 | 2.8 |
| 卫生、社会保障和社会福利业 | 2.3 | 2.0 | 1.8 | 1.9 | 2.2 | 2.4 |
| 卫生 | 1.7 | 1.7 | 1.6 | 1.7 | 1.9 | 2.2 |
| 社会保障业 | 0.6 | 0.3 | 0.2 | 0.2 | 0.2 | 0.2 |
| 社会福利业 | 0.0 | 0.1 | 0.1 | 0.1 | 0.1 | 0.0 |
| 文化、体育和娱乐业 | 0.8 | 0.8 | 0.7 | 0.7 | 0.7 | 0.6 |
| 新闻出版业 | 0.3 | 0.3 | 0.3 | 0.3 | 0.3 | 0.3 |
| 广播、电视、电影和音像业 | 0.2 | 0.2 | 0.2 | 0.2 | 0.2 | 0.2 |
| 文化艺术业 | 0.1 | 0.1 | 0.1 | 0.1 | 0.1 | 0.1 |
| 体育 | 0.0 | 0.0 | 0.0 | 0.1 | 0.1 | 0.1 |
| 娱乐业 | 0.1 | 0.1 | 0.1 | 0.1 | 0.1 | 0.1 |
| 公共管理和社会组织 | 3.5 | 3.6 | 3.5 | 3.3 | 3.0 | 3.1 |

## 4-10 分地区生产总值及构成(2011年)

VALUE AND COMPOSITION OF GROSS DOMESTIC PRODUCT BY REGION(2011)

单位:亿元

| 指　　标 | 济南市 | 历下区 | 市中区 | 槐荫区 | 天桥区 | 历城区 |
|---|---|---|---|---|---|---|
| **地区生产总值** | 4406.3 | 755.7 | 501.4 | 263.4 | 264.0 | 679.7 |
| 第一产业 | 237.9 | 0.0 | 3.5 | 3.5 | 3.3 | 36.7 |
| 第二产业 | 1829.0 | 132.7 | 93.5 | 77.2 | 69.6 | 355.9 |
| 工业 | 1507.9 | 80.3 | 58.2 | 43.2 | 25.1 | 306.9 |
| 建筑业 | 321.1 | 52.4 | 35.3 | 34.1 | 44.5 | 49.1 |
| 第三产业 | 2339.4 | 623.0 | 404.4 | 182.7 | 191.0 | 287.0 |
| 交通运输、仓储及邮政业 | 296.6 | 54.1 | 6.8 | 7.6 | 17.4 | 37.9 |
| 批发和零售业 | 523.0 | 110.5 | 62.6 | 56.7 | 64.8 | 98.3 |
| 住宿和餐饮业 | 143.7 | 42.1 | 20.9 | 9.7 | 12.2 | 17.9 |
| 金融业 | 330.1 | 138.2 | 114.4 | 6.5 | 14.5 | 4.9 |
| 房地产业 | 255.0 | 61.3 | 40.1 | 28.7 | 23.1 | 28.8 |
| 营利性服务业 | 343.2 | 105.2 | 81.7 | 27.6 | 20.5 | 32.1 |
| 信息传输、计算机服务和软件业 | 136.7 | 30.0 | 41.6 | 1.8 | 3.7 | 9.0 |
| 其他营利性服务业 | 206.5 | 75.3 | 40.2 | 25.8 | 16.8 | 23.1 |
| 非营利性服务业 | 447.9 | 111.5 | 77.8 | 45.8 | 38.5 | 67.1 |
| 公共管理和社会组织 | 136.9 | 27.9 | 33.1 | 10.6 | 7.5 | 17.1 |
| 其他非营利性服务业 | 310.9 | 83.6 | 44.7 | 35.3 | 31.0 | 50.0 |

续表

| 指　　标 | 长清区 | 平阴县 | 济阳县 | 商河县 | 章丘市 | 高新区 |
|---|---|---|---|---|---|---|
| **地区生产总值** | 232.5 | 182.8 | 213.5 | 113.1 | 584.8 | 398.3 |
| 第一产业 | 25.1 | 24.3 | 40.9 | 36.1 | 64.4 | 0.0 |
| 第二产业 | 124.8 | 115.8 | 125.4 | 42.4 | 342.0 | 240.5 |
| 工业 | 106.2 | 107.8 | 113.1 | 35.0 | 294.4 | 228.6 |
| 建筑业 | 18.6 | 8.0 | 12.3 | 7.4 | 47.6 | 11.9 |
| 第三产业 | 82.7 | 42.7 | 47.1 | 34.6 | 178.4 | 157.8 |
| 交通运输、仓储及邮政业 | 9.6 | 10.7 | 3.8 | 3.8 | 31.6 | 35.2 |
| 批发和零售业 | 13.5 | 9.2 | 14.8 | 7.7 | 60.4 | 24.4 |
| 住宿和餐饮业 | 6.9 | 4.6 | 4.5 | 3.2 | 18.7 | 2.9 |
| 金融业 | 5.0 | 3.2 | 2.5 | 2.7 | 10.7 | 4.5 |
| 房地产业 | 14.8 | 4.3 | 8.4 | 6.4 | 17.3 | 21.7 |
| 营利性服务业 | 5.5 | 1.7 | 3.8 | 3.3 | 7.8 | 47.0 |
| 信息传输、计算机服务和软件业 | 1.9 | 0.5 | 0.3 | 0.0 | 2.5 | 38.5 |
| 其他营利性服务业 | 3.6 | 1.3 | 3.5 | 3.3 | 5.3 | 8.5 |
| 非营利性服务业 | 27.2 | 9.0 | 9.4 | 7.5 | 31.8 | 22.2 |
| 公共管理和社会组织 | 14.2 | 4.0 | 4.4 | 3.0 | 11.0 | 4.2 |
| 其他非营利性服务业 | 13.0 | 5.1 | 5.0 | 4.5 | 20.9 | 18.0 |

## 4-11 地区生产总值构成项目(2011年)

COMPOSITION OF GROSS DOMESTIC PRODUCT(2011)

单位:亿元

| 指　　标 | 增加值 | 劳动者报酬 | 生产税净额 | 固定资产折旧 | 营业盈余 |
|---|---|---|---|---|---|
| **地区生产总值** | 4406.29 | 1812.51 | 744.11 | 594.78 | 1254.89 |
| 第一产业 | 237.86 | 230.87 | -0.60 | 7.58 | 0.00 |
| 农林牧渔业 | 237.86 | 230.87 | -0.60 | 7.58 | 0.00 |
| 农　业 | 152.55 | 148.29 | -0.60 | 4.86 | 0.00 |
| 林　业 | 5.69 | 5.51 | 0.00 | 0.18 | 0.00 |
| 畜牧业 | 70.61 | 68.36 | 0.00 | 2.25 | 0.00 |
| 渔　业 | 3.35 | 3.24 | 0.00 | 0.11 | 0.00 |
| 农林牧渔服务业 | 5.66 | 5.48 | 0.00 | 0.18 | 0.00 |
| 第二产业 | 1828.97 | 526.15 | 418.80 | 263.17 | 620.85 |
| 工　业 | 1507.88 | 354.61 | 352.61 | 239.34 | 561.32 |
| 采矿业 | 34.11 | 12.05 | 8.75 | 2.50 | 10.81 |
| 制造业 | 1299.80 | 320.09 | 332.79 | 200.28 | 446.64 |
| 电力、燃气及水的生产和供应业 | 173.98 | 22.46 | 11.08 | 36.56 | 103.87 |
| 建筑业 | 321.09 | 171.55 | 66.18 | 23.83 | 59.53 |
| 房屋和土木工程建筑业 | 265.87 | 142.34 | 56.80 | 20.29 | 46.44 |
| 建筑安装业 | 38.41 | 22.22 | 5.76 | 2.81 | 7.62 |
| 建筑装饰业 | 11.77 | 4.17 | 2.53 | 0.39 | 4.68 |
| 其他建筑业 | 5.04 | 2.82 | 1.09 | 0.34 | 0.79 |
| 第三产业 | 2339.46 | 1055.48 | 325.91 | 324.02 | 634.04 |
| 交通运输、仓储及邮政业 | 296.61 | 109.84 | 26.45 | 67.78 | 92.54 |
| 铁路运输业 | 60.70 | 18.30 | 13.06 | 8.68 | 20.66 |
| 道路运输业 | 152.71 | 42.41 | 11.46 | 45.84 | 53.00 |
| 城市公共交通业 | 17.08 | 15.57 | -3.15 | 3.48 | 1.18 |
| 水上运输业 | 0.94 | 0.42 | 0.09 | 0.15 | 0.28 |
| 航空运输业 | 33.73 | 10.33 | 3.45 | 7.35 | 12.60 |
| 管道运输业 | 1.37 | 0.15 | 0.06 | 0.27 | 0.89 |
| 装卸搬运和其他运输服务业 | 21.59 | 17.61 | 0.64 | 1.17 | 2.17 |
| 仓储业 | 7.18 | 4.13 | 0.76 | 0.73 | 1.57 |
| 邮政业 | 1.30 | 0.92 | 0.08 | 0.11 | 0.20 |
| 信息传输、计算机服务和软件业 | 136.70 | 39.84 | 28.98 | 20.31 | 47.57 |
| 电信和其他信息传输服务业 | 29.93 | 1.33 | 2.05 | 15.94 | 10.61 |
| 计算机服务业 | 31.67 | 11.39 | 3.24 | 2.71 | 14.34 |
| 软件业 | 75.10 | 27.12 | 23.70 | 1.66 | 22.62 |
| 批发和零售业 | 522.96 | 209.64 | 147.25 | 28.05 | 138.02 |
| 批发业 | 335.52 | 99.27 | 109.82 | 16.72 | 109.72 |
| 零售业 | 187.44 | 110.37 | 37.43 | 11.33 | 28.30 |
| 住宿和餐饮业 | 143.73 | 121.39 | 7.67 | 11.67 | 3.00 |
| 住宿业 | 16.77 | 9.17 | 2.41 | 3.96 | 1.22 |

4－11续

| 指　　标 | 增加值 | 劳动者报酬 | 生产税净额 | 固定资产折　旧 | 营业盈余 |
|---|---|---|---|---|---|
| 餐饮业 | 126.96 | 112.22 | 5.26 | 7.71 | 1.78 |
| 金融业 | 330.14 | 79.90 | 34.84 | 9.18 | 206.23 |
| 银行业 | 278.34 | 56.14 | 30.59 | 7.15 | 184.46 |
| 证券业 | 32.05 | 11.19 | 1.80 | 1.40 | 17.66 |
| 保险业 | 6.43 | 11.68 | 2.00 | 0.48 | -7.74 |
| 其他金融活动 | 13.32 | 0.88 | 0.45 | 0.14 | 11.85 |
| 房地产业 | 254.98 | 43.47 | 41.50 | 106.39 | 63.63 |
| 房地产开发经营业 | 99.19 | 26.64 | 33.07 | 2.35 | 37.13 |
| 物业管理业 | 31.55 | 9.82 | 4.00 | 4.01 | 13.72 |
| 房地产中介服务业 | 17.11 | 3.54 | 2.54 | 2.78 | 8.24 |
| 其他房地产活动 | 12.20 | 3.47 | 1.88 | 2.30 | 4.54 |
| 居民自有住房服务业 | 94.94 | 0.00 | 0.00 | 94.94 | 0.00 |
| 租赁和商务服务业 | 131.18 | 52.59 | 16.05 | 18.80 | 43.75 |
| 租赁业 | 8.39 | 4.89 | 0.73 | 0.61 | 2.16 |
| 商务服务业 | 122.79 | 47.70 | 15.32 | 18.19 | 41.58 |
| 科学研究、技术服务和地质勘查业 | 69.22 | 34.47 | 8.34 | 4.78 | 21.63 |
| 研究与试验发展 | 22.14 | 8.24 | 4.57 | 1.34 | 7.99 |
| 专业技术服务业 | 33.95 | 18.30 | 2.81 | 1.66 | 11.17 |
| 科技交流和推广服务业 | 7.87 | 3.78 | 0.54 | 1.57 | 1.97 |
| 地质勘查业 | 5.27 | 4.14 | 0.43 | 0.21 | 0.49 |
| 水利、环境和公共设施管理业 | 13.62 | 8.30 | 0.39 | 4.37 | 0.56 |
| 水利管理业 | 5.91 | 2.87 | 0.10 | 2.72 | 0.22 |
| 环境管理业 | 2.54 | 2.60 | 0.11 | 0.18 | -0.34 |
| 公共设施管理业 | 5.17 | 2.83 | 0.18 | 1.47 | 0.68 |
| 居民服务和其他服务业 | 46.88 | 36.34 | 4.45 | 2.34 | 3.75 |
| 居民服务业 | 26.18 | 21.53 | 1.80 | 1.31 | 1.53 |
| 其他服务业 | 20.70 | 14.81 | 2.65 | 1.03 | 2.22 |
| 教　育 | 123.09 | 108.46 | 1.83 | 12.44 | 0.36 |
| 卫生、社会保障和社会福利业 | 105.00 | 86.42 | 2.64 | 7.35 | 8.59 |
| 卫生 | 95.70 | 77.72 | 2.63 | 7.20 | 8.15 |
| 社会保障业 | 7.11 | 6.73 | 0.00 | 0.07 | 0.32 |
| 社会福利业 | 2.19 | 1.96 | 0.01 | 0.09 | 0.13 |
| 文化、体育和娱乐业 | 28.40 | 17.28 | 5.14 | 2.74 | 3.24 |
| 新闻出版业 | 11.82 | 6.22 | 2.25 | 1.05 | 2.30 |
| 广播、电视、电影和音像业 | 6.97 | 3.91 | 2.36 | 0.70 | 0.00 |
| 文化艺术业 | 4.46 | 3.82 | 0.08 | 0.44 | 0.12 |
| 体育 | 2.47 | 2.03 | 0.06 | 0.13 | 0.25 |
| 娱乐业 | 2.68 | 1.30 | 0.38 | 0.43 | 0.57 |
| 公共管理和社会组织 | 136.93 | 107.56 | 0.38 | 27.81 | 1.18 |

# 主要统计指标解释

## EXPLANATORY NOTES ON MAIN STATISTICAL INDICATORS

**国民生产总值(GNP)** 指一个国家(或地区)所有常住单位在一定时期内收入初次分配的最终结果。一国常住单位从事生产活动所创造的增加值在初次分配中主要分配给该国的常住单位,但也有一部分以生产税及进口税(扣除生产和进口补贴)、劳动者报酬和财产收入等形式分配给非常住单位;同时,国外生产所创造的增加值也有一部分以生产税及进口税(扣除生产和进口补贴)、劳动者报酬和财产收入等形式分配给该国的常住单位,从而产生了国民生产总值的概念。它等于国内生产总值加上来自国外的净要素收入。与国内生产总值不同,国民生产总值是个收入概念,而国内生产总值是个生产概念。

**国内生产总值(GDP)** 指一个国家(或地区)所有常住单位在一定时期内生产活动的最终成果。国内生产总值有三种表现形态,即价值形态、收入形态和产品形态。从价值形态看,它是所有常住单位在一定时期内生产的全部货物和服务价值超过同期中间投入的全部非固定资产货物和服务价值的差额,即所有常住单位的增加值之和;从收入形态看,它是所有常住单位在一定时期内创造并分配给常住单位和非常住单位的初次收入分配之和;从产品形态看,它是所有常住单位在一定时期内最终使用的货物和服务价值与货物和服务净出口价值之和。在实际核算中,国内生产总值有三种计算方法,即生产法、收入法和支出法。三种方法分别从不同的方面反映国内生产总值及其构成。国统字[2004]4号文规定:地区GDP的中文名称改为"地区生产总值"。

**生产法** 生产法是从生产过程中生产的货物和服务总产品价值入手,剔除生产过程中投入的中间产品的价值,得到增加价值的一种方法。计算公式为:

增加值=总产出-中间投入

将国民经济各行业的增加值相加,得到国内生产总值。

总产出、中间投入和增加值具有相同的生产范围,即常住生产单位货物和服务的生产。它不仅包括常住生产单位为其他单位提供的货物和服务的生产,而且包括为本单位使用的货物和服务的生产,但是,住户为自己最终消费生产的服务,只计算自有住房服务和付酬家庭雇员提供的服务,不包括住户成员为本住户最终消费而生产的自给性家庭服务。

**收入法** 收入法也称为分配法。按收入法计算生产总值是从生产过程创造收入的角度,对常住单位的生产活动成果进行核算。按照这种计算方法,增加值由劳动者报酬、生产税净额、固定资产折旧和营业盈余四个部分组成。计算公式为:

增加值=劳动者报酬+生产税净额+固定资产折旧+营业盈余

国民经济各部门的增加值之和等于生产总值。

在计算劳动者报酬时,需要注意作为劳动者报酬的实物性收入与中间消耗的界限。如果生产单位为其从事生产活动的劳动者提供的货物或服务,可以由劳动者在自己闲暇的时间里满足他们的需要,并且可以改善和提高他们的实际生活水平,同时,其他普通消费者也可以在市场上购买到这些货物和服务,那么就属于劳动者的实物收入。生产单位为了生产能正常进行,为劳动者购买的货物和提供的服务,如因特殊工作需要提供的服装或鞋,因公出差提供的运输和旅馆服务费用等,属于中间投入。

**支出法** 支出法是从最终使用的角度反映国内生产总值最终使用去向的一种方法。最终使用包括货物和服务的最终消费支出、资本形成总额、货物和服务净出口三部分,计算公式为:

国内生产总值=最终消费支出+资本形成总额+货物和服务净出口

按支出法计算的生产总值,在计算最终消费支出,包括居民消费支出和政府消费支出时,是从支出的最终承担者的角度计算的,而不是从最终实际消费者的角度计算的;在计算资本形成总额时,固定资本形成总额只包括通过生产活动生产出来的固定资产,不包括自然资产,存货增加不包括由于价格因素影响产生的持有收益。

按三种方法计算的国内生产总值反映的是同一经济总体在同一时期的生产活动成果,因此,从理论上讲,三种计算方法所得到的结果应该是一致的。但是,在实践中,由于受资料来源的口径限制和计算方法的影响,要保证这三种计算方法所得到的结果完全相等几乎是不可能的。在国内生产总值的三种计算方法中,生产法和收入法都是对各产业部门的增加值进行核算,为了就每一产业部门取得一致的增加值数据,根据资料来源状况,我国在核算实践中,有的产业部门,如农业、工业的增加值,确定以生产法的计算结果为准,有的产业部门,如部分服务业增加值,确定以收入法的计算结果为准,因此,我国的生产法国内生产总值等于收入法国内生产总值。但是,支出法国内生产总值与生产法和收入法国内生产总值之间存在统计误差,有的年份支出法国内生产总值大于生产法和收入法国内生产总值,有的年份结果相反。我国通常以生产法和收入法国内生产总值数据为准,将上述统计误差控制在一定范围。各种公开发表的国内生产总值总量和增长速度数据均是生产法和收入法的计算结果。按三种方法计算的国内生产总值数据之间具有如下关系:

国内生产总值=生产法国内生产总值
=收入法国内生产总值
=支出法国内生产总值-统计误差

**可比价格** 指计算各种总量指标所采用的扣除了价格变动因素的价格,可进行不同时期总量指标的对比。按可比价格计算总量指标有两种方法:一种是直接用产品产量乘某一年的不变价格计算;另一种是用价格指数进行缩减。

**不变价格** 指以同类产品某年的平均价格作为固定价格,用于计算各年的产品价值。按不变价格计算的产品价值消除了价格变动因素，不同时期对比可以反映生产的发展速度。新中国成立后，随着工农业产品价格水平的变化，国家统计局先后五次制定了全国统一的工业产品不变价格和农业产品不变价格。从1952年到1957年使用1952年工(农)业产品不变价格，从1957年到1970年使用1957年不变价格，从1971年到1980年使用1970年不变价格，从1981年到1990年使用1980年不变价格，从1991年开始使用1990年不变价格。

**三次产业** 根据社会生产活动历史发展的顺序对产业结构的划分，产品直接取自自然界的部门称为第一产业，对初级产品进行再加工的部门称为第二产业。为生产和消费提供各种服务的部门称为第三产业。它是世界上通用的产业结构分类，但各国的划分不尽一致。我国的三次产业划分是：

第一产业：农业(包括种植业、林业、牧业和渔业)。

第二产业：工业(包括采掘工业、制造业、自来水、电力、蒸气、热水、煤气)和建筑业。第三产业：除第一、第二产业以外的其他各业。由于第三产业包括的行业多、范围广，根据我国的实际情况，第三产业可分为两大部分：一是流通部门，二是服务部门。具体又可分为四个层次：

第一层次：流通部门，包括交通运输业、邮电通讯业、商业、饮食业、物资供销和仓储业。

第二层次：为生产和生活服务的部门，包括金融、保险业，地质普查业，房地产、公用事业，居民服务业，咨询服务业和综合技术服务业，农、林、牧、渔、水利服务业和水利业，公路、内河(湖)航道养护业等。

第三层次：为提高科学文化水平和居民素质服务的部门，包括教育、文化、广播电视，科学研究、卫生、体育和社会福利事业等。

第四层次：为社会公共需要服务的部门，包括国家机关、政党机关、社会团体，以及军队和警察等。

**国内支出总额** 指一个国家(或地区)所有常住单位在一定时期内用于最终消费和投资，以及净出口的货物和服务支出总额，它反映本期生产的国内生产总值的使用构成。这一总量就是支出法测算的国内生产总值，具体包括总消费、总投资和净出口。

**总消费** 指常住单位在一定时期内的货物和服务的全部最终消费。总消费分为居民消费和社会消费。

**居民实际最终消费** 指常住住户获得的所有消费品和消费服务的价值。包括以下二类(1)居民自身通过支出所得到的个人货物和服务，其价值即居民在个人消费品和消费服务上承担的支出，包括虚拟支出。(2)作为为居民服务的非营利机构和政府的实物转移得到的个人货物和服务。其价值即为居民非营利机构和政府在个人消费品和服务上的支出。包括虚拟支出。

**居民消费支出** 居民消费支出包括居民实际最终消费中第(1)项内容。所以居民实际最终消费大于居民消费支出。差额为实际最终消费的第(2)项。

**政府实际最终消费** 指政府向社会或社会中某些部门提供的公共消费服务的价值。其价值即政府在公共服务上的支出。

**政府消费支出** 指(1)政府在个人消费品和消费服务，(2)在公共消费服务上承担的支出，包括虚拟支出。与政府实际最终消费差额为(1)。

**总投资** 指常住单位在一定时期内对固定资产和库存的投资支出合计，分为固定资产形成和库存增加两项。

**(1)固定资产形成** 指从常住单位在一定时期内购置、转入和自产自用的固定资产中，扣除已有固定资产的销售和转出后的价值。固定资产形成包括在一定时期内完成的建筑工程、安装工程和设备器具购置价值，以及新增役、种、奶、毛、娱乐用牲畜和新增经济林价值等。

**(2)库存增加** 指常住单位一定时期内库存实物量变动的市场价值。期初与期末差额为正值表示库存增加，负值表示库存减少。具体包括本期购买的原材料、燃料和储备物资等商品库存；本期生产的产成品、半成品和在制品等产品库存。

**货物和服务净出口** 指货物和服务出口减货物和服务进口的差额。出口包括常住单位向非常住单位出售或无偿转让的各种货物和服务的价值；进口包括常住单位从非常住单位购买或无偿得到的各种货物和服务的价值。由于服务活动的提供与使用同时发生，因此服务的进出口业务并不发生出入境现象，一般把常住单位从国外得到的服务作为进口，非常住单位从本国得到的服务作为出口。货物的出口和进口都按离岸价格计算。

**来自国外的净要素收入** 指一定国家(或地区)来自国外(地区外)的生产税及进口税(扣除生产及进口补贴)、劳动者报酬和财产收入，减去支付给国外(地区外)的生产税及进口税(扣除生产及进口补贴)、劳动者报酬和财产收入的差额。国内生产总值加上来自国外的净要素收入等于国民生产总值。

**总产出** 总产出是指一定时期内一个国家(或地区)常住单位生产的所有货物和服务的价值，即包括新增价值，也包括转移价值。它反映常住单位生产活动的总规模。总产出按生产者价格计算。

**中间投入** 中间投入是指常住单位在生产或提供货物与服务过程中，消耗和使用的所有非固定资产货物和服务的价值，中间投入也称为中间消耗。一般按购买者价格计算。

**增加值** 增加值是指常住单位生产过程创造的新增价值和固定资产的转移价值。它可以按生产法计算，也可以按收入法计算，按生产法计算，它等于总产出减去中间投入；按收入法计算，它等于劳动者报酬、生产税净额、固定资产折旧和营业盈余之和。

**固定资产折旧** 指一定时期内为弥补固定资产损耗而应提取的补偿价值，它反映了全部固定资产在本期生产中的资产转移价值。各类企业的固定资产折旧是指从成本费用中提取的折旧费。对不计提折旧的单位，如政府机关、事业单位、学校医院、部队和居民住房则应进行虚拟折旧。

**劳动者报酬** 指劳动者为常住单位提供劳务而获得的各种报酬，它反映劳动者参与增加值创造而获得的原始收入。具体包括从各种来源开支的货币工资和实物工资，即单位以工资、福利、社会保险等形式，从成本、费用和利润中为劳动者支付的各种开支，以及个体和其他劳动者通过参加社会生产活动所获得的各种劳动报酬。

**生产税净额** 指生产税与补贴之差，它反映政府从本期创造的增加值中所得到的原始收入份额。生产税是指政府对生产单位的生产经营活动所征收的各种税、附加和规费，具体包括销售(营业)税金及附加、增值税、管理费开支的税、应交纳的养路费、排污费和水电附加等，以及烟酒专卖上缴政府的专项收入。补贴与生产税相反，是政府对生产单位的单方面收入转移，因此视为负税处理，包括政策亏损补贴、粮食系统价格补贴、外贸企业出口退税收入等。

**营业盈余** 指常住单位创造的增加值扣除固定资产折旧价值、支付劳动者报酬和上缴政府生产税净额后的余额，它反映企业参与增加值创造而应得到的原始收入份额。该指标相当于企业的营业利润，但要扣除利税后项目中支付的工资、福利及公益金等。

**非金融企业部门** 非金融企业部门是指由以营利为目的、从事非金融经济活动的所有常住非金融企业组成的集合。包括农业企业、工业、建筑业企业、流通企业、服务企业、执行企业会计制度的事业单位；行政事业单位下属的独立核算单位(即企业化管理的事业单位)亦划入本部门。

**金融机构部门** 金融机构部门是指由从事金融活动的所有常住独立核算单位组成的集合。在我国的新国民经济核算体系中，将其分为三大类：银行机构、保险机构和非银行金融机构。

银行机构为中央银行(中国人民银行)、政策性银行(国家开发银行、农业开发银行、进出口银行)和商业银行(中国工商银行、中国农业银行、中国银行、中国建设银行、交通银行、中信实业银行、中国投资银行、光大银行、城市合作银行等)，以及若干区域性银行或私营银行(如华夏银行、民生银行等)。

**政府部门** 政府部门是指由行使国家管理职能的行政单位和为社会提供非市场化服务的事业单位(即所谓非盈利性机构单位)组成的集合。包括国家机关、政党机关、社会团体及执行预算会计制度的事业单位等。军事单位及所属的非独立核算单位也包括在本部门中。由于目前在我国非盈利机构主要是由国家拨款资助的事业单位，因此我国将为政府和为居民服务的非盈利机构统一归进政府部门。

我国的政府部门由行政单位和非盈利的事业单位组成。其中“财政”作为一个特殊的部门归列于政府部门。

**住户部门** 住户部门是指由所有常住居民户组成的集体。包括城镇常住居民户、农村常住居民户和城乡个体经营单位。由于个体经营单位的资产负债及财务收支还不能完全独立于所属住户，因此把个体经营单位也划入住户部门。

住户内的成员共同享用其生活设施、共同消费一些货物和服务，其收入和财产的部门或全部被集中起来，因此他们也有权利参与或影响整个住户的经济活动。

**国外部门** 国外部门指与我国常住机构单位发生经济往来的所有非常住机构单位组成的集合，增列国外部门并不要求编制其整个资产负债表，而只限于记录常住机构单位与非常住机构单位之间所进行的交易及往来活动的累计存量，即仅仅是为了反映我国经济总体与国外进行经济往来活动及结果的总规模和结构关系。

**非金融资产** 根据我国新国民经济核算体系中有关资产负债项目的基本定义和联合国1993年SNA的定义，“非金融资产”是指机构单位单独或共同对其执行所有权或处置权，并通过在核算期内持有或使用它们可从中获得经济利益的，除金融资产以外的经济资产。

非金融资产按是否具有物质形态划分为有形资产和无形资产，按产生的方式或过程可划分为生产资产和非生产资产。在非金融资产中，“生产资产”由固定资产、存货和珍贵物品组成。“非生产资产”可大致分为两类，一类是资源资产，即有形非生产资产，由土地资产、水资源资产、地下资产和非培育生物资产组成；另一类是无形非生产资产，如专利权、租约和其他可转让合同、购买的商誉等。

由于我国目前在资产负债核算中所面临的资料来源和技术条件的限制，我们仅将非金融资产简单地划分为固定资产、存货和其他非金融资产三类。

**贡献率** 各产业的贡献率是分析经济效益的一个指标，它是指第一、二、三产业增量与生产总值增量之比。

5

# 劳动就业

## EMPLOYMENT AND WAGES

## 5-1 按三次产业分从业人员及构成

NUMBER OF EMPLOYED PERSONS AND STRUCTURE BY TYPE OF INDUSTRY

| 年 份 | 从业人员（万人） | | | | 构成（合计=100） | | |
|---|---|---|---|---|---|---|---|
| | | 第一产业 | 第二产业 | 第三产业 | 第一产业 | 第二产业 | 第三产业 |
| 1952 | 134.26 | 109.87 | 5.86 | 18.53 | 81.8 | 4.4 | 13.8 |
| 1957 | 144.29 | 118.65 | 13.12 | 12.52 | 82.2 | 9.1 | 8.7 |
| 1962 | 137.58 | 106.50 | 16.45 | 14.63 | 77.4 | 12.0 | 10.6 |
| 1965 | 143.67 | 107.68 | 20.96 | 15.03 | 74.9 | 14.6 | 10.5 |
| 1970 | 161.18 | 118.15 | 30.32 | 12.71 | 73.3 | 18.8 | 7.9 |
| 1975 | 192.59 | 135.95 | 41.56 | 15.08 | 70.6 | 21.6 | 7.8 |
| 1978 | 204.04 | 136.30 | 46.06 | 21.68 | 66.8 | 22.6 | 10.6 |
| 1980 | 214.21 | 135.16 | 51.30 | 27.75 | 63.1 | 23.9 | 13.0 |
| 1985 | 245.32 | 116.59 | 76.08 | 52.65 | 47.5 | 31.0 | 21.5 |
| 1990 | 270.54 | 125.73 | 87.75 | 57.06 | 46.5 | 32.4 | 21.1 |
| 1991 | 276.18 | 130.36 | 87.99 | 57.83 | 47.2 | 31.9 | 20.9 |
| 1992 | 280.19 | 127.09 | 85.59 | 67.51 | 45.4 | 30.5 | 24.1 |
| 1993 | 285.69 | 124.25 | 89.91 | 71.53 | 43.5 | 31.5 | 25.0 |
| 1994 | 303.46 | 122.62 | 91.64 | 89.20 | 40.4 | 30.2 | 29.4 |
| 1995 | 324.22 | 116.13 | 106.68 | 101.41 | 35.8 | 32.9 | 31.3 |
| 1996 | 332.33 | 107.70 | 113.91 | 110.72 | 32.4 | 34.3 | 33.3 |
| 1997 | 337.43 | 108.17 | 113.93 | 115.33 | 32.0 | 33.8 | 34.2 |
| 1998 | 341.63 | 109.32 | 113.38 | 118.93 | 31.9 | 33.2 | 34.9 |
| 1999 | 344.48 | 109.56 | 112.98 | 121.94 | 31.8 | 32.8 | 35.4 |
| 2000 | 347.37 | 109.98 | 110.81 | 126.58 | 31.7 | 31.9 | 36.4 |
| 2001 | 350.10 | 109.99 | 109.24 | 130.87 | 31.4 | 31.2 | 37.4 |
| 2002 | 352.70 | 108.01 | 109.14 | 135.55 | 30.6 | 30.9 | 38.5 |
| 2003 | 355.30 | 104.90 | 110.60 | 139.80 | 29.5 | 31.1 | 39.4 |
| 2004 | 358.50 | 99.30 | 113.30 | 145.90 | 27.7 | 31.6 | 40.7 |
| 2005 | 360.00 | 99.10 | 114.20 | 146.70 | 27.5 | 31.7 | 40.8 |
| 2006 | 361.80 | 99.00 | 115.20 | 147.60 | 27.4 | 31.8 | 40.8 |
| 2007 | 364.30 | 98.80 | 116.30 | 149.20 | 27.1 | 31.9 | 41.0 |
| 2008 | 367.36 | 98.01 | 116.95 | 152.40 | 26.7 | 31.8 | 41.5 |
| 2009 | 372.25 | 97.80 | 119.15 | 155.30 | 26.3 | 32.0 | 41.7 |
| 2010 | 373.70 | 76.66 | 120.20 | 176.84 | 20.5 | 32.2 | 47.3 |
| 2011 | 375.50 | 74.95 | 120.70 | 179.85 | 20.0 | 32.1 | 47.9 |

# 5-2 法人单位从业人员和劳动报酬

## NUMBER AND WAGE OF EMPLOYED PERSONS IN VARIOUS UNITS

| 指　　标 | 2010年 | | 2011年 | |
|---|---|---|---|---|
| | 从业人员（人） | 从业人员人均报酬（元/人） | 从业人员（人） | 从业人员人均报酬（元/人） |
| **全市法人单位** | 1993955 | 30667 | 2053865 | 35416 |
| 按国民经济行业分组 | | | | |
| 农、林、牧、渔业 | 1343 | 19177 | 2264 | 23346 |
| 采矿业 | 19593 | 33416 | 14059 | 36569 |
| 制造业 | 580653 | 24911 | 581084 | 29173 |
| 电力、燃气及水的生产和供应业 | 19246 | 43968 | 18618 | 46155 |
| 建筑业 | 362110 | 24167 | 360909 | 30362 |
| 交通运输、仓储和邮政业 | 109385 | 42846 | 109079 | 53422 |
| 信息传输、计算机服务和软件业 | 26222 | 39457 | 32252 | 42237 |
| 批发和零售业 | 243040 | 20220 | 279252 | 24992 |
| 住宿和餐饮业 | 94545 | 19147 | 105556 | 22821 |
| 金融业 | 59376 | 70856 | 58784 | 84443 |
| 房地产业 | 38526 | 27763 | 38427 | 31903 |
| 租赁和商务服务业 | 73295 | 27467 | 77766 | 34248 |
| 科学研究、技术服务和地质勘查业 | 31008 | 52600 | 32816 | 54533 |
| 水利、环境和公共设施管理业 | 14825 | 33895 | 14231 | 35393 |
| 居民服务和其他服务业 | 20439 | 24002 | 19566 | 26740 |
| 教　育 | 111731 | 49161 | 113645 | 51311 |
| 卫生、社会保障和社会福利业 | 47767 | 51371 | 54906 | 54440 |
| 文化、体育和娱乐业 | 17588 | 59120 | 17970 | 59176 |
| 公共管理和社会组织 | 123263 | 42468 | 122681 | 44270 |

注：本表统计口径为全部法人单位，包括非私营单位和私营单位。

# 5-3 主要年份职工工资

## WAGE OF STAFF AND WORKERS IN MAJOR YEARS

| 年份地区 | 职工工资总额（万元） | 国有经济 | 城镇集体经济 | 其他经济 | 职工平均工资（元） | 国有经济 | 城镇集体经济 | 其他经济 |
|---|---|---|---|---|---|---|---|---|
| 1952 | 4881 | 4587 | 294 | – | 442 | 453 | 324 | – |
| 1957 | 14553 | 11654 | 2899 | – | 586 | 621 | 480 | – |
| 1962 | 19412 | 16409 | 3003 | – | 577 | 607 | 451 | – |
| 1965 | 20367 | 16821 | 3546 | – | 617 | 664 | 461 | – |
| 1970 | 21226 | 17314 | 3912 | – | 549 | 578 | 449 | – |
| 1975 | 29239 | 22662 | 6577 | – | 557 | 615 | 420 | – |
| 1978 | 37840 | 28733 | 9107 | – | 578 | 626 | 465 | – |
| 1980 | 55900 | 41809 | 14091 | – | 776 | 821 | 668 | – |
| 1985 | 92092 | 67756 | 24330 | 6 | 1104 | 1169 | 954 | 894 |
| 1986 | 111934 | 84269 | 27643 | 22 | 1298 | 1384 | 1092 | 882 |
| 1987 | 126263 | 96322 | 29673 | 268 | 1422 | 1515 | 1185 | 1603 |
| 1988 | 166206 | 130287 | 35515 | 404 | 1806 | 1946 | 1427 | 2304 |
| 1989 | 190106 | 150899 | 38654 | 553 | 2037 | 2199 | 1577 | 2614 |
| 1990 | 210618 | 166250 | 43003 | 1365 | 2211 | 2370 | 1751 | 2460 |
| 1991 | 229540 | 181185 | 46091 | 2264 | 2368 | 2535 | 1872 | 2658 |
| 1992 | 267295 | 214311 | 49565 | 3419 | 2710 | 2938 | 2020 | 2919 |
| 1993 | 327226 | 264252 | 54442 | 8532 | 3323 | 3547 | 2524 | 3553 |
| 1994 | 465966 | 371403 | 67351 | 27212 | 4736 | 5209 | 2975 | 4922 |
| 1995 | 581432 | 465311 | 79932 | 36189 | 5851 | 6561 | 3623 | 5663 |
| 1996 | 700636 | 562645 | 89126 | 48865 | 7031 | 7839 | 4290 | 6875 |
| 1997 | 792368 | 636694 | 67999 | 57675 | 7896 | 8761 | 4954 | 7303 |
| 1998 | 717927 | 578788 | 68455 | 70684 | 8326 | 9022 | 5459 | 7410 |
| 1999 | 756696 | 608052 | 67273 | 81371 | 9083 | 9929 | 5766 | 7818 |
| 2000 | 857337 | 639312 | 59468 | 158557 | 10422 | 11761 | 6211 | 8651 |
| 2001 | 950851 | 713222 | 60818 | 176811 | 11980 | 13462 | 7061 | 9945 |
| 2002 | 1120837 | 846978 | 74672 | 199187 | 14395 | 16362 | 8188 | 11729 |
| 2003 | 1256160 | 930392 | 69554 | 256214 | 16027 | 18197 | 9331 | 12942 |
| 2004 | 1420491 | 1049033 | 73150 | 298308 | 18029 | 20759 | 10587 | 13974 |
| 2005 | 1966782 | 1126918 | 77722 | 762142 | 20866 | 24626 | 11890 | 18164 |
| 2006 | 2459044 | 1326412 | 140974 | 991658 | 21808 | 26550 | 12332 | 19305 |
| 2007 | 3086928 | 1680494 | 166960 | 1239474 | 26085 | 31910 | 15763 | 22500 |
| 2008 | 3735956 | 2049453 | 202995 | 1483509 | 30798 | 37191 | 19296 | 26645 |
| 2009 | 4241838 | 2227992 | 177020 | 1836825 | 34544 | 41239 | 21365 | 30368 |
| 2010 | 4695402 | 2462874 | 179365 | 2053164 | 36833 | 43339 | 22593 | 32740 |
| 2011 | 5569118 | 2647111 | 169476 | 2752531 | 41959 | 49342 | 26646 | 37851 |

注:本表中1998年及以后年份数据均为在岗职工口径,国有、集体、其他分组按1998年新标准。
2006年及以后年份数据为非私营单位从业人员口径。

# 5-4 城镇单位从业人员人数(2011年)

NUMBER OF EMPLOYED PERSONS IN URBAN UNITS(2011)

单位:人

| 指　　标 | 从业人员 | | | |
|---|---|---|---|---|
| | | 在岗职工 | 劳务派遣人员 | 其他从业人员 |
| **总　计** | 1330828 | 1171324 | 91520 | 67984 |
| **按隶属关系分组** | | | | |
| 中　央 | 266218 | 214606 | 31938 | 19674 |
| 省　属 | 229504 | 211566 | 9734 | 8204 |
| 市　属 | 276065 | 233605 | 36189 | 6271 |
| 县及县以下 | 348840 | 312381 | 6609 | 29850 |
| 其他 | 210201 | 199166 | 7050 | 3985 |
| **按国民经济类型分组** | | | | |
| （一）农、林、牧、渔业 | 1656 | 1651 | 0 | 5 |
| 1.农业 | 713 | 710 | 0 | 3 |
| 2.林业 | 415 | 413 | 0 | 2 |
| 3.畜牧业 | 249 | 249 | 0 | 0 |
| 4.渔业 | 19 | 19 | 0 | 0 |
| 5.农、林、牧、渔服务业 | 260 | 260 | 0 | 0 |
| （二）采矿业 | 10645 | 10441 | 202 | 2 |
| 1.煤炭开采和洗选业 | 7926 | 7926 | 0 | 0 |
| 2.石油和天然气开采业 | 488 | 354 | 134 | 0 |
| 3.黑色金属矿采选业 | 643 | 629 | 14 | 0 |
| 4.有色金属矿采选业 | 10 | 10 | 0 | 0 |
| 5.非金属矿采选业 | 1550 | 1494 | 54 | 2 |
| 6.其他采矿业 | 28 | 28 | 0 | 0 |
| （三）制造业 | 309655 | 279357 | 26099 | 4199 |
| 1.农副食品加工业 | 4108 | 3525 | 550 | 33 |
| 2.食品制造业 | 9876 | 8927 | 791 | 158 |
| 3.饮料制造业 | 7244 | 7155 | 89 | 0 |
| 4.烟草制品业 | 1698 | 1637 | 61 | 0 |
| 5.纺织业 | 12981 | 12966 | 0 | 15 |
| 6.纺织服装、鞋、帽制造业 | 3111 | 2911 | 7 | 193 |
| 7.皮革、毛皮、羽毛（绒）及其制品业 | 1154 | 1151 | 0 | 3 |
| 8.木材加工及木、竹、藤、棕、草制品 | 1292 | 1268 | 3 | 21 |
| 9.家具制造业 | 1122 | 1122 | 0 | 0 |
| 10.造纸及纸制品业 | 1999 | 1991 | 8 | 0 |
| 11.印刷业和记录媒介的复制 | 6666 | 6463 | 131 | 72 |
| 12.文教体育用品制造业 | 594 | 594 | 0 | 0 |
| 13.石油加工、炼焦及核燃料加工业 | 4272 | 3813 | 245 | 214 |
| 14.化学原料及化学制品制造业 | 19932 | 19450 | 303 | 179 |
| 15.医药制造业 | 13505 | 13336 | 76 | 93 |
| 16.化学纤维制造业 | 180 | 180 | 0 | 0 |
| 17.橡胶制品业 | 725 | 725 | 0 | 0 |
| 18.塑料制品业 | 3627 | 3613 | 1 | 13 |
| 19.非金属矿物制品业 | 22321 | 21081 | 580 | 660 |
| 20.黑色金属冶炼及压延加工业 | 24932 | 23814 | 1065 | 53 |
| 21.有色金属冶炼及压延加工业 | 2497 | 2486 | 0 | 11 |
| 22.金属制品业 | 12622 | 12288 | 255 | 79 |

5-4续1

| 指　　标 | 从业人员 | 在岗职工 | 劳务派遣人员 | 其他从业人员 |
|---|---|---|---|---|
| 23.通用设备制造业 | 47097 | 43349 | 2223 | 1525 |
| 24.专用设备制造业 | 13940 | 13676 | 90 | 174 |
| 25.交通运输设备制造业 | 62701 | 43627 | 18781 | 293 |
| 26.电气机械及器材制造业 | 16706 | 15621 | 801 | 284 |
| 27.通信设备、计算机及其他电子设备 | 6636 | 6631 | 0 | 5 |
| 28.仪器仪表及文化、办公用机械制造 | 4421 | 4273 | 39 | 109 |
| 29.工艺品及其他制造业 | 1679 | 1667 | 0 | 12 |
| 30.废弃资源和废旧材料回收加工业 | 17 | 17 | 0 | 0 |
| （四）电力、燃气及水的生产和供应业 | 17592 | 16773 | 9 | 810 |
| 1.电力、热力的生产和供应业 | 12354 | 11843 | 0 | 511 |
| 2.燃气生产和供应业 | 2379 | 2363 | 9 | 7 |
| 3.水的生产和供应业 | 2859 | 2567 | 0 | 292 |
| （五）建筑业 | 273387 | 235734 | 23438 | 14215 |
| 1.房屋和土木工程建筑业 | 230894 | 200331 | 19804 | 10759 |
| 2.建筑安装业 | 36341 | 29527 | 3484 | 3330 |
| 3.建筑装饰业 | 2902 | 2811 | 21 | 70 |
| 4.其他建筑业 | 3250 | 3065 | 129 | 56 |
| （六）交通运输、仓储和邮政业 | 87722 | 83213 | 2987 | 1522 |
| 1.铁路运输业 | 37806 | 37204 | 201 | 401 |
| 2.道路运输业 | 14787 | 12967 | 1033 | 787 |
| 3.城市公共交通业 | 12137 | 12137 | 0 | 0 |
| 4.水上运输业 | 786 | 786 | 0 | 0 |
| 5.航空运输业 | 5600 | 3885 | 1414 | 301 |
| 6.管道运输业 | 22 | 22 | 0 | 0 |
| 7.装卸搬运和其他运输服务业 | 5865 | 5495 | 339 | 31 |
| 8.仓储业 | 10719 | 10717 | 0 | 2 |
| （七）信息传输、计算机服务和软件业 | 22533 | 17181 | 5337 | 15 |
| 1.电信和其他信息传输服务业 | 12539 | 7224 | 5315 | 0 |
| 2.计算机服务业 | 3810 | 3773 | 22 | 15 |
| 3.软件业 | 6184 | 6184 | 0 | 0 |
| （八）批发和零售业 | 105715 | 84491 | 18502 | 2722 |
| 1.批发业 | 58327 | 38954 | 17750 | 1623 |
| 2.零售业 | 47388 | 45537 | 752 | 1099 |
| （九）住宿和餐饮业 | 37807 | 36446 | 743 | 618 |
| 1.住宿业 | 17304 | 16573 | 387 | 344 |
| 2.餐饮业 | 20503 | 19873 | 356 | 274 |
| （十）金融业 | 58784 | 40588 | 3817 | 14379 |
| 1.银行业 | 30324 | 27243 | 2977 | 104 |
| 2.证券业 | 2633 | 2502 | 28 | 103 |
| 3.保险业 | 25376 | 10436 | 790 | 14150 |
| 4.其他金融活动 | 451 | 407 | 22 | 22 |
| （十一）房地产业 | 27241 | 26710 | 105 | 426 |
| 1.房地产开发经营 | 15538 | 15040 | 105 | 393 |
| 2.物业管理 | 9970 | 9951 | 0 | 19 |
| 3.房地产中介服务 | 1195 | 1181 | 0 | 14 |

5-4续2

| 指　　标 | 从业人员 | | | |
|---|---|---|---|---|
| | | 在岗职工 | 劳务派遣人员 | 其他从业人员 |
| （十二）租赁和商务服务业 | 31350 | 30498 | 609 | 243 |
| 1.租赁业 | 621 | 591 | 30 | 0 |
| 2.商务服务业 | 30729 | 29907 | 579 | 243 |
| （十三）科学研究、技术服务和地质勘查业 | 26540 | 24406 | 1055 | 1079 |
| 1.研究与试验发展 | 6941 | 6712 | 167 | 62 |
| （1）自然科学研究与试验发展 | 1339 | 1303 | 31 | 5 |
| （2）工程和技术研究与试验发展 | 2039 | 2035 | 0 | 4 |
| （3）农业科学研究与试验发展 | 1115 | 1065 | 47 | 3 |
| （4）医学研究与试验发展 | 1784 | 1666 | 80 | 38 |
| （5）社会人文科学研究与试验发展 | 664 | 643 | 9 | 12 |
| 2.专业技术服务业 | 13920 | 12101 | 853 | 966 |
| （1）气象服务 | 161 | 148 | 0 | 13 |
| （2）地震服务 | 287 | 287 | 0 | 0 |
| （4）测绘服务 | 922 | 922 | 0 | 0 |
| （5）技术检测 | 2055 | 1791 | 259 | 5 |
| （6）环境监测 | 706 | 706 | 0 | 0 |
| （7）工程技术与规划管理 | 8534 | 6992 | 594 | 948 |
| 3.科技交流和推广服务业 | 2390 | 2318 | 31 | 41 |
| 4.地质勘查业 | 3289 | 3275 | 4 | 10 |
| （十四）水利、环境和公共设施管理业 | 12579 | 10015 | 38 | 2526 |
| 1.水利管理业 | 2152 | 2146 | 0 | 6 |
| 2.环境管理业 | 5239 | 2768 | 5 | 2466 |
| 3.公共设施管理业 | 5188 | 5101 | 33 | 54 |
| （十五）居民服务和其他服务业 | 10295 | 8680 | 1559 | 56 |
| 1.居民服务业 | 3412 | 3356 | 0 | 56 |
| 2.其他服务业 | 6883 | 5324 | 1559 | 0 |
| （十六）教育 | 105077 | 101045 | 1865 | 2167 |
| 1.初等教育 | 23653 | 23246 | 74 | 333 |
| 2.中等教育 | 37760 | 37238 | 153 | 369 |
| 3.高等教育 | 34321 | 31858 | 1383 | 1080 |
| （十七）卫生、社会保障和社会福利业 | 53321 | 49291 | 2814 | 1216 |
| 1.卫生 | 51545 | 47519 | 2814 | 1212 |
| 2.社会保障业 | 916 | 912 | 0 | 4 |
| 3.社会福利业 | 860 | 860 | 0 | 0 |
| （十八）文化、体育和娱乐业 | 16605 | 15998 | 289 | 318 |
| 1.新闻出版业 | 5292 | 4997 | 140 | 155 |
| 2.广播、电影、电视和音像业 | 5233 | 5163 | 49 | 21 |
| 3.文化艺术业 | 3946 | 3733 | 74 | 139 |
| 4.体育 | 956 | 927 | 26 | 3 |
| 5.娱乐业 | 1178 | 1178 | 0 | 0 |
| （十九）公共管理和社会组织 | 122324 | 98806 | 2052 | 21466 |
| 1.中国共产党机关 | 4303 | 4271 | 8 | 24 |
| 2.国家机构 | 92598 | 88944 | 2040 | 1614 |
| 3.人民政协和民主党派 | 744 | 743 | 0 | 1 |
| 4.群众团体、社会团体和宗教组织 | 2734 | 2176 | 4 | 554 |

# 5-5 城镇单位从业人员工资总额(2011年)

TOTAL WAGE OF EMPLOYED PERSONS IN URBAN UNITS(2011)

单位:万元

| 指　　标 | 从业人员工资总额 | 在岗职工工资总额 | 劳务派遣人员工资总额 | 其他从业人员工资总额 |
|---|---|---|---|---|
| **总　计** | 5569118 | 5154241 | 272036 | 142841 |
| **按隶属关系分组** | | | | |
| 中　央 | 1408820 | 1252044 | 90522 | 66254 |
| 省　属 | 1280664 | 1225070 | 35730 | 19863 |
| 市　属 | 1080402 | 957495 | 111411 | 11495 |
| 县及县以下 | 1120064 | 1068750 | 13579 | 37737 |
| 其他 | 679169 | 650882 | 20795 | 7493 |
| **按国民经济类型分组** | | | | |
| (一)农、林、牧、渔业 | 4336 | 4332 | 0 | 4 |
| 1.农业 | 2182 | 2178 | 0 | 4 |
| 2.林业 | 971 | 971 | 0 | 0 |
| 3.畜牧业 | 302 | 302 | 0 | 0 |
| 4.渔业 | 8 | 8 | 0 | 0 |
| 5.农、林、牧、渔服务业 | 874 | 874 | 0 | 0 |
| (二)采矿业 | 41216 | 40326 | 884 | 6 |
| 1.煤炭开采和洗选业 | 30186 | 30186 | 0 | 0 |
| 2.石油和天然气开采业 | 1644 | 1036 | 608 | 0 |
| 3.黑色金属矿采选业 | 4612 | 4576 | 36 | 0 |
| 4.有色金属矿采选业 | 26 | 26 | 0 | 0 |
| 5.非金属矿采选业 | 4676 | 4430 | 240 | 6 |
| 6.其他采矿业 | 72 | 72 | 0 | 0 |
| (三)制造业 | 1071413 | 986393 | 76742 | 8277 |
| 1.农副食品加工业 | 9520 | 8237 | 1200 | 82 |
| 2.食品制造业 | 22520 | 21039 | 1339 | 142 |
| 3.饮料制造业 | 23277 | 23042 | 235 | 0 |
| 4.烟草制品业 | 21269 | 21166 | 103 | 0 |
| 5.纺织业 | 33918 | 33684 | 0 | 234 |
| 6.纺织服装、鞋、帽制造业 | 6936 | 6763 | 10 | 163 |
| 7.皮革、毛皮、羽毛(绒)及其制品业 | 2411 | 2402 | 0 | 9 |
| 8.木材加工及木、竹、藤、棕、草制品 | 2910 | 2871 | 4 | 35 |
| 9.家具制造业 | 3378 | 3378 | 0 | 0 |
| 10.造纸及纸制品业 | 4384 | 4366 | 17 | 0 |
| 11.印刷业和记录媒介的复制 | 20388 | 19489 | 401 | 497 |
| 12.文教体育用品制造业 | 1126 | 1126 | 0 | 0 |
| 13.石油加工、炼焦及核燃料加工业 | 22842 | 21522 | 718 | 602 |
| 14.化学原料及化学制品制造业 | 56501 | 55283 | 1038 | 180 |
| 15.医药制造业 | 39025 | 38640 | 123 | 262 |
| 16.化学纤维制造业 | 386 | 386 | 0 | 0 |
| 17.橡胶制品业 | 1879 | 1879 | 0 | 0 |
| 18.塑料制品业 | 9541 | 9520 | 5 | 16 |
| 19.非金属矿物制品业 | 67222 | 64579 | 1638 | 1005 |
| 20.黑色金属冶炼及压延加工业 | 137993 | 134925 | 2926 | 142 |
| 21.有色金属冶炼及压延加工业 | 7764 | 7730 | 0 | 34 |
| 22.金属制品业 | 36613 | 36111 | 135 | 367 |

5-5续1

| 指　　标 | 从业人员工资总额 | 在岗职工工资总额 | 劳务派遣人员工资总额 | 其他从业人员工资总额 |
|---|---|---|---|---|
| 23.通用设备制造业 | 157164 | 148463 | 5862 | 2840 |
| 24.专用设备制造业 | 43486 | 42962 | 266 | 258 |
| 25.交通运输设备制造业 | 229138 | 169338 | 58834 | 966 |
| 26.电气机械及器材制造业 | 64733 | 62612 | 1796 | 324 |
| 27.通信设备、计算机及其他电子设备 | 24127 | 24121 | 0 | 6 |
| 28.仪器仪表及文化、办公用机械制造 | 18274 | 18103 | 93 | 78 |
| 29.工艺品及其他制造业 | 2655 | 2619 | 0 | 36 |
| 30.废弃资源和废旧材料回收加工业 | 38 | 38 | 0 | 0 |
| （四）电力、燃气及水的生产和供应业 | 81989 | 79754 | 13 | 2222 |
| 1.电力、热力的生产和供应业 | 60281 | 58698 | 0 | 1583 |
| 2.燃气生产和供应业 | 10380 | 10363 | 13 | 4 |
| 3.水的生产和供应业 | 11328 | 10693 | 0 | 635 |
| （五）建筑业 | 934142 | 826917 | 74625 | 32600 |
| 1.房屋和土木工程建筑业 | 792817 | 703122 | 61929 | 27767 |
| 2.建筑安装业 | 120222 | 103427 | 12184 | 4610 |
| 3.建筑装饰业 | 6624 | 6386 | 172 | 66 |
| 4.其他建筑业 | 14479 | 13982 | 341 | 156 |
| （六）交通运输、仓储和邮政业 | 510508 | 495804 | 10390 | 4314 |
| 1.铁路运输业 | 239029 | 237472 | 606 | 952 |
| 2.道路运输业 | 71049 | 64029 | 3987 | 3033 |
| 3.城市公共交通业 | 50396 | 50396 | 0 | 0 |
| 4.水上运输业 | 1491 | 1491 | 0 | 0 |
| 5.航空运输业 | 83407 | 78346 | 4806 | 255 |
| 6.管道运输业 | 66 | 66 | 0 | 0 |
| 7.装卸搬运和其他运输服务业 | 33248 | 32185 | 991 | 72 |
| 8.仓储业 | 31822 | 31819 | 0 | 3 |
| （七）信息传输、计算机服务和软件业 | 104556 | 87283 | 17273 | 0 |
| 1.电信和其他信息传输服务业 | 58448 | 41344 | 17104 | 0 |
| 2.计算机服务业 | 15594 | 15424 | 170 | 0 |
| 3.软件业 | 30515 | 30515 | 0 | 0 |
| （八）批发和零售业 | 310566 | 255801 | 51702 | 3064 |
| 1.批发业 | 193374 | 140817 | 50485 | 2072 |
| 2.零售业 | 117193 | 114983 | 1217 | 992 |
| （九）住宿和餐饮业 | 93635 | 90789 | 1705 | 1142 |
| 1.住宿业 | 46990 | 45573 | 888 | 530 |
| 2.餐饮业 | 46645 | 45217 | 816 | 612 |
| （十）金融业 | 489813 | 422673 | 16845 | 50295 |
| 1.银行业 | 311849 | 297946 | 13648 | 256 |
| 2.证券业 | 46940 | 46525 | 56 | 360 |
| 3.保险业 | 125838 | 73147 | 3071 | 49620 |
| 4.其他金融活动 | 5186 | 5056 | 70 | 59 |
| （十一）房地产业 | 94048 | 93163 | 237 | 648 |
| 1.房地产开发经营 | 65744 | 64895 | 237 | 611 |
| 2.物业管理 | 23424 | 23410 | 0 | 14 |
| 3.房地产中介服务 | 3136 | 3114 | 0 | 22 |

5-5续2

| 指　　标 | 从业人员工资总额 | 在岗职工工资总额 | 劳务派遣人员工资总额 | 其他从业人员工资总额 |
|---|---|---|---|---|
| （十二）租赁和商务服务业 | 121349 | 118815 | 1951 | 584 |
| 1.租赁业 | 1626 | 1537 | 89 | 0 |
| 2.商务服务业 | 119723 | 117277 | 1862 | 584 |
| （十三）科学研究、技术服务和地质勘查业 | 159614 | 154280 | 3066 | 2267 |
| 1.研究与试验发展 | 39764 | 39478 | 152 | 134 |
| （1）自然科学研究与试验发展 | 8413 | 8347 | 66 | 0 |
| （2）工程和技术研究与试验发展 | 11365 | 11316 | 0 | 49 |
| （3）农业科学研究与试验发展 | 6068 | 6056 | 6 | 6 |
| （4）医学研究与试验发展 | 9446 | 9317 | 64 | 64 |
| （5）社会人文科学研究与试验发展 | 4472 | 4441 | 16 | 15 |
| 2.专业技术服务业 | 84123 | 79241 | 2814 | 2068 |
| （1）气象服务 | 844 | 809 | 0 | 35 |
| （2）地震服务 | 1834 | 1834 | 0 | 0 |
| （4）测绘服务 | 6015 | 6015 | 0 | 0 |
| （5）技术检测 | 10645 | 9818 | 821 | 6 |
| （6）环境监测 | 4227 | 4227 | 0 | 0 |
| （7）工程技术与规划管理 | 56011 | 51992 | 1993 | 2027 |
| 3.科技交流和推广服务业 | 12039 | 11891 | 94 | 54 |
| 4.地质勘查业 | 23688 | 23670 | 6 | 12 |
| （十四）水利、环境和公共设施管理业 | 46530 | 43381 | 67 | 3081 |
| 1.水利管理业 | 9616 | 9609 | 0 | 7 |
| 2.环境管理业 | 13401 | 10360 | 12 | 3029 |
| 3.公共设施管理业 | 23512 | 23412 | 55 | 45 |
| （十三）居民服务和其他服务业 | 24338 | 21839 | 2055 | 444 |
| 1.居民服务业 | 7289 | 7157 | 0 | 132 |
| 2.其他服务业 | 17049 | 14681 | 2055 | 313 |
| （十六）教育 | 555268 | 548590 | 3315 | 3363 |
| 1.初等教育 | 105639 | 105049 | 131 | 459 |
| 2.中等教育 | 181991 | 181106 | 217 | 669 |
| 3.高等教育 | 221183 | 217253 | 2424 | 1506 |
| （十七）卫生、社会保障和社会福利业 | 287957 | 275464 | 7243 | 5250 |
| 1.卫生 | 277860 | 265367 | 7243 | 5250 |
| 2.社会保障业 | 5529 | 5529 | 0 | 0 |
| 3.社会福利业 | 4568 | 4568 | 0 | 0 |
| （十八）文化、体育和娱乐业 | 101138 | 100300 | 533 | 305 |
| 1.新闻出版业 | 39136 | 38843 | 265 | 29 |
| 2.广播、电影、电视和音像业 | 32565 | 32425 | 122 | 17 |
| 3.文化艺术业 | 19677 | 19313 | 110 | 254 |
| 4.体育 | 6715 | 6674 | 36 | 5 |
| 5.娱乐业 | 3045 | 3045 | 0 | 0 |
| （十九）公共管理和社会组织 | 536702 | 508335 | 3392 | 24976 |
| 1.中国共产党机关 | 27504 | 27438 | 15 | 51 |
| 2.国家机构 | 465254 | 457792 | 3364 | 4098 |
| 3.人民政协和民主党派 | 4519 | 4517 | 0 | 1 |
| 4.群众团体、社会团体和宗教组织 | 11694 | 10990 | 12 | 692 |

# 5-6 城镇单位从业人员平均工资(2011年)

## AVERAGE WAGE OF EMPLOYED PERSONS IN URBAN UNITS(2011)

单位:元

| 指标 | 从业人员平均工资 | 在岗职工平均工资 | 劳务派遣人员平均工资 | 其他从业人员平均工资 |
|---|---|---|---|---|
| **总 计** | 41959 | 44113 | 30044 | 20914 |
| **按隶属关系分组** | | | | |
| 中 央 | 53325 | 58701 | 28679 | 34255 |
| 省 属 | 56684 | 58607 | 40848 | 24372 |
| 市 属 | 38272 | 40138 | 30170 | 16860 |
| 县及县以下 | 32427 | 34570 | 22848 | 12450 |
| 其他 | 32428 | 32808 | 28242 | 20355 |
| **按国民经济类型分组** | | | | |
| (一)农、林、牧、渔业 | 25935 | 25989 | - | 8000 |
| 1.农业 | 30861 | 30942 | - | 12000 |
| 2.林业 | 23516 | 23620 | - | 2000 |
| 3.畜牧业 | 12112 | 12112 | - | - |
| 4.渔业 | 4211 | 4211 | - | - |
| 5.农、林、牧、渔服务业 | 30764 | 30764 | - | - |
| (二)采矿业 | 38610 | 38498 | 44662 | 28500 |
| 1.煤炭开采和洗选业 | 37870 | 37870 | - | - |
| 2.石油和天然气开采业 | 33965 | 29429 | 46061 | - |
| 3.黑色金属矿采选业 | 71843 | 72869 | 25786 | - |
| 4.有色金属矿采选业 | 25800 | 25800 | - | - |
| 5.非金属矿采选业 | 30363 | 29812 | 46192 | 28500 |
| 6.其他采矿业 | 25786 | 25786 | - | - |
| (三)制造业 | 34724 | 35558 | 28308 | 20493 |
| 1.农副食品加工业 | 23488 | 23677 | 22222 | 24235 |
| 2.食品制造业 | 23738 | 24124 | 22432 | 8426 |
| 3.饮料制造业 | 31882 | 31967 | 25301 | - |
| 4.烟草制品业 | 132267 | 134216 | 33129 | - |
| 5.纺织业 | 26500 | 26408 | - | 59923 |
| 6.纺织服装、鞋、帽制造业 | 22644 | 23680 | 16500 | 8119 |
| 7.皮革、毛皮、羽毛(绒)及其制品业 | 20241 | 20220 | - | 28667 |
| 8.木材加工及木、竹、藤、棕、草制品 | 22452 | 22591 | 3333 | 26538 |
| 9.家具制造业 | 26834 | 26834 | - | - |
| 10.造纸及纸制品业 | 22028 | 22052 | 21500 | - |
| 11.印刷业和记录媒介的复制 | 30778 | 30476 | 31825 | 48291 |
| 12.文教体育用品制造业 | 18790 | 18884 | - | 0 |
| 13.石油加工、炼焦及核燃料加工业 | 53543 | 56398 | 30684 | 27870 |
| 14.化学原料及化学制品制造业 | 28128 | 28366 | 25640 | 9301 |
| 15.医药制造业 | 29400 | 29483 | 16877 | 27611 |
| 16.化学纤维制造业 | 21663 | 21663 | - | - |
| 17.橡胶制品业 | 26174 | 26174 | - | - |
| 18.塑料制品业 | 26524 | 26585 | 22500 | 11500 |
| 19.非金属矿物制品业 | 30858 | 30955 | 27952 | 29908 |
| 20.黑色金属冶炼及压延加工业 | 54368 | 55612 | 27444 | 26811 |
| 21.有色金属冶炼及压延加工业 | 31292 | 31294 | - | 30909 |
| 22.金属制品业 | 28732 | 29101 | 5400 | 43643 |

5-6续1

| 指　　　标 | 从业人员平均工资 | | | |
|---|---|---|---|---|
| | | 在岗职工平均工资 | 劳务派遣人员平均工资 | 其他从业人员平均工资 |
| 23.通用设备制造业 | 33584 | 34310 | 27993 | 19815 |
| 24.专用设备制造业 | 31328 | 31555 | 28645 | 14908 |
| 25.交通运输设备制造业 | 36248 | 39704 | 29118 | 26914 |
| 26.电气机械及器材制造业 | 39256 | 40406 | 28020 | 9181 |
| 27.通信设备、计算机及其他电子设备 | 38358 | 38538 | – | 1935 |
| 28.仪器仪表及文化、办公用机械制造 | 41597 | 42686 | 21581 | 7138 |
| 29.工艺品及其他制造业 | 15721 | 15618 | – | 30000 |
| 30.废弃资源和废旧材料回收加工业 | 22118 | 22118 | – | – |
| （四）电力、燃气及水的生产和供应业 | 47316 | 48430 | 15625 | 26077 |
| 1.电力、热力的生产和供应业 | 49557 | 50484 | – | 29479 |
| 2.燃气生产和供应业 | 44359 | 44555 | 15625 | 7000 |
| 3.水的生产和供应业 | 40112 | 42517 | – | 20537 |
| （五）建筑业 | 33314 | 33917 | 32454 | 23962 |
| 1.房屋和土木工程建筑业 | 33277 | 33708 | 31537 | 27714 |
| 2.建筑安装业 | 33538 | 35295 | 38279 | 13726 |
| 3.建筑装饰业 | 21654 | 22290 | 15917 | 7686 |
| 4.其他建筑业 | 44537 | 45934 | 51591 | 11085 |
| （六）交通运输、仓储和邮政业 | 59039 | 60178 | 37987 | 32050 |
| 1.铁路运输业 | 63724 | 64109 | 29828 | 35921 |
| 2.道路运输业 | 48280 | 49359 | 41662 | 38535 |
| 3.城市公共交通业 | 41794 | 41794 | – | – |
| 4.水上运输业 | 18388 | 18388 | – | – |
| 5.航空运输业 | 178105 | 245292 | 39133 | 9759 |
| 6.管道运输业 | 30000 | 30000 | – | – |
| 7.装卸搬运和其他运输服务业 | 56115 | 58022 | 28571 | 23226 |
| 8.仓储业 | 29615 | 29618 | – | 13000 |
| （七）信息传输、计算机服务和软件业 | 47556 | 52312 | 32585 | – |
| 1.电信和其他信息传输服务业 | 46732 | 57137 | 32448 | – |
| 2.计算机服务业 | 42781 | 42666 | 56567 | – |
| 3.软件业 | 52306 | 52306 | – | – |
| （八）批发和零售业 | 29732 | 30506 | 28618 | 12086 |
| 1.批发业 | 33470 | 36339 | 28640 | 14818 |
| 2.零售业 | 25107 | 25494 | 27727 | 8727 |
| （九）住宿和餐饮业 | 24636 | 24781 | 23190 | 17948 |
| 1.住宿业 | 27800 | 28185 | 23374 | 14958 |
| 2.餐饮业 | 22102 | 22092 | 22994 | 21702 |
| （十）金融业 | 84443 | 107444 | 43158 | 34068 |
| 1.银行业 | 105401 | 112999 | 43884 | 23282 |
| 2.证券业 | 180122 | 187146 | 25273 | 36704 |
| 3.保险业 | 49605 | 72509 | 41001 | 34148 |
| 4.其他金融活动 | 116795 | 127035 | 31955 | 24750 |
| （十一）房地产业 | 35108 | 35556 | 22610 | 13464 |
| 1.房地产开发经营 | 43270 | 44321 | 22610 | 13669 |
| 2.物业管理 | 23704 | 23737 | – | 7200 |
| 3.房地产中介服务 | 26755 | 26887 | – | 15857 |

5-6续2

| 指　　标 | 从业人员平均工资 | 在岗职工平均工资 | 劳务派遣人员平均工资 | 其他从业人员平均工资 |
|---|---|---|---|---|
| （十二）租赁和商务服务业 | 39173 | 39513 | 31925 | 19663 |
| 1.租赁业 | 26489 | 26324 | 29700 | - |
| 2.商务服务业 | 39429 | 39774 | 32040 | 19663 |
| （十三）科学研究、技术服务和地质勘查业 | 60531 | 63887 | 30571 | 18631 |
| 1.研究与试验发展 | 57215 | 58253 | 12890 | 24364 |
| （1）自然科学研究与试验发展 | 62972 | 63963 | 21226 | - |
| （2）工程和技术研究与试验发展 | 55143 | 55013 | - | 122000 |
| （3）农业科学研究与试验发展 | 54228 | 54415 | 20333 | 18667 |
| （4）医学研究与试验发展 | 53305 | 56161 | 8560 | 16947 |
| （5）社会人文科学研究与试验发展 | 67559 | 69070 | 17778 | 15200 |
| 2.专业技术服务业 | 61140 | 67176 | 33028 | 18610 |
| （1）气象服务 | 48477 | 50224 | - | 26846 |
| （2）地震服务 | 66220 | 66220 | - | - |
| （4）测绘服务 | 65307 | 65307 | - | - |
| （5）技术检测 | 52107 | 55189 | 31710 | 12000 |
| （6）环境监测 | 59875 | 59875 | - | - |
| （7）工程技术与规划管理 | 66317 | 76911 | 33604 | 18543 |
| 3.科技交流和推广服务业 | 50455 | 51388 | 30290 | 13049 |
| 4.地质勘查业 | 72353 | 72562 | 31500 | 12300 |
| （十四）水利、环境和公共设施管理业 | 37096 | 43226 | 17605 | 12480 |
| 1.水利管理业 | 44789 | 44881 | - | 11833 |
| 2.环境管理业 | 25971 | 37728 | 24000 | 12574 |
| 3.公共设施管理业 | 44905 | 45469 | 16636 | 8389 |
| （十五）居民服务和其他服务业 | 24499 | 25099 | 20044 | 21365 |
| 1.居民服务业 | 21534 | 21461 | - | 26340 |
| 2.其他服务业 | 26032 | 27360 | 20044 | 19791 |
| （十六）教育 | 53483 | 54990 | 17265 | 15720 |
| 1.初等教育 | 44810 | 45321 | 18686 | 14071 |
| 2.中等教育 | 49451 | 49915 | 14364 | 18168 |
| 3.高等教育 | 64734 | 68640 | 16704 | 14131 |
| （十七）卫生、社会保障和社会福利业 | 55350 | 56994 | 29419 | 42646 |
| 1.卫生 | 55292 | 56990 | 29419 | 42785 |
| 2.社会保障业 | 60488 | 60754 | - | - |
| 3.社会福利业 | 53242 | 53242 | - | - |
| （十八）文化、体育和娱乐业 | 61832 | 63149 | 18323 | 16645 |
| 1.新闻出版业 | 74531 | 76297 | 18773 | 15053 |
| 2.广播、电影、电视和音像业 | 64715 | 65361 | 24480 | 8000 |
| 3.文化艺术业 | 49652 | 51514 | 14865 | 18164 |
| 4.体育 | 71286 | 73101 | 13885 | 16333 |
| 5.娱乐业 | 26050 | 26050 | - | - |
| （十九）公共管理和社会组织 | 44394 | 52642 | 16625 | 11205 |
| 1.中国共产党机关 | 63919 | 64243 | 19125 | 21250 |
| 2.国家机构 | 51016 | 52936 | 16589 | 15245 |
| 3.人民政协和民主党派 | 60814 | 60881 | - | 11000 |
| 4.群众团体、社会团体和宗教组织 | 42852 | 50623 | 30000 | 12495 |

# 5-7 国有单位从业人员和报酬(2011年)

## NUMBER AND WAGE OF EMPLOYED PERSONS IN STATE - OWNED UNITS(2011)

| 指　　标 | 从业人员期末人数（人） | 从业人员工资总额（万元） | 从业人员平均工资（元） |
|---|---|---|---|
| 总　计 | 542916 | 2647111 | 49342 |
| 按隶属关系分组 | | | |
| 中　央 | 142935 | 792413 | 55755 |
| 省　属 | 138044 | 747511 | 54774 |
| 市　属 | 93957 | 433993 | 46743 |
| 县及县以下 | 164088 | 660979 | 40986 |
| 其他 | 3892 | 12215 | 32426 |
| 按国民经济行业分组 | | | |
| （一）农、林、牧、渔业 | 1339 | 3756 | 28370 |
| （二）采矿业 | 5462 | 26613 | 48317 |
| （三）制造业 | 28136 | 115822 | 41594 |
| （四）电力、燃气及水的生产和供应业 | 11293 | 57793 | 51949 |
| （五）建筑业 | 57885 | 232175 | 40356 |
| （六）交通运输、仓储和邮政业 | 68952 | 370575 | 53818 |
| （七）信息传输、计算机服务和软件业 | 7728 | 31808 | 41112 |
| （八）批发和零售业 | 14914 | 47714 | 31937 |
| （九）住宿和餐饮业 | 16601 | 42883 | 26352 |
| （十）金融业 | 4621 | 39064 | 89946 |
| （十一）房地产业 | 5509 | 18312 | 33416 |
| （十二）租赁和商务服务业 | 15380 | 68140 | 45384 |
| （十三）科学研究、技术服务和地质勘查业 | 21477 | 126805 | 59004 |
| （十四）水利、环境和公共设施管理业 | 11286 | 42503 | 37794 |
| （十五）居民服务和其他服务业 | 6081 | 15000 | 26041 |
| （十六）教育 | 96292 | 522502 | 55004 |
| （十七）卫生、社会保障和社会福利业 | 49479 | 273126 | 56680 |
| （十八）文化、体育和娱乐业 | 15228 | 95895 | 63973 |
| （十九）公共管理和社会组织 | 105253 | 516626 | 49756 |

# 5-8 城镇集体单位从业人员和报酬(2011年)

NUMBER AND WAGE OF EMPLOYED PERSONS IN URBAN COLLECTIVE－OWNED UNITS(2011)

| 指　　标 | 从业人员期末人数（人） | 从业人员工资总额（万元） | 从业人员平均工资（元） |
|---|---|---|---|
| **总　计** | 61670 | 169476 | 26647 |
| **按隶属关系分组** | | | |
| 中　央 | 543 | 1541 | 28687 |
| 省　属 | 2566 | 15394 | 59875 |
| 市　属 | 5668 | 16276 | 26902 |
| 县及县以下 | 46037 | 117728 | 24713 |
| 其他 | 6856 | 18539 | 27239 |
| **按国内经济行业分组** | | | |
| （一）农、林、牧、渔业 | 137 | 308 | 20137 |
| （二）采矿业 | 1042 | 2791 | 26555 |
| （三）制造业 | 15790 | 38869 | 24672 |
| （四）电力、燃气及水的生产和供应业 | 129 | 249 | 19295 |
| （五）建筑业 | 16317 | 51339 | 28611 |
| （六）交通运输、仓储和邮政业 | 684 | 1406 | 20561 |
| （七）信息传输、计算机服务和软件业 | 424 | 1524 | 39082 |
| （八）批发和零售业 | 5132 | 13575 | 24558 |
| （九）住宿和餐饮业 | 1438 | 3104 | 21811 |
| （十）金融业 | 6 | 17 | 27500 |
| （十一）房地产业 | 2271 | 5285 | 23488 |
| （十二）租赁和商务服务业 | 4661 | 13382 | 28668 |
| （十三）科学研究、技术服务和地质勘查业 | 293 | 1050 | 35836 |
| （十四）水利、环境和公共设施管理业 | 803 | 1503 | 18668 |
| （十五）居民服务和其他服务业 | 300 | 802 | 27567 |
| （十六）教育 | 4455 | 17542 | 39544 |
| （十七）卫生、社会保障和社会福利业 | 3362 | 13224 | 39171 |
| （十九）公共管理和社会组织 | 4426 | 3507 | 7934 |

# 5-9 城镇其他单位从业人员和报酬(2011年)

## NUMBER AND WAGE OF EMPLOYED PERSONS IN OTHER URBAN UNITS(2011)

| 指　　标 | 从业人员期末人数（人） | 从业人员工资总额（万元） | 从业人员平均工资（元） |
|---|---|---|---|
| **总　计** | 726242 | 2752531 | 37852 |
| **按隶属关系分组** | | | |
| 中　央 | 122740 | 614867 | 50592 |
| 省　属 | 88894 | 517759 | 59591 |
| 市　属 | 176440 | 630133 | 34359 |
| 县及县以下 | 138715 | 341357 | 25007 |
| 其他 | 199453 | 648416 | 32606 |
| **按国民经济行业分组** | | | |
| （一）农、林、牧、渔业 | 180 | 272 | 13954 |
| （二）采矿业 | 4141 | 11812 | 28698 |
| （三）制造业 | 265729 | 916722 | 34600 |
| （四）电力、燃气及水的生产和供应业 | 6170 | 23946 | 39424 |
| （五）建筑业 | 199185 | 650629 | 31749 |
| （六）交通运输、仓储和邮政业 | 18086 | 138527 | 81828 |
| （七）信息传输、计算机服务和软件业 | 14381 | 71224 | 51392 |
| （八）批发和零售业 | 85669 | 249277 | 29681 |
| （九）住宿和餐饮业 | 19768 | 47649 | 23460 |
| （十）金融业 | 54157 | 450733 | 84004 |
| （十一）房地产业 | 19461 | 70452 | 36967 |
| （十二）租赁和商务服务业 | 11309 | 39827 | 35258 |
| （十三）科学研究、技术服务和地质勘查业 | 4770 | 31758 | 69266 |
| （十四）水利、环境和公共设施管理业 | 490 | 2523 | 51287 |
| （十五）居民服务和其他服务业 | 3914 | 8536 | 21983 |
| （十六）教育 | 4330 | 15224 | 34670 |
| （十七）卫生、社会保障和社会福利业 | 480 | 1607 | 34788 |
| （十八）文化、体育和娱乐业 | 1377 | 5243 | 38353 |
| （十九）公共管理和社会组织 | 12645 | 16570 | 13106 |

# 5-10 城乡劳动力资源(2011年)

## LABOUR RESOURSES OF URBAN AND RURAL(2011)

| 指　　标 | 城乡合计 | 城　镇 | 乡　村 |
|---|---|---|---|
| **年末劳动力资源总数** | 516.70 | 273.16 | 243.54 |
| **经济活动人口** | 381.15 | 191.11 | 190.04 |
| **从业人员** | 375.50 | 185.46 | 190.04 |
| **按经济类型分** | | | |
| 国有经济 | 54.29 | 44.01 | 10.28 |
| 集体经济 | 8.17 | 2.84 | 5.33 |
| 股份合作 | 1.93 | 1.61 | 0.32 |
| 联营经济 | 3.26 | 2.79 | 0.46 |
| 有限责任公司 | 42.80 | 30.27 | 12.53 |
| 股份有限公司 | 16.40 | 12.77 | 3.63 |
| 私营经济 | 72.30 | 35.99 | 36.31 |
| 个体经济 | 74.14 | 41.27 | 32.88 |
| 外商投资经济 | 7.14 | 6.16 | 0.98 |
| 港澳台投资经济 | 6.56 | 4.95 | 1.61 |
| 其他经济 | 88.51 | 2.79 | 85.73 |
| **按国民经济行业分** | | | |
| 农林牧渔业 | 74.95 | 1.85 | 73.10 |
| 采矿业 | 1.73 | 0.45 | 1.28 |
| 制造业 | 71.23 | 50.14 | 21.09 |
| 电力、燃气及水生产和供应业 | 5.28 | 5.10 | 0.18 |
| 建筑业 | 42.46 | 10.44 | 32.02 |
| 交通运输、仓储和邮政业 | 27.76 | 12.46 | 15.30 |
| 信息传输、计算机服务和软件 | 3.63 | 3.34 | 0.29 |
| 批发和零售业 | 64.62 | 38.50 | 26.12 |
| 住宿和餐饮业 | 20.39 | 13.65 | 6.74 |
| 金融业 | 5.62 | 5.26 | 0.36 |
| 房地产业 | 3.78 | 3.22 | 0.56 |
| 租赁和商务服务业 | 10.22 | 9.01 | 1.21 |
| 科学研究、技术服务、地质勘 | 3.20 | 3.12 | 0.08 |
| 水利、环境和公共设施管理业 | 1.73 | 1.26 | 0.47 |
| 居民服务和其他服务业 | 6.69 | 4.30 | 2.39 |
| 教育 | 10.78 | 9.36 | 1.42 |
| 卫生、社会保障和社会福利业 | 7.04 | 5.43 | 1.61 |
| 文化、体育和娱乐业 | 2.71 | 1.98 | 0.73 |
| 公共管理和社会组织 | 11.68 | 6.58 | 5.10 |
| 国际组织 | | | |
| **失业人员** | 5.65 | 5.65 | 0.00 |
| **非经济活动人口** | 135.55 | 82.05 | 53.50 |
| #16岁以上在校学生 | 69.53 | 57.96 | 11.57 |
| 家务劳动者 | 39.97 | 6.00 | 33.97 |

## 5-11 社会保障基本情况

BASIC CONDITIONS OF SOUAL SEWRITY

| 指　　标 | 单位 | 2006年 | 2007年 | 2008年 | 2009年 | 2010年 | 2011年 |
|---|---|---|---|---|---|---|---|
| 职工基本养老保险参保人数 | 万人 | 105.41 | 114.48 | 128.07 | 136.58 | 148.95 | 164.75 |
| #企　业 | 万人 | 87.25 | 96.29 | 109.92 | 118.43 | 130.94 | 147.05 |
| 事业机关 | 万人 | 18.15 | 18.19 | 18.15 | 18.15 | 18.01 | 17.70 |
| 职工基本医疗保险参保人数 | 万人 | 82.62 | 100.11 | 122.36 | 133.19 | 149.51 | 167.57 |
| 参加失业保险人数 | 万人 | 66.67 | 69.81 | 78.82 | 83.02 | 91.58 | 103.68 |
| 工伤保险参保人数 | 万人 | 73.05 | 98.02 | 103.92 | 116.65 | 129.23 | 131.59 |
| 生育保险参保人数 | 万人 | 56.04 | 57.03 | 61.03 | 66.14 | 72.27 | 90.05 |
| 农村养老保险参保人数 | 万人 | 44.95 | 45.10 | 45.09 | 44.90 | 47.70 | 49.58 |
| 城镇登记失业率 | % | 3.87 | 3.58 | 3.43 | 3.90 | 3.84 | 3.61 |

# 主要统计指标解释

EXPLANATORY NOTES ON MAIN STATISTICAL INDICATORS

**经济活动人口**　指在16岁以上，有劳动能力，参加或要求参加社会经济活动的人口；包括从业人员和失业人员。

**从业人员**　指从事一定社会劳动并取得劳动报酬或经营收入的人员，包括全部职工、再就业的离退休人员、私营业主、个体户主、私营和个体从业人员、乡镇企业从业人员、农村从业人员、其他从业人员（包括民办教师、宗教职业者、现役军人等）。这一指标反映了一定时期内全部劳动力资源的实际利用情况，是研究我国基本国情国力的重要指标。

**单位从业人员**　指在各级国家机关、政党机关、社会团体及企业、事业单位中工作，取得工资或其他形式的劳动报酬的全部人员。包括在岗职工、再就业的离退休人员、民办教师以及在各单位中工作的外方人员和港澳台方人员、兼职人员、借用的外单位人员和第二职业者。不包括离开本单位仍保留劳动关系的职工。各单位的从业人员反映了各单位实际参加生产或工作的全部劳动力。

**城镇私营和个体从业人员**　城镇私营从业人员指在工商管理部门注册登记，其经营地址设在县城关镇（含城关镇）以上的私营企业从业人员；包括私营企业投资者和雇工。城镇个体从业人员指在工商管理部门注册登记，并持有城镇户口或在城镇长期居住，经批准从事个体工商经营的从业人员；包括个体经营者和在个体工商户劳动的家庭帮工和雇工。

**城镇登记失业人员**　指有非农业户口，在一定的劳动年龄内，有劳动能力，无业而要求就业，并在当地就业服务机构进行求职登记的人员。

**城镇登记失业率**　指城镇登记失业人数同城镇从业人数与城镇登记失业人数之和的比。计算公式为：城镇登记失业率=城镇登记失业人数 /（城镇从业人数+城镇登记失业人数）×100%

**职工**　指在国有经济、城镇集体经济、联营经济、股份制经济、外商和港、澳、台投资经济、其他经济单位及其附属机构工作，并由其支付工资的各类人员，不包括返聘的离退休人员、民办教师、在国有经济单位工作的外方人员和港、澳、台人员（1998年以后的数据均为在岗职工数据，其他相关指标如职工工资总额,职工平均工资等指标也从1998年按此口径进行了相应调整)。

**在岗职工** 指在本单位工作并由单位支付工资的人员,以及有工作岗位,但由于学习、病伤产假等原因暂未工作,仍由单位支付工资的人员。

**离岗职工** 指由于各种原因,已经离开本人的生产和工作岗位,并不在本单位从事其他工作,但仍与用人单位保留劳动关系的职工。新指标比原来统计指标中的"下岗职工"范围大。即只要符合"离开本单位仍保留劳动关系的职工"就统计为离岗职工。

**离开本单位仍保留劳动关系职工的生活费** 指离岗职工在离开本单位仍保留劳动关系期间从本单位领取的生活费用。

**内部退养职工** 指接近正常退休年龄但因各种原因退出工作岗位,并办理了内退手续,在办理正式退休手续前由单位按月发给一定生活费的职工。

**合同制职工** 指各单位根据国务院国发(1986)77号文件和国务院令第99号的规定,通过签订有固定期限劳动合同、无固定期限劳动合同和以完成一项工作为期限劳动合同所使用的职工。包括实行全员劳动合同制单位的全部职工。

**离休、退休、退职人员** 指正式办理了离休、退休、退职手续,并享受相应的离休、退休、退职待遇的人员。

**国有单位职工** 指在国有经济单位及其附属机构工作,并由其支付工资的各类人员。

**城镇集体单位职工** 指在城镇集体经济单位及其管理部门工作,并由其支付工资的各类人员。

**其他单位职工** 指在联营经济、股份制经济、外商投资经济、港、澳、台投资经济单位工作,并由其支付工资的各类人员。

**在岗职工** 指在本单位工作并由单位支付工资的人员,以及有工作岗位,但由于学习、病伤产假等原因暂未工作,仍由单位支付工资的人员。

**在岗职工工资总额** 指各单位在一定时期内直接支付给本单位全部职工的劳动报酬总额。工资总额的计算原则应以直接支付给职工的全部劳动报酬为根据。各单位支付给职工的劳动报酬以及其他根据有关规定支付的工资,不论是计入成本的还是不计入成本的,不论是按国家规定列入计征奖金税项目的,还是未列入计征奖金税项目的,不论是以货币形式支付的还是以实物形式支付的,均包括在工资总额内。

**奖金** 指支付给职工的超额劳动报酬和增收节支的劳动报酬。

**津贴和补贴** 指为了补偿职工特殊或额外的劳动消耗和因其他特殊原因支付给职工的津贴,以及为了保证职工工资水平不受物价影响支付给职工的物价补贴。

**在岗职工平均工资** 指企业、事业、机关单位的职工在一定时期内平均每人所得的货币工资额。它表明一定时期职工工资收入的高低程度,是反映职工工资水平的主要指标。计算公式为:职工平均工资=报告期实际支付的全部职工工资总额/报告期全部职工平均人数

**职工平均工资指数** 指报告期职工平均工资与基期职工平均工资的比率,是反映不同时期职工货币工资水平变动情况的相对数。计算公式为:职工平均工资指数=报告期职工平均工资/基期职工平均工资

**职工平均实际工资指数** 职工平均实际工资指扣除物价变动因素后的职工平均工资。职工平均实际工资指数是反映实际工资变动情况的相对数,表明职工实际工资水平提高或降低的程度。计算公式为:职工平均实际工资指数=报告期职工平均工资指数/报告期城镇居民消费价格指数×100%

**保险福利费用** 指企业、事业、机关单位在工资以外实际支付给职工和离休、退休、退职人员个人以及用于集体的劳动保险和福利费用。

(1)职工保险福利费用具体包括:

**①医疗卫生费** 指实行公费医疗企业的职工及其供养的直系亲属的医疗费、医务经费、职工因工负伤就医路费以及住院伙食补助费等;卫生部门开支的事业及机关单位职工的公费医疗经费;未参加公费医疗的企业、事业和机关单位职工的医药费。

**②丧葬抚恤救济费** 指职工死亡的丧葬费、丧葬补助费和所遗供养直系亲属的抚恤费、救济费、生活补助费以及职工供养直系亲属死亡时的丧葬补助等。

**③生活困难补助** 指对生活困难的职工实际支付的定期补助和临时性补助。

**④文体宣传费** 指企业、事业和机关单位实际支付的文体宣传费。不包括学习费。

**⑤集体福利事业补贴费** 指对职工浴室、理发室、洗衣房、哺乳室、托儿所等集体福利设施各项支出与收入相抵后的差额补助费。

**⑥集体福利设施费** 指按照国家规定开支的集体福利设施费用。如职工食堂炊事用具的购置费、修理费、职工宿舍的修缮费用。不包括由企业、事业、机关单位自筹经费开支的职工福利设施的基本建设费用。

**⑦计划生育补贴** 指发给职工独生子女的补贴费和保健费。

**⑧其他** 指上述费用以外,单位支付给职工的保险福利费。

(2)离休、退休、退职人员保险福利费用具体包括:

**①离休金** 指发给离休人员的工资和按1982年国务院发布的"关于老干部离职休养制度的几项规定"发给符合规定的离休干部相当于1-2个月标准工资的生活补贴和国务院(1989)82、83号文件规定提高退职人员的待遇所增加的费用及糖油价格补贴等。

**②退休金** 指按照国家有关规定发给退休人员的退休费和国务院(1989)82、83号文件规定提高离休人员的待遇所增加的费用及糖油价格补贴等。

**③退职生活费** 指按照1978年国务院《关于工人退休、退职的暂行办法》规定定期发给退职人员的生活费用和国务

院〔1989〕82、83号文件规定提高离休人员的待遇所增加的费用及糖油价格补贴等。

**④医疗卫生费** 指离休、退休、退职人员的医疗费、住院费以及住院伙食补助等费用。

**⑤护理费** 指因工致残、饮食起居需人扶助的离休、退休人员的护理费以及因病不能自理的离休人员的护理费。

**⑥生活补贴** 指按照1985年国务院《关于发给离休退休人员生活补贴费的通知》规定，发给离休、退休人员的生活补贴费。

**⑦交通费补贴** 指按月发给离休人员的交通费补贴。

**⑧丧葬抚恤救济费** 指离休、退休、退职人员死亡的丧葬费、丧葬补助费和所遗供养直系亲属的抚恤费、救济费、生活补助费以及供养直系亲属死亡时的丧葬补助费等。

**⑨其他** 包括易地安置的离休、退休、退职人员的安家补助费；离休、退休、退职人员的生活困难补助费、书报费、洗理费、副食品价格补贴、房租价格补贴、水电补贴、少数民族补贴以及老干部活动经费开支的旅游费用等。

# 6

# 固定资产投资

## INVESTMENT IN FIXED ASSETS

# 6-1 固定资产投资

TOTAL INVESTMENT IN FIXED ASSETS

单位:万元

| 指　　标 | 2006年 | 2007年 | 2008年 | 2009年 | 2010年 | 2011年 |
|---|---|---|---|---|---|---|
| **固定资产投资** | 10167663 | 11517028 | 14153292 | 16553668 | 19874361 | 19343389 |
| **按管理渠道分** | | | | | | |
| 城镇集体以上投资 | 9322459 | 10621684 | 9920908 | 11813551 | 12979273 | 13059328 |
| 房地产开发投资 | 1600507 | 1932069 | 2741166 | 3325576 | 4845029 | 5271575 |
| 农村投资 | 845204 | 895344 | 1491218 | 1414541 | 2050059 | 1012486 |
| **按经济类型分** | | | | | | |
| 国有经济 | 4199288 | 3921284 | 5203564 | 6271086 | 6703079 | 7334983 |
| 集体经济 | 813187 | 1503507 | 2080300 | 2056015 | 2494164 | 1802483 |
| 联营经济 | 126752 | 66646 | 9500 | 2500 | | |
| 股份制经济 | 2526017 | 2960434 | 3628100 | 4122050 | 5449652 | 5682038 |
| 外商投资经济 | 197412 | 257668 | 399168 | 342484 | 566412 | 408736 |
| 港澳台投资经济 | 219568 | 287387 | 353568 | 617868 | 431658 | 586347 |
| 个体经济 | 1431700 | 1747703 | 2125546 | 2583191 | 3559739 | 2956158 |
| 其他经济 | 653739 | 772399 | 353546 | 558474 | 669657 | 572644 |
| **按投资用途分** | | | | | | |
| 第一产业 | 327016 | 433464 | 553248 | 608114 | 680779 | 486482 |
| 第二产业 | 3812905 | 3950868 | 4543234 | 5544985 | 6772774 | 6073178 |
| #工　业 | 3726336 | 3866783 | 4342068 | 5418334 | 6673469 | 5767374 |
| 第三产业 | 6027742 | 7132696 | 9056810 | 10400569 | 12420808 | 12783729 |
| **投资资金来源分** | | | | | | |
| 国家资金 | 529765 | 408598 | 607437 | 676599 | 776451 | 1317777 |
| 国内贷款 | 1664806 | 1176665 | 1508117 | 2521028 | 2467662 | 1579846 |
| 利用外资 | 264028 | 108620 | 168543 | 232454 | 199589 | 68300 |
| 自筹资金 | 6757693 | 8586100 | 11022340 | 12449940 | 15555254 | 14843051 |
| 其他资金 | 1552902 | 1583959 | 1500570 | 2399600 | 3354498 | 3469710 |

注:自2011年起固定资产投资统计口径由50万元调整为500万元。

# 6-2 固定资产投资分类(2011年)

## INVESTMENT IN FIXED ASSETS (2011)

| 指　　标 | 合　计 | 城镇及以上单位 | 农村投资 | 房地产开发投资 |
|---|---|---|---|---|
| **本年完成投资额(万元)** | 19343369 | 13059328 | 1012486 | 5271555 |
| **按构成分** | | | | |
| 建筑工程 | 11273996 | 7009164 | 738609 | 3526223 |
| 安装工程 | 1158563 | 777019 | 59930 | 321614 |
| 设备、工器具购置 | 3838692 | 3617846 | 148793 | 72053 |
| 其他费用 | 3072118 | 1655299 | 65154 | 1351665 |
| **按工程用途分** | | | | |
| 农林牧渔业 | 486482 | 175001 | 311481 | |
| 工业、建筑业 | 6073178 | 5768884 | 304294 | |
| 房地产业 | 8115942 | 2599394 | 244993 | 5271555 |
| 其　他 | 4667767 | 4516049 | 151718 | |
| **按单位登记注册类型分** | | | | |
| 内　　资 | 18304484 | 12600962 | 975943 | 4727579 |
| 国　有 | 6689625 | 5655441 | 125196 | 908988 |
| 集　体 | 1720114 | 1291101 | 411013 | 18000 |
| 股份合作 | 78777 | 78777 | | |
| 联　营 | 3592 | 2700 | 892 | |
| 国有联营 | | | | |
| 集体联营 | 3592 | 2700 | 892 | |
| 有限责任公司 | 2522103 | 2446002 | 76101 | |
| 国有独资公司 | 650531 | 545025 | | 105506 |
| 其他有限责任公司 | 4506578 | 1900977 | 76101 | 2529500 |
| 股份有限公司 | 1127177 | 916636 | 10928 | 199613 |
| 私　营 | 2963357 | 1834226 | 205546 | 923585 |
| 其它内资 | 564733 | 376079 | 146267 | 42387 |
| **港澳台投资** | 611832 | 140262 | 10900 | 460670 |
| 港澳台商合资经营 | 215564 | 53893 | | 161671 |
| 港澳台商合作经营 | 19465 | 9465 | | 10000 |
| 港澳台商独资 | 357036 | 63837 | 4200 | 288999 |
| 港澳台股份有限公司 | 19767 | 13067 | 6700 | |
| **外商投资** | 383251 | 299945 | | 83306 |
| 外商合资经营 | 102344 | 84551 | | 17793 |
| 外商合作经营 | 33717 | 33717 | | |
| 外商独资 | 197226 | 131713 | | 65513 |
| 外商股份有限公司 | 49964 | 49964 | | |

6-2续

| 指　　标 | 合　计 | 城镇及以上单位 | 农村投资 | 房地产开发投资 |
|---|---|---|---|---|
| **按建设性质分** | | | | |
| 新　建 | 4760259 | 4210488 | 549771 | |
| 扩　建 | 5161533 | 4888112 | 273421 | |
| 改建和技术改造 | 2129104 | 1943966 | 185138 | |
| **按国民经济行业分** | | | | |
| 农、林、牧、渔业 | 486482 | 175001 | 311481 | |
| 采掘业 | 39885 | 31874 | 8011 | |
| 制造业 | 5210713 | 4967905 | 242808 | |
| 电力、煤气及水生产和供应业 | 516776 | 481934 | 34842 | |
| 建筑业 | 305804 | 287171 | 18633 | |
| 交通运输、仓储和邮政业 | 1111311 | 1069864 | 41447 | |
| 信息传输、计算机服务和软件业 | 257441 | 253878 | 3563 | |
| 批发和零售业 | 378191 | 367715 | 10476 | |
| 住宿和餐饮业 | 90125 | 90125 | | |
| 金　融 | 21130 | 21130 | | |
| 房地产业 | 8115942 | 2844387 | | 5271555 |
| 租赁和商务服务业 | 170392 | 160162 | 10230 | |
| 科学研究、技术服务和地质勘查业 | 75349 | 75349 | | |
| 水利、环境和公共设施管理业 | 1220631 | 1174941 | 45690 | |
| 居民服务和其他服务业 | 54274 | 47968 | 6306 | |
| 教　育 | 353676 | 339509 | 14167 | |
| 卫生、社会保障和社会福利业 | 176903 | 172603 | 4300 | |
| 文化、体育和娱乐业 | 246428 | 241279 | 5149 | |
| 公共管理和社会组织 | 511916 | 501526 | 10390 | |
| **新增固定资产（万元）** | 9569772 | 6440964 | 848906 | 2279902 |
| **施工项目个数(个)** | 2595 | 2052 | 543 | |
| #新开工 | 2212 | 1700 | 512 | |
| **竣工项目个数(个)** | 2055 | 1565 | 490 | |
| **施工房屋面积（万平方米）** | 6144.7 | 2478.5 | 166.8 | 3499.3 |
| #住宅 | 3030.1 | 412.7 | 24.3 | 2593.1 |
| **竣工房屋面积（万平方米）** | 1113.6 | 506.4 | 53.7 | 553.5 |
| #住宅 | 468.6 | 45.5 | 7.9 | 415.1 |

# 6－3 市区固定资产投资主要指标(2011年)

## MAIN INDICATORS OF URBAN INVESTMENT(2011)

| 指　　标 | 市辖区 | 城镇及以上单位 | 农村投资 | 房地产开发投资 |
|---|---|---|---|---|
| **本年完成投资（万元）** | 14435695 | 9476060 | 168304 | 4791331 |
| **按构成分** | | | | |
| 建筑工程 | 8155227 | 4819123 | 143809 | 3192295 |
| 安装工程 | 766742 | 463789 | 8077 | 294876 |
| 设备、工器具购置 | 2919160 | 2838917 | 8773 | 71470 |
| 其他费用 | 2594565 | 1354231 | 7645 | 1232690 |
| **按国民经济行业分** | | | | |
| 农、林、牧、渔业 | 147728 | 64649 | 83079 | |
| 采掘业 | 13513 | 13513 | | |
| 制造业 | 3021185 | 3019275 | 1910 | |
| 电力、煤气及水生产和供应业 | 310900 | 307072 | 3828 | |
| 建筑业 | 135569 | 125499 | 10070 | |
| 交通运输、仓储和邮政业 | 832077 | 824482 | 7595 | |
| 信息传输、计算机服务和软件业 | 250933 | 250933 | | |
| 批发和零售业 | 312940 | 312020 | 920 | |
| 住宿和餐饮业 | 75786 | 75786 | | |
| 金　融 | 18530 | 18530 | | |
| 房地产业 | 6979115 | 2139621 | 48163 | 4791331 |
| 租赁和商务服务业 | 129648 | 129648 | | |
| 科学研究、技术服务和地质勘查业 | 70388 | 70388 | | |
| 水利、环境和公共设施管理业 | 979607 | 965555 | 14052 | |
| 居民服务和其他服务业 | 19164 | 17664 | 1500 | |
| 教　育 | 286126 | 286126 | | |
| 卫生、社会保障和社会福利业 | 170843 | 168143 | 2700 | |
| 文化、体育和娱乐业 | 234536 | 234536 | | |
| 公共管理和社会组织 | 460620 | 452620 | 8000 | |
| **本年新增固定资产（万元）** | 5583709 | 3415503 | 133308 | 2034898 |
| **施工项目（个）** | 1104 | 1027 | 77 | |
| #本年新开工项目 | 832 | 765 | 67 | |
| 本年建成投产项目 | 688 | 629 | 59 | |
| 房屋施工面积(平方米) | 51679013 | 20180629 | 374446 | 31123938 |
| #住　宅 | 25953620 | 3463064 | 122100 | 22368456 |
| 房屋竣工面积(平方米) | 7935918 | 3110662 | 99500 | 4725756 |
| #住　宅 | 3828256 | 336761 | 67500 | 3423995 |

## 6-4 章丘市固定资产投资主要指标（2011年）

MAIN INDICATORS OF INVESTMENT IN PINGYIN (2011)

| 指　　标 | 合　计 | 城镇及以上单位 | 农村投资 | 房地产开发投资 |
| --- | --- | --- | --- | --- |
| **本年完成投资（万元）** | 2305089 | 1741994 | 250320 | 312775 |
| **按构成分** | | | | |
| 建筑工程 | 1680661 | 1212643 | 206129 | 214785 |
| 安装工程 | 166654 | 126832 | 6122 | 17784 |
| 设备、工器具购置 | 207720 | 193760 | 13885 | 75 |
| 其他费用 | 313094 | 208759 | 24184 | 80151 |
| **按国民经济行业分** | | | | |
| 农、林、牧、渔业 | 250320 | | 250320 | |
| 采掘业 | 13784 | 13784 | | |
| 制造业 | 856852 | 856852 | | |
| 电力、煤气及水生产和供应业 | 63848 | 63848 | | |
| 建筑业 | | | | |
| 交通运输、仓储和邮政业 | 79163 | 79163 | | |
| 信息传输、计算机服务和软件业 | | | | |
| 批发和零售业 | 26100 | 26100 | | |
| 住宿和餐饮业 | 9548 | 9548 | | |
| 金　融 | 2600 | 2600 | | |
| 房地产业 | 756662 | 381103 | | 312775 |
| 租赁和商务服务业 | 27330 | 27330 | | |
| 科学研究、技术服务和地质勘查业 | | | | |
| 水利、环境和公共设施管理业 | 144240 | 144240 | | |
| 居民服务和其他服务业 | | | | |
| 教　育 | 33455 | 33455 | | |
| 卫生、社会保障和社会福利业 | 4019 | 4019 | | |
| 文化、体育和娱乐业 | | | | |
| 公共管理和社会组织 | 37168 | 37168 | | |
| **本年新增固定资产（万元）** | 1868063 | 1491308 | 238456 | 138299 |
| **施工项目（个）** | 435 | 361 | 74 | |
| #本年新开工项目 | 412 | 341 | 71 | |
| 本年建成投产项目 | 410 | 340 | 70 | |
| **房屋施工面积（平方米）** | 2632347 | 720885 | 196126 | 1715336 |
| #住　宅 | 1770416 | 80189 | 99900 | 1590327 |
| **房屋竣工面积（平方米）** | 370310 | | | 370310 |
| #住　宅 | 335960 | | | 335960 |

# 6－5 平阴县固定资产投资主要指标（2011年）

## MAIN INDICATORS OF INVESTMENT IN PINGYIN（2011）

| 指　　标 | 合　计 | 城镇及以上单位 | 农村投资 | 房地产开发投资 |
|---|---|---|---|---|
| **本年完成投资（万元）** | 969815 | 734410 | 196444 | 38961 |
| **按构成分** | | | | |
| 建筑工程 | 490847 | 318584 | 143631 | 28632 |
| 安装工程 | 112925 | 101043 | 9504 | 2378 |
| 设备、工器具购置 | 266283 | 234925 | 31358 | |
| 其他费用 | 99760 | 79858 | 11951 | 7951 |
| **按国民经济行业分** | | | | |
| 农、林、牧、渔业 | 91291 | 7063 | 84228 | |
| 采掘业 | | | | |
| 制造业 | 500463 | 477098 | 23365 | |
| 电力、煤气及水生产和供应业 | 60593 | 60593 | | |
| 建筑业 | 15319 | 15319 | | |
| 交通运输、仓储和邮政业 | 49462 | 43502 | 5960 | |
| 信息传输、计算机服务和软件业 | | | | |
| 批发和零售业 | | | | |
| 住宿和餐饮业 | 1000 | 1000 | | |
| 金　融 | | | | |
| 房地产业 | 192234 | 99641 | 53632 | 38961 |
| 租赁和商务服务业 | 4560 | 4560 | | |
| 科学研究、技术服务和地质勘查业 | | | | |
| 水利、环境和公共设施管理业 | 33118 | 15680 | 17438 | |
| 居民服务和其他服务业 | 7940 | 4090 | 3850 | |
| 教　育 | 5141 | | 5141 | |
| 卫生、社会保障和社会福利业 | 417 | 417 | | |
| 文化、体育和娱乐业 | 3890 | 2870 | 1020 | |
| 公共管理和社会组织 | 4387 | 2577 | 1810 | |
| **本年新增固定资产（万元）** | 777284 | 615853 | 138180 | 23251 |
| **施工项目（个）** | 230 | 168 | 62 | |
| #本年新开工项目 | 188 | 136 | 52 | |
| 本年建成投产项目 | 186 | 141 | 45 | |
| **房屋施工面积（平方米）** | 1846403 | 1079162 | 157740 | 609501 |
| #住　宅 | 955879 | 435337 | 5500 | 515042 |
| **房屋竣工面积（平方米）** | 202540 | 64486 | 0 | 138054 |
| #住　宅 | 133960 | 10600 | 0 | 123360 |

## 6-6 济阳县固定资产投资主要指标（2011年）

## MAIN INDICATORS OF INVESTMENT IN JIYANG(2011)

| 指　　标 | 合　计 | 城镇及以上单位 | 农村投资 | 房地产开发投资 |
|---|---|---|---|---|
| **本年完成投资（万元）** | 1198347 | 869510 | 284340 | 44497 |
| **按构成分** | | | | |
| 建筑工程 | 638760 | 440767 | 169799 | 28194 |
| 安装工程 | 109875 | 71065 | 29693 | 731 |
| 设备、工器具购置 | 362874 | 289970 | 72804 | 100 |
| 其他费用 | 86838 | 59322 | 12044 | 15472 |
| **按国民经济行业分** | | | | |
| 农、林、牧、渔业 | 89337 | 21518 | 67819 | |
| 采掘业 | 9888 | 9888 | | |
| 制造业 | 648015 | 509190 | 138825 | |
| 电力、煤气及水生产和供应业 | 80927 | 58781 | 22146 | |
| 建筑业 | 19217 | 15354 | 3863 | |
| 交通运输、仓储和邮政业 | 107475 | 94312 | 13163 | |
| 信息传输、计算机服务和软件业 | 6508 | 2945 | 3563 | |
| 批发和零售业 | 33411 | 30455 | 2956 | |
| 住宿和餐饮业 | 2986 | 2986 | | |
| 金　融 | | | | |
| 房地产业 | 96932 | 25291 | 18758 | 44497 |
| 租赁和商务服务业 | 8854 | 8854 | | |
| 科学研究、技术服务和地质勘查业 | 2881 | 2881 | | |
| 水利、环境和公共设施管理业 | 51039 | 45555 | 5484 | |
| 居民服务和其他服务业 | 3634 | 2678 | 956 | |
| 教　育 | 21066 | 18388 | 2678 | |
| 卫生、社会保障和社会福利业 | 1074 | 1074 | | |
| 文化、体育和娱乐业 | 8002 | 3873 | 4129 | |
| 公共管理和社会组织 | 7101 | 7101 | | |
| **本年新增固定资产（万元）** | 1132646 | 803640 | 266469 | 62537 |
| **施工项目（个）** | 700 | 418 | 282 | |
| #本年新开工项目 | 688 | 406 | 282 | |
| 本年建成投产项目 | 692 | 413 | 279 | |
| **房屋施工面积（平方米）** | 3355407 | 2258403 | 537656 | 559348 |
| #住　宅 | 692810 | 148254 | 11709 | 532847 |
| **房屋竣工面积（平方米）** | 2511642 | 1853929 | 412098 | 245615 |
| #住　宅 | 339675 | 108000 | | 219966 |

# 6-7 商河县固定资产投资主要指标(2011年)

MAIN INDICATORS OF INVESTMENT IN SHANGHE(2011)

| 指　　标 | 合　计 | 城镇及以上单位 | 农村投资 | 房地产开发投资 |
|---|---|---|---|---|
| **本年完成投资（万元）** | 445434 | 248365 | 113078 | 83991 |
| **按构成分** | | | | |
| 建筑工程 | 304446 | 166888 | 75241 | 62317 |
| 安装工程 | 17689 | 5290 | 6534 | 5865 |
| 设备、工器具购置 | 82655 | 60274 | 21973 | 408 |
| 其他费用 | 40644 | 15913 | 9330 | 15401 |
| **按国民经济行业分** | | | | |
| 农、林、牧、渔业 | 27661 | 7202 | 20459 | |
| 采掘业 | | | | |
| 制造业 | 186898 | 148470 | 38428 | |
| 电力、煤气及水生产和供应业 | 6341 | 3643 | 2698 | |
| 建筑业 | 509 | 509 | | |
| 交通运输、仓储和邮政业 | 43134 | 39364 | 3770 | |
| 信息传输、计算机服务和软件业 | | | | |
| 批发和零售业 | 5740 | 640 | 5100 | |
| 住宿和餐饮业 | 805 | 805 | | |
| 金　融 | | | | |
| 房地产业 | 125025 | 8819 | 32215 | 83991 |
| 租赁和商务服务业 | | | | |
| 科学研究、技术服务和地质勘查业 | 2080 | 2080 | | |
| 水利、环境和公共设施管理业 | 12627 | 9147 | 3480 | |
| 居民服务和其他服务业 | 23536 | 23536 | | |
| 教　育 | 7888 | 1540 | 6348 | |
| 卫生、社会保障和社会福利业 | 550 | 550 | | |
| 文化、体育和娱乐业 | | | | |
| 公共管理和社会组织 | 2640 | 2060 | 580 | |
| **本年新增固定资产（万元）** | 208070 | 114660 | 72493 | 20917 |
| **施工项目（个）** | 141 | 92 | 49 | |
| #本年新开工项目 | 106 | 65 | 41 | |
| 本年建成投产项目 | 93 | 55 | 38 | |
| **房屋施工面积（平方米）** | 1933325 | 546121 | 402492 | 984712 |
| #住　宅 | 928185 | | 3800 | 924385 |
| **房屋竣工面积（平方米）** | 115721 | 34700 | 25647 | 55374 |
| #住　宅 | 47396 | | | 47396 |

# 6－8 固定资产投资资金来源(2011年)

INVESTMENT BY SOURCE OF FUNDS(2011)

| 指　　标 | 合　计 | 城镇及以上单位 | 农村投资 | 房地产开发投资 |
|---|---|---|---|---|
| 本年资金来源合计 | 23387444 | 13539309 | 1039743 | 8808392 |
| 上年结余资金 | 1857008 | 152553 | 23938 | 1680517 |
| 本年资金来源 | 21530436 | 13386756 | 1015805 | 7127875 |
| 国家预算内资金 | 1317777 | 1271449 | 46328 | 0 |
| 国内贷款 | 1638948 | 373171 | 43973 | 1221804 |
| 债　券 | 400 | 400 | | 0 |
| 利用外资 | 68300 | 62151 | 1200 | 4949 |
| #外商直接投资 | 24494 | 18345 | 1200 | 4949 |
| 自筹资金 | 14847703 | 11420003 | 827502 | 2600198 |
| 单位自有资金 | 7428022 | 5618610 | 444034 | 1365378 |
| 发行股票 | | | | |
| 其他资金 | 3657308 | 259582 | 96802 | 3300924 |
| #集　资 | | | | |

## 6-9 重点建设项目一览表(2011年)

## SUMMARY OF MAJOR PROJECTS(2011)

| 在建项目名称 | 建设性质 | 开工年月 | 计划总投资(万元) | 至本年底累计完成投资(万元) |
|---|---|---|---|---|
| JC15/26/32发动机产能建设 | 改建和技术改造 | 201009 | 159552 | 116200 |
| 济南第二生活垃圾综合处理厂项目 | 新建 | 200909 | 114897 | 85270 |
| 大唐平阴风电厂一期工程项目 | 新建 | 201008 | 49185 | 49900 |
| 大功率技能液力耦合器传动装置扩建 | 改建和技术改造 | 200906 | 23736 | 5617 |
| 道路建设 | 扩建 | 201006 | 14096 | 18316 |
| 水泥生产 | 新建 | 201103 | 13000 | 13000 |
| 新建年产环保型密封胶3800吨项目 | 新建 | 201004 | 12000 | 12000 |
| 道路建设 | 扩建 | 201103 | 9860 | 8850 |
| 道路建设 | 扩建 | 201103 | 9860 | 8850 |
| 塑料制品项目 | 新建 | 201010 | 9500 | 9500 |
| 刘长山路建设 | 扩建 | 201104 | 6500 | 2000 |
| 刘长山路建设 | 扩建 | 201104 | 6500 | 2000 |
| 高分子聚异丁烯扩产项目 | 扩建 | 201106 | 6500 | 7800 |
| 年产1200吨农药加工复配项目 | 扩建 | 201011 | 5693 | 5693 |
| 110千伏旭升变电站 | 扩建 | 201007 | 5000 | 5030 |
| 污水处理厂 | 新建 | 200904 | 4901 | 4901 |
| 104省道拓宽工程 | 扩建 | 201105 | 4900 | 4477 |

| 本年完成投资（万元） | | 本年新增固定资产（万元） | 建设规模和新增生产能力（或效益） | | | | |
| --- | --- | --- | --- | --- | --- | --- | --- |
| | 建筑工程 | | 名　　称 | 单　　位 | 建设规模 | 新增能力 | |
| | | | | | | 累计 | 本年 |
| 69124 | 15859 | 0 | JC15/26/32发动机产能建设 | 中国石油集团济柴动力总厂 | 5000 | | 0 |
| 37329 | 9279 | 0 | 济南第二生活垃圾综合处理厂项目 | 济南市容环境卫生管理局 | 3.6 | 3 | 2.7 |
| 22700 | 8100 | 22000 | 大唐平阴风电厂一期工程项目 | 大唐新能源有限公司 | 9700 | 9700 | 5700 |
| 2240 | 0 | 0 | 大功率技能液力耦合器传动装置扩建 | 济南柴油机厂 | 920 | | 0 |
| 7600 | 7600 | 7600 | 道路建设 | 章丘市住房和城乡建设管理委员会 | 3.8 | 3.8 | 2 |
| 13000 | 6450 | 13000 | 水泥生产 | 山东山水水泥集团有限公司商河分公司 | 100 | 100 | 100 |
| 8233 | 6965 | 12000 | 新建年产环保型密封胶3800吨项目 | 济南华亚密封胶有限公司 | 3800 | 3800 | 1200 |
| 8850 | 8850 | 8850 | 道路建设 | 104省道拓宽 | 6 | 6 | 6 |
| 8850 | 8850 | 8850 | 道路建设 | 104省道拓宽 | 6 | 6 | 6 |
| 5300 | 2108 | 5300 | 塑料制品项目 | 山东盛福源塑料科技有限公司 | 1000 | 1000 | 1000 |
| 2000 | 2000 | 0 | 刘长山路建设 | 刘长山路延长线 | 5.5 | | |
| 2000 | 2000 | 0 | 刘长山路建设 | 刘长山路延长线 | 5.5 | | |
| 7800 | 1299 | 7800 | 高分子聚异丁烯扩产项目 | 山东鸿瑞石油化工有限公司 | 5000 | 5000 | 5000 |
| 5407 | 2100 | 5407 | 年产1200吨农药加工复配项目 | 山东坤丰生物化工有限公司 | 2000 | 2000 | 1200 |
| 4320 | 600 | 4320 | 110千伏旭升变电站 | 章丘市供电公司 | 15.02 | 15.02 | 15.02 |
| 2441 | 2441 | 2441 | 污水处理厂 | 山东经济开发区管委会 | 2 | 2 | 2 |
| 4477 | 4477 | 0 | 104省道拓宽工程 | 济南市长清区人民政府 | 5.4 | 5.4 | 5.4 |

## 6－10　新增主要生产能力和效益(2011年)

NEWLY INCREASED PRODUCTION CAPACITY AND ADMINISTRATIVE(2011)

| 项　　目 | 单　位 | 新增生产能力 |
|---|---|---|
| 大唐平阴风电厂一期工程项目 | 万千瓦 | 5700 |
| 波利农肥扩建 | 吨/年 | 2000 |
| 年产1200吨农药加工复配项目 | 吨/年 | 1200 |
| 富万家农化扩建厂房 | 吨/年 | 1800 |
| 凯华实业新建4号车间 | 万重量箱/年 | 20 |
| 波利公司购置设备 | 吨/年 | 2000 |
| 红旭石料厂新上生产线项目 | 吨/年 | 950 |
| 新建丽华漆厂 | 吨/年 | 981 |
| 忠义建材厂扩建 | 吨/年 | 900 |
| 济南第二生活垃圾综合处理厂项目 | 万千瓦 | 2.7 |
| 弘丰化工扩建三层生产车间 | 吨/年 | 3000 |
| 驭龙亚克力公司扩建生产线 | 万重量箱/年 | 240 |
| 新建年产环保型密封胶3800吨项目 | 吨/年 | 1200 |
| 省道248线改续建项目 | 公里 | 7.08 |
| 污水处理厂 | 万吨/日 | 2 |
| 塑料制品项目 | 吨/年 | 1000 |
| 水泥生产 | 万吨/年 | 100 |
| 浆纱织布项目 | 锭 | 50000 |
| 山东科源制药仓库 | 吨/年 | 1500 |
| 二期扩建工程 | 吨/年 | 1200 |
| 塑料制品 | 吨/年 | 1500 |
| 110千伏旭升变电站 | 公里 | 15.02 |
| 道路建设 | 公里 | 2 |
| 基建项目 | 万吨/年 | 5 |

## 6-11 历年房地产开发建设情况

BASIC SITUATIONS OF REAL ESTATE DEVELOPMENT IN MAJOR YEARS

| 指　　标 | 单　位 | 2006年 | 2007年 | 2008年 | 2009年 | 2010年 | 2011年 |
|---|---|---|---|---|---|---|---|
| **计划总投资** | 万元 | 8749506 | 10869839 | 15027272 | 15989894 | 24194322 | 28739458 |
| **本年完成投资** | 万元 | 1600507 | 1932069 | 2741166 | 3325576 | 4845029 | 5271555 |
| #商品房建设投资 | 万元 | 1120665 | – | – |  | – |  |
| 土地开发投资 | 万元 | 164247 | 207086 | 186195 | 29746 | 57901 |  |
| **按构成分** |  |  |  |  |  |  |  |
| 建筑工程 | 万元 | 948593 | 1115953 | 1333332 | 1806020 | 2502001 | 3526223 |
| 安装工程 | 万元 | 55292 | 103738 | 109410 | 152513 | 171307 | 321614 |
| 设备、工器具购置 | 万元 | 26765 | 31893 | 19422 | 62291 | 41891 | 72053 |
| 其他费用 | 万元 | 569857 | 680485 | 1279002 | 1304752 | 2129830 | 1351665 |
| #旧建筑物购置费 | 万元 | 3468 | 1004 | 35016 | 32370 | 12984 | 24266 |
| 土地购置 | 万元 | 371919 | 336552 | 971399 | 959182 | 1598361 | 1084153 |
| **按工程用途分** |  |  |  |  |  |  |  |
| 住　宅 | 万元 | 1260102 | 1623258 | 2226497 | 2555230 | 3645583 | 4023431 |
| #安居工程 | 万元 | 17326 | 39570 | 31919 | 937 | 100 |  |
| 办公楼 | 万元 | 46596 | 52262 | 82122 | 137757 | 199630 | 258259 |
| 商业营业用房 | 万元 | 187185 | 134728 | 337394 | 497079 | 568475 | 564753 |
| 其　他 | 万元 | 106624 | 121821 | 95153 | 135510 | 431341 | 425112 |
| **本年新增固定资产** | 万元 | 494580 | 613264 | 590688 | 1508494 | 887182 | 2279902 |
| 本年完成土地开发面积 | 万平方米 | 99.15 | 203.99 | 194.11 | 51.22 | 28.37 |  |
| 待开发土地面积 | 万平方米 | 174.36 | 158.63 | 184.10 | 119.34 | 120.19 | 158.64 |
| 本年购置土地面积 | 万平方米 | 111.17 | 217.51 | 233.56 | 128.14 | 531.98 | 199.34 |
| 房屋施工面积 | 万平方米 | 1071.07 | 1219.50 | 1616.94 | 2131.75 | 2363.53 | 3499.28 |
| 房屋竣工面积 | 万平方米 | 258.78 | 249.16 | 249.90 | 467.22 | 245.75 | 553.51 |
| 竣工房屋价值 | 万元 | 439174 | 524477 | 494899 | 1478039 | 749212 | 1887061 |
| 竣工住宅 | 套 | 14564 | 14718 | 19692 | 31377 | 19300 | 39928 |
| #安居工程 | 套 | 189 | 772 | 1628 | 184 |  |  |

# 6－12　历年房地产开发公司经营情况

## REAL ESTATE DEVELOPMENT AND MANAGMENT IN MAJOR YEARS

| 指　　标 | 单　位 | 2006年 | 2007年 | 2008年 | 2009年 | 2010年 | 2011年 |
|---|---|---|---|---|---|---|---|
| 开发公司家数 | 家 | 445 | 459 | 555 | 565 | 582 | 468 |
| 职工年平均人数 | 人 | 14937 | 15776 | 17025 | 17924 | 18338 | |
| 企业资本金 | 万元 | 1752961 | 1734429 | 2316296 | 2247506 | 3156586 | 5451271 |
| **资产与负债** | | | | | | | |
| 资产总计 | 万元 | 7672006 | 8793661 | 11345764 | 14641055 | 19132580 | 34266298 |
| 负债总计 | 万元 | 5661370 | 6615132 | 8462023 | 11644785 | 15000223 | 25913875 |
| 所有者权益 | 万元 | 2010636 | 2178529 | 2883741 | 2996270 | 4182357 | 8352423 |
| **损益情况** | | | | | | | |
| 经营收入 | 万元 | 1452928 | 1378350 | 2123068 | 2649334 | 3658302 | 3776161 |
| 土地转让收入 | 万元 | 52617 | 32484 | 6958 | 55875 | 30376 | 115313 |
| 商品房销售收入 | 万元 | 1229939 | 1295237 | 2019615 | 2522151 | 3550739 | 3511313 |
| 房屋出租收入 | 万元 | 1483 | 3100 | 7094 | | 5240 | 95836 |
| 其他收入 | 万元 | 168889 | 47529 | 89401 | 71308 | 71947 | 53699 |
| 经营成本 | 万元 | 1157168 | 1078711 | 1494795 | 1955681 | 2660777 | 2658621 |
| 经营税金及附加 | 万元 | 85837 | 89603 | 142607 | 166888 | 248618 | 334344 |
| 利润总额 | 万元 | 61598 | 82706 | 258621 | 287693 | 462395 | 371300 |
| **房屋销售与出租** | | | | | | | |
| 本年实际销售房屋面积 | 平方米 | 2846550 | 3202448 | 3711606 | 4410629 | 5314886 | 5940632 |
| #住　宅 | 平方米 | 2568392 | 2907868 | 3300406 | 4043052 | 4773087 | 5367883 |
| 本年房屋实际销售额 | 万元 | 1003407 | 1209334 | 1551066 | 2159821 | 3326418 | 3985934 |
| #住　宅 | 万元 | 852423 | 1081617 | 1371164 | 1936555 | 2911373 | 3583710 |
| 待售房屋面积 | 平方米 | 493128 | 453961 | 504484 | 646998 | 503730 | 674094 |
| #住　宅 | 平方米 | 325773 | 330451 | 419799 | 423038 | 272161 | 364737 |
| 出租房屋面积 | 平方米 | 39830 | 107872 | 85568 | 31914 | 31204 | 87450 |
| #住　宅 | 平方米 | 1196 | | 58991 | 2000 | | |

# 6-13 房地产开发公司经营情况(2011年)

REAL ESTATE DEVELOPMENT AND MANAGEMENT(2011)

| 指　　标 | 单　位 | 合　计 | 内资企业 | | 外资企业 | |
|---|---|---|---|---|---|---|
| | | | | 国　有 | | 港澳台商 |
| 开发公司家数 | 家 | 468 | 431 | 47 | 37 | 25 |
| 按资质分 | | | | | | |
| #一级资质 | 家 | 10 | 9 | 6 | 1 | 1 |
| 二级资质 | 家 | 40 | 36 | 8 | 4 | 3 |
| 三级资质 | 家 | 132 | 121 | 16 | 11 | 7 |
| 四级资质 | 家 | 41 | 38 | 5 | 3 | 2 |
| 企业资本金 | 万元 | 5451271 | 4769805 | 1003845 | 681466 | 595098 |
| 资产与负债 | | | | | | |
| 资产总计 | 万元 | 34266298 | 31394849 | 7217675 | 2871449 | 2418436 |
| 负债总计 | 万元 | 25913875 | 23852796 | 5340438 | 2061079 | 1692455 |
| 所有者权益 | 万元 | 8352423 | 7542053 | 1877237 | 810370 | 725981 |
| 损益情况 | | | | | | |
| 经营收入 | 万元 | 3776161 | 3282179 | 517950 | 493982 | 471962 |
| 土地转让收入 | 万元 | 115313 | 115313 | 110116 | | |
| 商品房销售收入 | 万元 | 3511313 | 3032118 | 397911 | 479195 | 457955 |
| 房屋出租收入 | 万元 | 95836 | 84007 | 6665 | 11829 | 11049 |
| 其他收入 | 万元 | 53699 | 50741 | 3258 | 2958 | 2958 |
| 经营成本 | 万元 | 2658621 | 2354856 | 412227 | 303765 | 286465 |
| 经营税金及附加 | 万元 | 334344 | 291842 | 39147 | 42502 | 41342 |
| 利润总额 | 万元 | 371300 | 253957 | 22070 | 117343 | 112164 |

# 主要统计指标解释

## EXPLANATORY NOTES ON MAIN STATISTICAL INDICATORS

**全社会固定资产投资** 固定资产投资是社会固定资产再生产的主要手段。通过建造和购置固定资产的活动，国民经济不断采用先进技术装备，建立新兴部门，进一步调整经济结构和生产力的地区分布，增强经济实力，为改善人民物质文化生活创造物质条件。这对我国的社会主义现代化建设具有重要意义。

**固定资产投资额** 是以货币表现的建造和购置固定资产活动的工作量，它是反映固定资产投资规模、速度、比例关系和使用方向的综合性指标。全社会固定资产投资按经济类型可分为国有、集体、个体、联营、股份制、外商、港澳台商、其他等。按照管理渠道，全社会固定资产投资总额分为基本建设、更新改造、房地产开发投资和其他固定资产投资四个部分。

**基本建设投资** 基本建设指企业、事业、行政单位以扩大生产能力或工程效益为主要目的的新建、扩建工程及有关工作。其综合范围为总投资50万元以上（含50万元，下同）的基本建设项目。具体包括：(1)列入中央和各级地方本年基本建设计划的建设项目，以及虽未列入本年基本建设计划，但使用以前年度基建计划内结转投资（包括利用基建库存设备材料）在本年继续施工的建设项目；(2)本年基本建设计划内投资与更新改造计划内投资结合安排的新建项目和新增生产能力（或工程效益）达到大中型项目标准的扩建项目，以及为改变生产力布局而进行的全厂性迁建项目；(3)国有单位既未列入基建计划，也未列入更新改造计划的总投资在50万元以上的新建、扩建、恢复项目和为改变生产力布局而进行的全厂性迁建项目，以及行政、事业单位增建业务用房和行政单位增建生活福利设施的项目。

**更新改造投资** 更新改造指企业、事业单位对原有设施进行固定资产更新和技术改造，以及相应配套的工程和有关工作（不包括大修理和维护工程）。其综合范围为总投资50万元以上的更新改造项目。具体包括：(1)列入中央和各级地方本年更新改造计划的投资单位（项目）和虽未列入本年更新改造计划，但使用上年更新改造计划内结转的投资在本年继续施工的项目；(2)本年更新改造计划内投资与基本建设计划内投资结合安排的对企、事业单位原有设施进行技术改造或更新的项目和增建主要生产车间、分厂等其新增生产能力（或工程效益）未达到大中型项目标准的项目，以及由于城市环境保护和安全生产的需要而进行的迁建工程；(3)国有企、事业单位既未列入基建计划也未列入更新改造计划，总投资在50万元以上的属于改建或更新改造性质的项目，以及由于城市环境保护和安全生产的需要而进行的迁建工程。

**房地产开发投资** 指房地产开发公司、商品房建设公司及其他房地产开发法人单位和附属于其他法人单位实际从事房地产开发或经营的活动单位统一开发的包括统代建、拆迁还建的住宅、厂房、仓库、饭店、宾馆、度假村、写字楼、办公楼等房屋建筑物和配套的服务设施，土地开发工程（如道路、给水、排水、供电、供热、通讯、平整场地等基础设施工程）的投资；不包括单纯的土地交易活动。

**其他固定资产投资** 指全社会固定资产投资中未列入基本建设、更新改造和房地产开发投资的建造和购置固定资产的活动。具体包括：⑴国有单位按规定不纳入基本建设计划和更新改造计划管理，计划总投资（或实际需要总投资）在50万元以上的以下工程：1. 用油田维护费和石油开发基金进行的油田维护和开发工程；2. 煤炭、铁矿、森工等采掘采伐业用维简费进行的开拓延伸工程；3. 交通部门用公路养路费对原有公路、桥梁进行改建的工程；4. 商业部门用简易建筑费建造的仓库工程。⑵城镇集体固定资产投资：指所有隶属城市、县城和经国务院及省、自治区、直辖市批准建制的镇领导的集体单位（乡镇企业局管理的除外）建造和购置固定资产计划总投资（或实际需要总投资）在50万元以上的项目。⑶除上述以外的其他各种企、事业单位、个体建造和购置固定资产总投资在50万元以上的、未列入基本建设计划和更新改造计划的项目。

**城镇和工矿区私人建房投资和农村个人投资** 城镇和工矿区私人建房包括市、县城、镇、工矿区所辖范围内的全部私人建房，不论其房主是否系本地的常住户口均应包括。农村个人投资包括农村个人建房及购置生产性固定资产的投资。

**固定资产投资的资金来源** 根据固定资产投资的资金来源不同，分为国家预算内资金、国内贷款、利用外资、自筹资金和其他资金来源。

⑴国家预算内资金：指中央财政和地方财政中由国家统筹安排的基本建设拨款和更新改造拨款，以及中央财政安排的专项拨款中用于基本建设的资金和基本建设拨款改贷款的资金等。

⑵国内贷款：指报告期内企、事业单位向银行及非银行金融机构借入的用于固定资产投资的各种国内借款。包括银行利用自有资金及吸收的存款发放的贷款、上级主管部门拨入的国内贷款、国家专项贷款（包括煤代油贷款、劳改煤矿专项贷款等）、地方财政专项资金安排的贷款、国内储备贷款、周转贷款等。

⑶利用外资：指报告期内收到的用于固定资产投资的国外资金，包括统借统还、自借自还的国外贷款，中外合资项目中的外资，以及对外发行债券和股票等。国家统借统还的外资指由我国政府出面同外国政府、团体或金融组织签订贷款协议、并负责偿还本息的国外贷款。

⑷自筹资金：指建设单位报告期内收到的，用于进行固定资产投资的上级主管部门、地方和企、事业单位自筹资金。

⑸其他资金来源：指报告期内收到的除以上各种拨款、固定资产投资按国民经济行业分。

建设项目归哪个行业，按其建成投产后的主要产品或主要用途及社会经济活动性质来确定。基本建设按建设项目划分国民经济行业，更新改造、国有单位其他固定资产投资及城镇集体投资根据整个企业、事业单位所属的行业来划分。一般情况下，一个建设项目或一个企业、事业单位只能属于一种国民经济行业。为了更准确地反映国民经济各行业之间的比例关系，联合企业（总厂）所属分厂属于不同行业的，原则上按分厂划分行业。

**固定资产投资按建设性质分** 建设项目的性质一般分为新建、扩建、改建、迁建、恢复。基本建设按建设项目划分建设性质，更新改造、国有单位其他固定资产投资及城镇集体投资等按整个企业、事业单位的建设情况确定建设性质，房地产开发单位、农村投资、城镇工矿区私人建房等投资不划分建设性质。

(1)新建：一般是指从无到有、"平地起家"新开始建设的单位。有的单位原有的基础很小，经过建设后其新增加的固定资产价值超过原有固定资产价值（原值）三倍以上的也算新建。

(2)扩建：一般是指为扩大原有产品的生产能力，在厂内或其他地点增建主要生产车间（或主要工程）、独立的生产线或分厂的企业；事业单位和行政单位在原单位增建业务用房（如学校增建教学用房、医院增建门诊部或病床用房、行政机关增建办公楼等）也作为扩建。

(3)改建：一般是指现有企业、事业单位为了技术进步，提高产品质量，增加花色品种，促进产品升级换代，降低消耗和成本，加强资源综合利用和三废治理、劳保安全等，采用新技术、新工艺、新设备、新材料等对现有设施、工艺条件进行技术改造或更新（包括相应配套的辅助性生产、生活福利设施）。有的企业为充分发挥现有生产能力，进行填平补齐而增建不增加本单位主要产品生产能力的车间等，也属于改建。

**固定资产投资按构成分** 固定资产投资活动按其工作内容和实现方式分为建筑安装工程，设备、工具、器具购置，其他费用三个部分。

(1)建筑安装工程（建筑安装工作量）：指各种房屋、建筑物的建造工程和各种设备、装置的安装工程。包括各种房屋建造工程；各种用途设备基础和各种工业窑炉的砌筑工程；为施工而进行的各种准备工作和临时工程以及完工后的清理工作等；铁路、道路的铺设，矿井的开凿及石油管道的架设等；水利工程；防空地下建筑等特殊工程；以及各种机械设备的安装工程；为测定安装工程质量，对设备进行的试运工作。在安装工程中，不包括被安装设备本身的价值。

(2)设备、工具、器具购置：指购置或自制达到固定资产标准的设备、工具、器具的价值，固定资产的标准按财务部门规定。新建单位、扩建单位的新建车间按照设计和计划要求购置或自制的全部设备、工具、器具，不论是否达到固定资产标准均计入"设备、工具、器具购置"中。

(3)其他费用：指在固定资产建造和购置过程中发生的，除建筑安装工程和设备、工具、器具购置以外的各种应摊入固定资产的费用。

**基本建设项目按大中小型划分** 基本建设划分大中小型项目原则上应按照上级批准的设计任务书或初步设计所确定的总规模或总投资划分，没有正式批准设计任务书或初步设计的，按国家或省、自治区、直辖市年度基本建设投资计划中所列的总规模或总投资划分。上述两条均不具备的，按本年计划施工工程的建设总规模或总投资划分。生产单一产品的工业项目，按产品的设计能力划分；生产多种产品的工业项目，按其主要产品的设计能力划分。品种繁多，难以按生产能力划分的，按全部计划投资额划分。划分标准以国家颁发的《大中小型建设项目划分标准》为依据。国家曾在1953年、1962年、1972年、1977年和1979年先后五次修订《大中小型建设项目划分标准》，因此各历史时期的大中型项目数不完全可比。

**施工项目** 指报告期内曾进行建筑或安装工程施工活动的建设项目，包括报告期内新开工项目、报告期以前开工跨入报告期继续施工的项目以及报告期施过工并在报告期内全部建成投产或停缓建的项目。

**全部建成投产项目** 工业项目是指设计文件规定形成生产能力的主体工程及其相应配套的辅助设施全部建成，经负荷试运转，证明具备生产设计规定合格产品的条件，并经过验收鉴定合格或达到竣工验收标准，与生产性工程配套的生活福利设施可以满足近期正常生产的需要，正式移交生产的建设项目。非工业项目是指设计文件规定的主体工程和相应的配套工程全部建成，能够发挥设计规定的全部效益，经验收鉴定合格或达到竣工验收标准，正式移交使用的建设项目。

**新增生产能力** 指通过固定资产投资活动而增加的设计能力或工程效益，它是用实物形态表示的固定资产投资的成果。新增生产能力的计算，是以能独立发挥生产能力或工程效益的单项工程（或项目）为对象。当单项工程（或项目）建成，经有关部门鉴定合格，正式移交投入生产，即可计算新增生产能力。新增生产能力或工程效益有以下几种表现形式：

(1)以建设项目或单项工程建成后的年产能力表示，如煤炭开采、石油开采等。

(2)以建设项目或单项工程建成后处理原料的能力表示，如选矿工程的年处理矿石能力、洗煤厂年洗原煤能力等。

(3)以新增的主要设备数量或容量表示，如棉纺锭锭数、发电机组容量等。

(4)以建筑物容积、容量、面积或长度表示，如水库容量、铁路公路里程等。

新增生产能力的数量一般按设计能力计算。设计能力是指设计文件中规定的在正常情况下能够达到的生产能力，而不论投产后的实际产量如何。以设备数量、建筑物容积、面积、长度等表示的新增生产能力或工程效益，则按建成的实际数量计算。

**房屋建筑面积** 指从房屋外墙线算起的各层平面面积的总和，包括可供使用的有效面积和房屋结构（如柱、墙）占用的面积。多层建筑按各层(包括地下室)面积总和计算。

**住宅建筑面积** 指施工和竣工房屋建筑面积中供居住用的施工和竣工房屋建筑面积。

**施工面积** 指报告期内施工的全部房屋建筑面积。包括本期新开工的面积、上期跨入本期继续施工的房屋面积、上期停缓建在本期恢复施工的房屋面积、本期竣工的房屋面积及本期施工后又停缓建的房屋面积。

**竣工面积** 指在报告期内房屋建筑按照设计要求已全部完工,达到住人和使用条件,经验收鉴定合格,正式移交使用单位的建筑面积。

**房屋建筑面积竣工率** 指一定时期内房屋竣工面积占同期房屋施工面积的比率。它是从房屋建筑施工速度的角度反映投资效果和建筑业经济效益的指标。

**新增固定资产** 指通过投资活动所形成的新的固定资产价值,包括已经建成投入生产或交付使用的工程价值和达到固定资产标准的设备、工具、器具的价值及有关应摊入的费用。它是以价值形式表示的固定资产投资成果的综合性指标,可以综合反映不同时期、不同部门、不同地区的固定资产投资成果。

**建设项目投产率** 指一定时期内全部建成投入生产项目个数与同期正式施工项目个数的比率。它是从项目建设速度的角度反映投资效果的指标。

**固定资产交付使用率** 指一定时期新增固定资产与同期完成投资额的比率。它是反映各个时期固定资产动用速度,衡量建设过程中投资效果的一个综合性指标。

**未完工程占用率** 指年末未完工程累计完成投资额占全年实际完成投资额的比率。它反映未完工程的相对规模,并可从资金占用的角度反映固定资产投资效果。由于未完工程是指已经开工,但尚未建成交付使用的工程,有跨年度问题,因此未完工程占用率会出现大于1的情况。

**房地产开发本年完成投资** 是指从本年1月1日起至本年最后一天止完成的全部用于房屋建设工程和土地开发工程的投资额。“本年完成投资”包括土地购置费和公益性建筑等的投资。

**土地购置和开发情况**

(1)待开发土地面积:指经有关部门批准,通过各种方式获得土地使用权,但尚未进行开发的土地面积。

(2)本年购置土地面积:是指在本年内通过各种方式获得土地使用权的土地面积。

**商品房屋销售与出租情况**

(1)实际销售面积:是指报告期内正式交付给购房者的房屋面积。

不包括已签订预售合同正在建设的商品房屋面积。

(2)待售面积:是指报告期末已竣工的商品房屋建筑面积中,尚未销售或出租的部分,包括以前年度竣工和本期竣工可供出售或出租而未售出或租出的房屋面积。

(3)出租面积:是指在报告期期末房屋开发单位出租的商品房屋的全部面积。

(4)实际销售额:指报告期内售出房屋的收入(即双方签署正式买卖合同所拟定的总价)。该指标与实际销售面积同口径,包括正式交付的商品房屋在建设前期预收入的定金、预收的款项及结算尾款和拖欠款;不包括未交付的商品房所预收入的款项。收取的外汇按当时外汇调节市场价折算在其中。如果商品房屋是跨年完成的,应包括以前年度所收的定金及预收款。

# 7

# 城市公用事业和环境保护

URBAN PUBLIC UNILITIES AND ENVIRONMENTAL PROTECTION

## 7-1 城市道路与公共交通

BASIC STATISTICS ON MUNCIPAL ENGINEERING AND PUBLIC TRANSPORTATION

| 指　　标 | 2006年 | 2007年 | 2008年 | 2009年 | 2010年 | 2011年 |
|---|---|---|---|---|---|---|
| **城市道路** | | | | | | |
| 道路长度(公里) | 2886 | 2667 | 3666 | 4627 | 4921 | 5067 |
| 道路面积(万平方米) | 5207 | 5137 | 5554 | 6461 | 6940 | 7458 |
| 城市桥梁(座) | 748 | 748 | 855 | 855 | 850 | 832 |
| #立交桥 | 75 | 72 | 77 | 80 | 80 | 81 |
| 路灯(盏) | 49000 | 58000 | 93790 | 122998 | 129033 | 135368 |
| 人均拥有道路面积(平方米) | 15.71 | 15.06 | 16.33 | 18.87 | 20.59 | 21.98 |
| **公共交通** | | | | | | |
| 年末营运车辆(辆) | 11991 | 12103 | 13280 | 13217 | 13106 | 13394 |
| 公共汽车 | 3751 | 3863 | 4384 | 4231 | 4239 | 4375 |
| 无轨电车 | 140 | 140 | 146 | 140 | 140 | 140 |
| 出租汽车 | 8100 | 8100 | 8750 | 8986 | 8867 | 9019 |
| 乘客人数(万人次) | 64181 | 68100 | 74565 | 99095 | 108072 | 108320 |

# 7-2 水、电、气、热供应情况

## BASIC STATISTICS ON WATER、ELECTRICITY、GAS AND HEATING IN CITIES

| 指　　标 | 单位 | 2006年 | 2007年 | 2008年 | 2009年 | 2010年 | 2011年 |
|---|---|---|---|---|---|---|---|
| **自来水** | | | | | | | |
| 水厂数 | 个 | 9 | 9 | | | | |
| 年末水厂生产能力 | 万吨/日 | 157 | 157 | 184 | 190 | 190 | 194.59 |
| 年末管线长度 | 公里 | 1596 | 1520 | 2371 | 2797 | 3472 | 3847 |
| 全年供水量 | 万吨 | 30023 | 27833 | 27420 | 25380 | 23529 | 29376 |
| 人均日生活用水 | 升 | 205.4 | 160.4 | 126.8 | 131.4 | 114.1 | 141.3 |
| 城市人口用水普及率 | % | 100.0 | 99.2 | 100.0 | 100.0 | 100.0 | 100.0 |
| **用电量** | | | | | | | |
| 全社会用电量 | 万千瓦时 | 1716323 | 1907697 | 2025031 | 2177892 | 2450343 | 2565727 |
| 工　　业 | 万千瓦时 | 1154855 | 1266655 | 1328982 | 1403642 | 1573200 | 1619051 |
| 城乡居民生活用电 | 万千瓦时 | 268969 | 302266 | 337533 | 362980 | 406959 | 407128 |
| **液化石油气和管道煤气** | | | | | | | |
| 液化石油气全年供气量 | 吨 | 41500 | 47940 | 57721 | 88769 | 38161 | 50374 |
| 生活用 | 吨 | 41500 | 47940 | 56641 | 47181 | 14044 | 35584 |
| 居民用气人口 | 万人 | 141.0 | 192.0 | 109.8 | 113.6 | 35.4 | 88 |
| 天然气供气量 | 万立方米 | 9423 | 11180 | 28941 | 30874 | 27647 | 36791 |
| 生产用 | 万立方米 | 4512 | 5250 | 25098 | 26101 | 20429 | 29482 |
| 生活用 | 万立方米 | 4911 | 5930 | 3843 | 4773 | 7218 | 3727 |
| 居民用气人口 | 万人 | 88 | 102 | 172 | 169 | 193 | 198 |
| 管道煤气供气量 | 万立方米 | 4369 | 4251 | 4260 | 4765 | 5294 | 4658 |
| 生产用 | 万立方米 | 1748 | 1733 | 1747 | 2178 | 2395 | 2070 |
| 生活用 | 万立方米 | 2621 | 2518 | 2513 | 2587 | 2899 | 2588 |
| 居民用气人口 | 万人 | 41.5 | 41.6 | 40.0 | 41.6 | 42.2 | 37.1 |
| 用气普及率 | % | 97.6 | 98.0 | 94.9 | 94.7 | 95.5 | 95.3 |
| **集中供热** | | | | | | | |
| 管道长度 | 公里 | 1020 | 1144 | 1460 | 1657 | 1723 | 1949 |
| 供热面积 | 万平方米 | 3891 | 4256 | 5516 | 6274 | 7081 | 7629 |

注:全年供水量指标在1996年以前年份(包括1996年)为系统内口径,1997年以后为全社会口径。2002年城市人口用水普及率为建设部新口径 计算,液化气和管道煤气中的数据变化较大,主要是液化气和天然气及管道煤气“用气置换”后的正常调整。

## 7-3 环境状况及污染治理情况

BASIC STATISTICS ON ENVIRONMENT AND TREATMENT OF POLLUTION

| 指　　标 | 单位 | 2006年 | 2007年 | 2008年 | 2009年 | 2010年 | 2011年 |
|---|---|---|---|---|---|---|---|
| **环境质量状况** | | | | | | | |
| 环境空气质量良好以上天数 | 天 | 307 | 311 | 295 | 295 | 308 | 320 |
| 环境空气二氧化硫浓度年均值 | mg / m3 | 0.039 | 0.056 | 0.052 | 0.05 | 0.045 | 0.050 |
| 环境空气可吸入颗粒物浓度年均值 | mg / m3 | 0.114 | 0.118 | 0.126 | 0.123 | 0.117 | 0.103 |
| 环境空气二氧化氮浓度年均值 | mg / m3 | 0.021 | 0.023 | 0.022 | 0.025 | 0.027 | 0.036 |
| 集中式饮用水源地水质达标率 | % | 90.16 | 100.00 | 100.00 | 100.00 | 100.00 | 100.00 |
| 城市水环境功能区水质达标率 | % | 91.67 | 75.00 | 75.00 | 75.00 | 100.00 | 100.00 |
| 区域环境噪声昼间平均等效声级 | 分贝 | 53.90 | 53.20 | 53.00 | 54.10 | 54.10 | 53.80 |
| 道路交通噪声平均等效声级 | 分贝 | 68.60 | 69.60 | 69.80 | 69.10 | 69.60 | 69.20 |
| **污染物排放情况** | | | | | | | |
| 废水排放总量 | 万吨 | 23633 | 24216 | 24244 | 24975 | 28567 | 29794 |
| 工业废水排放量 | 万吨 | 4949 | 5059 | 4749 | 5014 | 5594 | 6396 |
| 生活废水排放量 | 万吨 | 18684 | 19157 | 19495 | 19961 | 22973 | 23382 |
| 集中式污染治理设施废水排放量 | 万吨 | | | | | | 16 |
| 化学需氧量排放量 | 吨 | 57738 | 55280 | 51941 | 49279 | 47353 | 120765 |
| 工业化学需氧量排放量 | 吨 | 7616 | 6454 | 5854 | 7005 | 8816 | 5614 |
| 生活化学需氧量排放量 | 吨 | 50121 | 48826 | 46087 | 42274 | 38537 | 41354 |
| 集中式污染治理设施化学需氧量排放量 | 吨 | | | | | | 259 |
| 农业化学需氧量排放量 | 吨 | | | | | | 73538 |
| 氨氮排放量 | 吨 | 6922 | 6782 | 6882 | 6264 | 4779 | 10211 |
| 工业氨氮排放量 | 吨 | 307 | 581 | 545 | 320 | 428 | 413 |
| 生活氨氮排放量 | 吨 | 6616 | 6201 | 6337 | 5944 | 4351 | 6764 |
| 集中式污染治理设施氨氮排放量 | 吨 | | | | | | 27 |
| 农业氨氮排放量 | 吨 | | | | | | 3007 |
| 二氧化硫排放量 | 吨 | 94861 | 90125 | 83999 | 82670 | 81601 | 120633 |
| 工业二氧化硫排放量 | 吨 | 72833 | 75084 | 68412 | 65944 | 70296 | 109299 |
| 生活二氧化硫排放量 | 吨 | 22028 | 15131 | 15587 | 16726 | 11305 | 11306 |
| 集中式污染治理设施二氧化硫排放量 | 吨 | | | | | | 28 |
| 氮氧化物排放量 | 吨 | | | | | | 116832 |
| 工业氮氧化物排放量 | 吨 | | | | | | 83022 |
| 生活氮氧化物排放量 | 吨 | | | | | | 3629 |
| 集中式污染治理设施氮氧化物排放量 | 吨 | | | | | | 69 |
| 机动车氮氧化物排放量 | 吨 | | | | | | 30112 |
| 烟（粉）尘排放量 | 吨 | | | | | | 115658 |
| 工业烟（粉）尘排放量 | 吨 | | | | | | 103915 |
| 生活烟尘排放量 | 吨 | | | | | | 8355 |
| 集中式污染治理设施烟尘排放量 | 吨 | | | | | | 14 |
| 机动车烟尘排放量 | 吨 | | | | | | 3374 |
| **污染治理情况** | | | | | | | |
| 工业重复用水率 | % | 96.79 | 96.68 | 96.92 | 96.50 | 96.06 | 95.11 |
| 工业烟（粉）尘去除率 | % | | | | | | 97.82 |
| 工业固体废物处置利用率 | % | 94.31 | 94.03 | 95.20 | 94.50 | 97.81 | 99.68 |

注：1.“污染物排放情况”，2010年前为工业及生活排放量，2011年后调整为工业、农业、生活和集中式污染治理设施排放量。
2.“集中式污染治理设施”，包括生活垃圾处理场和危险废物（医疗废物）集中处理（置）厂。

## 7-4 城市园林绿化、环境卫生及其他

### BASIC STATISTICS ON PARKS、GARDENS、GREEN AREAS AND URBAN SANITATION IN CITIES

| 指标 | 单位 | 2006年 | 2007年 | 2008年 | 2009年 | 2010年 | 2011年 |
|---|---|---|---|---|---|---|---|
| **园林绿化** | | | | | | | |
| 年末园林绿地面积 | 公顷 | 12079 | 12531 | 12827 | 13677 | 14588 | 14864 |
| #公园面积 | 万平方米 | 1458 | 1515 | 2141 | 2293 | 2455 | 2861 |
| 人均公共绿地面积 | 平方米/人 | 9.1 | 9.5 | 10.8 | 10.8 | 11.3 | 10.9 |
| 城市绿地覆盖率 | % | 36.5 | 36.8 | 35.6 | 35.9 | 35.9 | 37.1 |
| **城市卫生** | | | | | | | |
| 污水集中处理率 | % | 63.25 | 61.21 | 69.27 | 78.21 | 89.60 | 86.55 |
| 清扫街道面积 | 万平方米 | 2688 | 2855 | 3897 | 4373 | 4491 | |
| 清运垃圾 | 万吨 | 90 | 93 | 126 | 133 | 115 | 113 |
| 清运粪便 | 万吨 | 20.0 | 20.0 | 27.2 | 27.3 | 27.8 | 42.6 |
| 公共厕所 | 座 | 521 | 509 | 625 | 652 | 586 | 643 |
| **城市维护费收支** | | | | | | | |
| 维护费收入 | 万元 | 720058 | 840787 | 1331477 | 1315981 | 1148528 | 1112214 |
| 维护费支出 | 万元 | 720058 | 840787 | 1312128 | 1313811 | 1162707 | 1074226 |
| 维护支出 | 万元 | 178300 | 206239 | 462261 | 348870 | 213868 | 253068 |
| 固定资产投资支出 | 万元 | 461939 | 555873 | 629094 | 760175 | 855544 | 639450 |
| 其他 | 万元 | 79819 | 78675 | 220089 | 204766 | 88295 | 181708 |

# 主要统计指标解释

## EXPLANATORY NOTES ON MAIN STATISTICAL INDICATORS

**年末自来水生产能力**　指年底城建部门管理的自来水厂和自备水源的社会单位取水、净化、送水、出厂输水干管等环节的实际生产能力。

**年末供水管道长度**　指从送水泵到用户水表之间所有管道的长度。

**全年供水总量**　指公用自来水厂和自备水源的社会单位全年的供水总量，包括有效供水量及损失水量。

**生活用水量**　指居民日常生活与公共福利设施的用水量，包括居民、饮食店、旅馆、医院、理发店、浴池、洗衣店、游泳池、商店、学校、机关、部队等单位的用水量。

**城市人口用水普及率**　指城市用水的非农业人口数(不包括临时人口和流动人口)与城市非农业人口总数之比。计算公式为：

用水普及率＝城市用水的非农业人口数／城市非农业人口数×100％

**人工煤气生产能力**　指城市煤气厂制气、净化、输送等环节的综合实际生产能力。

**输气管道长度**　指由压缩机、鼓风机、储气罐的出口到用户煤气表之间的全部管道长度。

**全年供气总量**　指全年售给各类用户的全部煤气量，包括工业用量、家庭用量和其他用量。

**城市用气普及率**　指使用煤气(包括人工煤气、液化石油气、天然气)的城市非农业人口数(不包括临时人口和流动人口)与城市非农业人口总数之比。计算公式为：

城市煤气普及率＝城市用气的非农业人口数／城市非农业人口总数×100％

**城市供热能力**　指热电厂、热力公司和达到标准的集中采暖锅炉房向城市输送的供热源的设计能力，即每小时向城市输送蒸汽、热水的能力。

**城市供热总量**　指热电厂、热力公司和达到标准的集中采暖锅炉房向城市输送的全部蒸汽、热水量。

**城市供热管道长度**　指热电厂、热力公司和达到标准的集中采暖锅炉房管理的集中供热热源到用户之间的全部供气、供热水的管道长度。

**年底实有铺装道路长度**　指除土路外，路面经过铺装宽度在3.5米以上的道路，包括高级、次高级道路和普通道路。

**城市桥梁**　指城市范围内，修建在河道上的桥梁和道路与道路立交、道路跨越铁路的立交桥及人行天桥。包括永久性桥和半永久性桥，不包括临时性桥、铁路桥、涵洞。

**城市下水道总长度**　指所有排水总管、干管、支管及暗渠、检查井、连接井进出水口等长度之和。

**城市污水日处理能力**　指污水处理厂每昼夜处理污水量的设计能力。

**年末实有公共汽(电)车**　指年底可参加营运的全部车辆数，包括营运车辆数和库存查封未参加营运的车辆。不包括非营运车辆，如架线车、油罐车、工程车、货车及其他专用车辆和借入的客运车辆。

**城市园林绿地面积**　指城市公共绿地、专用绿地、生产绿地、防护绿地、郊区风景名胜区的全部面积。

**公共绿地**　指供游览休息的各种公园、动物园、植物园、陵园以及花园、游园和供游览休息用的林荫道绿地、广场绿地，不包括一般栽植的行道树及林荫道的面积。

**废气排放总量**　指燃料燃烧和生产工艺过程中排放的各种废气总量，以标准状态下每年万标立方米表示。

**工业固体废物产生量**　指工业企业在生产过程中产生的固体状、半固体状和高浓度液体状废弃物的总量，包括冶炼废渣、粉煤灰、炉渣、煤矸石、化工废渣、尾矿、放射性废渣和其它废渣等；不包括矿山开采的剥离废石和掘进废石(煤矸石和呈酸性或碱性的废石除外)。酸性或碱性废石是指采掘的废石其流经水、雨淋水PH值小于4或PH值大于10.5者。

**工业固体废物处置量**　指以符合环境保护要求的方式将固体废物放置在不再回取的场所的固体废物量，如填埋、焚烧、经封场处理的专业贮存场(库)、深层灌注、回填矿井等(包括当年处置往年的堆存量)。

**二氧化硫年平均值**　指城市建成区环境空气中测得的单位体积中的二氧化硫含量，按日计算的年平均值。

**总悬浮颗粒物年平均值**　指城市建成区环境空气中测得的单位体积中总悬浮颗粒物含量，按日计算的年平均值。

**氮氧化物年平均值**　指城市建成区环境空气中测得的单位体积中氮氧化物含量，按日计算的年平均值。

**饮用水源水质达标率**　指市区从城市集中饮用水源地中取得的水，其水质要求达到《生活饮用水卫生标准》的数量占取水总量的百分比。

**城市地面水水质达标率**　是指城市市区地面水功能区认证点位按各水体功能区划标准监测达标的频次占各认证点位监测总频次的百分比。目前该指标只考核下列四类功能的水体：渔业水体、农田灌溉水体、工业用水和景观娱乐用水。

**区域环境噪声平均值**　是指城市建成区环境噪声网格监测的等效声级算术平均值。

**交通干线噪声平均值**　是指城市建成区交通干线各路段监测数据，按其长度加权的等效声级平均值。

**工业废水处理量**　指报告期内各种水治理设施实际处理的工业废水量，包括处理后外排的和处理后回用的工业废水量。虽经处理但未达到国家或地方排放标准的废水量也应计算在内。计算时，如遇有车间和厂排放口均有治理设施，并对同一废水分级处理时，不应重复计算工业废水处理量。

**工业废水处理率**　工业废水处理量占需处理的工业废水量的百分率。

**工业污染治理投资总额** 指在报告期内，企业实际用于治理废水、废气、固体废物、噪声和其他（如电磁波、恶臭等）环境污染的环境治理工程的各种资金来源合计。

**工业废水排放量** 指经过企业厂区所有排放口排到企业外部的工业废水量。包括生产废水、外排的直接冷却水、超标排放的矿井地下水和与工业废水混排的厂区生活污水，不包括外排的间接冷却水（清污不分流的间接冷却水应计算在内）。

**工业废水排放达标量** 指各项指标都达到国家或地方排放标准的外排工业废水量，包括未经处理外排达标的和经过处理后外排达标的和两部分。国家排放标准见GB8978-88。

**工业废气排放量** 指企业厂区内燃料燃烧和生产工艺过程中产生的各种排放空气的含有污染物的气体的总量，以标准状态（273K，101325Pa）计。

**二氧化硫排放量** 指企业在燃料燃烧和生产工艺过程中排放大气的二氧化硫量。

**工业烟尘排放量** 指企业厂区内的燃料燃烧产生的烟气中夹带的颗粒物的量。

**工业粉尘排放量** 指企业在生产工艺过程中排放的颗粒物重量。如钢铁企业的耐火材料粉尘、焦化企业的筛焦系统粉尘、烧结机的粉尘、石灰窑的粉尘、建材企业的水泥粉尘等。不包括电厂排放大气的烟尘。

**工业固体废物产生量** 指企业在生产工艺过程中产生的固体状、半固体状和高浓度液体状废弃物的总量，包括危险废物、冶炼废渣、粉煤灰、炉渣、煤矸石、尾矿、放射性废物和其他废物等；不包括矿山开采的剥离废石和掘进废石（煤矸石和呈酸性或碱性的废石除外）。酸性或碱性废石是指采掘的废石其流经水、雨淋水的pH值小于4或pH值大于10.5者。

**危险废物** 指列入国家危险废物名录或根据国家规定的危险废物鉴别标准和鉴别方法认定的，具有爆炸性、易燃性、易氧化性、毒性、腐蚀性、易传染疾病等危险特性之一的废物。

**工业固体废物综合利用量** 指通过回收、加工、循环、交换等方式，从固体废物中提取或者使其转化为可以利用的资源、能源和其他原材料的固体废物量（包括当年利用往年的工业固体废物累计贮存量）。如用作农业肥料、生产建筑材料、筑路等。综合利用量由原产生固体废物的单位统计。

**工业固体废物贮存量** 指将固体废物焚烧或者最终置于符合环境保护规定要求的场所并不再回取的工业固体废物量（包括当年处置往年的工业固体废物累计贮存量）。处置方法如：填埋（其中危险废物应安全填埋）、焚烧、专业贮存场（库）封场处理、深层灌注、回填矿井等。

**工业固体废物排放量** 指将所产生的固体废物排到固体废物污染防治设施、场所以外的量。不包括矿山开采的剥离废石和掘进废石（煤矸石和呈酸性或碱性的废石除外）。

**"三废"综合利用产品产值** 指利用"三废"（废液、废气、废渣）作为主要原料生产的产品产值（现行价），已经销售或准备销售的，应计算产品产值；但留作生产上自用的，不应计算产品产值。

**"三废"综合利用产品利润** 指利用"三废"（废液、废气、废渣）生产的产品，销售后所得到的利润。

**环境污染与破坏事故** 指由于违反环境保护法规的经济、社会活动与行为，以及意外因素的影响或不可抗拒的自然灾害等原因，致使环境受到污染，国家重点保护的野生动植物、自然保护区受到破坏，人体健康受到危害，社会经济和人民财产受到损失，造成不良社会影响的突发性事件。

# 8

# 财政和金融保险

## GOVERNMENT FINANCE BANKING AND INSURANCE

# 8-1 各时期地方财政收支及指数

## LOCAL GOVERNMENT REVENUE、EXPENDITURES AND INDICES OF MAJOR YEARS

| 年份 | 地方财政收入（万元） | 公共财政预算收入（万元） | 地方财政支出（万元） | 公共财政预算支出（万元） | 指数%（以上年为100） | |
|---|---|---|---|---|---|---|
| | | | | | 地方财政收入 | 地方财政支出 |
| 1952 | 7635 | | 1437 | | 137.8 | 194.2 |
| 1957 | 16030 | | 3325 | | 116.2 | 119.3 |
| 1962 | 12035 | | 4366 | | 78.9 | 63.4 |
| 1965 | 19919 | | 6041 | | 109.0 | 110.9 |
| 1970 | 32908 | | 11384 | | 175.2 | 141.9 |
| 1975 | 39305 | | 10572 | | 233.5 | 124.9 |
| “五五”时期 | | | | | | |
| 1976 | 46107 | | 10999 | | 117.3 | 104.0 |
| 1977 | 53347 | | 11921 | | 115.7 | 108.4 |
| 1978 | 59463 | | 14812 | | 111.5 | 124.3 |
| 1979 | 57691 | | 16861 | | 97.0 | 113.8 |
| 1980 | 64676 | | 16762 | | 112.1 | 99.4 |
| “六五”时期 | | | | | | |
| 1981 | 71643 | | 17763 | | 110.8 | 106.0 |
| 1982 | 68122 | | 19370 | | 95.1 | 109.0 |
| 1983 | 72320 | | 20802 | | 106.2 | 107.4 |
| 1984 | 75193 | | 26478 | | 104.0 | 127.3 |
| 1985 | 89030 | | 34239 | | 118.4 | 129.3 |
| “七五”时期 | | | | | | |
| 1986 | 80797 | | 48003 | | 90.6 | 140.2 |
| 1987 | 89441 | | 52308 | | 110.7 | 108.9 |
| 1988 | 103482 | | 59825 | | 115.7 | 114.4 |
| 1989 | 115552 | | 77340 | | 111.7 | 129.3 |
| 1990 | 123793 | | 81932 | | 107.1 | 105.9 |
| “八五”时期 | | | | | | |
| 1991 | 134492 | | 88400 | | 108.6 | 107.9 |
| 1992 | 152317 | | 98572 | | 113.3 | 111.5 |
| 1993 | 192703 | | 128262 | | 126.5 | 130.1 |
| 1994 | 128045 | | 152019 | | 126.7 | 118.5 |
| 1995 | 169943 | | 196339 | | 132.7 | 129.2 |
| “九五”时期 | | | | | | |
| 1996 | 243335 | | 302754 | | 143.2 | 154.2 |
| 1997 | 316407 | | 382391 | | 130.0 | 126.3 |
| 1998 | 384362 | | 449173 | | 121.5 | 117.5 |
| 1999 | 466328 | 460690 | 507223 | 497667 | 121.3 | 112.9 |
| 2000 | 532986 | 490485 | 566735 | 547210 | 114.3 | 111.7 |
| “十五”时期 | | | | | | |
| 2001 | 646969 | 596061 | 736239 | 703720 | 121.4 | 129.9 |
| 2002 | 788209 | 662511 | 867774 | 775046 | 125.8 | 117.9 |
| 2003 | 855974 | 761064 | 936489 | 884597 | 112.3 | 107.9 |
| 2004 | 1126318 | 890364 | 1186379 | 1016953 | 135.5 | 126.5 |
| 2005 | 1307799 | 1061547 | 1393765 | 1206643 | 117.2 | 117.5 |
| “十一五”时期 | | | | | | |
| 2006 | 1630238 | 1284388 | 1769505 | 1469762 | 124.7 | 127.0 |
| 2007 | 2805421 | 1570192 | 2834439 | 1799787 | 172.1 | 160.2 |
| 2008 | 3432539 | 1860155 | 3719098 | 2213190 | 122.4 | 131.2 |
| 2009 | 4352772 | 2101923 | 4365919 | 2599178 | 126.8 | 117.4 |
| 2010 | 5955895 | 2661314 | 6597176 | 3368037 | 136.8 | 151.1 |
| “十二五”时期 | | | | | | |
| 2011 | 6222765 | 3254165 | 6681329 | 3968831 | 104.5 | 101.3 |

注：1.自1994年开始财税体制改革，1994年及以后各年与以前年份不可比；各指数按可比口径计算。

2.自2011年开始，“地方财政一般预算收入”更名为“公共财政预算收入”，“地方财政一般预算支出”更名为“公共财政预算支出”。

## 8-2 财政收入分类(2011年)

FINANCIAL REVENUE(2011)

单位:万元

| 指　　标 | 全市合计 | 市本级 | 市　直 | 高新区 | 县区级 |
|---|---|---|---|---|---|
| **公共财政预算收入** | 3254165 | 1552970 | 1352821 | 200149 | 1701195 |
| 增值税 | 314285 | 163500 | 141007 | 22493 | 150785 |
| 营业税 | 937077 | 454969 | 401829 | 53140 | 482108 |
| 企业所得税 | 350679 | 176976 | 153955 | 23021 | 173703 |
| 个人所得税 | 107053 | 54869 | 48650 | 6219 | 52184 |
| 资源税 | 5965 | 71 | 0 | 71 | 5894 |
| 城市维护建设税 | 195099 | 111314 | 99660 | 11654 | 83785 |
| 房产税 | 91374 | 42739 | 38555 | 4184 | 49135 |
| 印花税 | 48525 | 9779 | 4620 | 5159 | 38846 |
| 城镇土地使用税 | 101296 | 47141 | 43069 | 4072 | 54155 |
| 土地增值税 | 116228 | 14682 | 80 | 14602 | 101546 |
| 车船税 | 28700 | 1208 | 362 | 845 | 27492 |
| 耕地占用税 | 67988 | 20696 | 1469 | 19227 | 47292 |
| 契　税 | 186925 | 97114 | 80069 | 17045 | 89811 |
| 专项收入 | 113941 | 69400 | 62897 | 6503 | 44541 |
| 行政事业性收费收入 | 290290 | 123866 | 119786 | 4080 | 166424 |
| 罚没收入 | 80111 | 44969 | 44723 | 246 | 35142 |
| 国有资本经营收入 | 1578 | -34 | -1034 | 1000 | 1612 |
| 国有资源（资产）有偿使用收入 | 190486 | 114497 | 107910 | 6587 | 75989 |
| 其他收入 | 25965 | 5214 | 5214 | 0 | 20751 |
| **政府性基金收入** | 2968600 | 2588505 | 2559165 | 29340 | 380095 |
| #地方教育附加收入 | 63224 | 38524 | 35297 | 3227 | 24700 |

# 8-3 各区财政收入分类(2011年)

## FINANCIAL REVENUE BY DISTRICT(2011)

单位:万元

| 指标 | 合计 | 历下区 | 市中区 | 槐荫区 | 天桥区 | 历城区 | 长清区 |
|---|---|---|---|---|---|---|---|
| 公共财政预算收入 | 1212131 | 371883 | 270284 | 140226 | 131109 | 240061 | 58568 |
| 增值税 | 90276 | 17453 | 13993 | 14964 | 11228 | 26367 | 6271 |
| 营业税 | 407159 | 157809 | 99069 | 40531 | 42678 | 51332 | 15740 |
| 企业所得税 | 125720 | 36636 | 39434 | 9910 | 15121 | 21106 | 3513 |
| 个人所得税 | 43911 | 14356 | 13354 | 4551 | 4288 | 6038 | 1324 |
| 资源税 | 574 | 0 | 231 | 1 | 0 | 222 | 120 |
| 城市维护建设税 | 62347 | 17564 | 13288 | 7735 | 6928 | 13705 | 3127 |
| 房产税 | 40836 | 14851 | 9819 | 3746 | 5074 | 5863 | 1483 |
| 印花税 | 32978 | 11292 | 7234 | 2681 | 3799 | 6938 | 1034 |
| 城镇土地使用税 | 38784 | 7716 | 6419 | 4860 | 5910 | 9103 | 4776 |
| 土地增值税 | 87194 | 31838 | 18710 | 12070 | 9532 | 11344 | 3700 |
| 车船税 | 22356 | 6566 | 3702 | 2693 | 4411 | 3487 | 1497 |
| 耕地占用税 | 18108 | 6 | 2011 | 4686 | 2106 | 7377 | 1922 |
| 契　税 | 73465 | 24105 | 19242 | 13014 | 6977 | 7169 | 2958 |
| 专项收入 | 28498 | 7528 | 5897 | 3806 | 3061 | 6292 | 1914 |
| 行政事业性收费收入 | 59699 | 6530 | 5673 | 2997 | 4321 | 35419 | 4759 |
| 罚没收入 | 17487 | 2381 | 1155 | 4660 | 2024 | 4006 | 3261 |
| 国有资本经营收入 | 1078 | 0 | 0 | 40 | 0 | 977 | 61 |
| 国有资源（资产）有偿使用收入 | 45383 | 9817 | 7648 | 6971 | 3651 | 16839 | 457 |
| 其他收入 | 16278 | 5435 | 3405 | 310 | 0 | 6477 | 651 |
| 政府性基金收入 | 38490 | 7039 | 5059 | 2785 | 2533 | 6329 | 14745 |
| #地方教育附加收入 | 17727 | 5351 | 3571 | 2120 | 1912 | 3886 | 887 |

# 8-4 各县(市)财政收入分类(2011年)

FINANCIAL REVENUE BY COUNTRY(2011)

单位:万元

| 指 标 | 合 计 | 平阴县 | 济阳县 | 商河县 | 章丘市 |
|---|---|---|---|---|---|
| 公共财政预算收入 | 489064 | 60005 | 80068 | 43922 | 305069 |
| 增值税 | 60509 | 12449 | 8981 | 5401 | 33678 |
| 营业税 | 74949 | 8961 | 18568 | 10691 | 36729 |
| 企业所得税 | 47983 | 10710 | 8933 | 3862 | 24478 |
| 个人所得税 | 8273 | 2083 | 650 | 415 | 5125 |
| 资源税 | 5320 | 1374 | 260 | 35 | 3651 |
| 城市维护建设税 | 21438 | 3548 | 3089 | 2109 | 12692 |
| 房产税 | 8299 | 1017 | 808 | 712 | 5762 |
| 印花税 | 5868 | 888 | 695 | 473 | 3812 |
| 城镇土地使用税 | 15371 | 2041 | 1794 | 1749 | 9787 |
| 土地增值税 | 14352 | 1241 | 5344 | 1426 | 6341 |
| 车船税 | 5136 | 725 | 1221 | 776 | 2414 |
| 耕地占用税 | 29184 | 745 | 5031 | 3215 | 20193 |
| 契 税 | 16346 | 2218 | 2429 | 3833 | 7866 |
| 专项收入 | 16043 | 3275 | 1929 | 1403 | 9436 |
| 行政事业性收费收入 | 106725 | 3235 | 6774 | 4849 | 91867 |
| 罚没收入 | 17655 | 4095 | 6943 | 2115 | 4502 |
| 国有资本经营收入 | 534 | 0 | 534 | 0 | 0 |
| 国有资源（资产）有偿使用收入 | 30606 | 1338 | 2539 | 684 | 26045 |
| 其他收入 | 4473 | 62 | 3546 | 174 | 691 |
| 政府性基金收入 | 341605 | 47494 | 52254 | 105970 | 135887 |
| #地方教育附加收入 | 6973 | 1411 | 1164 | 793 | 3605 |

# 8-5 地方财政支出分类(2011年)

LOCAL FINANCIAL EXPENDITURES(2011)

单位:万元

| 指标 | 全市合计 | 市本级 | | | 县区级 |
|---|---|---|---|---|---|
| | | | 市直 | 高新区 | |
| **公共财政预算支出** | 3968831 | 1767954 | 1435347 | 332607 | 2200877 |
| 一般公共服务 | 592728 | 213838 | 188739 | 25099 | 378890 |
| 国防 | 31147 | 29654 | 29621 | 33 | 1493 |
| 公共安全 | 283125 | 205783 | 202279 | 3504 | 77342 |
| 教育 | 652914 | 148524 | 133007 | 15517 | 504390 |
| 科学技术 | 75550 | 49927 | 20727 | 29200 | 25623 |
| 文化体育与传媒 | 116739 | 87965 | 87886 | 79 | 28774 |
| 社会保障和就业 | 494608 | 247300 | 244986 | 2314 | 247308 |
| 医疗卫生 | 270686 | 94170 | 92408 | 1762 | 176516 |
| 节能保护 | 95831 | 55401 | 54260 | 1141 | 40430 |
| 城乡社区事务 | 549185 | 225862 | 131852 | 94010 | 323323 |
| 农林水事务 | 253600 | 65699 | 60162 | 5537 | 187901 |
| 交通运输 | 106494 | 70910 | 63395 | 7515 | 35584 |
| 资源勘探电力信息等事务 | 184232 | 141084 | 20579 | 120505 | 43148 |
| 商业服务业等事务 | 85448 | 35607 | 23776 | 11831 | 49841 |
| 粮油物资管理事务 | 2667 | 1286 | 1286 | 0 | 1381 |
| 储备事务支出 | 240 | 140 | 140 | 0 | 100 |
| 金融监管支出 | 1836 | 1518 | 1508 | 10 | 318 |
| 地震灾后恢复重建支出 | 0 | 0 | 0 | 0 | 0 |
| 国土资源气象等事务 | 63510 | 16075 | 15305 | 770 | 47435 |
| 住房保障支出 | 80344 | 66527 | 52889 | 13638 | 13817 |
| 国债还本付息支出 | 4116 | 1579 | 1447 | 132 | 2537 |
| 其他支出 | 23831 | 9105 | 9095 | 10 | 14726 |
| **政府性基金支出** | 2712498 | 2182229 | 1963287 | 218942 | 530269 |
| #地方教育附加安排的支出 | 44511 | 12048 | 9366 | 2682 | 32463 |
| 城市公用事业附加安排的支出 | 16300 | 13185 | 13185 | 0 | 3115 |
| 地方水利建设基金支出 | 29476 | 16917 | 16917 | 0 | 12559 |

## 8-6 各区地方财政支出分类(2011年)

LOCAL FINANCIAL EXPENDITURES BY DISTRICT(2011)

单位:万元

| 指标 | 合计 | 历下区 | 市中区 | 槐荫区 | 天桥区 | 历城区 | 长清区 |
|---|---|---|---|---|---|---|---|
| 公共财政预算支出 | 1304050 | 302680 | 215185 | 172357 | 156874 | 316230 | 140724 |
| 一般公共服务 | 267305 | 51330 | 61441 | 45596 | 28586 | 59880 | 20472 |
| 国　防 | 1370 | 171 | 201 | 928 | 0 | 0 | 70 |
| 公共安全 | 36909 | 8187 | 7654 | 6508 | 5339 | 6593 | 2628 |
| 教　育 | 308767 | 66093 | 55943 | 38504 | 39000 | 73327 | 35900 |
| 科学技术 | 17807 | 4122 | 3325 | 2817 | 1326 | 4390 | 1827 |
| 文化体育与传媒 | 20905 | 1548 | 1889 | 3542 | 931 | 10731 | 2264 |
| 社会保障和就业 | 177812 | 33135 | 31366 | 30431 | 36134 | 28362 | 17884 |
| 医疗卫生 | 97498 | 17619 | 20766 | 11692 | 10809 | 23007 | 13605 |
| 节能保护 | 10155 | 2427 | 1302 | 1078 | 1057 | 2188 | 2103 |
| 城乡社区事务 | 199753 | 92858 | 16186 | 24173 | 10700 | 51491 | 4345 |
| 农林水事务 | 68573 | 1090 | 5440 | 2253 | 4489 | 29037 | 26264 |
| 交通运输 | 14270 | 20 | 698 | 27 | 166 | 9300 | 4059 |
| 资源勘探电力信息等事务 | 20760 | 2247 | 1675 | 1912 | 8244 | 5083 | 1599 |
| 商业服务业等事务 | 29476 | 7805 | 4442 | 2571 | 4582 | 6485 | 3590 |
| 粮油物资管理事务 | 438 | 0 | 0 | 0 | 0 | 302 | 136 |
| 储备事务支出 | 60 | 0 | 0 | 0 | 0 | 60 | 0 |
| 金融监管支出 | 140 | 100 | 20 | 20 | 0 | 0 | 0 |
| 地震灾后恢复重建支出 | 0 | 0 | 0 | 0 | 0 | 0 | 0 |
| 国土资源气象等事务 | 8601 | 84 | 2252 | 141 | 719 | 3341 | 2064 |
| 住房保障支出 | 11083 | 7100 | 445 | 0 | 2090 | 15 | 1433 |
| 国债还本付息支出 | 742 | 0 | 0 | 54 | 170 | 345 | 173 |
| 其他支出 | 11626 | 6744 | 140 | 110 | 2532 | 1792 | 308 |
| 政府性基金支出 | 145407 | 17549 | 9140 | 8265 | 15033 | 61042 | 34378 |
| #地方教育附加安排的支出 | 20807 | 5062 | 3740 | 2397 | 2231 | 4498 | 2879 |
| 城市公用事业附加安排的支出 | 0 | 0 | 0 | 0 | 0 | 0 | 0 |
| 地方水利建设基金支出 | 6767 | 0 | 303 | 1325 | 1152 | 3764 | 223 |

# 8-7 各县(市)地方财政支出分类(2011年)

LOCAL FINANCIAL EXPENDITURES BY DISTRICT(2011)

单位:万元

| 指　　标 | 合　计 | 平阴县 | 济阳县 | 商河县 | 章丘市 |
|---|---|---|---|---|---|
| **公共财政预算支出** | 896827 | 137759 | 158385 | 153873 | 446810 |
| 一般公共服务 | 111585 | 17288 | 25579 | 19765 | 48953 |
| 国　防 | 123 | 89 | 0 | 4 | 30 |
| 公共安全 | 40433 | 13108 | 8545 | 6076 | 12704 |
| 教　育 | 195623 | 31075 | 34410 | 36899 | 93239 |
| 科学技术 | 7816 | 1578 | 1930 | 2238 | 2070 |
| 文化体育与传媒 | 7869 | 1367 | 1612 | 1749 | 3141 |
| 社会保障和就业 | 69496 | 12954 | 17094 | 12972 | 26476 |
| 医疗卫生 | 79018 | 11127 | 17354 | 16900 | 33637 |
| 节能保护 | 30275 | 2945 | 3458 | 3205 | 20667 |
| 城乡社区事务 | 123570 | 8499 | 4178 | 6345 | 104548 |
| 农林水事务 | 119328 | 16476 | 26510 | 27819 | 48523 |
| 交通运输 | 21314 | 4548 | 4348 | 4775 | 7643 |
| 资源勘探电力信息等事务 | 22388 | 6981 | 7222 | 4299 | 3886 |
| 商业服务业等事务 | 20365 | 2711 | 3529 | 5281 | 8844 |
| 粮油物资管理事务 | 943 | 66 | 226 | 333 | 318 |
| 储备事务支出 | 40 | 40 | 0 | 0 | 0 |
| 金融监管支出 | 178 | 158 | 10 | 0 | 10 |
| 国土资源气象等事务 | 38834 | 5947 | 1326 | 3087 | 28474 |
| 住房保障支出 | 2734 | 670 | 861 | 1027 | 176 |
| 国债还本付息支出 | 1795 | 0 | 71 | 1059 | 665 |
| 其他支出 | 3100 | 132 | 122 | 40 | 2806 |
| **政府性基金支出** | 384862 | 52650 | 62826 | 120342 | 149044 |
| #地方教育附加安排的支出 | 11656 | 2543 | 2834 | 1430 | 4849 |
| 城市公用事业附加安排的支出 | 3115 | 0 | 670 | 40 | 2405 |
| 地方水利建设基金支出 | 5792 | 0 | 449 | 3208 | 2135 |

# 8-8 金融机构人民币各项存、贷款期末余额

BALANCE OF THE DEPOSITS AND LOANS OF INSURANCE INSTITUTES

单位:万元

| 指　　标 | 2006年 | 2007年 | 2008年 | 2009年 | 2010年 | 2011年 |
|---|---|---|---|---|---|---|
| **各项存款合计** | 40246200 | 40624330 | 50368119 | 63632994 | 75104412 | 82757985 |
| 企业存款 | 13330436 | 15671853 | 19361698 | 26697798 | 29552743 | 53852545 |
| 财政存款 | 457750 | 707887 | 945824 | 1702669 | 2458263 | 2492619 |
| 储蓄存款 | 11825655 | 12666590 | 15885280 | 19115340 | 21876758 | 24274843 |
| 农业存款 | 408852 | 390623 | 461851 | 534932 | 139644 | |
| 委托存款 | 4148015 | 197879 | 332869 | 611740 | 453536 | 202806 |
| 其他存款 | 10075492 | 10989498 | 13380596 | 14970507 | 20623468 | 1566286 |
| #机关团体存款 | 3380187 | 3613659 | 4060318 | 4304937 | 9979582 | |
| **各项贷款合计** | 37884207 | 36782656 | 41166758 | 57008584 | 63190943 | 68937037 |
| 短期贷款 | 14170954 | 16186986 | 17620378 | 17293302 | 18986113 | 23136451 |
| 工业贷款 | 5298106 | 6033582 | 6852023 | 6605994 | | |
| 商业贷款 | 1683615 | 1859612 | 1308788 | 1334334 | | |
| 建筑企业贷款 | 337886 | 353190 | 352064 | 420999 | | |
| 私营企业及个体工商业贷款 | 198128 | 294444 | 387801 | 661225 | | |
| 乡镇企业贷款 | 535356 | 574934 | 567713 | 567742 | | |
| 三资企业贷款 | 445096 | 425810 | 400740 | 391855 | | |
| 农业贷款 | 901110 | 1084401 | 1201711 | 1444952 | | |
| 其他短期贷款 | 4771656 | 5561014 | 6549538 | 5866200 | | |
| 中长期贷款 | 15523386 | 18058456 | 19718048 | 35249681 | 40936632 | 41517519 |
| 基本建设贷款 | 8886120 | 9780696 | 10588643 | 18260320 | | |
| 技术改造贷款 | 332639 | 368473 | 198229 | 178496 | | |
| 其他中长期贷款 | 6304627 | 7909287 | 8931176 | 16810864 | | |
| 其他类贷款 | 8189867 | 2537214 | 3828332 | 4465601 | 3268198 | 4283067 |

注:2011年存贷款统计指标进行了部分修订。

# 8-9 五大银行信贷状况(2011年)

## CREDIT FUNDS OF THE FIVE MAIN BANKS(2011)

单位:万元

| 指　　标 | 工商银行 | 农业银行 | 中国银行 | 建设银行 | 交通银行 |
|---|---|---|---|---|---|
| 一、各项存款 | 11320038 | 8861426 | 5753389 | 8800526 | 3616748 |
| 1.单位存款 | 6649863 | 4915317 | 4038042 | 4980507 | 2776717 |
| 其中：活期存款 | 2487421 | 1441627 | 1144888 | 1522770 | 617340 |
| 定期存款 | 3046032 | 2362932 | 2302342 | 1897188 | 1468999 |
| 通知存款 | 40643 | 79303 | 24063 | 42226 | 121758 |
| 保证金存款 | 193006 | 55118 | 213565 | 124270 | 267076 |
| 2.个人存款 | 4624884 | 3888354 | 1267252 | 3765547 | 574754 |
| 储蓄存款 | 4622955 | 3866920 | 1267195 | 3764530 | 565194 |
| 保证金存款. | 217 |  | 57 | 188 | 198 |
| 结构性存款 | 1712 | 21434 |  | 828 | 9362 |
| 3.临时性存款 | 3718 | 11487 | 28598 | 7128 | 1222 |
| 4.其他存款 | 41573 | 46268 | 419498 | 47345 | 264055 |
| 二、各项贷款 | 8540471 | 6418836 | 3197549 | 4762659 | 2562853 |
| （一）境内贷款 | 8539142 | 6418680 | 3196463 | 4762554 | 2562853 |
| 1.短期贷款 | 1379926 | 1654840 | 559148 | 883111 | 738516 |
| （1）个人贷款及透支 | 23309 | 210370 | 24515 | 171 | 3403 |
| 其中：个人消费贷款 | 2303 | 64984 | 24432 | 171 | 2046 |
| （2）单位普通贷款及透支 | 1020593 | 1291503 | 461741 | 715236 | 721862 |
| 其中：经营贷款 | 993078 | 1266203 | 461741 | 715236 | 721862 |
| 固定资产贷款 | 27515 | 25300 |  |  |  |
| （4）银团贷款 |  | 2893 | 20000 |  |  |
| （5）贸易融资 | 336024 | 150075 | 52892 | 167704 | 13250 |
| 2.中长期贷款 | 6714102 | 4555712 | 2615823 | 3624034 | 1808287 |
| （1）个人贷款 | 783913 | 771441 | 560710 | 644593 | 84512 |
| 其中：个人消费贷款1 | 737099 | 761119 | 541827 | 628477 | 81349 |
| （2）单位普通贷款 | 5821309 | 3543997 | 1972788 | 2979440 | 1568316 |
| 其中：经营贷款1 | 405544 | 455840 | 462306 | 1520884 | 1230469 |
| 固定资产贷款1 | 5415765 | 3088157 | 1510482 | 1458556 | 337848 |
| （3）普通并购贷款1 | 18400 | 28000 | 10000 |  |  |
| （4）银团贷款1 | 90479 | 212274 | 72325 |  | 155459 |
| 4.票据融资 | 445114 | 208128 | 21491 | 251129 | 16051 |
| 其中：贴现 | 445114 | 208128 | 21491 | 251129 | 16051 |
| 5.各项垫款 |  |  |  | 4281 |  |
| （二）境外贷款 | 1330 | 157 | 1086 | 105 |  |

# 8-10 保 险 业 务 情 况

## INSURANCE BUSINESS

| 指　　标 | 2006年 | 2007年 | 2008年 | 2009年 | 2010年 | 2011年 |
|---|---|---|---|---|---|---|
| **承保额(亿元)** | 10218 | 7148 | 11499 | 12279 | 16802 | 26747 |
| 企业财产险 | 2179 | 2568 | 4782 | 4869 | 6398 | 8639 |
| 家庭财产险 | 63 | 54 | 56 | 395 | 103 | 117 |
| 运输工具及责任险 | 901 | 1160 | 2180 | 1018 | 3970 | 4328 |
| 货物运输险 | 189 | 323 | 393 | 312 | 308 | 595 |
| 养老金险 | 446 | 207 | 201 | 204 | 289 | 269 |
| 人身意外伤害险 | 5133 | 1894 | 2704 | 3753 | 3606 | 10857 |
| 简易人身险 | 756 | 390 | 205 | 263 | 932 | 1008 |
| 农业险 | 0 | 1 | 7 | 12 | 5 | 7 |
| 其他险 | 551 | 551 | 971 | 1453 | 1190 | 927 |
| **保险业务收入(万元)** | 534510 | 643028 | 954859 | 962732 | 1223791 | 1122605 |
| 企业财产险 | 14070 | 14124 | 17377 | 19839 | 28325 | 35108 |
| 家庭财产险 | 996 | 94 | -99 | 355 | 518 | 619 |
| 运输工具及责任险 | 97827 | 116049 | 135857 | 176404 | 214039 | 231089 |
| 货物运输险 | 2649 | 2850 | 3037 | 2203 | 2528 | 3207 |
| 养老金险 | 257369 | 369985 | 596613 | 539484 | 711571 | 646928 |
| 人身意外伤害险 | 14438 | 20843 | 29404 | 24306 | 28168 | 28856 |
| 简易人身险 | 24639 | 21964 | 41891 | 50879 | 125275 | 51592 |
| 农业险 | 26 | 723 | 1011 | 2638 | 1527 | 2419 |
| 其他险 | 122496 | 96396 | 129768 | 146624 | 111840 | 122787 |
| **保险业务支出(万元)** | 232243 | 319360 | 412034 | 463258 | 437708 | 392821 |
| 企业财产险 | 6479 | 8946 | 13500 | 7479 | 8233 | 13092 |
| 家庭财产险 | 154 | 218 | 226 | 110 | 165 | 815 |
| 运输工具及责任险 | 60283 | 74916 | 77489 | 87941 | 90235 | 99029 |
| 货物运输险 | 705 | 991 | 4730 | 1539 | 1572 | 325 |
| 养老金险 | 127038 | 188311 | 264799 | 286265 | 239710 | 211499 |
| 人身意外伤害险 | 3525 | 5986 | 8147 | 11695 | 9270 | 10573 |
| 简易人身险 | 4299 | 8679 | 11601 | 36486 | 60523 | 25375 |
| 农业险 | 10 | 979 | 1010 | 2498 | 683 | 1158 |
| 其他险 | 29750 | 30334 | 30532 | 29245 | 27315 | 30855 |

## 8-11 证券机构及证券交易情况

INSTITUTION AND TRADING SUMMARY FOR STOCKS

| 指　　标 | 单位 | 2006年 | 2007年 | 2008年 | 2009年 | 2010年 | 2011年 |
|---|---|---|---|---|---|---|---|
| **注册地在济南证券公司数** | 个 | 1 | 1 | 1 | 1 | 1 | 1 |
| 证券营业部 | 个 | 36 | 36 | 36 | 41 | 42 | 51 |
| 有价证券交易成交额 | 万元 | 28556629 | 77469403 | 73685849 | 101703400 | 96207372 | 73163782 |
| 国　债 | 万元 | 858844 | 781190 | 642807 | 625607 | 987459 | 619522 |
| 代发行 | 万元 | 362658 | 307438 | 219317 | 192486 | 283061 | 239084 |
| 代兑付 | 万元 | 413791 | 415315 | 327041 | 213732 | 199373 | 171918 |
| 自　营 | 万元 | 82395 | 58437 | 175588 | 219389 | 505025 | 208520 |
| 国家级地方建设债券 | 万元 | 2420100 | 712407 | 2247287 | 3676137 | 8820871 | 5601258 |
| 代发行 | 万元 | 2233000 | 506664 | 2110907 | 2122204 | 3799633 | 116939 |
| 代兑付 | 万元 | 0 | 4520 | 213 | 594 | 350 | 1182 |
| 自　营 | 万元 | 187100 | 201223 | 136167 | 1553339 | 5020888 | 5483137 |
| 股　票 | 万元 | 8573716 | 58518346 | 41197009 | 73851188 | 76201983 | 63182900 |
| 代理交易 | 万元 | 8569336 | 56659032 | 40134190 | 72224703 | 74296174 | 61706824 |
| #上　海 | 万元 | 6277299 | 37790056 | 28679184 | 44378275 | 43280617 | 34754243 |
| 深　圳 | 万元 | 2292037 | 19829803 | 12090071 | 23797168 | 31015557 | 26952581 |
| 自营交易 | 万元 | 4379 | 898487 | 427754 | 1626485 | 1905809 | 1476076 |
| #上　海 | 万元 | 4379 | 638029 | 266207 | 1044854 | 1450587 | 1172319 |
| 深　圳 | 万元 | 0 | 260458 | 113962 | 58631 | 455222 | 303757 |
| 其　他 | 万元 | 16703970 | 17457460 | 29598746 | 23550468 | 10197059 | 3760102 |

# 主要统计指标解释

## EXPLANATORY NOTES ON MAIN STATISTICAL INDICATORS

**财政收入** 指国家财政参与社会产品分配所取得的收入，是实现国家职能的财力保证。财政收入所包括的内容几经变化，目前主要包括：

(1)各项税收：包括增值税、营业税、消费税、土地增值税、城市维护建设税、资源税、城市土地使用税、印花税、个人所得税、企业所得税、关税、农牧业税和耕地占用税等。

(2)专项收入：包括征收排污费收入、征收城市水资源费收入、教育费附加收入等。

(3)其他收入：包括基本建设贷款归还收入、基本建设收入、捐赠收入等。

(4)国有企业计划亏损补贴：这项为负收入，冲减财政收入。

**财政支出** 国家财政将筹集起来的资金进行分配使用，以满足经济建设和各项事业的需要，主要包括：

(1)基本建设支出：指按国家有关规定，属于基本建设范围内的基本建设有偿使用、拨款、资本金支出以及经国家批准对专项和政策性基建投资贷款，在部门的基建投资额中统筹支付的贴息支出。

(2)企业挖潜改造资金：指国家预算内拨给的用于企业挖潜、革新和改造方面的资金。包括各部门企业挖潜改造资金和企业挖潜改造贷款资金，为农业服务的县办“五小”企业技术改造补助，挖潜改造贷款利息支出。

(3)地质勘探费用：指国家预算用于地质勘探单位的勘探工作费用，包括地质勘探管理机构及其事业单位经费、地质勘探经费。

(4)科技三项费用：指国家预算用于科技支出的费用，包括新产品试制费、中间试验费、重要科学研究补助费。

(5)支援农村生产支出：指国家财政支援农村集体(户)各项生产的支出。包括对农村举办的小型农田水利和打井、喷灌等的补助费，对农村水土保持措施的补助费，对农村举办的小水电站的补助费，特大抗旱的补助费，农村开荒补助费，扶持乡镇企业资金，农村农技推广和植保补助费，农村草场和畜禽保护补助费，农村造林和林木保护补助费，农村水产补助费，发展粮食生产专项资金。

(6)农林水利气象等部门的事业费用：指国家财政用于农垦、农场、农业、畜牧、农机、林业、森工、水利、水产、气象、乡镇企业的技术推广、良种推广(示范)、动植物(畜禽、森林)保护、水质监测、勘探设计、资源调查、干部训练等项费用，园艺特产场补助费，中等专业学校经费，飞播牧草试验补助费，营林机构、气象机构经费，渔政费以及农业管理事业费等。

(7)工业交通商业等部门的事业费：指国家预算支付给工交商各部门用于事业发展的经费，包括勘探设计费、中等专业学校经费、技术学校经费、干部训练费。

(8)文教科学卫生事业费：指国家预算用于文化、出版、文物、教育、卫生、中医、公费医疗、体育、档案、地震、海洋、通讯、电影电视、计划生育、党政群干部训练、自然科学、社会科学、科协等项事业的经费支出和高技术研究专项经费。主要包括工资、补助工资、福利费、离退休费、助学金、公务费、设备购置费、修缮费、业务费、差额补助费。

(9)抚恤和社会福利救济费：指国家预算用于抚恤和社会福利救济事业的经费。包括由民政部门开支的烈士家属和牺牲病残人员家属的一次性、定期抚恤金，革命伤残人员的抚恤金，各种伤残补助费，烈军属、复员退伍军人生活补助费，退伍军人安置费，优抚事业单位经费，烈士纪念建筑物管理、维修费，自然灾害救济事业费和特大自然灾害灾后重建补助费等。

(10)国防支出：指国家预算用于国防建设和保卫国家安全的支出，包括国防费、国防科研事业费、民兵建设以及专项工程支出等。

(11)行政管理费：包括行政管理支出，党派团体补助支出，外交支出，公安安全支出，司法支出，法院支出，检察院支出和公检法办案费用补助。

(12)价格补贴支出：指经国家批准，由国家财政拨给的政策性补贴支出。主要包括粮食加价款，粮、棉、油差价补贴，棉花收购价外奖励款，副食品风险基金，市镇居民的肉食价格补贴，平抑市价肉食、蔬菜价差补贴等以及经国家批准的教材课本、报刊新闻纸等价格补贴。

**中央财政收入和地方财政收入** 指按财政体制划分的中央本级收入和地方本级收入。1994年分税制财政体制以后，属于中央财政的收入包括关税、海关代征消费税和增值税，消费税，中央企业所得税，地方银行和外资银行及非银行金融企业所得税，铁道、银行总行、保险总公司等集中缴纳的营业税、所得税、利润和城市维护建设税，增值税的75%部分，证券交易税(印花税)50%部分和海洋石油资源税。属于地方财政的收入包括营业税，地方企业所得税，个人所得税，城镇土地使用税，固定资产投资方向调节税，城镇维护建设税，房产税，车船使用税，印花税，屠宰税，农牧业税，农业特产税，耕地占用税，契税，增值税25%部分，证券交易税(印花税)50%部分和除海洋石油资源税以外的其他资源税。

**中央财政支出和地方财政支出** 指根据政府在经济和社会活动中的不同职责，划分中央和地方政府的责权，按照政府的责权划分确定的支出。中央财政支出包括国防支出，武装警察部队支出，中央级行政管理费和各项事业费，重点建设支出以及中央政府调整国民经济结构、协调地区发展、实施宏观调控的支出。地方财政支出主要包括地方行政管理和各项事业费，地方统筹的基本建设、技术改造支出，支援农村生产支出，城市维护和建设经费，价格补贴支出等。

**预算外资金收支** 预算外资金指国家机关、事业单位和社会团体为履行或代行政府职能，依据国家法律、法规和具有法律效力的规章而收取、提取和安排使用的未纳入国家预算管理的各种财政性资金。其范围主要包括:法律、法规规定的行政事业性收费、基金和附加收入等;国务院或省级人民政府及其财政、计划(物价)部门审批的行政事业性收费;国务院及财政部审批建立的基金、附加收入等;主管部门所属单位集中上缴资金;用于乡镇政府开支的乡自筹和乡统筹资金;其他未纳入预算管理的财政性资金。社会保障基金在国家财政尚未建立社会保障预算制度以前,先按预算外资金管理制度进行管理,专款专用。财政部门在银行开设统一的专户,用于预算外资金收入和支出管理。部门和单位的预算外收入必须上缴同级财政专户,支出由同级财政按预算外资金收支计划和单位财务收支计划统筹安排,从财政专户中拨付,实行收支两条线管理。

**信贷资金**　指金融机构以信用方式积聚和分配的货币资金。金融机构信贷资金的来源有各项存款、对国际金融机构负债、流通中货币、银行自有资金及当年结益等;信贷资金的运用有各项贷款、黄金占款、外汇占款、财政借款及在国际金融机构中的资产等。

**存款**　指企业、机关、团体或居民根据资金必须收回的原则,把货币资金存入银行或其他信用机构保管并取得一定利息的一种信用活动形式。根据存款对象的不同可划分为企业存款、财政存款、机关团体存款、基本建设存款、城镇储蓄存款、农村存款等科目。它是银行信贷资金的主要来源。

**贷款**　指银行或其他信用机构根据资金必须归还的原则,按一定利率,为企业、个人等提供资金的一种信用活动形式。我国银行贷款分为流动资金贷款、固定资产贷款、城乡个体工商户贷款以及农业贷款等科目。

**中资保险公司**　指中国公民、法人或其他组织出资(含外资参股)设立的保险公司。

**承保额**　又叫保险金额。它是保险人对被保险人负提损失补偿或约定给付的金额。它是保险合同上的最高责任额,也是计算保费的依据。

**保费**　又叫保险费。是保险人根据保险合同的有关规定,为被保险人取得因约定危险事故发生所造成的经济损失补偿(或给付)权利,付给保险人的代价。包括财产险和人身险储金收入。

**赔款**　保险事故发生后,经查证确属保险责任范围以内的保险标的损失,保险人根据保险合同的规定履行赔偿义务,给予被保险人的款项叫做赔款。赔款可分为已决赔款和未决赔款两种。

**给付**　包括死伤医疗给付和满期给付。死伤医疗给付是指保险人根据人寿保险及长期健康保险合同的规定,因被保险人在保险期内发生保险责任范围内的保险事故支付给被保险人(或受益人)的金额。满期给付是指被保险人生存期满,保险人按人寿保险合同规定支付给被保险人的满期保险金额。

# 9

# 物 价

PRICE

# 9-1 主要年份物价指数(以上年价格为100)

PRICE INDICES OF MAJOR YEARS(Preceding last year=100)

单位:%

| 年　份 | 居民消费价格指数 | 食品类 | 服务项目 | 零售物价指数 |
|---|---|---|---|---|
| 1951 | 108.5 | 105.3 | 98.7 | 109.8 |
| 1952 | 101.5 | 103.9 | 101.0 | 101.2 |
| 1955 | 101.6 | 101.3 | 103.4 | 101.4 |
| 1956 | 100.5 | 100.7 | 100.6 | 100.5 |
| 1965 | 107.3 | 111.5 | 97.5 | 108.0 |
| 1970 | 98.4 | 99.0 | 100.0 | 98.3 |
| 1971 | 100.0 | 100.5 | 100.0 | 100.0 |
| 1972 | 100.1 | 100.3 | 100.0 | 100.1 |
| 1973 | 99.5 | 99.6 | 97.9 | 99.7 |
| 1974 | 99.4 | 99.1 | 99.9 | 99.5 |
| 1975 | 100.2 | 100.0 | 100.0 | 100.2 |
| 1976 | 100.4 | 100.0 | 100.0 | 100.4 |
| 1977 | 99.2 | 99.9 | 91.2 | 100.0 |
| 1978 | 100.3 | 100.3 | 100.0 | 100.3 |
| 1979 | 101.1 | 101.7 | 100.5 | 101.1 |
| 1980 | 104.7 | 107.9 | 100.0 | 105.0 |
| 1981 | 101.9 | 102.2 | 100.1 | 102.0 |
| 1982 | 101.1 | 101.6 | 100.3 | 101.2 |
| 1983 | 100.1 | 100.3 | 100.9 | 100.1 |
| 1984 | 101.9 | 101.1 | 109.8 | 101.3 |
| 1985 | 108.7 | 112.2 | 103.3 | 109.1 |
| 1986 | 106.2 | 107.6 | 104.9 | 106.3 |
| 1987 | 109.5 | 111.9 | 104.9 | 109.8 |
| 1988 | 122.4 | 128.0 | 108.8 | 123.4 |
| 1989 | 116.2 | 111.2 | 113.5 | 116.4 |
| 1990 | 103.3 | 102.6 | 108.0 | 103.0 |
| 1991 | 106.7 | 107.6 | 106.9 | 106.7 |
| 1992 | 110.4 | 108.7 | 122.2 | 109.3 |
| 1993 | 114.7 | 109.8 | 138.0 | 112.1 |
| 1994 | 124.8 | 133.9 | 114.5 | 122.7 |
| 1995 | 117.3 | 123.0 | 115.1 | 113.2 |
| 1996 | 109.1 | 109.7 | 116.2 | 106.3 |
| 1997 | 102.9 | 101.8 | 107.8 | 101.5 |
| 1998 | 100.9 | 99.4 | 119.0 | 98.9 |
| 1999 | 99.1 | 97.3 | 127.6 | 96.9 |
| 2000 | 100.6 | 97.9 | 129.0 | 98.0 |
| 2001 | 100.3 | 100.8 | 106.1 | 98.8 |
| 2002 | 98.8 | 100.2 | 101.3 | 97.8 |
| 2003 | 99.9 | 103.6 | 100.3 | 98.0 |
| 2004 | 102.5 | 107.4 | 101.2 | 100.6 |
| 2005 | 101.1 | 102.7 | 101.2 | 100.4 |
| 2006 | 100.9 | 102.4 | 100.9 | 100.3 |
| 2007 | 103.9 | 111.6 | 101.8 | 102.2 |
| 2008 | 105.7 | 115.5 | 101.8 | 104.5 |
| 2009 | 100.3 | 102.7 | 102.4 | 98.7 |
| 2010 | 102.1 | 107.3 | 100.6 | 101.3 |
| 2011 | 105.4 | 111.3 | 104.4 | 104.6 |

## 9-2 主要年份物价指数（以1950年价格为100）

PRICE INDICES OF MAJOR YEARS (Preceding 1950=100)

单位:%

| 年　份 | 居民消费价格指数 | 食品类 | 服务项目 | 零售物价指数 |
|---|---|---|---|---|
| 1951 | 108.5 | 105.3 | 98.7 | 109.8 |
| 1952 | 110.1 | 109.4 | 103.7 | 111.1 |
| 1955 | 117.2 | 123.7 | 108.2 | 118.4 |
| 1956 | 117.8 | 124.6 | 108.8 | 119.0 |
| 1965 | 127.7 | 141.5 | 116.9 | 130.7 |
| 1970 | 123.0 | 141.6 | 110.1 | 126.0 |
| 1971 | 123.0 | 142.3 | 110.1 | 126.0 |
| 1972 | 123.1 | 142.7 | 110.1 | 126.1 |
| 1973 | 122.5 | 142.1 | 107.8 | 125.8 |
| 1974 | 121.8 | 140.9 | 107.7 | 125.1 |
| 1975 | 122.0 | 140.9 | 107.7 | 125.4 |
| 1976 | 122.5 | 140.9 | 107.7 | 125.9 |
| 1977 | 121.5 | 140.7 | 98.2 | 125.9 |
| 1978 | 121.9 | 141.1 | 98.2 | 126.3 |
| 1979 | 123.2 | 143.5 | 98.6 | 127.6 |
| 1980 | 129.0 | 154.9 | 98.6 | 134.0 |
| 1981 | 131.5 | 158.3 | 98.7 | 136.7 |
| 1982 | 132.9 | 160.8 | 99.0 | 138.3 |
| 1983 | 133.0 | 161.3 | 99.9 | 138.5 |
| 1984 | 135.6 | 163.1 | 109.7 | 140.3 |
| 1985 | 147.4 | 183.0 | 113.3 | 153.0 |
| 1986 | 156.5 | 195.8 | 118.9 | 162.7 |
| 1987 | 171.4 | 219.1 | 124.7 | 178.6 |
| 1988 | 209.8 | 280.4 | 135.7 | 220.4 |
| 1989 | 234.8 | 311.8 | 154.0 | 256.5 |
| 1990 | 251.8 | 319.9 | 166.3 | 264.2 |
| 1991 | 268.7 | 344.2 | 177.8 | 281.9 |
| 1992 | 296.6 | 376.2 | 217.3 | 308.1 |
| 1993 | 340.2 | 413.1 | 299.8 | 345.4 |
| 1994 | 424.6 | 570.4 | 343.3 | 423.8 |
| 1995 | 498.1 | 709.7 | 395.1 | 479.7 |
| 1996 | 543.4 | 797.7 | 459.1 | 509.9 |
| 1997 | 559.2 | 782.5 | 494.9 | 551.6 |
| 1998 | 564.2 | 777.8 | 588.9 | 545.5 |
| 1999 | 559.1 | 756.8 | 751.4 | 528.6 |
| 2000 | 562.4 | 740.9 | 969.3 | 518.0 |
| 2001 | 564.1 | 746.8 | 1028.4 | 511.8 |
| 2002 | 557.3 | 748.3 | 1041.8 | 500.5 |
| 2003 | 556.7 | 775.2 | 1044.9 | 490.5 |
| 2004 | 570.6 | 832.6 | 1057.4 | 493.4 |
| 2005 | 576.9 | 855.1 | 1070.1 | 495.4 |
| 2006 | 582.1 | 875.6 | 1079.7 | 496.9 |
| 2007 | 604.8 | 977.2 | 1099.1 | 507.8 |
| 2008 | 639.3 | 1128.7 | 1118.9 | 530.7 |
| 2009 | 641.2 | 1159.2 | 1145.8 | 523.8 |
| 2010 | 654.7 | 1243.8 | 1152.7 | 530.6 |
| 2011 | 690.2 | 1384.7 | 1203.1 | 555.1 |

## 9-3 分月居民消费

CONSUMER PRICE INDICES

| 指标 | 全年 | 一月 | 二月 | 三月 | 四月 |
|---|---|---|---|---|---|
| 居民消费价格指数 | 105.4 | 103.4 | 103.9 | 104.5 | 105.3 |
| **食品类** | 111.3 | 108.9 | 109.3 | 109.9 | 111.3 |
| 粮食 | 108.9 | 108.5 | 109.2 | 110.2 | 109.9 |
| 淀粉 | 115.1 | 116.5 | 117.3 | 115.2 | 114.6 |
| 干豆类及豆制品 | 103.0 | 105.3 | 105.5 | 107.4 | 102.7 |
| 油脂 | 112.2 | 109.6 | 108.4 | 108.6 | 110.3 |
| 肉禽及其制品 | 126.0 | 110.7 | 112.9 | 118.2 | 124.9 |
| 食用畜肉及副产品 | 135.2 | 112.0 | 114.9 | 124.1 | 134.2 |
| 禽 | 120.3 | 117.4 | 118.0 | 118.1 | 124.3 |
| 加工肉禽 | 110.5 | 105.5 | 106.8 | 107.0 | 108.3 |
| 蛋 | 110.4 | 113.1 | 112.9 | 109.5 | 111.4 |
| 水产品 | 114.6 | 107.6 | 104.5 | 107.0 | 111.8 |
| 鱼 | 117.7 | 113.2 | 109.6 | 111.1 | 112.7 |
| 其它水产品 | 112.5 | 104.0 | 101.1 | 104.4 | 111.2 |
| 菜 | 105.7 | 100.7 | 108.7 | 103.6 | 98.2 |
| 鲜菜 | 105.5 | 99.7 | 108.5 | 103.1 | 97.5 |
| 干菜及菜制品 | 109.9 | 109.6 | 109.6 | 108.8 | 109.3 |
| 薯类 | 101.9 | 116.7 | 114.1 | 109.5 | 93.1 |
| 调味品 | 109.6 | 107.1 | 107.0 | 107.1 | 109.6 |
| 糖 | 110.4 | 111.1 | 110.9 | 109.4 | 109.4 |
| 食糖 | 130.0 | 132.0 | 132.0 | 122.2 | 119.9 |
| 糖果 | 107.0 | 107.7 | 107.7 | 107.7 | 108.7 |
| 茶及饮料 | 104.9 | 103.8 | 104.8 | 105.5 | 104.8 |
| 茶叶 | 103.6 | 103.6 | 103.6 | 103.6 | 103.6 |
| 饮料 | 106.0 | 104.0 | 105.7 | 107.0 | 105.7 |
| 干鲜瓜果 | 121.7 | 135.0 | 126.5 | 128.2 | 132.7 |
| 鲜瓜果 | 122.0 | 141.2 | 128.5 | 131.0 | 136.8 |
| 干(坚)果 | 120.8 | 117.1 | 119.6 | 118.7 | 118.3 |
| 糕点饼干 | 110.3 | 110.5 | 110.3 | 109.7 | 110.3 |
| 液体乳及乳制品 | 104.8 | 105.0 | 104.7 | 104.7 | 105.2 |
| 在外用膳食品 | 103.6 | 103.7 | 103.7 | 103.7 | 103.8 |
| 其他食品 | 106.2 | 106.5 | 106.3 | 107.0 | 106.0 |
| **烟酒及用品类** | 107.1 | 102.5 | 105.6 | 106.7 | 106.6 |
| 烟草 | 100.9 | 100.0 | 100.8 | 101.0 | 101.0 |
| 酒 | 111.9 | 104.4 | 109.3 | 111.3 | 111.1 |
| **衣着类** | 100.5 | 94.8 | 96.0 | 97.2 | 99.2 |
| 服装 | 101.0 | 95.0 | 96.9 | 97.9 | 100.5 |
| 男式服装 | 100.9 | 92.4 | 96.3 | 97.1 | 99.5 |
| 女式服装 | 100.8 | 96.1 | 96.5 | 97.9 | 100.5 |
| 儿童服装 | 102.7 | 103.5 | 104.4 | 101.5 | 106.1 |
| 衣着材料 | 100.3 | 99.6 | 99.6 | 100.0 | 100.0 |
| 鞋袜帽 | 98.7 | 93.0 | 92.4 | 94.3 | 94.8 |
| 鞋 | 98.5 | 92.0 | 91.4 | 93.5 | 94.0 |
| 袜子 | 100.3 | 100.0 | 100.0 | 100.0 | 100.0 |
| 帽子 | 100.2 | 100.0 | 100.0 | 100.0 | 100.0 |
| 衣着加工服务费 | 101.4 | 100.0 | 100.0 | 101.7 | 101.7 |

## 价 格 指 数(2011年，以上年同期价格为100)

BY MONTH(2010，Preceding last year=100)

单位:%

| 五 月 | 六 月 | 七 月 | 八 月 | 九 月 | 十 月 | 十一月 | 十二月 |
|---|---|---|---|---|---|---|---|
| 105.4 | 106.9 | 106.9 | 106.6 | 106.9 | 106.4 | 105.2 | 103.7 |
| 110.9 | 114.1 | 114.7 | 113.8 | 113.7 | 112.6 | 109.3 | 107.9 |
| 110.3 | 109.2 | 110.1 | 110.0 | 108.8 | 108.8 | 107.4 | 104.7 |
| 114.9 | 116.0 | 116.8 | 116.8 | 116.9 | 117.5 | 115.3 | 105.2 |
| 100.2 | 101.7 | 102.0 | 101.6 | 102.4 | 104.1 | 102.6 | 101.4 |
| 111.8 | 111.9 | 115.7 | 116.6 | 116.1 | 116.4 | 111.3 | 109.4 |
| 126.2 | 136.9 | 139.7 | 133.5 | 133.7 | 132.0 | 123.6 | 120.7 |
| 136.1 | 153.3 | 156.1 | 144.8 | 146.1 | 144.7 | 131.9 | 127.5 |
| 125.4 | 131.4 | 128.1 | 124.2 | 122.5 | 118.4 | 109.6 | 109.5 |
| 108.7 | 109.8 | 113.6 | 114.7 | 114.2 | 113.1 | 112.8 | 111.5 |
| 113.5 | 115.3 | 114.4 | 113.4 | 111.2 | 109.6 | 102.0 | 100.9 |
| 114.3 | 118.7 | 120.8 | 121.1 | 120.6 | 117.5 | 115.9 | 114.7 |
| 115.3 | 122.5 | 125.7 | 124.9 | 121.6 | 118.4 | 118.8 | 117.7 |
| 113.7 | 116.3 | 117.5 | 118.5 | 120.0 | 116.9 | 113.9 | 112.6 |
| 99.9 | 121.0 | 121.0 | 108.3 | 109.7 | 99.6 | 96.3 | 109.7 |
| 98.9 | 122.2 | 122.5 | 108.3 | 110.3 | 99.0 | 95.4 | 110.6 |
| 109.5 | 110.9 | 111.3 | 111.9 | 112.0 | 110.3 | 109.6 | 106.0 |
| 104.2 | 119.4 | 109.9 | 100.2 | 85.2 | 90.0 | 89.8 | 89.1 |
| 111.4 | 111.6 | 110.6 | 111.6 | 112.3 | 111.7 | 108.1 | 107.2 |
| 110.2 | 110.9 | 111.7 | 112.5 | 113.1 | 111.8 | 108.6 | 105.5 |
| 123.7 | 127.4 | 131.0 | 135.3 | 138.6 | 141.9 | 133.6 | 123.7 |
| 108.7 | 108.7 | 108.7 | 108.7 | 108.7 | 105.5 | 103.2 | 101.0 |
| 104.5 | 104.7 | 105.5 | 105.4 | 105.0 | 105.5 | 105.2 | 104.1 |
| 103.6 | 103.6 | 103.6 | 103.6 | 103.6 | 103.6 | 103.6 | 103.6 |
| 105.3 | 105.6 | 107.1 | 106.9 | 106.2 | 107.0 | 106.5 | 104.6 |
| 120.6 | 114.7 | 111.9 | 121.2 | 120.7 | 123.4 | 116.5 | 110.3 |
| 121.3 | 113.3 | 108.2 | 119.1 | 118.3 | 122.8 | 114.3 | 109.1 |
| 118.1 | 119.0 | 122.6 | 126.7 | 126.9 | 124.8 | 123.0 | 114.5 |
| 111.1 | 112.1 | 111.9 | 112.0 | 111.6 | 111.3 | 110.6 | 102.8 |
| 104.9 | 105.3 | 104.9 | 104.9 | 105.0 | 105.8 | 105.5 | 101.5 |
| 103.8 | 103.9 | 103.9 | 104.2 | 104.4 | 104.6 | 103.0 | 101.0 |
| 105.9 | 104.6 | 103.6 | 104.7 | 105.0 | 108.9 | 107.9 | 107.6 |
| 107.9 | 107.9 | 107.8 | 107.2 | 107.2 | 108.2 | 108.7 | 108.7 |
| 101.0 | 101.0 | 101.0 | 101.0 | 101.0 | 101.0 | 101.0 | 101.0 |
| 113.4 | 113.3 | 113.1 | 112.1 | 111.9 | 113.8 | 114.7 | 114.6 |
| 99.2 | 101.1 | 101.3 | 102.9 | 105.3 | 103.7 | 103.3 | 102.5 |
| 99.5 | 101.2 | 101.4 | 103.0 | 106.2 | 104.2 | 103.7 | 103.0 |
| 99.0 | 101.9 | 102.9 | 104.7 | 107.3 | 103.7 | 103.4 | 103.6 |
| 99.9 | 100.7 | 100.5 | 102.1 | 105.5 | 104.4 | 103.8 | 102.6 |
| 99.7 | 100.9 | 99.0 | 100.3 | 105.2 | 106.1 | 104.2 | 101.9 |
| 100.0 | 101.0 | 100.0 | 100.0 | 103.6 | 100.0 | 100.0 | 100.0 |
| 97.6 | 100.5 | 101.2 | 103.0 | 103.0 | 102.4 | 102.6 | 101.1 |
| 97.3 | 100.5 | 101.4 | 103.4 | 103.2 | 102.7 | 102.9 | 101.1 |
| 100.0 | 100.6 | 100.0 | 100.0 | 101.1 | 100.0 | 100.6 | 101.3 |
| 100.0 | 100.6 | 100.0 | 100.0 | 101.2 | 100.0 | 100.0 | 100.0 |
| 101.7 | 101.7 | 101.7 | 101.7 | 101.7 | 101.7 | 101.7 | 101.7 |

9-3续

| 指　　标 | 全　年 | 一　月 | 二　月 | 三　月 | 四　月 |
|---|---|---|---|---|---|
| **家庭设备用品及维修服务类** | 102.5 | 101.0 | 101.2 | 102.1 | 102.4 |
| 耐用消费品 | 102.1 | 100.2 | 100.2 | 101.8 | 102.2 |
| 家　具 | 104.7 | 101.2 | 101.2 | 104.1 | 105.4 |
| 家庭设备 | 100.9 | 99.8 | 99.8 | 100.6 | 100.7 |
| 室内装饰品 | 99.3 | 99.1 | 99.2 | 99.4 | 99.4 |
| 床上用品 | 101.0 | 99.4 | 99.4 | 99.3 | 99.3 |
| 家庭日用杂品 | 104.1 | 103.0 | 103.6 | 104.0 | 104.3 |
| 家庭服务及加工维修服务 | 100.0 | 100.0 | 100.0 | 100.0 | 100.0 |
| **医疗保健和个人用品类** | 105.4 | 102.4 | 102.8 | 102.8 | 105.1 |
| 医疗保健 | 106.4 | 103.3 | 103.4 | 103.3 | 106.2 |
| 医疗器具及用品 | 107.5 | 100.0 | 99.8 | 99.8 | 109.8 |
| 中药材及中成药 | 116.7 | 107.7 | 107.7 | 107.7 | 116.2 |
| 西　药 | 102.9 | 101.4 | 101.7 | 101.7 | 103.9 |
| 保健器具及用品 | 116.0 | 112.8 | 112.4 | 111.9 | 111.9 |
| 医疗保健服务 | 100.0 | 100.0 | 100.0 | 100.0 | 100.0 |
| 个人用品及服务 | 103.0 | 100.0 | 101.3 | 101.5 | 102.3 |
| 化妆美容用品 | 100.8 | 101.4 | 100.9 | 101.1 | 101.0 |
| 清洁化妆用品 | 101.5 | 99.8 | 100.0 | 100.4 | 101.5 |
| 个人饰品 | 111.3 | 98.3 | 104.9 | 104.9 | 107.8 |
| 个人服务 | 100.0 | 100.0 | 100.0 | 100.0 | 100.0 |
| **交通和通信类** | 98.9 | 96.9 | 97.2 | 98.2 | 98.7 |
| 交　通 | 100.0 | 97.9 | 98.0 | 98.5 | 99.0 |
| 交通工具 | 95.2 | 92.1 | 92.0 | 92.3 | 92.7 |
| 车用燃料及零配件 | 110.8 | 106.9 | 107.9 | 110.4 | 111.9 |
| 车辆使用及维修费 | 100.0 | 100.0 | 100.0 | 100.0 | 100.0 |
| 市区公共交通费 | 100.0 | 100.0 | 100.0 | 100.0 | 100.0 |
| 城市间交通费 | 102.0 | 100.6 | 100.6 | 100.8 | 101.3 |
| 通　信 | 97.4 | 95.5 | 96.2 | 97.8 | 98.4 |
| 通信工具 | 85.8 | 80.5 | 83.1 | 89.3 | 92.1 |
| 通信服务 | 100.5 | 100.0 | 100.0 | 100.0 | 100.0 |
| **娱乐教育文化用品及服务类** | 99.9 | 99.8 | 100.1 | 100.3 | 100.1 |
| 文娱用耐用消费品及服务 | 97.9 | 97.1 | 97.7 | 98.0 | 97.6 |
| 教　育 | 100.0 | 100.0 | 100.0 | 100.0 | 100.0 |
| 教材及参考书 | 100.0 | 100.0 | 100.0 | 100.0 | 100.0 |
| 学杂托幼费 | 100.0 | 100.0 | 100.0 | 100.0 | 100.0 |
| 文化娱乐类 | 100.2 | 100.9 | 100.1 | 100.1 | 99.3 |
| 文化娱乐用品 | 98.2 | 100.0 | 97.8 | 97.9 | 97.6 |
| 书报杂志 | 102.6 | 100.8 | 100.8 | 100.8 | 100.8 |
| 文娱费 | 100.5 | 102.0 | 102.0 | 102.0 | 100.0 |
| 旅　游 | 101.6 | 101.3 | 103.7 | 104.7 | 104.7 |
| **居住类** | 107.7 | 108.1 | 108.1 | 108.5 | 108.2 |
| 建房及装修材料 | 103.4 | 104.5 | 104.5 | 104.5 | 102.8 |
| 租　房 | 107.6 | 100.0 | 100.0 | 109.1 | 109.1 |
| 自有住房 | 112.4 | 112.8 | 112.8 | 112.8 | 112.8 |
| 水、电、燃料 | 103.5 | 104.4 | 104.4 | 104.4 | 104.4 |

| 五　月 | 六　月 | 七　月 | 八　月 | 九　月 | 十　月 | 十一月 | 十二月 |
|---|---|---|---|---|---|---|---|
| 102.6 | 102.5 | 102.6 | 103.0 | 103.3 | 103.2 | 103.2 | 102.6 |
| 102.4 | 102.4 | 102.5 | 102.6 | 103.3 | 102.7 | 102.4 | 102.5 |
| 105.4 | 105.4 | 105.4 | 105.4 | 107.5 | 105.4 | 105.4 | 105.4 |
| 101.0 | 101.0 | 101.1 | 101.2 | 101.3 | 101.5 | 101.0 | 101.2 |
| 99.4 | 99.6 | 99.4 | 99.4 | 99.4 | 99.0 | 99.0 | 99.2 |
| 99.8 | 99.8 | 100.0 | 101.2 | 103.5 | 103.4 | 103.4 | 103.1 |
| 104.4 | 103.8 | 104.1 | 104.8 | 104.0 | 104.7 | 105.2 | 103.4 |
| 100.0 | 100.0 | 100.0 | 100.0 | 100.0 | 100.0 | 100.0 | 100.0 |
| | | | | | | | |
| 105.7 | 105.8 | 106.1 | 106.9 | 106.9 | 106.5 | 106.8 | 107.1 |
| 106.8 | 106.9 | 107.1 | 107.7 | 107.5 | 107.7 | 107.9 | 108.4 |
| 109.8 | 109.8 | 109.8 | 109.8 | 109.8 | 109.8 | 109.8 | 111.5 |
| 117.0 | 117.3 | 118.3 | 119.9 | 119.7 | 120.4 | 121.4 | 126.1 |
| 104.1 | 104.1 | 104.1 | 102.9 | 102.8 | 102.8 | 102.9 | 101.8 |
| 114.6 | 114.6 | 114.6 | 122.3 | 120.6 | 120.3 | 120.3 | 115.6 |
| 100.0 | 100.0 | 100.0 | 100.0 | 100.0 | 100.0 | 100.0 | 100.0 |
| 102.9 | 103.3 | 103.6 | 104.8 | 105.4 | 103.7 | 103.9 | 103.6 |
| 100.8 | 100.8 | 100.5 | 100.7 | 101.1 | 100.2 | 100.3 | 100.8 |
| 101.0 | 99.6 | 100.1 | 101.2 | 102.3 | 103.2 | 104.3 | 104.4 |
| 111.2 | 114.7 | 115.8 | 120.1 | 121.4 | 113.4 | 113.2 | 111.0 |
| 100.0 | 100.0 | 100.0 | 100.0 | 100.0 | 100.0 | 100.0 | 100.0 |
| | | | | | | | |
| 99.1 | 99.1 | 98.5 | 99.2 | 99.6 | 99.9 | 100.1 | 100.0 |
| 99.8 | 100.3 | 100.2 | 100.6 | 101.0 | 101.4 | 101.5 | 101.4 |
| 95.0 | 95.1 | 94.8 | 95.3 | 96.2 | 98.2 | 99.7 | 100.0 |
| 111.1 | 113.7 | 113.7 | 115.2 | 113.7 | 110.9 | 107.9 | 106.9 |
| 100.0 | 100.0 | 100.0 | 100.0 | 100.0 | 100.0 | 100.0 | 100.0 |
| 100.0 | 100.0 | 100.0 | 100.0 | 100.0 | 100.0 | 100.0 | 100.0 |
| 101.3 | 101.8 | 101.8 | 102.4 | 103.8 | 103.7 | 103.1 | 102.8 |
| 98.1 | 97.5 | 96.4 | 97.3 | 97.7 | 98.0 | 98.2 | 98.2 |
| 90.8 | 87.9 | 82.3 | 82.3 | 84.0 | 85.4 | 86.3 | 86.3 |
| 100.0 | 100.0 | 100.0 | 101.1 | 101.1 | 101.1 | 101.1 | 101.1 |
| | | | | | | | |
| 100.2 | 100.3 | 99.6 | 99.8 | 99.7 | 99.3 | 99.7 | 99.7 |
| 98.0 | 98.4 | 97.6 | 98.5 | 97.7 | 97.8 | 97.8 | 98.1 |
| 100.0 | 100.0 | 100.0 | 100.0 | 100.0 | 100.0 | 100.0 | 100.0 |
| 100.0 | 100.0 | 100.0 | 100.0 | 100.0 | 100.0 | 100.0 | 100.0 |
| 100.0 | 100.0 | 100.0 | 100.0 | 100.0 | 100.0 | 100.0 | 100.0 |
| 99.9 | 100.3 | 100.3 | 100.2 | 100.5 | 100.3 | 100.3 | 100.3 |
| 97.1 | 98.2 | 98.2 | 97.9 | 98.7 | 98.2 | 98.2 | 98.2 |
| 103.5 | 103.5 | 103.5 | 103.5 | 103.5 | 103.5 | 103.5 | 103.5 |
| 100.0 | 100.0 | 100.0 | 100.0 | 100.0 | 100.0 | 100.0 | 100.0 |
| 103.7 | 103.7 | 100.0 | 100.0 | 100.0 | 97.6 | 100.0 | 100.0 |
| | | | | | | | |
| 108.2 | 110.9 | 110.5 | 108.0 | 108.1 | 108.1 | 106.1 | 100.7 |
| 102.8 | 102.8 | 103.3 | 103.3 | 104.2 | 104.2 | 102.2 | 101.9 |
| 109.1 | 109.1 | 109.1 | 109.1 | 109.1 | 109.1 | 109.1 | 109.1 |
| 112.8 | 119.1 | 118.9 | 112.8 | 112.8 | 112.8 | 110.1 | 100.0 |
| 104.4 | 104.4 | 103.5 | 103.5 | 103.5 | 103.5 | 102.1 | 100.0 |

# 9-4 主要年份零售商品

PER RETAIL AND SERVICES

| 商品名称 | 规格等级牌号 | 单　位 | 1978年 | 1980年 | 1985年 | 1990年 | 1995年 |
|---|---|---|---|---|---|---|---|
| 面　粉 | 特一 | 元/千克 | 0.50 | 0.50 | 0.50 | 0.50 | 2.24 |
| 粳　米 | 标一 | 元/千克 | 0.34 | 0.34 | 0.40 | 1.04 | 3.33 |
| 小　米 | 一等 | 元/千克 | 0.27 | 0.27 | 0.44 | 1.32 | 2.66 |
| 土　豆 | | 元/千克 | 0.19 | 0.22 | 0.30 | 0.36 | 1.48 |
| 豆　腐 | 水豆腐 | 元/千克 | 0.16 | 0.18 | 0.26 | 0.70 | 1.43 |
| 花生油 | 二级 | 元/千克 | 1.66 | 1.66 | 1.98 | 2.35 | 10.45 |
| 猪　肉 | 净肉 | 元/千克 | 1.72 | 1.95 | 2.65 | 5.52 | 12.91 |
| 牛　肉 | 净肉 | 元/千克 | 1.26 | 1.76 | 2.91 | 5.43 | 12.06 |
| 羊　肉 | 净肉 | 元/千克 | 1.38 | 1.88 | 2.80 | 5.91 | 15.49 |
| 鸡　蛋 | 新鲜完整 | 元/千克 | 1.58 | 2.20 | 2.60 | 4.96 | 5.99 |
| 海　带 | 盐干一级 | 元/千克 | 1.18 | 1.26 | 1.32 | 3.60 | 5.35 |
| 大白菜 | 一等 | 元/千克 | 0.11 | 0.07 | 0.09 | 0.13 | 0.72 |
| 菠　菜 | 一等 | 元/千克 | 0.08 | 0.09 | 0.28 | 0.50 | 0.90 |
| 油　菜 | 一等 | 元/千克 | 0.05 | 0.07 | 0.26 | 0.63 | 1.11 |
| 芹　菜 | 一等 | 元/千克 | 1.13 | 0.11 | 0.39 | 0.60 | 1.22 |
| 韭　菜 | 一等 | 元/千克 | 0.15 | 0.16 | 0.54 | 1.01 | 1.80 |
| 黄　瓜 | 一等 | 元/千克 | 0.19 | 0.18 | 0.47 | 0.99 | 2.45 |
| 西红柿 | 一等 | 元/千克 | 0.15 | 0.18 | 0.53 | 1.02 | 2.66 |
| 茄　子 | 一等 | 元/千克 | 0.14 | 0.11 | 0.27 | 0.89 | 2.67 |
| 青　椒 | 一等 | 元/千克 | 0.23 | 0.20 | 0.47 | 1.34 | 4.13 |
| 大　葱 | 一等 | 元/千克 | 0.11 | 0.12 | 0.28 | 0.54 | 1.46 |
| 黑木耳 | 甲级 | 元/千克 | 30.00 | 32.00 | 34.86 | 48.95 | 59.16 |
| 精　盐 | 再制盐 | 元/500克 | 0.16 | 0.16 | 0.14 | 0.31 | 0.70 |
| 酱　油 | 二级 | 元/千克 | 0.22 | 0.22 | 0.34 | 0.68 | 1.83 |
| 味　精 | 含麸酸钠80%以上 | 元/千克 | 10.80 | 9.68 | 12.60 | 16.50 | 22.81 |
| 绵白糖 | 国产机制一级 | 元/千克 | 1.60 | 1.70 | 1.70 | 2.60 | 6.89 |
| 红　糖 | 一级 | 元/千克 | 1.30 | 1.30 | 1.30 | 2.21 | 6.32 |
| 甲级纸烟 | 嘴大鸡 | 元/盒 | 0.59 | 0.59 | 0.91 | 1.30 | 1.20 |
| 啤　酒 | 熟12度瓶装 | 元/瓶 | 0.58 | 0.58 | 0.73 | 1.41 | 2.13 |
| 花　茶 | 茉莉烘青二级 | 元/千克 | 4.60 | 4.60 | 8.60 | 34.40 | 45.83 |
| 苹　果 | 一级 | 元/千克 | 0.82 | 0.90 | 1.19 | 2.48 | 3.86 |
| 桔　子 | 一级 | 元/千克 | 1.30 | 1.52 | 2.35 | 2.27 | 3.37 |
| 西　瓜 | 一级 | 元/千克 | 0.24 | 0.28 | 0.32 | 0.58 | 3.20 |
| 香　蕉 | 一级 | 元/千克 | 1.46 | 1.65 | 1.82 | 2.93 | 4.78 |
| 黑瓜子 | 一级熟货 | 元/千克 | 2.48 | 3.40 | 3.61 | 6.59 | 12.54 |
| 花生米 | 一级生货 | 元/千克 | 0.98 | 1.10 | 1.20 | 3.10 | 5.58 |
| 饼　干 | 中等 | 元/千克 | 1.32 | 1.40 | 1.54 | 2.68 | 11.75 |
| 鲜牛奶 | 瓶装消毒 | 元/千克 | 0.48 | 0.60 | 0.60 | 1.13 | 2.90 |
| 奶　粉 | 500克袋装全脂 | 元/袋 | 2.71 | 3.39 | 3.93 | 5.65 | 10.21 |

## 和服务项目年平均价格

PRICE OF MAJOR YEARS

| 2000年 | 2005年 | 2006年 | 2007年 | 2008年 | 2009年 | 2010年 | 2011年 |
|---|---|---|---|---|---|---|---|
| 1.78 | 2.86 | 2.71 | 3.08 | 3.30 | 3.75 | 4.14 | 4.69 |
| 2.03 | 3.08 | 3.35 | 3.51 | 3.59 | 4.05 | 4.76 | 5.16 |
| 2.07 | 3.26 | 3.69 | 4.33 | 5.83 | 6.30 | 6.99 | 7.49 |
| 1.48 | 1.92 | 2.36 | 2.36 | 2.68 | 3.20 | 4.53 | 4.05 |
| 1.55 | 2.14 | 2.10 | 2.29 | 3.45 | 4.26 | 4.31 | 4.49 |
| 8.59 | 10.43 | 10.57 | 12.83 | 16.30 | 13.02 | 13.36 | 15.22 |
| 12.87 | 14.90 | 13.75 | 20.67 | 25.41 | 22.65 | 25.18 | 35.86 |
| 10.99 | 16.34 | 16.25 | 22.01 | 29.40 | 36.03 | 36.47 | 41.80 |
| 15.04 | 22.07 | 23.25 | 28.39 | 35.77 | 40.18 | 44.80 | 58.25 |
| 3.99 | 5.72 | 5.41 | 6.72 | 6.84 | 6.67 | 7.48 | 8.86 |
| 5.36 | 8.76 | 9.33 | 10.94 | 15.72 | 18.85 | 19.29 | 20.30 |
| 0.91 | 1.64 | 1.60 | 2.14 | 2.11 | 2.28 | 3.23 | 3.24 |
| 1.57 | 2.21 | 2.04 | 2.47 | 2.39 | 4.24 | 6.69 | 6.75 |
| 1.26 | 1.83 | 1.71 | 1.92 | 1.99 | 3.83 | 5.05 | 5.43 |
| 1.25 | 2.28 | 2.74 | 3.08 | 3.40 | 3.72 | 4.99 | 5.25 |
| 1.98 | 2.99 | 3.11 | 3.47 | 4.08 | 4.64 | 6.55 | 7.93 |
| 2.53 | 3.16 | 3.37 | 3.85 | 4.10 | 5.12 | 5.67 | 5.90 |
| 2.07 | 2.90 | 3.50 | 3.70 | 4.30 | 4.97 | 6.01 | 6.42 |
| 2.51 | 3.07 | 3.18 | 3.93 | 4.43 | 4.63 | 6.05 | 5.61 |
| 3.15 | 4.10 | 4.23 | 4.95 | 5.46 | 6.25 | 6.45 | 7.35 |
| 1.31 | 2.51 | 2.85 | 3.07 | 5.49 | 5.62 | 6.16 | 6.42 |
| 68.57 | 65.13 | 64.48 | 67.98 | 74.70 | 85.96 | 86.80 | 98.56 |
| 1.10 | 2.02 | 3.00 | 3.00 | 1.50 | 1.48 | 1.50 | 1.50 |
| 2.40 | 4.53 | 4.50 | 4.50 | 6.08 | 6.77 | 6.74 | 5.93 |
| 14.26 | 15.67 | 14.67 | 14.55 | 14.54 | 18.68 | 19.33 | 22.21 |
| 6.12 | 5.43 | 7.30 | 7.62 | 7.75 | 7.78 | 9.75 | 12.52 |
| 5.90 | 5.54 | 7.24 | 7.53 | 7.63 | 7.78 | 9.80 | 12.91 |
| 2.00 | 2.63 | 4.00 | 5.00 | 5.00 | 5.00 | 5.09 | 6.00 |
| 2.30 | 2.42 | 2.46 | 2.53 | 2.55 | 2.58 | 2.61 | 2.68 |
| 75.00 | 126.67 | 126.33 | 135.33 | 153.33 | 225.00 | 225.00 | 225.00 |
| 2.72 | 3.19 | 5.38 | 5.56 | 5.58 | 7.43 | 8.93 | 9.36 |
| 2.35 | 3.30 | 5.67 | 4.12 | 5.75 | 6.40 | 7.45 | 9.00 |
| 2.70 | 3.06 | 3.05 | 3.50 | 3.91 | 4.05 | 4.72 | 5.64 |
| 4.05 | 4.02 | 4.51 | 4.76 | 5.42 | 6.04 | 6.39 | 7.91 |
| 12.04 | 11.50 | 12.26 | 13.61 | 16.00 | 18.64 | 20.72 | 21.85 |
| 5.00 | 7.00 | 7.80 | 10.80 | 11.00 | 10.00 | 11.00 | 11.60 |
| 12.50 | 9.74 | 9.81 | 9.61 | 11.49 | 11.95 | 12.15 | 13.82 |
| 3.60 | 5.00 | 5.00 | 5.42 | 6.88 | 7.44 | 7.93 | 9.39 |
| 10.75 | 32.26 | 34.00 | 39.23 | 51.21 | 54.35 | 57.26 | 57.43 |

9-4续

| 商品名称 | 规格等级牌号 | 单 位 | 1978年 | 1980年 | 1985年 | 1990年 | 1995年 |
|---|---|---|---|---|---|---|---|
| 白细布 | 36”32*32 79.5*78 | 元/米 | 0.98 | 0.98 | 1.08 | 2.04 | 6.73 |
| 涤棉细布 | 39”45*45 100*92 | 元/米 | 3.75 | 3.87 | 2.25 | 4.00 | 10.04 |
| 被单布 | 18*18 | 元/米 | 1.67 | 2.25 | 2.22 | 4.72 | 8.75 |
| 人造棉布 | 幅宽90CM | 元/米 | 1.62 | 1.95 | 1.95 | 4.80 | 16.83 |
| 纯毛华达呢 | 2201.00 | 元/米 | 29.40 | 29.40 | 37.00 | 68.28 | 86.50 |
| 纯毛西服 | 华达呢男套装 | 元/套 | | | | 274.83 | 388.83 |
| 牛皮光面男鞋 | 25.5号一级品 | 元/双 | 14.65 | 15.38 | 28.28 | 34.52 | 135.00 |
| 纯毛线 | 175三级国毛中粗 | 元/千克 | 55.16 | 36.40 | 36.40 | 86.07 | 107.77 |
| 混纺毛线 | 670毛腈混纺 | 元/千克 | | 27.60 | 28.20 | 57.07 | 63.07 |
| 肥 皂 | 地产一级品 | 元/条 | 0.40 | 0.40 | 0.42 | 1.20 | 1.87 |
| 洗衣粉 | 25型500克袋装一级品 | 元/袋 | 0.31 | 0.62 | 0.65 | 1.94 | 4.20 |
| 缝纫机 | 家用一级品 | 元/架 | 119.00 | 131.00 | 135.00 | 247.00 | 280.42 |
| 自行车 | 26型一级品 | 元/辆 | 167.50 | 167.50 | 167.50 | 299.90 | 406.33 |
| 电风扇 | 400MM落地扇一级品 | 元/台 | | | 202.00 | 274.00 | 2278.17 |
| 铱金笔 | 普通 | 元/支 | 0.99 | 1.13 | 2.50 | 2.84 | 5.13 |
| 彩色电视机 | 51CM | 元/架 | | | | 2473.33 | 2490.00 |
| 液晶电视机 | 东芝32" | 元/台 | | | | | |
| 木 材 | 板材 | 元/立方米 | | | | 1050.00 | 1500.00 |
| 蜂窝煤 | | 元/百千克 | 3.20 | 3.20 | 3.20 | 3.56 | 23.50 |
| 液化石油气 | | 元/千克 | 0.16 | 0.16 | 0.16 | 0.24 | 2.12 |
| 自来水 | 生活用水 | 元/吨 | 0.08 | 0.08 | 0.09 | 0.19 | 0.51 |
| 房 租 | 民用住宅混合租价 | 元/月 | 0.11 | 0.11 | 0.11 | 0.11 | 0.61 |
| 照明用电 | 民用220V | 元/度 | 0.18 | 0.18 | 0.18 | 0.18 | 0.29 |
| 长途火车票 | 百公里直客硬座人 | 元/公里 | | | 0.02 | 0.05 | 0.10 |
| 电报费 | 普通 | 元/十字 | | | 0.70 | 1.25 | 1.40 |
| 平 信 | 外埠 | 元/封 | 0.08 | 0.08 | 0.08 | 0.13 | 0.20 |
| 注射费 | 肌肉注射 | 元/次 | 0.10 | 0.10 | 0.10 | 0.20 | 0.25 |
| 住院费 | 普通床位 | 元/天 | | | | 2.50 | 4.00 |
| 学杂费 | 高中学生 | 元/学期 | 2.50 | 2.50 | 2.50 | 12.00 | 49.00 |
| 保育费 | 幼儿日托 | 元/月 | | | 4.00 | 4.00 | 13.00 |
| 电影票 | 首轮甲等票 | 元/张 | | 0.20 | 0.25 | 0.60 | 7.00 |
| 公园门票 | 大明湖 | 元/张 | 0.03 | 0.03 | 0.03 | 0.30 | 4.33 |
| 理 发 | 男理一级全活 | 元/次 | 0.30 | 0.30 | 0.45 | 1.30 | 5.63 |
| 洗 澡 | | 元/次 | 0.24 | 0.24 | 0.30 | 0.58 | 5.00 |
| 干 洗 | 西服一套 | 元/套 | | | | 4.96 | 5.50 |
| 胶 卷 | 进口135彩色21锭36张 | 元/卷 | | | | 19.29 | 19.31 |
| 省 报 | 大众日报 | 元/份 | | | | 0.15 | 0.40 |
| 课 本 | 高中语文一年级 | 元/本 | | | | 2.00 | 2.55 |
| 党 参 | 二等 | 元/千克 | 10.90 | 11.00 | 8.50 | 20.67 | 18.17 |
| 银 花 | 二等 | 元/千克 | 6.65 | 8.00 | 18.00 | 28.00 | 70.00 |

| 2000年 | 2005年 | 2006年 | 2007年 | 2008年 | 2009年 | 2010年 | 2011年 |
|---|---|---|---|---|---|---|---|
| 6.53 | 8.64 | 9.96 | 9.89 | 9.60 | 10.50 | 10.44 | 10.45 |
| 5.98 | 10.41 | 18.59 | 18.43 | 18.66 | 16.84 | 16.72 | 19.60 |
| 10.52 | 16.10 | 22.14 | 22.82 | 21.50 | 21.00 | 23.21 | 23.35 |
| 13.38 | 13.43 | 15.68 | 12.54 | 11.50 | 11.50 | 10.15 | 16.75 |
| 59.83 | 94.75 | 90.00 | 118.00 | 106.00 | 107.00 | 97.25 | 98.00 |
| | | | | | | | |
| 641.00 | 1389.61 | 1116.01 | 1683.92 | 1536.84 | 1504.39 | 1583.88 | 1552.16 |
| 141.42 | 299.85 | 283.48 | 268.11 | 346.70 | 336.44 | 337.27 | 333.97 |
| 110.38 | 117.78 | 117.56 | 113.90 | 109.22 | 112.40 | 113.99 | 130.67 |
| 75.50 | 103.81 | 103.61 | 103.57 | 99.28 | 103.76 | 80.97 | 60.67 |
| 1.73 | 2.47 | 2.52 | 2.93 | 3.91 | 3.97 | 4.06 | 4.22 |
| | | | | | | | |
| 5.13 | 6.81 | 8.19 | 8.52 | 9.10 | 9.14 | 9.57 | 9.67 |
| 394.33 | 350.00 | 360.00 | 370.00 | 375.00 | 370.00 | 360.00 | 360.00 |
| 363.88 | 397.34 | 398.00 | 398.00 | 398.00 | 358.00 | 358.00 | 358.00 |
| 222.25 | 342.52 | 383.74 | 336.01 | 278.50 | 399.10 | 409.00 | 455.98 |
| 5.66 | 6.85 | 6.99 | 7.43 | 8.65 | 10.62 | 11.05 | 12.30 |
| 1105.73 | 1234.42 | 997.96 | 938.57 | | | | |
| | | | | 5990.42 | 6110.45 | 4699.00 | 2800.00 |
| 1050.00 | 1350.00 | 1360.42 | 1461.11 | 1470.83 | 1481.67 | 1675.42 | 1835.00 |
| 25.80 | 48.00 | 51.25 | 52.00 | 71.32 | 87.60 | 93.65 | 99.70 |
| 2.94 | 5.19 | 6.00 | 6.10 | 7.45 | 6.42 | 7.14 | 7.84 |
| 1.60 | 2.78 | 2.95 | 2.95 | 2.95 | 2.95 | 3.15 | 3.15 |
| 1.42 | 2.07 | 2.07 | 2.07 | 2.07 | 2.07 | 2.18 | 2.18 |
| | | | | | | | |
| 0.43 | 0.53 | 0.55 | 0.55 | 0.55 | 0.55 | 0.55 | 0.55 |
| 0.14 | 0.17 | 0.17 | 0.17 | 0.18 | 0.18 | 0.18 | 0.18 |
| 1.40 | | | | | 1.30 | 1.30 | 1.40 |
| 0.80 | 0.80 | 0.85 | 1.20 | 1.20 | 1.20 | 1.20 | 1.20 |
| 1.67 | 2.00 | 1.60 | 1.60 | 1.60 | 1.97 | 2.00 | 2.00 |
| | | | | | | | |
| 7.67 | 15.00 | 15.00 | 18.75 | 20.00 | 21.53 | 26.67 | 26.67 |
| 600.00 | 800.00 | 800.00 | 800.00 | 800.00 | 800.00 | 800.00 | 800.00 |
| 90.00 | 117.00 | 117.00 | 117.00 | 117.00 | 117.00 | 117.00 | 117.00 |
| 15.17 | 28.61 | 27.22 | 28.75 | 30.42 | 32.78 | 47.50 | 50.00 |
| 13.48 | 15.63 | 16.25 | 30.00 | 30.00 | 30.00 | 30.00 | 30.00 |
| | | | | | | | |
| 10.00 | 17.50 | 17.50 | 17.50 | 19.50 | 20.50 | 20.50 | 20.50 |
| 8.00 | 12.00 | 28.00 | 28.00 | 29.33 | 30.00 | 30.00 | 38.00 |
| 8.00 | 15.00 | 11.25 | 11.25 | 11.25 | 14.08 | 15.50 | 15.50 |
| 22.13 | 22.22 | 22.13 | 22.13 | 19.95 | 19.95 | 20.00 | 22.00 |
| 0.50 | 0.60 | 0.60 | 0.60 | 0.60 | 0.60 | 0.60 | 0.60 |
| 6.41 | 4.60 | 4.62 | 4.62 | 4.77 | 5.34 | 6.47 | 6.47 |
| 43.00 | 37.50 | 35.00 | 37.78 | 43.33 | 42.00 | 45.08 | 115.40 |
| 93.00 | 87.22 | 90.42 | 99.03 | 145.83 | 218.89 | 325.00 | 420.65 |

## 9-5 鲜菜价格指数(以上年价格为100)

VEGETABLE PRICE INDICES(Preceding last year=100)

单位:%

| 商品名称 | 2006年 | 2007年 | 2008年 | 2009年 | 2010年 | 2011年 |
|---|---|---|---|---|---|---|
| 大白菜 | 97.63 | 134.21 | 98.31 | 108.36 | 141.53 | 100.46 |
| 洋白菜 | 87.37 | 122.68 | 94.43 | 167.05 | 118.92 | 98.18 |
| 菠 菜 | 92.20 | 120.83 | 97.03 | 177.21 | 157.80 | 100.94 |
| 油 菜 | 93.16 | 112.61 | 103.28 | 192.81 | 131.98 | 107.54 |
| 芹 菜 | 120.01 | 112.62 | 110.41 | 109.24 | 134.31 | 105.25 |
| 韭 菜 | 104.32 | 111.42 | 117.55 | 113.75 | 141.25 | 121.06 |
| 菜 花 | 102.24 | 110.65 | 105.07 | 143.71 | 120.96 | 110.09 |
| 生 笋 | 105.15 | 107.86 | 107.33 | 140.97 | 111.73 | 116.14 |
| 黄 瓜 | 106.62 | 114.37 | 106.37 | 124.83 | 110.73 | 104.12 |
| 冬 瓜 | 126.47 | 97.80 | 121.01 | 122.52 | 106.70 | 111.52 |
| 西红柿 | 120.52 | 105.90 | 116.19 | 115.43 | 121.08 | 106.70 |
| 茄 子 | 103.60 | 123.54 | 112.73 | 104.32 | 130.74 | 92.81 |
| 萝 卜 | 125.65 | 102.47 | 113.91 | 146.88 | 122.20 | 114.13 |
| 胡萝卜 | 148.46 | 77.57 | 131.41 | 166.83 | 115.60 | 107.05 |
| 青 椒 | 103.37 | 116.91 | 110.30 | 114.44 | 103.17 | 113.96 |
| 豆 角 | 100.61 | 114.68 | 108.74 | 131.13 | 103.09 | 118.63 |
| 洋葱头 | 128.78 | 102.05 | 102.12 | 200.68 | 119.01 | 93.84 |
| 大 葱 | 113.31 | 107.99 | 178.54 | 102.42 | 109.51 | 104.34 |
| 大 蒜 | 144.51 | 78.39 | 66.96 | 190.93 | 253.80 | 78.78 |
| 蒜 苔 | 97.16 | 89.36 | 124.03 | 128.00 | 137.26 | 103.00 |
| 连 藕 | 108.23 | 107.49 | 106.99 | 134.52 | 114.64 | 107.54 |
| 豆 芽 | 103.28 | 119.71 | 145.61 | 131.51 | 116.34 | 111.04 |
| 生 姜 | 69.44 | 84.13 | 120.10 | 122.56 | 176.05 | 80.40 |
| 马铃薯 | 122.95 | 99.79 | 113.52 | 119.55 | 125.59 | 89.38 |

# 9-6 房地产价格指数(2011年)

## PRICE INDICES OF REAL ESTATE(2011)

单位:%

| 指　　　标 | 一季度 | 二季度 | 三季度 | 四季度 |
|---|---|---|---|---|
| （以上年同期价格为100） | | | | |
| 土地交易价格指数总计 | 103.0 | 101.4 | 101.2 | 100.6 |
| 居住用地 | 102.8 | 101.0 | 100.9 | 100.4 |
| 工业用地 | 103.4 | 101.9 | 101.5 | 100.7 |
| 商业营业用地 | 103.7 | 101.3 | 101.0 | 100.5 |
| 其它用地 | 101.7 | 100.7 | 100.8 | 100.5 |
| 住宅租赁价格指数总计 | 100.9 | 102.2 | 100.8 | 100.8 |
| 经济适用房 | 100.0 | 100.0 | 100.0 | 100.0 |
| 廉租房 | 100.0 | 100.0 | 100.0 | 100.0 |
| 商品住宅 | 100.9 | 102.2 | 100.8 | 100.8 |
| （以上季价格为100） | | | | |
| 土地交易价格指数总计 | 100.2 | 100.1 | 100.2 | 100.0 |
| 居住用地 | 100.1 | 100.1 | 100.3 | 99.9 |
| 工业用地 | 100.2 | | 100.3 | 100.2 |
| 商业营业用地 | 100.3 | 100.1 | 100.3 | 99.9 |
| 其它用地 | 100.3 | 100.2 | 100.1 | 99.9 |
| 住宅租赁价格指数总计 | 100.7 | 100.1 | 100.0 | 100.0 |
| 经济适用房 | | | 100.0 | |
| 廉租房 | 100.0 | 100.0 | 100.0 | 100.0 |
| 商品住宅 | 100.7 | 100.1 | 100.0 | 100.0 |

# 9-7 工业生产者购进价格指数(2011年,以上月价格为100)

PURCHASING PRICE INDEX FOR INDUSTRIAL PRODUCERS(2011,PRECEDING LAST MONTH=100) 单位:%

| 指 标 | 1月 | 2月 | 3月 | 4月 | 5月 | 6月 |
|---|---|---|---|---|---|---|
| 总指数 | 101.11 | 101.34 | 101.52 | 101.77 | 100.17 | 100.63 |
| 按初级中间最终产品分 | | | | | | |
| (1)初级产品 | 102.53 | 102.10 | 102.81 | 104.69 | 99.93 | 102.31 |
| 1.农产品 | 100.99 | 102.16 | 99.04 | 99.92 | 99.49 | 101.74 |
| 2.矿产品 | 103.23 | 102.21 | 104.22 | 106.45 | 100.02 | 102.62 |
| 3.废料 | 99.84 | 100.25 | 100.00 | 100.26 | 100.38 | 100.12 |
| (2)中间产品 | 100.64 | 101.09 | 101.07 | 100.74 | 100.26 | 100.02 |
| 九大类原材料购进价格指数 | | | | | | |
| (1)燃料、动力类 | 101.98 | 102.19 | 103.02 | 103.96 | 100.28 | 101.02 |
| (2)黑色金属材料类 | 101.49 | 100.83 | 99.86 | 100.19 | 100.72 | 99.88 |
| 1.钢材 | 101.84 | 101.24 | 100.27 | 101.04 | 100.18 | 100.04 |
| 2.其它 | 101.12 | 100.40 | 99.42 | 99.26 | 101.31 | 99.70 |
| (3)有色金属材料及电线类 | 103.35 | 102.01 | 103.32 | 100.13 | 102.08 | 101.74 |
| (4)化工原料类 | 99.62 | 100.36 | 101.89 | 101.00 | 99.38 | 100.31 |
| (5)木材及纸浆类 | 100.78 | 100.07 | 100.27 | 100.82 | 99.82 | 100.25 |
| (6)建筑材料及非金属类 | 99.85 | 101.40 | 100.52 | 101.02 | 100.48 | 100.85 |
| (7)其它工业原材料及半成品类 | 100.51 | 99.64 | 100.28 | 100.43 | 100.36 | 100.24 |
| (8)农副产品类 | 100.97 | 102.32 | 99.00 | 99.91 | 99.46 | 101.81 |
| (9)纺织原料类 | 99.70 | 106.68 | 100.94 | 99.56 | 97.88 | 98.76 |

9-7续

| 指 标 | 7月 | 8月 | 9月 | 10月 | 11月 | 12月 |
|---|---|---|---|---|---|---|
| 总指数 | 99.86 | 100.16 | 99.63 | 99.42 | 98.90 | 100.79 |
| 按初级中间最终产品分 | | | | | | |
| (1)初级产品 | 99.22 | 101.54 | 99.46 | 98.62 | 98.05 | 102.85 |
| 1.农产品 | 100.00 | 100.30 | 101.43 | 99.41 | 99.06 | 100.14 |
| 2.矿产品 | 98.95 | 101.99 | 98.87 | 98.29 | 97.63 | 103.83 |
| 3.废料 | 100.00 | 100.12 | 100.12 | 100.07 | 99.98 | 100.00 |
| (2)中间产品 | 100.10 | 99.65 | 99.69 | 99.72 | 99.21 | 100.03 |
| 九大类原材料购进价格指数 | | | | | | |
| (1)燃料、动力类 | 99.71 | 100.63 | 99.11 | 99.22 | 98.86 | 102.53 |
| (2)黑色金属材料类 | 100.32 | 99.54 | 100.32 | 99.22 | 97.04 | 99.55 |
| 1.钢材 | 99.60 | 98.91 | 99.78 | 99.51 | 97.99 | 99.50 |
| 2.其它 | 101.11 | 100.23 | 100.91 | 98.90 | 96.03 | 99.60 |
| (3)有色金属材料及电线类 | 100.23 | 100.64 | 99.14 | 97.48 | 97.67 | 97.41 |
| (4)化工原料类 | 99.37 | 99.88 | 98.67 | 100.16 | 99.01 | 99.87 |
| (5)木材及纸浆类 | 100.19 | 100.82 | 100.38 | 100.24 | 100.00 | 99.50 |
| (6)建筑材料及非金属类 | 100.36 | 100.67 | 100.51 | 98.28 | 101.39 | 99.65 |
| (7)其它工业原材料及半成品类 | 100.13 | 99.85 | 100.31 | 99.87 | 99.70 | 100.17 |
| (8)农副产品类 | 99.98 | 100.31 | 101.49 | 99.39 | 99.02 | 100.14 |
| (9)纺织原料类 | 98.97 | 97.24 | 98.84 | 100.18 | 97.62 | 99.16 |

注:2011年是工业生产价格统计调查改革之年。完成了工业生产者定基改革工作:“工业品出厂价格指数”改为“工业生产者出厂价格指数”;“原材料、燃料、动力购进价格指数”改为“工业生产者购进价格指数”。

## 9-8 工业生产者购进价格指数(2011年,以上年价格为100)

PURCHASING PRICE INDEX FOR INDUSTRIAL PRODUCERS(2011,PRECEDING LAST YEAR=100)　　单位:%

| 指　　标 | 全年 | 1月 | 2月 | 3月 | 4月 | 5月 | 6月 |
|---|---|---|---|---|---|---|---|
| 总指数 | 108.21 | 107.26 | 107.17 | 109.15 | 109.20 | 109.03 | 109.29 |
| 按初级中间最终产品分 | | | | | | | |
| (1)初级产品 | 116.47 | 111.38 | 109.57 | 114.77 | 115.37 | 115.06 | 117.87 |
| 1.农产品 | 108.85 | 110.71 | 112.66 | 111.52 | 110.20 | 108.45 | 109.44 |
| 2.矿产品 | 119.80 | 111.39 | 108.39 | 116.12 | 117.50 | 117.72 | 121.54 |
| 3.废料 | 105.04 | 114.19 | 112.80 | 110.46 | 107.52 | 106.44 | 104.03 |
| (2)中间产品 | 105.49 | 105.92 | 106.36 | 107.31 | 107.10 | 106.99 | 106.41 |
| 九大类原材料购进价格指数 | | | | | | | |
| (1)燃料、动力类 | 114.61 | 109.89 | 109.31 | 114.46 | 115.33 | 115.85 | 115.91 |
| (2)黑色金属材料类 | 104.07 | 106.87 | 107.34 | 105.96 | 104.30 | 104.53 | 103.99 |
| 1.钢材 | 104.41 | 107.22 | 107.67 | 106.62 | 105.45 | 104.76 | 104.42 |
| 2.其它 | 103.71 | 106.50 | 106.98 | 105.25 | 103.05 | 104.28 | 103.53 |
| (3)有色金属材料及电线类 | 114.83 | 109.93 | 112.22 | 115.44 | 112.42 | 116.40 | 120.63 |
| (4)化工原料类 | 104.03 | 105.60 | 103.95 | 106.36 | 106.75 | 104.79 | 105.59 |
| (5)木材及纸浆类 | 103.61 | 106.54 | 105.94 | 103.89 | 102.89 | 102.17 | 101.66 |
| (6)建筑材料及非金属类 | 105.77 | 102.84 | 104.30 | 104.80 | 106.47 | 105.48 | 106.28 |
| (7)其它工业原材料及半成品类 | 102.40 | 104.22 | 103.15 | 103.01 | 102.96 | 103.01 | 103.18 |
| (8)农副产品类 | 109.22 | 111.07 | 113.19 | 112.05 | 110.67 | 108.83 | 109.86 |
| (9)纺织原料类 | 103.23 | 102.39 | 110.15 | 110.46 | 109.36 | 106.93 | 104.50 |

9-8续

| 指　　标 | 7月 | 8月 | 9月 | 10月 | 11月 | 12月 |
|---|---|---|---|---|---|---|
| 总指数 | 109.72 | 109.94 | 108.89 | 108.04 | 105.61 | 105.38 |
| 按初级中间最终产品分 | | | | | | |
| (1)初级产品 | 120.71 | 122.25 | 121.00 | 120.36 | 114.61 | 114.78 |
| 1.农产品 | 109.11 | 108.97 | 108.99 | 108.21 | 104.99 | 103.68 |
| 2.矿产品 | 126.03 | 128.34 | 126.61 | 126.03 | 118.87 | 119.46 |
| 3.废料 | 101.94 | 101.04 | 101.18 | 101.26 | 101.19 | 101.15 |
| (2)中间产品 | 106.15 | 105.94 | 104.96 | 104.08 | 102.66 | 102.22 |
| 九大类原材料购进价格指数 | | | | | | |
| (1)燃料、动力类 | 117.54 | 118.38 | 116.75 | 116.20 | 112.56 | 113.07 |
| (2)黑色金属材料类 | 105.62 | 104.90 | 104.32 | 102.93 | 99.62 | 98.90 |
| 1.钢材 | 105.70 | 104.75 | 103.61 | 102.74 | 100.52 | 99.84 |
| 2.其它 | 105.53 | 105.06 | 105.08 | 103.13 | 98.66 | 97.89 |
| (3)有色金属材料及电线类 | 121.57 | 122.57 | 118.49 | 114.40 | 109.75 | 105.06 |
| (4)化工原料类 | 105.03 | 105.16 | 103.39 | 102.42 | 100.17 | 99.48 |
| (5)木材及纸浆类 | 101.32 | 103.85 | 103.60 | 104.49 | 104.11 | 103.17 |
| (6)建筑材料及非金属类 | 106.87 | 108.18 | 107.73 | 105.51 | 105.67 | 105.06 |
| (7)其它工业原材料及半成品类 | 101.99 | 101.56 | 101.69 | 101.43 | 101.24 | 101.47 |
| (8)农副产品类 | 109.50 | 109.34 | 109.37 | 108.55 | 105.18 | 103.80 |
| (9)纺织原料类 | 103.71 | 101.04 | 100.02 | 99.06 | 96.40 | 95.30 |

注:2011年是工业生产价格统计调查改革之年。完成了工业生产者定基改革工作:“工业品出厂价格指数”改为“工业生产者出厂价格指数”;“原材料、燃料、动力购进价格指数”改为“工业生产者购进价格指数”。

## 9-9 工业生产者出厂

**PRODUCER PRICE INDEX FOR MANUFACTURED**

| 指　　标 | 1月 | 2月 | 3月 | 4月 | 5月 |
|---|---|---|---|---|---|
| 总指数 | 101.03 | 101.02 | 100.45 | 100.37 | 100.37 |
| (一)核心指数 | 101.20 | 101.23 | 100.15 | 100.30 | 100.03 |
| (二)高技术 | 101.76 | 100.63 | 99.37 | 99.88 | 99.53 |
| (三)能源 | 100.30 | 100.07 | 102.25 | 101.19 | 100.58 |
| (四)按轻重工业分 | | | | | |
| (1)轻工业 | 100.47 | 100.26 | 100.86 | 100.55 | 101.66 |
| 1.以农产品为原料 | 100.18 | 100.46 | 100.59 | 100.37 | 102.09 |
| 2.以非农产品为原料 | 100.94 | 99.93 | 101.31 | 100.85 | 100.95 |
| (2)重工业 | 101.16 | 101.19 | 100.36 | 100.33 | 100.09 |
| 1.采掘 | 99.48 | 101.74 | 100.11 | 101.83 | 100.89 |
| 2.原料 | 100.32 | 101.38 | 101.44 | 100.62 | 99.98 |
| 3.加工 | 101.40 | 101.13 | 100.08 | 100.23 | 100.11 |
| (五)按生产生活资料分 | | | | | |
| (1)生产资料 | 101.20 | 101.32 | 100.44 | 100.36 | 100.13 |
| 1.采掘 | 99.48 | 101.74 | 100.11 | 101.83 | 100.89 |
| 2.原料 | 100.24 | 101.28 | 101.55 | 100.89 | 100.27 |
| 3.加工 | 101.46 | 101.33 | 100.17 | 100.21 | 100.09 |
| (2)生活资料 | 100.23 | 99.55 | 100.51 | 100.45 | 101.55 |
| 1.食品 | 100.09 | 100.07 | 100.71 | 100.19 | 102.84 |
| 2.衣着 | 101.42 | 102.20 | 100.33 | 102.77 | 99.82 |
| 3.一般日用品 | 100.82 | 100.25 | 99.79 | 99.28 | 100.57 |
| 4.耐用消费品 | 99.58 | 97.01 | 100.94 | 101.78 | 100.25 |
| (六)按初级中间最终产品分 | | | | | |
| (1)初级产品 | 99.55 | 101.52 | 100.10 | 101.61 | 100.78 |
| 1.矿产品 | 99.48 | 101.74 | 100.11 | 101.83 | 100.89 |
| 2.废料 | 100.00 | 100.00 | 100.00 | 100.00 | 100.00 |
| (2)中间产品 | 101.37 | 101.48 | 100.55 | 100.20 | 100.44 |
| (3)最终产品 | 100.77 | 100.16 | 100.55 | 100.46 | 100.49 |
| 1.最终投资品 | 100.96 | 100.36 | 100.60 | 100.51 | 100.03 |
| 2.最终消费品 | 100.28 | 99.62 | 100.43 | 100.31 | 101.76 |
| (七)按工业部门分 | | | | | |
| (1)冶金工业 | 103.17 | 104.46 | 99.96 | 100.01 | 100.24 |
| (2)电力工业 | 99.90 | 100.19 | 100.12 | 99.75 | 100.53 |
| (3)煤炭及炼焦工业 | 100.00 | 100.00 | 100.41 | 100.00 | 100.21 |
| (4)石油工业 | 100.63 | 100.01 | 104.07 | 102.37 | 100.69 |
| (5)化学工业 | 100.45 | 101.96 | 99.82 | 99.58 | 100.78 |
| (6)机械工业 | 100.84 | 99.97 | 100.30 | 100.53 | 99.83 |
| (7)建筑材料工业 | 100.64 | 100.33 | 100.66 | 100.15 | 100.20 |
| (8)森林工业 | 100.83 | 99.52 | 100.21 | 100.34 | 100.08 |
| (9)食品工业 | 100.05 | 100.08 | 100.81 | 100.25 | 102.99 |
| (10)纺织工业 | 100.22 | 101.39 | 100.13 | 99.98 | 100.10 |
| (11)缝纫工业 | 99.71 | 103.71 | 100.40 | 104.01 | 99.79 |
| (12)皮革工业 | 109.05 | 96.07 | 100.00 | 97.27 | 100.00 |
| (13)造纸工业 | 99.85 | 100.32 | 99.72 | 99.73 | 100.70 |
| (14)文教艺术用品工业 | 100.18 | 100.15 | 101.59 | 100.12 | 99.52 |
| (15)其它工业 | 101.70 | 99.89 | 99.65 | 100.86 | 100.31 |

注:2011年,完成工业生产者定基改革工作:“工业品出厂价格指数”改为“工业生产者出厂价格指数”;“原材料、燃料、动力购进

## 价　格　总　指　数(2011年,以上月价格为100)

GOODS(2011,PRECEDING LAST MONTH=100)

单位:%

| 6月 | 7月 | 8月 | 9月 | 10月 | 11月 | 12月 |
|---|---|---|---|---|---|---|
| 99.82 | 100.23 | 99.91 | 100.30 | 99.42 | 98.75 | 99.74 |
| 99.76 | 100.26 | 99.83 | 100.33 | 99.33 | 98.47 | 99.67 |
| 99.03 | 100.98 | 99.75 | 100.37 | 99.72 | 99.07 | 101.64 |
| 99.94 | 99.91 | 100.33 | 100.07 | 99.75 | 99.86 | 100.21 |
| | | | | | | |
| 100.05 | 100.28 | 99.74 | 100.25 | 99.91 | 99.79 | 99.49 |
| 100.17 | 100.02 | 99.93 | 100.32 | 99.87 | 99.66 | 98.81 |
| 99.85 | 100.70 | 99.43 | 100.15 | 99.97 | 99.99 | 100.59 |
| 99.78 | 100.22 | 99.95 | 100.32 | 99.31 | 98.52 | 99.79 |
| 99.57 | 100.11 | 99.99 | 100.00 | 98.84 | 95.46 | 100.86 |
| 99.64 | 99.76 | 100.44 | 100.09 | 99.45 | 98.62 | 99.53 |
| 99.82 | 100.35 | 99.81 | 100.38 | 99.27 | 98.54 | 99.85 |
| | | | | | | |
| 99.79 | 100.14 | 99.93 | 100.33 | 99.30 | 98.53 | 99.69 |
| 99.57 | 100.11 | 99.99 | 100.00 | 98.84 | 95.46 | 100.86 |
| 99.77 | 99.80 | 100.41 | 100.09 | 99.48 | 98.52 | 99.49 |
| 99.80 | 100.22 | 99.82 | 100.39 | 99.26 | 98.57 | 99.72 |
| 100.00 | 100.70 | 99.79 | 100.20 | 99.98 | 99.85 | 99.96 |
| 100.35 | 100.50 | 100.30 | 100.12 | 99.90 | 99.76 | 99.36 |
| 99.62 | 99.67 | 99.59 | 100.52 | 101.98 | 99.86 | 100.00 |
| 99.41 | 101.56 | 99.16 | 100.22 | 99.61 | 99.80 | 100.95 |
| 99.96 | 100.45 | 99.39 | 100.28 | 100.08 | 100.07 | 100.22 |
| | | | | | | |
| 99.62 | 100.10 | 99.99 | 100.00 | 98.98 | 96.00 | 100.76 |
| 99.57 | 100.11 | 99.99 | 100.00 | 98.84 | 95.46 | 100.86 |
| 100.00 | 100.00 | 100.00 | 100.00 | 100.00 | 100.00 | 100.00 |
| 99.80 | 100.28 | 99.79 | 100.40 | 99.27 | 98.35 | 99.59 |
| 99.77 | 100.47 | 99.95 | 100.46 | 99.54 | 99.81 | 100.07 |
| 99.62 | 100.41 | 99.94 | 100.55 | 99.35 | 99.80 | 100.07 |
| 100.19 | 100.65 | 99.97 | 100.20 | 100.05 | 99.85 | 100.09 |
| | | | | | | |
| 99.89 | 99.18 | 100.13 | 99.47 | 99.26 | 94.74 | 98.79 |
| 100.68 | 100.36 | 100.84 | 100.20 | 100.32 | 99.83 | 100.65 |
| 100.00 | 100.41 | 99.79 | 100.00 | 100.82 | 100.40 | 100.00 |
| 99.46 | 99.52 | 100.14 | 100.01 | 99.16 | 99.75 | 99.97 |
| 100.11 | 100.35 | 99.37 | 100.33 | 99.13 | 98.06 | 99.78 |
| 99.54 | 100.68 | 99.80 | 100.71 | 99.22 | 99.79 | 100.15 |
| 100.44 | 100.02 | 100.61 | 100.42 | 100.08 | 99.91 | 100.06 |
| 100.15 | 99.98 | 100.10 | 100.05 | 100.08 | 100.05 | 100.02 |
| 100.44 | 100.41 | 100.31 | 100.39 | 99.75 | 99.75 | 99.04 |
| 99.48 | 98.36 | 97.72 | 99.96 | 99.34 | 99.15 | 96.17 |
| 99.54 | 100.00 | 99.60 | 100.53 | 100.00 | 99.83 | 100.00 |
| 100.00 | 98.13 | 99.52 | 100.48 | 111.43 | 100.00 | 100.00 |
| 99.60 | 99.96 | 100.90 | 100.09 | 99.71 | 99.55 | 99.95 |
| 100.82 | 104.20 | 100.90 | 100.03 | 99.90 | 100.05 | 100.14 |
| 98.88 | 101.00 | 98.75 | 99.99 | 99.79 | 99.51 | 99.94 |

价格指数"改为"工业生产者购进价格指数"。

# 9-10 工 业 生 产 者 出 厂

## PRODUCER PRICE INDEX FOR MANUFACTURED

| 指　　标 | 全年 | 1月 | 2月 | 3月 | 4月 | 5月 |
|---|---|---|---|---|---|---|
| 总指数 | 105.32 | 106.76 | 107.26 | 106.78 | 105.65 | 105.33 |
| ㈠核心指数 | 104.72 | 106.60 | 107.45 | 106.56 | 105.22 | 104.50 |
| ㈡高技术 | 103.73 | 106.89 | 107.57 | 105.92 | 105.66 | 103.82 |
| ㈢能源 | 108.52 | 108.77 | 107.95 | 110.08 | 109.51 | 108.68 |
| ㈣按轻重工业分 | | | | | | |
| (1)轻工业 | 105.75 | 104.84 | 104.64 | 105.14 | 105.47 | 107.46 |
| 1.以农产品为原料 | 107.43 | 107.70 | 107.43 | 107.20 | 107.22 | 109.77 |
| 2.以非农产品为原料 | 103.11 | 100.47 | 100.36 | 101.93 | 102.74 | 103.86 |
| (2)重工业 | 105.23 | 107.19 | 107.85 | 107.14 | 105.69 | 104.87 |
| 1.采掘 | 113.75 | 118.56 | 118.99 | 119.61 | 119.53 | 118.16 |
| 2.原料 | 107.01 | 109.12 | 108.98 | 110.08 | 108.68 | 106.38 |
| 3.加工 | 104.65 | 106.55 | 107.41 | 106.23 | 104.75 | 104.30 |
| ㈤按生产生活资料分 | | | | | | |
| (1)生产资料 | 105.83 | 107.77 | 108.62 | 107.94 | 106.49 | 105.71 |
| 1.采掘 | 113.75 | 118.56 | 118.99 | 119.61 | 119.53 | 118.16 |
| 2.原料 | 107.47 | 109.18 | 108.85 | 110.20 | 109.10 | 107.14 |
| 3.加工 | 105.34 | 107.31 | 108.43 | 107.26 | 105.71 | 105.21 |
| (2)生活资料 | 102.94 | 102.09 | 101.04 | 101.43 | 101.72 | 103.52 |
| 1.食品 | 106.11 | 105.00 | 103.87 | 103.93 | 104.40 | 107.53 |
| 2.衣着 | 112.46 | 113.69 | 116.00 | 115.87 | 113.81 | 115.47 |
| 3.一般日用品 | 100.21 | 99.18 | 99.16 | 99.82 | 99.00 | 99.80 |
| 4.耐用消费品 | 97.34 | 97.10 | 94.31 | 95.10 | 96.68 | 96.90 |
| ㈥按初级中间最终产品分 | | | | | | |
| (1)初级产品 | 111.89 | 115.90 | 116.30 | 116.82 | 116.80 | 115.67 |
| 1.矿产品 | 113.75 | 118.56 | 118.99 | 119.61 | 119.53 | 118.16 |
| 2.废料 | 100.00 | 100.00 | 100.00 | 100.00 | 100.00 | 100.00 |
| (2)中间产品 | 106.90 | 108.95 | 109.84 | 109.03 | 107.31 | 106.85 |
| (3)最终产品 | 103.89 | 104.12 | 104.02 | 104.17 | 103.95 | 104.20 |
| 1.最终投资品 | 104.19 | 105.02 | 105.18 | 105.21 | 104.81 | 104.40 |
| 2.最终消费品 | 103.06 | 101.76 | 100.98 | 101.41 | 101.65 | 103.67 |
| ㈦按工业部门分 | | | | | | |
| (1)冶金工业 | 110.96 | 117.61 | 121.69 | 117.08 | 110.79 | 108.48 |
| (2)电力工业 | 101.60 | 99.23 | 99.68 | 100.28 | 100.32 | 101.14 |
| (3)煤炭及炼焦工业 | 103.52 | 110.19 | 104.83 | 105.27 | 103.18 | 102.92 |
| (4)石油工业 | 114.71 | 115.76 | 115.02 | 118.64 | 117.74 | 115.38 |
| (5)化学工业 | 104.53 | 105.43 | 106.08 | 105.98 | 105.55 | 105.48 |
| (6)机械工业 | 102.07 | 102.78 | 102.67 | 102.62 | 102.45 | 102.05 |
| (7)建筑材料工业 | 105.61 | 104.60 | 105.04 | 105.09 | 105.11 | 105.73 |
| (8)森林工业 | 102.33 | 104.04 | 103.53 | 102.58 | 102.15 | 102.14 |
| (9)食品工业 | 106.26 | 104.48 | 103.44 | 103.31 | 104.03 | 107.79 |
| (10)纺织工业 | 113.19 | 124.72 | 126.39 | 125.47 | 123.20 | 121.50 |
| (11)缝纫工业 | 114.03 | 114.19 | 118.43 | 118.25 | 116.26 | 118.37 |
| (12)皮革工业 | 105.88 | 111.68 | 106.43 | 106.43 | 103.53 | 103.53 |
| (13)造纸工业 | 103.29 | 103.51 | 104.80 | 104.82 | 103.28 | 103.05 |
| (14)文教艺术用品工业 | 101.77 | 95.99 | 96.62 | 98.37 | 98.47 | 97.85 |
| (15)其它工业 | 106.90 | 114.84 | 111.99 | 109.91 | 108.73 | 108.45 |

注:2011年,完成工业生产者定基改革工作:“工业品出厂价格指数”改为“工业生产者出厂价格指数”;“原材料、燃料、动力购进

**价 格 总 指 数**(2011年,以上年同期价格为100)

GOODS (2011,PRECEDING LAST YEAR=100)

单位:%

| 6月 | 7月 | 8月 | 9月 | 10月 | 11月 | 12月 |
|---|---|---|---|---|---|---|
| 105.53 | 106.56 | 106.06 | 105.60 | 104.79 | 102.44 | 101.41 |
| 104.60 | 105.89 | 105.25 | 104.79 | 104.04 | 101.49 | 100.54 |
| 101.22 | 101.92 | 101.58 | 103.95 | 103.63 | 101.29 | 101.69 |
| 110.03 | 110.04 | 109.74 | 109.14 | 108.10 | 105.94 | 104.52 |
| | | | | | | |
| 107.08 | 107.11 | 106.93 | 106.85 | 105.81 | 104.45 | 103.33 |
| 109.57 | 109.01 | 108.80 | 108.70 | 106.90 | 104.78 | 102.48 |
| 103.20 | 104.13 | 103.97 | 103.92 | 104.07 | 103.90 | 104.74 |
| 105.19 | 106.44 | 105.87 | 105.32 | 104.57 | 101.99 | 100.98 |
| 117.53 | 119.06 | 116.93 | 112.63 | 108.90 | 100.86 | 98.73 |
| 107.62 | 108.18 | 108.27 | 107.36 | 106.23 | 102.59 | 101.25 |
| 104.40 | 105.83 | 105.10 | 104.70 | 104.07 | 101.85 | 100.94 |
| | | | | | | |
| 106.02 | 107.06 | 106.42 | 105.89 | 105.02 | 102.32 | 101.12 |
| 117.53 | 119.06 | 116.93 | 112.63 | 108.90 | 100.86 | 98.73 |
| 108.63 | 109.00 | 108.84 | 107.82 | 106.69 | 103.05 | 101.75 |
| 105.26 | 106.46 | 105.71 | 105.34 | 104.57 | 102.16 | 101.00 |
| 103.18 | 104.22 | 104.38 | 104.22 | 103.74 | 102.98 | 102.78 |
| 107.56 | 107.70 | 108.27 | 107.94 | 106.91 | 106.01 | 104.22 |
| 114.12 | 113.91 | 112.09 | 111.08 | 110.29 | 106.50 | 107.99 |
| 98.74 | 101.17 | 101.58 | 101.44 | 101.33 | 99.97 | 101.41 |
| 96.82 | 98.29 | 97.71 | 98.04 | 98.24 | 99.07 | 99.95 |
| | | | | | | |
| 115.13 | 116.42 | 114.62 | 110.96 | 107.74 | 100.75 | 98.89 |
| 117.53 | 119.06 | 116.93 | 112.63 | 108.90 | 100.86 | 98.73 |
| 100.00 | 100.00 | 100.00 | 100.00 | 100.00 | 100.00 | 100.00 |
| 107.21 | 108.56 | 107.77 | 107.14 | 106.16 | 102.99 | 101.50 |
| 103.81 | 104.45 | 104.22 | 104.35 | 103.84 | 103.01 | 102.54 |
| 103.90 | 104.50 | 104.17 | 104.39 | 103.81 | 102.84 | 102.20 |
| 103.57 | 104.31 | 104.35 | 104.22 | 103.91 | 103.46 | 103.45 |
| | | | | | | |
| 110.88 | 114.48 | 113.05 | 109.97 | 109.19 | 101.89 | 98.99 |
| 101.77 | 102.07 | 102.86 | 102.73 | 103.06 | 102.74 | 103.41 |
| 102.57 | 103.07 | 102.59 | 101.51 | 102.13 | 102.54 | 102.06 |
| 117.86 | 117.57 | 116.46 | 115.62 | 113.12 | 108.93 | 105.83 |
| 105.85 | 106.59 | 106.00 | 105.00 | 103.41 | 99.71 | 99.66 |
| 101.20 | 102.20 | 101.84 | 102.29 | 101.92 | 101.52 | 101.35 |
| 106.84 | 106.41 | 106.71 | 106.94 | 106.46 | 104.90 | 103.58 |
| 102.30 | 102.27 | 102.37 | 102.09 | 101.76 | 101.37 | 101.40 |
| 107.92 | 108.06 | 108.87 | 108.79 | 107.56 | 106.57 | 104.30 |
| 120.55 | 114.60 | 109.55 | 109.85 | 103.62 | 96.67 | 92.19 |
| 116.67 | 116.88 | 115.14 | 113.72 | 110.03 | 105.41 | 107.22 |
| 103.53 | 101.59 | 99.52 | 100.00 | 111.43 | 111.43 | 111.43 |
| 102.29 | 103.49 | 103.89 | 103.91 | 103.77 | 102.78 | 100.08 |
| 98.64 | 104.29 | 105.90 | 105.33 | 105.78 | 106.86 | 107.78 |
| 106.64 | 107.59 | 105.11 | 105.16 | 104.47 | 101.28 | 100.23 |

价格指数"改为"工业生产者购进价格指数"。

## 9-11 住宅销售价格指数(2011年,以上年同期价格为100)

SALES PRICE OF RESIDENTIAL BUILDINGS(2011,PRECEDING LAST YEAR=100)

单位:%

| 指　　标 | 1月 | 2月 | 3月 | 4月 | 5月 | 6月 |
|---|---|---|---|---|---|---|
| 新建住宅 | 105.6 | 105.7 | 106.1 | 105.6 | 105.4 | 104.5 |
| 保障性住房 | | | | | | |
| 新建商品住宅 | 105.6 | 105.7 | 106.1 | 105.6 | 105.4 | 104.5 |
| 90平方米及以下 | 106.3 | 106.4 | 108.3 | 107.8 | 108.0 | 107.5 |
| 90-144平方米 | 105.6 | 105.8 | 105.9 | 105.7 | 105.5 | 104.0 |
| 144平方米以上 | 105.2 | 105.1 | 105.5 | 104.7 | 103.0 | 104.2 |
| 二手住宅 | 102.3 | 102.7 | 102.8 | 103.3 | 103.5 | 103.4 |
| 90平方米及以下 | 102.1 | 102.8 | 103.1 | 103.7 | 104.1 | 104.1 |
| 90-144平方米 | 102.3 | 102.6 | 102.5 | 102.9 | 102.6 | 102.0 |
| 144平方米以上 | 102.5 | 102.3 | 102.7 | 103.1 | 103.4 | 103.6 |

9-11续

| 指　　标 | 7月 | 8月 | 9月 | 10月 | 11月 | 12月 |
|---|---|---|---|---|---|---|
| 新建住宅 | 103.9 | 103.2 | 102.1 | 102.1 | 101.4 | 100.8 |
| 保障性住房 | | | | | | |
| 新建商品住宅 | 103.9 | 103.2 | 102.1 | 102.1 | 101.4 | 100.8 |
| 90平方米及以下 | 106.4 | 104.3 | 103.4 | 103.0 | 102.3 | 101.7 |
| 90-144平方米 | 103.3 | 102.6 | 101.9 | 102.2 | 101.4 | 100.9 |
| 144平方米以上 | 103.8 | 103.8 | 101.8 | 101.5 | 101.2 | 100.4 |
| 二手住宅 | 103.4 | 103.2 | 102.4 | 102.3 | 102.0 | 101.0 |
| 90平方米及以下 | 104.1 | 104.2 | 103.4 | 103.3 | 102.9 | 101.9 |
| 90-144平方米 | 102.2 | 101.7 | 100.9 | 100.6 | 100.5 | 99.7 |
| 144平方米以上 | 103.5 | 103.2 | 102.6 | 102.7 | 102.2 | 101.0 |

注:2011年1月1日起,房地产价格统计调查实行新方案,新方案的变动为:第一,只统计住宅,不再统计非住宅,包括新建住宅和二手住宅;第二,新建住宅包括保障性住房和新建商品住宅,新建商品住宅分为90平方米及以下、90-144平方米、144平方米以上;第三,二手住宅分为90平方米及以下、90-144平方米、144平方米以上;第四,不再计算全年数。

## 9-12 住宅销售价格指数(2011年,以上月价格为100)

SALES PRICE OF RESIDENTIAL BUILDINGS(2011,PRECEDING LAST MONTH=100)

单位:%

| 指标 | 1月 | 2月 | 3月 | 4月 | 5月 | 6月 |
|---|---|---|---|---|---|---|
| 新建住宅 | 100.2 | 100.4 | 100.5 | 100.5 | 100.2 | 100.3 |
| 保障性住房 | | | | | | |
| 新建商品住宅 | 100.2 | 100.4 | 100.5 | 100.5 | 100.2 | 100.3 |
| 90平方米及以下 | 99.3 | 100.8 | 101.6 | 100.2 | 100.5 | 100.1 |
| 90-144平方米 | 100.5 | 100.5 | 100.2 | 100.7 | 100.2 | 100.3 |
| 144平方米以上 | 100.0 | 100.1 | 100.6 | 100.4 | 100.1 | 100.4 |
| 二手住宅 | 100.5 | 100.2 | 100.2 | 100.1 | 100.2 | 100.1 |
| 90平方米及以下 | 100.5 | 100.5 | 100.3 | 100.3 | 100.4 | 100.2 |
| 90-144平方米 | 100.4 | 99.9 | 100.1 | 100.0 | 99.8 | 99.8 |
| 144平方米以上 | 100.4 | 99.9 | 100.3 | 100.0 | 100.2 | 100.2 |

9-12续

| 指标 | 7月 | 8月 | 9月 | 10月 | 11月 | 12月 |
|---|---|---|---|---|---|---|
| 新建住宅 | 100.0 | 99.6 | 100.1 | 99.5 | 99.8 | 99.7 |
| 保障性住房 | | | | | | |
| 新建商品住宅 | 100.0 | 99.6 | 100.1 | 99.5 | 99.8 | 99.7 |
| 90平方米及以下 | 100.1 | 99.5 | 100.3 | 99.8 | 99.9 | 99.6 |
| 90-144平方米 | 100.0 | 99.6 | 100.1 | 99.5 | 99.7 | 99.7 |
| 144平方米以上 | 100.0 | 99.8 | 100.1 | 99.4 | 99.8 | 99.8 |
| 二手住宅 | 100.1 | 100.2 | 99.9 | 99.9 | 99.9 | 99.8 |
| 90平方米及以下 | 100.0 | 100.4 | 99.9 | 99.9 | 99.8 | 99.7 |
| 90-144平方米 | 100.2 | 99.8 | 99.9 | 99.8 | 100.0 | 99.9 |
| 144平方米以上 | 99.9 | 100.3 | 100.1 | 100.1 | 99.7 | 100.0 |

注:2011年1月1日起,房地产价格统计调查实行新方案,新方案的变动为:第一,只统计住宅,不再统计非住宅,包括新建住宅和二手住宅;第二,新建住宅包括保障性住房和新建商品住宅,新建商品住宅分为90平方米及以下、90-144平方米、144平方米以上;第三,二手住宅分为90平方米及以下、90-144平方米、144平方米以上;第四,不再计算全年数。

## 9-13 主要年份工业生产者出厂、购进价格指数（以上年价格为100）

PURCHASING PRICE INDEX FOR INDUSTRIAL PRODUCERS AND RODUCER PRICE INDEX FOR MANUFACTURED GOODS IN MAIN YEARS(Preceding last year=100)

单位：%

| 年　份 | 工业品出厂价格指数 | 原材料购进价格指数 |
|---|---|---|
| 1998 | 94.5 | 95.2 |
| 1999 | 98.9 | 97.6 |
| 2000 | 104.8 | 114.5 |
| 2001 | 99.8 | 101.4 |
| 2002 | 97.9 | 100.4 |
| 2003 | 103.2 | 111.2 |
| 2004 | 106.7 | 116.4 |
| 2005 | 102.3 | 111.3 |
| 2006 | 100.2 | 105.6 |
| 2007 | 103.9 | 105.0 |
| 2008 | 109.2 | 116.9 |
| 2009 | 96.2 | 94.3 |
| 2010 | 104.7 | 109.9 |
| 2011 | 105.3 | 108.2 |

注：2011年，完成工业生产者定基改革工作："工业品出厂价格指数"改为"工业生产者出厂价格指数"；"原材料、燃料、动力购进价格指数"改为"工业生产者购进价格指数"。

# 主要统计指标解释

## EXPLANATORY NOTES ON MAIN STATISTICAL INDICATORS

**居民消费价格**　是指城乡居民支付生活消费品和服务项目消费的价格，是社会产品和服务项目的最终价格，同人民生活密切相关，在整个国民经济价格体系中具有极为重要的地位。

**居民消费价格指数**　是度量一组代表性消费品及服务项目价格水平随着时间而变动的相对数，反映居民家庭购买的消费品及服务项目价格水平的变动情况。它是宏观经济分析和决策、价格总水平监测和调控以及国民经济核算的重要指标。其按年度计算的变动率通常被用来作为反映通货膨胀（或紧缩）程度的指标。

按用途划分为8个大类，包括食品、烟酒及用品、衣着、家庭设备用品及维修服务、医疗保健及个人用品、交通和通信、娱乐教育文化用品及服务、居住等。下设251个基本分类，我市根据国家规定，确定代表规格品630种。对比基期分类分别为2000年（定基）、上年同月、上月和上年12月。定基价格指数是从2001年开始编制的。

**商品零售价格**　是指工业、商业、餐饮业和其它零售企业向城乡居民、机关团体出售生活消费品和办公用品的价格。

**商品零售价格指数**　是反映一定时期内商品零售价格变动趋势和变动程度的相对数。

商品零售价格的调查范围涉及到各种类型的工业、商业、餐饮业和其它行业的零售商品以及农民对非农业居民出售商品的价格。包括食品、饮料烟酒、服装鞋帽、纺织品、家用电器及音像器材、文化办公用品、日用品、体育娱乐用品、交通通信用品、家具、化妆品、金银珠宝、中西药品及医疗保健用品、书报杂志及电子出版物燃料、建筑材料及五金电料等16个大类，225个基本分类的商品零售价格。

**工业生产者价格**　工业生产者价格包括工业企业产品第一次出售时的出厂价格和企业作为中间投入的原材料、燃料、动力购进价格（简称工业生产者购进价格）。工业生产者价格调查的目的在于及时、准确、科学地反映各工业行业产品价格水平及其变动趋势和幅度，为国民经济核算、计算工业发展速度、宏观经济分析和调控、理顺价格体系等提供科学、准确的依据。

**土地交易价格**　指房地产开发商或其他建设单位在进行项目开发之前，为获得土地使用权而实际支付的价格，不包括土地的后续开发费用、税费、各种手续费和拆迁费等。

**住宅销售价格**　指房产所有权转移时买卖双方实际成交的价格（合同价格）。房产买卖时，买房人购买的是房产的所有权，卖房人将房产所有权出让，同时要获得房产所有权出让的价格补偿。它主要包括新建住宅销售和二手住宅销售两部分。

**住宅租赁价格**　指房屋的所有人出租房屋的实际价格。在此种交易形式中，房屋所有权不变，承租者支付房租，获得一定时期内的房屋使用权；出租者放弃或出让一定时期内的房屋使用权。

# 10

# 人民生活

PEOPLE´S LIVELIHOOD

# 10-1 人民物质文化生活提高情况

## IMPROVEMENT IN PEOPLE`S MATERIAL AND CULTURAL LIFE

| 指　　标 | 单位 | 1978年 | 1985年 | 1990年 | 1995年 | 2000年 | 2009年 | 2010年 | 2011年 |
|---|---|---|---|---|---|---|---|---|---|
| **就　业** | | | | | | | | | |
| 每一农村劳动力负担人数 | 人 | 1.70 | 1.65 | 1.61 | 1.40 | 1.40 | 1.36 | 1.35 | 1.38 |
| 每一城市就业者负担人数 | 人 | 1.89 | 1.68 | 1.72 | 1.80 | 1.71 | 1.86 | 1.67 | 1.67 |
| 城镇登记失业率 | % | | | | 2.30 | 3.70 | 3.90 | 3.84 | 3.61 |
| **收入与支出** | | | | | | | | | |
| 农村居民家庭人均纯收入 | 元 | 111 | 439 | 731 | 1813 | 3047 | 7805 | 8903 | 10412 |
| 农村居民家庭人均生活费支出 | 元 | 83 | 331 | 570 | 1374 | 1977 | 4733 | 5407 | 5905 |
| 农村居民恩格尔系数 | % | 69.9 | 51.8 | 50.5 | 56.1 | 43.5 | 35.6 | 33.6 | 36.4 |
| 农村居民基尼系数 | | 0.20 | 0.21 | 0.23 | 0.25 | 0.25 | 0.31 | 0.32 | 0.31 |
| 城市居民家庭人均可支配收入 | 元 | 338 | 783 | 1620 | 4721 | 8471 | 22722 | 25321 | 28892 |
| 城市居民家庭人均消费性支出 | 元 | 318 | 704 | 1360 | 3830 | 6892 | 14764 | 15973 | 18046 |
| 城市居民恩格尔系数 | % | 57.1 | 56.5 | 57.5 | 47.6 | 34.6 | 32.8 | 31.6 | 31.7 |
| 城市居民基尼系数 | | | 0.15 | 0.16 | 0.21 | 0.26 | 0.27 | 0.25 | 0.26 |
| 职工年平均工资 | 元 | 578 | 1104 | 2211 | 5851 | 10422 | 34544 | 36833 | 41959 |
| **居民储蓄** | | | | | | | | | |
| 城乡居民年末储蓄存款余额 | 亿元 | 1.3 | 8.1 | 51.1 | 222.1 | 463.0 | 1911.5 | 2187.7 | 2427.5 |
| 人均储蓄存款余额 | 元 | 28.5 | 167.1 | 975.5 | 4114.4 | 8229.6 | 31686.0 | 36239 | 40015 |
| **住房面积** | | | | | | | | | |
| 农村人均住房面积 | 平方米 | 9.6 | 16.9 | 22.5 | 24.7 | 28.6 | 39.4 | 40.2 | 41.3 |
| 城市人均住房面积 | 平方米 | 4.1 | 5.2 | 7.5 | 8.0 | 10.5 | 29.4 | 29.7 | 30.3 |
| **交通通讯** | | | | | | | | | |
| 农村每百户拥有摩托车 | 辆 | | 1.0 | 4.0 | 26.0 | 61.0 | 84.8 | 84.9 | 71.1 |
| 城市每百户拥有摩托车 | 辆 | | | 7.7 | 13.0 | 34.3 | 14.3 | 13.3 | 9.9 |
| **城市公用事业** | | | | | | | | | |
| 自来水普及率 | % | 99.0 | 99.0 | 100.0 | 100.0 | 100.0 | 100.0 | 100.0 | 100.0 |
| 每万人拥有公共绿地 | 公顷 | 1.6 | 3.0 | 4.0 | 5.0 | 7.2 | 10.8 | 11.3 | 10.9 |
| **文化生活** | | | | | | | | | |
| 城市每百户有彩色电视机 | 台 | – | 11.5 | 61.3 | 95.0 | 132.3 | 113.5 | 115.5 | 118.3 |
| 农村每百户有电视机 | 台 | – | 25.0 | 70.0 | 106.0 | 125.0 | 122.0 | 122.2 | 116.3 |
| **教育卫生** | | | | | | | | | |
| 每万人口中在校大学生数 | 人 | 22.23 | 62.12 | 71.24 | 104.40 | 165.29 | 1048.00 | 1064 | 1057 |
| 每万人拥有卫生技术人员 | 人 | 10.98 | 53.61 | 59.45 | 60.59 | 63.40 | 62.40 | 65.2 | 69.6 |
| 每万人拥有医院病床 | 张 | 22.01 | 28.24 | 32.88 | 36.03 | 38.57 | 51.20 | 52.9 | 57.7 |

注：1. 城市居民家庭人均消费性支出1990年以前为生活费支出。

2. 城市人均居住面积2002年以后为人均使用面积，2009年为建筑面积。

# 10-2 各时期城市居民生活情况

## BASIC CONDITIONS OF URBAN HOUSEHOLDS IN EACH PERIOD

| 年份 | 人均可支配收入(元) | 人均消费性支出(元) | 人均食品支出 | 就业者负担人数(人) | 人均住宅居住面积(平方米) |
|---|---|---|---|---|---|
| 1949 | 64.53 | 61.30 | 37.39 | | 4.09 |
| 1952 | 130.00 | 127.84 | 77.98 | | 4.11 |
| 1957 | 206.50 | 194.15 | 117.69 | | 3.64 |
| 1962 | 201.74 | 209.84 | 131.42 | | 3.48 |
| 1965 | 219.51 | 212.82 | 131.59 | | 3.31 |
| 1970 | | | | | 3.51 |
| 1975 | | | | | 3.66 |
| 1978 | 337.80 | 317.88 | 181.56 | 1.89 | 4.06 |
| 1980 | 440.09 | 405.53 | 230.11 | 1.67 | 4.22 |
| "六五"时期 | | | | | |
| 1981 | 487.19 | 452.77 | 256.67 | 1.73 | 4.40 |
| 1982 | 502.97 | 468.03 | 275.30 | 1.70 | 4.57 |
| 1983 | 552.37 | 484.87 | 293.32 | 1.66 | 4.93 |
| 1984 | 671.89 | 537.27 | 326.97 | 1.69 | 5.10 |
| 1985 | 783.00 | 703.82 | 397.33 | 1.68 | 5.21 |
| "七五"时期 | | | | | |
| 1986 | 946.46 | 836.50 | 474.62 | 1.70 | 7.40 |
| 1987 | 1057.48 | 943.58 | 534.12 | 1.73 | 7.30 |
| 1988 | 1272.83 | 1150.44 | 635.11 | 1.70 | 7.50 |
| 1989 | 1487.91 | 1355.64 | 745.32 | 1.71 | 7.50 |
| 1990 | 1619.50 | 1360.08 | 781.58 | 1.72 | 7.50 |
| "八五"时期 | | | | | |
| 1991 | 1854.33 | 1569.26 | 896.62 | 1.71 | 7.60 |
| 1992 | 2148.49 | 1781.21 | 979.03 | 1.73 | 7.65 |
| 1993 | 2873.94 | 2394.03 | 1146.02 | 1.74 | 7.80 |
| 1994 | 3951.94 | 3224.73 | 1566.59 | 1.72 | 7.90 |
| 1995 | 4720.55 | 3830.38 | 1823.64 | 1.80 | 8.00 |
| "九五"时期 | | | | | |
| 1996 | 5681.49 | 4422.91 | 2161.00 | 1.71 | 8.00 |
| 1997 | 6261.21 | 5210.40 | 2185.11 | 1.62 | 8.10 |
| 1998 | 6757.12 | 5440.10 | 2179.99 | 1.61 | 9.89 |
| 1999 | 7162.48 | 6415.39 | 2204.76 | 1.66 | 10.00 |
| 2000 | 8471.32 | 6891.75 | 2387.06 | 1.71 | 10.50 |
| "十五"时期 | | | | | |
| 2001 | 9564.99 | 7465.04 | 2386.84 | 1.74 | 10.70 |
| 2002 | 10094.13 | 7818.33 | 2575.21 | 1.72 | 17.83 |
| 2003 | 11012.86 | 8395.36 | 2610.75 | 1.68 | 18.85 |
| 2004 | 12005.06 | 8580.54 | 2784.87 | 1.65 | 19.50 |
| 2005 | 13578.46 | 9226.61 | 3046.93 | 1.73 | 19.55 |
| "十一五"时期 | | | | | |
| 2006 | 15340.17 | 10713.13 | 3335.31 | 1.74 | 20.1 |
| 2007 | 18005.10 | 12389.69 | 3900.91 | 1.72 | 21.0 |
| 2008 | 20802.17 | 13904.59 | 4466.18 | 1.87 | 21.5 |
| 2009 | 22721.65 | 14764.28 | 4836.78 | 1.86 | 29.4 |
| 2010 | 25321.06 | 15973.32 | 5051.18 | 1.67 | 29.7 |
| "十二五"时期 | | | | | |
| 2011 | 28891.97 | 18045.58 | 5722.65 | 1.71 | 30.3 |

注：1. 可支配收入1983年以前为生活费收入，消费性支出1992年以前为生活费支出。

2. 从2002年开始，"居民住宅居住面积"改为"使用面积"，2009年为"建筑面积"。

## 10-3 城市不同收入层次居

**BASIC CONDITIONS OF URBAN HOUSEHOLDS BY LEVEL**

| 指标 | 单位 | 平均 | 最低10% | |
|---|---|---|---|---|
| | | | | 更低5% |
| **调查户情况** | | | | |
| 调查户数 | 户 | 600 | 60.75 | 31 |
| 家庭人口 | 人/户 | 2.87 | 3.38 | 3.39 |
| 有收入者人数 | 人/户 | 2.08 | 1.87 | 1.72 |
| 就业人口数 | 人/户 | 1.71 | 1.4 | 1.19 |
| 国有经济单位职工 | 人/户 | 1.14 | 0.44 | 0.19 |
| 城镇集体单位职工 | 人/户 | 0.12 | 0.26 | 0.32 |
| 其他经济单位职工 | 人/户 | 0.13 | 0.05 | 0.06 |
| 城镇个体经营者 | 人/户 | 0.12 | 0.10 | 0.13 |
| 城镇个体被雇 | 人/户 | 0.11 | 0.35 | 0.42 |
| 离退休再就业人员 | 人/户 | 0.01 | 0.02 | |
| 其他就业人员 | 人/户 | 0.09 | 0.18 | 0.06 |
| 离退休人数 | 人/户 | 0.32 | 0.28 | 0.23 |
| 其他有收入者 | 人/户 | 0.05 | 0.19 | 0.30 |
| 无收入者人数 | 人/户 | 0.79 | 1.50 | 1.66 |
| **人均收入** | | | | |
| 家庭总收入 | 元 | 31895.11 | 11774.52 | 9652.35 |
| 可支配收入 | 元 | 28891.97 | 10418.18 | 8325.73 |
| 借贷收入 | 元 | 8594.92 | 5389.17 | 3018.24 |
| **人均支出** | | | | |
| 家庭总支出 | 元 | 23156.33 | 12790.64 | 9476.88 |
| 消费支出 | 元 | 18045.23 | 8657.89 | 7829.46 |
| #食品 | 元 | 5722.65 | 3624.45 | 3138.54 |
| 借贷支出 | 元 | 17115.11 | 4101.08 | 3044.51 |
| **人均手存现金** | | | | |
| 期初手存现金 | 元 | 1186.95 | 712.98 | 700.46 |
| 期末手存现金 | 元 | 1443.44 | 956.04 | 866.38 |

## 民家庭基本情况[样本数](2011年)

OF INCOME[DATA OF SAMPLING SURVEY](2011)

| 低10% | 较低20% | 中间20% | 较高20% | 高10% | 最高10% | 更高5% |
|---|---|---|---|---|---|---|
| 61.00 | 117.25 | 121.00 | 119.25 | 61.00 | 59.75 | 30.00 |
| 2.92 | 2.96 | 2.90 | 2.85 | 2.64 | 2.32 | 2.27 |
| 1.85 | 2.01 | 2.14 | 2.21 | 2.27 | 2.07 | 2.08 |
| 1.51 | 1.83 | 1.85 | 1.88 | 1.84 | 1.29 | 1.37 |
| 0.87 | 1.16 | 1.28 | 1.37 | 1.49 | 1.01 | 1.04 |
| 0.15 | 0.09 | 0.10 | 0.12 | 0.08 | 0.08 | |
| 0.13 | 0.17 | 0.16 | 0.13 | 0.10 | 0.07 | 0.10 |
| 0.11 | 0.18 | 0.10 | 0.13 | 0.07 | 0.10 | 0.17 |
| 0.11 | 0.13 | 0.12 | 0.05 | 0.03 | | |
| | 0.01 | 0.01 | 0.02 | 0.03 | 0.02 | 0.03 |
| 0.13 | 0.1 | 0.09 | 0.06 | 0.03 | 0.02 | 0.03 |
| 0.28 | 0.14 | 0.27 | 0.31 | 0.41 | 0.77 | 0.71 |
| 0.06 | 0.04 | 0.02 | 0.02 | 0.02 | | |
| 1.07 | 0.94 | 0.76 | 0.64 | 0.36 | 0.24 | 0.17 |
| | | | | | | |
| 18247.91 | 24273.97 | 29796.98 | 37553.94 | 48097.02 | 71190.03 | 85067.7 |
| 16077.59 | 21549.08 | 26968.22 | 34091.85 | 43313.45 | 66717.57 | 80224.32 |
| 4896.47 | 6254.34 | 6325.05 | 10553.05 | 13216.19 | 19618.96 | 23717.94 |
| | | | | | | |
| 14159.74 | 18963.17 | 22445.65 | 26622.76 | 33911.44 | 41511.27 | 49727.61 |
| 11159.44 | 14961.46 | 18051.05 | 21338.49 | 26741.78 | 30425.95 | 34292.5 |
| 4897.82 | 4958.35 | 6296.47 | 6269.00 | 6927.12 | 7622.15 | 7557.3 |
| 8655.83 | 11458.00 | 13769.88 | 21300.33 | 27387.51 | 47902.2 | 56358.32 |
| | | | | | | |
| 592.02 | 964.77 | 1449.46 | 1205.92 | 1560.00 | 2088.96 | 3038.83 |
| 887.31 | 1080.39 | 1463.86 | 1418.62 | 1504.10 | 3752.74 | 5697.51 |

# 10-4 城市不同收入层次居

BASIC CAPITA CASH INCOME OF URBAN

| 指　　标 | 合　计 | 最低10% | 更低5% | 低10% |
|---|---|---|---|---|
| 家庭总收入 | 31895.11 | 11774.52 | 9652.35 | 18247.91 |
| 其中：可支配收入 | 28891.97 | 10418.18 | 8325.73 | 16077.59 |
| 工薪收入 | 23654.03 | 9052.30 | 6848.74 | 14498.64 |
| 工资及补贴收入 | 23195.89 | 8357.22 | 6319.63 | 14141.00 |
| 其他劳动收入 | 458.14 | 695.08 | 529.12 | 357.64 |
| 经营净收入 | 2413.00 | 539.89 | 629.84 | 1331.96 |
| 财产性收入 | 344.79 | 378.38 | 325.65 | 211.74 |
| 利息收入 | 33.27 | 0.86 | 0.88 | 28.28 |
| 股息与红利收入 | 36.16 | 52.70 | 43.81 | 10.11 |
| 出租房屋收入 | 213.35 | 310.17 | 252.38 | 167.70 |
| 转移性收入 | 5483.30 | 1803.95 | 1848.12 | 2205.58 |
| 养老金或离退休金 | 4764.04 | 1283.38 | 1211.96 | 1937.92 |
| 社会救济收入 | 24.20 | 192.66 | 375.99 | 7.87 |
| 保险收入 | 5.86 | 14.64 | 28.57 | 15.04 |
| #失业保险金 | 5.86 | 14.64 | 28.57 | 15.04 |
| 赡养收入 | 35.01 | | | |
| 捐赠收入 | 432.29 | 71.39 | 40.76 | 84.69 |
| 借贷收入 | 8594.92 | 5389.17 | 3018.24 | 4896.47 |
| 提取储蓄存款 | 8077.87 | 3205.35 | 2951.58 | 4875.95 |
| 借入款 | 384.98 | 2166.73 | 66.67 | 19.66 |
| 收回借出款 | 117.58 | 17.08 | | 0.87 |
| 收回储蓄性保险本金 | 0.23 | | | |
| 住房贷款 | | | | |
| 其他贷款 | 13.31 | | | |
| 其他借贷收入 | 0.94 | | | |

## 民家庭人均现金收入（2011年）

HOUSEHOLDS BY LEVEL OF INCOME(2011)

单位:元

| 较低20% | 中间20% | 较高20% | 高10% | 最高10% | |
|---|---|---|---|---|---|
| | | | | | 更高5% |
| 24273.97 | 29796.98 | 37553.94 | 48097.02 | 71190.03 | 85067.70 |
| 21549.08 | 26968.22 | 34091.85 | 43313.45 | 66717.57 | 80224.32 |
| 20224.38 | 24602.86 | 29377.44 | 35924.47 | 35044.02 | 37443.91 |
| 19914.83 | 24269.34 | 28996.29 | 35087.44 | 34367.76 | 36716.19 |
| 309.55 | 333.52 | 381.15 | 837.03 | 676.26 | 727.72 |
| 2259.60 | 1712.70 | 2633.76 | 1588.98 | 9178.67 | 17713.84 |
| 104.02 | 292.76 | 318.93 | 480.52 | 1110.83 | 1564.58 |
| 4.73 | 34.87 | 46.77 | 70.68 | 78.95 | 146.80 |
| 16.15 | 41.95 | 7.34 | 73.02 | 108.83 | 222.77 |
| 67.73 | 155.41 | 229.57 | 239.75 | 571.70 | 984.65 |
| 1685.96 | 3188.66 | 5223.81 | 10103.05 | 25856.50 | 28345.37 |
| 1300.85 | 2614.69 | 4396.91 | 9414.02 | 23277.77 | 24103.26 |
| 0.58 | 1.42 | | | | |
| | | 12.93 | | | |
| | | 12.93 | | | |
| 17.31 | 33.59 | 70.58 | 0.62 | 132.77 | 258.42 |
| 161.73 | 343.51 | 426.22 | 463.89 | 2302.78 | 3826.49 |
| 6254.34 | 6325.05 | 10553.05 | 13216.19 | 19618.96 | 23717.94 |
| 6190.21 | 6319.35 | 9993.13 | 13201.52 | 18017.91 | 20599.13 |
| | | | | 1552.60 | 3118.81 |
| | | 559.92 | 10.61 | 48.45 | |
| 1.15 | | | | | |
| | | | | | |
| 60.20 | 5.69 | | | | |
| 2.77 | | | 4.06 | | |

# 10-5 城市不同收入层次

## COMPOSITION OF INCOME AND EXPENDITURE

| 指　　标 | 平　均 | 最低10% | 更低5% | 低10% |
|---|---|---|---|---|
| **家庭总收入** | 100.00 | 100.00 | 100.00 | 100.00 |
| 其中：可支配收入 | 90.58 | 88.48 | 86.26 | 88.11 |
| 工薪收入 | 74.16 | 76.88 | 70.95 | 79.45 |
| 工资及补贴收入 | 72.73 | 70.98 | 65.47 | 77.49 |
| 其他劳动收入 | 1.44 | 5.90 | 5.48 | 1.96 |
| 经营净收入 | 7.57 | 4.59 | 6.53 | 7.30 |
| 财产性收入 | 1.08 | 3.21 | 3.37 | 1.16 |
| 利息收入 | 0.10 | 0.01 | 0.01 | 0.15 |
| 股息与红利收入 | 0.11 | 0.45 | 0.45 | 0.06 |
| 出租房屋收入 | 0.67 | 2.63 | 2.61 | 0.92 |
| 转移性收入 | 17.19 | 15.32 | 19.15 | 12.09 |
| 养老金或离退休金 | 14.94 | 10.90 | 12.56 | 10.62 |
| 社会救济收入 | 0.08 | 1.64 | 3.90 | 0.04 |
| 保险收入 | 0.02 | 0.12 | 0.30 | 0.08 |
| #失业保险金 | 0.02 | 0.12 | 0.30 | 0.08 |
| 赡养收入 | 0.11 | 0.00 | 0.00 | 0.00 |
| 捐赠收入 | 1.36 | 0.61 | 0.42 | 0.46 |
| **借贷收入** | 26.95 | 45.77 | 31.27 | 26.83 |
| 提取储蓄存款 | 25.33 | 27.22 | 30.58 | 26.72 |
| 借入款 | 1.21 | 18.40 | 0.69 | 0.11 |
| 收回借出款 | 0.37 | 0.15 | 0.00 | 0.00 |
| 收回储蓄性保险本金 | | | | |
| 住房贷款 | | | | |
| 其他贷款 | 0.04 | 0.00 | 0.00 | 0.00 |
| 其他借贷收入 | 0.00 | 0.00 | 0.00 | 0.00 |
| **家庭总支出** | 100.00 | 100.00 | 100.00 | 100.00 |
| 消费支出 | 77.93 | 67.69 | 82.62 | 78.81 |
| 食　品 | 24.71 | 28.34 | 33.12 | 34.59 |
| 衣　着 | 9.51 | 7.18 | 7.00 | 10.30 |
| 居　住 | 7.33 | 9.39 | 15.29 | 6.01 |
| 家庭设备用品及服务 | 6.10 | 5.33 | 4.96 | 5.00 |
| 医疗保健 | 5.62 | 4.14 | 4.77 | 5.26 |
| 交通和通信 | 12.22 | 4.84 | 3.98 | 7.17 |
| 教育文化娱乐服务 | 9.27 | 7.38 | 12.52 | 7.90 |
| 其它商品和服务 | 3.17 | 1.07 | 0.99 | 2.57 |
| 非消费性支出 | | | | |
| #购房与建房支出 | 2.47 | 17.93 | 0.00 | 0.00 |

# 居 民 家 庭 收 支 构 成 （2011年）

OF URBAN HOUSEHOLDS(2011)

单位:%

| 较低20% | 中间20% | 较高20% | 高10% | 最高10% | 更高5% |
|---|---|---|---|---|---|
| 100.00 | 100.00 | 100.00 | 100.00 | 100.00 | 100.00 |
| 88.77 | 90.51 | 90.78 | 90.05 | 93.72 | 94.31 |
| | | | | | |
| 83.32 | 82.57 | 78.23 | 74.69 | 49.23 | 44.02 |
| 82.04 | 81.45 | 77.21 | 72.95 | 48.28 | 43.16 |
| 1.28 | 1.12 | 1.01 | 1.74 | 0.95 | 0.86 |
| | | | | | |
| 9.31 | 5.75 | 7.01 | 3.30 | 12.89 | 20.82 |
| | | | | | |
| 0.43 | 0.98 | 0.35 | 1.00 | 1.56 | 1.84 |
| 0.02 | 0.12 | 0.12 | 0.15 | 0.11 | 0.17 |
| 0.07 | 0.14 | 0.02 | 0.15 | 0.15 | 0.26 |
| 0.28 | 0.52 | 0.61 | 0.50 | 0.80 | 1.16 |
| | | | | | |
| 6.95 | 10.70 | 13.91 | 21.01 | 36.32 | 33.32 |
| 5.36 | 8.78 | 11.71 | 19.57 | 32.70 | 28.33 |
| 0.00 | 0.00 | 0.00 | 0.00 | 0.00 | 0.00 |
| 0.00 | 0.00 | 0.03 | 0.00 | 0.00 | 0.00 |
| 0.00 | 0.00 | 0.03 | | | |
| 0.07 | 0.11 | 0.19 | 0.00 | 0.19 | 0.30 |
| 0.67 | 1.15 | 1.13 | 0.96 | 3.23 | 4.50 |
| | | | | | |
| 25.77 | 21.23 | 28.10 | 27.48 | 27.56 | 27.88 |
| 25.50 | 21.21 | 26.61 | 27.45 | 25.31 | 24.21 |
| 0.00 | 0.00 | 0.00 | 0.00 | 2.18 | 3.67 |
| 0.00 | 0.00 | 1.49 | 0.02 | 0.07 | 0.00 |
| | | | | | |
| | | | | | |
| 0.25 | 0.02 | | | | |
| 0.01 | 0.00 | 0.00 | 0.01 | | |
| | | | | | |
| 100.00 | 100.00 | 100.00 | 100.00 | 100.00 | 100.00 |
| 78.90 | 80.42 | 80.15 | 78.86 | 73.30 | 68.96 |
| 26.15 | 28.05 | 23.55 | 20.43 | 18.36 | 15.20 |
| 9.47 | 11.71 | 10.25 | 8.56 | 6.98 | 6.53 |
| 8.04 | 6.32 | 7.16 | 6.15 | 8.94 | 8.33 |
| 6.10 | 5.48 | 7.73 | 5.94 | 5.35 | 4.16 |
| 4.41 | 4.98 | 3.84 | 10.69 | 6.70 | 5.86 |
| 11.12 | 10.65 | 14.99 | 13.21 | 15.95 | 17.21 |
| 11.13 | 9.72 | 9.32 | 10.46 | 6.77 | 6.95 |
| 2.48 | 3.50 | 3.30 | 3.41 | 4.25 | 4.72 |
| | | | | | |
| | | | | | |
| 0.00 | 0.00 | 0.44 | 0.92 | 7.41 | 12.66 |

# 10-6 城市不同收入层次

BASIC CAPITA CASH EXPENDITURE OF URBAN

| 指　　标 | 平　均 | 最低10% | 更低5% | 低10% |
|---|---|---|---|---|
| 人均家庭总支出 | 23156.33 | 12790.64 | 9476.88 | 14159.74 |
| 消费支出 | 18045.23 | 8657.89 | 7829.46 | 11159.44 |
| 购房与建房支出 | 572.65 | 2293.62 | | |
| 转移性支出 | 1811.48 | 592.68 | 440.70 | 982.70 |
| 交纳的个人收入税 | 181.87 | 50.25 | 65.76 | 73.15 |
| 捐赠支出 | 1174.85 | 412.47 | 232.53 | 678.69 |
| 购买彩票 | 8.14 | 2.50 | 4.79 | 5.49 |
| 赡养支出 | 184.94 | 80.64 | 91.43 | 141.39 |
| #在外就学子女费用 | 24.03 | | | 4.49 |
| 非储蓄性保险支出 | 153.35 | 12.85 | 5.33 | 42.26 |
| 财产性支出 | 21.44 | 8.54 | 16.67 | |
| 社会保障支出 | 2705.19 | 1237.92 | 1190.05 | 2017.6 |
| 个人交纳的养老基金 | 1089.57 | 723.89 | 770.97 | 951.17 |
| 个人交纳的住房公积金 | 1221.74 | 340.57 | 233.31 | 703.81 |
| 个人交纳的医疗基金 | 283.54 | 138.67 | 160.42 | 294.28 |
| 个人交纳的失业基金 | 85.41 | 31.81 | 20.23 | 51.14 |
| 其他社会保障支出 | 24.93 | 2.98 | 5.13 | 17.19 |
| 借贷支出 | 17115.11 | 4101.08 | 3044.51 | 8655.83 |
| 存入储蓄款 | 16252.50 | 4072.30 | 3034.69 | 8104.14 |
| 借出款 | 14.34 | | | 5.62 |
| 归还借款 | 37.70 | | | 8.54 |
| 储蓄性保险支出 | 181.67 | 27.02 | 9.82 | 149.73 |
| 购买有价证券 | 8.44 | | | |
| 其他投资支出 | 2.16 | 1.76 | | |
| 归还住房贷款 | 594.02 | | | 370.94 |
| 归还汽车贷款 | 15.42 | | | |
| 归还其他贷款 | 1.89 | | | |
| 其他借贷支出 | 6.98 | | | 16.85 |

## 居民家庭总支出（2011年）

## HOUSEHOLDS BY LEVEL OF INCOME(2011)

单位:元

| 较低20% | 中间20% | 较高20% | 高10% | 最高10% | |
|---|---|---|---|---|---|
| | | | | | 更高5% |
| 18963.17 | 22445.65 | 26622.76 | 33911.44 | 41511.27 | 49727.61 |
| 14961.46 | 18051.05 | 21338.49 | 26741.78 | 30425.95 | 34292.50 |
| | | | | | |
| | | 117.88 | 312.17 | 3075.83 | 6296.32 |
| 1485.13 | 1761.85 | 1997.71 | 2692.09 | 4159.24 | 5157.65 |
| 118.79 | 121.07 | 187.66 | 446.83 | 509.50 | 705.03 |
| 918.79 | 1115.97 | 1355.17 | 1491.96 | 2930.73 | 3724.72 |
| 2.14 | 22.12 | 3.21 | 12.57 | 6.38 | 4.01 |
| 153.89 | 160.58 | 197.45 | 227.89 | 455.75 | 466.60 |
| 30.00 | 15.25 | 16.21 | 8.74 | 129.36 | 131.14 |
| 132.00 | 244.37 | 175.43 | 260.86 | 148.12 | 146.70 |
| | | | | | |
| 29 | 43.64 | 13.26 | 6.24 | 30.47 | |
| | | | | | |
| 2487.59 | 2589.12 | 3155.42 | 4159.15 | 3819.77 | 3981.14 |
| 1145.52 | 1119.05 | 1153.94 | 1340.24 | 1146.27 | 1188.05 |
| 946.68 | 1083.00 | 1562.73 | 2245.55 | 2216.95 | 2290.78 |
| 289.04 | 286.89 | 311.02 | 362.22 | 303.56 | 359.63 |
| 84.78 | 78.42 | 101.81 | 145.42 | 118.72 | 110.75 |
| 21.57 | 21.76 | 25.91 | 65.71 | 34.27 | 31.94 |
| 11458.00 | 13769.88 | 21300.33 | 27387.51 | 47902.20 | 56358.32 |
| 10818.40 | 13324.30 | 19794.89 | 26146.15 | 45797.14 | 54618.83 |
| 4.72 | | 17.68 | | 116.08 | |
| 11.47 | 26.27 | 21.60 | 226.83 | 46.34 | |
| 186.76 | 165.29 | 240.00 | 334.98 | 159.99 | 156.63 |
| | | 13.26 | 62.43 | | |
| 4.23 | 3.79 | 0.59 | 1.56 | 0.73 | |
| 422.03 | 250.23 | 1182.53 | 475.08 | 1763.45 | 1582.87 |
| | | 29.47 | 103.02 | | |
| 4.62 | | | | 11.94 | |
| | | | | | |
| 5.77 | | 0.29 | 37.46 | 6.53 | |

# 10-7 城市不同收入层次居

CAPITAL LIVING EXPENDITURE OF URBAN

| 指　　标 | 平　均 | 最低10% | |
|---|---|---|---|
| | | | 更低5% |
| **消费支出** | 18045.23 | 8657.89 | 7829.46 |
| #服务性消费支出 | 4492.26 | 1929.85 | 1914.67 |
| 食　品 | 5722.65 | 3624.45 | 3138.54 |
| 粮油类 | 574.43 | 571.52 | 548.34 |
| #粮　食 | 360.32 | 353.07 | 358.64 |
| 淀粉及薯类 | 42.01 | 32.82 | 30.25 |
| 干豆类及豆制品 | 71.87 | 65.45 | 67.80 |
| 油脂类 | 100.23 | 120.18 | 91.65 |
| 肉禽蛋水产品类 | 1316.15 | 953.45 | 886.44 |
| #肉　类 | 713.32 | 544.24 | 498.95 |
| 禽　类 | 147.12 | 120.49 | 96.11 |
| 蛋　类 | 142.18 | 125.65 | 141.57 |
| 水产品类 | 313.52 | 163.08 | 149.82 |
| 蔬菜类 | 471.25 | 407.39 | 422.86 |
| #鲜　菜 | 427.55 | 372.82 | 390.36 |
| 干　菜 | 30.29 | 25.78 | 25.46 |
| 菜制品 | 13.40 | 8.79 | 7.04 |
| 调味品 | 72.06 | 55.33 | 56.26 |
| 糖烟酒饮料类 | 645.29 | 401.26 | 283.26 |
| #糖　类 | 39.14 | 15.09 | 13.25 |
| 烟草类 | 176.73 | 142.32 | 103.83 |
| 酒　类 | 241.54 | 132.27 | 88.70 |
| 饮料 | 187.88 | 111.58 | 77.48 |
| 干鲜瓜果类 | 511.54 | 281.09 | 243.58 |
| #鲜　果 | 289.57 | 172.10 | 147.68 |
| 鲜　瓜 | 66.40 | 35.37 | 32.20 |
| 干鲜瓜果类及制品 | 155.57 | 73.62 | 63.70 |
| 糕点、奶及奶制品 | 409.19 | 228.62 | 206.83 |

## 民家庭人均消费性支出（2011年）

HOUSEHOLDS BY LEVEL OF INCOME(2011)

单位:元

| 低10% | 较低20% | 中间20% | 较高20% | 高10% | 最高10% | 更高5% |
|---|---|---|---|---|---|---|
| 11159.44 | 14960.80 | 18050.93 | 21338.14 | 26740.49 | 30425.95 | 34292.5 |
| 2698.84 | 3733.08 | 4486.46 | 5127.29 | 7777.03 | 7161.63 | 8268.45 |
| | | | | | | |
| 4897.82 | 4958.35 | 6296.47 | 6269.00 | 6927.12 | 7622.15 | 7557.30 |
| 571.47 | 534.19 | 581.31 | 537.53 | 623.27 | 700.31 | 658.58 |
| 354.39 | 342.13 | 364.49 | 346.91 | 368.31 | 437.57 | 413.67 |
| 38.10 | 37.76 | 45.15 | 38.81 | 54.11 | 57.18 | 58.42 |
| 69.83 | 71.83 | 69.71 | 62.41 | 93.87 | 87.42 | 91.17 |
| 109.14 | 82.47 | 101.95 | 89.41 | 106.99 | 118.14 | 95.32 |
| | | | | | | |
| 1162.31 | 1248.97 | 1427.33 | 1312.48 | 1596.28 | 1623.12 | 1452.90 |
| 675.27 | 702.25 | 753.85 | 699.03 | 845.06 | 820.41 | 772.03 |
| 126.24 | 132.32 | 167.20 | 140.27 | 173.16 | 186.41 | 179.89 |
| 154.91 | 132.25 | 141.04 | 131.92 | 160.09 | 182.65 | 197.81 |
| 205.90 | 282.14 | 365.23 | 341.26 | 417.97 | 433.64 | 303.18 |
| | | | | | | |
| 483.25 | 439.88 | 482.39 | 439.59 | 562.16 | 573.44 | 611.15 |
| 437.83 | 402.95 | 430.33 | 400.39 | 505.68 | 526.47 | 575.61 |
| 34.31 | 23.40 | 37.02 | 25.43 | 40.96 | 31.60 | 22.72 |
| 11.11 | 13.53 | 15.04 | 13.77 | 15.53 | 15.36 | 12.83 |
| 65.91 | 67.58 | 74.1 | 72.53 | 91.06 | 87.69 | 90.16 |
| | | | | | | |
| 600.68 | 494.15 | 772.67 | 734.73 | 604.97 | 947.82 | 957.92 |
| 23.87 | 32.76 | 48.02 | 48.73 | 57.09 | 43.51 | 41.25 |
| 183.72 | 144.52 | 208.63 | 169.42 | 147.59 | 270.43 | 293.02 |
| 230.80 | 174.06 | 303.21 | 271.91 | 230.11 | 368.95 | 331.40 |
| 162.29 | 142.82 | 212.81 | 244.67 | 170.19 | 264.93 | 292.26 |
| | | | | | | |
| 386.13 | 466.98 | 542.22 | 568.12 | 699.42 | 692.39 | 635.61 |
| 210.29 | 270.70 | 301.57 | 314.76 | 395.69 | 398.21 | 365.16 |
| 49.12 | 63.64 | 73.59 | 69.49 | 92.32 | 85.71 | 83.86 |
| 126.73 | 132.65 | 167.06 | 183.87 | 211.41 | 208.47 | 186.59 |
| | | | | | | |
| 279.99 | 342.28 | 477.10 | 435.26 | 552.23 | 609.22 | 569.00 |

10-7续1

| 指标 | 平均 | 最低10% | 更低5% |
|---|---|---|---|
| #糕点 | 135.13 | 72.83 | 69.90 |
| 奶及奶制品 | 274.06 | 155.80 | 136.93 |
| 其他食品 | 115.42 | 65.17 | 53.24 |
| 饮食服务 | 1607.32 | 660.62 | 437.72 |
| #食品加工服务费 | 1.76 | 1.25 | 1.55 |
| 在外饮食 | 1605.57 | 659.37 | 436.17 |
| 非食品类 | | | |
| 衣着 | 2202.54 | 918.88 | 662.92 |
| 服装 | 1640.08 | 602.54 | 422.69 |
| 衣着材料 | 12.33 | 19.91 | 15.68 |
| 鞋类 | 479.75 | 266.25 | 198.50 |
| 其他衣着用品 | 60.19 | 26.22 | 24.66 |
| 衣着加工服务费 | 10.19 | 3.95 | 1.38 |
| 居住 | 1697.59 | 1201.51 | 1449.37 |
| 住房 | 611.61 | 433.76 | 675.24 |
| #租赁房房租 | 74.37 | | |
| 住房装潢支出 | 259.01 | 228.82 | 342.86 |
| 维修用建筑材料 | 232.64 | 203.41 | 332.38 |
| 其他 | 45.58 | 1.52 | |
| 水电燃料及其他 | 956.49 | 744.87 | 747.44 |
| #水 | 80.13 | 54.39 | 48.39 |
| 电 | 332.98 | 275.64 | 254.58 |
| 燃料 | 125.27 | 190.23 | 207.17 |
| 其他 | 1.66 | 9.31 | |
| 居住服务费 | 129.49 | 22.89 | 26.69 |
| #物业管理费 | 30.38 | 14.83 | 20.05 |

| 低10% | 较低20% | 中间20% | 较高20% | 高10% | 最高10% | |
|---|---|---|---|---|---|---|
| | | | | | | 更高5% |
| 89.75 | 125.27 | 158.89 | 148.09 | 162.80 | 186.49 | 185.31 |
| 190.25 | 217.01 | 318.21 | 287.17 | 389.43 | 422.72 | 383.69 |
| 89.42 | 132.34 | 109.17 | 122.89 | 148.81 | 139.87 | 156.33 |
| | | | | | | |
| 1258.65 | 1231.98 | 1830.18 | 2045.87 | 2048.90 | 2248.28 | 2425.65 |
| 3.09 | 1.83 | 0.35 | 2.00 | 1.51 | 3.89 | 1.76 |
| 1255.57 | 1230.15 | 1829.83 | 2043.87 | 2047.39 | 2244.39 | 2423.89 |
| | | | | | | |
| | | | | | | |
| 1459.11 | 1795.55 | 2628.88 | 2728.99 | 2904.36 | 2896.29 | 3249.50 |
| 1045.29 | 1314.25 | 1936.75 | 2058.03 | 2251.87 | 2274.07 | 2606.78 |
| 9.69 | 7.69 | 12.90 | 12.01 | 13.97 | 13.54 | 11.76 |
| 353.13 | 408.49 | 588.04 | 586.55 | 548.04 | 521.57 | 555.22 |
| 39.97 | 55.07 | 79.99 | 64.11 | 78.95 | 67.74 | 53.58 |
| 11.02 | 10.05 | 11.20 | 8.27 | 11.53 | 19.37 | 22.15 |
| | | | | | | |
| 851.06 | 1523.76 | 1418.30 | 1906.88 | 2086.61 | 3710.07 | 4143.38 |
| 88.44 | 610.76 | 284.66 | 634.86 | 825.89 | 2080.90 | 2299.54 |
| 87.64 | 62.31 | 132.87 | 56.08 | 134.86 | 23.77 | |
| | 322.73 | 89.88 | 218.72 | 393.40 | 852.28 | 841.34 |
| 0.11 | 222.85 | 49.10 | 222.93 | 252.92 | 1069.22 | 1334.94 |
| 0.69 | 2.87 | 12.81 | 137.13 | 44.72 | 135.63 | 123.27 |
| | | | | | | |
| 697.75 | 819.77 | 1026.63 | 1074.11 | 1055.25 | 1365.95 | 1512.07 |
| 77.17 | 69.07 | 84.44 | 86.35 | 84.70 | 118.40 | 135.97 |
| 292.28 | 312.90 | 336.86 | 360.04 | 388.67 | 380.04 | 410.13 |
| 124.41 | 99.08 | 135.29 | 112.51 | 110.45 | 118.80 | 107.79 |
| 0.49 | 1.26 | 1.16 | 0.02 | | | |
| | | | | | | |
| 64.86 | 93.23 | 107.02 | 197.91 | 205.47 | 263.22 | 331.76 |
| 20.11 | 27.66 | 26.62 | 33.26 | 35.76 | 69.79 | 103.91 |

| 指　　标 | 平　均 | 最低10% | 更低5% |
|---|---|---|---|
| 维修服务费 | 41.02 | 3.10 | 1.90 |
| 其　他 | 58.1 | 4.96 | 4.74 |
| | | | |
| 家庭设备用品及服务 | 1412.32 | 682.29 | 469.75 |
| 耐用消费品 | 679.03 | 400.66 | 260.25 |
| #家具 | 238.06 | 128.41 | 24.36 |
| 家庭设备 | 440.97 | 272.25 | 235.89 |
| 室内装饰品 | 32.24 | 18.52 | 1.17 |
| 床上用品 | 88.56 | 28.39 | 32.46 |
| 家庭日用杂品 | 510.29 | 213.68 | 158.94 |
| 家具材料 | 34.14 | 0.62 | 1.03 |
| 家庭服务 | 68.07 | 20.41 | 15.90 |
| | | | |
| 医疗保健 | 1300.52 | 530.15 | 452.33 |
| 医疗器具 | 10.38 | 0.75 | 1.41 |
| 保健器具 | 19.91 | 12.79 | 15.7 |
| 药品费 | 542.37 | 186.74 | 148.17 |
| 滋补保健品 | 157.09 | 30.83 | 24.17 |
| 医疗费 | 556.82 | 296.51 | 262.07 |
| 其　他 | 13.94 | 2.52 | 0.82 |
| | | | |
| 交通和通信 | 2830.12 | 619.05 | 376.97 |
| 交　通 | 2085.74 | 263.5 | 99.67 |
| #家庭交通工具 | 1136.04 | 59.57 | 22.28 |
| 车辆用燃料及零配件 | 469.10 | 83.09 | 1.95 |
| 交通工具服务支出 | 230.45 | 16.02 | 8.37 |
| 交通费 | 250.15 | 104.82 | 67.07 |
| 通　信 | 744.39 | 355.55 | 277.30 |
| #通信工具 | 192.40 | 65.28 | 20.86 |
| 通信服务 | 551.99 | 290.27 | 256.44 |
| | | | |
| 教育文化娱乐服务 | 2146.57 | 944.47 | 1186.22 |
| 文化娱乐用品 | 580.59 | 225.42 | 272.51 |
| 音像制品及软件 | 12.68 | 3.44 | 1.96 |
| 体育用品 | 6.45 | 1.11 | 1.98 |

| 低10% | 较低20% | 中间20% | 较高20% | 高10% | 最高10% | 更高5% |
|---|---|---|---|---|---|---|
| 8.71 | 19.33 | 36.52 | 93.23 | 91.43 | 18.04 | 17.15 |
| 36.04 | 46.24 | 43.88 | 71.42 | 78.28 | 175.39 | 210.69 |
| | | | | | | |
| 708.14 | 1157.66 | 1230.73 | 2058.04 | 2013.60 | 2221.98 | 2066.53 |
| 338.28 | 562.60 | 550.45 | 836.00 | 1136.71 | 1235.20 | 1197.74 |
| 136.30 | 204.60 | 140.41 | 307.39 | 303.21 | 619.12 | 587.66 |
| 201.98 | 358.00 | 410.04 | 528.61 | 833.50 | 616.08 | 610.08 |
| 7.22 | 37.28 | 40.85 | 20.70 | 55.93 | 51.15 | 51.24 |
| 46.45 | 71.63 | 96.45 | 115.6 | 136.21 | 132.93 | 191.13 |
| 287.34 | 392.98 | 450.68 | 917.89 | 576.8 | 605.38 | 486.32 |
| 7.53 | 51.39 | 43.77 | 33.31 | 28.66 | 58.74 | 41.79 |
| 21.31 | 41.77 | 48.53 | 134.54 | 79.29 | 138.57 | 98.32 |
| | | | | | | |
| 745.38 | 835.41 | 1118.72 | 1022.18 | 3625.11 | 2780.00 | 2915.76 |
| 3.51 | 2.39 | 3.32 | 2.58 | 81.37 | 8.37 | 13.51 |
| 4.84 | 12.89 | 21.36 | 18.25 | 63.71 | 17.17 | 0.86 |
| 313.97 | 345.57 | 402.74 | 413.75 | 1586.72 | 1320.03 | 1269.61 |
| 72.96 | 114.12 | 193.68 | 175.48 | 163.27 | 415.85 | 348.79 |
| 342.75 | 349.41 | 483.07 | 402.01 | 1724.11 | 954.59 | 1190.36 |
| 7.34 | 11.02 | 14.55 | 10.11 | 5.93 | 64.00 | 92.61 |
| | | | | | | |
| 1015.32 | 2109.19 | 2389.41 | 3991.14 | 4481.38 | 6620.47 | 8558.42 |
| 540.07 | 1372.14 | 1605.65 | 3112.07 | 3478.31 | 5664.51 | 7465.31 |
| 153.00 | 604.75 | 752.60 | 1772.47 | 1956.08 | 3799.86 | 5471.99 |
| 184.33 | 386.32 | 417.58 | 768.71 | 698.37 | 746.21 | 900.24 |
| 68.51 | 200.22 | 175.14 | 312.71 | 352.51 | 631.01 | 564.57 |
| 134.23 | 180.85 | 260.32 | 258.18 | 471.34 | 487.43 | 528.51 |
| 475.25 | 737.05 | 783.76 | 879.07 | 1003.07 | 955.95 | 1093.11 |
| 102.38 | 181.17 | 231.02 | 229.64 | 299.27 | 211.55 | 261.74 |
| 372.87 | 555.88 | 552.74 | 649.43 | 703.80 | 744.41 | 831.37 |
| | | | | | | |
| 1118.12 | 2110.28 | 2182.47 | 2482.09 | 3546.25 | 2809.23 | 3456.86 |
| 246.54 | 692.33 | 596.39 | 653.61 | 813.12 | 768.75 | 934.94 |
| 4.84 | 6.64 | 18.93 | 7.66 | 18.63 | 41.21 | 2.72 |
| 7.43 | 6.00 | 9.58 | 5.07 | 4.20 | 12.28 | 16.87 |

10-7续3

| 指标 | 平均 | 最低10% | 更低5% |
|---|---|---|---|
| 书报杂志 | 67.61 | 41.56 | 43.90 |
| 纸张文具 | 24.61 | 12.47 | 11.78 |
| 其他文娱用品 | 167.00 | 42.11 | 33.78 |
| 文化娱乐服务 | 758.29 | 279.15 | 397.25 |
| #参观游览 | 381.38 | 56.60 | 50.48 |
| 健身活动 | 46.64 | 155.68 | 291.05 |
| 团体旅游 | 190.49 | 25.93 | 34.89 |
| 其他文娱活动 | 132.74 | 39.51 | 20.49 |
| 文娱用品修理服务费 | 7.05 | 1.43 | 0.34 |
| 教　育 | 807.69 | 439.90 | 516.47 |
| 教　材 | 30.46 | 22.41 | 30.32 |
| 教育费用 | 777.23 | 417.49 | 486.15 |
| #非义务教育学杂费 | 245.94 | 127.64 | 171.39 |
| 义务教育学杂费 | 14.20 | 8.40 | 12.88 |
| 托幼费 | 111.52 | 78.91 | 97.65 |
| 成人教育费 | 75.71 | 34.49 | 26.10 |
| 家教费 | 20.95 | 1.46 | 2.86 |
| 培训班 | 222.00 | 99.85 | 63.18 |
| 学校住宿费 | 10.99 | 37.82 | 70.48 |
| 其　他 | 75.91 | 28.91 | 41.63 |
| 其它商品和服务 | 732.93 | 137.10 | 93.35 |
| 其它商品 | 555.86 | 81.22 | 56.78 |
| 金银珠宝饰品 | 170.84 | 2.50 | |
| 理发美容工具 | 10.47 | 1.92 | 2.42 |
| 化妆品 | 187.07 | 36.86 | 25.25 |
| 其他杂品 | 157.90 | 39.70 | 29.12 |
| 服　务 | 177.07 | 55.88 | 36.57 |
| #旅馆住宿费 | 35.28 | 4.88 | 5.23 |
| 理发洗澡费 | 41.56 | 33.18 | 23.16 |
| 美容费 | 58.33 | 4.96 | 4.76 |
| 其他服务 | 41.90 | 12.87 | 3.42 |

| 低10% | 较低20% | 中间20% | 较高20% | 高10% | 最高10% | 更高5% |
|---|---|---|---|---|---|---|
| 53.28 | 57.11 | 66.53 | 81.63 | 96.04 | 86.42 | 76.39 |
| 14.14 | 30.81 | 28.99 | 34.91 | 14.53 | 15.78 | 11.91 |
| 80.49 | 133.54 | 211.08 | 203.02 | 232.15 | 271.81 | 411.68 |
| | | | | | | |
| 293.21 | 477.86 | 819.89 | 1113.00 | 1222.99 | 1206.33 | 1640.23 |
| 87.63 | 239.17 | 393.04 | 666.51 | 554.04 | 668.85 | 1102.11 |
| 14.3 | 14.14 | 52.64 | 25.08 | 53.63 | 37.76 | 48.18 |
| 129.49 | 101.97 | 209.17 | 265.91 | 395.25 | 265.30 | 323.72 |
| 59.9 | 115.96 | 154.54 | 150.67 | 205.81 | 222.94 | 154.18 |
| 1.88 | 6.61 | 10.50 | 4.83 | 14.25 | 11.48 | 12.04 |
| | | | | | | |
| 578.37 | 940.08 | 766.18 | 715.48 | 1510.14 | 834.15 | 881.69 |
| 48.41 | 25.57 | 34.05 | 25.85 | 28.95 | 35.52 | 12.64 |
| 529.96 | 914.51 | 732.13 | 689.63 | 1481.19 | 798.64 | 869.05 |
| 193.86 | 258.88 | 172.75 | 225.16 | 615.99 | 264.21 | 127.57 |
| 6.44 | 15.67 | 22.99 | 1.59 | 19.62 | 31.52 | |
| 24.72 | 145.98 | 129.12 | 116.88 | 187.56 | 39.02 | |
| 45.98 | 57.03 | 90.85 | 96.66 | 133.54 | 65.03 | 63.94 |
| 5.42 | 60.62 | 1.02 | 25.20 | 30.02 | | |
| 228.40 | 267.17 | 233.26 | 181.83 | 438.79 | 100.00 | 77.67 |
| 2.53 | 7.50 | 8.40 | 14.26 | | 2.18 | 4.46 |
| 22.61 | 101.66 | 73.74 | 28.05 | 55.67 | 296.69 | 595.41 |
| | | | | | | |
| 364.50 | 470.59 | 785.96 | 879.84 | 1156.07 | 1765.77 | 2344.75 |
| 222.89 | 369.59 | 573.61 | 685.73 | 948.69 | 1338.47 | 1702.87 |
| 44.64 | 111.18 | 118.00 | 185.78 | 240.78 | 750.73 | 1212.47 |
| 2.36 | 5.74 | 13.59 | 16.90 | 12.22 | 19.71 | 13.83 |
| 93.94 | 122.76 | 211.62 | 280.43 | 272.26 | 300.94 | 279.41 |
| 76.65 | 98.29 | 196.69 | 147.17 | 378.58 | 259.62 | 196.72 |
| | | | | | | |
| 141.61 | 101.00 | 212.35 | 194.10 | 207.38 | 427.30 | 641.88 |
| 13.20 | 13.39 | 61.95 | 44.24 | 53.09 | 53.31 | 54.18 |
| 47.93 | 31.88 | 47.87 | 37.05 | 42.51 | 64.08 | 74.73 |
| 37.14 | 26.19 | 54.05 | 63.64 | 44.16 | 260.16 | 443.81 |
| 43.34 | 29.54 | 48.48 | 49.17 | 67.61 | 49.74 | 69.16 |

# 10-8 主要年份城市居民消费性支出构成

**CAPITA LIVING EXPENDITURE COMPISITION OF URBAN HOUSEHOLDS IN MAJOR YEARS** 单位:%

| 指　　标 | 1985年 | 1990年 | 1995年 | 2000年 | 2005年 | 2010年 | 2011年 |
|---|---|---|---|---|---|---|---|
| **消费性支出** | 100.00 | 100.00 | 100.00 | 100.00 | 100.00 | 100.00 | 100.00 |
| **食　品** | 56.45 | 57.47 | 47.61 | 34.64 | 33.02 | 31.62 | 31.71 |
| #粮　食 | 5.26 | 4.46 | 6.16 | 3.18 | 2.50 | 2.14 | 2.00 |
| 油脂类 | 1.69 | 2.25 | 2.30 | 1.05 | 0.99 | 0.70 | 0.56 |
| 肉禽及制品 | 8.37 | 10.45 | 10.58 | 6.01 | 6.50 | 6.44 | 4.77 |
| 蛋　类 | 5.64 | 5.90 | 3.55 | 1.22 | 1.09 | 0.77 | 0.79 |
| 水产品类 | 2.24 | 3.22 | 2.44 | 2.00 | 1.59 | 1.64 | 1.74 |
| 菜　类 | 5.91 | 7.23 | 5.26 | 2.52 | 2.56 | 2.86 | 2.61 |
| 糖　类 | 1.22 | 0.61 | 0.61 | 0.38 | 0.27 | 0.21 | 0.22 |
| 烟草类 | 2.67 | 2.79 | 1.48 | 1.06 | 1.03 | 0.95 | 0.98 |
| 酒和饮料 | 3.94 | 4.22 | 2.50 | 2.33 | 2.09 | 2.10 | 2.38 |
| 干鲜瓜果类 | 4.41 | 4.64 | 2.82 | 2.19 | 2.86 | 2.60 | 2.83 |
| 糕点类 | 1.86 | 1.47 | 1.23 | 0.97 | 0.85 | 0.64 | 0.75 |
| 奶及奶制品 | 0.93 | 1.25 | 1.05 | 1.98 | 2.02 | 1.54 | 1.52 |
| 在外用餐 | 7.90 | 4.77 | 4.00 | 6.71 | 7.73 | 9.09 | 8.90 |
| **衣　着** | 13.97 | 13.17 | 13.36 | 10.98 | 10.02 | 11.78 | 12.21 |
| #衣着材料 | 4.24 | 4.18 | 2.16 | 0.81 | 0.18 | 0.10 | 0.07 |
| 服装类 | 5.72 | 5.59 | 7.63 | 7.18 | 7.03 | 8.65 | 9.09 |
| 鞋　类 | 1.95 | 2.15 | 2.57 | 2.36 | 2.34 | 2.63 | 2.66 |
| **设备用品及服务** | 10.45 | 10.44 | 10.17 | 11.69 | 5.81 | 7.16 | 7.83 |
| #家　具 | 1.99 | 2.04 | 1.26 | 1.92 | 0.82 | 1.32 | 1.32 |
| 家庭设备 | 4.89 | 4.90 | 4.38 | 4.35 | 2.19 | 2.33 | 2.44 |
| 室内装饰 | 0.06 | 0.26 | 0.19 | 0.62 | 0.24 | 0.12 | 0.18 |
| **医疗保健** | 0.58 | 1.27 | 3.07 | 6.61 | 8.60 | 7.40 | 7.21 |
| #医药费 | | | 2.22 | 3.92 | 4.33 | 3.15 | 3.01 |
| **交通和通讯** | 1.67 | 1.81 | 6.80 | 6.69 | 15.70 | 16.56 | 15.68 |
| **娱乐教育和文化服务** | 9.81 | 8.63 | 7.86 | 15.49 | 12.80 | 11.88 | 11.90 |
| 文娱耐用消费品 | 6.72 | 4.52 | 1.53 | 4.05 | 4.36 | 3.52 | 3.22 |
| 教　育 | 1.22 | 1.82 | 3.84 | 8.17 | 6.53 | 5.00 | 4.48 |
| 文化娱乐 | 1.88 | 2.29 | 2.49 | 3.27 | 1.91 | 3.37 | 4.20 |
| **居　住** | 3.59 | 3.56 | 6.77 | 8.45 | 10.68 | 10.43 | 9.41 |
| #房　租 | 1.04 | 0.81 | 1.52 | 2.63 | 0.23 | 0.28 | 0.41 |
| 水、电、燃及其它 | 2.45 | 2.65 | 4.32 | 4.24 | 5.50 | 5.93 | 5.30 |
| 住房装饰 | | | 1.41 | 1.29 | 2.31 | 2.08 | 1.44 |
| **杂项商品和服务** | 3.48 | 3.65 | 4.36 | 5.46 | 3.36 | 3.15 | 4.06 |
| #金银珠宝饰品 | | 0.42 | 0.66 | 0.47 | 0.34 | 0.53 | 0.95 |
| 美容化妆品 | 0.17 | 0.28 | 0.40 | 0.79 | 1.24 | 0.89 | 1.04 |
| **在消费性支出中** | | | | | | | |
| **购买商品支出** | 93.54 | 91.89 | 85.15 | 74.15 | 74.80 | 75.31 | 75.11 |
| **非商品支出** | 6.46 | 8.11 | 14.85 | 25.85 | 25.20 | 24.69 | 24.89 |
| 交通费 | 0.74 | 0.79 | 1.04 | 2.43 | 2.48 | 1.41 | 1.39 |
| 医疗保健费 | 0.21 | 0.40 | 0.40 | 2.07 | 8.60 | 3.17 | 3.09 |
| 学杂费 | 0.69 | 1.31 | 3.15 | 7.27 | 2.21 | 1.71 | 1.44 |
| 保育费 | 0.55 | 0.50 | 0.43 | 0.58 | 0.68 | 0.73 | 0.62 |
| 文娱费 | 0.25 | 0.41 | 0.89 | 1.07 | 1.84 | 3.37 | 4.20 |
| 修理服务费 | 1.42 | 1.58 | 4.13 | 2.84 | 6.29 | 5.59 | 5.57 |

# 10-9 城市居民家庭人均全年购买商品数量

## NUMBER OF PER CAPITA PURCHASE OF GOODS IN URBAN HOUSEHOLDS

| 商品名称 | 单位 | 1985年 | 1990年 | 1995年 | 2000年 | 2005年 | 2010年 | 2011年 |
|---|---|---|---|---|---|---|---|---|
| **食品购买量** | | | | | | | | |
| 粮　食 | 千克 | 137.40 | 126.85 | 108.54 | 95.84 | 69.80 | 75.28 | 69.41 |
| 食用植物油 | 千克 | 5.53 | 7.81 | 8.70 | 7.19 | 7.73 | 6.07 | 4.70 |
| 猪牛羊肉 | 千克 | 17.45 | 20.64 | 21.93 | 20.40 | 19.58 | 25.77 | 17.46 |
| 家　禽 | 千克 | 2.64 | 2.32 | 4.60 | 6.28 | 5.89 | 2.40 | 2.42 |
| 鱼 | 千克 | 5.16 | 6.21 | 5.91 | 6.73 | 5.82 | 5.82 | 5.92 |
| 鲜　蛋 | 千克 | 16.09 | 17.20 | 22.96 | 20.08 | 16.30 | 14.56 | 14.64 |
| 鲜　菜 | 千克 | 131.52 | 131.55 | 143.44 | 116.38 | 118.40 | 104.03 | 104.15 |
| 酒　类 | 千克 | 10.70 | 13.11 | 12.90 | 12.76 | 13.08 | 9.92 | 10.05 |
| #白　酒 | 千克 | 3.05 | 3.21 | 2.60 | 2.11 | 2.80 | 2.13 | 2.10 |
| 啤　酒 | 千克 | 7.07 | 9.54 | 9.86 | 10.39 | 9.93 | 7.62 | 7.53 |
| 鲜瓜果 | 千克 | 50.39 | 51.38 | 63.87 | 87.26 | 77.59 | 63.26 | 61.3 |
| 茶　叶 | 千克 | | 0.50 | 0.48 | 0.56 | 0.46 | 0.65 | 0.75 |
| 鲜乳品 | 千克 | 7.65 | 12.84 | 8.67 | 23.48 | 24.90 | 18.82 | 20.09 |
| **工业品购买量** | | | | | | | | |
| 服　装 | 件 | | | 5.89 | 7.78 | 8.38 | 9.65 | 9.48 |
| 鞋 | 双 | 1.92 | 2.33 | 2.84 | 2.94 | 3.10 | 3.29 | 3.24 |
| 煤　炭 | 千克 | 281.87 | 284.66 | 233.97 | 127.54 | 166.86 | 67.64 | 39.22 |
| 液化石油气 | 千克 | 11.00 | 13.55 | 20.06 | 19.93 | 15.38 | 6.17 | 3.27 |

注：自2007年以来国家统计局修改了部分指标如粮食、酒类、液化石油气等。

# 10-10 城市不同收入层次居民家

NUMBER OF DURABLE CONSUMER GOODS OWNED

| 指　标 | 单　位 | 平　均 | 最低10% | 更低5% | 低10% |
|---|---|---|---|---|---|
| 摩托车 | 辆 | 9.90 | 8.20 | 3.23 | 13.11 |
| 助力车 | 辆 | 42.41 | 54.10 | 45.16 | 44.26 |
| 家用汽车 | 辆 | 25.08 | 9.84 | 6.45 | 8.20 |
| 洗衣机 | 台 | 96.86 | 90.16 | 90.32 | 90.16 |
| 电冰箱 | 台 | 100.33 | 91.80 | 83.87 | 95.08 |
| 彩色电视机 | 台 | 118.32 | 108.20 | 103.23 | 106.56 |
| 家用电脑 | 台 | 89.27 | 54.10 | 45.16 | 70.49 |
| 组合音响 | 套 | 16.67 | 6.56 |  | 6.56 |
| 摄像机 | 架 | 12.54 |  |  | 4.92 |
| 照相机 | 架 | 66.67 | 37.70 | 25.81 | 42.62 |
| 钢　琴 | 架 | 5.45 | 1.64 |  | 3.28 |
| 其他中高档乐器 | 件 | 6.27 | 1.64 |  | 6.56 |
| 微波炉 | 台 | 59.90 | 24.59 | 22.58 | 37.70 |
| 空调器 | 台 | 139.93 | 103.28 | 77.42 | 100.00 |
| 淋浴热水器 | 台 | 86.80 | 59.02 | 54.84 | 73.77 |
| 消毒碗柜 | 台 | 7.26 |  |  | 1.64 |
| 洗碗机 | 台 | 0.66 |  |  |  |
| 健身器材 | 套 | 5.61 |  |  |  |
| 普通电话 | 部 | 48.18 | 57.38 | 51.61 | 42.62 |
| 移动电话 | 部 | 196.70 | 162.30 | 151.61 | 170.49 |

## 庭每百户耐用消费品拥有量（2011年）

## PER 100URBAN HOUSEHOLDS BY LEVEL OF INCOME(2011)

| 较低20% | 中间20% | 较高20% | 高10% | 最高10% | |
|---|---|---|---|---|---|
| | | | | | 更高5% |
| 9.09 | 9.92 | 12.40 | 6.56 | 8.33 | 13.33 |
| 46.28 | 53.72 | 37.19 | 34.43 | 16.67 | 26.67 |
| 15.70 | 31.40 | 33.06 | 40.98 | 31.67 | 30.00 |
| | | | | | |
| 95.04 | 95.04 | 100.00 | 101.64 | 106.67 | 110.00 |
| 97.52 | 97.52 | 104.13 | 106.56 | 111.67 | 113.33 |
| 113.22 | 118.18 | 129.75 | 116.39 | 130.00 | 130.00 |
| | | | | | |
| 91.74 | 95.04 | 96.69 | 101.64 | 100.00 | 110.00 |
| 9.92 | 17.36 | 23.14 | 29.51 | 23.33 | 23.33 |
| | | | | | |
| 9.09 | 15.70 | 14.88 | 27.87 | 13.33 | 10.00 |
| 62.81 | 70.25 | 82.64 | 75.41 | 80.00 | 86.67 |
| 1.65 | 5.79 | 8.26 | 13.11 | 5.00 | 6.67 |
| 2.48 | 9.09 | 7.44 | 9.84 | 6.67 | 6.67 |
| 59.5 | 64.46 | 71.90 | 70.49 | 75.00 | 76.67 |
| | | | | | |
| 128.93 | 147.93 | 156.20 | 172.13 | 158.33 | 153.33 |
| 87.60 | 88.43 | 93.39 | 98.36 | 98.33 | 103.33 |
| | | | | | |
| 4.96 | 7.44 | 9.92 | 11.48 | 15.00 | 10.00 |
| | 0.83 | | 3.28 | 1.67 | |
| 3.31 | 4.13 | 9.09 | 8.20 | 15.00 | 13.33 |
| | | | | | |
| 39.67 | 45.45 | 54.55 | 42.62 | 60.00 | 63.33 |
| 200.83 | 204.13 | 215.70 | 213.11 | 180.00 | 173.33 |

## 10-11 每百户城市居民家庭主要耐用消费品拥有量

NUMBER OF DURABLE CONSUMER GOODS OWNED PER 100URBAN HOUSEHOLDS IN MAJOR YEARS

| 商品名称 | 单位 | 1995年 | 2000年 | 2005年 | 2006年 | 2010年 | 2011年 |
|---|---|---|---|---|---|---|---|
| 成套家具 | 套 | 62.0 | 73.3 | 70.9 | 70.5 | | |
| 自行车 | 辆 | 237.0 | 223.7 | 176.6 | 159.5 | | |
| 助力车 | 辆 | 13.0 | 34.3 | 30.1 | 28.5 | 13.3 | 9.9 |
| 摩托车 | 辆 | | | 18.1 | 22.7 | 40.2 | 42.4 |
| 家用汽车 | 辆 | | | 5.4 | 6.8 | 22.7 | 25.1 |
| 电风扇 | 台 | 187.0 | 193.3 | 152.5 | 138.5 | | |
| 洗衣机 | 台 | 91.5 | 100.0 | 97.0 | 99.0 | 93.2 | 96.9 |
| 电冰箱 | 台 | 92.0 | 99.3 | 97.0 | 96.7 | 96.7 | 100.3 |
| 冰　柜 | 台 | 11.5 | 17.7 | 13.7 | 14.1 | | |
| 彩色电视机 | 台 | 95.0 | 132.3 | 126.8 | 121.9 | 115.5 | 118.3 |
| 影蝶机 | 台 | | 50.0 | 62.2 | 64.0 | | |
| 录放像机 | 台 | 24.5 | 31.7 | 21.1 | 21.9 | | |
| 家用电脑 | 台 | | 20.0 | 54.2 | 64.5 | 81.0 | 89.3 |
| 组合音响 | 台 | 10.5 | 29.0 | 26.8 | 27.5 | 16.2 | 16.7 |
| 摄像机 | 台 | | 2.3 | 4.0 | 5.0 | 10.8 | 12.5 |
| 照相机 | 架 | 40.5 | 76.0 | 59.2 | 62.5 | 54.0 | 66.7 |
| 钢　琴 | 架 | | 2.7 | 2.3 | 3.8 | 4.3 | 5.5 |
| 其它中高档乐器 | 件 | 6.5 | 12.3 | 6.4 | 8.6 | 3.5 | 6.3 |
| 微波炉 | 台 | | 32.3 | 53.2 | 57.7 | 55.8 | 59.9 |
| 空调器 | 台 | 16.0 | 65.0 | 104.4 | 112.3 | 121.5 | 139.9 |
| 电炊具 | 个 | 47.0 | 106.7 | 82.6 | 80.1 | | |
| 淋浴热水器 | 台 | 36.5 | 81.3 | 79.3 | 82.9 | 82.0 | 86.8 |
| 脱排油烟机 | 台 | 49.0 | 84.0 | 86.6 | 88.4 | | |
| 消毒碗柜 | 台 | | | 5.4 | 5.8 | 6.5 | 7.3 |
| 洗碗机 | 台 | | | 1.0 | 2.0 | 0.3 | 0.7 |
| 吸尘器 | 台 | 6.5 | 19.3 | 18.1 | 16.1 | | |
| 健身器材 | 件 | | 4.7 | 6.4 | 5.0 | 4.3 | 5.6 |
| 住宅电话 | 部 | 38.0 | 86.7 | 88.6 | 83.9 | 46.3 | 48.2 |
| 移动电话 | 部 | | 28.7 | 145.2 | 162.7 | 179.7 | 196.7 |

# 10-12 主要年份农村居民生活

BASIC CONDITIONS OF RURAL HOUSEHOLDS IN MAJOR YEARS

| 年份地区 | 农民人均纯收入(元) | 人均生活费支出(元) | 人均食品支出 | 每一劳动力负担人数(人) | 人均住宅居住面积(平方米) |
|---|---|---|---|---|---|
| 1952 | 49.4 | 39.2 | 29.2 | 1.8 | 7.5 |
| 1957 | 63.6 | 57.9 | 34.8 | 1.8 | 7.8 |
| 1962 | 67.7 | 59.9 | 36.3 | 1.8 | 8.0 |
| 1965 | 92.6 | 69.7 | 46.1 | 1.8 | 8.2 |
| 1970 | 82.7 | 67.2 | 42.2 | 1.7 | 8.5 |
| 1975 | 79.1 | 59.5 | 40.8 | 1.7 | 9.0 |
| 1978 | 110.5 | 83.2 | 58.2 | 1.7 | 9.6 |
| 1980 | 168.9 | 127.1 | 85.8 | 1.6 | 10.5 |
| 1985 | 439.2 | 330.5 | 171.1 | 1.6 | 16.9 |
| 1990 | 731.1 | 569.8 | 287.7 | 1.6 | 22.5 |
| 1991 | 810.1 | 610.6 | 303.7 | 1.6 | 23.7 |
| 1992 | 865.3 | 660.5 | 335.1 | 1.6 | 21.1 |
| 1993 | 1031.4 | 724.8 | 371.4 | 1.6 | 22.9 |
| 1994 | 1401.0 | 942.5 | 511.0 | 1.6 | 24.1 |
| 1995 | 1812.7 | 1373.6 | 770.8 | 1.4 | 24.7 |
| 1996 | 2328.1 | 1728.1 | 926.2 | 1.4 | 26.9 |
| 1997 | 2600.0 | 1799.7 | 922.0 | 1.4 | 27.1 |
| 1998 | 2826.4 | 1872.5 | 935.9 | 1.4 | 27.4 |
| 1999 | 2943.7 | 1841.2 | 876.7 | 1.4 | 28.3 |
| 2000 | 3046.8 | 1976.8 | 860.0 | 1.4 | 28.6 |
| 2001 | 3215.7 | 2057.8 | 852.5 | 1.5 | 29.9 |
| 2002 | 3355.8 | 2133.9 | 849.5 | 1.4 | 30.6 |
| 2003 | 3619.3 | 2316.2 | 900.7 | 1.4 | 32.5 |
| 2004 | 4198.7 | 2543.1 | 1040.4 | 1.4 | 32.9 |
| 2005 | 4812.3 | 2902.8 | 1134.8 | 1.4 | 33.8 |
| 2006 | 5480.0 | 3415.3 | 1199.8 | 1.4 | 35.3 |
| 2007 | 6300.1 | 3789.8 | 1423.0 | 1.4 | 37.3 |
| 2008 | 7180.2 | 4385.4 | 1628.2 | 1.4 | 38.7 |
| 2009 | 7804.8 | 4733.1 | 1686.3 | 1.4 | 39.4 |
| 2010 | 8903.3 | 5406.6 | 1818.3 | 1.4 | 40.2 |
| 2011 | 10411.8 | 5905.1 | 2147.3 | 1.4 | 41.2 |
| **2011年分地区** | | | | | |
| 市中区 | 11597.5 | 6656.1 | 2642.6 | 1.4 | 46.6 |
| 槐荫区 | 12702.0 | 5485.7 | 2401.2 | 1.4 | 36.1 |
| 天桥区 | 9431.0 | 4035.2 | 1847.3 | 1.4 | 29.6 |
| 历城区 | 11347.5 | 7512.8 | 2791.0 | 1.4 | 42.4 |
| 长清区 | 10079.1 | 4587.5 | 1814.4 | 1.3 | 40.9 |
| 平阴县 | 8490.0 | 5760.9 | 2070.6 | 1.4 | 40.3 |
| 济阳县 | 9506.9 | 5029.2 | 1777.5 | 1.4 | 40.3 |
| 商河县 | 8369.3 | 4981.0 | 1957.0 | 1.4 | 30.2 |
| 章丘市 | 11965.3 | 6663.8 | 2110.0 | 1.6 | 43.7 |

# 10-13 分地区农村居

BASIC CONDITIONS OF RURAL

| 指　　标 | 单　位 | 济南市 | 市中区 | 槐荫区 | 天桥区 |
|---|---|---|---|---|---|
| 调查户数 | 户 | 780 | 60 | 60 | 60 |
| 调查人口 | 人 | 2829 | 216 | 245 | 235 |
| **户均基本情况** | | | | | |
| 常住人口 | 人 | 3.55 | 3.60 | 4.08 | 3.91 |
| #整半劳力 | 人 | 2.57 | 2.58 | 2.82 | 2.80 |
| 常住人口外出劳动人数 | 人 | 0.48 | 0.18 | 0.40 | 1.00 |
| 每个劳动力负担人口 | 人 | 1.38 | 1.39 | 1.45 | 1.40 |
| **劳动力文化程度** | | | | | |
| 文盲或半文盲 | 人 | 0.09 | 0.00 | 0.00 | 0.12 |
| 小　学 | 人 | 0.39 | 0.25 | 0.29 | 0.11 |
| 初中程度 | 人 | 1.55 | 1.49 | 1.30 | 0.00 |
| 高中程度 | 人 | 0.31 | 0.53 | 0.70 | 0.18 |
| 中专程度 | 人 | 0.11 | 0.14 | 0.26 | 0.00 |
| 大专以上 | 人 | 0.06 | 0.18 | 0.26 | 0.00 |
| **平均每人年收入** | | | | | |
| 总收入 | 元 | 13629.8 | 13219.2 | 13204.3 | 11811.7 |
| 纯收入 | 元 | 10411.8 | 11597.5 | 12702.0 | 9431.0 |
| 现金收入 | 元 | 12646.0 | 12559.0 | 12993.4 | 10432.3 |
| **平均每人年支出** | | | | | |
| 总支出 | 元 | 9547.8 | 8233.9 | 6089.7 | 6502.9 |
| #家庭经营费用支出 | 元 | 2746.8 | 1069.9 | 281.7 | 2090.7 |
| 生活消费支出 | 元 | 5905.1 | 6656.1 | 5485.7 | 4035.2 |
| 现金支出 | 元 | 9265.9 | 8183.1 | 6037.8 | 6343.5 |
| #生产费用 | 元 | 2954.2 | 1079.7 | 288.8 | 2129.1 |
| 税费支出 | 元 | 25.5 | | | 4.6 |
| 生活消费支出 | 元 | 5702.4 | 6629.9 | 5451.0 | 3877.5 |
| 非消费性现金支出 | 元 | 1349.1 | 693.7 | 635.9 | 546.0 |
| 人均经营耕地 | 亩 | 1.4 | 0.5 | 0.4 | 2.3 |
| 农民人均住房面积 | 平方米 | 41.2 | 46.6 | 36.1 | 29.6 |
| #砖木结构 | 平方米 | 24.0 | 3.7 | 31.0 | 15.3 |
| 钢混结构 | 平方米 | 14.9 | 48.1 | 5.0 | 8.5 |
| 人均拥有住房价值 | 元 | 33274.9 | 77350.6 | 40122.4 | 16498.4 |

# 民家庭基本情况（2011年）

HOUSEHOLDS BY REGION(2011)

| 历城区 | 长清区 | 平阴县 | 济阳县 | 商河县 | 章丘市 |
|---|---|---|---|---|---|
| 100 | 100 | 100 | 100 | 100 | 100 |
| 320 | 346 | 338 | 385 | 398 | 347 |
| 3.20 | 3.46 | 3.38 | 3.85 | 3.98 | 3.47 |
| 2.37 | 2.68 | 2.34 | 2.84 | 2.87 | 2.18 |
| 0.29 | 0.56 | 0.42 | 0.63 | 0.57 | 0.51 |
| 1.35 | 1.29 | 1.44 | 1.35 | 1.39 | 1.59 |
| 0.06 | 0.05 | 0.06 | 0.15 | 0.15 | 0.09 |
| 0.29 | 0.54 | 0.27 | 0.62 | 0.51 | 0.28 |
| 1.37 | 1.72 | 1.52 | 1.35 | 1.84 | 1.57 |
| 0.43 | 0.28 | 0.34 | 0.37 | 0.24 | 0.16 |
| 0.13 | 0.08 | 0.09 | 0.22 | 0.09 | 0.06 |
| 0.09 | 0.01 | 0.05 | 0.13 | 0.04 | 0.02 |
| 12775.9 | 11218.7 | 10651.9 | 13153.9 | 13391.2 | 17424.4 |
| 11347.5 | 10079.1 | 8490.0 | 9506.9 | 8369.3 | 11965.3 |
| 12172.6 | 10085.1 | 9825.5 | 12099.5 | 12363.6 | 16122.4 |
| 9251.8 | 5845.1 | 8542.1 | 8679.0 | 10984.1 | 12792.2 |
| 1064.8 | 748.9 | 1649.2 | 2671.0 | 4620.3 | 5089.5 |
| 7512.8 | 4587.5 | 5760.9 | 5029.2 | 4981.0 | 6663.8 |
| 9107.6 | 5596.6 | 8234.3 | 8088.5 | 10644.8 | 12529.1 |
| 1109.2 | 866.1 | 2050.8 | 2673.1 | 5028.1 | 5477.1 |
|  |  |  | 13.2 | 111.7 | 30.8 |
| 7393.7 | 4351.7 | 5537.0 | 4715.4 | 4788.2 | 6423.6 |
| 3213.7 | 538.5 | 1633.8 | 1389.7 | 850.8 | 841.3 |
| 0.8 | 1.1 | 1.3 | 2.0 | 2.4 | 1.5 |
| 42.4 | 40.9 | 40.8 | 40.8 | 30.2 | 43.7 |
| 23.0 | 10.6 | 26.8 | 27.4 | 29.3 | 29.5 |
| 20.4 | 30.4 | 10.0 | 6.1 | 0.9 | 14.0 |
| 40777.5 | 24858.4 | 24792.0 | 21914.4 | 17040.9 | 27879.0 |

# 10-14 农村居民家庭基本情况

## BASIC CONDITIONS OF RURAL HOUSEHOLDS

| 指标 | 单位 | 2006年 | 2007年 | 2008年 | 2009年 | 2010年 | 2011年 |
|---|---|---|---|---|---|---|---|
| 调查户数 | 户 | 1000 | 1000 | 1000 | 960 | 960 | 780 |
| 调查人口 | 人 | 3698 | 3661 | 3636 | 3477 | 3463 | 2829 |
| **户均基本情况** | | | | | | | |
| 常住人口 | 人 | 3.70 | 3.66 | 3.64 | 3.62 | 3.61 | 3.55 |
| #整半劳力 | 人 | 2.71 | 2.69 | 2.69 | 2.67 | 2.68 | 2.57 |
| 常住人口外出劳动人数 | 人 | 0.44 | 0.38 | 0.47 | 0.52 | 0.44 | 0.48 |
| 每个劳动力负担人口 | 人 | 1.37 | 1.36 | 1.35 | 1.36 | 1.35 | 1.38 |
| **劳动力文化程度** | | | | | | | |
| 文盲或半文盲 | 人 | 0.15 | 0.07 | 0.07 | 0.08 | 0.08 | 0.09 |
| 小学 | 人 | 0.46 | 0.42 | 0.41 | 0.40 | 0.39 | 0.39 |
| 初中程度 | 人 | 1.48 | 1.53 | 1.51 | 1.50 | 1.52 | 1.55 |
| 高中程度 | 人 | 0.42 | 0.44 | 0.45 | 0.41 | 0.40 | 0.31 |
| 中专程度 | 人 | 0.14 | 0.15 | 0.16 | 0.15 | 0.15 | 0.11 |
| 大专以上 | 人 | 0.07 | 0.08 | 0.09 | 0.12 | 0.13 | 0.06 |
| **平均每人年收入** | | | | | | | |
| 总收入 | 元 | 7161.7 | 8067.6 | 9219.0 | 10175.7 | 11494.6 | 13629.8 |
| 纯收入 | 元 | 5480.0 | 6300.1 | 7180.2 | 7804.8 | 8903.3 | 10411.8 |
| 现金收入 | 元 | 6427.8 | 7256.8 | 8509.5 | 9343.2 | 10565.6 | 12646.0 |
| **平均每人年支出** | | | | | | | |
| 总支出 | 元 | 5280.5 | 5671.1 | 6654.2 | 7285.9 | 8085.8 | 9547.8 |
| #家庭经营费用支出 | 元 | 1448.5 | 1488.7 | 1716.0 | 1895.0 | 2153.0 | 2746.8 |
| 生活消费支出 | 元 | 3415.3 | 3789.8 | 4385.4 | 4733.1 | 5406.6 | 5905.1 |
| 现金支出 | 元 | 4975.2 | 5323.3 | 6341.6 | 6988.6 | 7783.2 | 9265.9 |
| #生产费用 | 元 | 1365.5 | 1571.7 | 1906.6 | 2192.0 | 2268.4 | 2954.2 |
| 生活消费支出 | 元 | 3194.4 | 3515.8 | 4125.7 | 4477.0 | 5152.9 | 5702.4 |
| 人均经营耕地 | 亩 | 1.4 | 1.3 | 1.3 | 1.3 | 1.4 | 1.4 |
| 农民人均住房面积 | 平方米 | 35.3 | 37.3 | 38.7 | 39.4 | 40.2 | 41.2 |
| #砖木结构 | 平方米 | 24.6 | 26.5 | 26.6 | 26.5 | 28.4 | 24.0 |
| 钢混结构 | 平方米 | 10.4 | 10.2 | 11.7 | 12.7 | 11.3 | 14.9 |
| 人均拥有住房价值 | 元 | 12982.6 | 16113.4 | 19885.2 | 20635.0 | 21286.6 | 33274.9 |

# 10-15 农村居民人均总收入和总支出

GROSS EXPENDITURE AND NET INCOME OF RURAL HOUSEHOLDS PER CAPITA

单位:元

| 指标名称 | 2006年 | 2007年 | 2008年 | 2009年 | 2010年 | 2011年 |
|---|---|---|---|---|---|---|
| **总收入** | 7161.7 | 8067.6 | 9219.0 | 10175.7 | 11494.6 | 13629.8 |
| 工资性收入 | 2160.0 | 2645.9 | 3178.5 | 3483.5 | 4125.0 | 4971.1 |
| 在非企业组织中得到收入 | 364.6 | 465.8 | 541.7 | 586.3 | 638.9 | 293.5 |
| 在本地企业中得到收入 | 1130.8 | 1387.3 | 1737.3 | 1929.2 | 2281.0 | 3287.9 |
| 常住人口外出从业得到收入 | 664.6 | 792.8 | 899.4 | 968.0 | 1205.1 | 1389.7 |
| 家庭经营收入 | 4532.7 | 4850.7 | 5333.5 | 5876.9 | 6416.6 | 7474.2 |
| 农业收入 | 2347.4 | 2216.8 | 2434.8 | 2542.0 | 3008.5 | 3885.9 |
| #种植业收入 | | | | | | |
| 林业收入 | 89.4 | 117.8 | 142.4 | 112.4 | 164.4 | 166.8 |
| 牧业收入 | 771.6 | 862.0 | 875.5 | 905.6 | 663.6 | 842.4 |
| 渔业收入 | 29.4 | 29.2 | 19.1 | 17.2 | 5.6 | 31.7 |
| 工业收入 | 124.2 | 194.5 | 249.2 | 409.7 | 645.3 | 948.5 |
| 建筑业收入 | 307.6 | 408.2 | 395.3 | 616.0 | 615.2 | 427.9 |
| 交通、运输和邮电业收入 | 395.7 | 369.1 | 345.0 | 357.2 | 312.8 | 401.5 |
| 批发零售贸易、餐饮业收入 | 296.6 | 405.3 | 528.6 | 539.0 | 653.5 | 410.9 |
| 社会服务业收入 | 74.2 | 71.1 | 118.8 | 149.0 | 171.6 | 201.0 |
| 文教卫生业收入 | 16.3 | 16.4 | 20.0 | 19.3 | 16.1 | 23.7 |
| 其他家庭经营收入 | 80.3 | 160.3 | 204.8 | 209.5 | 160.2 | 133.8 |
| 财产性收入 | 249.8 | 305.1 | 367.3 | 415.0 | 561.0 | 470.2 |
| 利息 | 3.9 | 7.8 | 10.7 | 18.4 | 29.2 | 24.4 |
| 股息 | 12.2 | 8.7 | 37.5 | 45.4 | 56.4 | 72.6 |
| 租金 | 36.6 | 43.8 | 50.3 | 34.8 | 63.8 | 252.4 |
| 红利 | 8.0 | 22.5 | 1.4 | 6.4 | 8.5 | 11.9 |
| 土地征用补偿 | 110.8 | 137.7 | 190.3 | 195.5 | 318.1 | |
| 其他 | 78.3 | 84.6 | 77.1 | 114.5 | 85.1 | 109.0 |
| 转移性收入 | 219.2 | 266.0 | 339.7 | 400.1 | 392.0 | 714.3 |
| 家庭非常住人口寄回 | 19.9 | 17.1 | 15.1 | 27.5 | 15.0 | 0.1 |
| 亲友赠送 | 69.8 | 63.7 | 100.3 | 151.2 | 118.6 | 154.6 |
| #农村外部亲友赠送 | 8.0 | 4.4 | 17.3 | 21.2 | 28.7 | 10.0 |
| 调查补贴 | 16.9 | 21.5 | 25.8 | 34.0 | 37.6 | 56.0 |
| 救济金 | 1.0 | 1.1 | 4.4 | 1.0 | 0.3 | 0.1 |
| 救灾款 | | | | | | 0.8 |
| 保险年金 | | | | | | |
| 退休金 | 35.8 | 51.0 | 74.1 | 73.6 | 79.2 | 198.9 |
| 抚恤金 | 3.6 | 5.7 | 5.8 | 2.8 | 4.0 | 7.1 |
| 其他 | 72.2 | 105.9 | 114.2 | 110.0 | 137.3 | 352.7 |
| **总支出** | 5280.5 | 5671.1 | 6654.2 | 7285.9 | 8085.8 | 9547.8 |
| 家庭经营费用支出 | 1448.5 | 1488.7 | 1716.0 | 1895.0 | 2153.0 | 2746.8 |
| 农业生产 | 695.9 | 581.9 | 730.5 | 693.7 | 807.9 | 1165.4 |

10-15续

| 指　标　名　称 | 2006年 | 2007年 | 2008年 | 2009年 | 2010年 | 2011年 |
|---|---|---|---|---|---|---|
| #林业生产 | 13.6 | 21.2 | 18.4 | 10.7 | 10.3 | 77.3 |
| 牧业生产 | 367.6 | 385.6 | 378.9 | 411.9 | 346.5 | 448.2 |
| 渔业生产 | 9.6 | 0.2 | 2.1 | 3.7 | 2.9 | 28.1 |
| 工业生产 | 37.3 | 102.0 | 150.7 | 232.2 | 407.8 | 736.4 |
| 建筑业生产 | 103.5 | 108.6 | 119.3 | 217.3 | 291.3 | 63.8 |
| 交通、运输和邮电业 | 111.5 | 106.6 | 124.1 | 130.6 | 76.4 | 72.5 |
| 批发和零售贸易、餐饮业 | 66.9 | 163.4 | 170.8 | 155.7 | 168.0 | 123.7 |
| 社会服务业 | 6.7 | 5.1 | 11.1 | 23.0 | 26.5 | 13.6 |
| 文教卫生业 | 9.6 | 5.5 | 4.1 | 6.1 | 8.6 | 1.7 |
| 其他家庭经营支出 | 26.3 | 8.6 | 6.0 | 10.0 | 6.8 | 16.0 |
| 购置生产性固定资产支出 | 215.9 | 151.7 | 226.8 | 322.6 | 161.7 | 259.4 |
| 税费支出 | 9.7 | 14.9 | 12.8 | 17.0 | 10.9 | 25.5 |
| 缴纳生产税 | 0.9 | 0.3 | 2.9 | 1.2 | 2.0 | 2.9 |
| 缴纳其他直接税 | 8.8 | 14.6 | 9.9 | 15.8 | 8.9 | 22.6 |
| 生活消费支出 | 3415.3 | 3789.8 | 4385.4 | 4733.1 | 5406.6 | 5905.1 |
| 食品消费支出 | 1199.8 | 1423.0 | 1628.2 | 1686.3 | 1818.3 | 2147.3 |
| #主食 | 246.1 | 299.4 | 306.0 | 324.5 | 346.6 | 359.1 |
| 副食 | 453.1 | 567.2 | 685.8 | 677.1 | 742.0 | 925.9 |
| 其他食品 | 329.9 | 373.9 | 437.0 | 451.0 | 494.4 | 599.4 |
| 在外饮食 | 163.8 | 174.9 | 191.3 | 228.0 | 228.2 | 262.9 |
| 衣着消费 | 198.4 | 224.0 | 252.9 | 269.9 | 288.5 | 359.1 |
| 居住消费 | 655.9 | 709.7 | 790.1 | 925.3 | 946.3 | 991.6 |
| #住房装饰 | 42.7 | 75.8 | 62.9 | 30.9 | 86.5 | 61.5 |
| 家庭设备、用品及服务 | 206.7 | 225.6 | 285.6 | 273.1 | 335.0 | 381.9 |
| 医疗保健 | 252.9 | 278.6 | 394.4 | 405.4 | 556.1 | 674.6 |
| 交通通讯消费 | 420.8 | 524.2 | 634.8 | 746.7 | 982.8 | 888.1 |
| 文教娱乐用品及服务 | 431.3 | 359.7 | 355.5 | 377.8 | 416.8 | 387.5 |
| 其他商品和服务消费 | 49.6 | 45.0 | 43.9 | 48.6 | 62.8 | 74.9 |
| 财产性支出 | 19.0 | 17.6 | 9.1 | 14.1 | 30.3 | 9.0 |
| 转移性支出 | 166.1 | 204.3 | 296.9 | 295.8 | 323.2 | 593.4 |
| 寄给或带给家庭非常住人口 | 12.3 | 5.5 | 24.1 | 6.6 | 16.1 | 145.6 |
| 赠送亲友 | 96.9 | 116.2 | 164.6 | 154.6 | 165.2 | 192.1 |
| #赠送农村外部亲友 | 7.1 | 13.2 | 9.1 | 12.4 | 8.8 | 22.6 |
| 缴纳保险费 | 24.0 | 36.1 | 41.1 | 70.9 | 102.1 | 181.8 |
| 缴纳罚款 | 0.9 | 8.0 | 8.6 | 0.8 | 14.2 | 20.3 |
| 其他 | 32.0 | 38.5 | 58.5 | 62.9 | 25.6 | 53.6 |

# 10-16 农村居民人均生活消费现金支出

LIVING CONSUMER EXPENDITURE OF PEASANT HOUSEHOLD PER CAPITAL 单位:元

| 指标名称 | 2006年 | 2007年 | 2008年 | 2009年 | 2010年 | 2011年 |
|---|---|---|---|---|---|---|
| **农村住户生活消费现金支出** | 3194.4 | 3515.8 | 4125.7 | 4477.0 | 5152.9 | 5702.4 |
| 食　品 | 1000.4 | 1158.3 | 1379.3 | 1433.4 | 1566.9 | 1945.0 |
| 主　食 | 67.8 | 80.0 | 90.3 | 107.1 | 134.4 | 190.8 |
| 粮　食 | | | | | | |
| 粮食复制品 | | | | | | |
| 副　食 | 472.3 | 580.4 | 712.9 | 696.0 | 749.6 | 887.2 |
| 蔬　菜 | 99.7 | 116.2 | 126.9 | 127.3 | 162.1 | 200.6 |
| 豆制品 | 9.4 | 9.7 | 11.2 | 11.4 | 13.1 | 11.7 |
| 油脂类 | 54.8 | 74.7 | 104.6 | 94.5 | 89.9 | 112.1 |
| 食　糖 | 3.3 | 3.1 | 3.7 | 3.3 | 3.7 | 5.4 |
| 肉、禽及其制品 | 193.2 | 229.2 | 307.4 | 302.7 | 329.6 | 350.9 |
| 蛋　类 | 47.6 | 56.7 | 66.8 | 62.7 | 65.8 | 85.8 |
| 水产品 | 29.6 | 36.1 | 41.3 | 43.0 | 46.8 | 48.8 |
| 调味品 | 18.8 | 21.2 | 26.6 | 29.4 | 32.4 | 35.4 |
| 其　他 | 15.9 | 33.4 | 24.4 | 21.7 | 6.2 | 36.5 |
| 其他食品 | 289.6 | 318.1 | 378.3 | 398.3 | 449.9 | 599.9 |
| 烟草类 | 70.9 | 77.4 | 85.6 | 93.3 | 97.7 | 126.7 |
| 酒　类 | 90.6 | 99.3 | 105.9 | 113.1 | 123.5 | 142.5 |
| 饮料类 | 23.0 | 26.2 | 36.8 | 31.0 | 36.5 | 38.6 |
| 干鲜果品 | 51.5 | 56.5 | 69.2 | 75.2 | 83.8 | 114.0 |
| 糖果糕点 | 20.8 | 21.6 | 27.2 | 25.5 | 26.4 | 34.0 |
| 奶和奶制品 | 20.2 | 25.1 | 24.6 | 24.9 | 26.6 | 38.7 |
| 罐头类 | … | … | – | – | | |
| 其　他 | 12.6 | 12.0 | 29.0 | 35.3 | 55.4 | 105.4 |
| 在外饮食 | 163.8 | 174.9 | 191.3 | 228.3 | 228.2 | 262.9 |
| 食品加工费 | 5.5 | 4.9 | 6.5 | 3.7 | 4.8 | 4.2 |
| **衣　着** | 192.1 | 220.5 | 246.7 | 268.1 | 286.7 | 359.1 |
| 服　装 | 120.8 | 142.9 | 155.8 | 176.3 | 195.6 | 242.6 |
| 衣着材料 | 13.2 | 9.7 | 10.8 | 9.7 | 8.4 | 15.0 |
| 鞋、帽、袜类 | 45.4 | 56.3 | 69.6 | 69.5 | 72.3 | 82.5 |
| 衣着加工费 | 1.3 | 1.3 | 1.0 | 1.1 | 0.3 | 0.5 |
| 其他 | 11.4 | 10.3 | 9.5 | 11.5 | 10.0 | 17.5 |
| **居　住** | 642.5 | 706.0 | 785.4 | 925.0 | 946.3 | 991.6 |
| 住　房 | 432.5 | 467.1 | 494.3 | 628.4 | 604.8 | 565.6 |
| 建筑材料 | 287.1 | 273.0 | 176.9 | 217.4 | 176.7 | 263.1 |
| 住房装饰、装修 | 42.7 | 75.8 | 118.8 | 86.1 | 126.3 | 150.6 |
| 房租 | 7.4 | 5.2 | 5.0 | 8.7 | 6.0 | 23.3 |
| 其他 | 95.3 | 113.1 | 193.6 | 316.2 | 295.8 | 128.6 |
| 电　费 | 66.8 | 76.8 | 94.1 | 105.8 | 127.5 | 126.7 |
| 水　费 | 5.8 | 5.0 | 5.7 | 7.1 | 6.9 | 8.7 |
| 燃　料 | 122.4 | 133.5 | 157.2 | 168.5 | 193.6 | 290.6 |
| 煤　炭 | 85.7 | 102.3 | 125.5 | 136.1 | 155.4 | 246.4 |
| 液化气(煤气、天然气) | 29.0 | 28.5 | 29.7 | 30.0 | 35.3 | 38.7 |
| 柴草 | 1.0 | 0.2 | 0.4 | 0.1 | 0.1 | 1.1 |
| 其　他 | 6.7 | 2.5 | 1.6 | 2.3 | 2.7 | 4.4 |
| 其　他 | 15.0 | 23.6 | 34.1 | 15.2 | 13.6 | |
| **家庭设备、用品及服务** | 206.7 | 225.5 | 285.6 | 271.9 | 334.5 | 381.9 |

10-16续

| 指　标　名　称 | 2006年 | 2007年 | 2008年 | 2009年 | 2010年 | 2011年 |
|---|---|---|---|---|---|---|
| 耐用消费品 | 132.1 | 141.4 | 190.5 | 174.7 | 225.1 | 237.6 |
| 家具 | 41.5 | 52.1 | 61.4 | 54.7 | 67.1 | 66.6 |
| 家庭设备 | 84.3 | 81.6 | 98.5 | 103.5 | 146.0 | 157.0 |
| 其他 | 6.3 | 7.7 | 30.6 | 16.5 | 12.0 | 14.0 |
| 床上用品 | 8.1 | 12.3 | 12.1 | 14.3 | 16.9 | 23.3 |
| 家庭日用杂品 | 55.2 | 60.9 | 71.0 | 71.8 | 78.5 | 98.1 |
| 日用小五金 | | | | | | |
| 日用百货 | | | | | | |
| 其他 | | | | | | |
| 设备用品加工修理费 | 7.1 | 7.1 | 7.5 | 7.4 | 7.2 | 18.5 |
| 其他 | 4.2 | 3.8 | 4.5 | 3.7 | 6.8 | 4.4 |
| **医疗保健** | 252.9 | 278.6 | 394.4 | 405.4 | 556.1 | 674.6 |
| 医疗卫生保健用品 | 82.6 | 71.4 | 108.2 | 100.4 | 117.4 | 167.7 |
| 医疗保健服务费 | 166.4 | 204.2 | 284.6 | 300.8 | 436.5 | 505.0 |
| 医疗卫生保健设备 | 1.8 | 0.9 | 1.6 | 4.2 | 2.2 | 1.9 |
| 其他 | 2.1 | 2.1 | - | | | |
| **交通和通讯** | 420.8 | 524.2 | 634.8 | 746.7 | 982.8 | 888.1 |
| 交通工具 | 146.6 | 229.7 | 298.4 | 392.7 | 582.5 | 453.2 |
| 通讯工具 | 31.9 | 34.9 | 31.7 | 27.5 | 23.7 | 48.9 |
| 交通费 | 30.3 | 33.9 | 43.4 | 39.9 | 43.0 | 56.5 |
| 客运交通费 | 28.6 | 33.0 | 42.4 | 38.5 | 42.1 | 56.3 |
| 货运费 | 1.7 | 0.9 | 1.0 | 1.4 | 0.8 | 0.2 |
| 邮电费 | 127.6 | 143.6 | 161.1 | 147.1 | 140.8 | 100.2 |
| 交通、通讯工具修理费 | 16.4 | 12.4 | 24.3 | 53.4 | 13.9 | 34.7 |
| 动力燃料及其他 | 68.0 | 69.7 | 75.9 | 86.1 | 178.9 | 194.6 |
| **文化教育、娱乐用品及服务** | 431.3 | 359.7 | 355.5 | 377.8 | 416.8 | 387.5 |
| 文化教育、娱乐用品 | 68.8 | 85.4 | 98.5 | 109.7 | 119.8 | 156.6 |
| 文化教育娱乐用机电消费品 | 37.9 | 34.9 | 69.0 | 77.1 | 84.4 | 94.5 |
| 书、报、杂志 | 12.1 | 12.2 | 8.4 | 8.2 | 6.7 | 9.5 |
| 纸张、文具 | 4.3 | 5.5 | 5.7 | 4.9 | 7.4 | 11.2 |
| 其他用品 | 14.5 | 32.8 | 15.4 | 19.5 | 21.3 | 41.4 |
| 文化教育、娱乐服务 | 362.5 | 274.2 | 257.1 | 268.2 | 297.0 | 230.9 |
| 学杂费 | 293.9 | 199.7 | 194.9 | 180.3 | 189.3 | 111.4 |
| 技术培训费 | 4.2 | 18.1 | 4.8 | 13.8 | 10.9 | 27.8 |
| 文娱费 | 28.4 | 29.2 | 27.7 | 33.7 | 36.3 | 55.2 |
| 用品加工修理服务费 | 4.1 | 0.8 | 1.7 | 0.9 | 1.0 | 0.9 |
| 其他 | 31.9 | 26.4 | 28.0 | 39.5 | 59.6 | 35.6 |
| **其他商品和服务** | 47.6 | 43.0 | 43.9 | 48.6 | 62.8 | 74.9 |
| 商品性支出 | 23.8 | 25.9 | 27.9 | 28.8 | 34.4 | 38.4 |
| 化妆品 | 2.2 | 2.5 | 3.5 | 5.0 | 4.8 | 5.4 |
| 首饰饰品 | 4.4 | 4.9 | 5.3 | 6.5 | 7.4 | 10.5 |
| 其他 | 17.2 | 18.5 | 19.1 | 17.3 | 22.2 | 22.5 |
| 服务支出 | 23.8 | 17.1 | 16.0 | 19.7 | 28.5 | 36.6 |
| 旅店住宿费 | 1.1 | 1.7 | 1.1 | 0.7 | 0.4 | 0.8 |
| 殡殓费 | 5.0 | 3.5 | 4.3 | 3.1 | 7.8 | 4.1 |
| 其他 | 17.7 | 11.9 | 10.6 | 15.9 | 20.7 | 31.7 |

# 10-17 农村每百户居民家庭主要耐用消费品拥有量

## NUMBER OF MAJOR DURABLE CONSUMER GOODS OWEND PER 100RURAL HOUSEHOLDS

| 商品名称 | 单位 | 2006年 | 2007年 | 2008年 | 2009年 | 2010年 | 2011年 |
|---|---|---|---|---|---|---|---|
| 自行车 | 辆 | 143 | 147 | 153 | 151 | 155 | 143 |
| 电风扇 | 台 | 180 | | | | | |
| 洗衣机 | 台 | 57 | 63 | 70 | 75 | 79 | 82 |
| 电冰箱 | 台 | 51 | 61 | 70 | 76 | 83 | 88 |
| 摩托车 | 辆 | 87 | 89 | 88 | 85 | 85 | 71 |
| 黑白电视机 | 台 | 5 | 5 | 3 | 3 | 2 | 2 |
| 彩色电视机 | 台 | 109 | 113 | 118 | 119 | 120 | 116 |
| 录像机 | 台 | 5 | | | | | |
| 照相机 | 架 | 11 | 9 | 12 | 12 | 14 | 15 |
| 抽油烟机 | 台 | 13 | 17 | 18 | 19 | 22 | 27 |
| 空调器 | 台 | 17 | 22 | 26 | 28 | 36 | 36 |
| 热水器 | 台 | 22 | 31 | 38 | 48 | 55 | 64 |
| 电话机 | 部 | 93 | 92 | 87 | 81 | 80 | 60 |
| 移动电话 | 部 | 85 | 105 | 128 | 139 | 153 | 175 |
| 影碟机 | 台 | 67 | 70 | 73 | 71 | 65 | 56 |
| 组合音响 | 台 | 29 | | | | | |
| 家用计算机 | 台 | 8 | 13 | 19 | 23 | 28 | 36 |

# 10-18 农村居民人均购买商品情况

## AVERAGE GOODS PURCHASING OF PEASANT HOUSEHOLD

| 指标名称 | 单位 | 2006年 | 2007年 | 2008年 | 2009年 | 2010年 | 2011年 |
|---|---|---|---|---|---|---|---|
| **购买生活消费品情况** | | 2096.89 | 2442.57 | 2923.89 | 3202.86 | 3742.66 | 4202.42 |
| **食品类** | 元 | 829.71 | 975.76 | 1180.07 | 1199.76 | 1331.66 | 1675.91 |
| 购买谷物数量 | 公斤 | 35.56 | 37.89 | 36.15 | 38.32 | 43.16 | 56.98 |
| 购买谷物金额 | 元 | 56.71 | 66.33 | 73.06 | 88.40 | 112.86 | 161.06 |
| 其中：购买小麦 | 公斤 | 0.36 | 2.22 | 0.46 | 0.99 | 0.30 | 18.15 |
| 金额 | 元 | 0.54 | 2.26 | 0.84 | 1.82 | 0.77 | 58.53 |
| 购买面粉 | 公斤 | 12.48 | 16.15 | 17.37 | 18.67 | 23.98 | 23.53 |
| 金额 | 元 | 18.13 | 24.76 | 29.44 | 34.16 | 55.40 | 50.89 |
| 购买稻谷 | 公斤 | 0.08 | 0.07 | 0.06 | 0.11 | 0.07 | 0.99 |
| 金额 | 元 | 0.15 | 0.18 | 0.29 | 0.39 | 0.48 | 4.91 |
| 购买大米 | 公斤 | 6.03 | 5.84 | 6.22 | 6.10 | 7.01 | 5.75 |
| 金额 | 元 | 11.60 | 12.20 | 14.08 | 15.18 | 20.06 | 17.71 |
| 购买玉米 | 公斤 | 9.15 | 6.26 | 3.47 | 3.56 | 2.21 | 1.98 |
| 金额 | 元 | 10.36 | 9.50 | 4.96 | 5.28 | 4.47 | 5.30 |
| 购买玉米面 | 公斤 | 0.06 | 0.13 | 0.13 | 0.15 | 0.18 | 0.40 |
| 金额 | 元 | 0.12 | 0.29 | 0.35 | 0.45 | 0.48 | 0.87 |
| 购买高粱 | 公斤 | 0.02 | 0.00 | 0.01 | 0.01 | 0.01 | 0.14 |
| 金额 | 元 | 0.04 | 0.02 | 0.04 | 0.02 | 0.05 | 0.31 |
| 购买谷子 | 公斤 | 0.43 | 0.46 | 0.41 | 0.46 | 0.60 | 1.59 |
| 金额 | 元 | 1.07 | 1.16 | 1.74 | 2.00 | 3.24 | 6.74 |
| 购买薯类 | 公斤 | 0.54 | 0.65 | 0.63 | 0.47 | 0.44 | 0.65 |
| 金额 | 元 | 4.39 | 5.74 | 7.77 | 6.30 | 7.56 | 11.60 |
| 其中：购买红薯 | 公斤 | 0.22 | 0.23 | 0.28 | 0.20 | 0.19 | 0.25 |
| 金额 | 元 | 1.17 | 1.42 | 1.81 | 1.47 | 1.75 | 2.87 |
| 购买马铃薯 | 公斤 | 0.06 | 0.10 | 0.10 | 0.10 | 0.09 | 0.22 |
| 金额 | 元 | 0.33 | 0.70 | 0.93 | 0.93 | 1.28 | 2.85 |
| 购买豆类 | 公斤 | 2.30 | 2.58 | 2.24 | 3.93 | 2.94 | 3.85 |
| 金额 | 元 | 6.69 | 7.98 | 9.36 | 12.38 | 13.96 | 18.18 |
| 其中：购买大豆 | 公斤 | 0.64 | 0.60 | 0.48 | 1.55 | 0.81 | 1.01 |
| 金额 | 元 | 2.01 | 2.07 | 2.30 | 2.80 | 4.16 | 4.41 |
| 购买食用油 | 公斤 | 7.48 | 7.83 | 8.45 | 8.45 | 7.59 | 7.58 |
| 金额 | 元 | 54.77 | 74.65 | 104.61 | 94.46 | 89.94 | 112.10 |
| 其中：购买植物油 | 公斤 | 7.24 | 7.67 | 8.28 | 8.34 | 7.52 | 7.50 |
| 金额 | 元 | 53.59 | 73.26 | 102.22 | 93.57 | 89.17 | 111.13 |
| 购买动物油 | 公斤 | 0.23 | 0.15 | 0.17 | 0.11 | 0.07 | 0.08 |
| 金额 | 元 | 1.17 | 1.40 | 2.38 | 0.89 | 0.77 | 0.97 |
| 购买蔬菜及制品金额 | 元 | 99.72 | 116.22 | 126.89 | 127.28 | 162.05 | 200.63 |
| 购买蔬菜 | 公斤 | 67.74 | 63.55 | 64.40 | 60.20 | 57.31 | 66.04 |
| 金额 | 元 | 94.62 | 109.63 | 121.81 | 122.45 | 156.29 | 194.64 |
| 购买肉、禽、蛋、奶及其制品金额 | 元 | 256.91 | 311.01 | 398.83 | 390.25 | 422.00 | 548.23 |
| 购买猪肉 | 公斤 | 10.38 | 8.77 | 8.58 | 9.97 | 10.58 | 10.87 |
| 金额 | 元 | 109.03 | 126.25 | 173.14 | 166.01 | 186.75 | 250.37 |
| 购买牛肉 | 公斤 | 0.41 | 0.45 | 0.42 | 0.44 | 0.38 | 0.49 |
| 金额 | 元 | 6.27 | 7.81 | 10.53 | 11.30 | 12.05 | 16.47 |
| 购买羊肉 | 公斤 | 0.42 | 0.52 | 0.63 | 0.49 | 0.44 | 0.25 |
| 金额 | 元 | 7.25 | 9.25 | 10.91 | 11.81 | 13.81 | 9.52 |
| 购买鸡 | 公斤 | 2.57 | 2.89 | 3.31 | 2.84 | 2.67 | 3.16 |
| 金额 | 元 | 21.84 | 29.40 | 39.08 | 32.16 | 33.86 | 49.51 |
| 购买鸭 | 公斤 | 0.05 | 0.07 | 0.12 | 0.11 | 0.13 | 0.18 |
| 金额 | 元 | 0.58 | 1.03 | 2.02 | 1.87 | 1.79 | 3.33 |

10-18续1

| 指 标 名 称 | 单 位 | 2006年 | 2007年 | 2008年 | 2009年 | 2010年 | 2011年 |
|---|---|---|---|---|---|---|---|
| 购买鹅 | 公斤 | 0.00 | 0.01 | 0.00 | 0.00 | 0.00 | 0.00 |
| 金额 | 元 | 0.04 | 0.08 | 0.01 | 0.03 | 0.00 | 0.01 |
| 购买生畜下水 | 公斤 | 0.98 | 1.04 | 0.66 | 0.84 | 0.93 | 0.91 |
| 金额 | 元 | 7.58 | 7.90 | 10.75 | 14.89 | 17.63 | 18.62 |
| 购买禽下水 | 公斤 | 0.15 | 0.11 | 0.09 | 0.12 | 0.12 | 0.18 |
| 金额 | 元 | 1.09 | 0.73 | 0.87 | 0.93 | 1.18 | 3.03 |
| 购买鲜鸡蛋 | 公斤 | 9.45 | 8.80 | 10.31 | 9.71 | 9.01 | 9.59 |
| 金额 | 元 | 47.27 | 56.29 | 65.96 | 62.07 | 64.99 | 84.52 |
| 购买鲜鸭蛋 | 公斤 | 0.06 | 0.06 | 0.16 | 0.13 | 0.11 | 0.17 |
| 金额 | 元 | 0.31 | 0.36 | 0.81 | 0.66 | 0.77 | 1.23 |
| 购买鲜奶 | 公斤 | 5.90 | 6.72 | 4.67 | 4.25 | 4.09 | 5.31 |
| 金额 | 元 | 20.18 | 25.11 | 24.58 | 24.85 | 26.60 | 38.42 |
| 购买酥油 | 公斤 | 0.02 | 0.01 | 0.00 | 0.00 | 0.00 | 0.02 |
| 金额 | 元 | 0.04 | 0.03 | 0.05 | 0.04 | 0.00 | 0.25 |
| 购买水产品及制品金额 | 元 | 29.64 | 36.10 | 41.27 | 43.01 | 46.78 | 48.85 |
| 其中：购买海水鱼类 | 公斤 | 1.31 | 1.37 | 1.41 | 1.55 | 1.33 | 1.43 |
| 金额 | 元 | 9.95 | 10.95 | 13.93 | 14.83 | 15.08 | 19.26 |
| 购买海水虾类 | 公斤 | 0.22 | 0.28 | 0.65 | 0.36 | 0.32 | 0.31 |
| 金额 | 元 | 4.14 | 5.34 | 5.95 | 7.29 | 7.87 | 7.41 |
| 购买海水贝类 | 公斤 | 0.01 | 0.02 | 0.02 | 0.04 | 0.02 | 0.01 |
| 金额 | 元 | 0.12 | 0.16 | 0.19 | 0.24 | 0.22 | 0.08 |
| 购买海水蟹类 | 公斤 | 0.01 | 0.00 | 0.00 | 0.00 | 0.00 | 0.00 |
| 金额 | 元 | 0.11 | 0.04 | 0.14 | 0.02 | 0.07 | 0.04 |
| 购买海水藻类 | 公斤 | 0.06 | 0.06 | 0.04 | 0.06 | 0.05 | 0.06 |
| 金额 | 元 | 0.33 | 0.38 | 0.31 | 0.60 | 0.52 | 0.58 |
| 购买淡水鱼类 | 公斤 | 1.93 | 1.81 | 1.79 | 1.66 | 1.80 | 1.36 |
| 金额 | 元 | 11.67 | 12.10 | 15.15 | 13.50 | 16.31 | 15.16 |
| 购买淡水虾类 | 公斤 | 0.13 | 0.21 | 0.13 | 0.12 | 0.11 | 0.07 |
| 金额 | 元 | 1.19 | 2.17 | 2.22 | 2.40 | 3.28 | 1.66 |
| 购买淡水贝类 | 公斤 | 0.01 | 0.01 | 0.01 | 0.00 | 0.00 | 0.00 |
| 金额 | 元 | 0.02 | 0.07 | 0.05 | 0.02 | 0.02 | 0.08 |
| 购买淡蟹 | 公斤 | 0.00 | 0.00 | 0.00 | 0.00 | 0.00 | 0.00 |
| 金额 | 元 | 0.03 | 0.04 | 0.06 | 0.06 | 0.01 | 0.05 |
| 购买烟酒金额 | 元 | 163.39 | 181.26 | 193.40 | 208.16 | 222.70 | 271.49 |
| 其中：购买卷烟 | 盒 | 27.56 | 24.93 | 22.62 | 22.32 | 20.76 | 21.82 |
| 金额 | 元 | 70.46 | 77.04 | 85.35 | 93.00 | 97.36 | 125.76 |
| 购买烟丝、烟叶 | 公斤 | 0.06 | 0.06 | 0.04 | 0.04 | 0.03 | 0.06 |
| 金额 | 元 | 0.42 | 0.35 | 0.27 | 0.27 | 0.34 | 0.91 |
| 购买啤酒 | 公斤 | 13.06 | 10.91 | 8.55 | 8.86 | 8.01 | 7.85 |
| 金额 | 元 | 32.67 | 33.11 | 34.89 | 37.45 | 38.36 | 35.24 |
| 购买白酒 | 公斤 | 5.90 | 5.67 | 5.66 | 5.39 | 5.15 | 6.54 |
| 金额 | 元 | 57.97 | 65.92 | 70.70 | 75.38 | 84.53 | 106.84 |
| 购买果酒 | 公斤 | 0.03 | 0.02 | 0.02 | 0.02 | 0.04 | 0.03 |
| 金额 | 元 | 0.44 | 0.24 | 0.35 | 0.25 | 0.57 | 0.42 |
| 购买茶叶、饮料金额 | 元 | 22.98 | 26.16 | 36.81 | 32.85 | 36.46 | 38.61 |
| 其中：购买茶叶 | 公斤 | 0.54 | 0.50 | 1.01 | 0.81 | 0.71 | 0.80 |
| 金额 | 元 | 14.91 | 16.57 | 24.82 | 21.53 | 24.59 | 24.30 |
| 购买冷饮金额 | 元 | 2.43 | 2.36 | 2.83 | 2.61 | 2.53 | 3.35 |
| 购买碳酸类饮料金额 | 元 | 1.73 | 2.38 | 2.98 | 2.41 | 2.69 | 2.78 |
| 购买果汁类饮料金额 | 元 | 1.56 | 2.17 | 3.55 | 3.28 | 3.84 | 4.91 |
| 购买瓶(桶)装水金额 | 元 | 0.71 | 0.80 | 0.89 | 1.20 | 0.85 | 0.95 |
| 购买其他种类食品金额 | 元 | 134.51 | 150.31 | 188.09 | 196.66 | 217.34 | 265.17 |
| 其中：购买豆制品 | 元 | 9.36 | 9.72 | 11.18 | 11.35 | 13.11 | 11.68 |
| 购买调味 | 元 | 18.80 | 21.25 | 26.57 | 29.36 | 32.44 | 35.37 |

10-18续2

| 指标名称 | 单位 | 2006年 | 2007年 | 2008年 | 2009年 | 2010年 | 2011年 |
|---|---|---|---|---|---|---|---|
| 购买食糖 | 公斤 | 0.62 | 0.79 | 0.68 | 0.95 | 0.75 | 0.91 |
| 金额 | 元 | 3.25 | 3.09 | 3.73 | 3.33 | 3.67 | 5.35 |
| 购买西瓜 | 公斤 | 14.78 | 9.16 | 9.57 | 10.21 | 10.92 | 7.89 |
| 金额 | 元 | 9.68 | 7.55 | 9.81 | 11.69 | 11.04 | 12.05 |
| 购买其他果用瓜 | 公斤 | 0.95 | 0.41 | 0.73 | 0.88 | 0.79 | 2.15 |
| 金额 | 元 | 1.53 | 0.84 | 1.52 | 2.04 | 2.32 | 7.84 |
| 购买水果 | 公斤 | 12.72 | 14.28 | 15.53 | 15.74 | 15.21 | 16.71 |
| 金额 | 元 | 27.98 | 34.48 | 39.91 | 43.36 | 50.68 | 69.87 |
| 购买坚果、果仁及制品 | 元 | 12.26 | 13.63 | 17.95 | 18.10 | 19.80 | 24.19 |
| 购买糖果 | 元 | 4.53 | 3.86 | 4.65 | 3.43 | 4.08 | 5.52 |
| 购买糕点 | 元 | 16.31 | 17.77 | 22.56 | 22.11 | 22.33 | 28.46 |
| 购买营养滋补品 | 元 | 2.47 | 5.27 | 5.99 | 6.19 | 5.70 | 9.56 |
| 衣着类 | | 190.28 | 218.95 | 244.91 | 266.87 | 286.36 | 357.81 |
| 其中：购买服装 | 件 | 2.88 | 2.99 | 3.30 | 3.36 | 3.38 | 3.84 |
| 金额 | 元 | 120.80 | 142.85 | 155.80 | 176.27 | 195.61 | 242.55 |
| 购买鞋类 | 双 | 2.38 | 2.51 | 2.49 | 2.48 | 2.34 | 2.43 |
| 金额 | 元 | 45.35 | 56.28 | 69.57 | 69.46 | 72.29 | 82.54 |
| 居住类 | | 463.96 | 518.08 | 590.56 | 733.00 | 752.52 | 757.43 |
| 购买建筑生活用房材料支出 | 元 | 255.47 | 262.99 | 162.49 | 201.09 | 164.04 | 263.12 |
| 其中：购买水泥 | 公斤 | 106.11 | 144.15 | 45.36 | 91.74 | 51.53 | 96.52 |
| 金额 | 元 | 36.11 | 36.41 | 20.50 | 26.54 | 22.90 | 44.22 |
| 购买木材 | 立方米 | 0.04 | 0.04 | 0.04 | 0.02 | 0.05 | 0.01 |
| 金额 | 元 | 6.40 | 5.10 | 1.87 | 2.65 | 3.11 | 2.30 |
| 购买钢材 | 公斤 | 8.69 | 8.96 | 4.68 | 6.69 | 3.55 | 7.03 |
| 金额 | 元 | 26.79 | 29.77 | 15.56 | 18.50 | 12.99 | 25.12 |
| 购买水泥预制件 | 件 | 0.42 | 1.20 | 0.36 | 0.58 | 0.74 | 1.32 |
| 金额 | 元 | 8.60 | 9.52 | 6.42 | 5.76 | 9.95 | 5.91 |
| 购买玻璃 | 平方米 | 0.05 | 0.02 | 0.02 | 0.05 | 0.11 | 0.05 |
| 金额 | 元 | 0.77 | 0.44 | 0.21 | 0.73 | 0.13 | 0.42 |
| 购买砖 | 块 | 319.40 | 322.12 | 117.53 | 208.11 | 169.05 | 214.15 |
| 金额 | 元 | 63.36 | 59.53 | 24.22 | 51.95 | 39.67 | 74.31 |
| 购买瓦 | 块 | 17.26 | 10.33 | 4.68 | 2.41 | 1.98 | 3.54 |
| 金额 | 元 | 5.39 | 4.13 | 3.78 | 6.45 | 3.23 | 4.58 |
| 购买沙石 | 立方米 | 1.15 | 6.97 | 1.78 | 2.43 | 1.81 | 1.32 |
| 金额 | 元 | 39.11 | 30.97 | 16.12 | 30.01 | 25.54 | 32.49 |
| 购买生活用房支出 | 元 | 11.75 | 35.80 | 193.64 | 316.17 | 295.75 | 119.80 |
| 其中：购买砖木结构房屋间数 | 间 | 2.26 | 0.00 | 0.01 | 0.00 | 0.00 | 0.00 |
| 面积 | 平方米 | 0.12 | 0.04 | 0.10 | 0.09 | 0.01 | 0.03 |
| 金额 | 元 | 3.23 | 16.60 | 18.72 | 19.88 | 1.12 | 64.53 |
| 购买钢筋混凝土房屋间数 | 间 | 0.00 | 0.01 | 0.01 | 0.00 | 0.02 | 0.00 |
| 面积 | 平方米 | 0.00 | 0.03 | 0.11 | 0.13 | 0.10 | 0.04 |
| 金额 | 元 | 1.94 | 19.20 | 174.92 | 289.42 | 294.63 | 53.74 |
| 购买其他结构房屋间数 | 间 | 0.00 | | | 0.00 | | 0.00 |
| 面积 | 平方米 | 0.02 | | | 0.00 | | 0.04 |
| 金额 | 元 | 6.58 | | | 6.87 | | 1.54 |
| 购买生活用燃料 | 元 | 122.36 | 133.54 | 157.16 | 168.53 | 193.58 | 290.61 |
| 其中：购买柴 | 公担 | 0.36 | 0.05 | 0.38 | 0.04 | 0.17 | 0.27 |
| 金额 | 元 | 0.99 | 0.14 | 0.35 | 0.04 | 0.08 | 0.90 |
| 购买草 | 公担 | 0.01 | 0.05 | | 0.09 | | 0.12 |
| 金额 | 元 | 0.05 | 0.10 | | 0.09 | | 0.25 |
| 购买煤 | 公斤 | 218.98 | 239.95 | 174.36 | 167.77 | 145.24 | 191.58 |
| 金额 | 元 | 85.73 | 102.26 | 125.46 | 136.05 | 155.45 | 246.39 |

10-18续3

| 指 标 名 称 | 单 位 | 2006年 | 2007年 | 2008年 | 2009年 | 2010年 | 2011年 |
|---|---|---|---|---|---|---|---|
| 液化气 | 元 | 29.01 | 28.53 | 29.69 | 30.04 | 35.35 | 38.66 |
| | | | | | | | |
| 购买生活用水 | 吨 | 4.80 | 3.58 | 4.18 | 5.09 | 3.87 | 3.74 |
| 金额 | 元 | 5.79 | 5.01 | 5.68 | 7.07 | 6.89 | 8.65 |
| 购买生活用电 | 度 | 106.43 | 116.69 | 168.02 | 185.41 | 218.69 | 224.27 |
| 金额 | 元 | 66.82 | 76.80 | 94.08 | 105.81 | 127.45 | 126.72 |
| | | | | | | | |
| 家用设备和日用品 | | 195.31 | 214.66 | 273.70 | 260.84 | 320.44 | 358.98 |
| 其中：购买洗涤及卫生用品 | 元 | 28.28 | 32.19 | 36.24 | 41.25 | 47.00 | 48.56 |
| 购买厨具、餐具、茶具 | 元 | 11.93 | 12.05 | 15.85 | 15.53 | 13.07 | 23.57 |
| 购买家具及做家具材料 | 元 | 41.48 | 52.12 | 61.44 | 54.73 | 67.09 | 66.56 |
| 购买洗衣机 | 台 | 0.01 | 0.01 | 0.01 | 0.01 | 0.01 | 0.01 |
| 金额 | 元 | 10.06 | 10.69 | 12.00 | 13.07 | 10.82 | 11.33 |
| 购买缝纫机 | 台 | | 0.00 | 0.00 | 0.00 | 0.00 | |
| 金额 | 元 | | 0.10 | 0.24 | 0.26 | 0.50 | |
| 购买电风扇 | 台 | 0.03 | 0.02 | 0.02 | 0.03 | 0.03 | 0.02 |
| 金额 | 元 | 2.07 | 1.42 | 1.95 | 2.19 | 2.32 | 1.95 |
| 购买电冰箱 | 台 | 0.01 | 0.02 | 0.01 | 0.02 | 0.02 | 0.02 |
| 金额 | 元 | 24.64 | 33.26 | 26.76 | 30.59 | 41.48 | 40.69 |
| 购买空调机 | 台 | 0.01 | 0.00 | 0.01 | 0.00 | 0.01 | 0.01 |
| 金额 | 元 | 19.08 | 12.72 | 17.08 | 12.33 | 42.24 | 24.00 |
| 购买吸尘器 | 台 | 0.00 | 0.00 | | | 0.00 | |
| 金额 | 元 | 0.09 | 0.15 | | | 0.10 | |
| 购买抽油烟机 | 台 | 0.00 | 0.00 | 0.01 | 0.12 | 0.00 | 0.01 |
| 金额 | 元 | 0.72 | 0.78 | 2.03 | 0.49 | 1.42 | 3.19 |
| 购买热水器 | 台 | 0.01 | 0.01 | 0.01 | 0.01 | 0.01 | 0.01 |
| 金额 | 元 | 6.47 | 4.19 | 8.15 | 14.55 | 16.55 | 18.71 |
| 微波炉 | 台 | 0.00 | 0.00 | 0.00 | 0.00 | 0.00 | 0.00 |
| 金额 | 元 | 0.83 | 0.95 | 1.04 | 0.42 | 0.46 | 1.77 |
| 购买电饭锅 | 个 | 0.03 | 0.02 | 0.03 | 0.01 | 0.02 | 0.02 |
| 金额 | 元 | 3.33 | 2.28 | 4.05 | 1.83 | 2.28 | 2.87 |
| 购买液化气炉具 | 套 | 0.02 | 0.01 | 0.02 | 0.01 | 0.02 | 0.03 |
| 金额 | 元 | 0.78 | 1.29 | 2.71 | 2.00 | 3.47 | 5.46 |
| | | | | | | | |
| 交通、通讯工具和用品 | | 240.70 | 329.41 | 398.46 | 499.31 | 777.99 | 687.69 |
| 其中：购买自行车 | 辆 | 0.03 | 0.03 | 0.04 | 0.03 | 0.02 | 0.03 |
| 金额 | 元 | 7.53 | 8.33 | 7.50 | 6.60 | 3.64 | 7.84 |
| 购买电动自行车 | 辆 | 0.03 | 0.02 | 0.02 | 0.12 | 0.03 | 0.06 |
| 金额 | 元 | 58.47 | 48.62 | 48.95 | 50.95 | 62.48 | 136.98 |
| 购买摩托车 | 辆 | 0.01 | 0.01 | 0.01 | 0.01 | 0.01 | 0.01 |
| 金额 | 元 | 25.07 | 46.80 | 36.59 | 36.45 | 33.50 | 29.19 |
| 购买汽车(生活用) | 辆 | 0.00 | 0.00 | 0.00 | 0.01 | 0.01 | 0.01 |
| 金额 | 元 | 51.11 | 125.76 | 194.30 | 294.65 | 458.31 | 266.11 |
| 购买电话 | 部 | 0.02 | 0.03 | 0.04 | 0.02 | 0.02 | 0.02 |
| 金额 | 元 | 1.49 | 1.60 | 1.24 | 1.47 | 0.88 | 5.69 |
| 购买手机 | 部 | 0.04 | 0.05 | 0.06 | 0.07 | 0.06 | 0.10 |
| 金额 | 元 | 29.67 | 33.07 | 30.09 | 25.92 | 22.59 | 43.06 |
| | | | | | | | |
| 文化、教育、娱乐用品 | | 68.77 | 85.43 | 98.49 | 109.66 | 119.79 | 156.59 |
| 其中：购买收录机 | 台 | 0.01 | 0.01 | 0.01 | 0.01 | 0.01 | 0.01 |
| 金额 | 元 | 0.34 | 0.26 | 0.34 | 0.20 | 0.18 | 0.62 |
| 购买组合音响 | 台 | 0.00 | 0.00 | 0.00 | 0.00 | 0.00 | 0.00 |
| 金额 | 元 | 0.38 | 0.53 | 1.45 | 0.94 | 0.40 | 0.32 |
| 购买电子游戏机 | 台 | | 0.00 | 0.00 | | 0.00 | 0.00 |
| 金额 | 元 | | 0.03 | 0.54 | | 0.02 | 0.19 |
| 购买黑白电视机 | 台 | 0.00 | 0.00 | 0.00 | 0.00 | 0.00 | 0.00 |
| 金额 | 元 | 0.04 | 0.01 | 0.26 | 0.57 | 0.61 | 0.02 |

10-18续4

| 指标名称 | 单位 | 2006年 | 2007年 | 2008年 | 2009年 | 2010年 | 2011年 |
|---|---|---|---|---|---|---|---|
| 购买彩色电视机 | 台 | 0.02 | 0.01 | 0.02 | 0.01 | 0.01 | 0.01 |
| 金额 | 元 | 19.59 | 14.84 | 19.68 | 27.65 | 26.32 | 18.56 |
| 购买录放像机 | 台 | 0.00 | | | | | |
| 金额 | 元 | 0.43 | | | | | |
| 购买影碟机 | 台 | 0.01 | 0.01 | 0.00 | 0.00 | 0.00 | 0.00 |
| 金额 | 元 | 4.85 | 3.12 | 1.29 | 1.11 | 0.55 | 0.18 |
| 购买摄像机 | 台 | | | | 0.00 | 0.00 | |
| 金额 | 元 | | | | 0.50 | 6.25 | |
| 购买照相机 | 只 | 0.00 | 0.00 | 0.00 | 0.00 | 0.00 | 0.00 |
| 金额 | 元 | 0.13 | 0.21 | 1.34 | 1.03 | 2.18 | 2.89 |
| 购买家用计算机(电脑) | 台 | 0.00 | 0.00 | 0.01 | 1.66 | 0.01 | 0.02 |
| 金额 | 元 | 8.69 | 11.47 | 41.17 | 38.75 | 42.18 | 49.50 |
| 购买家用计算机外部设备 | 元 | 0.15 | 0.51 | 0.56 | 2.00 | 0.18 | 1.75 |
| 购买中高档乐器 | 元 | 0.60 | | 0.08 | 1.40 | 0.14 | 0.03 |
| 购买体育健身器材 | 元 | 0.02 | 0.01 | 0.03 | 0.16 | 0.11 | 7.44 |
| 购买观赏盆栽植物 | 盆 | 0.06 | 0.50 | 0.02 | 0.02 | 0.02 | 0.03 |
| 金额 | 元 | 2.62 | 9.73 | 0.28 | 0.31 | 0.42 | 0.37 |
| 购买宠物 | 只 | 0.01 | 0.03 | 0.02 | 0.02 | 0.03 | 0.02 |
| 金额 | 元 | 0.09 | 0.14 | 0.05 | 0.05 | 0.05 | 1.14 |
| 医疗卫生保健用品 | | 84.35 | 74.40 | 109.79 | 104.60 | 119.55 | 169.65 |
| 其中：购买药品 | 元 | 77.97 | 71.09 | 105.76 | 93.76 | 113.25 | 160.91 |
| 购买医疗卫生器械 | 元 | 0.91 | 0.49 | 0.36 | 0.41 | 0.34 | 0.76 |
| 购买药品类保健品 | 元 | 2.21 | 1.74 | 1.78 | 6.29 | 3.23 | 4.31 |
| 购买保健器材 | 元 | 0.89 | 0.40 | 1.15 | 3.78 | 1.89 | 1.16 |
| 其他杂项商品 | | 23.82 | 25.89 | 27.91 | 28.81 | 34.36 | 38.36 |
| 其中：购买首饰 | 元 | 4.43 | 4.85 | 5.30 | 6.46 | 7.42 | 10.52 |
| 购买手表 | 只 | 0.02 | 0.01 | 0.01 | 0.01 | 0.01 | 0.01 |
| 金额 | 元 | 0.52 | 1.28 | 0.44 | 0.40 | 0.74 | 1.97 |
| 购买化妆品 | 元 | 2.24 | 2.51 | 3.47 | 5.01 | 4.76 | 5.36 |
| 购买迷信、宗教用品 | 元 | 3.13 | 3.53 | 3.76 | 4.13 | 4.77 | 5.16 |
| 购买生产资料情况 | | 910.81 | 1034.57 | 1234.74 | 1229.67 | 1056.36 | 2257.19 |
| 购买农业用种籽 | 公斤 | 14.64 | 11.44 | 19.57 | 14.58 | 19.35 | 20.28 |
| 金额 | 元 | 54.59 | 45.88 | 53.82 | 53.78 | 64.89 | 119.58 |
| 购买小麦种籽 | 公斤 | 5.91 | 5.78 | 6.44 | 7.51 | 7.67 | 10.19 |
| 金额 | 元 | 11.76 | 11.87 | 15.46 | 17.29 | 20.00 | 28.92 |
| 购买稻谷种籽 | 公斤 | 0.52 | 0.27 | 0.28 | 0.13 | 0.33 | 0.23 |
| 金额 | 元 | 1.22 | 0.82 | 0.77 | 0.50 | 1.45 | 1.49 |
| 购买玉米种籽 | 公斤 | 2.70 | 2.24 | 4.09 | 3.58 | 3.07 | 2.73 |
| 金额 | 元 | 21.34 | 15.65 | 20.50 | 21.57 | 24.95 | 34.79 |
| 购买其他粮食种籽 | 公斤 | 0.34 | 0.34 | 3.15 | 0.81 | 0.62 | 0.31 |
| 金额 | 元 | 1.09 | 1.31 | 4.39 | 3.42 | 3.54 | 3.41 |
| 购买其他种籽 | 公斤 | 5.18 | 2.82 | 5.62 | 2.54 | 7.67 | 6.82 |
| 金额 | 元 | 19.18 | 16.24 | 12.70 | 11.00 | 14.96 | 50.97 |
| 购买农业用饲料 | 公斤 | 7.54 | 10.53 | 5.51 | 13.54 | 11.88 | 7.88 |
| 金额 | 元 | 11.33 | 17.65 | 11.86 | 25.64 | 25.99 | 20.90 |
| 购买小麦饲料 | 公斤 | 0.25 | 0.14 | 0.01 | 0.05 | 0.01 | 0.67 |
| 金额 | 元 | 0.50 | 0.19 | 0.03 | 0.09 | 0.07 | 0.89 |
| 购买稻谷饲料 | 公斤 | | 0.01 | 0.01 | 0.01 | 0.01 | 0.01 |
| 金额 | 元 | | 0.02 | 0.01 | 0.02 | 0.02 | 0.01 |
| 购买玉米饲料 | 公斤 | 0.87 | 4.17 | 0.37 | 1.70 | 0.39 | 0.91 |
| 金额 | 元 | 1.11 | 6.12 | 0.33 | 2.77 | 0.82 | 2.04 |
| 购买其他生产饲料 | 公斤 | 6.41 | 6.21 | 5.13 | 11.78 | 11.47 | 6.30 |
| 金额 | 元 | 9.71 | 11.32 | 11.48 | 22.77 | 25.08 | 17.96 |

10-18续5

| 指标名称 | 单位 | 2006年 | 2007年 | 2008年 | 2009年 | 2010年 | 2011年 |
|---|---|---|---|---|---|---|---|
| 购买农业用其他生产资料 | 元 | 420.65 | 383.32 | 499.57 | 433.03 | 484.07 | 723.49 |
| 其中：购买化肥 | 公斤 | 231.18 | 145.07 | 147.79 | 140.68 | 246.27 | 170.36 |
| 金额 | 元 | 280.12 | 250.37 | 350.40 | 291.12 | 309.09 | 471.84 |
| 购买微量元素肥 | 克 | 21.23 | 10.47 | 8.17 | 11.59 | 10.54 | 22.79 |
| 金额 | 元 | 13.02 | 8.80 | 8.62 | 14.04 | 23.24 | 16.73 |
| 购买饼肥 | 公斤 | 1.00 | 0.51 | 1.97 | 1.43 | 3.50 | 0.19 |
| 金额 | 元 | 1.67 | 0.93 | 2.94 | 2.64 | 10.88 | 1.65 |
| 购买农药 | 元 | 28.27 | 28.52 | 29.69 | 30.39 | 37.71 | 59.14 |
| 购买薄膜 | 公斤 | 1.81 | 1.73 | 3.20 | 1.15 | 1.77 | 4.30 |
| 金额 | 元 | 21.36 | 17.97 | 19.01 | 13.08 | 19.45 | 30.10 |
| 购买燃料 | 公斤 | 10.46 | 7.84 | 7.51 | 8.19 | 5.74 | 9.13 |
| 金额 | 元 | 51.76 | 42.46 | 51.37 | 44.99 | 38.02 | 67.02 |
| 购买林业用饲料 | 公斤 | 0.37 | 0.07 | 0.09 | 0.27 | 0.15 | 0.11 |
| 金额 | 元 | 0.56 | 0.19 | 0.17 | 0.36 | 0.25 | 1.07 |
| 购买小麦饲料 | 公斤 | 0.00 | 0.00 |  |  | 0.00 | 0.04 |
| 金额 | 元 | 0.00 | 0.00 |  |  | 0.03 | 0.22 |
| 购买稻谷饲料 | 公斤 | 0.00 | 0.00 |  |  |  |  |
| 金额 | 元 | 0.00 | 0.00 |  |  |  |  |
| 购买玉米饲料 | 公斤 | 0.19 | 0.07 |  | 0.23 | 0.06 | 0.00 |
| 金额 | 元 | 0.22 | 0.19 |  | 0.33 | 0.11 | 0.00 |
| 购买其他生产饲料 | 公斤 | 0.19 | 0.00 | 0.09 | 0.04 | 0.09 | 0.07 |
| 金额 | 元 | 0.34 | 0.01 | 0.17 | 0.03 | 0.11 | 0.84 |
| 购买林业用其他生产资料 | 元 | 11.67 | 19.95 | 16.99 | 9.82 | 9.86 | 75.44 |
| 其中：购买树种 | 公斤 | 0.01 | 0.22 | 0.45 | 0.00 | 0.01 | 0.27 |
| 金额 | 元 | 0.03 | 0.39 | 0.38 | 0.01 | 0.01 | 0.69 |
| 购买树苗 | 株 | 9.24 | 6.89 | 7.56 | 3.59 | 2.88 | 2.08 |
| 金额 | 元 | 8.60 | 12.59 | 8.87 | 4.80 | 5.00 | 7.21 |
| 购买化肥 | 公斤 | 0.80 | 2.75 | 1.99 | 1.61 | 1.03 | 10.72 |
| 金额 | 元 | 1.45 | 5.52 | 5.91 | 3.80 | 3.09 | 43.06 |
| 购买微量元素肥 | 克 | 0.09 | 0.02 | 0.11 | 0.01 | 0.01 | 2.04 |
| 金额 | 元 | 0.22 | 0.00 | 0.08 | 0.03 | 0.02 | 0.98 |
| 购买农药 | 元 | 0.65 | 0.57 | 1.13 | 0.72 | 1.10 | 8.67 |
| 购买燃料 | 公斤 |  |  | 0.04 | 0.02 | 0.01 | 0.18 |
| 金额 | 元 |  |  | 0.26 | 0.10 | 0.07 | 1.26 |
| 购买牧业用饲料 | 公斤 | 123.27 | 110.55 | 121.32 | 325.59 | 118.48 | 164.26 |
| 金额 | 元 | 206.65 | 225.54 | 273.81 | 322.70 | 271.68 | 370.18 |
| 购买小麦 | 公斤 | 0.36 | 0.06 | 0.11 | 0.00 | 0.09 | 0.02 |
| 金额 | 元 | 0.45 | 0.19 | 0.14 | 0.12 | 0.26 | 0.05 |
| 购买稻谷 | 公斤 | 0.00 | 0.00 | 0.01 |  | 0.00 | 0.04 |
| 金额 | 元 | 0.00 | 0.01 | 0.01 |  | 0.01 | 0.05 |
| 购买玉米 | 公斤 | 24.68 | 16.33 | 17.67 | 32.13 | 22.82 | 36.62 |
| 金额 | 元 | 30.81 | 25.39 | 26.52 | 60.79 | 43.16 | 69.18 |
| 购买其他生产饲料 | 公斤 | 98.22 | 94.16 | 103.53 | 293.46 | 95.57 | 127.59 |
| 金额 | 元 | 175.39 | 199.95 | 247.16 | 261.79 | 228.24 | 300.91 |
| 购买牧业用其他生产资料 | 元 | 68.47 | 83.71 | 55.56 | 54.14 | 36.82 | 42.99 |
| 其中：购买仔、幼畜 | 头 | 0.30 | 0.07 | 0.13 | 0.11 | 0.04 | 1.05 |
| 金额 | 元 | 20.04 | 13.64 | 16.00 | 17.17 | 2.89 | 13.33 |
| 购买育肥周转畜 | 头 | 0.02 | 0.08 | 0.01 | 0.01 | 0.00 | 0.00 |
| 金额 | 元 | 7.85 | 8.66 | 10.47 | 6.09 | 3.76 | 2.97 |
| 仔、幼禽 | 元 | 21.76 | 17.62 | 7.89 | 5.25 | 14.92 | 3.17 |
| 仔、幼小动物 | 元 | 10.75 | 23.43 | 1.07 | 2.40 | 1.56 | 1.47 |
| 购买种蛋 | 公斤 |  | 0.00 | 0.00 |  |  | 0.00 |

10-18续6

| 指 标 名 称 | 单 位 | 2006年 | 2007年 | 2008年 | 2009年 | 2010年 | 2011年 |
|---|---|---|---|---|---|---|---|
| 金额 | 元 | | 0.05 | 0.08 | | | 0.02 |
| 兽药 | 元 | 4.84 | 3.71 | 11.03 | 20.49 | 9.91 | 14.95 |
| 燃料 | 元 | | 11.84 | 0.16 | 0.15 | 0.30 | 0.62 |
| 购买渔业用生产饲料 | 公斤 | 0.31 | 0.08 | 0.63 | 0.24 | 0.13 | 6.89 |
| 金额 | 元 | 0.60 | 0.07 | 1.81 | 0.45 | 1.36 | 18.96 |
| 购买小麦饲料 | 公斤 | | | 0.13 | 0.01 | 0.02 | 0.00 |
| 金额 | 元 | | | 0.42 | 0.02 | 0.02 | 0.01 |
| 购买玉米饲料 | 公斤 | | | | | | 0.00 |
| 金额 | 元 | | | | | | 0.02 |
| 购买其他生产资料 | 公斤 | 0.31 | 0.08 | 0.50 | 0.23 | 0.11 | 6.89 |
| 金额 | 元 | 0.60 | 0.07 | 1.39 | 0.43 | 1.34 | 18.93 |
| 购买渔业用生产资料 | 元 | 8.73 | 0.11 | 0.19 | 1.99 | 0.56 | 6.70 |
| 其中：购买种苗 | 元 | 8.23 | 0.08 | 0.03 | 1.47 | 0.43 | 6.44 |
| 购买渔用药 | 元 | 0.50 | 0.02 | 0.04 | | | 0.14 |
| 购买燃料 | 元 | | | 0.03 | 0.02 | | 0.07 |
| 购买工业生产用原料 | 元 | 6.72 | 41.69 | 39.56 | 40.62 | 20.92 | 656.74 |
| 购买工业用燃料 | 公斤 | 0.50 | 0.52 | 0.69 | 0.28 | 0.16 | 0.40 |
| 金额 | 元 | 1.50 | 4.22 | 4.03 | 1.44 | 0.77 | 2.93 |
| 购买建筑业生产用原料 | 元 | 0.77 | 1.52 | 14.94 | 49.97 | 13.49 | 4.85 |
| 购买建筑业生产用燃料 | 公斤 | 0.48 | 0.90 | 4.32 | 4.42 | 2.41 | 1.47 |
| 金额 | 元 | 4.13 | 7.83 | 25.37 | 28.36 | 14.47 | 9.87 |
| 购买交通运输业邮电业燃料 | 公斤 | 9.93 | 11.88 | 13.14 | 13.31 | 5.24 | 7.12 |
| 金额 | 元 | 42.80 | 53.27 | 77.66 | 66.49 | 27.26 | 52.23 |
| 购买批零贸易业用原料 | 元 | 25.28 | 80.11 | 122.33 | 87.57 | 18.42 | 37.93 |
| 购买批零贸易业用燃料 | 公斤 | 0.58 | 85.61 | 1.30 | 1.12 | 2.67 | 0.40 |
| 金额 | 元 | 2.02 | 48.24 | 7.42 | 7.39 | 16.29 | 2.81 |
| 购买社会服务业用原料 | 元 | 2.81 | 0.20 | 6.89 | 16.41 | 10.70 | 3.88 |
| 购买社会服务业用燃料 | 公斤 | 0.21 | 0.01 | 0.21 | 0.00 | 0.75 | 0.23 |
| 金额 | 元 | 1.27 | 0.07 | 1.73 | 0.01 | 9.51 | 2.00 |
| 购买文教卫生业用原料 | 元 | 9.49 | 5.38 | 4.05 | 3.81 | 4.75 | |
| 购买其他行业用原料 | 元 | 0.06 | 0.36 | 1.39 | 4.37 | 0.44 | 7.14 |
| 购买其他行业用燃料 | 公斤 | 0.11 | 1.40 | 0.24 | 0.28 | 0.36 | 0.01 |
| 金额 | 元 | 0.60 | 4.91 | 1.39 | 1.50 | 2.26 | 0.11 |
| 购买生产用电情况 | 度 | 13.63 | 9.35 | 9.48 | 13.71 | 13.90 | 37.38 |
| 金额 | 元 | 9.34 | 6.62 | 5.82 | 8.93 | 8.75 | 24.05 |
| 农业生产用电 | 度 | 8.56 | 7.18 | 6.61 | 9.79 | 9.87 | 15.44 |
| 金额 | 元 | 5.88 | 5.09 | 4.03 | 6.34 | 6.09 | 10.96 |
| 林业生产用电 | 度 | 0.00 | 0.02 | 0.18 | 0.29 | | 0.08 |
| 金额 | 元 | 0.01 | 0.04 | 0.13 | 0.21 | | 0.07 |
| 牧业生产用电 | 度 | 0.08 | 0.21 | 1.33 | 0.83 | 0.16 | 0.19 |
| 金额 | 元 | 0.07 | 0.11 | 0.76 | 0.45 | 0.09 | 0.11 |
| 渔业生产用电 | 度 | 0.05 | | | | | 3.30 |
| 金额 | 元 | 0.03 | | | | | 2.00 |
| 工业生产用电 | 度 | 4.37 | 1.34 | 0.83 | 0.96 | 2.27 | 11.74 |
| 金额 | 元 | 2.89 | 0.90 | 0.55 | 0.56 | 1.43 | 7.01 |
| 建筑业生产用电 | 度 | | | | 0.06 | 0.43 | 5.08 |
| 金额 | 元 | | | | 0.04 | 0.35 | 2.70 |
| 交通运输邮电业生产用电 | 度 | 0.00 | 0.01 | 0.07 | 0.02 | 0.02 | |
| 金额 | 元 | 0.00 | 0.02 | 0.06 | 0.01 | 0.01 | |
| 批零贸易业生产用电 | 度 | 0.04 | 0.21 | 0.02 | 0.19 | | 0.01 |
| 金额 | 元 | 0.02 | 0.21 | 0.01 | 0.19 | | 0.02 |
| 社会服务业生产用电 | 度 | 0.27 | 0.14 | 0.30 | 1.57 | 1.15 | 1.41 |
| 金额 | 元 | 0.24 | 0.11 | 0.18 | 1.12 | 0.78 | 1.01 |

10-18续7

| 指标名称 | 单位 | 2006年 | 2007年 | 2008年 | 2009年 | 2010年 | 2011年 |
|---|---|---|---|---|---|---|---|
| 文教卫生业生产用电 | 度 | 0.05 | | | | | 0.02 |
| 金额 | 元 | 0.03 | | | | | 0.01 |
| 其他行业生产用电 | 度 | 0.21 | 0.23 | 0.14 | | | 0.10 |
| 金额 | 元 | 0.17 | 0.14 | 0.10 | | | 0.16 |
| | | | | | | | |
| 购买生产性固定资产情况 | | 215.92 | 151.71 | 226.77 | 322.55 | 161.69 | 259.39 |
| 购买建筑生产用建筑物材料 | 元 | 44.20 | 6.93 | 20.56 | 16.08 | 9.54 | 80.54 |
| 其中：购买水泥 | 公斤 | 33.87 | 2.55 | 2.79 | 9.03 | 0.18 | 11.18 |
| 金额 | 元 | 7.39 | 0.89 | 2.96 | 4.17 | 0.25 | 5.45 |
| 购买木材 | 立方米 | 0.00 | 0.00 | 0.00 | 0.00 | | 0.03 |
| 金额 | 元 | 0.82 | 0.13 | 0.12 | 0.01 | | 14.28 |
| 购买钢材 | 公斤 | 0.62 | | 1.03 | 0.10 | 0.23 | 1.76 |
| 金额 | 元 | 1.33 | | 4.19 | 1.47 | 0.91 | 9.76 |
| 购买水泥预制件 | 件 | 0.09 | 0.01 | 0.05 | 0.05 | | 0.04 |
| 金额 | 元 | 0.87 | 0.32 | 0.72 | 0.68 | | 1.83 |
| 购买玻璃 | 平方米 | 0.00 | 0.01 | | 0.01 | 0.00 | 0.00 |
| 金额 | 元 | 0.01 | 0.05 | | 0.19 | 0.01 | 0.06 |
| 购买砖瓦 | 块 | 140.13 | 10.70 | 16.71 | 19.14 | 10.68 | 54.80 |
| 金额 | 元 | 25.26 | 4.06 | 4.51 | 4.14 | 2.39 | 21.34 |
| 购买沙石 | 立方米 | 0.53 | 0.03 | 0.09 | 0.02 | 0.33 | 0.07 |
| 金额 | 元 | 5.75 | 0.59 | 2.63 | 1.43 | 0.22 | 4.14 |
| 购买生产用房间数 | 间 | 0.01 | | 0.00 | | | |
| 面积 | 平方米 | 0.41 | | 0.49 | | | |
| 金额 | 元 | 60.40 | | 49.11 | | | |
| 购买役畜 | 头 | 0.01 | 0.00 | 0.00 | 0.00 | | 0.00 |
| 金额 | 元 | 10.08 | 7.04 | 7.32 | 7.25 | | 0.04 |
| 购买产品畜 | 差别 | 0.00 | 0.00 | 0.01 | 0.03 | 0.01 | |
| 金额 | 元 | 6.40 | 3.12 | 0.13 | 0.87 | 0.52 | |
| | | | | | | | |
| 购买农林牧渔业机械支出 | 元 | 30.66 | 46.15 | 71.71 | 127.55 | 65.51 | 76.63 |
| 其中：购买大中型铁木家具 | 元 | 0.16 | 0.53 | 1.78 | 2.94 | 0.31 | 11.63 |
| 购买小型拖拉机 | 台 | 0.00 | 0.00 | 0.00 | 0.00 | 0.00 | 0.00 |
| 金额 | 元 | 3.13 | 9.21 | 6.60 | 10.66 | 2.73 | 5.17 |
| 购买大中型拖拉机 | 台 | 0.00 | 0.00 | 0.00 | 0.00 | 0.00 | 0.00 |
| 金额 | 元 | 1.74 | 12.82 | 0.67 | 23.67 | 49.93 | 11.72 |
| 购买机动脱粒机 | 台 | 0.00 | 0.00 | | 0.00 | 0.00 | 0.00 |
| 金额 | 元 | 0.04 | 0.37 | | 1.57 | 0.11 | 1.31 |
| 购买收割机 | … | 0.00 | | 0.00 | 0.00 | 0.00 | 0.00 |
| 金额 | 元 | 5.13 | | 39.48 | 67.00 | 0.03 | 14.52 |
| 购买动力机 | 台 | 0.00 | 0.00 | 0.00 | 0.00 | 0.00 | 0.00 |
| 金额 | 元 | 5.61 | 0.71 | 2.53 | 1.08 | 2.06 | 3.67 |
| 购买胶轮大车 | 辆 | | | 0.00 | | | 0.00 |
| 金额 | 元 | | | 3.28 | | | 10.88 |
| 购买水泵 | 台 | 0.01 | 0.01 | 0.01 | 0.01 | 0.00 | 0.01 |
| 金额 | 元 | 2.99 | 2.78 | 2.21 | 2.80 | 1.02 | 4.50 |
| 购买风力发电机 | 台 | | 0.00 | | | | |
| 金额 | 元 | | 0.09 | | | | |
| | | | | | | | |
| 购买工业机械支出 | 元 | | 22.78 | | 8.75 | | 15.70 |
| | | | | | | | |
| 购买运输机械支出 | 元 | 58.65 | 59.53 | 21.38 | 69.33 | 85.81 | 49.50 |
| 其中：购买小型拖拉机 | 辆 | 0.00 | 0.00 | 0.00 | 0.00 | | 0.00 |
| 金额 | 元 | 4.74 | 2.38 | 3.37 | 4.17 | | 4.87 |
| 购买汽车 | 辆 | 0.00 | 0.00 | 0.00 | 0.00 | 0.00 | 0.00 |
| 金额 | 元 | 49.64 | 40.27 | 17.25 | 65.14 | 82.08 | 15.54 |

# 10-19 农村居民人均现金收支

AVERGE CASH INCOME AND EXPERDITURE OF PEASANT HOUSEHOLD PER CAPITAL 单位:元

| 指标名称 | 2006年 | 2007年 | 2008年 | 2009年 | 2010年 | 2011年 |
|---|---|---|---|---|---|---|
| 期内现金收入 | 6427.8 | 7256.8 | 8509.5 | 9343.2 | 10565.6 | 12646.0 |
| 工资性收入 | 2149.5 | 2641.5 | 3175.1 | 3475.1 | 4123.7 | 4956.0 |
| 在非企业组织中得到收入 | 362.0 | 465.6 | 541.3 | 584.8 | 638.6 | 290.8 |
| 在本地企业中得到收入 | 1125.1 | 1383.9 | 1735.3 | 1922.4 | 2280.7 | 3281.6 |
| #在本地乡企得到收入 | 242.3 | 252.9 | | | | |
| 常住人口外出从业得到收入 | 662.4 | 792.1 | 898.5 | 967.9 | 1204.3 | 1383.7 |
| 家庭经营收入 | 3843.0 | 4088.7 | 4651.6 | 5113.6 | 5546.6 | 6586.1 |
| 出售产品的收入 | 2445.0 | 2365.6 | 2652.0 | 2685.3 | 2799.9 | 4003.3 |
| 出售农业产品收入 | 1572.3 | 1428.7 | 1630.2 | 1670.0 | 1989.1 | 2769.8 |
| #种植业 | | | | | | |
| 出售林业产品收入 | 82.9 | 81.5 | 123.3 | 98.8 | 137.7 | 157.0 |
| 出售牧业产品收入 | 751.7 | 817.6 | 879.1 | 894.4 | 652.2 | 798.0 |
| 出售渔业产品收入 | 29.4 | 27.3 | 16.9 | 17.2 | 18.9 | 31.7 |
| 出售工业产品的收入 | 7.7 | 3.4 | 1.0 | 4.7 | 1.3 | 231.7 |
| 出售其他产品的收入 | 1.0 | 7.1 | 1.5 | 0.2 | 0.7 | 15.1 |
| 工业加工费 | 116.5 | 191.1 | 248.2 | 405.0 | 644.0 | 716.9 |
| 建筑业 | 306.1 | 407.2 | 395.3 | 616.0 | 615.2 | 427.7 |
| 交通运输、邮电 | 395.7 | 369.1 | 345.0 | 357.2 | 312.8 | 401.5 |
| 批发和零售贸易、餐饮业 | 296.6 | 405.3 | 528.6 | 539.0 | 653.5 | 410.9 |
| 社会服务业 | 74.2 | 71.1 | 118.8 | 149.0 | 171.6 | 201.0 |
| 文教卫生业 | 16.3 | 16.4 | 20.0 | 19.3 | 16.1 | 23.7 |
| 其他家庭经营收入 | 192.6 | 262.9 | 343.7 | 343.0 | 333.5 | 401.1 |
| 财产性收入 | 223.1 | 269.3 | 363.3 | 401.0 | 541.1 | 436.8 |
| 利息 | 3.9 | 7.8 | 10.7 | 18.4 | 29.2 | 24.4 |
| 股息 | 12.2 | 8.7 | 37.5 | 45.4 | 56.4 | 72.6 |
| 租金 | 36.6 | 43.8 | 50.3 | 34.8 | 63.8 | 252.4 |
| 红利 | 8.0 | 22.5 | 1.4 | 6.4 | 8.5 | 11.9 |
| 土地征用补偿 | 110.8 | 137.7 | 190.3 | 195.5 | 318.1 | |
| 其他 | 31.4 | 48.8 | 73.1 | 100.5 | 65.2 | 75.6 |
| 转移性收入 | 212.3 | 257.3 | 319.5 | 353.5 | 354.3 | 667.1 |
| 家庭非常住人口寄回或带回 | 19.6 | 17.1 | 15.1 | 26.4 | 14.9 | |
| 亲友赠送 | 63.3 | 55.0 | 80.5 | 107.3 | 82.2 | 108.7 |
| #其中:农村外部亲友赠送 | 7.3 | 3.5 | 10.5 | 20.8 | 54.4 | 7.5 |
| 调查补贴 | 16.9 | 21.5 | 25.8 | 34.0 | 37.6 | 56.0 |
| 救济金 | 1.0 | 1.1 | 4.4 | 1.0 | 0.3 | 0.1 |

10-19续1

| 指　标　名　称 | 2006年 | 2007年 | 2008年 | 2009年 | 2010年 | 2011年 |
|---|---|---|---|---|---|---|
| 退休金 | 35.8 | 51.0 | 74.1 | 73.6 | 79.2 | 198.9 |
| 抚恤金 | 3.6 | 5.7 | 5.8 | 2.8 | 4.0 | 7.1 |
| 其　他 | 89.0 | 105.6 | 113.8 | 108.4 | 136.0 | 288.8 |
| 非收入所得 | 809.0 | 754.9 | 774.9 | 1270.6 | 1174.5 | 1122.1 |
| 从银行信用社得到的贷款 | 169.6 | 59.1 | 99.2 | 53.3 | 81.9 | 116.8 |
| 借入款 | 187.7 | 224.8 | 159.6 | 293.3 | 220.7 | 319.8 |
| 收回借出款 | 48.6 | 46.8 | 32.7 | 45.8 | 32.9 | 47.0 |
| 从银行信用社取回存款 | 250.8 | 241.4 | 294.0 | 644.4 | 567.2 | 230.2 |
| 收回投资款 | 1.0 | 1.3 | 0.5 | 0.3 | 4.5 | 12.8 |
| 出售财产得款 | 15.3 | 30.6 | 38.6 | 36.4 | 31.5 | 30.9 |
| 一次性工伤补贴 | – | – |  | 0.6 |  |  |
| 保险公司赔付 | 0.1 | 1.7 | 1.8 | – | 1.2 | 1.6 |
| 其　他 | 135.9 | 149.2 | 148.5 | 196.5 | 234.6 | 363.1 |
| 期内现金支出 | 4975.2 | 5323.3 | 6341.6 | 6988.6 | 7783.2 | 9265.9 |
| 生产费用支出 | 1587.5 | 1571.7 | 1906.6 | 2192.0 | 2268.4 | 2954.2 |
| 家庭经营费用支出 | 1365.5 | 1415.9 | 1672.6 | 1861.1 | 2106.6 | 2686.2 |
| 农业生产支出 | 694.6 | 580.0 | 726.2 | 684.6 | 796.3 | 1128.6 |
| #种植业支出 |  |  |  |  |  |  |
| 林业生产支出 | 13.6 | 20.7 | 18.4 | 10.7 | 10.3 | 77.3 |
| 牧业生产支出 | 304.8 | 315.7 | 339.8 | 387.0 | 311.9 | 424.6 |
| 渔业生产支出 | 9.6 | 0.2 | 2.1 | 3.7 | 2.9 | 28.1 |
| 工业生产支出 | 37.3 | 102.0 | 150.7 | 232.2 | 407.8 | 736.4 |
| 建筑业生产支出 | 103.5 | 108.6 | 119.3 | 217.3 | 291.1 | 63.8 |
| 交通运输支出 | 110.2 | 106.3 | 124.1 | 130.6 | 76.4 | 72.5 |
| 批发和零售贸易、餐饮业 | 66.9 | 163.4 | 170.7 | 155.7 | 168.0 | 123.7 |
| 社会服务业支出 | 6.7 | 4.9 | 11.1 | 23.0 | 26.5 | 13.6 |
| 文教卫生业 | 9.6 | 5.5 | 4.1 | 6.1 | 8.6 | 1.7 |
| 其他经营支出 | 8.7 | 8.6 | 6.0 | 10.0 | 6.7 | 16.0 |
| 购置生产性固定资产支出 | 215.9 | 151.7 | 226.8 | 322.6 | 161.7 | 259.4 |
| 其中：房屋及建筑物 | 44.2 | 6.9 | 69.7 | 16.1 | 9.5 | 80.5 |
| 农林牧渔业机械 | 30.7 | 46.1 | 71.7 | 127.6 | 65.5 | 76.6 |
| 工业机械 | – | 22.8 | 0.0 | 8.7 |  | 15.7 |

10-19续2

| 指 标 名 称 | 2006年 | 2007年 | 2008年 | 2009年 | 2010年 | 2011年 |
|---|---|---|---|---|---|---|
| 运输机械 | 58.7 | 59.5 | 21.4 | 69.3 | 85.8 | 49.5 |
| 役 畜 | 10.1 | 7.1 | 7.3 | 7.2 | | |
| 产品畜 | 6.4 | 3.1 | 0.1 | 0.9 | 0.5 | 0.0 |
| 税费支出 | 9.6 | 14.9 | 12.8 | 17.0 | 9.7 | 25.5 |
| 缴纳生产税 | 0.8 | 0.3 | 2.9 | 1.2 | 2.0 | 2.9 |
| 第一产业 | 0.4 | 0.1 | – | – | | |
| 第二产业 | 0.1 | – | 1.2 | 0.7 | | |
| 第三产业 | 0.3 | 0.2 | 1.7 | 0.5 | | |
| 缴纳其他直接税 | 8.8 | 14.6 | 9.9 | 15.8 | 7.7 | 22.6 |
| 生活消费支出 | 3194.4 | 3515.8 | 4125.7 | 4477.0 | 5152.9 | 5702.4 |
| 财产性支出 | 19.0 | 17.6 | 9.1 | 14.1 | 30.3 | 9.0 |
| 转移性支出 | 164.7 | 203.2 | 287.4 | 288.5 | 321.8 | 574.8 |
| 寄给或带给家庭非常住人口 | 12.1 | 5.5 | 24.1 | 6.6 | 16.1 | |
| 赠送亲友支出 | 95.7 | 115.2 | 156.4 | 147.4 | 163.8 | 173.9 |
| #赠送农村外部亲友 | 7.1 | 13.1 | 8.4 | 9.0 | 8.5 | 17.8 |
| 支付保险费支出 | 16.4 | 38.2 | 60.4 | 70.9 | 102.1 | 181.8 |
| 缴纳罚款 | 0.9 | 8.0 | 8.6 | 0.8 | 14.2 | 20.3 |
| 其 他 | 39.6 | 23.2 | 37.9 | 62.8 | 25.6 | 181.0 |
| 非消费性现金支出 | 825.7 | 1002.9 | 1332.5 | 1747.0 | 2158.5 | 1349.1 |
| 归还银行信用社贷款 | 43.2 | 24.4 | 45.4 | 78.0 | 32.6 | 119.7 |
| 借出款 | 29.1 | 22.9 | 27.6 | 39.4 | 66.7 | 29.7 |
| 归还借款 | 134.6 | 194.9 | 148.6 | 137.7 | 173.8 | 213.4 |
| 存入银行信用社 | 447.8 | 530.0 | 764.1 | 1089.4 | 1446.4 | 281.5 |
| 购买股票支出 | 0.5 | 0.6 | 2.2 | 3.7 | 3.3 | 6.8 |
| 其 他 | 170.5 | 230.1 | 344.6 | 398.8 | 435.7 | 698.0 |
| 期末金融资产余额 | 4932.3 | 6385.4 | 7883.9 | 8970.5 | 10105.0 | 8231.9 |
| 债 券 | – | – | – | – | – | 25.0 |
| 股 票 | 0.4 | 11.2 | 11.6 | 9.6 | 18.5 | |
| 银行存款 | 4143.3 | 5614.3 | 7179.9 | 8192.7 | 9184.4 | 7507.4 |
| 手存现金 | 781.9 | 751.5 | 675.8 | 757.6 | 902.1 | 696.3 |
| 其 他 | 6.7 | 8.4 | 16.6 | 10.6 | | 3.2 |
| 期末债务余额 | 286.1 | 341.6 | 269.9 | 327.5 | 328.2 | 696.3 |
| 银行、信用社贷款 | 158.0 | 240.7 | 177.3 | 229.8 | 210.8 | 291.7 |
| 乡村集体组织、企业借款 | – | 1.4 | | | | |
| 个人借（欠）款 | 125.4 | 90.3 | 87.0 | 87.5 | 94.9 | 391.7 |
| 其 他 | 2.7 | 9.1 | 5.6 | 10.2 | 22.5 | 3.3 |

# 10-20 农村不同收入层次居民家庭收支(2011年)

INCOME AND EXPERDITURE OF PEASANT HOUSEHOLD BY LEVEL OF INCOME(2011)

单位:元

| 指标名称 | 平均 | 低20% | 较低20% | 中间20% | 较高20% | 高20% |
|---|---|---|---|---|---|---|
| 人均总收入 | 13629.8 | 6268.8 | 9410.1 | 10903.2 | 13934.3 | 26297.6 |
| 工资性收入 | 4971.1 | 1693.1 | 3549.2 | 5181.4 | 7134.0 | 7599.5 |
| 在非企业组织中劳动得到收入 | 293.5 | 83.6 | 140.2 | 141.6 | 281.2 | 1039.8 |
| 在本乡地域内劳动得到收入 | 3287.9 | 995.9 | 2526.0 | 3070.0 | 4566.0 | 4568.0 |
| 外出从业得到收入 | 1389.7 | 613.6 | 883.1 | 1969.9 | 2286.9 | 1991.6 |
| 家庭经营收入 | 7474.2 | 3958.9 | 5220.7 | 4960.7 | 5481.5 | 15708.6 |
| 第一产业收入 | 4926.8 | 3585.0 | 4211.0 | 3898.0 | 4181.6 | 7355.5 |
| 农业收入 | 3885.9 | 3061.8 | 3343.2 | 3263.8 | 3668.6 | 5708.2 |
| 林业收入 | 166.8 | 121.9 | 85.3 | 136.3 | 107.4 | 170.6 |
| 牧业收入 | 842.4 | 396.1 | 782.3 | 356.8 | 395.8 | 1976.6 |
| 渔业收入 | 31.7 | 5.2 | 0.2 | 141.0 | 9.6 | |
| 第二产业收入 | 1376.4 | 39.6 | 304.0 | 301.8 | 279.6 | 4282.4 |
| 工业收入 | 948.5 | 10.7 | 257.4 | 27.1 | 102.5 | 2485.6 |
| 建筑业收入 | 427.9 | 29.0 | 46.6 | 274.7 | 177.1 | 1796.8 |
| 第三产业收入 | 1171.0 | 334.2 | 705.8 | 760.9 | 1020.3 | 3570.7 |
| 其他产品收入 | 14.8 | 0.7 | 0.2 | 35.1 | 5.0 | 2.4 |
| 第三产业服务性收入 | 1156.1 | 333.5 | 705.6 | 725.8 | 1015.3 | 3568.3 |
| 交通.运输.邮电业收入 | 401.5 | 36.8 | 189.0 | 247.5 | 156.7 | 1472.0 |
| 批零贸易业.饮食业收入 | 410.9 | 186.6 | 410.3 | 186.0 | 648.9 | 1106.8 |
| 社会服务业收入 | 201.0 | 95.4 | 68.3 | 114.1 | 67.3 | 535.1 |
| 文教卫生业收入 | 23.7 | | 20.1 | 118.0 | | 78.7 |
| 其他行业收入 | 119.0 | 14.8 | 17.9 | 60.1 | 142.3 | 375.7 |
| 财产性收入 | 470.2 | 85.3 | 224.0 | 233.6 | 491.4 | 1925.5 |
| 转移性收入 | 714.3 | 531.5 | 416.1 | 527.4 | 827.4 | 1063.9 |
| 人均总支出 | 9547.8 | 6558.2 | 7650.1 | 7524.2 | 8554.7 | 14203.1 |
| 家庭经营费用支出 | 2746.8 | 1838.0 | 2143.6 | 1340.7 | 1580.5 | 4993.7 |
| 第一产业生产费用支出 | 1719.1 | 1617.0 | 1680.7 | 1236.0 | 1287.0 | 2242.7 |
| 农业生产费用支出 | 1165.4 | 1277.4 | 1147.6 | 911.2 | 1069.1 | 1349.4 |
| 林业生产费用支出 | 77.3 | 37.3 | 48.2 | 72.8 | 23.7 | 97.8 |
| 牧业生产费用支出 | 448.2 | 302.1 | 481.8 | 122.1 | 189.4 | 795.5 |
| 渔业生产费用支出 | 28.1 | 0.3 | 3.0 | 129.9 | 4.7 | 0.0 |
| 第二产业生产费用支出 | 800.2 | 17.0 | 229.6 | 20.4 | 127.8 | 2293.0 |
| 工业生产费用支出 | 736.4 | 0.9 | 220.9 | 17.4 | 73.7 | 1935.7 |
| 建筑业生产费用支出 | 63.8 | 16.1 | 8.7 | 3.0 | 54.1 | 357.3 |
| 第三产业生产费用支出 | 227.4 | 204.0 | 233.3 | 84.3 | 165.8 | 458.0 |
| 交通运输邮电业生产费用支出 | 72.5 | 21.5 | 33.2 | 48.8 | 34.5 | 223.0 |
| 批零贸易餐饮业生产费用支出 | 123.7 | 164.9 | 196.9 | 5.7 | 109.3 | 89.8 |
| 社会服务业生产费用支出 | 13.6 | 10.6 | 2.8 | 12.8 | 4.5 | 22.8 |
| 文教卫生业生产费用支出 | 1.7 | 0.1 | | | | 4.9 |
| 其他行业生产费用支出 | 16.0 | 6.9 | 0.4 | 17.1 | 17.5 | 117.5 |
| 购置生产性固定资产支出 | 259.4 | 216.5 | 130.9 | 289.0 | 142.3 | 365.8 |
| 建.造生产性固定资产雇工支出 | 8.6 | 42.1 | 2.9 | | 13.2 | 1.2 |
| 税费支出 | 25.5 | 22.2 | 19.1 | 21.7 | 15.6 | 30.8 |
| 生活消费支出 | 5905.1 | 4034.7 | 4944.9 | 5368.0 | 6069.8 | 7981.7 |
| 食品消费支出 | 2147.3 | 1625.5 | 1923.9 | 2060.4 | 2250.8 | 2850.7 |
| 衣着消费支出 | 359.1 | 187.4 | 307.7 | 321.9 | 417.1 | 574.2 |
| 居住消费支出 | 991.6 | 526.3 | 1073.7 | 683.1 | 989.2 | 1148.9 |
| 家庭设备.用品消费支出 | 381.9 | 301.5 | 321.7 | 380.4 | 398.7 | 472.4 |
| 交通和通讯消费支出 | 888.1 | 432.9 | 528.6 | 891.9 | 903.8 | 1480.2 |
| 文化教育.娱乐消费支出 | 387.5 | 231.6 | 274.4 | 324.5 | 518.1 | 554.7 |
| 医疗保健消费支出 | 674.6 | 690.5 | 444.5 | 635.7 | 511.5 | 759.7 |
| 其他商品和服务消费支出 | 74.9 | 38.9 | 70.5 | 70.2 | 80.5 | 140.9 |
| 财产性支出 | 9.0 | 0.0 | 11.9 | 3.9 | 28.5 | 14.5 |
| 转移性支出 | 593.4 | 404.8 | 396.8 | 500.8 | 704.3 | 815.4 |
| 人均纯收入 | 10411.8 | 3918.8 | 6937.6 | 9239.9 | 11953.1 | 20474.5 |
| 工资性收入 | 4971.1 | 1693.1 | 3549.2 | 5181.4 | 7134.0 | 7599.5 |
| 家庭经营纯收入 | 4399.2 | 1783.1 | 2817.1 | 3360.0 | 3686.8 | 10043.5 |
| 财产性纯收入 | 470.2 | 85.3 | 224.0 | 233.6 | 491.4 | 1925.5 |
| 转移性纯收入 | 571.4 | 357.4 | 347.2 | 464.9 | 640.8 | 906.0 |

# 10-21 农村居民家庭人均主要食品消费量

AVERGE CASH INCOME AND EXPERDITURE OF PEASANT HOUSEHOLD PER CAPITAL

| 指 标 名 称 | 单位 | 2006年 | 2007年 | 2008年 | 2009年 | 2010年 | 2011年 |
|---|---|---|---|---|---|---|---|
| 粮 食 | 公斤 | 187.36 | 203.79 | 184.89 | 176.35 | 164.26 | 149.27 |
| 谷 物 | 公斤 | 183.44 | 198.70 | 180.31 | 171.04 | 159.68 | 143.70 |
| #小 麦 | 公斤 | 135.93 | 146.70 | 131.49 | 120.39 | 110.99 | 108.64 |
| 稻 谷 | 公斤 | 7.61 | 8.19 | 6.83 | 8.60 | 8.68 | 6.04 |
| 玉 米 | 公斤 | 31.28 | 34.80 | 31.09 | 31.40 | 29.32 | 22.36 |
| 薯 类 | 公斤 | 0.62 | 0.95 | 0.78 | 0.55 | 0.53 | 0.71 |
| 豆 类 | 公斤 | 3.30 | 4.14 | 3.80 | 4.76 | 4.05 | 4.86 |
| 油脂类 | 公斤 | 7.48 | 7.83 | 8.45 | 8.51 | 7.68 | 7.62 |
| 植物油 | 公斤 | 7.24 | 7.67 | 8.28 | 8.40 | 7.62 | 7.54 |
| 动物油 | 公斤 | 0.23 | 0.15 | 0.17 | 0.11 | 0.07 | 0.08 |
| 豆制品 | 公斤 | 3.65 | 3.69 | 3.23 | 3.20 | 3.65 | 2.55 |
| 蔬菜及菜制品 | 公斤 | 134.30 | 129.60 | 119.61 | 113.81 | 103.45 | 114.56 |
| 瓜 类 | 公斤 | 16.71 | 12.78 | 11.38 | 11.66 | 12.80 | 11.87 |
| 西 瓜 | 公斤 | 15.74 | 12.17 | 10.58 | 10.66 | 11.98 | 9.69 |
| 其他瓜果 | 公斤 | 0.96 | 0.61 | 0.80 | 1.00 | 0.83 | 2.19 |
| 水果类 | 公斤 | 13.29 | 15.14 | 16.37 | 16.61 | 16.69 | 17.86 |
| 消费茶叶 | 公斤 | 0.54 | 0.50 | 1.01 | 0.81 | 0.71 | 0.80 |
| 坚 果 | 公斤 | 2.22 | 2.03 | 2.31 | 2.57 | 2.48 | 2.24 |
| 肉禽及其制品 | 公斤 | 17.58 | 17.00 | 17.28 | 17.56 | 17.99 | 18.42 |
| 猪 肉 | 公斤 | 10.45 | 8.77 | 8.58 | 9.97 | 10.58 | 10.90 |
| 牛 肉 | 公斤 | 0.43 | 0.62 | 0.42 | 0.44 | 0.38 | 0.50 |
| 羊 肉 | 公斤 | 0.47 | 0.62 | 0.63 | 0.49 | 0.44 | 0.25 |
| 家 禽 | 公斤 | 2.73 | 3.13 | 3.55 | 3.01 | 2.82 | 3.38 |
| 其他肉禽及制品 | 公斤 | 3.49 | 3.86 | 4.12 | 3.65 | 3.77 | 3.39 |
| 蛋类及蛋制品 | 公斤 | 10.29 | 9.79 | 11.24 | 10.52 | 9.74 | 10.20 |
| 奶和奶制品 | 公斤 | 7.64 | 9.17 | 7.80 | 7.32 | 7.04 | 8.24 |
| 水产品 | 公斤 | 3.85 | 4.10 | 4.45 | 4.07 | 3.85 | 3.46 |
| 食 糖 | 公斤 | 0.62 | 0.79 | 0.68 | 0.95 | 0.75 | 0.91 |
| 酒 类 | 公斤 | 19.02 | 16.63 | 14.25 | 14.31 | 13.21 | 14.46 |
| #白 酒 | 公斤 | 5.90 | 5.67 | 5.66 | 5.39 | 5.15 | 6.54 |
| 啤 酒 | 公斤 | 13.06 | 10.91 | 8.55 | 8.86 | 8.01 | 7.85 |

# 主要统计指标解释

## EXPLANATORY NOTES ON MAIN STATISTICAL INDICATORS

**城镇居民家庭就业人口** 指城镇居民从事社会劳动并取得劳动报酬或经营收入的人口。就业人口包括通过国家统筹规划和指导由劳动部门介绍就业,自愿组织起来就业和自谋职业等方式,在国有制、集体所有制、中外合资、中外合作、外资在华独资的企事业单位和私营企业单位工作或从事个体劳动的有固定性职业或临时性职业的人口。被聘用和留用的离退休人员也计入就业人口。

**城镇居民家庭全部收入** 指被调查城镇居民家庭全部的实际现金收入,包括经常或固定得到的收入和一次性收入。不包括周转性收入,如提取银行存款、向亲友借入款、收回借出款以及其他各种暂收款。

**城镇居民家庭可支配收入** 指被调查城镇居民家庭在支付个人所得税之后,所余下的实际收入。

可支配收入=实际收入-个人所得税-家庭副业生产支出-记帐补贴

**现金收入** 包括实际收入和借贷收入。

(1)实际收入 指调查户的全部实际的现金收入;不包括借贷收入,如提取银行存款、向亲友借入款、收回借出款以及其他各种暂收款。

(2)借贷收入 指周转性收入。包括提取银行存款、储金会款、借入款、收回借出款、兑售有价证券、赊购、为购买房屋从银行贷款等。

**城镇居民家庭生活费收入** 指被调查的城镇居民家庭全部收入中能用于安排家庭日常生活的实际收入。即城镇居民家庭的全部实际收入除"赡养支出"、"赠送支出"和缴纳的各种税款以及被调查户非本家庭人口的经济用饭人口所交的"搭伙费"。

**现金支出** 包括现金的实际支出和借贷支出

(1)实际支出 包括消费性支出、非消费性支出和家庭副业生产支出。

(2)借贷支出 包括存入储蓄款、存入储金会款、归还借款、借出款、储蓄性保险支出、购买有价证券、预购、归还为购买住房的银行贷款等。

**城镇居民家庭消费性支出** 指被调查的城镇居民家庭用于日常生活的全部支出,包括购买商品支出和文化生活、服务等非商品性支出。不包括罚没、丢失款和缴纳的各种税款(如个人所得税、牌照税、房产税等),也不包括个体劳动者生产经营过程中发生的各项费用。

**城镇居民家庭购买商品支出** 指被调查的城镇居民家庭为自用或赠送亲友而购买商品的全部支出,包括从商店、工厂、饮食业、工作单位食堂、集市以及直接从农民手中购买各种商品的开支。商品支出分为以下八类:食品;衣着;家庭设备用品及服务;医疗保健;交通与通信;娱乐、教育、文化服务;居住;杂项商品和服务。

**农民总收入** 是指农村住户年内从各种来源得到的全部实际收入(包括现金收入和实物收入)。由基本收入,转移性收入和财产性收入等三部分组成。

基本收入:包括劳动者报酬收入和家庭经营收入。

劳动者报酬收入:指受雇于单位或个人,出卖劳动而得到的报酬收入。包括在乡村组织中劳动得到的报酬收入、在企业劳动得到的报酬收入和在其他单位劳动得到的报酬收入。

工资性收入:指农村住户成员受雇于单位或个人,靠出卖劳动而获得的收入。按来源渠道划分为 在非企业组织中劳动得到的收入、在本地企业劳动得到的收入、常住人口外出务工收入和从其他单位劳动得到的收入。

家庭经营收入主要用来反映以家庭为生产单位的收入水平、生产规模和经济效益情况。它是农村住户从事各项生产的收入,包括种植业收入、林业收入、牧业收入、渔业收入、手工业收入、采集捕猎收入、工业收入、建筑业收入、运输业收入、商业收入、饮食业收入、服务业收入和其他家庭经营收入。

转移性收入:包括在外人口寄回和带回、农村外部亲友赠送的收入、调查补贴、保险赔款、救济金、救灾款、退休金、抚恤金、五保户的供给、奖励收入、土地征用补偿收入和其他转移性收入。

财产性收入:包括利息收入、股息收入、租金收入、出让特许权收入、集体财产收入、其他财产收入。

农民纯收入 是总收入扣除相应的各项费用性支出后归农民所有的收入。它既可以用于生产、非生产投资,改善个指标用来观察农民实际收入水平,以及农民扩大再生产和改善生活的能力。

全年纯收入＝总收入－家庭经营费用支出－生产用固定资产折旧－税收－上交集体承包任务－调查补贴－赠送农村外部亲友的支出

**农民总支出** 是指农村住户全年用于生产、生活和再分配等方面的全部实际支出。包括家庭经营费用支出、购置生产用固定资产支出、缴纳税款、上交集体承包任务、集体提留和摊派、生活消费支出和其他非借贷性支出。但借贷性支出不包括在内。

# 11

# 农 业

AGRICULTURE

# 11-1 各时期农业主要经济指标

## MAJOR ECONOMIC INDICATORS OF AGRICULTURE IN EACH PERIOD

| 年份 | 农村劳动力（万人） | 农林牧渔业总产值（亿元） | 农用机械总动力（万千瓦） | 年末实有耕地面积（千公顷） | 粮食总产量（万吨） | 蔬菜总产量（万吨） | 肉类总产量（万吨） | 粮食单产（千克/公顷） |
|---|---|---|---|---|---|---|---|---|
| 1949 | 106.51 | 1.50 | … | 469.85 | 51.63 | 10.72 | 0.24 | 825 |
| 1952 | 112.35 | 1.91 | … | 481.17 | 62.75 | 8.61 | 0.40 | 960 |
| 1957 | 121.09 | 2.79 | 0.32 | 479.58 | 67.92 | 15.86 | 0.66 | 1065 |
| 1962 | 108.44 | 1.33 | 2.98 | 412.34 | 39.74 | 27.67 | 0.72 | 765 |
| 1965 | 111.74 | 2.61 | 4.84 | 410.02 | 73.80 | 29.12 | 1.12 | 1350 |
| 1970 | 123.91 | 2.75 | 14.32 | 396.49 | 75.47 | 31.81 | 1.21 | 1470 |
| 1975 | 141.00 | 4.07 | 48.04 | 382.05 | 100.46 | 42.00 | 2.07 | 2025 |
| 1978 | 140.05 | 6.57 | 69.70 | 373.19 | 115.38 | 49.19 | 2.50 | 2475 |
| 1979 | 141.60 | 7.48 | 80.63 | 372.45 | 122.56 | 49.42 | 2.92 | 2610 |
| 1980 | 143.19 | 7.79 | 88.45 | 370.87 | 116.54 | 58.13 | 3.69 | 2565 |
| “六五”时期 | | | | | | | | |
| 1981 | 146.52 | 11.73 | 94.47 | 369.80 | 121.27 | 49.85 | 3.99 | 2865 |
| 1982 | 149.07 | 14.47 | 106.60 | 369.22 | 121.13 | 63.45 | 4.31 | 3060 |
| 1983 | 152.39 | 18.07 | 112.19 | 368.45 | 147.41 | 65.66 | 4.66 | 3570 |
| 1984 | 158.23 | 19.00 | 123.92 | 367.35 | 160.60 | 86.91 | 5.03 | 3915 |
| 1985 | 162.51 | 18.36 | 130.41 | 357.41 | 163.50 | 84.11 | 5.43 | 3915 |
| “七五”时期 | | | | | | | | |
| 1986 | 165.86 | 20.91 | 147.36 | 353.96 | 168.16 | 118.86 | 6.44 | 3855 |
| 1987 | 168.56 | 24.65 | 156.23 | 352.18 | 167.25 | 101.52 | 7.13 | 3945 |
| 1988 | 171.44 | 34.24 | 172.89 | 350.56 | 167.95 | 122.83 | 8.68 | 4080 |
| 1989 | 173.38 | 35.14 | 182.40 | 349.59 | 162.45 | 117.99 | 9.70 | 3945 |
| 1990 | 176.83 | 36.92 | 183.40 | 347.56 | 181.47 | 126.09 | 11.38 | 4273 |
| “八五”时期 | | | | | | | | |
| 1991 | 180.09 | 40.13 | 191.00 | 344.76 | 207.55 | 146.87 | 13.50 | 4779 |
| 1992 | 182.51 | 45.14 | 191.50 | 343.29 | 198.29 | 170.61 | 15.36 | 4655 |
| 1993 | 183.78 | 57.81 | 194.40 | 341.54 | 232.21 | 205.62 | 19.12 | 4963 |
| 1994 | 183.42 | 85.37 | 207.40 | 339.97 | 237.66 | 226.39 | 26.14 | 5237 |
| 1995 | 183.55 | 114.07 | 241.20 | 339.30 | 252.48 | 253.54 | 28.68 | 5512 |
| “九五”时期 | | | | | | | | |
| 1996 | 184.68 | 117.65 | 247.07 | 337.25 | 267.08 | 350.36 | 30.43 | 5602 |
| 1997 | 186.68 | 131.69 | 258.50 | 335.90 | 240.34 | 328.64 | 24.75 | 5064 |
| 1998 | 186.54 | 141.45 | 273.30 | 334.83 | 273.10 | 344.67 | 27.38 | 5634 |
| 1999 | 188.27 | 148.61 | 297.55 | 333.72 | 279.01 | 366.78 | 29.89 | 5752 |
| 2000 | 189.15 | 154.30 | 349.47 | 333.72 | 240.27 | 405.95 | 31.82 | 5354 |
| “十五”时期 | | | | | | | | |
| 2001 | 189.87 | 162.27 | 409.07 | 331.75 | 239.08 | 435.20 | 33.23 | 5480 |
| 2002 | 190.98 | 167.99 | 410.17 | 329.35 | 189.86 | 478.34 | 31.87 | 4440 |
| 2003 | 192.71 | 180.30 | 417.43 | 325.18 | 220.56 | 504.81 | 33.29 | 5448 |
| 2004 | 191.31 | 204.39 | 418.54 | 324.89 | 242.74 | 515.26 | 35.35 | 5807 |
| 2005 | 190.21 | 230.46 | 426.76 | 366.99 | 260.11 | 529.37 | 37.93 | 5932 |
| “十一五”时期 | | | | | | | | |
| 2006 | 190.80 | 247.70 | 429.62 | 361.74 | 267.91 | 536.28 | 38.74 | 6042 |
| 2007 | 191.16 | 265.50 | 446.60 | 358.80 | 268.01 | 522.24 | 31.85 | 6064 |
| 2008 | 190.45 | 308.70 | 466.00 | 361.33 | 281.50 | 548.36 | 36.20 | 6230 |
| 2009 | 195.56 | 329.00 | 486.00 | | 289.47 | 591.18 | 37.61 | 6246 |
| 2010 | 196.85 | 378.43 | 509.68 | 362.30 | 289.43 | 601.44 | 38.08 | 6192 |
| “十二五”时期 | | | | | | | | |
| 2011 | 197.38 | 422.99 | 527.39 | 361.25 | 295.84 | 617.82 | 38.85 | 6315 |

注：1. 自2005年始年末实有耕地面积有国土资源局提供，暂无2009年数据。
2. 依据2006年农业普查数据，对1997年至2007年蔬菜面积、产量做了相应调整。

# 11-2 农村基层组织和农业基本情况

## BASIC CONDITIONS OF RURAL GRASSROOTS UNITS AND AGRICULTURE

| 指　　标 | 单位 | 2006年 | 2007年 | 2008年 | 2009年 | 2010年 | 2011年 |
|---|---|---|---|---|---|---|---|
| 乡镇数量 | 个 | 64 | 61 | 61 | 61 | 55 | 55 |
| #镇 | 个 | 53 | 50 | 50 | 50 | 49 | 51 |
| 村民委员会 | 个 | 4628 | 4619 | 4600 | 4608 | 4552 | 4538 |
| 乡村户数 | 万户 | 98.47 | 98.64 | 98.34 | 99.92 | 99.68 | 100.05 |
| 乡村人口 | 万人 | 353.11 | 353.04 | 350.80 | 353.86 | 353.59 | 354.2 |
| 家庭从业人员 | 万人 | 190.80 | 191.16 | 190.45 | 195.56 | 196.85 | 197.37 |
| 男 | 万人 | 100.62 | 100.98 | 101.81 | 104.33 | 105.27 | 105.07 |
| 女 | 万人 | 90.18 | 90.18 | 88.64 | 91.23 | 91.58 | 92.31 |
| 按行业分家庭从业人员 | | | | | | | |
| 农林牧渔业 | 万人 | 81.13 | 77.07 | 76.46 | 76.48 | 76.66 | 74.95 |
| 工业 | 万人 | 29.40 | 30.73 | 31.34 | 33.12 | 32.56 | 34.02 |
| 建筑业 | 万人 | 26.14 | 27.17 | 27.51 | 28.70 | 29.69 | 29.97 |
| 交通运输、仓储及邮电通讯业 | 万人 | 14.26 | 14.60 | 13.50 | 13.67 | 13.6 | 13.41 |
| 批零贸易及餐饮业 | 万人 | 21.91 | 22.55 | 22.37 | 23.63 | 23.96 | 24.71 |
| 其他非农行业 | 万人 | 17.96 | 19.04 | 19.27 | 19.96 | 20.38 | 18.38 |
| | | | | | | | |
| 地类面积 | 公顷 | | | | | 799841 | 799841 |
| 耕地 | 公顷 | | | | | 362303 | 361251 |
| 其中水浇地 | 公顷 | | | | | 266913 | 266031 |
| 园地 | 公顷 | | | | | 26790 | 26632 |
| 林地 | 公顷 | | | | | 86663 | 86070 |
| 草地 | 公顷 | | | | | 58894 | 58404 |
| 城镇村及工矿用地 | 公顷 | | | | | 135194 | 137306 |
| 交通运输用地 | 公顷 | | | | | 28190 | 28459 |
| 水域及水利设施用地 | 公顷 | | | | | 51195 | 51324 |
| 其它土地 | 公顷 | | | | | 50612 | 50395 |
| 年末耕地总资源 | 公顷 | | | | | 390152 | 388724 |
| | | | | | | | |
| 农业机械总动力 | 万千瓦 | 429.62 | 446.55 | 466.02 | 486.00 | 509.68 | 527.39 |
| 农用大中型拖拉机 | 台 | 10095 | 11707 | 15376 | 16523 | 17952 | 19611 |
| 农用小型拖拉机 | 台 | 47980 | 45714 | 41734 | 42219 | 42103 | 42791 |
| | | | | | | | |
| 联合收割机 | 台 | 3754 | 4300 | 5170 | 6795 | 7567 | 8608 |
| 柴油机 | 台 | 95728 | 95041 | 83277 | 85453 | 85107 | 85157 |
| 割晒机 | 台 | 6496 | 5654 | 3048 | 4483 | 4083 | 4042 |
| 脱粒机 | 台 | 24658 | 24728 | 18534 | 18276 | 18948 | 18996 |
| | | | | | | | |
| 农村用电量 | 亿千瓦小时 | 23.27 | 24.88 | 24.03 | 25.32 | 25.57 | 25.68 |
| 农作物总播种面积 | 千公顷 | 604.7 | 596.4 | 606.0 | 618.5 | 620.94 | 622.32 |

# 11-3 分地区农村基层组织

BASIC CONDITIONS OF RURAL GRASSROOTSUNITS

| 指　　　标 | 单　位 | 济南市 | 历下区 | 市中区 | 槐荫区 |
|---|---|---|---|---|---|
| 乡镇数量 | 个 | 55 | | | 2 |
| #镇 | 个 | 51 | | | 2 |
| 村民委员会 | 个 | 4538 | 19 | 77 | 92 |
| 乡村户数 | 万户 | 100 | | 4.13 | 3.27 |
| 乡村总人口 | 万人 | 354.20 | | 14.50 | 11.29 |
| 乡村劳动力 | 万人 | 197.37 | | 7.30 | 6.03 |
| 男 | 万人 | 105.07 | | 3.97 | 3.10 |
| 女 | 万人 | 92.31 | | 3.32 | 2.93 |
| 按行业分乡村劳动力 | | | | | |
| 农林牧渔业 | 万人 | 74.95 | | 2.61 | 2.27 |
| 工业 | 万人 | 34.02 | | 0.90 | 0.82 |
| 建筑业 | 万人 | 29.97 | | 1.45 | 0.50 |
| 交通运输、仓储及邮电通讯业 | 万人 | 13.41 | | 0.60 | 0.44 |
| 批零贸易及餐饮业 | 万人 | 24.71 | 0.00 | 0.98 | 1.09 |
| 其他非农行业 | 万人 | 18.38 | 0.00 | 0.65 | 0.75 |
| 地类面积 | 公顷 | 799841 | 10118 | 28149 | 15161 |
| 耕地 | 公顷 | 361251 | 436 | 5689 | 3830 |
| 其中水浇地 | 公顷 | 266031 | 155 | 1526 | 1661 |
| 园地 | 公顷 | 26632 | 35 | 1252 | 50 |
| 林地 | 公顷 | 86070 | 1934 | 3770 | 467 |
| 草地 | 公顷 | 58404 | 455 | 4215 | 154 |
| 城镇村及工矿用地 | 公顷 | 137306 | 7013 | 9495 | 7042 |
| 交通运输用地 | 公顷 | 28459 | 60 | 816 | 705 |
| 水域及水利设施用地 | 公顷 | 51324 | 40 | 363 | 2762 |
| 其它土地 | 公顷 | 50395 | 145 | 2549 | 152 |
| 年末耕地总资源 | 公顷 | 388724 | 436 | 6850 | 4186 |
| 农业机械总动力 | 万千瓦 | 527.39 | 6.23 | 12.09 | 8.84 |
| 农用大中型拖拉机 | 台 | 19611 | 525 | 439 | 284 |
| 农用小型拖拉机 | 台 | 42791 | 820 | 1118 | 408 |
| 联合收割机 | 台 | 8608 | 92 | 58 | 106 |
| 柴油机 | 台 | 85157 | 70 | 65 | 5 |
| 割晒机 | 台 | 4042 | | | 43 |
| 脱粒机 | 台 | 18996 | 55 | 130 | 2772 |
| 农村用电量 | 亿千瓦小时 | 25.68 | | 2.52 | 0.60 |
| 农作物总播种面积 | 千公顷 | 622.32 | | 9.23 | 4.78 |

## 和农业基本情况（2011年）

## AND AGRICULTURE BY REGION(2011)

| 天桥区 | 历城区 | 长清区 | 平阴县 | 济阳县 | 商河县 | 章丘市 |
|---|---|---|---|---|---|---|
| 2 | 6 | 6 | 6 | 8 | 11 | 14 |
| 2 | 6 | 6 | 6 | 8 | 7 | 14 |
| 120 | 653 | 585 | 337 | 813 | 948 | 894 |
| 2.32 | 19.10 | 13.04 | 8.51 | 11.93 | 13.35 | 24.40 |
| 8.58 | 63.23 | 44.99 | 28.96 | 48.63 | 52.32 | 81.70 |
| 4.22 | 36.74 | 23.17 | 15.86 | 27.98 | 28.21 | 47.86 |
| 2.30 | 19.06 | 12.39 | 8.24 | 15.68 | 15.18 | 25.15 |
| 1.92 | 17.71 | 10.78 | 7.61 | 12.30 | 13.03 | 22.71 |
| | | | | | | |
| 1.47 | 14.07 | 9.91 | 7.14 | 10.90 | 14.20 | 12.38 |
| 0.65 | 6.21 | 2.88 | 2.53 | 4.78 | 2.67 | 12.58 |
| 0.58 | 5.45 | 4.44 | 2.39 | 3.53 | 3.79 | 7.84 |
| 0.20 | 2.34 | 1.25 | 0.87 | 1.41 | 1.01 | 5.29 |
| 0.90 | 4.66 | 2.40 | 1.10 | 3.59 | 3.13 | 6.86 |
| 0.36 | 3.18 | 2.06 | 1.77 | 3.66 | 3.33 | 2.62 |
| | | | | | | |
| 25897 | 130121 | 120859 | 71506 | 109881 | 116240 | 171909 |
| 9890 | 34897 | 46843 | 33388 | 70812 | 76118 | 79348 |
| 9334 | 19695 | 21055 | 16282 | 67445 | 75608 | 53269 |
| 97 | 13980 | 4469 | 2133 | 404 | 295 | 3918 |
| 1898 | 23464 | 20891 | 10694 | 4621 | 3024 | 15306 |
| 194 | 16007 | 15299 | 4118 | 624 | 362 | 16976 |
| 8385 | 25764 | 13799 | 9077 | 14995 | 14981 | 26757 |
| 1266 | 4740 | 3653 | 2625 | 3579 | 5177 | 5837 |
| 3920 | 4657 | 4936 | 3176 | 11764 | 11568 | 8138 |
| 248 | 6611 | 10969 | 6296 | 3082 | 4714 | 15629 |
| 11153 | 38145 | 50684 | 37364 | 74020 | 77177 | 88709 |
| | | | | | | |
| 19.56 | 62.75 | 50.25 | 44.23 | 115.45 | 88.77 | 119.22 |
| 537 | 2288 | 2295 | 2877 | 3202 | 2414 | 4750 |
| 2215 | 4926 | 3105 | 2749 | 12275 | 8797 | 6378 |
| | | | | | | |
| 268 | 1018 | 702 | 480 | 1674 | 1775 | 2435 |
| 4510 | 1966 | 1392 | 2189 | 27089 | 34437 | 13434 |
| | | | 152 | 1926 | 1921 | |
| | 1319 | 646 | 1203 | 5613 | 3975 | 3283 |
| | | | | | | |
| 0.52 | 5.56 | 2.41 | 1.80 | 1.02 | 1.16 | 10.09 |
| 13.96 | 61.91 | 67.52 | 56.26 | 114.09 | 136.87 | 157.69 |

## 11-4 各时期农林牧渔业增加值(按当年价格计算)

ADDED VALUE OF FARMING,ANIMAL HUSBANDRY AND FISHERY IN EACH PERIOD

单位:亿元

| 年份地区 | 合计 | 农业 | 林业 | 牧业 | 渔业 | 农林牧渔服务业 |
|---|---|---|---|---|---|---|
| 1952 | 1.45 | 1.09 | … | 0.36 | … | – |
| 1957 | 1.89 | 1.42 | … | 0.47 | … | – |
| 1962 | 1.01 | 0.76 | … | 0.25 | … | – |
| 1965 | 1.85 | 1.39 | … | 0.46 | … | – |
| 1970 | 2.11 | 1.58 | … | 0.53 | … | – |
| 1975 | 2.84 | 2.13 | … | 0.71 | … | – |
| 1978 | 4.08 | 2.94 | 0.19 | 0.89 | 0.06 | – |
| 1980 | 5.84 | 4.21 | 0.27 | 1.28 | 0.08 | – |
| 1985 | 12.16 | 8.75 | 0.57 | 2.66 | 0.18 | – |
| **"七五"时期** | | | | | | |
| 1986 | 13.94 | 10.03 | 0.65 | 3.05 | 0.21 | – |
| 1987 | 16.21 | 11.66 | 0.76 | 3.55 | 0.24 | – |
| 1988 | 22.05 | 15.87 | 1.03 | 4.83 | 0.32 | – |
| 1989 | 22.74 | 16.37 | 1.06 | 4.98 | 0.33 | – |
| 1990 | 22.70 | 16.34 | 1.06 | 4.97 | 0.33 | – |
| **"八五"时期** | | | | | | |
| 1991 | 24.68 | 18.00 | 0.95 | 5.31 | 0.42 | – |
| 1992 | 27.74 | 19.52 | 1.31 | 6.38 | 0.53 | – |
| 1993 | 35.66 | 23.83 | 1.45 | 9.72 | 0.66 | – |
| 1994 | 49.44 | 33.39 | 2.02 | 13.48 | 0.55 | – |
| 1995 | 67.24 | 49.59 | 1.97 | 14.95 | 0.75 | – |
| **"九五"时期** | | | | | | |
| 1996 | 72.74 | 55.35 | 2.68 | 13.49 | 1.22 | – |
| 1997 | 81.07 | 62.25 | 2.95 | 14.66 | 1.21 | – |
| 1998 | 88.06 | 67.07 | 2.67 | 16.92 | 1.40 | – |
| 1999 | 92.52 | 67.30 | 2.21 | 21.33 | 1.68 | – |
| 2000 | 95.01 | 67.57 | 2.51 | 23.56 | 1.37 | – |
| **"十五"时期** | | | | | | |
| 2001 | 97.17 | 68.96 | 2.25 | 24.49 | 1.47 | – |
| 2002 | 98.74 | 68.88 | 2.44 | 25.99 | 1.43 | – |
| 2003 | 104.90 | 70.71 | 2.87 | 28.51 | 1.22 | 1.60 |
| 2004 | 120.47 | 80.17 | 3.15 | 33.86 | 1.50 | 1.77 |
| 2005 | 134.34 | 88.66 | 4.05 | 38.14 | 1.59 | 1.90 |
| **"十一五"时期** | | | | | | |
| 2006 | 145.12 | 95.80 | 4.54 | 40.32 | 1.77 | 2.69 |
| 2007 | 150.30 | 97.13 | 5.31 | 42.46 | 1.90 | 3.50 |
| 2008 | 175.00 | 108.91 | 7.71 | 51.79 | 2.88 | 3.71 |
| 2009 | 187.07 | 120.34 | 8.34 | 51.22 | 2.88 | 4.29 |
| 2010 | 215.17 | 149.43 | 4.73 | 53.08 | 3.02 | 4.91 |
| **"十二五"时期** | | | | | | |
| 2011 | 237.86 | 152.55 | 5.69 | 70.61 | 3.35 | 5.66 |
| **2011年分地区** | | | | | | |
| 历下区 | | | | | | |
| 市中区 | 3.46 | 1.15 | 0.26 | 1.99 | | 0.06 |
| 槐荫区 | 3.52 | 1.93 | 0.12 | 1.03 | 0.41 | 0.03 |
| 天桥区 | 3.34 | 1.70 | 0.04 | 1.45 | 0.13 | 0.02 |
| 历城区 | 36.71 | 24.67 | 1.31 | 9.52 | 0.42 | 0.79 |
| 长清区 | 25.06 | 17.73 | 1.07 | 6.00 | 0.07 | 0.20 |
| 平阴县 | 24.34 | 16.37 | 0.30 | 6.89 | 0.14 | 0.65 |
| 济阳县 | 40.95 | 27.61 | 0.56 | 11.86 | 0.58 | 0.33 |
| 商河县 | 36.12 | 24.52 | 0.76 | 8.32 | 0.53 | 2.00 |
| 章丘市 | 64.36 | 36.87 | 1.29 | 23.55 | 1.07 | 1.58 |

## 11-5 各时期农林牧渔业总产值(按当年价格计算)

GROSS OUTPUT VALUE OF FARMING、FORESTRY、ANIMAL HUSBANDRY IN EACH PER IOD

单位:亿元

| 年 份 地 区 | 合 计 | 农 业 | 林 业 | 牧 业 | 渔 业 | 农林牧渔服务业 |
|---|---|---|---|---|---|---|
| 1952 | 1.91 | 1.67 | 0.04 | 0.18 | 0.02 | – |
| 1957 | 2.79 | 2.41 | 0.09 | 0.28 | 0.01 | – |
| 1962 | 1.33 | 1.18 | 0.03 | 0.12 | … | – |
| 1965 | 2.61 | 2.25 | 0.07 | 0.28 | 0.01 | – |
| 1970 | 2.75 | 2.32 | 0.10 | 0.32 | 0.01 | – |
| 1975 | 4.07 | 3.48 | 0.13 | 0.44 | 0.02 | – |
| 1978 | 6.57 | 5.63 | 0.20 | 0.72 | 0.02 | – |
| 1980 | 7.78 | 6.66 | 0.18 | 0.93 | 0.01 | – |
| 1985 | 18.36 | 14.63 | 0.75 | 2.93 | 0.05 | – |
| “七五”时期 | | | | | | |
| 1986 | 20.91 | 16.81 | 0.79 | 3.23 | 0.08 | – |
| 1987 | 24.65 | 19.50 | 0.99 | 4.05 | 0.11 | – |
| 1988 | 34.24 | 24.83 | 1.42 | 7.67 | 0.32 | – |
| 1989 | 35.14 | 25.04 | 1.24 | 8.47 | 0.39 | – |
| 1990 | 36.92 | 24.70 | 1.41 | 10.36 | 0.45 | – |
| “八五”时期 | | | | | | |
| 1991 | 40.13 | 26.44 | 1.47 | 11.64 | 0.58 | – |
| 1992 | 45.14 | 29.01 | 1.70 | 13.71 | 0.72 | – |
| 1993 | 57.81 | 36.00 | 1.98 | 18.86 | 0.97 | – |
| 1994 | 85.37 | 52.36 | 2.80 | 29.38 | 0.83 | – |
| 1995 | 114.07 | 71.48 | 2.71 | 38.69 | 1.19 | – |
| “九五”时期 | | | | | | |
| 1996 | 117.65 | 77.16 | 3.35 | 35.25 | 1.89 | – |
| 1997 | 131.69 | 87.91 | 3.86 | 38.04 | 1.88 | – |
| 1998 | 141.45 | 93.56 | 3.55 | 42.17 | 2.17 | – |
| 1999 | 148.61 | 96.81 | 3.12 | 46.27 | 2.41 | – |
| 2000 | 154.30 | 100.18 | 3.64 | 48.34 | 2.14 | – |
| “十五”时期 | | | | | | |
| 2001 | 162.27 | 105.54 | 3.27 | 51.16 | 2.30 | – |
| 2002 | 167.99 | 106.27 | 3.51 | 55.84 | 2.37 | – |
| 2003 | 180.30 | 109.41 | 4.11 | 60.90 | 2.05 | 3.83 |
| 2004 | 204.39 | 121.28 | 4.49 | 71.87 | 2.50 | 4.25 |
| 2005 | 230.46 | 137.01 | 5.56 | 80.56 | 2.69 | 4.64 |
| “十一五”时期 | | | | | | |
| 2006 | 247.72 | 147.98 | 6.44 | 84.86 | 2.89 | 5.55 |
| 2007 | 265.49 | 156.88 | 7.34 | 91.90 | 3.06 | 6.31 |
| 2008 | 308.68 | 179.13 | 10.82 | 105.85 | 4.20 | 8.68 |
| 2009 | 329.00 | 202.74 | 11.46 | 100.84 | 4.26 | 9.70 |
| 2010 | 378.43 | 246.82 | 7.12 | 109.10 | 4.54 | 10.85 |
| “十二五”时期 | | | | | | |
| 2011 | 422.99 | 261.48 | 8.34 | 135.74 | 4.97 | 12.45 |
| 2011年分地区 | | | | | | |
| 历下区 | | | | | | |
| 市中区 | 5.48 | 1.86 | 0.32 | 3.19 | | 0.11 |
| 槐荫区 | 4.96 | 2.76 | 0.19 | 1.37 | 0.60 | 0.05 |
| 天桥区 | 5.25 | 2.70 | 0.06 | 2.29 | 0.17 | 0.03 |
| 历城区 | 64.28 | 42.86 | 2.00 | 17.52 | 0.59 | 1.31 |
| 长清区 | 41.66 | 26.51 | 1.60 | 13.09 | 0.12 | 0.32 |
| 平阴县 | 45.49 | 29.30 | 0.42 | 14.23 | 0.22 | 1.32 |
| 济阳县 | 79.05 | 53.21 | 0.80 | 23.57 | 0.86 | 0.61 |
| 商河县 | 71.50 | 47.96 | 1.10 | 16.96 | 1.02 | 4.45 |
| 章丘市 | 105.34 | 54.32 | 1.86 | 43.52 | 1.38 | 4.27 |

## 11-6 各时期农林牧渔业总产值定基指数(以1952年为100)

GROSS OUTPUT VALUE AND INDICES OF FARMING、FORESTRY、ANIMAL HUSBANDRY IN EACH PERIOD

| 年份 | 农林牧渔业定基指数 | 农业 | 林业 | 牧业 | 渔业 |
|---|---|---|---|---|---|
| 1952 | 100.00 | 100.00 | 100.00 | 100.00 | 100.00 |
| 1957 | 116.18 | 114.55 | 170.35 | 119.90 | 109.96 |
| 1962 | 73.32 | 74.42 | 69.10 | 69.25 | 20.68 |
| 1965 | 123.31 | 121.76 | 147.34 | 141.38 | 28.95 |
| 1970 | 151.35 | 146.28 | 254.82 | 184.02 | 58.65 |
| 1975 | 201.09 | 196.80 | 317.61 | 226.74 | 78.38 |
| "五五"时期 | | | | | |
| 1976 | 198.67 | 185.64 | 340.19 | 269.52 | 118.70 |
| 1977 | 197.95 | 190.19 | 373.20 | 218.87 | 56.26 |
| 1978 | 208.10 | 203.90 | 304.32 | 239.93 | 57.89 |
| 1979 | 233.93 | 224.05 | 316.47 | 293.89 | 53.70 |
| 1980 | 264.53 | 259.07 | 286.30 | 330.80 | 43.98 |
| "六五"时期 | | | | | |
| 1981 | 279.36 | 279.29 | 281.28 | 377.56 | 55.36 |
| 1982 | 312.68 | 308.75 | 346.83 | 460.13 | 51.95 |
| 1983 | 402.03 | 369.18 | 434.91 | 460.59 | 57.98 |
| 1984 | 493.28 | 436.59 | 572.67 | 651.29 | 69.52 |
| 1985 | 505.48 | 460.68 | 992.56 | 841.94 | 161.47 |
| "七五"时期 | | | | | |
| 1986 | 531.29 | 488.47 | 964.62 | 857.25 | 229.32 |
| 1987 | 560.14 | 506.85 | 1075.00 | 960.76 | 291.92 |
| 1988 | 585.14 | 510.86 | 992.11 | 1191.92 | 383.08 |
| 1989 | 571.95 | 483.32 | 886.96 | 1320.55 | 495.30 |
| 1990 | 607.77 | 449.63 | 1126.99 | 1931.15 | 695.49 |
| "八五"时期 | | | | | |
| 1991 | 670.19 | 488.17 | 1189.04 | 2204.93 | 830.45 |
| 1992 | 712.62 | 491.78 | 1298.34 | 2574.55 | 1007.33 |
| 1993 | 844.31 | 566.55 | 1420.51 | 3221.58 | 1209.21 |
| 1994 | 945.74 | 603.90 | 1671.10 | 2864.71 | 1064.29 |
| 1995 | 1093.57 | 657.49 | 1508.72 | 4905.57 | 1945.11 |
| "九五"时期 | | | | | |
| 1996 | 1197.20 | 727.03 | 1818.36 | 5258.95 | 2224.25 |
| 1997 | 1273.56 | 820.27 | 2002.99 | 5116.96 | 2202.07 |
| 1998 | 1426.28 | 914.05 | 1858.14 | 5907.41 | 2516.54 |
| 1999 | 1486.09 | 934.64 | 2110.21 | 6277.65 | 2639.47 |
| 2000 | 1569.90 | 991.58 | 2255.81 | 6620.62 | 2441.73 |
| "十五"时期 | | | | | |
| 2001 | 1599.32 | 1005.16 | 1700.16 | 6905.18 | 2646.43 |
| 2002 | 1638.09 | 997.16 | 1826.57 | 7349.57 | 2712.97 |
| 2003 | 1711.88 | 1072.24 | 1977.78 | 7726.93 | 2324.25 |
| 2004 | 1804.32 | 1132.29 | 1979.76 | 8121.00 | 2803.05 |
| 2005 | 1930.62 | 1188.90 | 2237.13 | 8770.68 | 2802.30 |
| "十一五"时期 | | | | | |
| 2006 | 2046.15 | 1249.31 | 2454.25 | 9245.35 | 3003.10 |
| 2007 | 2046.15 | 1334.26 | 2610.83 | 9006.43 | 3540.65 |
| 2008 | 2148.45 | 1422.32 | 2783.14 | 9231.59 | 3204.85 |
| 2009 | 2260.17 | 1524.73 | 2964.04 | 9342.35 | 3323.43 |
| 2010 | 2367.76 | 1584.02 | 1815.08 | 10311.68 | 3416.48 |
| "十二五"时期 | | | | | |
| 2011 | 2471.94 | 1658.47 | 2016.56 | 10600.40 | 3508.72 |

# 11-7 主要农作物播种面积及产量

SOWN AREAS AND OUTPUT OF MAIN FARM CROPS

| 指　　标 | 2006年 | 2007年 | 2008年 | 2009年 | 2010年 | 2011年 |
|---|---|---|---|---|---|---|
| 农作物总播种面积(万公顷) | 60.47 | 59.64 | 60.60 | 61.85 | 62.09 | 62.23 |
| 粮食作物 | 44.34 | 44.20 | 45.19 | 46.34 | 46.74 | 46.85 |
| 谷　物 | | | | | | |
| 小　麦 | 20.18 | 20.06 | 20.76 | 21.36 | 21.63 | 21.57 |
| 稻　谷 | 1.09 | 1.11 | 0.97 | 0.88 | 0.87 | 0.85 |
| 玉　米 | 18.84 | 18.93 | 19.78 | 20.52 | 20.85 | 21.12 |
| 谷　子 | 0.67 | 0.66 | 0.65 | 0.65 | 0.63 | 0.63 |
| 高　粱 | 0.14 | 0.14 | 0.14 | 0.11 | 0.10 | 0.10 |
| 其　他 | 0.04 | 0.04 | 0.04 | 0.01 | 0.01 | 0.01 |
| 豆　类 | 1.26 | 1.26 | 1.20 | 1.19 | 1.14 | 1.09 |
| 薯　类 | 2.11 | 2.01 | 1.67 | 1.61 | 1.50 | 1.47 |
| 油料作物 | 1.61 | 1.59 | 1.62 | 1.62 | 1.57 | 1.53 |
| #花　生 | 1.46 | 1.46 | 1.50 | 1.19 | 1.44 | 1.40 |
| 棉　花 | 3.14 | 3.11 | 2.99 | 2.67 | 2.55 | 2.52 |
| 蔬　菜 | 9.63 | 8.99 | 9.12 | 9.64 | 9.71 | 9.79 |
| 果用瓜 | 1.55 | 1.56 | 1.51 | 1.41 | 1.36 | 1.36 |
| 其他作物 | 0.15 | 0.15 | 0.11 | 0.10 | 0.11 | 0.13 |
| 果园种植面积(万公顷) | 3.74 | 3.60 | 3.17 | 3.20 | 2.96 | 3.18 |
| #苹　果 | 2.03 | 1.89 | 1.68 | 1.60 | 1.54 | 1.49 |
| 梨 | 0.22 | 0.21 | 0.18 | 0.18 | 0.17 | 0.18 |
| 葡　萄 | 0.26 | 0.24 | 0.14 | 0.13 | 0.13 | 0.13 |
| 桃 | 0.40 | 0.36 | 0.40 | 0.46 | 0.53 | 0.54 |
| 农作物总产量(万吨) | | | | | | |
| 粮食作物产量 | 267.91 | 268.01 | 281.50 | 289.47 | 289.43 | 295.84 |
| 谷　物 | | | | | | |
| 小　麦 | 116.90 | 114.61 | 123.20 | 122.81 | 126.32 | 128.95 |
| 稻　谷 | 8.23 | 8.18 | 7.15 | 6.56 | 6.45 | 6.34 |
| 玉　米 | 123.12 | 125.36 | 133.48 | 142.49 | 139.83 | 143.96 |
| 谷　子 | 2.29 | 2.29 | 2.38 | 2.41 | 2.36 | 2.25 |
| 高　粱 | 0.34 | 0.36 | 0.36 | 0.28 | 0.26 | 0.27 |
| 其　他 | 0.16 | 0.16 | 0.16 | 0.03 | 0.04 | 0.05 |

11-7续

| 指　　标 | 2006年 | 2007年 | 2008年 | 2009年 | 2010年 | 2011年 |
|---|---|---|---|---|---|---|
| 豆　类 | 3.41 | 3.56 | 3.49 | 3.67 | 3.49 | 3.39 |
| 薯　类 | 13.46 | 13.49 | 11.28 | 11.22 | 10.70 | 10.64 |
| 油料作物 | 5.72 | 5.82 | 5.95 | 6.07 | 5.88 | 5.48 |
| #花　生 | 5.38 | 5.54 | 5.68 | 5.75 | 5.59 | 5.16 |
| 棉　花 | 3.71 | 3.56 | 3.54 | 3.19 | 2.94 | 2.84 |
| 蔬　菜 | 536.28 | 522.24 | 548.36 | 591.18 | 601.44 | 617.82 |
| 果用瓜 | 94.72 | 93.96 | 91.10 | 86.28 | 82.24 | 95.32 |
| **水果总产量(万吨)** | 43.71 | 44.87 | 45.32 | 46.23 | 47.44 | 48.01 |
| #苹　果 | 24.97 | 26.03 | 24.17 | 24.85 | 24.74 | 23.47 |
| 梨 | 2.89 | 2.47 | 3.80 | 3.76 | 2.54 | 3.21 |
| 葡　萄 | 3.28 | 2.71 | 2.48 | 2.27 | 2.17 | 2.07 |
| 桃 | 4.35 | 4.74 | 5.52 | 5.98 | 8.69 | 9.91 |
| 杏 | 2.09 | 2.05 | 2.78 | 2.67 | 3.12 | 4.21 |
| 枣(鲜) | 1.98 | 1.44 | 1.60 | 1.43 | 1.33 | 0.97 |
| 柿子(鲜) | 2.45 | 2.58 | 2.75 | 2.76 | 2.58 | 2.00 |
| 山　楂 | 1.12 | 1.16 | 1.20 | 1.39 | 1.09 | 1.03 |
| 其　他 | 0.58 | 1.69 | 0.57 | 0.45 | 0.44 | 0.45 |
| **农作物单位面积产量(公斤/公顷)** | | | | | | |
| 粮食作物单位面积产量 | 6042 | 6064 | 6229 | 6246 | 6192 | 6315 |
| 谷　物 | | | | | | |
| 小　麦 | 5793 | 5714 | 5933 | 5750 | 5838 | 5978 |
| 稻　谷 | 7552 | 7384 | 7396 | 7473 | 7451 | 7467 |
| 玉　米 | 6534 | 6623 | 6756 | 6944 | 6708 | 6816 |
| 谷　子 | 3394 | 3476 | 3677 | 3678 | 3737 | 3579 |
| 高　粱 | 2406 | 2495 | 2507 | 2526 | 2478 | 2669 |
| 其　他 | 3814 | 3934 | 3981 | 2886 | 3522 | 3648 |
| 豆　类 | 2710 | 2833 | 2895 | 3075 | 3053 | 3102 |
| 薯　类 | 6373 | 6726 | 6762 | 6954 | 7112 | 7226 |
| 油料作物 | 3553 | 3660 | 3662 | 3743 | 3749 | 3594 |
| #花　生 | 3681 | 3787 | 3780 | 3855 | 3872 | 3681 |
| 棉　花 | 1181 | 1147 | 1185 | 1194 | 1154 | 1128 |
| 麻　类 | | | | | | |
| 蔬　菜 | 55673 | 58122 | 60109 | 61316 | 61931 | 63128 |
| 果用瓜 | 61001 | 60382 | 60153 | 61059 | 60684 | 69891 |

注：依据2006年农业普查数据，对1997年至2007年蔬菜面积、产量做了相应调整。

# 11-8 林、牧、渔业生产情况

## BASIC STATISTICS ON FORESTRY、ANIMAL HUSBANDRY AND FISHERY

| 指　　标 | 单　位 | 2006年 | 2007年 | 2008年 | 2009年 | 2010年 | 2011年 |
|---|---|---|---|---|---|---|---|
| **林业生产** | | | | | | | |
| 造林面积 | 公顷 | 10125 | 10546 | 12364 | 9534 | 13589 | 15496 |
| 迹地更新 | 公顷 | 381 | 528 | 354 | 167 | 63 | 179 |
| 四旁植树 | 万株 | 1655 | 1113 | 1496 | 1355 | 1363 | 1350 |
| 本年育苗面积 | 公顷 | 2702 | 6197 | 6735 | 5526 | 5929 | 5326 |
| 幼林抚育面积 | 公顷 | 30834 | 23016 | 24009 | 36252 | 33971 | 27429 |
| 成林抚育 | 公顷 | 43471 | 36738 | 33203 | 51869 | 54846 | 56355 |
| 果品产量 | 吨 | 472703 | 539844 | 547694 | 551827 | 568858 | 564891 |
| 木材采伐量 | 立方米 | 80222 | 94623 | 111281 | 106753 | 382256 | 114792 |
| **牧业生产** | | | | | | | |
| 大牲畜存栏 | 万头 | 88.28 | 68.33 | 73.64 | 73.83 | 74.5 | 74.6 |
| #役　畜 | 万头 | 7.43 | 5.59 | 3.69 | 3.30 | 2.5 | 2.0 |
| #牛 | 万头 | 87.65 | 67.71 | 72.74 | 73.65 | 74.4 | 74.5 |
| 猪存栏 | 万头 | 190.51 | 174.67 | 194.07 | 199.33 | 201.4 | 201.5 |
| 羊存栏 | 万只 | 164.07 | 124.64 | 133.99 | 137.67 | 141.5 | 148.1 |
| 家禽存栏 | 万只 | 3020.15 | 2771.43 | 3381.47 | 3543.62 | 3639.7 | 3679.9 |
| 猪出栏数 | 万头 | 305.21 | 238.81 | 276.27 | 289.67 | 300.3 | 294.5 |
| 羊出栏数 | 万只 | 203.81 | 181.62 | 175.83 | 185.47 | 195.3 | 214.3 |
| 肉类总产量 | 吨 | 387352 | 318521 | 362021 | 376093 | 380751 | 388451 |
| #猪牛羊肉 | 吨 | 327286 | 261768 | 282080 | 294963 | 297695 | 305893 |
| 猪　肉 | 吨 | 239224 | 188684 | 205622 | 217290 | 217940 | 215581 |
| 牛　肉 | 吨 | 68601 | 55890 | 55920 | 56242 | 58768 | 67827 |
| 羊　肉 | 吨 | 19461 | 17194 | 20538 | 21431 | 20987 | 22485 |
| 禽　肉 | 吨 | 56203 | 52381 | 76293 | 77624 | 79045 | 78471 |
| 奶　类 | 吨 | 229054 | 257641 | 282411 | 301309 | 311971 | 314047 |
| #牛　奶 | 吨 | 229054 | 257641 | 282360 | 301262 | 311971 | 314047 |
| 禽　蛋 | 吨 | 416309 | 391269 | 352691 | 358824 | 360309 | 351894 |
| #鸡　蛋 | 吨 | 401525 | 381521 | 339158 | 344462 | 345032 | 336659 |
| **渔业生产** | | | | | | | |
| 水产品产量 | 吨 | 36649 | 39758 | 40886 | 41362 | 42564 | 43692 |
| 捕　捞 | 吨 | 2345 | 2627 | 1910 | 1867 | 1587 | 1352 |
| 养　殖 | 吨 | 34304 | 37131 | 38976 | 39495 | 40977 | 42340 |
| 养殖面积 | 公顷 | 7653 | 7692 | 6722 | 6776 | 6782 | 6853 |
| 养殖单产 | 公斤/公顷 | 4789 | 4827 | 5798 | 6104 | 6276 | 6178 |

## 11-9 分地区主要农作物

SOWN AREAS AND OUTPUT OF

| 指标 | 济南市 | 历下区 | 市中区 | 槐荫区 |
|---|---|---|---|---|
| 农作物播种总面积(公顷) | 622324 | | 9233 | 4777 |
| 粮食 | 468452 | | 8911 | 4424 |
| 谷物 | 442792 | | 8730 | 4412 |
| 小麦 | 215704 | | 4325 | 2158 |
| 稻谷 | 8489 | | | 1358 |
| 玉米 | 211183 | | 4179 | 896 |
| 谷子 | 6287 | | 213 | |
| 高粱 | 1003 | | 2 | |
| 其他 | 125 | | 11 | |
| 豆类 | 10938 | | 114 | 12 |
| 薯类 | 14722 | | 67 | |
| 油料作物 | 15254 | | 50 | |
| #花生 | 14006 | | 50 | |
| 棉花 | 25182 | | 32 | |
| 蔬菜 | 97869 | | 236 | 352 |
| 果用瓜 | 13638 | | 4 | |
| 其他作物 | 1258 | | | |
| 果园种植面积(公顷) | | | | |
| #苹果 | 14897 | | 56 | |
| 梨 | 1836 | | 0 | |
| 葡萄 | 1281 | | 77 | |
| 桃 | 5364 | | 72 | |
| 农作物产量(吨) | | | | |
| 粮食作物产量 | 2958399 | | 42373 | 26431 |
| 谷物 | 2818111 | | 41816 | 26402 |
| 小麦 | 1289516 | | 16331 | 11590 |
| 稻谷 | 63388 | | | 9061 |
| 玉米 | 1439574 | | 24987 | 5751 |
| 谷子 | 22501 | | 474 | |
| 高粱 | 2677 | | 4 | |
| 其他 | 455 | | 21 | |

# 播 种 面 积 及 产 量 (2011年)

## MAIN FARM CROPS BY REGION(2011)

| 天桥区 | 历城区 | 长清区 | 平阴县 | 济阳县 | 商河县 | 章丘市 |
|---|---|---|---|---|---|---|
| 13962 | 61909 | 67520 | 56263 | 114093 | 136875 | 157693 |
| | | | | | | |
| 12626 | 45421 | 52837 | 39397 | 77980 | 108016 | 118839 |
| 12490 | 42969 | 46656 | 31811 | 76051 | 107638 | 112034 |
| 6117 | 21376 | 22418 | 16601 | 37549 | 49392 | 55769 |
| 808 | 1241 | | | 4926 | | 157 |
| 5565 | 18958 | 22869 | 13571 | 33576 | 58245 | 53324 |
| | | | | | | |
| | 1242 | 1244 | 1578 | | | 2009 |
| | 140 | 23 | 60 | | 1 | 776 |
| | 11 | 103 | | | | |
| 136 | 698 | 838 | 3253 | 1862 | 265 | 3761 |
| | 1754 | 5343 | 4334 | 67 | 113 | 3044 |
| | | | | | | |
| 277 | 967 | 4941 | 2802 | 3520 | 123 | 2574 |
| 277 | 954 | 4804 | 1876 | 3520 | 123 | 2402 |
| 413 | 196 | 398 | 3674 | 4988 | 8520 | 6961 |
| 592 | 14442 | 8675 | 7920 | 21375 | 19322 | 24954 |
| 54 | 800 | 288 | 1042 | 6196 | 894 | 4360 |
| | 76 | | 1182 | | | |
| | | | | | | |
| | | | | | | |
| 3 | 3574 | 203 | 6649 | 1539 | 246 | 2627 |
| 17 | 963 | 106 | 53 | 51 | 357 | 289 |
| 1 | 43 | 11 | 428 | 180 | 71 | 468 |
| 1 | 3498 | 293 | 267 | 133 | 52 | 1048 |
| | | | | | | |
| | | | | | | |
| 78157 | 253590 | 326290 | 230427 | 531928 | 773707 | 695496 |
| 77887 | 238690 | 284281 | 187321 | 525724 | 771801 | 664189 |
| 36922 | 108299 | 126492 | 87808 | 245274 | 334316 | 322484 |
| 5366 | 8503 | | | 39361 | | 1097 |
| 35598 | 117984 | 152084 | 91398 | 241089 | 437479 | 333203 |
| | 3487 | 5213 | 7949 | | | 5378 |
| | 383 | 91 | 166 | | 7 | 2026 |
| | 34 | 400 | | | | |

11-9续

| 指标 | 济南市 | 历下区 | 市中区 | 槐荫区 |
|---|---|---|---|---|
| 豆类 | 33921 | | 211 | 30 |
| 薯类 | 106367 | | 345 | |
| 油料作物 | 54826 | | 93 | |
| #花生 | 51564 | | 93 | |
| 棉花 | 28423 | | 41 | |
| 蔬菜 | 6178248 | | 9791 | 11201 |
| 果用瓜 | 953206 | | 256 | |
| **水果总产量(吨)** | | | | |
| #苹果 | 234704 | | 1093 | |
| 梨 | 32102 | | 7 | |
| 葡萄 | 20671 | | 935 | |
| 桃 | 99109 | | 1007 | |
| 杏 | 42138 | | 279 | |
| 枣(鲜) | 9737 | | 1 | |
| 柿子(鲜) | 20008 | | 58 | |
| 山楂 | 10255 | | 31 | |
| 其他 | 4452 | | 1 | |
| **农作物单位面积产量(公斤/公顷)** | | | | |
| 粮食作物单位面积产量 | 6315 | | 4755 | 5975 |
| 谷物 | | | | |
| 小麦 | 5978 | | 3776 | 5370 |
| 稻谷 | 7467 | | | 6672 |
| 玉米 | 6816 | | 5979 | 6417 |
| 谷子 | 3579 | | 2226 | |
| 高粱 | 2669 | | 2220 | |
| 其他 | 3648 | | 1970 | |
| 豆类 | 3102 | | 1854 | 2475 |
| 薯类 | 7226 | | 5145 | |
| 油料作物 | 3594 | | 1841 | |
| #花生 | 3681 | | 1841 | |
| 棉花 | 1128 | | 1278 | |
| 蔬菜 | 63128 | | 41477 | 31803 |
| 果用瓜 | 69891 | | 71111 | |

| 天桥区 | 历城区 | 长清区 | 平阴县 | 济阳县 | 商河县 | 章丘市 |
|---|---|---|---|---|---|---|
| 270 | 2232 | 2438 | 11445 | 5647 | 813 | 10834 |
| | 12667 | 39571 | 31661 | 556 | 1093 | 20473 |
| 706 | 4303 | 15971 | 10017 | 17561 | 651 | 5523 |
| 706 | 4239 | 15324 | 7714 | 17561 | 651 | 5276 |
| 613 | 351 | 425 | 3836 | 5573 | 9437 | 8146 |
| | | | | | | |
| 24874 | 970418 | 650257 | 541340 | 1211426 | 929710 | 1829231 |
| 2258 | 41417 | 16316 | 64475 | 455049 | 45974 | 327461 |
| | | | | | | 64657 |
| 45 | 34688 | 4595 | 98660 | 42487 | 11110 | 42027 |
| 172 | 16782 | 2747 | 1490 | 572 | 8355 | 1978 |
| 16 | 1279 | 347 | 5092 | 2881 | 6836 | 3287 |
| 25 | 76479 | 6449 | 3311 | 1090 | 1752 | 8996 |
| 9 | 21434 | 14432 | 1696 | 547 | 1078 | 2663 |
| 350 | 107 | 368 | 409 | 1334 | 2478 | 4689 |
| | | | | | | |
| | 3934 | 10764 | 2730 | 360 | 1122 | 1039 |
| | 2971 | 102 | 1323 | 4837 | | 992 |
| | 166 | 12 | 4234 | | | 38 |
| | | | | | | |
| | | | | | | |
| 6191 | 5583 | 6176 | 5849 | 6822 | 7163 | 5853 |
| | | | | | | 5831 |
| 6036 | 5067 | 5643 | 5289 | 6533 | 6768 | 5783 |
| 6642 | 6854 | | 6735 | 7991 | | 7005 |
| 6398 | 6224 | 6651 | 5037 | 7181 | 7511 | 6249 |
| | 2807 | 4190 | 2753 | | | 2678 |
| | 2727 | 3986 | | | 5040 | 2610 |
| | 2981 | 3897 | | | | 2925 |
| 1988 | 3197 | 2909 | 3521 | 3033 | 3065 | 2882 |
| | 7223 | 7407 | 7305 | 8351 | 9665 | 6725 |
| | | | | | | 0 |
| 2553 | 4451 | 3233 | 3576 | 4989 | 5280 | 2147 |
| 2553 | 4445 | 3189 | 4112 | 4989 | 5280 | 2196 |
| 1484 | 1793 | 1070 | 1044 | 1118 | 1107 | 1170 |
| 42045 | 67194 | 74961 | 68342 | 56675 | 48117 | 75104 |
| 41813 | 51771 | 56600 | 61848 | 73440 | 51444 | 79848 |

## 11-10 分地区林、牧、渔

BASIC STATISTICS ON FORESTRY、

| 指　　标 | 单　位 | 济南市 | 历下区 | 市中区 | 槐荫区 |
|---|---|---|---|---|---|
| **林业生产** | | | | | |
| 造林面积 | 公顷 | 15496 | 27.0 | 1039 | |
| 迹地更新 | 公顷 | 179 | | 139 | |
| 四旁植树 | 万株 | 1350 | 100.0 | 91 | 80 |
| 本年育苗面积 | 公顷 | 5326 | | 60 | 27 |
| 幼林抚育面积 | 公顷 | 27429 | | | 336 |
| 成林抚育 | 公顷 | 56355 | | 534 | 530 |
| 果品产量 | 吨 | 564891 | | 21163 | |
| 木材采伐量 | 立方米 | 114792 | | | 33 |
| **牧业生产** | | | | | |
| 大牲畜存栏 | 万头 | 75.2 | | 0.5 | 0.2 |
| #役　畜 | 万头 | 2.0 | | 0.0 | 0.0 |
| #牛 | 万头 | 74.5 | | 0.5 | 0.2 |
| 猪存栏 | 万头 | 201.5 | | 3.9 | 0.6 |
| 羊存栏 | 万只 | 148.1 | | 2.0 | 0.4 |
| 家禽存栏 | 万只 | 3679.9 | | 117.1 | 25.5 |
| 猪出栏数 | 万头 | 294.5 | | 6.1 | 1.9 |
| 羊出栏数 | 万只 | 214.3 | | 2.9 | 0.5 |
| 肉类总产量 | 吨 | 388451 | | 7002 | 2380 |
| #猪牛羊肉 | 吨 | 305893 | | 5342 | 1766 |
| 猪　肉 | 吨 | 215581 | | 4530 | 1490 |
| 牛　肉 | 吨 | 67827 | | 417 | 224 |
| 羊　肉 | 吨 | 22485 | | 394 | 51 |
| 禽　肉 | 吨 | 78471 | | 1661 | 615 |
| 奶　类 | 吨 | 314047 | | 17544 | 14127 |
| #牛　奶 | 吨 | 314047 | | 17544 | 14127 |
| 禽　蛋 | 吨 | 351894 | | 10992 | 1047 |
| #鸡　蛋 | 吨 | 336659 | | 10992 | 1047 |
| **渔业生产** | | | | | |
| 水产品产量 | 吨 | 43692 | | | 3050 |
| 捕　捞 | 吨 | 1352 | | | |
| 养　殖 | 吨 | 42340 | | | 3050 |
| 养殖面积 | 公顷 | 6853 | | | 340 |
| 养殖单产 | 公斤/公顷 | 6178 | | | 8971 |

## 业 生 产 情 况（2011年）

## ANIMALHUSBANDRY AND FISHERY BY REGION(2011)

| 天桥区 | 历城区 | 长清区 | 平阴县 | 济阳县 | 商河县 | 章丘市 |
|---|---|---|---|---|---|---|
| 247 | 2604 | 2735 | 1573 | 1040 | 2490 | 3741 |
|  |  | 40 |  |  |  |  |
| 20 | 168 | 160 | 131 | 120 | 160 | 320 |
| 146 | 2248 | 1860 | 98 | 200 | 205 | 482 |
|  |  |  |  |  |  |  |
| 247 | 3500 | 2700 | 6604 | 5077 | 2490 | 6475 |
| 1360 | 5337 | 5400 | 9547 | 19819 | 6333 | 7495 |
| 1730 | 325908 | 89280 | 52140 | 21815 | 17906 | 34949 |
| 462 | 6605 | 24671 | 22242 | 4122 | 22701 | 33956 |
|  |  |  |  |  |  |  |
| 0.9 | 4.5 | 6.9 | 8.0 | 20.8 | 9.2 | 24.1 |
| 0.0 | 0.1 | 0.5 | 0.6 | 0.2 | 0.5 | 0.1 |
| 0.9 | 4.5 | 6.9 | 7.8 | 20.7 | 9.1 | 24.0 |
| 1.4 | 29.6 | 24.4 | 17.9 | 30.6 | 37.3 | 55.7 |
|  |  |  |  |  |  |  |
| 0.9 | 12.9 | 25.2 | 34.2 | 22.3 | 22.3 | 27.9 |
| 34.7 | 551.0 | 293.4 | 258.2 | 403.2 | 454.7 | 1542.1 |
| 3.6 | 41.3 | 30.5 | 31.0 | 32.5 | 64.9 | 82.8 |
| 2.9 | 13.5 | 26.7 | 62.1 | 29.6 | 40.0 | 35.8 |
|  |  |  |  |  |  |  |
| 6315 | 45697 | 28891 | 43477 | 57809 | 80734 | 116146 |
| 5312 | 36710 | 23874 | 35521 | 53556 | 64004 | 79809 |
| 2864 | 29921 | 18275 | 22202 | 27598 | 50967 | 57734 |
| 2094 | 5318 | 3406 | 6106 | 23204 | 8539 | 18519 |
| 354 | 1471 | 2193 | 7213 | 2754 | 4498 | 3556 |
| 1003 | 8316 | 4661 | 6985 | 4151 | 16608 | 34472 |
|  |  |  |  |  |  |  |
| 3012 | 97127 | 30431 | 33114 | 38978 | 5728 | 73986 |
| 3012 | 97127 | 30431 | 33114 | 38978 | 5728 | 73986 |
| 3972 | 50121 | 31274 | 31497 | 46295 | 30140 | 146555 |
| 3964 | 49861 | 28679 | 31103 | 43417 | 24315 | 143282 |
|  |  |  |  |  |  |  |
| 1956 | 5200 | 1100 | 2000 | 9006 | 10140 | 11240 |
|  | 100 | 323 |  | 133 | 709 | 87 |
| 1956 | 5100 | 777 | 2000 | 8873 | 9431 | 11153 |
| 250 | 1028 | 347 | 456 | 1412 | 1300 | 1720 |
| 7824 | 4961 | 2239 | 4386 | 6284 | 7255 | 6484 |

## 11-11 农业“四化”情况(2011年)

BASIC STATISTICS ON FOUR MODERNIZATION OF AGRICULTURE(2011)

| 指标 | 机耕面积(千公顷) | 有效灌溉面积(千公顷) | 旱涝保收面积(千公顷) | 化肥施用量(吨折纯) | 每公顷耕地化肥施用量(公斤折纯) | 农药施用量(吨) | 每公顷耕地农药施用量(公斤) |
|---|---|---|---|---|---|---|---|
| 全市 | 320.98 | 228.1 | 179.2 | 236057 | 653.4 | 3199.7 | 8.9 |
| 历下区 | 6.36 | | | | | | |
| 市中区 | 5.94 | 4.0 | 3.5 | 1250 | 219.8 | 50.3 | 8.8 |
| 槐荫区 | 3.67 | 4.1 | 4.1 | 746 | 194.8 | 45.4 | 11.9 |
| 天桥区 | 7.60 | 5.5 | 3.5 | 5499 | 556.0 | 51.4 | 5.2 |
| 历城区 | 25.27 | 18.1 | 17.1 | 18823 | 539.4 | 464.0 | 13.3 |
| 长清区 | 34.57 | 20.3 | 19.3 | 14522 | 310.0 | 401 | 8.6 |
| 平阴县 | 30.41 | 14.6 | 12.6 | 15285 | 457.8 | 148.9 | 4.5 |
| 济阳县 | 49.10 | 47.6 | 33.5 | 54063 | 763.5 | 952.1 | 13.4 |
| 商河县 | 68.19 | 61.5 | 47.4 | 70329 | 923.9 | 508.8 | 6.7 |
| 章丘市 | 89.88 | 52.5 | 38.3 | 55540 | 700.0 | 578.2 | 7.3 |

## 11-12 主要农副产品产量与上年和历史最高年份比较

OUTPUT OF MAJOR AGRICULTRAL PRODUCTS IN COMPARISION WITH LAST YEAR AND PERK YEAR

| 指标 | 2011年 | 2010年 | 历史最高年 | | 2011年为历史最高年的% | 2011年为2010年的% |
|---|---|---|---|---|---|---|
| | | | 年份 | 产量 | | |
| 农产品产量(万吨) | | | | | | |
| 粮食总产量 | 295.84 | 289.43 | 2009 | 289.50 | 102.2 | 102.2 |
| #小麦 | 128.95 | 126.32 | 1999 | 126.85 | 101.7 | 102.1 |
| 稻谷 | 6.34 | 6.45 | 2000 | 9.89 | 64.1 | 98.3 |
| 玉米 | 143.96 | 139.83 | 2009 | 142.49 | 101.0 | 102.9 |
| 薯类 | 10.64 | 10.70 | 1995 | 23.10 | 46.0 | 99.4 |
| 经济作物(万吨) | | | | | | |
| #棉花 | 2.84 | 2.94 | 1999 | 5.00 | 56.8 | 96.7 |
| 油料花生 | 5.48 | 5.88 | 2009 | 6.07 | 90.3 | 93.3 |
| 蔬菜总产量 | 617.82 | 601.44 | 2010 | 601.44 | 102.7 | 102.7 |
| 水果总产量 | 48.01 | 47.44 | 2010 | 47.44 | 101.2 | 101.2 |
| 水产品总产量(万吨) | 4.37 | 4.26 | 2010 | 4.26 | 102.6 | 102.6 |

# 11-13　农户积累的生产用固定资产

## PRODUCTIVE FIXED ASSETS OF RURAL HOUSEHOLDS

| 指　　标 | 合　计 | 市　区 | | | 平阴县 | 济阳县 | 商河县 | 章丘市 |
|---|---|---|---|---|---|---|---|---|
| | | | 历城区 | 长清区 | | | | |
| 农户积累的生产用固定资产原值(万元) | | | | | | | | |
| 1985 | 37760 | 8607 | 4988 | 3291 | 2938 | 6620 | 6715 | 9589 |
| 1986 | 48098 | 11978 | 7610 | 6379 | 4687 | 7528 | 7325 | 10201 |
| 1987 | 65227 | 15254 | 12297 | 6884 | 5482 | 10523 | 10656 | 16428 |
| 1988 | 77633 | 20233 | 15161 | 7252 | 6346 | 13323 | 12686 | 17793 |
| 1989 | 87488 | 24902 | 18529 | 8160 | 6526 | 15002 | 13494 | 19404 |
| 1990 | 93706 | 24862 | 19175 | 8338 | 7614 | 16615 | 15406 | 20871 |
| 1991 | 108426 | 25497 | 20069 | 10647 | 8968 | 20762 | 19782 | 22770 |
| 1992 | 131110 | 33546 | 21034 | 11961 | 10230 | 23368 | 24394 | 27611 |
| 1993 | 148881 | 35460 | 22348 | 12198 | 11226 | 30292 | 25729 | 33976 |
| 1994 | 166021 | 37578 | 26026 | 12804 | 14931 | 31161 | 27518 | 42029 |
| 1995 | 187499 | 42896 | 26904 | 17788 | 15127 | 35747 | 33757 | 42174 |
| 1996 | 212343 | 44653 | 36037 | 22723 | 16746 | 36967 | 39342 | 51912 |
| 1997 | 239129 | 53273 | 42386 | 31267 | 18051 | 36313 | 45214 | 55011 |
| 1998 | 287541 | 58608 | 46436 | 40365 | 22120 | 44544 | 50130 | 71724 |
| 1999 | 300114 | 59486 | 46918 | 44760 | 23048 | 47114 | 44476 | 81230 |
| 2000 | 324679 | 77164 | 40790 | 48285 | 22664 | 41932 | 49571 | 85285 |
| 2001 | 413917 | 131804 | 42562 | 55575 | 26531 | 48137 | 56987 | 102313 |
| 2002 | 443339 | 142554 | 46756 | 62187 | 26597 | 49768 | 59115 | 110099 |
| 2003 | 460589 | 153507 | 51440 | 65766 | 27667 | 51134 | 65261 | 121057 |
| 2004 | 469168 | 179248 | 61169 | 69709 | 30258 | 57395 | 72165 | 130102 |
| 2005 | 539834 | 199737 | 84753 | 71725 | 38838 | 68626 | 75037 | 146670 |
| 2006 | 540611 | 198168 | 93495 | 63162 | 38975 | 72079 | 76020 | 149003 |
| 2007 | 686576 | 241922 | 95190 | 88427 | 43262 | 110443 | 97686 | 187445 |
| 2008 | 820343 | 321235 | 152101 | 90134 | 46499 | 129019 | 124740 | 198850 |
| 2009 | 973050 | 371273 | 167271 | 112669 | 64220 | 141881 | 137181 | 258495 |
| 2010 | 1144327 | 455827 | 193998 | 135485 | 64541 | 178344 | 164617 | 280998 |
| 2011 | 1201618 | 441737 | 188183 | 127948 | 86093 | 188273 | 182365 | 303149 |
| 农村居民人均拥有生产用固定资产(元) | | | | | | | | |
| 1985 | 107 | 110 | 79 | 71 | 90 | 149 | 139 | 112 |
| 1986 | 135 | 130 | 118 | 139 | 114 | 167 | 151 | 119 |
| 1987 | 183 | 168 | 164 | 150 | 168 | 234 | 218 | 191 |
| 1988 | 217 | 221 | 201 | 158 | 196 | 296 | 258 | 204 |
| 1989 | 243 | 251 | 244 | 177 | 200 | 329 | 273 | 225 |
| 1990 | 258 | 251 | 250 | 180 | 232 | 357 | 294 | 241 |
| 1991 | 296 | 256 | 260 | 230 | 272 | 428 | 380 | 262 |
| 1992 | 357 | 336 | 272 | 257 | 310 | 501 | 448 | 317 |
| 1993 | 406 | 357 | 289 | 262 | 340 | 629 | 490 | 390 |
| 1994 | 459 | 379 | 338 | 291 | 471 | 650 | 530 | 486 |
| 1995 | 521 | 432 | 350 | 400 | 481 | 748 | 650 | 490 |
| 1996 | 595 | 451 | 472 | 512 | 597 | 775 | 769 | 600 |
| 1997 | 670 | 541 | 558 | 702 | 644 | 764 | 870 | 637 |
| 1998 | 807 | 600 | 611 | 897 | 790 | 928 | 965 | 834 |
| 1999 | 842 | 612 | 624 | 998 | 807 | 990 | 854 | 943 |
| 2000 | 907 | 789 | 691 | 1073 | 793 | 880 | 950 | 983 |
| 2001 | 1156 | 923 | 722 | 1235 | 927 | 1010 | 1089 | 1185 |
| 2002 | 1239 | 998 | 787 | 1385 | 928 | 1044 | 1126 | 1278 |
| 2003 | 1288 | 1078 | 866 | 1468 | 964 | 1072 | 1236 | 1406 |
| 2004 | 1349 | 1264 | 1053 | 1556 | 1051 | 1201 | 1357 | 1547 |
| 2005 | 1518 | 1469 | 1459 | 1591 | 1349 | 1436 | 1411 | 1744 |
| 2006 | 1531 | 1458 | 1607 | 1452 | 1350 | 1507 | 1463 | 1805 |
| 2007 | 1945 | 1780 | 1638 | 2032 | 1499 | 2260 | 1880 | 2270 |
| 2008 | 2317 | 2757 | 2573 | 2064 | 1697 | 2712 | 2390 | 2407 |
| 2009 | 2780 | 2819 | 2830 | 2580 | 2049 | 2984 | 2630 | 3129 |
| 2010 | 3236 | 3199 | 3062 | 2982 | 2233 | 3392 | 3055 | 3430 |
| 2011 | 3472 | 3101 | 2971 | 2817 | 2979 | 3898 | 3505 | 3701 |

# 主要统计指标解释

## EXPLANATORY NOTES ON MAIN STATISTICAL INDICATORS

**农林牧渔业产值** 是以货币表现的农、林、牧、渔业全部产品的总量，它反映一定时期内农林牧渔业生产的总规模和总成果。

农、林、牧、渔四业的统计范围是辖区内各种经济组织类型、各个系统的全部农林牧渔业生产单位和非农行业单位附属的农林牧渔业生产活动单位。不包括农业科学试验机构进行的农业生产。

农林牧渔业总产值的核算范围是本辖区内在一定时期内生产的农业、林业、牧业、渔业产品的价值和对农林牧渔业生产活动进行的各种支持性服务活动的价值总和，执行日历年度。

(1)农业产值，包括谷物和其他作物产值：蔬菜，园艺作物产值：水果，坚果，饮料和香料产值；中药材产值。其中谷物和其他作物产值包括谷物、薯类、豆类、棉花、油料，糖料，麻类、烟叶和其他农作物的产值。其他农作物包括青饲料，绿肥、牧草、桑叶及采集的野生植物。

(2)林业，包括林木的培育和种植(不包括茶园、桑园和果园的栽培，管理和收获等活动)。林产品的采集和竹木采伐。

(3)牧业，包括除渔业养殖以外的一切动物饲养和放牧以及捕猎野兽野禽产值。

(4)渔业，包括水生动物和海藻类植物的养殖和捕捞。

(5)农林牧渔服务业，包括灌溉，农产品初加工。农机服务，病虫害防治、森林防火、兽医服务、鱼苗及鱼种场等对农林牧渔业生产活动进行的各种支持性服务活动。但不包括各种科学技术和专业技术服务活动。农林牧渔业总产值核算采用“产品法”进行计算，即用产品产量乘以价格以求出各种产品产值，然后加总求得各业产值，最后各业相加求得农林牧渔业总产值。

1957年以前的农业总产值中包括了厩肥和农民自给性手工业(如农民自制衣服、鞋、袜，自己从事粮食初步加工等)。1958年及以后的农业总产值，林业中增加了村及村以下竹木采伐产值；牧业中取消了厩肥产值；副业中取消了农民自给性手工业产值，增加了村及村以下办的工业产值；渔业中增加了海洋捕捞水产品产值。1980年及以后的农业总产值，在副业中增加了农民家庭兼营工业商品性部分的产值。从1984年起村及村以下办工业产值划归工业。从1993年起取消副业，将采集野生植物产值和农民家庭兼营商品性工业产值划归农业产值，捕猎野兽、野禽产值划入牧业产值。2003年根据新的国民经济行业分类，农林牧渔服务业划归第一产业。原农业产值中的农民家庭兼营商品性工业产值划归工业产值；林业中竹木采伐产值统计范围由村及村以下改为全社会。

**农林牧渔业增加值** 是指农、林、牧、渔及农林牧渔服务业生产货物或提供服务活动而增加的价值，为农林牧渔业现价总产值扣除农林渔业现价中间投入后的余额。

农林牧渔业增加值的核算范围同农林牧渔业总产值的核算范围相同。

农林牧渔业增加值的计算方法：采用生产法和分配法(收入法)两种。

1．生产法计算公式：

农林牧渔业增加值=农林牧渔业总产值—农林牧渔业中间消耗

2．分配法计算公式：

农林牧渔业增加值=固定资产折旧+劳动者报酬+生产税净额+营业盈余

其中：生产税净额=生产税收—生产补贴

**农林牧渔业中间消耗** 指在农林牧渔业生产过程中投入(或消耗)的各种物质产品和劳务价值的总和。包括中间物质消耗和对非物质生产部门的劳务支出两部分。计算中间消耗有两个原则：一是计算的口径范围要与总产值保持一致，二是本期消耗的不属于固定资产的低值易耗品。某些小农具即使使用年限超过一年，但价值在50元以下，也作为中间物质消耗处理。

**粮食产量** 指全社会的粮食作物产量。包括国营农场等全民所有制经营的、集体统一经营和农民家庭经营的粮食产量，还包括工矿企业家属办的农场和其他生产单位的产量粮食除包括稻谷、小麦、玉米、高粱、谷子及其他杂粮外，还包括薯类和大豆。其产量计算方法，豆类按去豆荚后的干豆计算；薯类包括甘薯和马铃薯，不包括芋头和木薯。1963年以前按每4公斤鲜薯1公斤粮食计算，从1964年以后按5公斤鲜薯折1公斤粮食计算。其他粮食一律按脱粒后的原粮计算。

**油料产量** 指全部油料作物的生产量。包括花生、油菜籽、芝麻、向日葵籽、胡麻籽(亚麻籽)和其他油料。不包括大豆、木本油料和野生油料。花生以带壳干花生计算。

**水产品产量** 指人工养殖的水产品和天然生长的水产的捕捞量。包括海水的鱼类、虾蟹类、贝类和藻类以及淡水的鱼类、虾蟹类和贝类，不包括淡水水生植物。

**猪、牛、羊肉产量** 指当年出栏并已屠宰的猪、牛、羊的肉产量。即屠宰后除去头蹄下水后带骨肉(即胴体重)的重量。

**耕地面积** 指年初可以用来种植农作物、经常进行耕锄的田地，包括熟地、当年新开荒地、连续撂荒未满三年的耕地和当年的休闲地(轮歇地)，还包括以种植农作物为主并附带种植桑树、茶树、果树和其他林木的土地，以及沿海、沿湖地区已围垦利用的“海涂”、“湖田”等面积。

不包括属于专业性的桑园、茶园、果园、果木苗圃、林地、芦苇地、天然或人工草地面积。

**农作物播种面积** 指实际播种或移植有农作物的面

积。凡是实际种植有农作物的面积，不论种植在耕地上还是种植在非耕地上，均包括在农作物播种面积中。在播种季节基本结束后，因遭灾而重新改种和补种的农作物面积，也包括在内。

**灌溉面积** 指有效灌溉面积，即具有一定的水源，地块比较平整，灌溉工程或设备已经配套，在一般年景下半年能够进行正常灌溉的耕地面积。

**农用化肥施用量** 指本年内实际用于农业生产的化肥数量，包括氮肥、磷肥、钾肥和复合肥。化肥施用量要求按折纯量计算数量。折纯量是指把氮肥、磷肥、钾肥分别按含氮、含五氧化二磷、含氧化钾的百分之一百成份进行折算后的数量。复合肥按其所含主要成分折算。

**农业机械总动力** 指主要用于农、林、牧、渔业的各种动力机械的动力总和。包括耕作机械、排灌机械、收获机械、农产品加工机械、运输机械、植物保护机械、牧业机械、林业机械、渔业机械和其他农业机械（内燃机按引擎马力折成瓦（特）计算），电动机按功率折成瓦特计算。不包括专门用于乡办工业、基本建设、非农业运输、科学试验和教学等非农业生产方面用的动力机械与作业机械。

12

# 工　业

# INDUSTRY

# 12-1　各时期全部工业基本情况

## BASIC STATISTICS OF TOTAL INDUSTRY IN EACH PERIOD

| 年份 | 全部工业单位数(个) | 国有单位 | 工业总产值(亿元) | 国有单位 | 工业增加值(亿元) | 国有单位 | 国有独立核算工业(万元) | |
|---|---|---|---|---|---|---|---|---|
| | | | | | | | 利润总额 | 利税总额 |
| 1949 | 52 | – | 1.20 | 0.52 | 0.40 | 0.15 | 190 | 541 |
| 1952 | 92 | – | 2.97 | 1.65 | 1.09 | 0.52 | 1616 | 2761 |
| 1957 | 399 | – | 6.90 | 6.13 | 2.18 | 1.84 | 5742 | 10065 |
| 1962 | 847 | 286 | 6.67 | 5.61 | 2.36 | 1.80 | 3293 | 8242 |
| 1965 | 724 | 247 | 11.99 | 10.09 | 4.34 | 3.39 | 16246 | 22906 |
| 1970 | 828 | 285 | 23.12 | 17.93 | 7.56 | 5.64 | 19347 | 31834 |
| 1975 | 1041 | 326 | 26.41 | 18.87 | 8.46 | 5.50 | 11555 | 27846 |
| 1978 | 1319 | 398 | 39.06 | 25.87 | 12.89 | 7.11 | 28852 | 53031 |
| 1979 | 1353 | 359 | 42.95 | 28.90 | 14.10 | 8.01 | 31875 | 57532 |
| 1980 | 1535 | 356 | 45.31 | 30.37 | 14.24 | 8.85 | 32909 | 59572 |
| “六五”时期 | | | | | | | | |
| 1981 | 1538 | 350 | 47.61 | 31.72 | 15.11 | 9.47 | 35077 | 62657 |
| 1982 | 1619 | 357 | 51.98 | 33.91 | 15.79 | 10.01 | 32062 | 64673 |
| 1983 | 1674 | 369 | 59.06 | 36.99 | 17.96 | 11.49 | 35870 | 60308 |
| 1984 | 1981 | 325 | 66.96 | 39.78 | 20.10 | 13.17 | 45869 | 83520 |
| 1985 | 2584 | 477 | 74.41 | 44.66 | 27.54 | 16.97 | 61274 | 112154 |
| “七五”时期 | | | | | | | | |
| 1986 | 3005 | 369 | 86.93 | 48.71 | 28.69 | 17.53 | 54804 | 115006 |
| 1987 | 3957 | 361 | 107.63 | 56.16 | 32.88 | 19.40 | 58715 | 125775 |
| 1988 | 5252 | 372 | 138.05 | 68.58 | 47.49 | 25.09 | 80173 | 156056 |
| 1989 | 7655 | 380 | 158.53 | 76.19 | 54.66 | 30.51 | 76571 | 170703 |
| 1990 | 11020 | 394 | 222.63 | 116.92 | 60.43 | 37.11 | 25084 | 125522 |
| “八五”时期 | | | | | | | | |
| 1991 | 12211 | 376 | 245.73 | 131.35 | 67.73 | 43.35 | 36715 | 151718 |
| 1992 | 15374 | 373 | 303.33 | 162.35 | 86.85 | 48.97 | 55463 | 193000 |
| 1993 | 19392 | 376 | 448.25 | 230.93 | 115.36 | 69.65 | 57984 | 223445 |
| 1994 | 22009 | 366 | 614.08 | 236.40 | 154.49 | 69.64 | 60393 | 240473 |
| 1995 | 24621 | 495 | 752.23 | 279.16 | 194.16 | 83.12 | 65335 | 316289 |
| “九五”时期 | | | | | | | | |
| 1996 | 32902 | 425 | 834.45 | 260.16 | 238.31 | 91.30 | 79615 | 337807 |
| 1997 | 33000 | 325 | 897.59 | 263.34 | 278.87 | 92.99 | 95267 | 343426 |
| 1998 | 32793 | 227 | 966.62 | 234.03 | 298.41 | 94.28 | 42152 | 292991 |
| 1999 | 29319 | 211 | 981.78 | 212.95 | 318.80 | 79.51 | -2340 | 254619 |
| 2000 | 30899 | 195 | 994.00 | 237.14 | 336.61 | 81.00 | 34824 | 292198 |
| “十五”时期 | | | | | | | | |
| 2001 | 34135 | 169 | 1090.70 | 140.44 | 356.72 | 64.69 | 49222 | 226242 |
| 2002 | 30064 | 155 | 1302.00 | 144.78 | 410.98 | 49.16 | 28011 | 234986 |
| 2003 | 30258 | 126 | 1544.50 | 167.30 | 494.55 | 68.80 | 53363 | 302975 |
| 2004 | 31163 | 115 | 1981.80 | 150.70 | 620.14 | 37.21 | -3943 | 72684 |
| 2005 | 31370 | 102 | 2447.51 | 177.00 | 786.11 | 66.49 | 268573 | 354111 |
| “十一五”时期 | | | | | | | | |
| 2006 | 35370 | 86 | 2806.94 | 193.10 | 861.48 | 73.95 | 315323 | 458191 |
| 2007 | 36112 | 76 | 3389.09 | 283.32 | 985.78 | 103.65 | 364790 | 751182 |
| 2008 | 36416 | 80 | 4829.16 | 338.24 | 1140.14 | 136.55 | 418265 | 853091 |
| 2009 | 37656 | 77 | 5096.98 | 345.44 | 1191.36 | 166.36 | 422898 | 885006 |
| 2010 | 37521 | 66 | 5800.39 | 404.38 | 1352.42 | 284.75 | 643216 | 1162785 |
| “十二五”时期 | | | | | | | | |
| 2011 | 36750 | 54 | 5544.60 | 478.10 | 1507.88 | | 561683 | 1217350 |

注：1. 工业增加值、工业总产值按当年价格计算。
2. 1985、1995年因工业普查对教育局校办工厂统计方法的规定，故国有单位较多。
3. 2001年后炼油、浪潮、将军等原国有企业陆续改制，故国有数字较以前年份有所减小。
4. 2004年第一次经济普查后，统计年鉴包含济南供电公司年报数据。

## 12-2 各时期规模以上工业基本情况

### BASIC STATISTICS OF INDUSTRIAL ENTERPRISES ABOVE DESIGNATED SIZE IN EACH PERIOD

| 年份 | 单位数(个) | 工业总产值(亿元) | 工业增加值(亿元) | 主营业务收入(亿元) | 利税总额(亿元) | 利润总额(亿元) | 资产总计(亿元) | 所有者权益(亿元) |
|---|---|---|---|---|---|---|---|---|
| 1949 | 52 | 1.06 | 0.40 | 0.91 | 0.07 | 0.03 | 0.58 | 0.17 |
| 1952 | 92 | 2.83 | 1.02 | 2.40 | 0.32 | 0.18 | 1.89 | 0.55 |
| 1957 | 399 | 6.04 | 2.08 | 5.85 | 1.04 | 0.60 | 2.85 | 0.83 |
| 1962 | 847 | 6.65 | 2.15 | 6.87 | 0.92 | 0.39 | 5.66 | 1.65 |
| 1965 | 724 | 11.89 | 4.07 | 9.49 | 2.47 | 1.73 | 5.93 | 1.73 |
| 1970 | 828 | 22.94 | 7.29 | 19.30 | 3.66 | 2.22 | 10.57 | 3.10 |
| 1975 | 1041 | 26.16 | 7.94 | 19.70 | 3.47 | 1.55 | 17.21 | 5.01 |
| 1978 | 1319 | 37.67 | 9.94 | 31.39 | 6.80 | 3.88 | 25.58 | 7.47 |
| 1979 | 1353 | 38.79 | 11.18 | 35.51 | 7.21 | 4.13 | 27.19 | 7.91 |
| 1980 | 1535 | 43.60 | 12.15 | 36.90 | 7.51 | 4.26 | 29.22 | 8.50 |
| **“六五”时期** | | | | | | | | |
| 1981 | 1538 | 42.26 | 12.77 | 39.84 | 7.98 | 4.37 | 31.49 | 9.20 |
| 1982 | 1619 | 45.58 | 13.63 | 42.94 | 8.13 | 4.18 | 34.52 | 10.08 |
| 1983 | 1674 | 49.64 | 14.86 | 46.38 | 8.84 | 4.74 | 38.09 | 11.12 |
| 1984 | 1981 | 55.95 | 17.91 | 52.16 | 10.46 | 5.82 | 41.66 | 12.16 |
| 1985 | 1915 | 66.98 | 23.10 | 64.76 | 13.98 | 7.62 | 47.09 | 13.75 |
| **“七五”时期** | | | | | | | | |
| 1986 | 2036 | 75.67 | 24.54 | 73.98 | 14.38 | 7.07 | 56.79 | 16.70 |
| 1987 | 2004 | 88.17 | 27.24 | 86.19 | 15.88 | 7.52 | 64.21 | 18.88 |
| 1988 | 1984 | 107.76 | 35.39 | 113.84 | 19.65 | 10.37 | 81.67 | 24.01 |
| 1989 | 1993 | 118.88 | 43.20 | 131.86 | 20.88 | 9.73 | 104.34 | 30.63 |
| 1990 | 2008 | 174.89 | 41.63 | 136.29 | 15.57 | 3.23 | 125.25 | 36.82 |
| **“八五”时期** | | | | | | | | |
| 1991 | 1985 | 194.29 | 44.84 | 160.58 | 18.46 | 4.97 | 138.34 | 40.81 |
| 1992 | 1941 | 236.37 | 60.16 | 200.54 | 23.48 | 7.84 | 167.44 | 49.39 |
| 1993 | 2156 | 319.49 | 104.43 | 309.91 | 31.88 | 10.26 | 338.15 | 99.61 |
| 1994 | 2202 | 414.81 | 113.71 | 346.13 | 41.69 | 13.61 | 462.34 | 136.14 |
| 1995 | 2648 | 526.48 | 130.88 | 432.17 | 53.59 | 16.30 | 578.55 | 180.86 |
| **“九五”时期** | | | | | | | | |
| 1996 | 2301 | 549.40 | 175.21 | 494.99 | 66.82 | 27.83 | 705.50 | 225.53 |
| 1997 | 1843 | 603.30 | 194.42 | 605.81 | 70.12 | 26.99 | 832.36 | 286.59 |
| 1998 | 1060 | 593.83 | 189.88 | 539.29 | 58.56 | 18.62 | 832.38 | 297.81 |
| 1999 | 1064 | 628.59 | 201.38 | 579.64 | 59.17 | 15.97 | 931.22 | 302.21 |
| 2000 | 1038 | 680.04 | 219.19 | 629.72 | 64.62 | 21.69 | 958.10 | 363.37 |
| **“十五”时期** | | | | | | | | |
| 2001 | 1015 | 786.70 | 252.61 | 746.92 | 77.79 | 28.45 | 984.71 | 369.40 |
| 2002 | 1125 | 1009.04 | 325.98 | 917.31 | 92.71 | 32.13 | 1120.60 | 407.36 |
| 2003 | 1319 | 1318.54 | 426.30 | 1223.76 | 132.84 | 54.71 | 1312.97 | 440.85 |
| 2004 | 1512 | 1781.78 | 560.15 | 1677.93 | 175.98 | 83.68 | 1473.90 | 507.63 |
| 2005 | 1670 | 2237.51 | 722.11 | 2142.84 | 244.61 | 131.30 | 1868.06 | 630.06 |
| **“十一五”时期** | | | | | | | | |
| 2006 | 1752 | 2591.65 | 797.70 | 2490.94 | 289.78 | 153.74 | 2000.62 | 702.78 |
| 2007 | 1820 | 3189.09 | 926.58 | 3086.85 | 358.87 | 199.73 | 2337.09 | 903.87 |
| 2008 | 2016 | 3862.64 | 1052.48 | 3766.93 | 425.72 | 220.79 | 2899.47 | 1123.03 |
| 2009 | 2156 | 3950.77 | 1154.01 | 3868.70 | 500.63 | 275.85 | 3478.94 | 1572.11 |
| 2010 | 2021 | 4485.61 | 1313.00 | 4497.17 | 584.53 | 339.76 | 3904.42 | 1481.75 |
| **“十一五”时期** | | | | | | | | |
| 2011 | 1417 | 4028.49 | | 4165.19 | 453.47 | 242.63 | 3932.90 | 1407.89 |

注：1. 工业增加值、工业总产值按当年价格计算。

2. 1997年及以前统计口径为乡及乡以上工业企业，1998年及以后为全部国有及年销售收入500万元以上工业企业（规模以上工业企业），2011年及以后为年主营业务收入2000万元以上工业企业（规模以上工业企业）。

3. 1991年及以前“工业增加值”指标为“工业净产值”指标。

4. 2004年第一次经济普查后，统计年鉴包含济南供电公司年报数据。

## 12-3 各时期规模以上工业总产值、增加值环比指数(以上年为100)

GROSS OUTPUT AND INDICES OF INDUSTRIAL ENTERPRISES ABOVE DESIGNATED SIZE IN EACH PERIOD

| 年份 | 规模以上工业总产值 | 轻工业 | 重工业 | 规模以上工业增加值 | 轻工业 | 重工业 |
|---|---|---|---|---|---|---|
| 1952 | 128.7 | 125.8 | 143.9 | 126.2 | 125.8 | 143.9 |
| 1957 | 93.9 | 91.4 | 97.1 | 93.9 | 91.4 | 97.1 |
| 1962 | 81.3 | 78.3 | 84.6 | 81.3 | 78.3 | 84.6 |
| 1965 | 132.9 | 122.2 | 143.1 | 132.9 | 122.2 | 143.1 |
| 1970 | 130.8 | 128.6 | 143.3 | 130.8 | 128.6 | 143.3 |
| 1975 | 160.4 | 150.1 | 171.6 | 162.8 | 150.1 | 171.6 |
| "五五"时期 | | | | | | |
| 1976 | 113.4 | 101.2 | 120.0 | 112.1 | 104.9 | 122.8 |
| 1977 | 113.6 | 114.0 | 111.7 | 108.2 | 106.9 | 110.5 |
| 1978 | 111.9 | 108.5 | 114.6 | 109.6 | 106.5 | 112.3 |
| 1979 | 108.9 | 107.0 | 99.3 | 108.1 | 110.5 | 106.6 |
| 1980 | 106.9 | 110.4 | 102.5 | 105.7 | 109.6 | 101.7 |
| "六五"时期 | | | | | | |
| 1981 | 103.6 | 109.0 | 97.6 | 106.1 | 110.1 | 99.6 |
| 1982 | 107.6 | 103.4 | 113.9 | 106.7 | 102.8 | 110.1 |
| 1983 | 109.1 | 101.2 | 118.4 | 109.0 | 102.2 | 119.6 |
| 1984 | 111.8 | 106.4 | 118.5 | 116.8 | 111.5 | 122.4 |
| 1985 | 115.9 | 112.3 | 118.9 | 113.5 | 109.6 | 117.9 |
| "七五"时期 | | | | | | |
| 1986 | 112.1 | 119.0 | 104.5 | 101.8 | 105.4 | 99.4 |
| 1987 | 117.4 | 118.4 | 114.9 | 111.0 | 113.8 | 110.5 |
| 1988 | 122.2 | 127.6 | 117.4 | 129.9 | 134.5 | 125.4 |
| 1989 | 110.3 | 107.1 | 113.4 | 108.9 | 105.7 | 114.9 |
| 1990 | 107.8 | 108.5 | 107.1 | 109.1 | 103.3 | 114.1 |
| "八五"时期 | | | | | | |
| 1991 | 106.8 | 104.3 | 108.6 | 107.1 | 110.8 | 104.8 |
| 1992 | 121.8 | 115.4 | 127.1 | 123.8 | 119.6 | 127.1 |
| 1993 | 122.9 | 120.4 | 125.6 | 123.8 | 120.1 | 128.2 |
| 1994 | 114.6 | 118.0 | 111.5 | 115.9 | 105.9 | 120.5 |
| 1995 | 111.8 | 114.1 | 110.1 | 115.1 | 121.5 | 111.5 |
| "九五"时期 | | | | | | |
| 1996 | 116.5 | 122.0 | 109.5 | 114.3 | 118.7 | 109.1 |
| 1997 | 114.9 | 112.1 | 115.9 | 108.7 | 110.7 | 106.7 |
| 1998 | 108.9 | 96.8 | 115.1 | 104.3 | 95.1 | 108.6 |
| 1999 | 110.9 | 113.5 | 106.9 | 110.6 | 112.6 | 108.1 |
| 2000 | 110.2 | 106.2 | 114.3 | 111.2 | 108.2 | 111.5 |
| "十五"时期 | | | | | | |
| 2001 | 113.7 | 110.7 | 115.9 | 113.9 | 112.1 | 114.6 |
| 2002 | 115.6 | 110.7 | 120.5 | 116.5 | 106.0 | 123.1 |
| 2003 | 122.5 | 120.7 | 124.1 | 122.4 | 118.5 | 125.6 |
| 2004 | 123.1 | 116.5 | 128.5 | 126.9 | 116.5 | 132.1 |
| 2005 | 120.4 | 118.8 | 127.4 | 125.2 | 115.1 | 131.6 |
| "十一五"时期 | | | | | | |
| 2006 | 119.3 | 109.4 | 122.1 | 122.4 | 105.6 | 129.5 |
| 2007 | 115.8 | 121.1 | 112.1 | 117.5 | 122.1 | 115.1 |
| 2008 | 110.9 | 115.6 | 108.2 | 112.0 | 106.5 | 113.2 |
| 2009 | 102.3 | 108.9 | 101.2 | 111.2 | 119.7 | 108.2 |
| 2010 | 113.5 | 106.2 | 115.4 | 114.4 | 113.1 | 114.8 |
| "十二五"时期 | | | | | | |
| 2011 | 89.8 | 82.5 | 91.5 | | | |

注：1997年及以前统计口径为乡及乡以上工业企业，1998年及以后为全部国有及年销售收入500万元以上工业企业，2011年及以后为年主营业务收入2000万元以上工业企业。

# 12-4 各时期主要工业产品产量

## OUTPUT OF MAJOR INDUSTRIAL PRODUCTS IN EACH PERIOD

| 年份 | 钢(万吨) | 发电量(亿千瓦小时) | 水泥(万吨) | 化肥(万吨) | 金切机床(台) | 汽车(辆) | 电视机(万部) | 布(万米) |
|---|---|---|---|---|---|---|---|---|
| 1949 | – | 0.29 | 0.15 | – | 40 | – | – | 2682 |
| 1952 | – | 0.55 | 1.08 | 1.62 | 565 | – | – | 5104 |
| 1957 | 0.03 | 1.07 | 1.29 | 0.48 | 2312 | – | – | 5573 |
| 1962 | 0.57 | 4.20 | 4.85 | 0.81 | 1140 | 12 | – | 2150 |
| 1965 | 0.54 | 5.65 | 19.24 | 3.79 | 2061 | 335 | – | 4853 |
| 1970 | 7.01 | 11.28 | 38.06 | 4.87 | 4718 | 1775 | – | 11655 |
| 1975 | 22.81 | 11.07 | 58.48 | 9.06 | 3994 | 3507 | 0.04 | 12547 |
| 1978 | 34.54 | 12.65 | 87.55 | 18.02 | 3610 | 4025 | 0.48 | 13806 |
| 1979 | 33.19 | 11.92 | 93.77 | 11.07 | 3771 | 4515 | 3.03 | 14300 |
| 1980 | 36.34 | 11.95 | 98.86 | 12.78 | 4414 | 5641 | 4.63 | 15236 |
| “六五”时期 | | | | | | | | |
| 1981 | 34.23 | 11.12 | 96.50 | 11.62 | 3336 | 5099 | 5.50 | 16290 |
| 1982 | 34.96 | 11.15 | 104.64 | 13.23 | 4262 | 5993 | 3.44 | 17657 |
| 1983 | 41.24 | 13.01 | 112.38 | 15.37 | 4816 | 7249 | 4.60 | 17963 |
| 1984 | 43.80 | 23.49 | 117.17 | 14.53 | 5533 | 7947 | 6.77 | 16522 |
| 1985 | 52.64 | 26.44 | 135.10 | 11.44 | 6686 | 9400 | 10.84 | 18082 |
| “七五”时期 | | | | | | | | |
| 1986 | 57.24 | 27.01 | 154.51 | 12.31 | 7472 | 7600 | 5.05 | 12346 |
| 1987 | 64.09 | 28.83 | 158.92 | 13.00 | 7007 | 5225 | 10.00 | 20137 |
| 1988 | 75.23 | 42.97 | 182.80 | 13.69 | 7280 | 6741 | 10.93 | 19374 |
| 1989 | 81.58 | 43.98 | 198.95 | 14.48 | 6806 | 7701 | 13.60 | 21744 |
| 1990 | 87.68 | 44.71 | 211.56 | 14.44 | 5121 | 6239 | 13.90 | 20155 |
| “八五”时期 | | | | | | | | |
| 1991 | 105.42 | 56.43 | 248.33 | 14.90 | 5330 | 7096 | 15.30 | 20109 |
| 1992 | 113.34 | 61.46 | 335.61 | 14.64 | 7443 | 8544 | 16.05 | 14896 |
| 1993 | 139.35 | 69.00 | 340.35 | 14.47 | 6724 | 10132 | 15.59 | 13205 |
| 1994 | 166.19 | 66.87 | 384.00 | 15.62 | 3297 | 9380 | 18.00 | 16062 |
| 1995 | 172.72 | 68.75 | 425.02 | 14.03 | 4109 | 5657 | 19.72 | 15046 |
| “九五”时期 | | | | | | | | |
| 1996 | 205.49 | 63.50 | 379.32 | 13.73 | 3855 | 7125 | 15.20 | 13710 |
| 1997 | 237.70 | 59.14 | 392.23 | 13.89 | 2526 | 5656 | 32.69 | 14213 |
| 1998 | 267.33 | 60.06 | 379.40 | 17.29 | 1508 | 3615 | 47.25 | 11286 |
| 1999 | 265.29 | 64.24 | 474.47 | 22.91 | 1955 | 3738 | 60.60 | 14782 |
| 2000 | 277.04 | 69.29 | 485.12 | 28.41 | 2908 | 3078 | 41.46 | 16493 |
| “十五”时期 | | | | | | | | |
| 2001 | 293.83 | 69.81 | 572.28 | 28.71 | 3528 | 7395 | 50.83 | 14107 |
| 2002 | 394.41 | 69.12 | 867.71 | 28.29 | 4522 | 12152 | 44.56 | 16027 |
| 2003 | 507.70 | 77.60 | 925.20 | 28.50 | 6751 | 19989 | 44.30 | 17040 |
| 2004 | 688.30 | 74.70 | 1343.90 | 40.30 | 8904 | 29648 | 42.00 | 16335 |
| 2005 | 1046.60 | 90.80 | 1595.70 | 28.90 | 7166 | 42214 | 31.70 | 14013 |
| “十一五”时期 | | | | | | | | |
| 2006 | 1131.26 | 100.14 | 1960.64 | 31.44 | 10057 | 59242 | 32.16 | 22852 |
| 2007 | 1214.90 | 130.37 | 733.98 | 40.31 | 9473 | 100133 | 20.99 | 27469 |
| 2008 | 1123.20 | 124.25 | 734.58 | 48.52 | 5110 | 109107 | 24.08 | 11786 |
| 2009 | 1051.67 | 128.76 | 761.72 | 57.77 | 2400 | 129900 | 25.32 | 7500 |
| 2010 | 959.33 | 131.45 | 729.79 | 49.09 | 2165 | 212047 | 26.49 | 8191 |
| “十二五”时期 | | | | | | | | |
| 2011 | 835.80 | 154.48 | 824.70 | 44.20 | 2024 | 170717 | 67.80 | 11461 |

注：按经济普查规定汽车产量不含底盘。

## 12-5 规模以上工业主要经济指标(2011年)

## MAIN ECONOMIC INDICATORS OF INDUSTRIAL ENTERPRISES ABOVE DESIGNATED SIZE(2011)

| 指　　标 | 企业单位数(个) | 亏损企业数(个) | 工业总产值(现价)(万元) | 工业销售产值(现价)(万元) | 全部从业人员年平均人数(人) |
|---|---|---|---|---|---|
| **总　计** | 1417 | 155 | 40284872 | 39688056 | 388072 |
| **按登记注册类型分** | | | | | |
| 内资企业 | 1248 | 116 | 36658090 | 36074935 | 337523 |
| 国有企业 | 54 | 15 | 4781027 | 4667238 | 37068 |
| 中央企业 | 16 | 4 | 2672376 | 2620582 | 14332 |
| 省属企业 | 11 | 3 | 245910 | 192157 | 8670 |
| 市属企业 | 9 | 3 | 262429 | 259882 | 4771 |
| 市以下 | 18 | 5 | 680311 | 674617 | 9295 |
| 集体企业 | 40 | 4 | 284914 | 285281 | 7851 |
| 省属企业 | 1 | | 9944 | 8402 | 163 |
| 市属企业 | 5 | 1 | 42520 | 49210 | 1394 |
| 市以下 | 34 | 3 | 232449 | 227670 | 6294 |
| 股份合作企业 | 14 | 1 | 263432 | 271615 | 2256 |
| 联营企业 | 3 | | 4355819 | 4356920 | 20965 |
| 国有联营企业 | 1 | | 4342251 | 4343799 | 20729 |
| 集体联营企业 | 2 | | 13568 | 13121 | 236 |
| 其他联营企业 | 353 | 43 | 16121947 | 15818292 | 143517 |
| 有限责任公司 | 12 | 1 | 5728252 | 5692054 | 48599 |
| 国有独资企业 | 341 | 42 | 10393695 | 10126238 | 94918 |
| 其他有限责任公司 | 54 | 8 | 4416042 | 4362965 | 30414 |
| 股份有限公司 | 700 | 38 | 7162606 | 7046609 | 91487 |
| 私营企业 | 148 | 8 | 1421313 | 1387716 | 19048 |
| 私营独资企业 | 6 | 1 | 16776 | 15813 | 503 |
| 私营合伙企业 | 510 | 29 | 4809765 | 4733670 | 63896 |
| 私营有限责任公司 | 36 | | 914752 | 909410 | 8040 |
| 私营股份有限公司 | 51 | 10 | 915887 | 870703 | 17404 |
| 港澳台商投资 | 29 | 5 | 447755 | 433009 | 7956 |
| 与港澳台商合资经营 | 1 | | 23898 | 24131 | 1600 |
| 与港澳台商合作经营 | 19 | 5 | 374130 | 343069 | 6851 |
| 港澳台商独资 | 2 | | 70104 | 70494 | 997 |
| 外商投资 | 118 | 29 | 2710895 | 2742419 | 33145 |
| 中外合资经营 | 67 | 19 | 1697576 | 1689844 | 18484 |
| 中外合作经营 | 4 | 1 | 80644 | 128015 | 1216 |
| 外商独资 | 44 | 9 | 656153 | 651229 | 8546 |
| 外商投资股份有限公司 | 3 | | 276523 | 273330 | 4899 |
| **按轻重工业分** | | | | | |
| 轻工业 | 392 | 50 | 7080066 | 7014782 | 100133 |
| 重工业 | 1025 | 105 | 33204807 | 32673274 | 287939 |
| **按企业规模分** | | | | | |
| 大型企业 | 45 | 6 | 23275113 | 22937046 | 150215 |
| 中型企业 | 195 | 30 | 7140356 | 7118315 | 118615 |
| 小型企业 | 1177 | 119 | 9869404 | 9632696 | 119242 |

12-5续

| 指　　标 | 企业单位数（个） | 亏损企业数（个） | 工业总产值(现价)(万元) | 工业销售产值(现价)(万元) | 全部从业人员年平均人数(人) |
|---|---|---|---|---|---|
| **按工业行业分** | | | | | |
| 煤炭开采和洗选业 | 7 | | 131014 | 84755 | 8897 |
| 石油和天然气开采业 | 2 | | 54066 | 52387 | 471 |
| 黑色金属矿采选业 | 2 | | 114501 | 114501 | 619 |
| 非金属矿采选业 | 16 | 1 | 60468 | 58908 | 1862 |
| 农副食品加工业 | 63 | 4 | 619508 | 602296 | 7490 |
| 食品制造业 | 46 | 6 | 870959 | 876673 | 11822 |
| 饮料制造业 | 16 | 2 | 774262 | 837558 | 11320 |
| 纺织业 | 42 | 6 | 656669 | 641109 | 13271 |
| 服装及其他纤维制品制造业 | 17 | 1 | 121282 | 118058 | 3560 |
| 皮革、毛皮、羽绒及其制品业 | 8 | 1 | 78719 | 76169 | 1589 |
| 木材加工及竹、藤、棕、草制品业 | 10 | 1 | 62422 | 58394 | 715 |
| 家具制造业 | 7 | 1 | 85432 | 85109 | 1247 |
| 造纸及纸制品业 | 21 | 4 | 164483 | 160918 | 3298 |
| 印刷业和记录媒介的复制 | 29 | 5 | 241966 | 238718 | 5053 |
| 文教体育用品制造业 | 9 | 1 | 34724 | 34540 | 1119 |
| 石油加工、炼焦及核燃料加工业 | 6 | 2 | 3355705 | 3340080 | 4030 |
| 化学原料及化学制品制造业 | 125 | 13 | 3033464 | 3009168 | 28515 |
| 医药制造业 | 44 | 6 | 1015837 | 960770 | 14952 |
| 化学纤维制造业 | 1 | | 6579 | 6392 | 98 |
| 橡胶制品业 | 3 | | 14274 | 13968 | 484 |
| 塑料制品业 | 38 | 6 | 278386 | 271795 | 3845 |
| 非金属矿物制品业 | 142 | 14 | 2119241 | 2057674 | 26819 |
| 黑色金属冶炼及压延加工业 | 14 | | 5126685 | 5107468 | 25994 |
| 有色金属冶炼及压延加工业 | 10 | 2 | 121175 | 128745 | 2296 |
| 金属制品业 | 83 | 14 | 919829 | 915168 | 14890 |
| 通用设备制造业 | 278 | 22 | 3731308 | 3619470 | 56407 |
| 专用设备制造业 | 90 | 5 | 947923 | 929237 | 18032 |
| 交通运输设备制造业 | 88 | 14 | 7185794 | 7098778 | 66994 |
| 电气机械及器材制造业 | 70 | 7 | 1899140 | 1853610 | 17231 |
| 通信设备、计算机及其他电子设备制造业 | 37 | 2 | 2775808 | 2672020 | 9939 |
| 仪器仪表及文化、办公用机械制造业 | 44 | 4 | 255029 | 259429 | 5393 |
| 工艺品及其他制造业 | 11 | 1 | 47676 | 48888 | 1081 |
| 电力、蒸汽、热水的生产和供应业 | 19 | 6 | 2204633 | 2195564 | 12010 |
| 煤气生产和供应业 | 12 | 2 | 132806 | 132297 | 2385 |
| 自来水的生产和供应业 | 6 | 2 | 102400 | 102924 | 2736 |

# 12-6 规模以上国有及国有控股工业主要经济指标(2011年)

## MAIN ECONOMIC INDICATORS OF STATE-OWNED AND STATE-CONTROLLED INDUSTRIAL ENTERPRISES ABOVE DESIGNATED SIZE(2011)

| 指　　标 | 企业单位数（个） | 亏损企业数（个） | 工业总产值(现价)(万元) | 工业销售产值(现价)(万元) | 全部从业人员年平均人数(人) |
|---|---|---|---|---|---|
| **总　计** | 135 | 34 | 21788968 | 21483841 | 149147 |
| **按登记注册类型分** | | | | | |
| 内资企业 | 121 | 28 | 21373558 | 21065741 | 141913 |
| 国有企业 | 54 | 15 | 4781027 | 4667238 | 37068 |
| 中央企业 | 16 | 4 | 2672376 | 2620582 | 14332 |
| 省属企业 | 11 | 3 | 245910 | 192157 | 8670 |
| 市属企业 | 9 | 3 | 262429 | 259882 | 4771 |
| 市以下 | 18 | 5 | 680311 | 674617 | 9295 |
| 联营企业 | 1 | | 4342251 | 4343799 | 20729 |
| 国有联营企业 | 1 | | 4342251 | 4343799 | 20729 |
| 有限责任公司 | 56 | 10 | 10153691 | 9975273 | 70276 |
| 国有独资企业 | 12 | 1 | 5728252 | 5692054 | 48599 |
| 其他有限责任公司 | 44 | 9 | 4425440 | 4283219 | 21677 |
| 股份有限公司 | 10 | 3 | 3016589 | 2999431 | 13840 |
| 港澳台商投资 | 6 | 1 | 148407 | 146972 | 4455 |
| 与港澳台商合资经营 | 6 | 1 | 148407 | 146972 | 4455 |
| 外商投资 | 8 | 5 | 267002 | 271128 | 2779 |
| 中外合资经营 | 8 | 5 | 267002 | 271128 | 2779 |
| **按轻重工业分** | | | | | |
| 轻工业 | 32 | 12 | 1707117 | 1699666 | 22095 |
| 重工业 | 103 | 22 | 20081850 | 19784175 | 127052 |
| **按企业规模分** | | | | | |
| 大型企业 | 19 | 6 | 18375361 | 18141818 | 94479 |
| 中型企业 | 58 | 13 | 2595626 | 2555711 | 46045 |
| 小型企业 | 58 | 15 | 817981 | 786312 | 8623 |

12-6续

| 指　　标 | 企业单位数（个） | 亏损企业数（个） | 工业总产值(现价)(万元) | 工业销售产值(现价)(万元) | 全部从业人员年平均人数(人) |
|---|---|---|---|---|---|
| **按工业行业分** | | | | | |
| 煤炭开采和洗选业 | 5 | | 122416 | 76379 | 7759 |
| 石油和天然气开采业 | 2 | | 54066 | 52387 | 471 |
| 黑色金属矿采选业 | 1 | | 85821 | 85821 | 589 |
| 农副食品加工业 | 2 | 1 | 16831 | 15261 | 413 |
| 食品制造业 | 3 | | 6671 | 6671 | 758 |
| 饮料制造业 | 3 | 1 | 67666 | 77808 | 1421 |
| 纺织业 | 2 | 1 | 34479 | 34792 | 2393 |
| 服装及其他纤维制品制造业 | 1 | | 3556 | 3899 | 362 |
| 造纸及纸制品业 | 1 | | 2282 | 2651 | 334 |
| 印刷业和记录媒介的复制 | 7 | 2 | 87542 | 87193 | 2305 |
| 石油加工、炼焦及核燃料加工业 | 4 | 2 | 3346978 | 3331490 | 3854 |
| 化学原料及化学制品制造业 | 11 | | 547025 | 521398 | 5693 |
| 医药制造业 | 1 | | 116602 | 105919 | 2243 |
| 非金属矿物制品业 | 9 | 2 | 88992 | 86417 | 2397 |
| 黑色金属冶炼及压延加工业 | 2 | | 4452954 | 4458324 | 21198 |
| 有色金属冶炼及压延加工业 | 2 | 2 | 50092 | 50333 | 1542 |
| 金属制品业 | 9 | 3 | 103486 | 112590 | 2042 |
| 通用设备制造业 | 13 | 5 | 873591 | 840871 | 16728 |
| 专用设备制造业 | 5 | 1 | 96715 | 87848 | 3460 |
| 交通运输设备制造业 | 15 | 4 | 5841120 | 5793530 | 48900 |
| 电气机械及器材制造业 | 9 | 3 | 463248 | 433548 | 5152 |
| 通信设备、计算机及其他电子设备制造 | 4 | | 2084326 | 2001890 | 1725 |
| 仪器仪表及文化、办公用机械制造业 | 1 | | 17442 | 17442 | 172 |
| 电力、蒸汽、热水的生产和供应业 | 15 | 4 | 2146614 | 2137588 | 11369 |
| 煤气生产和供应业 | 4 | 1 | 68131 | 67658 | 1880 |
| 自来水的生产和供应业 | 3 | 2 | 69615 | 69615 | 2379 |

# 12-7 国有工业主要经济指标(2011年)

## MAIN ECONOMIC INDICATORS OF STATE-OWNED INDUSTRIAL ENTERPRISES(2011)

| 指　　标 | 企业单位数(个) | 亏损企业数(个) | 工业总产值(现价)(万元) | 工业销售产值(现价)(万元) | 全部从业人员年平均人数(人) |
|---|---|---|---|---|---|
| **总　计** | 54 | 15 | 4781027 | 4667238 | 37068 |
| **按隶属关系分** | | | | | |
| 中央企业 | 16 | 4 | 3592376 | 3540582 | 14332 |
| 省属企业 | 11 | 3 | 245910 | 192157 | 8670 |
| 市属企业 | 9 | 3 | 262429 | 259882 | 4771 |
| 市以下 | 18 | 5 | 680311 | 674617 | 9295 |
| **按轻重工业分** | | | | | |
| 轻工业 | 9 | 4 | 1094981 | 1084241 | 5121 |
| 重工业 | 45 | 11 | 3686046 | 3582997 | 31947 |
| **按企业规模分** | | | | | |
| 大型企业 | 6 | 2 | 2861231 | 2838285 | 13031 |
| 中型企业 | 27 | 6 | 1625711 | 1538743 | 20379 |
| 小型企业 | 21 | 7 | 294085 | 290210 | 3658 |
| **按工业行业分** | | | | | |
| 煤炭开采和洗选业 | 3 | | 91397 | 45504 | 4448 |
| 黑色金属矿采选业 | 2 | | 54066 | 52387 | 471 |
| 食品制造业 | 1 | | 85821 | 85821 | 589 |
| 纺织业 | 1 | 1 | 5849 | 5461 | 295 |
| 服装及其他纤维制品制造业 | 3 | 1 | 23288 | 23288 | 1205 |
| 造纸及纸制品业 | 3 | 1 | 660793 | 649704 | 1558 |
| 印刷业和记录媒介的复制 | 5 | | 219672 | 198733 | 2167 |
| 石油加工、炼焦及核燃料加工业 | 1 | | 116602 | 105919 | 2243 |
| 化学原料及化学制品制造业 | 3 | 1 | 28860 | 28733 | 1567 |
| 非金属矿物制品业 | 2 | 2 | 50092 | 50333 | 1542 |
| 金属制品业 | 2 | 1 | 6913 | 6913 | 95 |
| 通用设备制造业 | 6 | 2 | 367968 | 346820 | 5825 |
| 专用设备制造业 | 2 | 1 | 15223 | 15658 | 473 |
| 交通运输设备制造业 | 5 | 1 | 66563 | 65740 | 2714 |
| 电气机械及器材制造业 | 1 | | 77120 | 77386 | 702 |
| 通信设备、计算机及其他电子设备制造业 | 1 | | 6365 | 4972 | 229 |
| 电力、蒸汽、热水的生产和供应业 | 12 | 3 | 1980325 | 1979758 | 9055 |
| 自来水的生产和供应业 | 1 | 1 | 4108 | 4108 | 282 |

# 12-8 规模以上工业主要经济指标比重(2011年)

## MAIN INDICATORS'STRUCTURE ON ECONOMIC BENIFIT OF INDUSTRIAL ENTERPRISES ABOVE DESIGNATED SIZE(2011)

单位:%

| 指　　标 | 企业单位数 | 工业总产值(现价) | 资产总额 | 所有者权益 | 利税总额 | 全部从业人员年平均人数 |
|---|---|---|---|---|---|---|
| **总　计** | 100.00 | 100.00 | 100.00 | 100.00 | 100.00 | 100.00 |
| **按登记注册类型分** | | | | | | |
| 内资企业 | 88.07 | 91.00 | 91.65 | 87.08 | 87.72 | 86.97 |
| 国有企业 | 3.81 | 11.87 | 11.65 | 9.16 | 26.85 | 9.55 |
| 中央企业 | 1.13 | 6.63 | 7.77 | 5.17 | 10.49 | 3.69 |
| 省属企业 | 0.78 | 0.61 | 1.07 | 0.84 | 0.78 | 2.23 |
| 市属企业 | 0.64 | 0.65 | 1.32 | 1.29 | 0.43 | 1.23 |
| 市以下 | 1.27 | 1.69 | 1.49 | 1.85 | 1.27 | 2.40 |
| 集体企业 | 2.82 | 0.71 | 0.48 | 0.40 | 0.67 | 2.02 |
| 省属企业 | 0.07 | 0.02 | 0.02 | 0.04 | 0.00 | 0.04 |
| 市属企业 | 0.35 | 0.11 | 0.17 | -0.04 | 0.07 | 0.36 |
| 市以下 | 2.40 | 0.58 | 0.30 | 0.40 | 0.61 | 1.62 |
| 股份合作企业 | 0.99 | 0.65 | 0.19 | 0.24 | 0.65 | 0.58 |
| 联营企业 | 0.21 | 10.81 | 12.20 | 12.59 | 2.40 | 5.40 |
| 国有联营企业 | 0.07 | 10.78 | 12.17 | 12.54 | 2.35 | 5.34 |
| 集体联营企业 | 0.14 | 0.03 | 0.03 | 0.05 | 0.05 | 0.06 |
| 其他联营企业 | 24.91 | 40.02 | 49.90 | 46.02 | 42.15 | 36.98 |
| 有限责任公司 | 0.85 | 14.22 | 30.10 | 22.57 | 9.82 | 12.52 |
| 国有独资企业 | 24.06 | 25.80 | 19.81 | 23.45 | 18.37 | 24.46 |
| 其他有限责任公司 | 3.81 | 10.96 | 6.09 | 7.32 | 12.52 | 7.84 |
| 股份有限公司 | 49.40 | 17.78 | 10.76 | 11.07 | 16.11 | 23.57 |
| 私营企业 | 10.44 | 3.53 | 1.03 | 1.55 | 3.73 | 4.91 |
| 私营独资企业 | 0.42 | 0.04 | 0.03 | 0.01 | 0.02 | 0.13 |
| 私营合伙企业 | 35.99 | 11.94 | 8.12 | 7.82 | 10.33 | 16.46 |
| 私营有限责任公司 | 2.54 | 2.27 | 1.57 | 1.69 | 2.02 | 2.07 |
| 私营股份有限公司 | 3.60 | 2.27 | 3.39 | 5.52 | 3.83 | 4.48 |
| 港澳台商投资 | 2.05 | 1.11 | 1.82 | 2.88 | 2.24 | 2.05 |
| 与港澳台商合资经营 | 0.07 | 0.06 | 0.04 | 0.06 | 0.04 | 0.41 |
| 与港澳台商合作经营 | 1.34 | 0.93 | 1.02 | 1.64 | 1.21 | 1.77 |
| 港澳台商独资 | 0.14 | 0.17 | 0.51 | 0.94 | 0.34 | 0.26 |
| 外商投资 | 8.33 | 6.73 | 4.96 | 7.40 | 8.45 | 8.54 |
| 中外合资经营 | 4.73 | 4.21 | 3.00 | 3.76 | 4.77 | 4.76 |
| 中外合作经营 | 0.28 | 0.20 | 0.15 | 0.21 | 0.19 | 0.31 |
| 外商独资 | 3.11 | 1.63 | 1.20 | 2.08 | 1.69 | 2.20 |
| 外商投资股份有限公司 | 0.21 | 0.69 | 0.61 | 1.35 | 1.80 | 1.26 |
| **按轻重工业分** | | | | | | |
| 轻工业 | 27.66 | 17.57 | 15.53 | 24.60 | 30.53 | 25.80 |
| 重工业 | 72.34 | 82.43 | 84.47 | 75.40 | 69.47 | 74.20 |
| **按企业规模分** | | | | | | |
| 大型企业 | 3.18 | 57.78 | 63.29 | 58.90 | 61.92 | 38.71 |
| 中型企业 | 13.76 | 17.72 | 20.56 | 20.66 | 14.66 | 30.57 |
| 小型企业 | 83.06 | 24.50 | 16.14 | 20.44 | 23.42 | 30.73 |

12-8续

| 指　　标 | 企业单位数 | 工业总产值(现价) | 资产总额 | 所有者权益 | 利税总额 | 全部从业人员年平均人数 |
|---|---|---|---|---|---|---|
| **按工业行业分** | | | | | | |
| 煤炭开采和洗选业 | 0.49 | 0.33 | 0.55 | 0.68 | 0.69 | 2.29 |
| 石油和天然气开采业 | 0.14 | 0.13 | 0.11 | 0.21 | 0.41 | 0.12 |
| 黑色金属矿采选业 | 0.14 | 0.28 | 0.12 | 0.25 | 0.47 | 0.16 |
| 非金属矿采选业 | 1.13 | 0.15 | 0.08 | 0.12 | 0.21 | 0.48 |
| 农副食品加工业 | 4.45 | 1.54 | 0.51 | 0.68 | 1.25 | 1.93 |
| 食品制造业 | 3.25 | 2.16 | 1.17 | 1.80 | 2.05 | 3.05 |
| 饮料制造业 | 1.13 | 1.92 | 1.03 | 1.55 | 2.15 | 2.92 |
| 纺织业 | 2.96 | 1.63 | 1.01 | 1.06 | 0.93 | 3.42 |
| 服装及其他纤维制品制造业 | 1.20 | 0.30 | 0.18 | 0.39 | 0.35 | 0.92 |
| 皮革、毛皮、羽绒及其制品业 | 0.56 | 0.20 | 0.07 | 0.07 | 0.15 | 0.41 |
| 木材加工及竹、藤、棕、草制品业 | 0.71 | 0.15 | 0.06 | 0.08 | 0.12 | 0.18 |
| 家具制造业 | 0.49 | 0.21 | 0.15 | 0.17 | 0.19 | 0.32 |
| 造纸及纸制品业 | 1.48 | 0.41 | 0.23 | 0.34 | 0.41 | 0.85 |
| 印刷业和记录媒介的复制 | 2.05 | 0.60 | 0.83 | 1.41 | 0.64 | 1.30 |
| 文教体育用品制造业 | 0.64 | 0.09 | 0.07 | 0.07 | 0.05 | 0.29 |
| 石油加工、炼焦及核燃料加工业 | 0.42 | 8.33 | 1.88 | 1.11 | 8.48 | 1.04 |
| 化学原料及化学制品制造业 | 8.82 | 7.53 | 6.81 | 6.30 | 6.50 | 7.35 |
| 医药制造业 | 3.11 | 2.52 | 4.15 | 7.29 | 5.36 | 3.85 |
| 化学纤维制造业 | 0.07 | 0.02 | 0.02 | 0.05 | 0.05 | 0.03 |
| 橡胶制品业 | 0.21 | 0.04 | 0.05 | 0.13 | 0.06 | 0.12 |
| 塑料制品业 | 2.68 | 0.69 | 0.45 | 0.47 | 0.55 | 0.99 |
| 非金属矿物制品业 | 10.02 | 5.26 | 5.15 | 4.92 | 6.53 | 6.91 |
| 黑色金属冶炼及压延加工业 | 0.99 | 12.73 | 12.79 | 13.11 | 3.08 | 6.70 |
| 有色金属冶炼及压延加工业 | 0.71 | 0.30 | 0.23 | –0.15 | –0.27 | 0.59 |
| 金属制品业 | 5.86 | 2.28 | 2.04 | 2.80 | 3.04 | 3.84 |
| 通用设备制造业 | 19.62 | 9.26 | 8.41 | 9.40 | 8.57 | 14.54 |
| 专用设备制造业 | 6.35 | 2.35 | 1.85 | 2.38 | 2.67 | 4.65 |
| 交通运输设备制造业 | 6.21 | 17.84 | 31.58 | 23.45 | 10.53 | 17.26 |
| 电气机械及器材制造业 | 4.94 | 4.71 | 5.28 | 6.41 | 4.62 | 4.44 |
| 通信设备、计算机及其他电子设备制造 | 2.61 | 6.89 | 2.82 | 4.54 | 4.34 | 2.56 |
| 仪器仪表及文化、办公用机械制造业 | 3.11 | 0.63 | 0.57 | 0.71 | 0.72 | 1.39 |
| 工艺品及其他制造业 | 0.78 | 0.12 | 0.04 | 0.04 | 0.13 | 0.28 |
| 电力、蒸汽、热水的生产和供应业 | 1.34 | 5.47 | 5.80 | 2.10 | 10.37 | 3.09 |
| 煤气生产和供应业 | 0.85 | 0.33 | 0.84 | 1.34 | 0.53 | 0.61 |
| 自来水的生产和供应业 | 0.42 | 0.25 | 1.22 | 1.44 | 0.19 | 0.71 |

## 12-9 规模以上国有及国有控股工业主要经济指标比重(2011年)

## MAIN INDICATORS' STRUCTURE ON ECONOMIC BENIFIT OF STATE-OWNED AND STATE-CONTROLLED INDUSTRIAL ENTERPRISES ABOVE DESIGNATED SIZE(2011)

| 指　　标 | 企业单位数 | 工业总产值（现价） | 资产总额 | 所有者权益 | 利税总额 | 全部从业人员年平均人数(人) |
|---|---|---|---|---|---|---|
| **总　计** | 100.00 | 100.00 | 100.00 | 100.00 | 100.00 | 100.00 |
| **按登记注册类型分** | | | | | | |
| 内资企业 | 89.63 | 98.09 | 97.62 | 95.99 | 98.67 | 95.15 |
| 国有企业 | 40.00 | 21.94 | 17.89 | 16.20 | 51.46 | 24.85 |
| 中央企业 | 11.85 | 12.26 | 11.94 | 9.14 | 20.10 | 9.61 |
| 省属企业 | 8.15 | 1.13 | 1.64 | 1.49 | 1.49 | 5.81 |
| 市属企业 | 6.67 | 1.20 | 2.03 | 2.29 | 0.82 | 3.20 |
| 市以下 | 13.33 | 3.12 | 2.28 | 3.28 | 2.43 | 6.23 |
| 联营企业 | 0.74 | 19.93 | 18.70 | 22.18 | 4.51 | 13.90 |
| 国有联营企业 | 0.74 | 19.93 | 18.70 | 22.18 | 4.51 | 13.90 |
| 有限责任公司 | 41.48 | 46.60 | 57.80 | 55.58 | 53.72 | 47.12 |
| 国有独资企业 | 8.89 | 26.29 | 46.24 | 39.91 | 18.82 | 32.58 |
| 其他有限责任公司 | 32.59 | 20.31 | 11.57 | 15.66 | 8.20 | 14.53 |
| 股份有限公司 | 7.41 | 13.84 | 3.22 | 2.03 | 15.60 | 9.28 |
| 港澳台商投资 | 4.44 | 0.68 | 1.57 | 2.75 | 1.07 | 2.99 |
| 与港澳台商合资经营 | 4.44 | 0.68 | 1.57 | 2.75 | 1.07 | 2.99 |
| 外商投资 | 5.93 | 1.23 | 0.81 | 1.25 | 0.26 | 1.86 |
| 中外合资经营 | 5.93 | 1.23 | 0.81 | 1.25 | 0.26 | 1.86 |
| **按轻重工业分** | | | | | | |
| 轻工业 | 23.70 | 7.83 | 8.48 | 14.88 | 29.20 | 14.81 |
| 重工业 | 76.30 | 92.17 | 91.52 | 85.12 | 70.80 | 85.19 |
| **按企业规模分** | | | | | | |
| 大型企业 | 14.07 | 84.33 | 82.27 | 79.24 | 91.41 | 63.35 |
| 中型企业 | 42.96 | 11.91 | 12.60 | 14.06 | 5.63 | 30.87 |
| 小型企业 | 42.96 | 3.75 | 5.13 | 6.70 | 2.97 | 5.78 |

12-9续

| 指　　标 | 企业单位数 | 工业总产值（现价） | 资产总额 | 所有者权益 | 利税总额 | 全部从业人员年平均人数(人) |
|---|---|---|---|---|---|---|
| **按工业行业分** | | | | | | |
| 煤炭开采和洗选业 | 3.70 | 0.56 | 0.82 | 1.19 | 1.26 | 5.20 |
| 石油和天然气开采业 | 1.48 | 0.25 | 0.17 | 0.38 | 0.79 | 0.32 |
| 黑色金属矿采选业 | 0.74 | 0.39 | 0.18 | 0.45 | 0.63 | 0.39 |
| 农副食品加工业 | 1.48 | 0.08 | 0.08 | 0.05 | 0.00 | 0.28 |
| 食品制造业 | 2.22 | 0.03 | 0.02 | 0.03 | 0.02 | 0.51 |
| 饮料制造业 | 2.22 | 0.31 | 0.31 | 0.83 | 0.60 | 0.95 |
| 纺织业 | 1.48 | 0.16 | 0.12 | 0.15 | 0.03 | 1.60 |
| 服装及其他纤维制品制造业 | 0.74 | 0.02 | 0.09 | 0.26 | 0.08 | 0.24 |
| 造纸及纸制品业 | 0.74 | 0.01 | 0.02 | 0.01 | 0.00 | 0.22 |
| 印刷业和记录媒介的复制 | 5.19 | 0.40 | 0.51 | 0.85 | 0.37 | 1.55 |
| 石油加工、炼焦及核燃料加工业 | 2.96 | 15.36 | 2.86 | 1.92 | 16.19 | 2.58 |
| 化学原料及化学制品制造业 | 8.15 | 2.51 | 3.56 | 3.93 | 1.46 | 3.82 |
| 医药制造业 | 0.74 | 0.54 | 0.68 | 1.25 | 1.55 | 1.50 |
| 非金属矿物制品业 | 6.67 | 0.41 | 0.38 | 0.64 | 0.45 | 1.61 |
| 黑色金属冶炼及压延加工业 | 1.48 | 20.44 | 18.76 | 22.25 | 4.65 | 14.21 |
| 有色金属冶炼及压延加工业 | 1.48 | 0.23 | 0.18 | -0.38 | -0.76 | 1.03 |
| 金属制品业 | 6.67 | 0.47 | 0.60 | 0.41 | 0.20 | 1.37 |
| 通用设备制造业 | 9.63 | 4.01 | 6.04 | 6.54 | 1.85 | 11.22 |
| 专用设备制造业 | 3.70 | 0.44 | 0.60 | 0.39 | 0.34 | 2.32 |
| 交通运输设备制造业 | 11.11 | 26.81 | 43.89 | 37.76 | 17.18 | 32.79 |
| 电气机械及器材制造业 | 6.67 | 2.13 | 3.50 | 3.32 | 0.41 | 3.45 |
| 通信设备、计算机及其他电子设备制造 | 2.96 | 9.57 | 2.58 | 4.51 | 5.43 | 1.16 |
| 仪器仪表及文化、办公用机械制造业 | 0.74 | 0.08 | 0.05 | 0.04 | 0.14 | 0.12 |
| 电力、蒸汽、热水的生产和供应业 | 11.11 | 9.85 | 8.61 | 3.43 | 19.63 | 7.62 |
| 煤气生产和供应业 | 2.96 | 0.31 | 1.05 | 1.93 | 0.72 | 1.26 |
| 自来水的生产和供应业 | 2.22 | 0.32 | 1.51 | 2.05 | 0.15 | 1.60 |

# 12-10 国有工业主要经济指标比重(2011年)

## MAIN INDICATORS STRUCTURE ON ECONOMIC BENIFIT OF STATE-OWNED INDUSTRIAL ENTERPRISES(2011)

| 指　　标 | 企业单位数 | 工业总产值(现价) | 资产总额 | 所有者权益 | 利税总额 | 全部从业人员年平均人数 |
| --- | --- | --- | --- | --- | --- | --- |
| **总　计** | 100.00 | 100.00 | 100.00 | 100.00 | 100.00 | 100.00 |
| **按隶属关系分** | | | | | | |
| 中央企业 | 29.63 | 75.14 | 66.73 | 56.41 | 90.81 | 41.66 |
| 省属企业 | 20.37 | 5.14 | 9.15 | 9.22 | 2.90 | 23.39 |
| 市属企业 | 16.67 | 5.49 | 11.34 | 14.13 | 1.59 | 12.87 |
| 市以下 | 33.33 | 14.23 | 12.77 | 20.24 | 4.72 | 22.08 |
| **按轻重工业分** | | | | | | |
| 轻工业 | 16.67 | 22.90 | 24.75 | 45.55 | 55.17 | 17.56 |
| 重工业 | 83.33 | 77.10 | 75.25 | 54.45 | 44.83 | 82.43 |
| **按企业规模分** | | | | | | |
| 大型企业 | 11.11 | 59.85 | 54.23 | 38.17 | 91.72 | 37.73 |
| 中型企业 | 50.00 | 34.00 | 30.82 | 37.78 | 5.94 | 52.71 |
| 小型企业 | 38.89 | 6.15 | 14.95 | 24.05 | 2.34 | 9.55 |
| **按工业行业分** | | | | | | |
| 煤炭开采和洗选业 | 5.56 | 1.91 | 3.18 | 4.28 | 1.84 | 12.00 |
| 石油和天然气开采业 | 3.70 | 1.13 | 0.81 | 1.74 | 1.53 | 1.27 |

12-10续

| 指　　　　标 | 企业单位数 | 工业总产值(现价) | 资产总额 | 所有者权益 | 利税总额 | 全部从业人员年平均人数 |
|---|---|---|---|---|---|---|
| 黑色金属矿采选业 | 1.85 | 1.80 | 0.86 | 2.05 | 1.23 | 1.59 |
| 纺织业 | 1.85 | 0.12 | 0.06 | 0.01 | 0.00 | 0.80 |
| 印刷业和记录媒介的复制 | 5.56 | 0.49 | 0.84 | 0.78 | 0.18 | 3.25 |
| 石油加工、炼焦及核燃料加工业 | 5.56 | 13.82 | 6.54 | 7.42 | 0.69 | 4.20 |
| 化学原料及化学制品制造业 | 9.26 | 4.59 | 12.45 | 13.20 | 0.71 | 5.85 |
| 医药制造业 | 1.85 | 2.44 | 3.24 | 5.70 | 3.00 | 6.05 |
| 非金属矿物制品业 | 5.56 | 0.60 | 0.51 | 0.59 | 0.23 | 4.23 |
| 有色金属冶炼及压延加工业 | 3.70 | 1.05 | 0.88 | -1.73 | -1.47 | 4.16 |
| 金属制品业 | 3.70 | 0.14 | 0.35 | 0.12 | 0.03 | 0.26 |
| 通用设备制造业 | 11.11 | 7.70 | 12.88 | 17.94 | 0.21 | 14.71 |
| 专用设备制造业 | 3.70 | 0.32 | 0.81 | 0.04 | 0.05 | 1.28 |
| 交通运输设备制造业 | 9.26 | 1.39 | 2.52 | 3.66 | 0.28 | 7.32 |
| 电气机械及器材制造业 | 1.85 | 1.61 | 3.58 | 2.86 | 0.51 | 1.89 |
| 通信设备、计算机及其他电子设备制造 | 1.85 | 0.13 | 0.36 | -0.57 | 0.14 | 0.62 |
| 电力、蒸汽、热水的生产和供应业 | 22.22 | 41.42 | 35.68 | 15.16 | 39.09 | 25.77 |
| 自来水的生产和供应业 | 1.85 | 0.09 | 0.44 | 0.75 | -0.01 | 0.76 |

## 12-11 规模以上工业资产结构(2011年)

CAPITAL STRUCTURE OF INDUSTRIAL ENTERPRISES ABOVE DESIGNATED SIZE(2011)

| 指　标 | 自有资本构成比率 | 资本负债比　率 | 流动资产构成比率 | 流动比率 | 负债比率 |
|---|---|---|---|---|---|
| 总　计 | 35.80 | 55.87 | 55.13 | 113.42 | 64.07 |
| 按登记注册类型分 | | | | | |
| 内资企业 | 34.01 | 51.63 | 55.00 | 109.79 | 65.83 |
| 国有企业 | 28.15 | 39.27 | 33.48 | 78.71 | 71.70 |
| 中央企业 | 23.80 | 31.23 | 33.53 | 81.44 | 76.20 |
| 省属企业 | 28.36 | 40.13 | 37.75 | 66.33 | 70.69 |
| 市属企业 | 35.08 | 54.24 | 33.33 | 70.21 | 64.67 |
| 市以下 | 44.62 | 80.93 | 30.28 | 86.62 | 55.13 |
| 集体企业 | 29.69 | 42.23 | 66.91 | 137.78 | 70.31 |
| 省属企业 | 80.73 | 418.88 | 98.27 | 509.89 | 19.27 |
| 市属企业 | -7.78 | -7.22 | 79.01 | 97.41 | 107.77 |
| 市以下 | 48.76 | 95.17 | 58.24 | 186.63 | 51.24 |
| 股份合作企业 | 45.03 | 81.92 | 53.47 | 118.21 | 54.97 |
| 联营企业 | 36.96 | 58.63 | 30.35 | 67.41 | 63.04 |
| 国有联营企业 | 36.88 | 58.44 | 30.32 | 67.28 | 63.12 |
| 集体联营企业 | 71.42 | 249.85 | 43.76 | 174.16 | 28.58 |
| 其他联营企业 | 33.01 | 49.31 | 65.37 | 126.28 | 66.95 |
| 有限责任公司 | 26.84 | 36.69 | 72.23 | 129.52 | 73.16 |
| 国有独资企业 | 42.39 | 73.70 | 54.94 | 120.27 | 57.51 |
| 其他有限责任公司 | 43.07 | 75.71 | 50.64 | 97.74 | 56.88 |
| 股份有限公司 | 36.82 | 58.79 | 60.06 | 109.05 | 62.63 |
| 私营企业 | 53.61 | 120.42 | 45.14 | 147.47 | 44.52 |
| 私营独资企业 | 16.58 | 20.24 | 51.64 | 64.81 | 81.90 |
| 私营合伙企业 | 34.44 | 52.89 | 59.99 | 102.91 | 65.11 |
| 私营有限责任公司 | 38.54 | 62.81 | 70.41 | 130.31 | 61.35 |
| 私营股份有限公司 | 58.23 | 140.17 | 47.80 | 198.92 | 41.54 |
| 港澳台商投资 | 56.56 | 130.24 | 52.69 | 199.08 | 43.43 |
| 与港澳台商合资经营 | 60.46 | 152.88 | 54.81 | 246.99 | 39.54 |
| 与港澳台商合作经营 | 57.37 | 136.95 | 49.97 | 192.34 | 41.89 |
| 港澳台商独资 | 65.73 | 191.84 | 25.54 | 220.67 | 34.27 |
| 外商投资 | 53.45 | 115.80 | 62.68 | 164.87 | 46.16 |
| 中外合资经营 | 44.91 | 82.48 | 60.40 | 143.99 | 54.45 |
| 中外合作经营 | 49.37 | 97.53 | 46.96 | 92.98 | 50.63 |
| 外商独资 | 62.08 | 163.80 | 63.47 | 178.20 | 37.90 |
| 外商投资股份有限公司 | 79.58 | 389.81 | 76.39 | 378.14 | 20.42 |
| 按轻重工业分 | | | | | |
| 轻工业 | 56.71 | 131.59 | 51.01 | 138.71 | 43.09 |
| 重工业 | 31.95 | 47.04 | 55.89 | 110.05 | 67.93 |
| 按企业规模分 | | | | | |
| 大型企业 | 33.31 | 49.97 | 55.83 | 112.46 | 66.67 |

12-11续

| 指　　标 | 自有资本构成比率 | 资本负债比　率 | 流动资产构成比率 | 流动比率 | 负债比率 |
|---|---|---|---|---|---|
| 中型企业 | 35.97 | 56.36 | 52.85 | 104.71 | 63.83 |
| 小型企业 | 45.32 | 83.61 | 55.31 | 131.13 | 54.20 |
| **按工业行业分** | | | | | |
| 煤炭开采和洗选业 | 44.50 | 80.17 | 23.47 | 44.97 | 55.50 |
| 石油和天然气开采业 | 70.12 | 234.68 | 66.72 | 233.94 | 29.88 |
| 黑色金属矿采选业 | 77.69 | 348.17 | 72.14 | 468.98 | 22.31 |
| 非金属矿采选业 | 52.84 | 112.03 | 47.08 | 164.65 | 47.16 |
| 农副食品加工业 | 47.27 | 91.62 | 56.83 | 131.57 | 51.60 |
| 食品制造业 | 54.91 | 122.58 | 49.09 | 135.88 | 44.80 |
| 饮料制造业 | 54.00 | 118.13 | 44.36 | 103.42 | 45.71 |
| 纺织业 | 37.68 | 60.52 | 52.25 | 95.54 | 62.27 |
| 服装及其他纤维制品制造业 | 77.05 | 322.55 | 50.34 | 294.12 | 23.89 |
| 皮革、毛皮、羽绒及其制品业 | 35.22 | 54.38 | 46.66 | 107.76 | 64.77 |
| 木材加工及竹、藤、棕、草制品业 | 44.70 | 80.83 | 59.89 | 132.89 | 55.30 |
| 家具制造业 | 39.70 | 65.82 | 78.56 | 138.58 | 60.30 |
| 造纸及纸制品业 | 53.95 | 117.32 | 53.12 | 135.08 | 45.98 |
| 印刷业和记录媒介的复制 | 60.64 | 156.07 | 39.10 | 132.64 | 38.86 |
| 文教体育用品制造业 | 35.43 | 60.54 | 57.23 | 152.56 | 58.52 |
| 石油加工、炼焦及核燃料加工业 | 21.22 | 26.93 | 39.13 | 49.71 | 78.78 |
| 化学原料及化学制品制造业 | 33.09 | 49.60 | 44.97 | 89.18 | 66.72 |
| 医药制造业 | 62.94 | 169.85 | 56.40 | 161.72 | 37.06 |
| 化学纤维制造业 | 77.59 | 346.26 | 53.53 | 447.70 | 22.41 |
| 橡胶制品业 | 90.25 | 925.24 | 74.50 | 875.79 | 9.75 |
| 塑料制品业 | 38.17 | 63.53 | 56.67 | 124.12 | 60.08 |
| 非金属矿物制品业 | 34.16 | 52.49 | 65.66 | 122.85 | 65.08 |
| 黑色金属冶炼及压延加工业 | 36.67 | 57.90 | 32.06 | 70.24 | 63.33 |
| 有色金属冶炼及压延加工业 | -22.94 | -18.66 | 58.56 | 48.69 | 122.93 |
| 金属制品业 | 49.21 | 97.13 | 66.68 | 152.03 | 50.66 |
| 通用设备制造业 | 39.99 | 66.85 | 65.05 | 135.65 | 59.83 |
| 专用设备制造业 | 45.98 | 85.61 | 60.84 | 132.73 | 53.71 |
| 交通运输设备制造业 | 26.58 | 36.20 | 69.75 | 122.44 | 73.42 |
| 电气机械及器材制造业 | 43.51 | 77.49 | 63.66 | 135.15 | 56.15 |
| 通信设备、计算机及其他电子设备制造业 | 57.56 | 135.96 | 62.70 | 267.70 | 42.34 |
| 仪器仪表及文化、办公用机械制造业 | 44.56 | 80.50 | 70.49 | 133.26 | 55.35 |
| 工艺品及其他制造业 | 41.86 | 73.52 | 54.77 | 143.05 | 56.94 |
| 电力、蒸汽、热水的生产和供应业 | 12.98 | 14.93 | 13.13 | 35.43 | 86.95 |
| 煤气生产和供应业 | 56.81 | 131.54 | 48.46 | 174.14 | 43.19 |
| 自来水的生产和供应业 | 42.25 | 73.17 | 36.15 | 125.49 | 57.75 |

## 12-12 规模以上国有及国有控股工业资产结构(2011年)

**CAPITAL STRUCTURE OF STATE-OWED AND STATE-CONTROLLED INDUSTRIAL ENTERPRISES ABOVE DESIGNATED SIZE(2011)**

| 指标 | 自有资本构成比率 | 资本负债比率 | 流动资产构成比率 | 流动比率 | 负债比率 |
|---|---|---|---|---|---|
| **总计** | 31.10 | 45.15 | 53.27 | 107.23 | 68.88 |
| **按登记注册类型分** | | | | | |
| 内资企业 | 30.58 | 44.07 | 53.35 | 106.50 | 69.39 |
| 国有企业 | 28.15 | 39.27 | 33.48 | 78.71 | 71.70 |
| 中央企业 | 23.80 | 31.23 | 33.53 | 81.44 | 76.20 |
| 省属企业 | 28.36 | 40.13 | 37.75 | 66.33 | 70.69 |
| 市属企业 | 35.08 | 54.24 | 33.33 | 70.21 | 64.67 |
| 市以下 | 44.62 | 80.93 | 30.28 | 86.62 | 55.13 |
| 联营企业 | 36.88 | 58.44 | 30.32 | 67.28 | 63.12 |
| 国有联营企业 | 36.88 | 58.44 | 30.32 | 67.28 | 63.12 |
| 有限责任公司 | 29.90 | 42.65 | 67.35 | 127.81 | 70.10 |
| 国有独资企业 | 26.84 | 36.69 | 72.23 | 129.52 | 73.16 |
| 其他有限责任公司 | 42.11 | 72.75 | 47.86 | 118.41 | 57.89 |
| 股份有限公司 | 19.64 | 24.43 | 46.18 | 61.89 | 80.36 |
| 港澳台商投资 | 54.58 | 120.17 | 41.31 | 134.48 | 45.42 |
| 与港澳台商合资经营 | 54.58 | 120.17 | 41.31 | 134.48 | 45.42 |
| 外商投资 | 47.88 | 91.88 | 67.22 | 182.65 | 52.12 |
| 中外合资经营 | 47.88 | 91.88 | 67.22 | 182.66 | 52.12 |
| **按轻重工业分** | | | | | |
| 轻工业 | 54.54 | 120.13 | 48.62 | 131.50 | 45.40 |
| 重工业 | 28.92 | 40.71 | 53.71 | 105.60 | 71.05 |
| **按企业规模分** | | | | | |
| 大型企业 | 29.95 | 42.75 | 55.06 | 108.03 | 70.05 |
| 中型企业 | 34.72 | 53.28 | 43.79 | 99.99 | 65.16 |
| 小型企业 | 40.60 | 68.60 | 47.90 | 110.14 | 59.18 |

12-12续

| 指　　标 | 自有资本构成比率 | 资本负债比　率 | 流动资产构成比率 | 流动比率 | 负债比率 |
|---|---|---|---|---|---|
| **按工业行业分** | | | | | |
| 煤炭开采和洗选业 | 45.50 | 83.49 | 22.70 | 44.45 | 54.50 |
| 石油和天然气开采业 | 70.12 | 234.68 | 66.72 | 233.94 | 29.88 |
| 黑色金属矿采选业 | 78.48 | 364.62 | 72.00 | 462.36 | 21.52 |
| 农副食品加工业 | 20.02 | 25.03 | 63.63 | 85.99 | 79.98 |
| 食品制造业 | 44.40 | 79.87 | 67.35 | 163.37 | 55.60 |
| 饮料制造业 | 83.02 | 488.93 | 35.16 | 327.54 | 16.98 |
| 纺织业 | 38.27 | 62.01 | 54.92 | 96.98 | 61.72 |
| 服装及其他纤维制品制造业 | 90.99 | 1009.33 | 48.47 | 567.54 | 9.01 |
| 造纸及纸制品业 | 10.08 | 11.21 | 94.85 | 105.48 | 89.92 |
| 印刷业和记录媒介的复制 | 52.47 | 112.86 | 41.30 | 151.79 | 46.49 |
| 石油加工、炼焦及核燃料加工业 | 20.92 | 26.45 | 39.07 | 49.43 | 79.08 |
| 化学原料及化学制品制造业 | 34.32 | 52.25 | 32.53 | 78.67 | 65.68 |
| 医药制造业 | 57.45 | 134.99 | 45.84 | 121.01 | 42.55 |
| 非金属矿物制品业 | 53.10 | 124.18 | 32.21 | 96.42 | 42.77 |
| 黑色金属冶炼及压延加工业 | 36.89 | 58.45 | 30.45 | 67.54 | 63.11 |
| 有色金属冶炼及压延加工业 | -64.41 | -39.18 | 37.68 | 22.92 | 164.41 |
| 金属制品业 | 21.35 | 27.14 | 61.14 | 105.37 | 78.65 |
| 通用设备制造业 | 33.68 | 50.79 | 67.41 | 132.67 | 66.32 |
| 专用设备制造业 | 20.11 | 25.18 | 76.06 | 98.60 | 79.89 |
| 交通运输设备制造业 | 26.76 | 36.53 | 71.43 | 127.00 | 73.24 |
| 电气机械及器材制造业 | 29.49 | 41.81 | 65.55 | 124.32 | 70.51 |
| 通信设备、计算机及其他电子设备制造业 | 54.42 | 119.42 | 62.82 | 322.01 | 45.58 |
| 仪器仪表及文化、办公用机械制造业 | 21.28 | 27.03 | 92.71 | 120.97 | 78.72 |
| 电力、蒸汽、热水的生产和供应业 | 12.38 | 14.14 | 12.04 | 32.47 | 87.55 |
| 煤气生产和供应业 | 57.17 | 133.50 | 45.90 | 170.86 | 42.83 |
| 自来水的生产和供应业 | 42.27 | 73.23 | 39.94 | 118.56 | 57.73 |

# 12-13 国有工业资产结构(2011年)

## CAPITAL STRUCTURE OF STATE-OWNED INDUSTRIAL ENTERPRISES(2011)

| 指　　标 | 自有资本构成比率 | 资本负债比　率 | 流动资产构成比率 | 流动比率 | 负债比率 |
|---|---|---|---|---|---|
| **总　计** | 28.15 | 39.27 | 33.48 | 78.71 | 71.70 |
| **按隶属关系分** | | | | | |
| 中央企业 | 23.80 | 31.23 | 33.53 | 81.44 | 76.20 |
| 省属企业 | 28.36 | 40.13 | 37.75 | 66.33 | 70.69 |
| 市属企业 | 35.08 | 54.24 | 33.33 | 70.21 | 64.67 |
| 市以下 | 44.62 | 80.93 | 30.28 | 86.52 | 55.13 |
| **按轻重工业分** | | | | | |
| 轻工业 | 57.34 | 135.16 | 42.33 | 122.50 | 42.43 |
| 重工业 | 23.86 | 31.40 | 32.18 | 73.62 | 76.00 |
| **按企业规模分** | | | | | |
| 大型企业 | 19.82 | 24.71 | 22.82 | 61.38 | 80.18 |
| 中型企业 | 34.52 | 52.94 | 46.44 | 85.83 | 65.20 |
| 小型企业 | 45.29 | 83.40 | 45.43 | 119.23 | 54.30 |
| **按工业行业分** | | | | | |
| 煤炭开采和洗选业 | 44.01 | 78.59 | 22.51 | 43.49 | 55.99 |
| 石油和天然气开采业 | 70.12 | 234.68 | 66.72 | 233.94 | 29.88 |

12–13续

| 指　　标 | 自有资本构成比率 | 资本负债比　率 | 流动资产构成比率 | 流动比率 | 负债比率 |
|---|---|---|---|---|---|
| 黑色金属矿采选业 | 78.48 | 364.62 | 72.00 | 462.36 | 21.52 |
| 纺织业 | 7.12 | 7.67 | 61.57 | 80.17 | 92.88 |
| 印刷业和记录媒介的复制 | 30.33 | 45.47 | 41.91 | 192.40 | 66.70 |
| 石油加工、炼焦及核燃料加工业 | 37.08 | 58.94 | 51.00 | 81.09 | 62.92 |
| 化学原料及化学制品制造业 | 34.69 | 53.10 | 30.19 | 85.34 | 65.31 |
| 医药制造业 | 57.45 | 134.99 | 45.84 | 121.01 | 42.55 |
| 非金属矿物制品业 | 38.17 | 81.16 | 28.35 | 172.98 | 47.03 |
| 有色金属冶炼及压延加工业 | –64.41 | –39.18 | 37.68 | 22.92 | 164.41 |
| 金属制品业 | 10.75 | 12.05 | 91.69 | 486.16 | 89.25 |
| 通用设备制造业 | 45.57 | 83.71 | 59.21 | 125.68 | 54.43 |
| 专用设备制造业 | 1.81 | 1.84 | 72.12 | 71.86 | 98.19 |
| 交通运输设备制造业 | 47.48 | 90.42 | 41.31 | 139.31 | 52.52 |
| 电气机械及器材制造业 | 26.20 | 35.51 | 78.55 | 135.31 | 73.80 |
| 通信设备、计算机及其他电子设备制造业 | –51.87 | –34.15 | 66.78 | 178.54 | 151.87 |
| 电力、蒸汽、热水的生产和供应业 | 13.90 | 16.17 | 13.18 | 36.28 | 86.02 |

## 12-14 分隶属关系规模以上工业主要经济指标(2011年)

## MAIN ECONOMIC INDICATORS OF INDUSTRIAL ENTERPRISES ABOVE DESIGNATED SIZE(2011)

| 指标 | 全市 | 中央属企业 | 省属企业 | 市属企业 | 县属企业 | 县属以下及其它企业 |
|---|---|---|---|---|---|---|
| 企业个数(个) | 1417 | 35 | 37 | 86 | 107 | 1152 |
| 工业总产值(万元) | 40284872 | 7307308 | 7313494 | 7420082 | 2836305 | 15407683 |
| 资产与负债(万元) | | | | | | |
| 实收资本 | 6907447 | 1157858 | 628420 | 2540015 | 404097 | 2177057 |
| #国家资本金 | 1123568 | 551697 | 119404 | 312971 | 47774 | 91722 |
| 应收账款净额 | 3325533 | 425168 | 307123 | 697708 | 222485 | 1673048 |
| 流动资产合计 | 21682947 | 1972379 | 2587882 | 9363170 | 1182102 | 6577415 |
| #存货 | 5801431 | 511520 | 920040 | 2610541 | 263035 | 1496295 |
| 固定资产合计 | 11906052 | 2407486 | 3387207 | 2418239 | 796775 | 2896345 |
| 资产总计 | 39328977 | 5403712 | 6917620 | 13749130 | 2324663 | 10933852 |
| 流动负债合计 | 19117883 | 2441884 | 3053537 | 7610640 | 957461 | 5054361 |
| 非流动负债合计 | 5486562 | 1405322 | 1142826 | 2166101 | 179810 | 592503 |
| 所有者权益 | 14078889 | 1555985 | 2671452 | 3798073 | 1105287 | 4948092 |
| 损益及分配(万元) | | | | | | |
| 主营业务收入 | 41651863 | 7327164 | 6653954 | 9406831 | 2926457 | 15337457 |
| 主营业务成本 | 34590634 | 5714850 | 5653890 | 8450448 | 2543195 | 12228251 |
| 主营业务税金及附加 | 1042707 | 871958 | 30728 | 27868 | 19694 | 92460 |
| 管理费用 | 1964020 | 203471 | 503749 | 401007 | 169815 | 685978 |
| #税金 | 85807 | 10513 | 14862 | 21372 | 7274 | 31786 |
| 亏损企业亏损额 | 271784 | 177272 | 21035 | 20006 | 5691 | 47779 |
| 利润总额 | 2426309 | 408386 | 130912 | 376382 | 188715 | 1321915 |
| 利税总额 | 4534664 | 1491940 | 316924 | 579802 | 294271 | 1851728 |
| 应交所得税 | 310967 | 7669 | 31270 | 66458 | 33992 | 171578 |
| 应交增值税 | 1065648 | 211596 | 155284 | 175552 | 85852 | 437354 |
| 主要效益指标 | | | | | | |
| 产品销售率(%) | 98.52 | 98.40 | 98.07 | 99.41 | 98.44 | 98.37 |
| 总资产贡献率(%) | 13.05 | 28.93 | 7.11 | 5.72 | 13.56 | 18.07 |
| 全员劳动生产率(元/人) | 310757 | 766495 | 528219 | 156378 | 224916 | 279330 |
| 流动资产周转次数(次) | 1.92 | 3.71 | 2.57 | 1.00 | 2.48 | 2.33 |
| 经济效益综合指数(%) | 293.06 | 616.03 | 404.60 | 165.77 | 250.16 | 301.32 |

## 12-15 规模以上工业主要经济指标(2009-2011年)

## MAIN ECONOMIC INDICATORS OF INDUSTRIAL ENTERPRISES ABOVE DESIGNATED SIZE(2009-2011)

| 指　标 | 2009年规模以上工业 | 国　有 | 2010年规模以上工业 | 国　有 | 2011年规模以上工业 | 国　有 |
|---|---|---|---|---|---|---|
| **企业个数(个)** | 2156 | 77 | 2021 | 66 | 1417 | 54 |
| **工业总产值(万元)** | 39507662 | 3454419 | 44856080 | 4043840 | 40284872 | 4781027 |
| **资产与负债(万元)** | | | | | | |
| 实收资本 | 6321692 | 735675 | 6582968 | 733965 | 6907447 | 940267 |
| #国家资本金 | 642866 | 244447 | 776427 | 249392 | 1123568 | 606638 |
| 应收账款净额 | 2660701 | 211069 | 2729250 | 294828 | 3325533 | 313432 |
| 流动资产合计 | 17831030 | 1593256 | 21312777 | 1783196 | 21682947 | 1533467 |
| #存货 | 4408417 | 548881 | 5740441 | 701872 | 5801431 | 426314 |
| 固定资产合计 | 10300861 | 1731753 | 11774705 | 1865436 | 11906052 | 2364995 |
| 资产总计 | 34789372 | 3947787 | 39044247 | 4894036 | 39328977 | 4580616 |
| 流动负债合计 | 14445821 | 1597163 | 17808179 | 1894670 | 19117883 | 1948193 |
| 非流动负债合计 | 3630603 | 972023 | 5646096 | 1353168 | 5486562 | 1283171 |
| 所有者权益 | 15721103 | 1266442 | 14817485 | 1627750 | 14078889 | 1289658 |
| **损益及分配(万元)** | | | | | | |
| 主营业务收入 | 38687008 | 3493623 | 44971709 | 4169301 | 41651863 | 4891427 |

12-15续

| 指　　　　标 | 2009年规模以上工业 | | 2010年规模以上工业 | | 2011年规模以上工业 | |
|---|---|---|---|---|---|---|
| | | 国　有 | | 国　有 | | 国　有 |
| 主营业务成本 | 31637126 | 2421096 | 37107681 | 2936405 | 34590634 | 3254317 |
| 主营业务税金及附加 | 953898 | 310681 | 1060901 | 356404 | 1042707 | 468537 |
| 管理费用 | 1889804 | 247545 | 2216190 | 291354 | 1964020 | 227454 |
| #税金 | 79360 | 7783 | 204807 | 35598 | 85807 | 10285 |
| 亏损企业亏损额 | 138173 | 89354 | 97610 | 19079 | 271784 | 61846 |
| 利润总额 | 2758469 | 422898 | 3397574 | 643216 | 2426309 | 561683 |
| 利税总额 | 5006273 | 885006 | 5845254 | 1162785 | 4534664 | 1217350 |
| 应交所得税 | 436759 | 25115 | 484739 | 26082 | 310967 | 22905 |
| 应交增值税 | 1293907 | 151427 | 1386779 | 163165 | 1065648 | 187131 |
| 主要效益指标 | | | | | | |
| 产品销售率(%) | 98.21 | 97.48 | 98.71 | 100.63 | 98.52 | 97.05 |
| 总资产贡献率(%) | 15.41 | 23.26 | 15.98 | 24.51 | 13.05 | 27.80 |
| 全员劳动生产率(元/人) | 271997 | 393707 | 297891 | 684403 | 310757 | 567478 |
| 流动资产周转次数(次) | 2.17 | 2.19 | 2.11 | 2.34 | 1.92 | 2.59 |
| 经济效益综合指数(%) | 283.30 | 397.66 | 300.38 | 592.84 | 293.06 | 558.77 |

# 12-16 规模以上工

## CAPITAL POWER OF INDUSTRIAL ENTERPRISES

| 指　　标 | 实收资本 | 国家资本金 | 应收帐款净额 | 流动资产合计 | 存货 |
|---|---|---|---|---|---|
| **总　计** | 6907447 | 1123568 | 3325533 | 21682947 | 5801431 |
| **按登记注册类型分** | | | | | |
| 内资企业 | 6029837 | 1056093 | 2949019 | 19822974 | 5383834 |
| 国有企业 | 940267 | 606638 | 313432 | 1533467 | 426314 |
| 中央企业 | 678946 | 400770 | 219430 | 1024833 | 304211 |
| 省属企业 | 91446 | 86440 | 37006 | 158303 | 43330 |
| 市属企业 | 90158 | 72578 | 26101 | 173197 | 60452 |
| 市以下 | 79718 | 46850 | 30894 | 177134 | 18321 |
| 集体企业 | 32994 | 627 | 30399 | 127524 | 42144 |
| 省属企业 | 229 | | 769 | 6018 | 1227 |
| 市属企业 | 5429 | 627 | 7800 | 53537 | 26796 |
| 市以下 | 27337 | | 21829 | 67970 | 14120 |
| 股份合作企业 | 10589 | 422 | 9733 | 40624 | 18871 |
| 联营企业 | 319379 | | 81045 | 1455805 | 683945 |
| 国有联营企业 | 316279 | | 80590 | 1451201 | 680160 |
| 集体联营企业 | 3100 | | 456 | 4604 | 3785 |
| 其他联营企业 | 3379947 | 292431 | 1527588 | 12828853 | 3340535 |
| 有限责任公司 | 2046631 | 169359 | 570053 | 8548939 | 2325004 |
| 国有独资企业 | 1333316 | 123072 | 957535 | 4279915 | 1015532 |
| 其他有限责任公司 | 554078 | 152411 | 267785 | 1212589 | 311617 |
| 股份有限公司 | 766572 | 3565 | 699792 | 2541815 | 530292 |
| 私营企业 | 107320 | | 40024 | 183297 | 45981 |
| 私营独资企业 | 1699 | | 1798 | 6502 | 1377 |
| 私营合伙企业 | 581583 | 188 | 547053 | 1916744 | 421409 |
| 私营有限责任公司 | 75970 | 3377 | 110917 | 435272 | 61525 |
| 私营股份有限公司 | 357652 | 52083 | 96211 | 638010 | 109183 |
| 港澳台商投资 | 200263 | 50935 | 45563 | 377356 | 46743 |
| 与港澳台商合资经营 | 508 | | 1538 | 7878 | 2213 |
| 与港澳台商合作经营 | 118133 | | 43436 | 201410 | 55435 |
| 港澳台商独资 | 38747 | 1148 | 5673 | 51367 | 4793 |
| 外商投资 | 519957 | 15393 | 280302 | 1221963 | 308414 |
| 中外合资经营 | 317631 | 10593 | 170730 | 711500 | 181883 |
| 中外合作经营 | 17437 | 4800 | 2622 | 28383 | 15537 |
| 外商独资 | 159659 | | 81857 | 300076 | 89339 |
| 外商投资股份有限公司 | 25231 | | 25094 | 182005 | 21655 |
| **按轻重工业分** | | | | | |
| 轻工业 | 1319126 | 254977 | 445345 | 3115443 | 633865 |
| 重工业 | 5588321 | 868591 | 2880188 | 18567504 | 5167566 |

## 业 资 产 实 力 (2011年)

ABOVE DESIGNATED SIZE(2011)

单位:万元

| 固定资产合计 | 固定资产原价 | 资产总计 | 流动负债 | 非流动负债合计 | 所有者权益 |
|---|---|---|---|---|---|
| 11906052 | 16588758 | 39323977 | 19117883 | 5486562 | 14078889 |
| 10807163 | 14980192 | 36044664 | 18055968 | 5170719 | 12259690 |
| 2364995 | 3267099 | 4580616 | 1948193 | 1283171 | 1289658 |
| 1513171 | 2026334 | 3056814 | 1258359 | 1070943 | 727511 |
| 196639 | 261105 | 419320 | 238660 | 14147 | 118939 |
| 291592 | 361810 | 519570 | 246677 | 90301 | 182242 |
| 363593 | 617850 | 584912 | 204498 | 107780 | 260967 |
| 53458 | 68737 | 190601 | 92558 | 27620 | 56585 |
| 104 | 563 | 6124 | 1180 |  | 4944 |
| 13582 | 15916 | 67761 | 54959 | 18065 | -5273 |
| 39772 | 52258 | 116716 | 36419 | 9556 | 56914 |
| 24520 | 33212 | 75971 | 34365 | 2358 | 34210 |
| 2641309 | 4131422 | 4797206 | 2159598 | 864168 | 1773077 |
| 2635669 | 4124972 | 4786684 | 2156954 | 864168 | 1765563 |
| 5640 | 6450 | 10522 | 2644 |  | 7514 |
| 3980500 | 5096679 | 19625796 | 10159184 | 2706961 | 6479056 |
| 1606246 | 1760414 | 11836165 | 6600620 | 1916652 | 3177309 |
| 2374254 | 3336265 | 7789632 | 3558565 | 790309 | 3301747 |
| 636486 | 1112399 | 2394552 | 1240648 | 118088 | 1031262 |
| 1056693 | 1221846 | 4231869 | 2330924 | 150320 | 1558336 |
| 153680 | 177462 | 406064 | 124292 | 12802 | 217706 |
| 5772 | 6041 | 12592 | 10033 | 280 | 2087 |
| 768066 | 887421 | 3195013 | 1862576 | 100948 | 1100314 |
| 129175 | 150921 | 618201 | 334024 | 36290 | 238228 |
| 536859 | 757974 | 1334775 | 320733 | 227963 | 777205 |
| 294495 | 373678 | 716197 | 189551 | 119826 | 405068 |
| 6125 | 12417 | 14374 | 3190 | 2495 | 8690 |
| 140519 | 249426 | 403065 | 104715 | 59998 | 231229 |
| 95720 | 122453 | 201140 | 23277 | 45645 | 132217 |
| 562030 | 850592 | 1949538 | 741182 | 87879 | 1041994 |
| 341818 | 551850 | 1178043 | 494126 | 77885 | 529040 |
| 28983 | 47740 | 60434 | 30527 | 68 | 29839 |
| 141612 | 177204 | 472799 | 168397 | 9417 | 293502 |
| 49618 | 73797 | 238262 | 48132 | 510 | 189613 |
| 1875548 | 2677953 | 6107388 | 2246022 | 279288 | 3463542 |
| 10030504 | 13910805 | 33221589 | 16871861 | 5207273 | 10615347 |

12-16续

| 指　　标 | 实收资本 | 国家资本金 | 应收帐款净额 | 流动资产合计 | 存货 |
|---|---|---|---|---|---|
| **按企业规模分** | | | | | |
| 大型企业 | 3689247 | 545466 | 1407515 | 13897384 | 3921993 |
| 中型企业 | 1522504 | 360136 | 913863 | 4273831 | 1037204 |
| 小型企业 | 1695697 | 217967 | 1004155 | 3511733 | 842235 |
| **按工业行业分** | | | | | |
| 煤炭开采和洗选业 | 42617 | 34184 | 7372 | 50647 | 6319 |
| 石油和天然气开采业 | 11150 | 11150 | 20971 | 28772 | 2924 |
| 黑色金属矿采选业 | 14630 | | 2330 | 33284 | 4359 |
| 非金属矿采选业 | 3993 | 100 | 5030 | 15142 | 2407 |
| 农副食品加工业 | 38832 | 300 | 31049 | 115041 | 42543 |
| 食品制造业 | 111955 | 500 | 68176 | 226513 | 54619 |
| 饮料制造业 | 134402 | 372 | 31157 | 179589 | 70943 |
| 纺织业 | 74322 | 4041 | 34090 | 207701 | 77107 |
| 服装及其他纤维制品制造业 | 19360 | | 7919 | 35755 | 11898 |
| 皮革、毛皮、羽绒及其制品业 | 7538 | | 2347 | 12246 | 5204 |
| 木材加工及竹、藤、棕、草制品业 | 4272 | | 2056 | 14939 | 6667 |
| 家具制造业 | 6146 | | 7710 | 47843 | 15104 |
| 造纸及纸制品业 | 13356 | 300 | 5898 | 47681 | 14330 |
| 印刷业和记录媒介的复制 | 85635 | 12246 | 34784 | 127831 | 28015 |
| 文教体育用品制造业 | 7297 | 675 | 3148 | 15571 | 6827 |
| 石油加工、炼焦及核燃料加工业 | 218711 | 174052 | 33972 | 288679 | 161042 |
| 化学原料及化学制品制造业 | 458505 | 191407 | 189481 | 1204729 | 252022 |
| 医药制造业 | 309023 | 56713 | 144719 | 919859 | 185008 |
| 化学纤维制造业 | 3500 | | 611 | 4672 | 3851 |
| 橡胶制品业 | 6714 | | 4384 | 14939 | 3406 |
| 塑料制品业 | 64193 | | 21471 | 99197 | 28400 |
| 非金属矿物制品业 | 297137 | 1514 | 286902 | 1330355 | 173665 |
| 黑色金属冶炼及压延加工业 | 367405 | 627 | 86242 | 1613048 | 747004 |
| 有色金属冶炼及压延加工业 | 8006 | | 11883 | 52344 | 25305 |
| 金属制品业 | 175528 | 1954 | 118673 | 533953 | 125815 |
| 通用设备制造业 | 763740 | 148732 | 571669 | 2151599 | 693287 |
| 专用设备制造业 | 169724 | 11497 | 102618 | 443600 | 132228 |
| 交通运输设备制造业 | 2413120 | 144716 | 738079 | 8663936 | 2350890 |
| 电气机械及器材制造业 | 337278 | 23837 | 472077 | 1320776 | 345709 |
| 通信设备、计算机及其他电子设备制造业 | 204914 | 55129 | 170002 | 696252 | 133353 |
| 仪器仪表及文化、办公用机械制造业 | 43567 | 519 | 57600 | 157956 | 44017 |
| 工艺品及其他制造业 | 1725 | | 1710 | 8070 | 2961 |
| 电力、蒸汽、热水的生产和供应业 | 305314 | 195692 | 23690 | 299475 | 36952 |
| 煤气生产和供应业 | 112715 | 48400 | 7729 | 160426 | 3840 |
| 自来水的生产和供应业 | 48669 | 4913 | 17983 | 173455 | 3410 |

| 固定资产合计 | 固定资产原价 | 资产总计 | 流动负债 | 长期负债 | 所有者权益 |
|---|---|---|---|---|---|
| 7517155 | 10669101 | 24892973 | 12358124 | 4237823 | 8292501 |
| 2562415 | 3615109 | 8086371 | 4081703 | 821121 | 2908839 |
| 1826482 | 2304549 | 6349634 | 2678056 | 427617 | 2877499 |
| 133509 | 173981 | 215821 | 112621 | 7164 | 96036 |
| 14642 | 35906 | 43125 | 12299 | 586 | 30239 |
| 2119 | 13485 | 46136 | 7097 | 2712 | 35841 |
| 14560 | 10446 | 32166 | 9197 | 3108 | 16995 |
| 63566 | 71689 | 202433 | 87440 | 5888 | 95697 |
| 196421 | 248773 | 461444 | 166705 | 14609 | 253382 |
| 197482 | 266944 | 404874 | 173643 | 10419 | 218633 |
| 147999 | 220551 | 397503 | 217404 | 24977 | 149794 |
| 33938 | 29589 | 71023 | 12157 | 3612 | 54721 |
| 7590 | 6884 | 26245 | 11364 | 2333 | 9243 |
| 7477 | 8096 | 24944 | 11242 | 24 | 11150 |
| 10873 | 10945 | 60896 | 34523 | 2200 | 24173 |
| 38491 | 50881 | 89768 | 35298 | 1350 | 48426 |
| 145355 | 199737 | 326954 | 96377 | 9123 | 198273 |
| 6994 | 16509 | 27206 | 10207 | 58 | 9640 |
| 299630 | 634892 | 737771 | 580681 | 194 | 156532 |
| 804297 | 1166828 | 2678770 | 1350914 | 349297 | 886442 |
| 447432 | 602566 | 1631013 | 568813 | 24512 | 1026569 |
| 4055 | 4951 | 8727 | 1044 | | 6771 |
| 5106 | 20487 | 20052 | 1706 | 250 | 18096 |
| 51619 | 93031 | 175034 | 79919 | 16899 | 66814 |
| 511305 | 707675 | 2026241 | 1082915 | 210735 | 692165 |
| 2696026 | 4214104 | 5031978 | 2296520 | 884739 | 1845187 |
| 31947 | 46495 | 89380 | 107514 | 2361 | -20504 |
| 194550 | 267835 | 800827 | 351220 | 10541 | 394094 |
| 665428 | 956283 | 3307601 | 1586191 | 142883 | 1322824 |
| 164860 | 219338 | 729096 | 334204 | 39583 | 335235 |
| 1894222 | 2126481 | 12420787 | 7075985 | 2018304 | 3301064 |
| 398897 | 523942 | 2074807 | 977302 | 181208 | 902729 |
| 317329 | 366160 | 1110522 | 260084 | 207046 | 639261 |
| 30918 | 35503 | 224081 | 118530 | 1187 | 99847 |
| 4903 | 3633 | 14734 | 5641 | 187 | 6167 |
| 1869735 | 2540529 | 2280168 | 845242 | 1120506 | 296078 |
| 148091 | 151160 | 331055 | 92123 | 49135 | 188075 |
| 166468 | 231487 | 479781 | 138222 | 138832 | 202727 |

# 12-17 规模以上国有及

CAPITAL POWER OF STATE-OWNED AND STATE-CONTROLLED

| 指　　标 | 实收资本 | 国家资本金 | 应收帐款净额 | 流动资产合计 | 存货 |
|---|---|---|---|---|---|
| **总　计** | 4260382 | 1073887 | 1373506 | 13637395 | 3907466 |
| **按登记注册类型分** | | | | | |
| 内资企业 | 4060909 | 1027713 | 1341604 | 13331597 | 3871933 |
| 国有企业 | 940267 | 606638 | 313432 | 1533467 | 426314 |
| 中央企业 | 678946 | 400770 | 219430 | 1024833 | 304211 |
| 省属企业 | 91446 | 86440 | 37006 | 158303 | 43330 |
| 市属企业 | 90158 | 72578 | 26101 | 173197 | 60452 |
| 市以下 | 79718 | 46850 | 30894 | 177134 | 18321 |
| 联营企业 | 316279 | | 80590 | 1451201 | 680160 |
| 国有联营企业 | 316279 | | 80590 | 1451201 | 680160 |
| 有限责任公司 | 2563338 | 280315 | 837251 | 9966213 | 2626714 |
| 国有独资企业 | 2046631 | 169359 | 570053 | 8548939 | 2325004 |
| 其他有限责任公司 | 516707 | 110956 | 267198 | 1417274 | 301710 |
| 股份有限公司 | 241025 | 140761 | 110332 | 380716 | 138746 |
| 港澳台商投资 | 135961 | 43500 | 23282 | 165991 | 13325 |
| 与港澳台商合资经营 | 135961 | 43500 | 23282 | 165991 | 13325 |
| 外商投资 | 63512 | 2674 | 8621 | 139808 | 22208 |
| 中外合资经营 | 63512 | 2674 | 8621 | 139808 | 22208 |
| **按轻重工业分** | | | | | |
| 轻工业 | 487479 | 240988 | 75098 | 1055622 | 92315 |
| 重工业 | 3772903 | 832899 | 1298408 | 12581773 | 3815151 |
| **按企业规模分** | | | | | |
| 大型企业 | 3176042 | 540295 | 985137 | 11596127 | 3381568 |
| 中型企业 | 688637 | 338513 | 222966 | 1412121 | 405920 |
| 小型企业 | 395703 | 195080 | 165403 | 629147 | 119979 |

## 国有控股工业资产实力 (2011年)

INDUSTRIAL ENTERPRISES ABOVE DESIGNATED SIZE(2011)

单位:万元

| 固定资产合计 | 固定资产原价 | 固定资产净值 资产总计 | 流动负债 | 非流动负债合计 | 所有者权益 |
|---|---|---|---|---|---|
| 8252903 | 11728189 | 25598569 | 12717789 | 4697193 | 7960240 |
| | | | | | |
| 7994498 | 11375305 | 24988795 | 12517813 | 4606283 | 7641352 |
| 2364995 | 3267099 | 4580616 | 1948193 | 1283171 | 1289658 |
| 1513171 | 2026334 | 3056814 | 1258359 | 1070943 | 727511 |
| 196639 | 261105 | 419320 | 238660 | 14147 | 118939 |
| 291592 | 361810 | 519570 | 246677 | 90301 | 182242 |
| 363593 | 617850 | 584912 | 204498 | 107780 | 260967 |
| 2635669 | 4124972 | 4786684 | 2156954 | 864168 | 1765563 |
| 2635669 | 4124972 | 4786684 | 2156954 | 864168 | 1765563 |
| 2657997 | 3243966 | 14797157 | 7797540 | 2411605 | 4424264 |
| 1606246 | 1760414 | 11836165 | 6600620 | 1916652 | 3177309 |
| 1051751 | 1483552 | 2960993 | 1196920 | 494953 | 1246955 |
| 335838 | 739268 | 824337 | 615127 | 47339 | 161867 |
| 203428 | 234977 | 401778 | 123436 | 59050 | 219292 |
| 203428 | 234977 | 401778 | 123436 | 59050 | 219292 |
| 54977 | 117908 | 207997 | 76540 | 31860 | 99596 |
| 54977 | 117908 | 207997 | 76540 | 31860 | 99596 |
| | | | | | |
| 637768 | 1037856 | 2171344 | 802741 | 164520 | 1184202 |
| 7615135 | 10690333 | 23427225 | 11915048 | 4532673 | 6776039 |
| | | | | | |
| 6505185 | 9169663 | 21060407 | 10734343 | 4018560 | 6307504 |
| 1349142 | 1990098 | 3224749 | 1412237 | 485292 | 1119480 |
| 398575 | 568428 | 1313413 | 571209 | 193341 | 533256 |

12-17续

| 指标 | 实收资本 | 国家资本金 | 应收帐款净额 | 流动资产合计 | 存货 |
|---|---|---|---|---|---|
| **按工业行业分** | | | | | |
| 煤炭开采和洗选业 | 42234 | 34184 | 7242 | 47406 | 5956 |
| 石油和天然气开采业 | 11150 | 11150 | 20971 | 28772 | 2924 |
| 黑色金属矿采选业 | 14580 | | 2263 | 32814 | 4301 |
| 农副食品加工业 | 2731 | 300 | 2300 | 13720 | 7593 |
| 食品制造业 | 1010 | | 715 | 3599 | 416 |
| 饮料制造业 | 56711 | 372 | 1865 | 28062 | 7634 |
| 纺织业 | 3150 | 861 | 2070 | 17492 | 4381 |
| 服装及其他纤维制品制造业 | 800 | | 244 | 11181 | 191 |
| 造纸及纸制品业 | 505 | 300 | 346 | 5157 | 1122 |
| 印刷业和记录媒介的复制 | 54243 | 11098 | 18962 | 53459 | 12239 |
| 石油加工、炼焦及核燃料加工业 | 218591 | 174052 | 33483 | 286175 | 159391 |
| 化学原料及化学制品制造业 | 202670 | 186537 | 19146 | 296570 | 51598 |
| 医药制造业 | 53106 | 53106 | 16603 | 79204 | 20347 |
| 非金属矿物制品业 | 31158 | 1513 | 8403 | 31063 | 5397 |
| 黑色金属冶炼及压延加工业 | 320279 | | 80590 | 1462187 | 685001 |
| 有色金属冶炼及压延加工业 | 3500 | | 5303 | 17653 | 8888 |
| 金属制品业 | 31574 | 1954 | 21703 | 93789 | 40628 |
| 通用设备制造业 | 379509 | 138535 | 231083 | 1042400 | 370370 |
| 专用设备制造业 | 14488 | 4497 | 23849 | 117268 | 38799 |
| 交通运输设备制造业 | 2231520 | 142885 | 532733 | 8024955 | 2186845 |
| 电气机械及器材制造业 | 79620 | 19775 | 217275 | 587395 | 176998 |
| 通信设备、计算机及其他电子设备制造 | 80303 | 50205 | 77983 | 414596 | 76314 |
| 仪器仪表及文化、办公用机械制造业 | 1020 | 459 | 10155 | 12747 | 765 |
| 电力、蒸汽、热水的生产和供应业 | 293830 | 193692 | 18333 | 265494 | 34418 |
| 煤气生产和供应业 | 90935 | 43500 | 4713 | 123169 | 3544 |
| 自来水的生产和供应业 | 18713 | 4913 | 15174 | 153997 | 1406 |

| 固定资产合计 | 固定资产原价 | 固定资产净值<br>资产总计 | 流动负债 | 非流动负债合计 | 所有者权益 |
|---|---|---|---|---|---|
| 129782 | 169289 | 208828 | 106647 | 7164 | 95013 |
| 14642 | 35906 | 43125 | 12299 | 586 | 30239 |
| 2119 | 13485 | 45576 | 7097 | 2712 | 35766 |
| 4457 | 6735 | 21563 | 15956 | 1291 | 4316 |
| 1740 | 1668 | 5344 | 2203 |  | 2373 |
| 38366 | 49877 | 79816 | 8568 | 4985 | 66263 |
| 7768 | 23447 | 31848 | 18037 | 1080 | 12190 |
| 11886 | 2368 | 23066 | 1970 | 109 | 20987 |
| 280 | 356 | 5437 | 4889 |  | 548 |
| 63551 | 91654 | 129437 | 35218 | 7731 | 67918 |
| 297015 | 631890 | 732374 | 578990 | 194 | 153191 |
| 254682 | 393912 | 911648 | 376967 | 221827 | 312855 |
| 50079 | 86583 | 172793 | 65453 | 8077 | 99262 |
| 51690 | 75372 | 96441 | 32216 | 8978 | 51215 |
| 2636847 | 4130477 | 4801683 | 2164991 | 865336 | 1771356 |
| 24284 | 35034 | 46843 | 77014 |  | -30171 |
| 53439 | 88174 | 153403 | 89011 | 1146 | 32747 |
| 276316 | 451650 | 1546472 | 785698 | 94239 | 520921 |
| 21465 | 51888 | 154173 | 118931 | 4233 | 31009 |
| 1601528 | 1795824 | 11234091 | 6318709 | 1897257 | 3006004 |
| 221797 | 262485 | 896136 | 472503 | 159333 | 264228 |
| 236398 | 237974 | 659962 | 128754 | 172024 | 359183 |
| 823 | 1500 | 13749 | 10537 | 286 | 2926 |
| 1832674 | 2484414 | 2204840 | 817619 | 1103077 | 273018 |
| 128955 | 127684 | 268354 | 72087 | 42841 | 153426 |
| 112102 | 167582 | 385550 | 129884 | 92688 | 162979 |

# 12-18 国 有 工 业

CAPITAL POWER OF STATE-OWNED

| 指　　标 | 实收资本 | 国家资本金 | 应收帐款净额 | 流动资产合　计 | 存　货 |
|---|---|---|---|---|---|
| **总　计** | 940267 | 606638 | 313432 | 1533467 | 426314 |
| **按隶属关系分** | | | | | |
| 中央企业 | 678946 | 400770 | 219430 | 1024833 | 304211 |
| 省属企业 | 91446 | 86440 | 37006 | 158303 | 43330 |
| 市属企业 | 90158 | 72578 | 26101 | 173197 | 60452 |
| 市以下 | 79718 | 46850 | 30894 | 177134 | 18321 |
| **按轻重工业分** | | | | | |
| 轻工业 | 221416 | 204249 | 29761 | 507556 | 33645 |
| 重工业 | 718851 | 402389 | 283671 | 1025911 | 392669 |
| **按企业规模分** | | | | | |
| 大型企业 | 468257 | 254620 | 133560 | 566805 | 161785 |
| 中型企业 | 251366 | 193223 | 124345 | 655531 | 225111 |
| 小型企业 | 220645 | 158795 | 55526 | 311130 | 39418 |
| **按工业行业分** | | | | | |
| 煤炭开采和洗选业 | 33433 | 34184 | 7234 | 30544 | 5743 |
| 黑色金属矿采选业 | 10889 | 11150 | 20971 | 23018 | 2924 |
| 食品制造业 | 14239 | | 2263 | 26251 | 4301 |
| 纺织业 | 451 | 462 | 107 | 1660 | 1856 |
| 服装及其他纤维制品制造业 | 10838 | 11098 | 7579 | 15083 | 4478 |
| 造纸及纸制品业 | 117922 | 76208 | 207 | 142223 | 97697 |
| 印刷业和记录媒介的复制 | 162383 | 166274 | 4114 | 160151 | 29718 |
| 石油加工、炼焦及核燃料加工业 | 51863 | 53106 | 16603 | 63363 | 20347 |
| 化学原料及化学制品制造业 | 3864 | 682 | 997 | 6103 | 915 |
| 非金属矿物制品业 | 3418 | | 5303 | 14122 | 8888 |
| 金属制品业 | 1789 | 1100 | 7424 | 13846 | 6938 |
| 通用设备制造业 | 244230 | 36445 | 138066 | 324996 | 144392 |
| 专用设备制造业 | 4743 | 3057 | 5293 | 24990 | 9125 |
| 交通运输设备制造业 | 23105 | 14679 | 6803 | 44370 | 18662 |
| 电气机械及器材制造业 | 19532 | | 71738 | 119734 | 32188 |
| 通信设备、计算机及其他电子设备制造业 | 2529 | 2590 | 3222 | 10192 | 3156 |
| 电力、蒸汽、热水的生产和供应业 | 211170 | 193692 | 14996 | 200303 | 34418 |
| 自来水的生产和供应业 | 1868 | 1913 | 513 | 5824 | 568 |

## 资 产 实 力 (2011年)

INDUSTRIAL ENTERPRISES(2011)

单位:万元

| 固定资产合计 | 固定资产原价 | 资产总计 | 流动负债 | 长期负债 | 所有者权益 |
|---|---|---|---|---|---|
| 2364995 | 3267099 | 4580616 | 1948193 | 1283171 | 1289658 |
| | | | | | |
| 1513171 | 2026334 | 3056814 | 1258359 | 1070943 | 727511 |
| 196639 | 261105 | 419320 | 238660 | 14147 | 118939 |
| 291592 | 361810 | 519570 | 246677 | 90301 | 182242 |
| 363593 | 617850 | 584912 | 204498 | 107780 | 260967 |
| | | | | | |
| 332055 | 523506 | 1133617 | 257122 | 28453 | 587480 |
| 2032940 | 2743593 | 3446999 | 1691071 | 1254718 | 702178 |
| | | | | | |
| 1539291 | 2008484 | 2484059 | 923490 | 1068317 | 492252 |
| 607934 | 931297 | 1411705 | 763750 | 116172 | 487270 |
| 217770 | 327319 | 684852 | 260953 | 98683 | 310137 |
| | | | | | |
| 95455 | 120384 | 145853 | 77263 | 7164 | 55229 |
| 13617 | 32674 | 37088 | 10823 | 586 | 22377 |
| 1971 | 12271 | 39195 | 6245 | 2712 | 26467 |
| 1204 | 1489 | 2898 | 2278 | | 173 |
| 20495 | 30260 | 38692 | 8623 | 2975 | 10097 |
| 84504 | 123534 | 299786 | 192937 | 71 | 95659 |
| 128068 | 199714 | 570269 | 206431 | 198524 | 170199 |
| 46573 | 78791 | 148602 | 57599 | 8077 | 73454 |
| 13607 | 16069 | 23145 | 3881 | 8248 | 7602 |
| 22584 | 31881 | 40285 | 67772 | | -22327 |
| 586 | 753 | 16233 | 3133 | 41 | 1502 |
| 162575 | 209475 | 590037 | 284444 | 50229 | 231340 |
| 7509 | 8306 | 37249 | 38254 | -941 | 579 |
| 67624 | 72613 | 115454 | 35035 | 18568 | 47173 |
| 33762 | 49092 | 163860 | 97337 | 30000 | 36945 |
| 5041 | 10250 | 16406 | 6280 | 21836 | -7322 |
| 1480368 | 1958592 | 1634182 | 607336 | 934710 | 195525 |
| 13902 | 16912 | 20096 | 8738 | 371 | 9669 |

# 12-19 规 模 以 上 工

PROFIT、LOSS AND DISTRIBUTION OF INDUSTRIAL

| 指 标 | 主营业务收入 | 主营业务成本 | 营业费用 | 主营业务税金及附加 | 管理费用 | 税 金 |
|---|---|---|---|---|---|---|
| **总 计** | 41651863 | 34590634 | 1238094 | 1042707 | 1964020 | 85807 |
| **按登记注册类型分** | | | | | | |
| 内资企业 | 37924427 | 31682454 | 1092396 | 1020768 | 1791039 | 78098 |
| 国有企业 | 4891427 | 3254317 | 78751 | 468537 | 227454 | 10285 |
| 中央企业 | 2750196 | 2196437 | 28290 | 9401 | 83327 | 6424 |
| 省属企业 | 285033 | 172514 | 41634 | 2807 | 44085 | 289 |
| 市属企业 | 262498 | 260996 | 2692 | 773 | 20512 | 889 |
| 市以下 | 673701 | 624370 | 6134 | 5556 | 79531 | 2682 |
| 集体企业 | 369682 | 322954 | 8551 | 3405 | 18870 | 1379 |
| 省属企业 | 8419 | 8154 | | 24 | 355 | |
| 市属企业 | 118672 | 110894 | 1155 | 221 | 6887 | 441 |
| 市以下 | 242592 | 203905 | 7395 | 3161 | 11629 | 938 |
| 股份合作企业 | 262890 | 137934 | 8510 | 876 | 6633 | 322 |
| 联营企业 | 3660723 | 3237271 | 64255 | 17394 | 254784 | 12742 |
| 国有联营企业 | 3647623 | 3226254 | 64153 | 17297 | 254633 | 12742 |
| 集体联营企业 | 13100 | 11017 | 102 | 97 | 150 | |
| 其他联营企业 | 18018038 | 15076047 | 588558 | 514931 | 860212 | 34298 |
| 有限责任公司 | 7620236 | 6868233 | 216336 | 17106 | 294839 | 15248 |
| 国有独资企业 | 9477802 | 8207814 | 372222 | 47824 | 565373 | 19051 |
| 其他有限责任公司 | 4387070 | 3683895 | 116146 | 423084 | 162226 | 6890 |
| 股份有限公司 | 7082970 | 5819337 | 221734 | 41505 | 251335 | 11646 |
| 私营企业 | 1372890 | 1140664 | 35019 | 9033 | 27952 | 1093 |
| 私营独资企业 | 15258 | 12636 | 219 | 103 | 1269 | 25 |
| 私营合伙企业 | 4820410 | 3957045 | 155472 | 28073 | 182672 | 9551 |
| 私营有限责任公司 | 874413 | 708991 | 31024 | 4297 | 39441 | 978 |
| 私营股份有限公司 | 924925 | 713374 | 27372 | 4828 | 57771 | 3574 |
| 港澳台商投资 | 428919 | 316845 | 14109 | 2336 | 31346 | 1730 |
| 与港澳台商合资经营 | 24131 | 19829 | 363 | 209 | 2247 | 83 |
| 与港澳台商合作经营 | 401382 | 327778 | 9572 | 2137 | 16264 | 1428 |
| 港澳台商独资 | 70494 | 48922 | 3327 | 147 | 7913 | 333 |
| 外商投资 | 2802512 | 2194806 | 118326 | 17111 | 115211 | 4134 |
| 中外合资经营 | 1758926 | 1359579 | 74291 | 12304 | 68828 | 2139 |
| 中外合作经营 | 115891 | 92510 | 16172 | 445 | 1662 | 5 |
| 外商独资 | 660673 | 543900 | 20063 | 2343 | 40357 | 1592 |
| 外商投资股份有限公司 | 267022 | 198817 | 7800 | 2020 | 4364 | 399 |
| **按轻重工业分** | | | | | | |
| 轻工业 | 7121437 | 5223620 | 347831 | 497848 | 339140 | 14381 |
| 重工业 | 34530426 | 29367014 | 890263 | 544859 | 1624880 | 71426 |

## 业 损 益 及 分 配 (2011年)

ENTERPRISES ABOVE DESIGNATED SIZE(2011)

单位:万元

| 利息支出 | 利润总额 | 亏损企业亏损额 | 利税总额 | 应交所得税 | 应交增值税 |
|---|---|---|---|---|---|
| 597409 | 2426309 | 271784 | 4534664 | 310967 | 1065648 |
| | | | | | |
| 572944 | 2009463 | 245030 | 3975510 | 246217 | 945279 |
| 56128 | 561683 | 61846 | 1217350 | 22905 | 187131 |
| 41405 | 424666 | 39145 | 475432 | 4775 | 41365 |
| 4750 | 10253 | 18797 | 35261 | 5454 | 22201 |
| 4329 | 13668 | 882 | 19322 | 3072 | 4881 |
| 5645 | 23096 | 3022 | 57336 | 9604 | 28684 |
| 1782 | 15947 | 701 | 30918 | 2358 | 11566 |
| | 66 | | 114 | | 25 |
| 622 | 2115 | 7 | 3393 | 592 | 1057 |
| 1160 | 13766 | 694 | 27411 | 1767 | 10484 |
| 662 | 23085 | 14 | 29449 | 2479 | 5489 |
| 125504 | 29046 | | 108526 | 14321 | 62086 |
| 125406 | 27410 | | 106447 | 13977 | 61740 |
| 98 | 1636 | | 2079 | 344 | 347 |
| 292669 | 909702 | 41732 | 1910934 | 130106 | 486301 |
| 178258 | 293000 | 1006 | 447915 | 45573 | 137808 |
| 114410 | 526702 | 40726 | 833019 | 84533 | 258493 |
| 30534 | 40517 | 124418 | 566793 | 14406 | 103192 |
| 63035 | 511543 | 10628 | 728962 | 57901 | 175913 |
| 3212 | 119578 | 553 | 168899 | 12248 | 40288 |
| 53 | 479 | 16 | 1026 | 83 | 444 |
| 36597 | 314803 | 10059 | 467678 | 34915 | 124803 |
| 23173 | 76684 | | 91359 | 10656 | 10379 |
| 10087 | 128333 | 8731 | 173371 | 30286 | 40210 |
| 3529 | 78426 | 1792 | 101421 | 18332 | 20659 |
| 112 | 1393 | | 1602 | 348 | |
| 3586 | 36003 | 6939 | 54876 | 10380 | 16737 |
| 2860 | 12510 | | 15472 | 1226 | 2814 |
| 14378 | 288514 | 18022 | 385784 | 34464 | 80159 |
| 11551 | 156197 | 14384 | 218211 | 15113 | 49710 |
| 156 | 4816 | 1556 | 8572 | 848 | 3311 |
| 1968 | 66055 | 2083 | 77636 | 10004 | 9238 |
| 703 | 61446 | | 81365 | 8499 | 17900 |
| | | | | | |
| 39191 | 596516 | 35374 | 1382176 | 70983 | 287812 |
| 558218 | 1829793 | 236410 | 3152488 | 239984 | 777836 |

12-19续

| 指　　标 | 主营业务收入 | 主营业务成本 | 营业费用 | 主营业务税金及附加 | 管理费用 | 税　金 |
|---|---|---|---|---|---|---|
| **按企业规模分** | | | | | | |
| 大型企业 | 24391319 | 20338821 | 711313 | 939427 | 1096736 | 42066 |
| 中型企业 | 7363324 | 6219375 | 238362 | 39976 | 449435 | 23380 |
| 小型企业 | 9897221 | 8032438 | 288420 | 63304 | 417850 | 20361 |
| **按工业行业分** | | | | | | |
| 煤炭开采和洗选业 | 113018 | 83090 | 1104 | 2344 | 32860 | 509 |
| 石油和天然气开采业 | 52387 | 37574 | | 3480 | 2979 | 571 |
| 黑色金属矿采选业 | 117240 | 96027 | 517 | 1829 | 4803 | 183 |
| 非金属矿采选业 | 61015 | 52748 | 2217 | 826 | 1087 | 182 |
| 农副食品加工业 | 631431 | 530652 | 22491 | 2280 | 22668 | 1144 |
| 食品制造业 | 834159 | 649954 | 45529 | 5057 | 29338 | 1402 |
| 饮料制造业 | 778858 | 637450 | 53966 | 15705 | 21680 | 1555 |
| 烟草加工业 | 924570 | 338528 | | 445867 | | |
| 纺织业 | 679966 | 621103 | 7218 | 2416 | 22250 | 1199 |
| 服装及其他纤维制品制造业 | 118446 | 95221 | 2365 | 710 | 6374 | 455 |
| 皮革、毛皮、羽绒及其制品业 | 84248 | 65634 | 2174 | 148 | 1874 | 84 |
| 木材加工及竹、藤、棕、草制品业 | 60082 | 51283 | 882 | 372 | 1786 | 115 |
| 家具制造业 | 85141 | 63838 | 3487 | 338 | 4735 | 85 |
| 造纸及纸制品业 | 171248 | 140771 | 4488 | 1268 | 6336 | 551 |
| 印刷业和记录媒介的复制 | 241339 | 198301 | 6654 | 993 | 17720 | 590 |
| 文教体育用品制造业 | 34467 | 27620 | 1199 | 194 | 2114 | 131 |
| 石油加工、炼焦及核燃料加工业 | 3351807 | 2958886 | 3967 | 413547 | 56498 | 2897 |
| 化学原料及化学制品制造业 | 3107792 | 2521610 | 80758 | 8950 | 120149 | 5084 |
| 医药制造业 | 1043168 | 623055 | 88523 | 7601 | 109921 | 3195 |
| 化学纤维制造业 | 6392 | 4029 | 109 | 54 | 449 | |
| 橡胶制品业 | 13408 | 10088 | 688 | 103 | 607 | 3 |
| 塑料制品业 | 273815 | 231501 | 10370 | 2805 | 12067 | 534 |
| 非金属矿物制品业 | 2226245 | 1722986 | 84732 | 12961 | 93930 | 6894 |
| 黑色金属冶炼及压延加工业 | 4510438 | 4032382 | 71777 | 18226 | 266780 | 13540 |
| 有色金属冶炼及压延加工业 | 128711 | 112618 | 646 | 252 | 11244 | 270 |
| 金属制品业 | 1046502 | 862749 | 25645 | 6749 | 42413 | 1815 |
| 通用设备制造业 | 3630662 | 2988447 | 131966 | 20058 | 197944 | 11334 |
| 专用设备制造业 | 970941 | 741617 | 36255 | 7013 | 74412 | 3436 |
| 交通运输设备制造业 | 8940501 | 8059196 | 252207 | 27536 | 354429 | 18587 |
| 电气机械及器材制造业 | 1909875 | 1573506 | 108509 | 11057 | 92436 | 3885 |
| 通信设备、计算机及其他电子设备制造业 | 2716545 | 2225272 | 148853 | 11823 | 208426 | 1308 |
| 仪器仪表及文化、办公用机械制造业 | 264488 | 191181 | 17709 | 3280 | 29186 | 173 |
| 工艺品及其他制造业 | 69673 | 60065 | 1347 | 731 | 1552 | 127 |
| 电力、蒸汽、热水的生产和供应业 | 2209902 | 1776888 | 5892 | 5046 | 90421 | 3020 |
| 煤气生产和供应业 | 149282 | 118977 | 10945 | 386 | 10733 | 357 |
| 自来水的生产和供应业 | 94100 | 85787 | 2908 | 703 | 11821 | 591 |

| 利息支出 | 利润总额 | 亏损企业亏损额 | 利税总额 | 应交所得税 | 应交增值税 |
| --- | --- | --- | --- | --- | --- |
| 429318 | 1257828 | 166658 | 2802295 | 148367 | 605039 |
| 111652 | 434548 | 63546 | 664682 | 71977 | 190153 |
| 56439 | 733932 | 41580 | 1067687 | 90623 | 270451 |
| | | | | | |
| 4862 | 14028 | | 31098 | 2844 | 14726 |
| 0 | 8324 | | 18685 | 2461 | 6882 |
| 282 | 13912 | | 21317 | 2804 | 5576 |
| 782 | 5125 | 1 | 9590 | 425 | 3638 |
| 2665 | 42476 | 769 | 56912 | 1952 | 12156 |
| 2653 | 69011 | 1266 | 92987 | 8307 | 18919 |
| 2141 | 57167 | 1269 | 97289 | 13227 | 24418 |
| | 89960 | | 627981 | | 92155 |
| 6906 | 24818 | 1028 | 42070 | 3872 | 14837 |
| 91 | 10854 | 5 | 15656 | 2324 | 4092 |
| 421 | 5563 | 59 | 6827 | 20 | 1116 |
| 348 | 4133 | 431 | 5538 | 139 | 1033 |
| 4092 | 7177 | 277 | 8543 | 859 | 1028 |
| 640 | 10883 | 549 | 18565 | 1804 | 6414 |
| 1412 | 20580 | 859 | 28966 | 3150 | 7393 |
| 56 | 1339 | 450 | 2162 | 191 | 629 |
| 13141 | -88688 | 95067 | 384350 | 3901 | 59491 |
| 54594 | 238616 | 4633 | 294283 | 21766 | 46718 |
| 8950 | 182837 | 4297 | 242527 | 29089 | 52088 |
| | 1716 | | 2284 | 415 | 514 |
| 127 | 1923 | | 2509 | 283 | 482 |
| 3318 | 13463 | 3419 | 24752 | 3076 | 8484 |
| 36517 | 209597 | 3675 | 295649 | 34495 | 73090 |
| 128442 | 48121 | | 139605 | 16781 | 73258 |
| 67 | -15251 | 18699 | -12326 | 549 | 2674 |
| 5781 | 98775 | 3971 | 140754 | 14110 | 35230 |
| 25009 | 249760 | 24341 | 388013 | 35661 | 118195 |
| 6451 | 83142 | 2103 | 121026 | 14171 | 30871 |
| 184925 | 299641 | 30001 | 476793 | 47941 | 149616 |
| 15217 | 149836 | 17736 | 209077 | 16800 | 48183 |
| 32382 | 103123 | 579 | 196636 | 14608 | 81690 |
| 1052 | 20064 | 4287 | 33234 | 3628 | 9891 |
| 593 | 3378 | 107 | 5838 | 305 | 1730 |
| 45667 | 417298 | 49675 | 472888 | 5923 | 50544 |
| 819 | 19929 | 1345 | 24106 | 2666 | 3792 |
| 7006 | 3681 | 888 | 8481 | 423 | 4097 |

## 12-20 规模以上国有及国有

PROFIT、LOSS AND DISTRIBUTION OF STATE-OWNED AND STATE-CONTROLLED

| 指　　标 | 主营业务收入 | 主营业务成本 | 营业费用 | 主营业务税金及附加 | 管理费用 | 税　金 |
|---|---|---|---|---|---|---|
| **总　计** | 23016580 | 19519311 | 566391 | 940112 | 1149988 | 46352 |
| **按登记注册类型分** | | | | | | |
| 内资企业 | 22619102 | 19193134 | 543368 | 932796 | 1110054 | 45228 |
| 国有企业 | 4891427 | 3254317 | 78751 | 468537 | 227454 | 10285 |
| 中央企业 | 2750196 | 2196437 | 28290 | 9401 | 83327 | 6424 |
| 省属企业 | 285033 | 172514 | 41634 | 2807 | 44085 | 289 |
| 市属企业 | 262498 | 260996 | 2692 | 773 | 20512 | 889 |
| 市以下 | 673701 | 624370 | 6134 | 5556 | 79531 | 2682 |
| 联营企业 | 3647623 | 3226254 | 64153 | 17297 | 254633 | 12742 |
| 国有联营企业 | 3647623 | 3226254 | 64153 | 17297 | 254633 | 12742 |
| 有限责任公司 | 11962210 | 10096116 | 373344 | 481833 | 545687 | 19426 |
| 国有独资企业 | 7620236 | 6868233 | 216336 | 17106 | 294839 | 15248 |
| 其他有限责任公司 | 3421974 | 3227883 | 157008 | 14727 | 250848 | 4178 |
| 股份有限公司 | 3037842 | 2616448 | 27120 | 415129 | 82279 | 2776 |
| 港澳台商投资 | 145571 | 106641 | 9252 | 729 | 21838 | 878 |
| 与港澳台商合资经营 | 145571 | 106641 | 9252 | 729 | 21838 | 878 |
| 外商投资 | 251907 | 219535 | 13771 | 6587 | 18096 | 246 |
| 中外合资经营 | 251907 | 219535 | 13771 | 6587 | 18096 | 246 |
| **按轻重工业分** | | | | | | |
| 轻工业 | 1767199 | 983731 | 73309 | 465756 | 88394 | 3638 |
| 重工业 | 21249381 | 18535579 | 493082 | 474355 | 1061594 | 42714 |
| **按企业规模分** | | | | | | |
| 大型企业 | 19427074 | 16300158 | 489947 | 912353 | 867632 | 33799 |
| 中型企业 | 2693585 | 2442630 | 59569 | 21676 | 211298 | 7874 |
| 小型企业 | 895922 | 776523 | 16875 | 6083 | 71058 | 4680 |

## 控股工业损益及分配 (2011年)

INDUSTRIAL ENTERPRISES ABOVE DESIGNATED SIZE(2011)

单位:万元

| 利息支出 | 利润总额 | 亏损企业亏损额 | 利税总额 | 应交所得税 | 应交增值税 |
|---|---|---|---|---|---|
| 435884 | 868229 | 222004 | 2365519 | 102541 | 557178 |
| | | | | | |
| 434298 | 854723 | 211719 | 2334080 | 98090 | 546561 |
| 56128 | 561683 | 61846 | 1217350 | 22905 | 187131 |
| 41405 | 424666 | 39145 | 475432 | 4775 | 41365 |
| 4750 | 10253 | 18797 | 35261 | 5454 | 22201 |
| 4329 | 13668 | 882 | 19322 | 3072 | 4881 |
| 5645 | 23096 | 3022 | 57336 | 9604 | 28684 |
| 125406 | 27410 | | 106447 | 13977 | 61740 |
| 125406 | 27410 | | 106447 | 13977 | 61740 |
| 239356 | 466570. | 28550 | 1271956 | 59339 | 323553 |
| 178258 | 293000 | 1006 | 447915 | 45573 | 137808 |
| 61098 | 83569 | 27544 | 194041 | 13767 | 95744 |
| 13409 | -110940 | 121323 | 368327 | 1869 | 64138 |
| 1036 | 18787 | 463 | 25269 | 3446 | 5753 |
| 1036 | 18787 | 463 | 25269 | 3446 | 5753 |
| 550 | -5281 | 9822 | 6170 | 1006 | 4854 |
| 550 | -5281 | 9822 | 6170 | 1006 | 4854 |
| | | | | | |
| 8017 | 99387 | 23645 | 689423 | 5359 | 124230 |
| 427867 | 768842 | 198359 | 1676096 | 97183 | 432898 |
| | | | | | |
| 380305 | 784110 | 166658 | 2158429 | 73382 | 461956 |
| 48276 | 40886 | 47340 | 133615 | 20890 | 71054 |
| 7303 | 43233 | 8006 | 73474 | 8269 | 24159 |

12-20续

| 指　　标 | 主营业务收入 | | | | 管理费用 | |
|---|---|---|---|---|---|---|
| | | 主营业务成本 | 营业费用 | 主营业务税金及附加 | | 税　金 |
| 按工业行业分 | | | | | | |
| 煤炭开采和洗选业 | 104642 | 75252 | 1104 | 2158 | 31256 | 508 |
| 石油和天然气开采业 | 52387 | 37574 | | 3480 | 2979 | 571 |
| 黑色金属矿采选业 | 84790 | 67522 | 517 | 509 | 4708 | 183 |
| 农副食品加工业 | 22569 | 20607 | 1406 | 11 | 1170 | 76 |
| 食品制造业 | 6671 | 4183 | 1023 | 33 | 1020 | |
| 饮料制造业 | 77437 | 61344 | 2438 | 8468 | 3779 | 403 |
| 纺织业 | 45123 | 37827 | 1602 | 239 | 4620 | 192 |
| 服装及其他纤维制品制造业 | 3899 | 1293 | 31 | 68 | 1381 | 17 |
| 造纸及纸制品业 | 2743 | 2474 | 262 | 4 | 767 | 2 |
| 印刷业和记录媒介的复制 | 84414 | 69938 | 1434 | 186 | 8317 | 233 |
| 石油加工、炼焦及核燃料加工业 | 3343197 | 2951540 | 3854 | 413516 | 56447 | 2890 |
| 化学原料及化学制品制造业 | 609823 | 541007 | 16785 | 1157 | 31626 | 1980 |
| 医药制造业 | 173020 | 66995 | 39473 | 1653 | 17538 | |
| 非金属矿物制品业 | 86375 | 72340 | 2858 | 537 | 5909 | 149 |
| 黑色金属冶炼及压延加工业 | 3760514 | 3336596 | 64534 | 17334 | 255505 | 12855 |
| 有色金属冶炼及压延加工业 | 50333 | 50437 | 173 | 56 | 7832 | 233 |
| 金属制品业 | 209264 | 198533 | 1872 | 378 | 13724 | 344 |
| 通用设备制造业 | 798954 | 671243 | 33380 | 3057 | 74734 | 4025 |
| 专用设备制造业 | 99532 | 78492 | 3456 | 234 | 12304 | 388 |
| 交通运输设备制造业 | 7641011 | 6884088 | 225603 | 24051 | 306720 | 15808 |
| 电气机械及器材制造业 | 478710 | 416151 | 21159 | 4509 | 36469 | 1740 |
| 通信设备、计算机及其他电子设备制 | 2044719 | 1670590 | 125457 | 6878 | 165055 | 78 |
| 仪器仪表及文化、办公用机械制造业 | 17442 | 10297 | 1804 | 169 | 3242 | 16 |
| 电力、蒸汽、热水的生产和供应业 | 2151976 | 1728515 | 4919 | 4916 | 86392 | 2900 |
| 煤气生产和供应业 | 81151 | 62533 | 8571 | 159 | 7415 | 175 |
| 自来水的生产和供应业 | 61315 | 63411 | 2677 | 487 | 9080 | 586 |

| 利息支出 | 利润总额 | 亏损企业亏损额 | 利税总额 | 应交所得税 | 应交增值税 |
|---|---|---|---|---|---|
| 4861 | 13925 | | 29855 | 2837 | 13772 |
| 0 | 8324 | | 18685 | 2461 | 6882 |
| 282 | 11462 | | 14952 | 2804 | 2981 |
| 724 | -234 | 262 | 5 | 8 | 229 |
| | 217 | | 467 | 1 | 217 |
| 321 | 1651 | 319 | 14152 | | 4034 |
| 258 | 426 | 77 | 776 | 126 | 111 |
| | 1272 | | 1905 | | 565 |
| | 18 | | 52 | 4 | 31 |
| 711 | 5890 | 381 | 8651 | 1470 | 2575 |
| 13129 | -89743 | 95067 | 383128 | 3673 | 59355 |
| 8307 | 20879 | | 34469 | 2436 | 12434 |
| | 21439 | | 36493 | 3920 | 13401 |
| 444 | 6700 | 56 | 10519 | 1805 | 3283 |
| 125457 | 30475 | | 109899 | 14750 | 62091 |
| | -18699 | 18699 | -17851 | | 793 |
| 1216 | 2373 | 1382 | 4824 | 661 | 2073 |
| 11442 | 19557 | 18651 | 43622 | 5904 | 21007 |
| 2323 | 4173 | 144 | 8057 | 675 | 3650 |
| 178468 | 252455 | 19847 | 405663 | 40931 | 129158 |
| 8536 | -3663 | 17232 | 9758 | 944 | 8911 |
| 30259 | 61852 | | 128281 | 9165 | 59551 |
| 157 | 1833 | | 3358 | 341 | 1356 |
| 44838 | 412361 | 48450 | 467078 | 5368 | 49801 |
| 11 | 14218 | 550 | 17090 | 2316 | 2713 |
| 4139 | -888 | 888 | 3651 | -57 | 4052 |

# 12-21 国 有 工 业

PROFIT、LOSS AND DISTRIBUTION OF

| 指 标 | 主营业务收入 | | | | 管理费用 | |
|---|---|---|---|---|---|---|
| | | 主营业务成本 | 营业费用 | 主营业务税金及附加 | | 税 金 |
| **总 计** | 4891427 | 3254317 | 78751 | 468537 | 227454 | 10285 |
| **按隶属关系分** | | | | | | |
| 中央企业 | 3670196 | 2196437 | 28290 | 459401 | 83327 | 6424 |
| 省属企业 | 285033 | 172514 | 41634 | 2807 | 44085 | 289 |
| 市属企业 | 262498 | 260996 | 2692 | 773 | 20512 | 889 |
| 市以下 | 673701 | 624370 | 6134 | 5556 | 79531 | 2682 |
| **按轻重工业分** | | | | | | |
| 轻工业 | 1156984 | 114716 | 40345 | 451856 | 35676 | 1313 |
| 重工业 | 3734444 | 3139601 | 38405 | 16681 | 191778 | 8972 |
| **按企业规模分** | | | | | | |
| 大型企业 | 2917659 | 1443690 | 55630 | 455133 | 63490 | 2675 |
| 中型企业 | 1673298 | 1557460 | 19332 | 9157 | 130553 | 3988 |
| 小型企业 | 300470 | 253167 | 3789 | 4247 | 33411 | 3621 |
| **按工业行业分** | | | | | | |
| 煤炭开采和洗选业 | 70120 | 55737 | 787 | 1547 | 21043 | 186 |
| 黑色金属矿采选业 | 52387 | 37574 | | 3480 | 2979 | 571 |
| 食品制造业 | 84790 | 67522 | 517 | 509 | 4708 | 183 |
| 纺织业 | 5447 | 5060 | 102 | 13 | 291 | 28 |
| 服装及其他纤维制品制造业 | 24634 | 21283 | 201 | 40 | 3239 | 64 |
| 造纸及纸制品业 | 654133 | 580001 | 2623 | 1573 | 14214 | 2050 |
| 印刷业和记录媒介的复制 | 293991 | 264018 | 5651 | 490 | 19199 | 1321 |
| 石油加工、炼焦及核燃料加工业 | 173020 | 66995 | 39473 | 1653 | 17538 | |
| 化学原料及化学制品制造业 | 28691 | 26029 | 849 | 118 | 1729 | 25 |
| 非金属矿物制品业 | 50333 | 50437 | 173 | 56 | 7832 | 233 |
| 金属制品业 | 7916 | 6956 | 295 | 49 | 639 | |
| 通用设备制造业 | 349867 | 286173 | 16019 | 1163 | 30644 | 1955 |
| 专用设备制造业 | 16759 | 14168 | 844 | 80 | 1942 | 56 |
| 交通运输设备制造业 | 60990 | 53099 | 2319 | 185 | 5775 | 217 |
| 电气机械及器材制造业 | 102269 | 80423 | 3792 | 3407 | 6535 | 460 |
| 通信设备、计算机及其他电子设备制造业 | 4972 | 2346 | 110 | 16 | 1611 | 36 |
| 电力、蒸汽、热水的生产和供应业 | 1987000 | 1323728 | 4892 | 4129 | 85860 | 2843 |
| 自来水的生产和供应业 | 4108 | 2768 | 104 | 31 | 1676 | 58 |

# 损 益 及 分 配 (2011年)

STATE-OWNED INDUSTRIAL ENTERPRISES(2011)

单位:万元

| 利息支出 | 利润总额 | 亏损企业亏损额 | 利税总额 | 应交所得税 | 应交增值税 |
|---|---|---|---|---|---|
| 56128 | 561683 | 61846 | 1217350 | 22905 | 187131 |
| | | | | | |
| 41405 | 514666 | 39145 | 1105432 | 4775 | 131365 |
| 4750 | 10253 | 18797 | 35261 | 5454 | 22201 |
| 4329 | 13668 | 882 | 19322 | 3072 | 4881 |
| 5645 | 23096 | 3022 | 57336 | 9604 | 28684 |
| | | | | | |
| 639 | 113725 | 926 | 671559 | 3950 | 105979 |
| 55489 | 447958 | 60920 | 545791 | 18955 | 81152 |
| | | | | | |
| 31535 | 525159 | 38383 | 1116568 | 4640 | 136277 |
| 20937 | 25257 | 19600 | 72339 | 14795 | 37925 |
| 3655 | 11267 | 3863 | 28443 | 3470 | 12929 |
| | | | | | |
| 4380 | 10943 | | 22342 | 2837 | 9853 |
| | 8324 | | 18685 | 2461 | 6882 |
| 282 | 11462 | | 14952 | 2804 | 2981 |
| 64 | -77 | 77 | 47 | | 111 |
| 144 | 1820 | 102 | 2175 | | 314 |
| 6884 | 4663 | 661 | 8407 | 2703 | 2171 |
| 2897 | 4363 | | 8650 | 815 | 3798 |
| | 21439 | | 36493 | 3920 | 13401 |
| 331 | 1393 | 12 | 2815 | 386 | 1305 |
| | -18699 | 18699 | -17851 | | 793 |
| | -104 | 104 | 339 | | 395 |
| 6842 | -7643 | 9473 | 2571 | 519 | 9051 |
| 308 | 166 | 144 | 618 | 88 | 372 |
| 387 | 1776 | 323 | 3396 | 253 | 1435 |
| 3859 | 1797 | | 6247 | 678 | 1043 |
| | 1678 | | 1699 | 225 | 5 |
| 29681 | 428807 | 31828 | 475868 | 5217 | 42932 |
| 69 | -425 | 425 | -103 | | 291 |

## 12-22 规模以上工业主要经济效益指标(2011年)

## MAIN INDICATORS ECONOMIC BENEFIT OF INDUSTRIAL ENTERPRISES ABOVE DESIGNATED SIZE(2011)

| 指　　标 | 产品销售率(%) | 总资产贡献率(%) | 全员劳动生产率(元/人) | 流动资产周转次数(次) | 经济效益综合指数(%) |
|---|---|---|---|---|---|
| **总　计** | 98.52 | 13.05 | 310757 | 1.92 | 293.06 |
| **按登记注册类型分** | | | | | |
| 内资企业 | 98.41 | 12.62 | 325965 | 1.91 | 298.56 |
| 国有企业 | 97.05 | 27.80 | 567478 | 2.59 | 558.77 |
| 中央企业 | 98.06 | 16.91 | 583016 | 2.68 | 513.40 |
| 省属企业 | 78.14 | 9.54 | 167741 | 1.80 | 185.02 |
| 市属企业 | 99.03 | 4.55 | 84603 | 1.52 | 130.07 |
| 市以下 | 99.16 | 10.77 | 366643 | 3.80 | 330.89 |
| 集体企业 | 100.13 | 17.16 | 173235 | 2.90 | 218.49 |
| 省属企业 | 84.49 | 1.87 | 183196 | 1.40 | 168.02 |
| 市属企业 | 115.73 | 5.92 | 77763 | 2.22 | 113.40 |
| 市以下 | 97.94 | 24.48 | 194123 | 3.57 | 260.27 |
| 股份合作企业 | 103.11 | 39.64 | 415186 | 6.47 | 482.95 |
| 联营企业 | 100.03 | 4.88 | 528199 | 2.51 | 395.04 |
| 国有联营企业 | 100.04 | 4.84 | 530953 | 2.51 | 396.45 |
| 集体联营企业 | 96.71 | 20.69 | 286369 | 2.85 | 333.05 |
| 其他联营企业 | 98.12 | 11.23 | 298121 | 1.40 | 272.52 |
| 有限责任公司 | 99.37 | 5.29 | 172454 | 0.89 | 172.76 |
| 国有独资企业 | 97.43 | 20.25 | 362464 | 2.43 | 345.12 |
| 其他有限责任公司 | 98.80 | 24.95 | 389249 | 3.62 | 360.79 |
| 股份有限公司 | 98.38 | 18.72 | 304433 | 2.79 | 315.32 |
| 私营企业 | 97.64 | 42.39 | 297997 | 7.49 | 410.04 |
| 私营独资企业 | 94.26 | 8.57 | 488913 | 2.35 | 380.77 |
| 私营合伙企业 | 98.42 | 15.78 | 300540 | 2.51 | 301.09 |
| 私营有限责任公司 | 99.42 | 18.53 | 339082 | 2.01 | 334.35 |
| 私营股份有限公司 | 95.07 | 13.74 | 167553 | 1.45 | 239.87 |
| 港澳台商投资 | 96.71 | 14.65 | 207656 | 1.14 | 284.30 |
| 与港澳台商合资经营 | 100.98 | 11.92 | 33278 | 3.06 | 134.91 |
| 与港澳台商合作经营 | 91.70 | 14.50 | 129475 | 1.99 | 201.26 |
| 港澳台商独资 | 100.56 | 9.11 | 324685 | 1.37 | 340.87 |
| 外商投资 | 101.16 | 20.53 | 231085 | 2.29 | 284.70 |
| 中外合资经营 | 99.54 | 19.50 | 264030 | 2.47 | 298.74 |
| 中外合作经营 | 158.74 | 14.44 | 266348 | 4.08 | 291.98 |
| 外商独资 | 99.25 | 16.84 | 194485 | 2.20 | 251.04 |
| 外商投资股份有限公司 | 98.85 | 34.44 | 161877 | 1.47 | 324.32 |
| **按轻重工业分** | | | | | |
| 轻工业 | 99.08 | 23.27 | 280006 | 2.29 | 312.35 |
| 重工业 | 98.40 | 11.17 | 321451 | 1.86 | 291.69 |
| **按企业规模分** | | | | | |
| 大型企业 | 98.55 | 12.98 | 394207 | 1.76 | 338.27 |
| 中型企业 | 99.69 | 9.60 | 180800 | 1.72 | 205.59 |
| 小型企业 | 97.60 | 17.70 | 334905 | 2.82 | 333.98 |

12—22续

| 指　　标 | 产品销售率(%) | 总资产贡献率(%) | 全员劳动生产率(元/人) | 流动资产周转次数(次) | 经济效益综合指数(%) |
|---|---|---|---|---|---|
| **按工业行业分** | | | | | |
| 煤炭开采和洗选业 | 64.69 | 16.66 | 129811 | 2.23 | 209.35 |
| 石油和天然气开采业 | 96.89 | 43.33 | 771960 | 1.82 | 682.65 |
| 黑色金属矿采选业 | 100.00 | 46.82 | 386577 | 3.52 | 447.05 |
| 非金属矿采选业 | 97.42 | 32.25 | 204055 | 4.03 | 296.07 |
| 农副食品加工业 | 97.22 | 29.43 | 239022 | 5.49 | 320.53 |
| 食品制造业 | 100.66 | 20.73 | 217876 | 3.68 | 281.95 |
| 饮料制造业 | 108.17 | 24.56 | 212684 | 4.34 | 287.82 |
| 纺织业 | 97.63 | 12.32 | 156256 | 3.27 | 202.12 |
| 服装及其他纤维制品制造业 | 97.34 | 22.17 | 115578 | 3.31 | 221.87 |
| 皮革、毛皮、羽绒及其制品业 | 96.76 | 27.61 | 116630 | 6.83 | 257.15 |
| 木材加工及竹、藤、棕、草制品业 | 93.55 | 23.60 | 215687 | 4.02 | 281.06 |
| 家具制造业 | 99.62 | 20.75 | 167310 | 1.73 | 231.82 |
| 造纸及纸制品业 | 97.83 | 21.39 | 422785 | 3.59 | 397.14 |
| 印刷业和记录媒介的复制 | 98.66 | 9.29 | 150199 | 1.89 | 200.35 |
| 文教体育用品制造业 | 99.47 | 8.15 | 100974 | 2.21 | 155.61 |
| 石油加工、炼焦及核燃料加工业 | 99.53 | 53.88 | 1921939 | 11.61 | 1402.24 |
| 化学原料及化学制品制造业 | 99.20 | 13.02 | 300186 | 2.58 | 300.93 |
| 医药制造业 | 94.58 | 15.42 | 355049 | 1.13 | 376.15 |
| 化学纤维制造业 | 97.16 | 26.17 | 168837 | 1.37 | 343.32 |
| 橡胶制品业 | 97.85 | 13.14 | 494574 | 0.90 | 435.33 |
| 塑料制品业 | 97.63 | 16.04 | 331295 | 2.76 | 316.84 |
| 非金属矿物制品业 | 97.09 | 16.39 | 272598 | 1.67 | 290.18 |
| 黑色金属冶炼及压延加工业 | 99.63 | 5.33 | 501578 | 2.80 | 383.44 |
| 有色金属冶炼及压延加工业 | 106.25 | -13.71 | 94579 | 2.46 | 33.53 |
| 金属制品业 | 99.49 | 18.30 | 280563 | 1.96 | 302.07 |
| 通用设备制造业 | 97.00 | 12.49 | 242700 | 1.69 | 253.81 |
| 专用设备制造业 | 98.03 | 17.48 | 208851 | 2.19 | 255.27 |
| 交通运输设备制造业 | 98.79 | 5.33 | 159420 | 1.03 | 164.27 |
| 电气机械及器材制造业 | 97.60 | 10.81 | 308068 | 1.45 | 291.45 |
| 通信设备、计算机及其他电子设备制造业 | 96.26 | 20.62 | 782943 | 3.90 | 604.83 |
| 仪器仪表及文化、办公用机械制造业 | 101.73 | 15.30 | 243466 | 1.67 | 263.43 |
| 工艺品及其他制造业 | 102.54 | 43.65 | 219876 | 8.63 | 359.65 |
| 电力、蒸汽、热水的生产和供应业 | 99.59 | 22.74 | 704113 | 7.38 | 654.96 |
| 煤气生产和供应业 | 99.62 | 7.53 | 305377 | 0.93 | 300.56 |
| 自来水的生产和供应业 | 100.51 | 3.23 | 144501 | 0.54 | 150.97 |

## 12-23 规模以上国有及国有控股工业主要经济效益指标(2011年)

MAIN INDICATORS ON ECONOMIC BENEFIT OF STATE-OWNED AND STATE-CONTROLLED INDUSTRIAL ENTERPRISES ABOVE DESIGNATED SIZE(2011)

| 指标 | 产品销售率(%) | 总资产贡献率(%) | 全员劳动生产率(元/人) | 流动资产周转次数(次) | 经济效益综合指数(%) |
|---|---|---|---|---|---|
| **总计** | 98.60 | 10.94 | 383156 | 1.69 | 320.55 |
| **按登记注册类型分** | | | | | |
| 内资企业 | 98.56 | 11.08 | 394523 | 1.70 | 327.65 |
| 国有企业 | 97.05 | 27.80 | 567478 | 2.59 | 558.77 |
| 中央企业 | 98.06 | 16.91 | 583016 | 2.68 | 513.40 |
| 省属企业 | 78.14 | 9.54 | 167741 | 1.80 | 185.02 |
| 市属企业 | 99.03 | 4.55 | 84603 | 1.52 | 130.07 |
| 市以下 | 99.16 | 10.77 | 366643 | 3.80 | 330.89 |
| 联营企业 | 100.04 | 4.84 | 530953 | 2.51 | 396.45 |
| 国有联营企业 | 100.04 | 4.84 | 530953 | 2.51 | 396.45 |
| 有限责任公司 | 98.24 | 10.21 | 346829 | 1.20 | 292.45 |
| 国有独资企业 | 99.37 | 5.29 | 172454 | 0.89 | 172.76 |
| 其他有限责任公司 | 96.79 | 29.89 | 737769 | 3.06 | 589.40 |
| 股份有限公司 | 99.43 | 46.31 | 504794 | 7.98 | 488.65 |
| 港澳台商投资 | 99.03 | 6.55 | 135828 | 0.88 | 193.58 |
| 与港澳台商合资经营 | 99.03 | 6.55 | 135828 | 0.88 | 193.58 |
| 外商投资 | 101.55 | 3.23 | 199176 | 1.80 | 175.69 |
| 中外合资经营 | 101.55 | 3.23 | 199176 | 1.80 | 175.69 |
| **按轻重工业分** | | | | | |
| 轻工业 | 99.56 | 32.12 | 385173 | 1.67 | 381.34 |
| 重工业 | 98.52 | 8.98 | 382805 | 1.69 | 315.03 |
| **按企业规模分** | | | | | |
| 大型企业 | 98.73 | 12.05 | 484950 | 1.68 | 385.15 |
| 中型企业 | 98.46 | 5.64 | 191303 | 1.91 | 188.07 |
| 小型企业 | 96.13 | 6.15 | 292282 | 1.42 | 259.83 |

12–23续

| 指　　标 | 产品销售率(%) | 总资产贡献率(%) | 全员劳动生产率(元/人) | 流动资产周转次数(次) | 经济效益综合指数(%) |
|---|---|---|---|---|---|
| **按工业行业分** | | | | | |
| 煤炭开采和洗选业 | 62.39 | 16.62 | 139343 | 2.21 | 217.81 |
| 石油和天然气开采业 | 96.89 | 43.33 | 771960 | 1.82 | 682.65 |
| 黑色金属矿采选业 | 100.00 | 33.43 | 280048 | 2.58 | 355.81 |
| 农副食品加工业 | 90.67 | 3.38 | 82186 | 1.64 | 100.26 |
| 食品制造业 | 100.00 | 8.74 | 15814 | 1.85 | 96.28 |
| 饮料制造业 | 114.99 | 18.13 | 163576 | 2.75 | 210.38 |
| 纺织业 | 100.91 | 3.25 | 31376 | 2.53 | 92.64 |
| 服装及其他纤维制品制造业 | 109.65 | 8.26 | 26163 | 0.35 | 254.26 |
| 造纸及纸制品业 | 116.19 | 0.96 | 20084 | 0.53 | 53.20 |
| 印刷业和记录媒介的复制 | 99.60 | 7.23 | 121566 | 1.58 | 169.48 |
| 石油加工、炼焦及核燃料加工业 | 99.54 | 54.11 | 1996176 | 11.68 | 1448.11 |
| 化学原料及化学制品制造业 | 95.32 | 4.69 | 227979 | 2.06 | 216.94 |
| 医药制造业 | 90.84 | 21.12 | 379891 | 2.18 | 393.48 |
| 非金属矿物制品业 | 97.11 | 11.37 | 131433 | 2.78 | 198.89 |
| 黑色金属冶炼及压延加工业 | 100.12 | 4.90 | 532668 | 2.57 | 398.41 |
| 有色金属冶炼及压延加工业 | 100.48 | –38.11 | | 2.85 | –154.51 |
| 金属制品业 | 108.80 | 3.94 | 178193 | 2.23 | 176.00 |
| 通用设备制造业 | 96.25 | 3.56 | 157443 | 0.77 | 155.51 |
| 专用设备制造业 | 90.83 | 6.73 | 72246 | 0.85 | 112.70 |
| 交通运输设备制造业 | 99.19 | 5.20 | 167641 | 0.95 | 168.12 |
| 电气机械及器材制造业 | 93.59 | 2.04 | 200399 | 0.81 | 165.30 |
| 通信设备、计算机及其他电子设备制造 | 96.04 | 24.02 | 3444849 | 4.93 | 2231.42 |
| 仪器仪表及文化、办公用机械制造业 | 100.00 | 25.56 | 158174 | 1.37 | 235.13 |
| 电力、蒸汽、热水的生产和供应业 | 99.58 | 23.22 | 732394 | 8.11 | 681.37 |
| 煤气生产和供应业 | 99.31 | 6.37 | 198984 | 0.66 | 246.93 |
| 自来水的生产和供应业 | 100.00 | 2.02 | 62353 | 0.40 | 80.08 |

# 12-24 国有工业主要经济效益指标(2011年)

## MAIN INDICATORS ON ECONOMIC BENEFIT OF STATE-OWNED INDUSTRIAL ENTERPRISES(2011)

| 指　　标 | 产品销售率(%) | 总资产贡献率(%) | 全员劳动生产率(元/人) | 流动资产周转次数(次) | 经济效益综合指数(%) |
|---|---|---|---|---|---|
| **总　计** | 97.05 | 27.80 | 567478 | 2.59 | 558.77 |
| **按隶属关系分** | | | | | |
| 中央企业 | 98.06 | 33.91 | 1383016 | 2.68 | 1002.40 |
| 省属企业 | 78.14 | 9.54 | 167741 | 1.80 | 185.02 |
| 市属企业 | 99.03 | 4.55 | 84603 | 1.52 | 130.07 |
| 市以下 | 99.16 | 10.77 | 366643 | 3.80 | 330.89 |
| **按轻重工业分** | | | | | |
| 轻工业 | 93.86 | 57.19 | 997517 | 0.95 | 727.13 |
| 重工业 | 97.20 | 15.06 | 394723 | 2.91 | 379.18 |
| **按企业规模分** | | | | | |
| 大型企业 | 98.82 | 36.86 | 1447703 | 3.52 | 1041.27 |
| 中型企业 | 94.65 | 6.61 | 269547 | 2.55 | 243.12 |
| 小型企业 | 98.68 | 4.69 | 271043 | 0.97 | 235.85 |
| **按工业行业分** | | | | | |
| 煤炭开采和洗选业 | 49.79 | 15.76 | 169831 | 1.84 | 232.97 |
| 石油和天然气开采业 | 96.89 | 43.33 | 771960 | 1.82 | 682.66 |

12-24续

| 指标 | 产品销售率(%) | 总资产贡献率(%) | 全员劳动生产率(元/人) | 流动资产周转次数(次) | 经济效益综合指数(%) |
|---|---|---|---|---|---|
| 黑色金属矿采选业 | 100.00 | 33.43 | 280048 | 2.58 | 355.81 |
| 纺织业 | 93.37 | 3.29 | 57603 | 2.63 | 89.85 |
| 印刷业和记录媒介的复制 | 100.00 | 5.15 | 67089 | 1.31 | 128.99 |
| 石油加工、炼焦及核燃料加工业 | 98.32 | 4.39 | 971680 | 3.68 | 673.87 |
| 化学原料及化学制品制造业 | 90.47 | 1.74 | 237483 | 1.47 | 203.30 |
| 医药制造业 | 90.84 | 21.12 | 379891 | 2.18 | 393.48 |
| 非金属矿物制品业 | 99.56 | 11.69 | 84120 | 3.76 | 172.09 |
| 有色金属冶炼及压延加工业 | 100.48 | -38.11 | | 2.85 | -154.51 |
| 金属制品业 | 100.00 | 1.80 | 241958 | 0.46 | 179.65 |
| 通用设备制造业 | 94.25 | 1.37 | 153398 | 0.86 | 134.11 |
| 专用设备制造业 | 102.86 | 2.14 | 85404 | 0.54 | 92.50 |
| 交通运输设备制造业 | 98.76 | 2.82 | 53756 | 1.10 | 98.32 |
| 电气机械及器材制造业 | 100.34 | 5.30 | 259044 | 0.68 | 215.61 |
| 通信设备、计算机及其他电子设备制造 | 78.11 | 8.90 | 57655 | 0.39 | 219.52 |
| 电力、蒸汽、热水的生产和供应业 | 99.97 | 26.60 | 742836 | 7.94 | 705.51 |
| 自来水的生产和供应业 | 100.00 | -0.15 | 31057 | 0.56 | 28.22 |

# 12-25 分地区规模以上

MAIN ECONOMIC INDICATORS OF INDUSTRIAL

| 指　　标 | 全　市 | 历下区 | 市中区 | 槐荫区 | 天桥区 |
|---|---|---|---|---|---|
| 企业个数(个) | 1417 | 25 | 38 | 53 | 60 |
| 工业总产值(万元) | 40284872 | 3465322 | 3377964 | 1524509 | 825069 |
| | | | | | |
| 资产与负债(万元) | | | | | |
| 实收资本 | 6907447 | 350366 | 1314407 | 338185 | 205999 |
| #国家资本金 | 1123568 | 165874 | 219837 | 38492 | 112579 |
| 应收账款净额 | 3325533 | 90146 | 419695 | 232118 | 123594 |
| 流动资产合计 | 21682947 | 457352 | 4906519 | 1066069 | 560040 |
| #存货 | 5801431 | 138400 | 1345632 | 317246 | 188556 |
| 固定资产合计 | 11906052 | 389287 | 964795 | 260989 | 443662 |
| 资产总计 | 39328977 | 1012555 | 6944410 | 1700460 | 1323568 |
| 流动负债合计 | 19117883 | 669083 | 3843014 | 867841 | 598943 |
| 非流动负债合计 | 5486562 | 64444 | 1164249 | 97872 | 305823 |
| 所有者权益 | 14078889 | 275832 | 1911003 | 731941 | 416526 |
| | | | | | |
| 损益及分配(万元) | | | | | |
| 主营业务收入 | 41651863 | 3548420 | 4403819 | 1466365 | 847513 |
| 主营业务成本 | 34590634 | 3079749 | 3969251 | 1161879 | 761187 |
| 主营业务税金及附加 | 1042707 | 419061 | 13973 | 5691 | 2393 |
| 管理费用 | 1964020 | 91504 | 175911 | 105073 | 64701 |
| #税金 | 85807 | 3856 | 8917 | 3980 | 2366 |
| | | | | | |
| 亏损企业亏损额 | 271784 | 108361 | 8903 | 2547 | 1364 |
| 利润总额 | 2426309 | -79465 | 150760 | 120812 | 27698 |
| 利税总额 | 4534664 | 410743 | 242274 | 169076 | 47958 |
| 应交所得税 | 310967 | 6178 | 24642 | 8153 | 5304 |
| 应交增值税 | 1065648 | 71146 | 77541 | 42572 | 17867 |
| | | | | | |
| 主要效益指标 | | | | | |
| 产品销售率(%) | 98.52 | 99.38 | 99.30 | 94.10 | 99.53 |
| 总资产贡献率(%) | 13.05 | 41.72 | 5.05 | 10.60 | 4.44 |
| 全员劳动生产率(元/人) | 310757 | 599745 | 155663 | 199366 | 120735 |
| 流动资产周转次数(次) | 1.92 | 7.76 | 0.90 | 1.38 | 1.51 |
| 经济效益综合指数(%) | 293.06 | 543.72 | 160.82 | 225.85 | 144.76 |

# 工业主要经济指标 (2011年)

## ENTERPRISES ABOVE DESIGNATED SIZE(2011)

| 历城区 | 长清区 | 平阴县 | 济阳县 | 商河县 | 章丘市 | 高新区 |
|---|---|---|---|---|---|---|
| 175 | 103 | 74 | 175 | 114 | 417 | 182 |
| 7729676 | 1271100 | 1719705 | 2370634 | 1054366 | 8969487 | 6762653 |
| 929970 | 482178 | 201949 | 331220 | 115295 | 1459103 | 1132030 |
| 253138 | 39549 |  | 26822 | 11612 | 82965 | 170338 |
| 449405 | 328522 | 183643 | 92334 | 71319 | 576211 | 748090 |
| 3348522 | 997664 | 969353 | 464581 | 348191 | 4314543 | 4061012 |
| 1110322 | 255922 | 180685 | 135191 | 86576 | 1122913 | 869855 |
| 3787254 | 457795 | 406335 | 465254 | 213437 | 2361440 | 1533028 |
| 8205427 | 1768501 | 1458132 | 1121302 | 651414 | 7659689 | 6636241 |
| 4017953 | 769434 | 664973 | 375859 | 382391 | 3769897 | 2943303 |
| 1200597 | 221240 | 98534 | 46556 | 38952 | 1042130 | 638157 |
| 2917925 | 763436 | 672940 | 584012 | 212203 | 2640378 | 2888614 |
| 7306052 | 1277084 | 1695610 | 2344678 | 1051648 | 9513104 | 6932422 |
| 6355081 | 1089626 | 1349162 | 1864302 | 907994 | 8019682 | 5234922 |
| 36287 | 6071 | 8384 | 14303 | 8719 | 43858 | 481305 |
| 410208 | 90144 | 85361 | 103222 | 45077 | 350528 | 435204 |
| 19371 | 6171 | 6462 | 4023 | 3188 | 17794 | 8710 |
| 40590 | 29664 | 20005 | 4486 | 2685 | 26970 | 26209 |
| 240906 | 36250 | 197584 | 215933 | 47977 | 616589 | 395617 |
| 415109 | 74856 | 275794 | 288501 | 85243 | 904646 | 1134195 |
| 50634 | 13589 | 36166 | 23575 | 8050 | 87039 | 46671 |
| 137916 | 32535 | 69826 | 58266 | 28547 | 244200 | 257272 |
| 100.14 | 94.25 | 97.88 | 95.11 | 98.46 | 100.00 | 96.66 |
| 7.18 | 5.50 | 20.02 | 26.78 | 15.01 | 13.68 | 18.16 |
| 426996 | 239655 | 263940 | 269687 | 214894 | 255526 | 436253 |
| 2.18 | 1.28 | 1.75 | 5.05 | 3.02 | 2.20 | 1.71 |
| 344.25 | 217.14 | 302.32 | 341.13 | 242.88 | 266.06 | 378.22 |

## 12-26 规模以上大中型

MAIN INDICATORS OF LARGE AND

| 指　　标 | 企业单位数<br>(个) | 亏损企业数<br>(个) | 工业总产值<br>(万元) | 工业销售产值<br>(万元) |
|---|---|---|---|---|
| **总　计** | 240 | 36 | 30415469 | 30055361 |
| **按登记注册类型分** | | | | |
| 内资企业 | 206 | 31 | 28357758 | 27989805 |
| 国有企业 | 33 | 8 | 4486942 | 4377028 |
| 中央企业 | 13 | 3 | 2606606 | 2554251 |
| 省属企业 | 6 | 1 | 221136 | 166947 |
| 市属企业 | 4 | 2 | 210590 | 210320 |
| 市以下 | 10 | 2 | 528611 | 525509 |
| 集体企业 | 10 | | 122929 | 127931 |
| 市属企业 | 2 | | 20813 | 27881 |
| 市以下 | 8 | | 102116 | 100049 |
| 股份合作企业 | 2 | | 186917 | 194593 |
| 联营企业 | 1 | | 4342251 | 4343799 |
| 国有联营企业 | 1 | | 4342251 | 4343799 |
| 有限责任公司 | 84 | 13 | 13665092 | 13436824 |
| 国有独资企业 | 9 | 1 | 5704824 | 5667571 |
| 其他有限责任公司 | 75 | 12 | 7960268 | 7769252 |
| 股份有限公司 | 28 | 4 | 4236947 | 4191088 |
| 私营企业 | 45 | 6 | 2183255 | 2185107 |
| 私营独资企业 | 7 | | 295637 | 294455 |
| 私营合伙企业 | 1 | | 7322 | 6799 |
| 私营有限责任公司 | 33 | 6 | 1184312 | 1184365 |
| 私营股份有限公司 | 4 | | 695984 | 699488 |
| 港澳台商投资 | 15 | 2 | 650621 | 624461 |
| 与港澳台商合资经营 | 8 | 1 | 304079 | 293918 |
| 与港澳台商合作经营 | 1 | | 23898 | 24131 |
| 港澳台商独资 | 5 | 1 | 271298 | 254676 |
| 港澳台商投资股份有限公司 | 1 | | 51345 | 51736 |
| 外商投资 | 19 | 3 | 1407089 | 1441094 |
| 中外合资经营 | 12 | 3 | 947902 | 949145 |
| 中外合作经营 | 1 | | 56585 | 104986 |
| 外商独资 | 5 | | 143553 | 130505 |
| 外商投资股份有限公司 | 1 | | 259050 | 256459 |
| **按隶属关系分** | | | | |
| 中央 | 22 | 7 | 7034573 | 6930673 |
| 省属 | 17 | 1 | 7184925 | 7045087 |

# 工 业 企 业 经 营 情 况 (2011年)

MEDIUM-SIZED ENTERPRISES(2011)

| 资产总额 (万元) | 负债总额 (万元) | 所有者权益 (万元) | 主营业务收入 (万元) | 利税总额 (万元) | 利润总额 (万元) | 全部从业人员年平均人数 (人) |
|---|---|---|---|---|---|---|
| 32979344 | 21757856 | 11201390 | 31754642 | 3466977 | 1692377 | 268830 |
| | | | | | | |
| 30849371 | 20859899 | 9980234 | 29615099 | 3125285 | 1446316 | 234444 |
| 3895764 | 2912259 | 979522 | 4590957 | 1188907 | 550416 | 33410 |
| 2700225 | 2205996 | 494228 | 2677457 | 471713 | 423549 | 13723 |
| 356604 | 236892 | 115730 | 257719 | 34153 | 10096 | 8080 |
| 453028 | 271593 | 181435 | 211210 | 15934 | 10730 | 4041 |
| 385907 | 197778 | 188128 | 524572 | 37107 | 16041 | 7566 |
| 88387 | 70048 | 18338 | 158013 | 10975 | 6649 | 4521 |
| 42303 | 51332 | -9029 | 63538 | 1422 | 1017 | 774 |
| 46084 | 18716 | 27367 | 94476 | 9554 | 5632 | 3747 |
| 44074 | 26696 | 17379 | 186595 | 20620 | 16948 | 1289 |
| 4786684 | 3021121 | 1765563 | 3647623 | 106447 | 27410 | 20729 |
| 4786684 | 3021121 | 1765563 | 3647623 | 106447 | 27410 | 20729 |
| 17769792 | 12013450 | 5753517 | 15499205 | 1680840 | 754215 | 114189 |
| 11772793 | 8607499 | 3165293 | 7508223 | 446683 | 292169 | 48437 |
| 5997000 | 3405950 | 2588223 | 7070982 | 604157 | 372046 | 65752 |
| 2197043 | 1262247 | 933701 | 4206953 | 550163 | 28073 | 27404 |
| 2027085 | 1527276 | 498475 | 2194941 | 190138 | 147205 | 31372 |
| 100237 | 54249 | 45988 | 264129 | 31242 | 21994 | 6887 |
| 8862 | 7536 | 1326 | 5899 | 688 | 272 | 325 |
| 1440157 | 1157620 | 281843 | 1264303 | 92247 | 65902 | 19791 |
| 477829 | 307872 | 169318 | 660610 | 65962 | 59037 | 4369 |
| 1029467 | 406516 | 620362 | 680617 | 151585 | 117187 | 13408 |
| 587565 | 257033 | 330532 | 290085 | 89008 | 72010 | 5747 |
| 14374 | 5684 | 8690 | 24131 | 1602 | 1393 | 1600 |
| 310820 | 124833 | 183398 | 314665 | 49227 | 34996 | 5290 |
| 116708 | 18966 | 97742 | 51736 | 11749 | 8788 | 771 |
| 1100506 | 491441 | 600795 | 1458926 | 190107 | 128873 | 20978 |
| 706461 | 382486 | 315713 | 985151 | 81576 | 44196 | 11711 |
| 36390 | 16629 | 19761 | 91442 | 9754 | 6042 | 894 |
| 133224 | 53271 | 79953 | 132181 | 18098 | 17523 | 3770 |
| 224430 | 39056 | 185368 | 250151 | 80679 | 61112 | 4603 |
| | | | | | | |
| 4768272 | 3485974 | 1282298 | 7061913 | 1472104 | 395209 | 28407 |
| 6649278 | 4071371 | 2573924 | 6514905 | 308871 | 126375 | 36877 |

12-26续

| 指标 | 企业单位数(个) | 亏损企业数(个) | 工业总产值(万元) | 工业销售产值(万元) |
|---|---|---|---|---|
| 市属 | 36 | 10 | 6993810 | 6961161 |
| 县属及以下 | 165 | 18 | 9202161 | 9118439 |
| **按企业规模分** | | | | |
| 大型企业 | 45 | 6 | 23275113 | 22937046 |
| 中型企业 | 195 | 30 | 7140356 | 7118315 |
| **按工业行业分** | | | | |
| 煤炭开采和洗选业 | 6 | | 128917 | 82657 |
| 黑色金属矿采选业 | 1 | | 85821 | 85821 |
| 非金属矿采选业 | 1 | | 3870 | 3346 |
| 农副食品加工业 | 7 | | 200206 | 197282 |
| 食品制造业 | 10 | 1 | 393966 | 411318 |
| 饮料制造业 | 8 | 2 | 700914 | 763999 |
| 烟草加工业 | 1 | | 940708 | 924520 |
| 纺织业 | 10 | 2 | 400547 | 392413 |
| 服装及其他纤维制品制造业 | 5 | | 58249 | 57732 |
| 皮革、毛皮、羽绒及其制品业 | 1 | | 15572 | 15572 |
| 家具制造业 | 1 | | 33244 | 33244 |
| 造纸及纸制品业 | 3 | | 35763 | 35613 |
| 印刷业和记录媒介的复制 | 4 | 1 | 84491 | 84882 |
| 石油加工、炼焦及核燃料加工业 | 3 | 1 | 3296752 | 3280936 |
| 化学原料及化学制品制造业 | 18 | 2 | 1811887 | 1789693 |
| 医药制造业 | 10 | 2 | 851809 | 795602 |
| 塑料制品业 | 1 | 1 | 3967 | 3967 |
| 非金属矿物制品业 | 18 | 2 | 1212385 | 1173048 |
| 黑色金属冶炼及压延加工业 | 6 | | 5004042 | 4985532 |
| 有色金属冶炼及压延加工业 | 2 | 1 | 61480 | 69397 |
| 金属制品业 | 6 | 1 | 357526 | 362286 |
| 通用设备制造业 | 41 | 7 | 1609339 | 1551832 |
| 专用设备制造业 | 15 | | 511689 | 511586 |
| 交通运输设备制造业 | 24 | 6 | 6591009 | 6526764 |
| 电气机械及器材制造业 | 12 | 1 | 1239585 | 1229799 |
| 通信设备、计算机及其他电子设备制造 | 8 | 1 | 2528276 | 2434260 |
| 仪器仪表及文化、办公用机械制造业 | 2 | 1 | 17886 | 17255 |
| 电力、蒸汽、热水的生产和供应业 | 12 | 3 | 2112623 | 2112056 |
| 煤气生产和供应业 | 2 | | 57443 | 57443 |
| 自来水的生产和供应业 | 2 | 1 | 65507 | 65507 |

| 资产总额<br>(万元) | 负债总额<br>(万元) | 所有者权益<br>(万元) | 主营业务收入<br>(万元) | 利税总额<br>(万元) | 利润总额<br>(万元) | 全部从业人员<br>年平均人数<br>(人) |
|---|---|---|---|---|---|---|
| 13280963 | 9642719 | 3637075 | 8949362 | 539077 | 349454 | 73387 |
| 8280832 | 4557792 | 3708093 | 9228463 | 1146926 | 821339 | 130159 |
| | | | | | | |
| 24892973 | 16596560 | 8292501 | 24391319 | 2802295 | 1257828 | 150215 |
| 8086371 | 5161296 | 2908889 | 7363324 | 664682 | 434548 | 118615 |
| | | | | | | |
| 215110 | 119348 | 95762 | 110921 | 30698 | 13951 | 8659 |
| 45576 | 9809 | 35766 | 84790 | 14952 | 11462 | 589 |
| 4115 | 641 | 3473 | 3346 | 742 | 338 | 650 |
| 68752 | 44195 | 24557 | 204081 | 14433 | 11294 | 3291 |
| 258846 | 121140 | 137706 | 444375 | 43638 | 33180 | 8221 |
| 371786 | 170276 | 200342 | 705543 | 87761 | 50440 | 10502 |
| 726018 | 265544 | 460474 | 924570 | 627981 | 89960 | 1608 |
| 289294 | 185901 | 103393 | 414716 | 25356 | 12834 | 9735 |
| 46166 | 6079 | 40087 | 58911 | 10471 | 7426 | 1673 |
| 4936 | 4874 | 63 | 15572 | 130 | 12 | 600 |
| 26932 | 19220 | 7712 | 33244 | 3020 | 2416 | 320 |
| 25314 | 8885 | 16419 | 35204 | 6318 | 4765 | 1127 |
| 179978 | 62510 | 117468 | 82447 | 16770 | 12396 | 2336 |
| 680033 | 570402 | 109631 | 3291154 | 382647 | -89082 | 3706 |
| 1798188 | 1342023 | 455526 | 1961947 | 137451 | 110216 | 19413 |
| 1477658 | 527175 | 950483 | 883258 | 224228 | 171023 | 11917 |
| 22427 | 21293 | 1134 | 4132 | -1778 | -1894 | 342 |
| 1424622 | 991523 | 423669 | 1269662 | 194521 | 146172 | 15811 |
| 4991702 | 3165490 | 1826212 | 4353736 | 130159 | 39455 | 25420 |
| 41921 | 69660 | -27738 | 69396 | -13042 | -15535 | 1876 |
| 381686 | 153923 | 227755 | 355933 | 88142 | 64561 | 7755 |
| 2357534 | 1488765 | 868741 | 1546228 | 137195 | 82944 | 31869 |
| 383461 | 188621 | 193795 | 534787 | 76286 | 54211 | 10169 |
| 12086469 | 8918494 | 3167975 | 8366977 | 428225 | 269991 | 58334 |
| 1457105 | 777012 | 672999 | 1271149 | 150885 | 107933 | 10925 |
| 908229 | 390010 | 517544 | 2474367 | 156357 | 70183 | 6638 |
| 6898 | 1377 | 5521 | 19145 | 2619 | 1365 | 670 |
| 2079965 | 1810411 | 269553 | 2119232 | 471019 | 417283 | 11022 |
| 256445 | 110986 | 145459 | 58615 | 16038 | 13542 | 1555 |
| 362182 | 212270 | 149913 | 57207 | 3754 | -463 | 2097 |

## 12-27 规模以上大中型工业企业一览表(2011年)

SUMMARY OF LARGE AND MEDIUM-SIZED ENTERPRISES(2011)

| 企业名称 | 登记注册类型 | 企业规模 | 隶属关系 | 所属行业 |
|---|---|---|---|---|
| 章丘海尔电机有限公司 | 其他有限责任公司 | 大型 | 县（市）区 | 微电机及其他电机制造 |
| 山东福胶集团有限公司 | 其他有限责任公司 | 大型 | 其他 | 中药饮片加工 |
| 山东佳宝集团有限公司 | 其他有限责任公司 | 大型 | 市 | 液体乳及乳制品制造 |
| 济南圣泉集团股份有限公司 | 私营有限股份公司 | 大型 | 其他 | 初级形态的塑料及合成树脂制造 |
| 济南重工股份有限公司 | 股份有限公司 | 大型 | 市 | 采矿、采石设备制造 |
| 济南轻骑摩托车股份有限公司 | 股份有限公司 | 大型 | 中央 | 摩托车整车制造 |
| 齐鲁宏业纺织集团有限公司 | 其他有限责任公司 | 大型 | 其他 | 棉、化纤纺织加工 |
| 济南二机床集团有限公司 | 国有独资公司 | 大型 | 市 | 金属成形机床制造 |
| 重汽集团济南考格尔专用汽车有限公司 | 其他有限责任公司 | 大型 | 其他 | 改装汽车制造 |
| 山东明水大化集团 | 其他有限责任公司 | 大型 | 市 | 氮肥制造 |
| 山东同欣电子有限公司 | 私营有限责任公司 | 大型 | 其他 | 电子元件及组件制造 |
| 济南伊利乳业有限责任公司 | 其他有限责任公司 | 大型 | 其他 | 液体乳及乳制品制造 |
| 山东晋煤日月化工有限公司 | 其他有限责任公司 | 大型 | 县（市）区 | 氮肥制造 |
| 济南利民制药有限责任公司 | 其他有限责任公司 | 大型 | 县（市）区 | 化学药品制剂制造 |
| 济南达利食品有限公司 | 私营独资 | 大型 | 其他 | 含乳饮料和植物蛋白饮料制造 |
| 山东省章丘鼓风机股份有限公司 | 股份有限公司 | 大型 | 县（市）区 | 风机、风扇制造 |
| 西电济南变压器股份有限公司 | 股份有限公司 | 大型 | 中央 | 变压器、整流器和电感器制造 |
| 山东力诺瑞特新能源有限公司 | 中外合资经营 | 大型 | 其他 | 光学玻璃制造 |
| 山东大汉建设机械有限公司 | 其他有限责任公司 | 大型 | 其他 | 建筑工程用机械制造 |
| 济南轨道交通装备有限责任公司 | 其他有限责任公司 | 大型 | 中央 | 铁路机车车辆及动车组制造 |
| 山东山水水泥集团有限公司 | 港澳台商独资 | 大型 | 其他 | 水泥制造 |
| 山东中创软件工程股份有限公司 | 股份有限公司 | 大型 | 省 | 计算机网络设备制造 |
| 中国石油化工股份有限公司济南分公司 | 股份有限公司 | 大型 | 中央 | 原油加工及石油制品制造 |
| 济南趵突泉酿酒有限责任公司 | 其他有限责任公司 | 大型 | 县（市）区 | 白酒制造 |
| 济南庚辰钢铁有限公司 | 其他有限责任公司 | 大型 | 县（市）区 | 炼铁 |
| 九阳股份有限公司 | 股份有限公司 | 大型 | 其他 | 家用厨房电器具制造 |
| 济南轻骑铃木摩托车有限公司 | 中外合资经营 | 大型 | 其他 | 摩托车整车制造 |
| 山东齐鲁电机制造有限公司 | 国有独资公司 | 大型 | 省 | 发电机及发电机组制造 |
| 济南钢铁集团闽源钢铁有限公司 | 其他有限责任公司 | 大型 | 市 | 钢压延加工 |
| 齐鲁制药有限公司 | 其他有限责任公司 | 大型 | 其他 | 化学药品制剂制造 |
| 中国重型汽车集团有限公司 | 国有独资公司 | 大型 | 市 | 汽车整车制造 |
| 济南玫德铸造有限公司 | 外商投资股份有限公司 | 大型 | 县（市）区 | 建筑装饰及水暖管道零件制造 |
| 济南裕兴化工有限责任公司 | 国有 | 大型 | 中央 | 专项化学用品制造 |
| 华能济南黄台发电有限公司 | 国有 | 大型 | 中央 | 火力发电 |
| 浪潮集团有限公司 | 其他有限责任公司 | 大型 | 省 | 电子计算机整机制造 |
| 中国石油集团济柴动力总厂 | 国有 | 大型 | 中央 | 内燃机及配件制造 |
| 济南热电有限公司 | 国有 | 大型 | 市 | 热力生产和供应 |
| 山东电力集团公司济南供电公司 | 国有 | 大型 | 中央 | 电力供应 |
| 济钢集团有限公司 | 国有联营 | 大型 | 省 | 钢压延加工 |
| 济南锅炉集团有限公司 | 其他有限责任公司 | 大型 | 其他 | 锅炉及辅助设备制造 |
| 济南沃德汽车零部件有限公司 | 中外合资经营 | 大型 | 其他 | 汽车零部件及配件制造 |
| 山东银鹭食品有限公司 | 中外合资经营 | 大型 | 市 | 含乳饮料和植物蛋白饮料制造 |
| 山东福瑞达医药集团公司 | 国有 | 大型 | 省 | 生物、生化制品的制造 |
| 山东桑乐太阳能有限公司 | 其他有限责任公司 | 大型 | 县（市）区 | 燃气、太阳能及类似能源的器具制造 |
| 山东中烟工业有限责任公司济南卷烟厂 | 其他有限责任公司 | 大型 | 中央 | 卷烟制造 |
| 章丘市隆升滑动水口有限公司 | 私营有限责任公司 | 中型 | 其他 | 钢压延加工 |
| 山东大旺食品有限公司 | 外资企业 | 中型 | 其他 | 饼干及其他焙烤食品制造 |
| 山东八三碳化硅热件厂 | 国有 | 中型 | 省 | 石墨及碳素制品制造 |

12-27续1

| 企业名称 | 登记注册类型 | 企业规模 | 隶属关系 | 所属行业 |
|---|---|---|---|---|
| 山东法因数控机械股份有限公司 | 股份有限公司 | 中型 | 其他 | 金属切削机床制造 |
| 济南吉隆锻造有限公司 | 其他有限责任公司 | 中型 | 其他 | 锻件及粉末冶金制品制造 |
| 济南金魁工程机械有限公司 | 私营有限责任公司 | 中型 | 其他 | 建筑工程用机械制造 |
| 济南慧成铸造有限公司 | 其他有限责任公司 | 中型 | 市 | 钢铁铸件制造 |
| 山东华森混凝土有限公司 | 私营有限责任公司 | 中型 | 其他 | 水泥制品制造 |
| 济南力诺玻璃制品有限公司 | 私营有限责任公司 | 中型 | 其他 | 玻璃仪器制造 |
| 山东新纪元重工有限公司 | 私营有限责任公司 | 中型 | 市 | 钢铁铸件制造 |
| 济南海川投资集团有限公司 | 其他有限责任公司 | 中型 | 其他 | 石墨及碳素制品制造 |
| 济南恒泰机车车辆机械有限公司 | 私营有限责任公司 | 中型 | 其他 | 机械零部件加工及设备修理 |
| 山东奥太电气有限公司 | 其他有限责任公司 | 中型 | 其他 | 金属切割及焊接设备制造 |
| 济南盛源化肥有限责任公司 | 私营有限责任公司 | 中型 | 其他 | 氮肥制造 |
| 济南钢城矿业有限公司 | 国有 | 中型 | 市 | 铁矿采选 |
| 济南百事可乐饮料有限公司 | 中外合资经营 | 中型 | 其他 | 碳酸饮料制造 |
| 山东金德利集团快餐连锁配送有限责任公司 | 其他有限责任公司 | 中型 | 市 | 米、面制品制造 |
| 济南万方炭素有限责任公司 | 其他有限责任公司 | 中型 | 其他 | 石墨及碳素制品制造 |
| 济南明鑫制药股份有限公司 | 私营有限股份公司 | 中型 | 其他 | 化学药品原药制造 |
| 济南佳明正远服装有限公司 | 与港澳台商合资经营 | 中型 | 其他 | 纺织服装制造 |
| 济南金百利包装用品有限公司 | 私营有限责任公司 | 中型 | 其他 | 纸和纸板容器的制造 |
| 章丘市埠村煤矿矸石热电 | 国有 | 中型 | 其他 | 火力发电 |
| 济南新峨嵋实业有限公司 | 私营有限责任公司 | 中型 | 其他 | 锻件及粉末冶金制品制造 |
| 山东通发实业有限公司 | 其他有限责任公司 | 中型 | 其他 | 建筑工程用机械制造 |
| 山东百脉泉酒业有限公司 | 其他有限责任公司 | 中型 | 县（市）区 | 白酒制造 |
| 山东宏业纺织股份有限公司 | 股份有限公司 | 中型 | 其他 | 棉、化纤纺织加工 |
| 山东山大华天科技股份有限公司 | 股份有限公司 | 中型 | 其他 | 配电开关控制设备制造 |
| 济南宝世达实业发展有限公司 | 其他有限责任公司 | 中型 | 其他 | 电线电缆制造 |
| 章丘重型锻造有限公司 | 私营独资 | 中型 | 其他 | 锻件及粉末冶金制品制造 |
| 山东鲁能智能技术有限公司 | 其他有限责任公司 | 中型 | 其他 | 配电开关控制设备制造 |
| 济南鲁联集团有限公司 | 其他有限责任公司 | 中型 | 县（市）区 | 改装汽车制造 |
| 山东万斯达集团有限公司 | 私营有限责任公司 | 中型 | 其他 | 金属结构制造 |
| 济南中燃科技发展有限公司 | 其他有限责任公司 | 中型 | 其他 | 其他金属加工机械制造 |
| 济阳元首针织有限责任公司 | 其他有限责任公司 | 中型 | 其他 | 棉、化纤针织品及编织品制造 |
| 济南澳海炭素有限公司 | 其他有限责任公司 | 中型 | 其他 | 石墨及碳素制品制造 |
| 济南民泰煤矿有限公司 | 私营有限责任公司 | 中型 | 其他 | 烟煤和无烟煤的开采洗选 |
| 济南东岳起重通信设备有限公司 | 其他内资 | 中型 | 村委会 | 起重运输设备制造 |
| 山东今日家居发展有限公司 | 其他有限责任公司 | 中型 | 其他 | 其他家具制造 |
| 济南恒升工程机械有限公司 | 私营有限责任公司 | 中型 | 其他 | 建筑工程用机械制造 |
| 济南晨光纸业有限公司 | 其他有限责任公司 | 中型 | 市 | 机制纸及纸板制造 |
| 积成电子股份有限公司 | 股份有限公司 | 中型 | 其他 | 电子计算机外部设备制造 |
| 济南德馨斋食品有限公司 | 其他有限责任公司 | 中型 | 其他 | 酱油、食醋及类似制品的制造 |
| 济钢集团重工机械有限公司成套设备事业部 | 国有 | 中型 | 市 | 起重运输设备制造 |
| 济南可口可乐饮料有限公司 | 中外合作经营 | 中型 | 其他 | 果菜汁及果菜汁饮料制造 |
| 山东新阳能源有限公司 | 国有 | 中型 | 省 | 烟煤和无烟煤的开采洗选 |
| 济南吉利汽车有限公司 | 其他有限责任公司 | 中型 | 其他 | 汽车整车制造 |
| 济南中森机械制造有限公司 | 其他内资 | 中型 | 街道 | 轴承制造 |
| 济南时代试金试验机有限公司 | 其他有限责任公司 | 中型 | 市 | 电工仪器仪表制造 |
| 山东晟隆实业有限公司 | 私营有限责任公司 | 中型 | 其他 | 食品及饲料添加剂制造 |
| 山东神思电子技术股份有限公司 | 股份有限公司 | 中型 | 其他 | 电子计算机外部设备制造 |
| 山东胜帮绿野化学有限公司 | 私营有限责任公司 | 中型 | 其他 | 生物化学农药及微生物农药制造 |

12-27续2

| 企 业 名 称 | 登记注册类型 | 企业规模 | 隶属关系 | 所 属 行 业 |
|---|---|---|---|---|
| 章丘市顺旺锻造机械厂 | 私营独资 | 中型 | 其他 | 锻件及粉末冶金制品制造 |
| 肥矿集团平阴铝业有限公司 | 国有 | 中型 | 省 | 常用有色金属压延加工 |
| 山东科源制药有限公司 | 其他有限责任公司 | 中型 | 其他 | 化学药品原药制造 |
| 安莉芳(山东)服装有限公司 | 港澳台商独资 | 中型 | 其他 | 丝针织品及编织品制造 |
| 山东华氟化工有限责任公司 | 其他有限责任公司 | 中型 | 其他 | 化学试剂和助剂制造 |
| 山东北辰压力容器有限公司 | 私营有限股份公司 | 中型 | 其他 | 金属压力容器制造 |
| 济南宇飞食品有限公司 | 其他有限责任公司 | 中型 | 县（市）区 | 畜禽屠宰 |
| 山东华羽集团济阳有限公司 | 私营有限责任公司 | 中型 | 其他 | 纺织服装制造 |
| 中车集团济南车辆有限公司 | 私营有限责任公司 | 中型 | 其他 | 铁路专用设备及器材、配件制造 |
| 济南万润肉类加工有限公司 | 其他有限责任公司 | 中型 | 其他 | 畜禽屠宰 |
| 山东祥旺食品有限公司 | 外资企业 | 中型 | 其他 | 饼干及其他焙烤食品制造 |
| 济南青年汽车有限公司 | 私营有限责任公司 | 中型 | 其他 | 汽车整车制造 |
| 山东冠世针织有限公司 | 外资企业 | 中型 | 其他 | 棉、化纤针织品及编织品制造 |
| 山东伊莱特重工有限公司 | 中外合资经营 | 中型 | 镇 | 锻件及粉末冶金制品制造 |
| 山东济华燃气有限公司 | 与港澳台商合资经营 | 中型 | 市 | 燃气生产和供应业 |
| 山东华塑建材有限公司 | 其他有限责任公司 | 中型 | 县（市）区 | 初级形态的塑料及合成树脂制造 |
| 平阴建昌机械制造厂 | 私营独资 | 中型 | 其他 | 建筑材料生产专用机械制造 |
| 蓝星石油有限公司济南分公司 | 国有 | 中型 | 中央 | 原油加工及石油制品制造 |
| 济南金牛砖瓦机械有限公司 | 私营有限责任公司 | 中型 | 其他 | 其他非金属加工专用设备制造 |
| 济南港华燃气有限公司 | 与港澳台商合资经营 | 中型 | 其他 | 燃气生产和供应业 |
| 济南实达紧固件有限公司 | 其他有限责任公司 | 中型 | 其他 | 紧固件、弹簧制造 |
| 山东国瑞环保产业有限公司 | 其他有限责任公司 | 中型 | 其他 | 环境污染防治专用设备制造 |
| 山东力诺光伏高科技有限公司 | 私营有限责任公司 | 中型 | 其他 | 光学玻璃制造 |
| 济南莱钢钢结构有限公司 | 其他有限责任公司 | 中型 | 其他 | 金属密封件制造 |
| 山东大鲁阁织染工业有限公司 | 港澳台商独资 | 中型 | 其他 | 棉、化纤纺织加工 |
| 济南泓泉制水有限公司 | 与港澳台商合资经营 | 中型 | 市 | 自来水的生产和供应 |
| 济南鲍德钢结构有限公司 | 其他有限责任公司 | 中型 | 市 | 金属结构制造 |
| 章丘鑫岳有限责任公司 | 其他有限责任公司 | 中型 | 县（市）区 | 烟煤和无烟煤的开采洗选 |
| 济阳县宏丰棉油加工厂 | 私营独资 | 中型 | 其他 | 食用植物油加工 |
| 山东中氟化工科技有限公司 | 中外合资经营 | 中型 | 市 | 化学试剂和助剂制造 |
| 费斯托气动有限公司 | 外资企业 | 中型 | 其他 | 液压和气压动力机械及元件制造 |
| 富美科技有限公司 | 私营有限责任公司 | 中型 | 其他 | 油墨及类似产品制造 |
| 济南市煤炭工业供销总公司圣井煤矿 | 国有 | 中型 | 街道 | 烟煤和无烟煤的开采洗选 |
| 山东明龙建筑机械有限公司 | 其他有限责任公司 | 中型 | 其他 | 建筑工程用机械制造 |
| 山东鲍德翼板有限公司 | 国有独资公司 | 中型 | 市 | 锻件及粉末冶金制品制造 |
| 济南喜哥马服装有限公司 | 与港澳台商合资经营 | 中型 | 其他 | 羽毛(绒)制品加工 |
| 青岛啤酒(济南)有限公司 | 其他有限责任公司 | 中型 | 市 | 啤酒制造 |
| 平阴山水水泥有限公司 | 与港澳台商合资经营 | 中型 | 其他 | 水泥制造 |
| 章丘矿业有限公司 | 国有独资公司 | 中型 | 县（市）区 | 烟煤和无烟煤的开采洗选 |
| 济南第二汽车配件有限公司 | 私营有限责任公司 | 中型 | 县（市）区 | 汽车零部件及配件制造 |
| 山东明水汽车配件有限公司 | 国有 | 中型 | 省 | 汽车零部件及配件制造 |
| 章丘东风煤炭集团总公司 | 国有 | 中型 | 县（市）区 | 烟煤和无烟煤的开采洗选 |
| 章丘市桑园荆山锻造有限公司 | 私营有限责任公司 | 中型 | 其他 | 锻件及粉末冶金制品制造 |
| 章丘市琅沟热电厂 | 国有 | 中型 | 县（市）区 | 火力发电 |
| 章丘市金属颜料有限公司 | 其他有限责任公司 | 中型 | 村委会 | 锻件及粉末冶金制品制造 |
| 章丘市供电公司 | 国有 | 中型 | 县（市）区 | 电力供应 |
| 山东省章丘市卫东电信工具厂 | 集体 | 中型 | 村委会 | 供应用仪表及其他通用仪器制造 |
| 山东璟华标志服厂 | 集体 | 中型 | 村委会 | 纺织服装制造 |

12-27续3

| 企业名称 | 登记注册类型 | 企业规模 | 隶属关系 | 所属行业 |
|---|---|---|---|---|
| 济南野风酥食品有限公司 | 私营有限责任公司 | 中型 | 其他 | 饼干及其他焙烤食品制造 |
| 济南沃德机械制造有限公司 | 股份有限公司 | 中型 | 其他 | 汽车零部件及配件制造 |
| 章丘市铜铝铸造厂 | 集体 | 中型 | 村委会 | 汽车零部件及配件制造 |
| 章丘市炊具机械总厂 | 集体 | 中型 | 村委会 | 食品、饮料、烟草工业专用设备制造 |
| 济南钢铁集团新事业有限公司 | 其他有限责任公司 | 中型 | 县（市）区 | 专项化学用品制造 |
| 济南市平阴县玛钢厂 | 集体 | 中型 | 镇 | 建筑装饰及水暖管道零件制造 |
| 济南压缩机厂有限公司 | 其他有限责任公司 | 中型 | 县（市）区 | 气体压缩机械制造 |
| 山东平阴丰源炭素有限责任公司 | 其他有限责任公司 | 中型 | 其他 | 石墨及碳素制品制造 |
| 济南黄河特钢有限责任公司 | 其他有限责任公司 | 中型 | 其他 | 钢压延加工 |
| 济南市琦泉热电有限责任公司 | 其他有限责任公司 | 中型 | 县（市）区 | 火力发电 |
| 济南格蓝压缩机有限公司 | 其他有限责任公司 | 中型 | 县（市）区 | 气体压缩机械制造 |
| 山东宏达科技集团有限公司 | 股份有限公司 | 中型 | 其他 | 气体、液体分离及纯净设备制造 |
| 山东明威起重设备有限公司 | 其他有限责任公司 | 中型 | 街道 | 起重运输设备制造 |
| 山东省汇丰机械集团总公司章丘市铸造厂 | 集体 | 中型 | 村委会 | 锻件及粉末冶金制品制造 |
| 章丘市大星精工机械有限公司 | 私营有限股份公司 | 中型 | 其他 | 汽车零部件及配件制造 |
| 长清县供电公司 | 国有 | 中型 | 县（市）区 | 电力供应 |
| 济南冶金化工设备有限公司 | 股份有限公司 | 中型 | 县（市）区 | 冶金专用设备制造 |
| 章丘华明水泥有限公司 | 其他有限责任公司 | 中型 | 县（市）区 | 水泥制造 |
| 济南镇海机械厂 | 国有 | 中型 | 中央 | 液压和气压动力机械及元件制造 |
| 中闻集团济南印务有限公司 | 国有 | 中型 | 中央 | 书、报、刊印刷 |
| 济南长城炼油厂 | 国有 | 中型 | 中央 | 原油加工及石油制品制造 |
| 济南风机厂有限责任公司 | 其他有限责任公司 | 中型 | 其他 | 风机、风扇制造 |
| 济南宏济堂制药有限责任公司 | 其他有限责任公司 | 中型 | 市 | 中成药制造 |
| 济南市冶金科学研究所 | 股份合作 | 中型 | 市 | 有色金属合金制造 |
| 山东省兴业发展有限公司 | 国有独资公司 | 中型 | 省 | 纺织服装制造 |
| 山东重骑摩托车(集团)厂 | 国有 | 中型 | 市 | 摩托车整车制造 |
| 山东新华印刷厂 | 国有 | 中型 | 省 | 书、报、刊印刷 |
| 山东北方现代化学有限公司 | 国有独资公司 | 中型 | 中央 | 专项化学用品制造 |
| 山东胜利股份有限公司 | 股份有限公司 | 中型 | 省 | 生物、生化制品的制造 |
| 山东电力设备有限公司 | 国有 | 中型 | 中央 | 变压器、整流器和电感器制造 |
| 山东天鹅棉业机械股份有限公司 | 股份有限公司 | 中型 | 省 | 其他农林牧渔业机械制造及机械修理 |
| 济南瑞通铁路电务有限责任公司 | 其他有限责任公司 | 中型 | 中央 | 电线电缆制造 |
| 济南水务集团有限公司 | 国有独资公司 | 中型 | 市 | 自来水的生产和供应 |
| 济南元首针织股份有限公司 | 股份有限公司 | 中型 | 市 | 棉、化纤针织品及编织品制造 |
| 济南镁碳砖厂有限公司 | 股份有限公司 | 中型 | 镇 | 耐火陶瓷制品及其他耐火材料制造 |
| 济南周家实业总公司 | 集体 | 中型 | 村委会 | 加工纸制造 |
| 济南市历城区供电公司 | 国有 | 中型 | 县（市）区 | 电力供应 |
| 中国人民解放军第七四二三工厂（液压泵） | 国有 | 中型 | 中央 | 机械零部件加工及设备修理 |
| 中国人民解放军六四五五厂 | 国有 | 中型 | 中央 | 改装汽车制造 |
| 济南永宁制药股份有限公司 | 股份有限公司 | 中型 | 市 | 化学药品制剂制造 |
| 济南济钢铁合金厂 | 集体 | 中型 | 市 | 铁合金冶炼 |
| 济南金钟电子衡器股份有限公司 | 股份有限公司 | 中型 | 市 | 衡器制造 |
| 济南一机床集团有限公司 | 其他有限责任公司 | 中型 | 市 | 金属切削机床制造 |
| 山东塑料试验厂 | 集体 | 中型 | 市 | 无机碱制造 |
| 章丘市顺营冶金辅料有限公司 | 私营有限责任公司 | 中型 | 其他 | 石灰石、石膏开采 |
| 济南六和双利食品有限公司 | 其他内资 | 中型 | 镇 | 畜禽屠宰 |
| 福士汽车零部件（济南）有限公司 | 外资企业 | 中型 | 其他 | 汽车零部件及配件制造 |
| 山东力诺太阳能电力股份有限公司 | 股份有限公司 | 中型 | 省 | 技术玻璃制品制造 |

| 企业名称 | 登记注册类型 | 企业规模 | 隶属关系 | 所属行业 |
|---|---|---|---|---|
| 济南万瑞炭素有限公司 | 其他有限责任公司 | 中型 | 其他 | 石墨及碳素制品制造 |
| 济南华阳炭素有限公司 | 私营合伙 | 中型 | 其他 | 石墨及碳素制品制造 |
| 山东兴牛乳业有限公司 | 其他有限责任公司 | 中型 | 省 | 液体乳及乳制品制造 |
| 济南银花纺织有限公司 | 其他有限责任公司 | 中型 | 县（市）区 | 棉、化纤纺织加工 |
| 山东圣泉化工股份有限公司 | 股份合作 | 中型 | 其他 | 初级形态的塑料及合成树脂制造 |
| 山东威明汽车产品有限公司 | 中外合资经营 | 中型 | 其他 | 汽车零部件及配件制造 |
| 济南民天面粉有限责任公司 | 其他有限责任公司 | 中型 | 市 | 谷物磨制 |
| 济南华鲁食品有限公司 | 私营有限责任公司 | 中型 | 其他 | 食品及饲料添加剂制造 |
| 山东鲁信天一印务有限公司 | 与港澳台商合资经营 | 中型 | 其他 | 包装装潢及其他印刷 |
| 济南汇九缸体制造有限公司 | 股份有限公司 | 中型 | 其他 | 锻件及粉末冶金制品制造 |
| 华电章丘发电有限公司 | 其他有限责任公司 | 中型 | 中央 | 火力发电 |
| 济南腾龙排气管有限公司 | 集体 | 中型 | 街道 | 风机、风扇制造 |
| 山东华凌电缆有限公司 | 私营有限责任公司 | 中型 | 其他 | 电线电缆制造 |
| 山东东方药业集团有限责任公司 | 其他有限责任公司 | 中型 | 其他 | 化学药品制剂制造 |
| 中国石油化工股份有限公司润滑油济南分公司 | 国有 | 中型 | 中央 | 化学试剂和助剂制造 |
| 山东太古飞机工程有限公司 | 与港澳台商合资经营 | 中型 | 其他 | 飞机制造及修理 |
| 济南娃哈哈恒枫饮料有限公司 | 中外合资经营 | 中型 | 市 | 含乳饮料和植物蛋白饮料制造 |
| 济南安达刹车系统有限公司 | 股份有限公司 | 中型 | 其他 | 铁路机车车辆配件制造 |
| 山东百利通亚陶科技有限公司 | 港澳台商独资 | 中型 | 其他 | 电子元件及组件制造 |
| 山东宝雅新能源汽车股份有限公司 | 股份有限公司 | 中型 | 其他 | 汽车整车制造 |
| 山东锦翔食品有限公司 | 私营有限责任公司 | 中型 | 其他 | 畜禽屠宰 |
| 山东省鲁棉集团天元纺织有限公司 | 其他有限责任公司 | 中型 | 省 | 棉、化纤纺织加工 |
| 山东三塑集团有限公司 | 其他有限责任公司 | 中型 | 市 | 塑料薄膜制造 |
| 济南天辰机器集团有限公司 | 私营有限责任公司 | 中型 | 其他 | 其他专用设备制造 |
| 山东小鸭集团有限责任公司 | 国有独资公司 | 中型 | 市 | 制冷、空调设备制造 |
| 山东绿霸化工股份有限公司 | 股份有限公司 | 中型 | 县（市）区 | 化学试剂和助剂制造 |
| 济南晶恒电子有限责任公司 | 私营有限责任公司 | 中型 | 其他 | 半导体分立器件制造 |
| 保利民爆济南科技有限公司 | 其他有限责任公司 | 中型 | 中央 | 炸药及火工产品制造 |
| 济阳县通达机械厂 | 其他有限责任公司 | 中型 | 其他 | 机床附件制造 |
| 济南新华制衣有限公司 | 私营独资 | 中型 | 其他 | 纺织服装制造 |
| 商河县供电公司 | 国有 | 中型 | 县（市）区 | 电力供应 |
| 平阴鲁西化工第三化肥厂有限公司 | 其他有限责任公司 | 中型 | 其他 | 金属压力容器制造 |
| 济阳县供电公司 | 国有 | 中型 | 县（市）区 | 电力供应 |
| 山东力诺新材料有限公司 | 私营有限责任公司 | 中型 | 其他 | 技术玻璃制品制造 |
| 济南市商河县织布厂 | 国有 | 中型 | 县（市）区 | 棉、化纤纺织加工 |
| 济南西门子变压器有限公司 | 中外合资经营 | 中型 | 县（市）区 | 变压器、整流器和电感器制造 |
| 山东松下电子信息有限公司 | 中外合资经营 | 中型 | 其他 | 家用影视设备制造 |
| 济南中集考格尔特种汽车有限公司 | 中外合资经营 | 中型 | 其他 | 汽车整车制造 |
| 济南弘正科技有限公司 | 港澳台商独资 | 中型 | 其他 | 摩托车零部件及配件制造 |
| 济南台有玻璃制品有限公司 | 与港澳台商合作经营 | 中型 | 其他 | 日用玻璃制品及玻璃包装容器制造 |
| 东港安全印刷股份有限公司 | 港澳台商投资股份有限公司 | 中型 | 县（市）区 | 包装装潢及其他印刷 |
| 山东豪克华光联合发展有限公司 | 私营独资 | 中型 | 其他 | 肥皂及合成洗涤剂制造 |
| 山东中德设备有限公司 | 股份有限公司 | 中型 | 省 | 食品、饮料、烟草工业专用设备制造 |
| 山东建设机械股份有限公司 | 股份有限公司 | 中型 | 市 | 建筑工程用机械制造 |
| 济南四机数控机床有限公司 | 其他有限责任公司 | 中型 | 其他 | 金属切削机床制造 |
| 济南大阳食品有限公司 | 私营有限责任公司 | 中型 | 其他 | 畜禽屠宰 |
| 济南帅潮实业有限公司 | 私营有限责任公司 | 中型 | 其他 | 紧固件、弹簧制造 |
| 济南铸造锻压机械研究所有限公司 | 国有 | 中型 | 中央 | 其他金属加工机械制造 |

# 12-28 主要工业产品生产量(2011年)

## OUTPUT OF MAJOR INDUSTRIAL PRODUCTS(2011)

| 主要工业产品名称 | 单位 | 生产量 | 主要工业产品名称 | 单位 | 生产量 |
|---|---|---|---|---|---|
| 原煤 | 万吨 | 354.4 | 日用玻璃制品 | 万吨 | 10.4 |
| 铁矿石原矿 | 万吨 | 120.9 | 耐火材料制品 | 万吨 | 75 |
| 小麦粉 | 万吨 | 14.7 | 石墨及炭素制品 | 万吨 | 58.4 |
| 饲料 | 万吨 | 31.2 | 生铁 | 万吨 | 958.6 |
| 精制食用植物油 | 万吨 | 0.3 | 粗钢 | 万吨 | 835.8 |
| 鲜、冷藏肉 | 万吨 | 9.8 | 钢材 | 万吨 | 935.5 |
| 速冻米面食品 | 万吨 | 0.4 | 大型型钢 | 万吨 | 12.7 |
| 乳制品 | 万吨 | 42.6 | 中小型型钢 | 万吨 | 37.1 |
| 液体乳 | 万吨 | 42.6 | 棒材 | 万吨 | 60.7 |
| 酱油 | 万吨 | 8.1 | 钢筋 | 万吨 | 182.8 |
| 冷冻饮品 | 万吨 | 2.1 | 特厚板 | 万吨 | 13.4 |
| 食品添加剂 | 万吨 | 0.6 | 厚钢板 | 万吨 | 185.5 |
| 饮料酒 | 万千升 | 28.9 | 中板 | 万吨 | 225.1 |
| 白酒(折65度.商品量) | 万千升 | 3.7 | 中厚宽钢带 | 万吨 | 141.5 |
| 啤酒 | 万千升 | 25.2 | 冷轧薄宽钢带 | 万吨 | 42.3 |
| 软饮料 | 万吨 | 105.4 | 镀层板（带） | 万吨 | 10.9 |
| 碳酸饮料类(汽水) | 万吨 | 37.4 | 涂层板（带） | 万吨 | 2.9 |
| 包装饮用水类 | 万吨 | 20.1 | 焊接钢管 | 万吨 | 19.1 |
| 果汁和蔬菜汁饮料类 | 万吨 | 47.9 | 其它钢材 | 万吨 | 1.4 |
| 卷烟 | 亿支 | 516.3 | 电站锅炉 | 蒸发量吨 | 15985.7 |
| 纱 | 万吨 | 8.7 | 工业锅炉 | 蒸发量吨 | 469 |
| 棉纱 | 万吨 | 4.7 | 发动机 | 万千瓦 | 1864.4 |
| 棉混纺纱 | 万吨 | 2.5 | 汽车用发动机 | 万千瓦 | 1628.1 |
| 化学纤维纱 | 万吨 | 1.6 | 电站用汽轮机 | 万千瓦 | 11 |
| 布 | 万米 | 11461.03 | 金属切削机床 | 台 | 2024 |
| 棉布 | 万米 | 7670.57 | 数控金属切削机床 | 台 | 1431 |
| 棉混纺布 | 万米 | 3711.12 | 金属成形机床 | 台 | 459 |
| 化学纤维布 | 万米 | 79.34 | 数控金属成形机床(数控锻压设备) | 台 | 323 |
| 印染布 | 万米 | 2086 | 铸造机械 | 台 | 63 |
| 无纺布(无纺织物) | 万吨 | 0.7 | 起重机 | 万吨 | 45.1 |
| 服装 | 万件 | 7062.2 | 气体压缩机 | 万台 | 1.4 |
| 针织服装 | 万件 | 5127.6 | 阀门 | 万吨 | 7 |
| 梭织服装 | 万件 | 1934.7 | 液压元件 | 万件 | 2.6 |

12-28续1

| 主要工业产品名称 | 单位 | 生产量 | 主要工业产品名称 | 单位 | 生产量 |
|---|---|---|---|---|---|
| 羽绒服 | 万件 | 62.6 | 气动元件 | 万件 | 75.3 |
| 西服套装 | 万件 | 18 | 齿轮 | 万吨 | 5.8 |
| 衬衫 | 万件 | 194.8 | 工业电炉 | 台 | 62 |
| 轻革 | 万平方米 | 99.1 | 风机 | 万台 | 6.2 |
| 人造板 | 万立方米 | 1.9 | 鼓风机 | 万台 | 5.4 |
| 家具 | 万件 | 12 | 气体分离及液化设备 | 台 | 5 |
| 木质家具 | 万件 | 3.8 | 电动手提式工具 | 万台 | 28 |
| 软体家具 | 万件 | 8.2 | 衡器(秤) | 万台 | 0.6 |
| 机制纸及纸板(外购原纸加工除外) | 万吨 | 4.4 | 金属紧固件 | 万吨 | 0.5 |
| 未涂布印刷书写用纸 | 万吨 | 1.9 | 弹簧 | 万吨 | 5.8 |
| 箱纸板 | 万吨 | 1.9 | 铸铁件 | 万吨 | 1 |
| 纸制品 | 万吨 | 9.9 | 铸钢件 | 万吨 | 0.6 |
| 瓦楞纸箱 | 万吨 | 9.5 | 锻件 | 万吨 | 72.2 |
| 单色印刷品 | 万令 | 210.6 | 矿山专用设备 | 万吨 | 2.4 |
| 多色印刷品 | 万对开色令 | 503.2 | 挖掘、铲土运输机械 | 台 | 227 |
| 原油加工量 | 万吨 | 561.3 | 水泥专用设备 | 吨 | 30575 |
| 汽油 | 万吨 | 136.4 | 混凝土机械 | 台 | 1657 |
| 柴油 | 万吨 | 238.8 | 金属轧制设备 | 吨 | 5247 |
| 润滑油 | 万吨 | 11.9 | 炼油、化工生产专用设备 | 吨 | 865 |
| 燃料油 | 万吨 | 7.1 | 模具 | 套 | 173 |
| 石脑油 | 万吨 | 19.3 | 收获后处理机械 | 台 | 2098 |
| 溶剂油 | 万吨 | 1 | 棉花加工机械 | 台 | 2934 |
| 润滑脂 | 万吨 | 0.2 | 环境污染防治专用设备 | 台(套) | 159 |
| 液化石油气 | 万吨 | 30.8 | 大气污染防治设备 | 台 | 53 |
| 石油焦 | 万吨 | 40.8 | 水质污染防治设备 | 台(套) | 106 |
| 石油沥青 | 万吨 | 11.4 | 铁路货车 | 辆 | 4929 |
| 焦炭 | 万吨 | 338.2 | 汽车 | 万辆 | 17.1 |
| 机焦 | 万吨 | 338.2 | 基本型乘用车(轿车) | 万辆 | 4.3 |
| 盐酸(氯化氢,含量31%) | 万吨 | 0.3 | 1升<排量≤1.6升 | 万辆 | 2.6 |
| 烧碱(折100%) | 万吨 | 3.5 | 2.0升<排量≤2.5升 | 万辆 | 1.8 |
| 纯苯 | 万吨 | 2.8 | 载货汽车 | 万辆 | 12.8 |
| 精甲醇 | 万吨 | 42.1 | 改装汽车 | 万辆 | 1.8 |
| 浓硝酸(折100%) | 万吨 | 11 | 摩托车整车 | 万辆 | 67.8 |

12–28续2

| 主要工业产品名称 | 单位 | 生产量 |
|---|---|---|
| 合成氨(无水氨) | 万吨 | 89.2 |
| 农用氮、磷、钾化学肥料总计(折纯) | 万吨 | 44.2 |
| 氮肥(折含N100%) | 万吨 | 44.2 |
| 尿素(折含N100%) | 万吨 | 40.4 |
| 化学农药原药(折有效成分100%) | 万吨 | 3.3 |
| 杀虫剂原药 | 万吨 | 0.1 |
| 除草剂原药 | 万吨 | 3.2 |
| 涂料 | 万吨 | 0.3 |
| 初级形态的塑料 | 万吨 | 21.7 |
| 聚丙烯树脂 | 万吨 | 10.2 |
| 合成橡胶 | 万吨 | 0.3 |
| 化学试剂 | 万吨 | 7 |
| 合成洗涤剂 | 万吨 | 3.1 |
| 化学药品原药 | 万吨 | 1.2 |
| 中成药 | 万吨 | 0.4 |
| 化学纤维 | 万吨 | 0.4 |
| 合成纤维 | 万吨 | 0.4 |
| 塑料制品 | 万吨 | 19.6 |
| 塑料薄膜 | 万吨 | 5.4 |
| 农用薄膜 | 万吨 | 1 |
| 泡沫塑料 | 万吨 | 4.6 |
| 日用塑料制品 | 万吨 | 3.2 |
| 硅酸盐水泥熟料 | 万吨 | 655.9 |
| 窑外分解窑水泥熟料 | 万吨 | 641 |
| 水泥 | 万吨 | 824.7 |
| 强度等级42.5水泥(含R型) | 万吨 | 35.2 |
| 商品混凝土 | 万立方米 | 561.2 |
| 水泥混凝土压力管 | 千米 | 123.2 |
| 砖 | 亿块 | 1.6 |
| 天然花岗石建筑板材 | 万平方米 | 320.7 |
| 钢化玻璃 | 万平方米 | 16.9 |
| 中空玻璃 | 万平方米 | 240 |

| 主要工业产品名称 | 单位 | 生产量 |
|---|---|---|
| 发电机组(发电设备) | 万千瓦 | 822.1 |
| 汽轮发电机 | 万千瓦 | 822.1 |
| 交流电动机 | 万千瓦 | 313.2 |
| 变压器 | 万千伏安 | 5155.5 |
| 电力变压器(额定容量≥8000kVA,电压≥500kV) | 万千伏安 | 40 |
| 低压开关板 | 面 | 1636 |
| 高压开关设备(11万伏以上) | 台 | 200 |
| 通信及电子网络用电缆 | 万对千米 | 8.4 |
| 电力电缆 | 万千米 | 4.9 |
| 铅酸蓄电池 | 万千伏安时 | 17.5 |
| 家用电风扇 | 万台 | 5.4 |
| 电光源 | 万只 | 430 |
| 白炽灯泡 | 万只 | 430 |
| 灯具及照明装置 | 万套(台、个) | 3.4 |
| 微波终端机 | 部 | 33229 |
| 电子计算机整机 | 万台 | 35.4 |
| 微型计算机设备 | 万台 | 22.4 |
| 服务器 | 万台 | 13 |
| 显示器 | 万台 | 0.7 |
| 半导体分立器件 | 亿只 | 29 |
| 电子元件 | 万只 | 62.25 |
| 彩色电视机 | 万台 | 67.8 |
| 液晶(LCD)电视机 | 万台 | 67.8 |
| 工业自动调节仪表与控制系统 | 万台(套) | 1.6 |
| 试验机 | 万台 | 0.4 |
| 汽车仪器仪表 | 万台 | 0.6 |
| 钟 | 万只 | 197.9 |
| 发电量 | 亿千瓦小时 | 154.5 |
| 火力发电量 | 亿千瓦小时 | 154.3 |
| 煤气生产量 | 亿立方米 | 172.5 |
| 自来水生产量 | 亿立方米 | 4.6 |

# 12-29 工业企业能源购进、消费及库存(2011年)

## PURCHASES、CONSUMPTION AND INVETORY OF MAIN ENERGY SOURCE IN INDUSTRIAL ENTERPRISES(2011)

| 能源名称 | 计量单位 | 年初库存量 | 本年购进量 | 本年消费 | 工业生产消费 | 非工业生产消费 | 年末库存量 |
|---|---|---|---|---|---|---|---|
| 能源合计 | 吨标准煤 | | | 31507757 | 31383046 | 124711 | |
| 原煤 | 吨 | 721390 | 10932561 | 10873604 | 10834030 | 39574 | 776708 |
| 洗精煤 | 吨 | 234477 | 4996613 | 4928434 | 4928434 | | 302656 |
| 其他洗煤 | 吨 | 159866 | 1585215 | 1516790 | 1509307 | 7483 | 228291 |
| 型煤 | 吨 | | | | | | |
| 焦炭 | 吨 | 76356 | 439372 | 4497540 | 4497436 | 104 | 45382 |
| 其他煤气 | 万立方米 | | | | | | |
| 天然气 | 万立方米 | | 21596 | 21596 | 21448 | 148 | |
| 液化天然气 | 吨 | 2 | 110 | 110 | | | 3 |
| 原油 | 吨 | 103691 | 5416365 | 5410728 | 5410728 | | 109327 |
| 汽油 | 吨 | 320 | 24094 | 24083 | 18069 | 6014 | 294 |
| 煤油 | 吨 | 68 | 2879 | 1445 | 1347 | 98 | 93 |
| 柴油 | 吨 | 2397 | 48428 | 49162 | 32470 | 16692 | 1647 |
| 燃料油 | 吨 | 5594 | 202215 | 206578 | 206578 | | 5044 |
| 液化石油气 | 吨 | 264 | 30664 | 30560 | 30509 | 51 | 369 |
| 炼厂干气 | 吨 | | | 147612 | 147612 | | |
| 其他石油制品 | 吨 | 12810 | 19556 | 424966 | 424958 | 8 | 5624 |
| 热力 | 百万千焦 | | 6832723 | 8516133 | 8048739 | 467394 | |
| 电力 | 万千瓦时 | | 1068441 | 1640160 | 1608647 | 31513 | |
| 其他燃料 | 吨标准煤 | | 3271 | 3271 | 3271 | | |

注:按照经济普查要求,免填能源合计中,年初库存、购进量、年末库存。

# 12-30 工业分行业主要能源消费量(2011年)

## CONSUMPTION OF MAIN ENERGY SOURCE IN INDUSTRIAL ENTERPRISES BY SECTOR(2011)

| 指　　标 | 原煤(吨) | 汽油(吨) | 煤油(吨) | 柴油(吨) | 燃料油(吨) | 热力(百万千焦) | 电力(万千瓦时) |
|---|---|---|---|---|---|---|---|
| **总　计** | 10873604 | 24083 | 1445 | 49162 | 206578 | 8516133 | 1640160 |
| **采矿业** | 4105 | 117 | 0 | 288 | 0 | 169190 | 26134 |
| 煤炭开采和洗选业 | 2907 | 98 | 0 | 236 | 0 | 169190 | 21299 |
| 石油和天然气开采业 | 0 | 13 | 0 | 2 | 0 | 0 | 1830 |
| 黑色金属矿采选业 | 0 | 4 | 0 | 0 | 0 | 0 | 1159 |
| 非金属矿采选业 | 1198 | 3 | 0 | 50 | 0 | 0 | 1846 |
| **制造业** | 5042592 | 22727 | 1445 | 43967 | 206578 | 8340467 | 1355678 |
| 农副食品加工业 | 3993 | 855 | 0 | 188 | 0 | 0 | 8798 |
| 食品制造业 | 11574 | 942 | 0 | 687 | 0 | 273862 | 11974 |
| 饮料制造业 | 15718 | 356 | 0 | 846 | 0 | 227895 | 20910 |
| 纺织业 | 6191 | 470 | 34 | 124 | 1 | 339486 | 36604 |
| 纺织服装、鞋、帽制造业 | 706 | 197 | 0 | 13 | 0 | 0 | 2282 |
| 皮革、毛皮、羽毛(绒)及其制品业 | 557 | 44 | 0 | 0 | 0 | 0 | 886 |
| 木材加工及木、竹、藤、棕、草制品业 | 6367 | 516 | 2 | 515 | 0 | 0 | 2489 |
| 家具制造业 | 0 | 108 | 0 | 21 | 0 | 0 | 389 |
| 造纸及纸制品业 | 5322 | 411 | 0 | 285 | 0 | 7949 | 3937 |
| 印刷业和记录媒介的复制 | 1232 | 127 | 0 | 129 | 0 | 5440 | 4272 |
| 文教体育用品制造业 | 98 | 294 | 0 | 78 | 0 | 12729 | 722 |
| 石油加工、炼焦及核燃料加工业 | 350 | 147 | 0 | 0 | 205875 | 386990 | 37075 |
| 化学原料及化学制品制造业 | 1877474 | 1483 | 994 | 3422 | 618 | 3835308 | 238483 |
| 医药制造业 | 86525 | 988 | 0 | 436 | 0 | 2235129 | 56686 |
| 化学纤维制造业 | 0 | 49 | 0 | 0 | 0 | 0 | 120 |
| 橡胶制品业 | 1925 | 81 | 1 | 11 | 0 | 0 | 553 |
| 塑料制品业 | 4832 | 457 | 0 | 306 | 0 | 0 | 6707 |
| 非金属矿物制品业 | 1004149 | 1713 | 3 | 11521 | 0 | 16 | 114900 |
| 黑色金属冶炼及压延加工业 | 1746141 | 2191 | 0 | 12418 | 0 | 332014 | 596024 |
| 有色金属冶炼及压延加工业 | 659 | 166 | 0 | 128 | 0 | 0 | 2167 |
| 金属制品业 | 31664 | 1132 | 0 | 1226 | 0 | 0 | 25854 |
| 通用设备制造业 | 138404 | 3939 | 116 | 5857 | 85 | 9982 | 61895 |
| 专用设备制造业 | 4447 | 1563 | 11 | 601 | 0 | 3458 | 21860 |
| 交通运输设备制造业 | 59961 | 1648 | 105 | 4686 | 0 | 657678 | 61607 |
| 电气机械及器材制造业 | 31401 | 1313 | 179 | 231 | 0 | 1 | 23174 |
| 通信设备、计算机及其他电子设备制造业 | 0 | 777 | 0 | 107 | 0 | 2529 | 6923 |
| 仪器仪表及文化、办公用机械制造业 | 2628 | 471 | 0 | 68 | 0 | 0 | 1489 |
| 工艺品及其他制造业 | 274 | 114 | 0 | 63 | 0 | 0 | 853 |
| **电力、燃气及水的生产和供应业** | 5826907 | 1238 | 0 | 4907 | 0 | 6476 | 258348 |
| 电力、热力的生产和供应业 | 5826907 | 705 | 0 | 4796 | 0 | 6476 | 243878 |
| **燃气生产和供应业** | 0 | 296 | 0 | 90 | 0 | 0 | 567 |
| **水的生产和供应业** | 0 | 237 | 0 | 21 | 0 | 0 | 13904 |

# 主要统计指标解释

## EXPLANATORY NOTES ON MAIN STATISTICAL INDICATORS

按照国家统计方法制度规定，1998年独立核算工业统计范围由原乡及乡以上调整为全部国有及年销售收入500万元以上非国有工业企业，2011年规模以上工业企业统计范围调整为年主营业务收入2000万元以上。同时，统计分类中的原经济组织类型分组相应地调整为按企业登记注册类型分组。

**工业** 指从事自然资源的开采，对采掘品和农产品进行加工和再加工的物质生产部门。具体包括：(1)对自然资源的开采，如采矿、晒盐、森林采伐等(但不包括禽兽捕猎和水产捕捞)；(2)对农副产品的加工、再加工，如粮油加工、食品加工、轧花、缫丝、纺织、制革等；(3)对采掘品的加工、再加工，如炼铁、炼钢、化工生产、石油加工、机器制造、木材加工等，以及电力、自来水、煤气的生产和供应等；(4)对工业品的修理、翻新，如机器设备的修理、交通运输工具(包括小卧车)的修理等。

1984年以前农村的村及村以下办工业归属农业，1984年以后划归工业。

**工业统计调查单位** 工业统计调查单位分为两类：独立核算法人工业企业和工业活动单位。

(1)独立核算法人工业企业 是指从事工业生产经营活动的单位。独立核算法人工业企业应同时具备以下条件：①依法成立，有自己的名称、组织机构和场所，能够承担民事责任；②独立拥有和使用资产，承担负债，有权与其他单位签订合同；③独立核算盈亏，并能够编制资产负债表。

(2)工业活动单位 是指在一个场所从事一种或主要从事一种工业生产活动的经济单位。它包括独立核算工业企业按主营业务活动(即工业生产活动)划分的主营业务活动单位和非工业企业所属的工业生产活动单位(即原非独立核算工业生产单位)。工业活动单位，一般应同时具备以下三个条件：①具有一个场所，从事一种或主要从事一种工业活动；②单独组织工业生产、经营或业务活动；③单独核算收入和支出。

**企业登记注册类型** 是指具有法人资格的各类企业在工商行政管理机关登记注册的类型。本年鉴中，国有经济、集体经济、股份制经济、国有控股等概念与过去含义有所区别。

(一)国有企业：是指企业全部资产归国有家所有，并按《中华人民共和国企业法人登记管理条例》规定登记注册的非公司制的经济组织。不包括有限责任公司中的国有独资公司。

(二)集体企业：是指企业资产归集体所有，并按《中华人民共和国企业法人登记管理条例》规定登记注册的经济组织。

(三)股份合作企业：是指以合作制为基础，由企业职工共同出资入股，吸收一定比例的社会资产投资组建，实行自主经营，自负盈亏，共同劳动，民主管理，按劳分配下按股分红相结合的一种集体经济组织。

(四)联营企业：是指两个及两个以上相同或不同所有制性质的企业法人或事业单位法人，按自愿、平等、互利的原则，共同投资组成的经济组织。联营企业包括：

1. 国有联营企业：指国有企业与国有企业间的联营；

2. 集体联营企业：指集体企业与集体企业间的联营；

3. 国有与集体联营企业：指国有企业与集体企业间的联营；

4. 其他联营企业：指国有企业与私人企业间的联营，集体企业与私人企业间的联营，国有、集体与私人企业间的联营。

(五)有限责任公司：是指根据《中华人民共和国公司登记管理条例》规定登记注册，由两个以上，五十个以下的股东共同出资，每个股东以其所认缴的出资额对公司承担有限责任，公司以其全部资产对其债务承担责任的经济组织。有限责任公司包括国有独资公司以及其他有限责任公司。

1. 国有独资公司：是指国家授权的投资机构或者国家授权的部门单独投资设立的有限责任公司。

2. 其他有限责任公司：是指国有独资公司以外的其他有限责任公司。

(六)股份有限公司：是指根据《中华人民共和国公司登记管理条例》规定登记注册，其全部注册资本由等额股份构成并通过发行股票筹集资本，股东以其认购的股份对公司承担有限责任，公司以其全部资产对其债务承担责任的经济组织。

(七)私营企业：是指由自然人投资设立或由自然人控股，以雇佣劳动为基础的营利性经济组织。包括按照《公司法》、《合伙企业法》、《私营企业暂行条例》规定登记注册的私营有限责任公司、私营股份有限公司、私营合伙企业和私营独资企业。

1. 私营独资企业：是指按《私营企业暂行条例》的规定，由一名自然人投资经营，以雇佣劳动为基础，投资者对企业债务承担无限责任的企业。

2. 私营合伙企业：是指按《合伙企业法》或《私营企业暂行条例》的规定，由两个以上自然人按照协议共同投资、共同经营、共负盈亏，以雇佣劳动为基础，对债务承担无限责任的企业。

3. 私营有限责任公司：是指按《公司法》、《私营企业暂行条例》的规定，由两个以上自然人投资或由单个自然人控股的有限责任公司。

4. 私营股份有限公司：是指按《公司法》的规定，由五个以上自然人投资，或由单个自然人控投的股份有限公司。

(八)其他企业：是指上述第(一)至第(七)之处的其他内资经济组织。

(九)合资经营企业(港或澳、台资):是指港澳台地区投资者也内地的企业依照《中华人民共和国中外合资经营企业法》及有关法律的规定,按合同规定的比例投资设立、分享利润和分担风险的企业。

(十)合作经营企业(港和澳、台资):是指港澳台地区投资者与内地企业依照《中华人民共和国中外合作经营企业法》及有关法律的规定,依照合作合同的约定进行投资或提供条件设立、分配利润和分担风险的企业。

(十一)港、澳、台商独资经营企业:是指依照《中华人民共和国外资企业法》及有关法律的规定,在内地由港澳台地区投资者全额投资设立的企业。

(十二)港、澳、台投资股份有限公司:是指根据国家有关规定,经外经贸部依法批准设立,其中港、澳、台商的股本占公司注册资本的比例达25%以上(含25%)的股份有限公司。凡其中港、澳、台商的股本占公司注册资本的比例小于25%的,属于内资企业中的股份有限公司。

(十三)中外合资经营企业,是指外国企业或外国人与中国内地企业依照《中华人民共和国外合资经营企业法》及有关法律的规定,按合同规定的比例投资设立、分享利润和分担风险的企业。

(十四)中外合作经营企业:是指外国企业或外国人与中国内地企业依照《中华人民共和国中外合作经营企业法》及有关法律的规定,依照合作合同的约定进行投资或提供条件设立、分配利润和分担风险的企业。

(十五)外资企业:是指依照《中华人民共和国外资企业法》及有关法律的规定,在中国内地由外国投资者全额投资设立的企业。

(十六)外商投资股份有限公司:是指根据国家有关规定,经外经贸部依法批准设立,其中外资的股本占公司注册资本的比例达25%以上(含25%)的股份有限公司。凡其中外资股本占公司注册资本的比例小于25%的,属于内部企业中的股份有限公司。

**轻工业** 指主要提供生活消费品和制作手工工具的工业。按其所使用的原料不同,可分为两大类:(1)以农产品为原料的轻工业,是指直接或间接以农产品为基本原料的轻工业。主要包括食品制造、饮料制造、烟草加工、纺织、缝纫、皮革和毛皮制作、造纸以及印刷等工业;(2)以非农产品为原料的轻工业,是指以工业品为原料的轻工业。主要包括文教体育用品、化学药品制造、合成纤维制造、日用化学制品、日用玻璃制品、日用金属制品、手工工具制造、医疗器械制造、文化和办公用机械制造等工业。

**重工业** 是指为国民经济各部门提供物质技术基础的主要生产资料的工业。按其生产性质和产品用途,可以分为下列三类:(1)采掘(伐)工业,是指对自然资源的开采,包括石油开采、煤炭开采、金属矿开采、非金属矿开采和木材采伐等工业;(2)原材料工业,指向国民经济各部门提供基本材料、动力和燃料的工业。包括金属冶炼及加工、炼焦及焦炭、化学、化工原料、水泥、人造板以及电力、石油和煤炭加工等工业;(3)加工工业,是指对工业原材料进行再加工制造的工业。包括装备国民经济各部门的机械设备制造工业、金属结构、水泥制品等工业,以及为农业提供的生产资料如化肥、农药等工业。

根据上述划分原则,修理业中以重工业产品为修理作业对象的划为重工业,反之划为轻工业。

**工业总产值** 是以货币表现的工业企业在一定时期内生产的已出售或可供出售工业产品总量,它反映一定时间内工业生产的总规模和总水平。它包括:在本企业内不再进行加工,经检验、包装入库(规定不需包装的产品除外)的成品价值,对外加工费收入,自制半成品、在产品期末初差额价值。工业总产值采用"工厂法"计算,即以工业企业作为一个整体,按企业工业生产活动的最终成果来计算,企业内部不允许重复计算,不能把企业内部各个车间(分厂)生产的成果相加。但在企业之间、行业之间、地区之间存在着重复计算。

轻重工业总产值的划分也是按"工厂法"计算的,即一个工业企业在正常情况下生产的主要产品的性质属于轻工业,则该企业的全部总产值作为轻工业总产值。如生产的主要产品的性质属于重工业,则该企业的全部总产值作为重工业总产值。

**工业增加值** 是指工业行业在报告期内以货币表现的工业生产活动的最终成果。

**实收资本** 指企业实际收到的投资人投入的资本。按投资主体可分为国家资本、集体资本、法人资本、个人资本、港澳台资本和外商资本等。

**资产合计** 指企业拥有或控制的能以货币计量的经济资源。包括各种财产、债权和其他权利。资产按其流动性划分为流动资产、长期投资、固定资产、无形及递延资产和其他资产。

(1)流动资产 指企业可以在一年内或者超过一年的一个生产周期内变现或耗用的资产合计。包括现金及各种存款、短期投资、应收及预付款项、存货等。

(2)固定资产 指企业固定资产净值、固定资产清理、在建工程、待处理固定资产损失所占用的资金合计。

(3)无形资产 指企业长期使用而没有实物形态的资产。包括专利权、非专利技术、商标权、著作权、土地使用权、商誉等。

**负债合计** 指企业承担的能以货币计量,将以资产或劳务偿付的债务。负债一般按偿还期长短分为流动负债和长期负债、递延税项等。

(1)流动负债 指企业在一年内或者超过一年的一个营业周期内需要偿还的债务合计,其中包括短期借款、应付及预收款项、应付工资、应交税金和应交利润等。

(2)长期负债 指企业在一年以上或者超过一年的一个营业周期以上需要偿还的债务合计,其中包括长期借款、应付债务、长期应付款项等。

**所有者权益** 指企业投资人对企业净资产的所有权。企业净资产等于企业全部资产减去全部负债后的余额,其中包括投资者对企业的最初投入,以及资本公积金、盈余公积金和未分配利润,对股份制企业即为股东权益。

**固定资产原价** 指企业在建造、购置、安装、改建、扩建、技术改造某项固定资产时所支出的全部货币总额。它一般包括买价、包装费、运杂费和安装费等。

**固定资产净值** 是指固定资产原价减去历年已提折旧额后的净额。

**产品销售收入** 指企业销售产品和提供劳务等主要经营业务取得的业务总额。

**产品销售成本** 指企业销售产品和提供劳务等主要经营业务的实际成本。

**产品销售税金及附加** 指企业销售产品和提供工业性劳务等主要经营业务应负担的城市维护建设税、消费税、资源税和教育费附加。

**产品销售利润** 指企业销售产品和提供工业性劳务等主要经营业务收入扣除其成本、费用、税金后的利润。

**利润总额** 指企业实现的利润。

**应交增值税** 指企业在报告期内应交纳的增值税额。

**总资产贡献率** 反映企业全部资产的获利能力，是企业经营业绩和管理水平的集中体现，是评价和考核企业盈利能力的核心指标。计算公式为：

总资产贡献率(%)＝(利润总额＋税金总额＋利息支出)/平均资产总额×100%

**资产负债率** 该指标既反映企业经营风险的大小，也反映企业利用债权人提供的资金从事经营活动的能力。计算公式为：

资产负债率(%)＝负债总额/资产总额×100%

**工业成本费用利润率** 指在一定时期内实现的利润与成本费用之比，是反映工业生产成本及费用投入的经济效益指标，同时也是反映降低成本的经济效益的指标。计算公式为：

工业成本费用利润率(%)＝利润总额/成本费用总额×100%

**工业增加值率** 指在一定时期内工业增加值占同期工业总产值的比重，反映降低中间消耗的经济效益。计算公式为：

工业增加值率(%)＝工业增加值(现价)/工业总产值(现价)×100%

**流动资产周转次数** 指在一定时期内流动资产完成的周转次数，反映流动资产的周转速度。计算公式为：

流动资金周转次数＝产品销售收入/全部流动资产平均余额

**产品销售率** 指报告期工业销售产值与同期全部工业总产值之比，是反映工业产品已实现销售的程度，分析工业产销衔接情况，研究工业产品满足社会需求程度的指标。计算公式为：

产品销售率(%)=工业销售产值/工业总产值(现价)×100%

**全员劳动生产率** 指根据产品的价值量指标计算的平均每一个从业人员在单位时间内的产品生产量。是考核企业经济活动的重要指标，是企业生产技术水平、经营管理水平、职工技术熟练程度和劳动积极性的综合表现。目前我国的全员劳动生产率是将工业企业的工业增加值除以同一时期全部从业人员的平均人数来计算的。计算公式为：

全员劳动生产率＝工业增加值/全部从业人员平均人数

利润总额=营业利润＋投资收益＋补贴收入＋营业外收入－营业外支出＋以前年度损益调整

**利税总额** 指企业产品销售税金及附加、利润总额和应交增值税之和。

**资本金** 指企业在工商行政管理部门登记的注册资金合计。企业资本金按投资主体可分为国家资本金、法人资本金、个人资本金和外商资本金等。资本金合计包括企业各种投资主体注册的全部资本金。

**总资产** 指企业拥有或控制的全部资产。包括流动资产、长期投资、固定资产、无形及递延资产、其他资产等，即为企业资产负债表的资产总计项。

# 13

# 建筑业

## CONSTRUCTION

# 13-1 建筑业主要指标

## MAIN INDICATORS OF CONSTRUCTION ENTERPRISES

| 指　　标 | 单位 | 2006年 | 2007年 | 2008年 | 2009年 | 2010年 | 2011年 |
|---|---|---|---|---|---|---|---|
| 汇总单位数 | 个 | 697 | 687 | 747 | 737 | 739 | 488 |
| 建筑业增加值 | 万元 | 1089797 | 1165283 | 1509502 | 1553274 | 2151997 | 1791905 |
| 建筑业总产值 | 万元 | 5059755 | 5869367 | 6687058 | 7800224 | 8943039 | 11291079 |
| 按隶属关系分 | | | | | | | |
| 中央属 | 万元 | 1933354 | 2425515 | 2791559 | 3473978 | 4111266 | 5258069 |
| 省　属 | 万元 | 821388 | 994161 | 795537 | 974431 | 1089652 | 1217025 |
| 市　属 | 万元 | 1060442 | 1074816 | 1118838 | 1349695 | 1467098 | 1935696 |
| 县及县以下 | 万元 | 453516 | 1374875 | 628573 | 680112 | 791904 | 1130731 |
| 其　他 | 万元 | 791056 | 0 | 1352551 | 1322008 | 1483119 | 1749558 |
| 按工程性质分 | | | | | | | |
| 建筑工程 | 万元 | 4321313 | 4473078 | 4541550 | 5617047 | 7040234 | 10000822 |
| 安装工程 | 万元 | 574589 | 801842 | 1233279 | 2069364 | 1447613 | 928959 |
| 其他产值 | 万元 | 163853 | 594447 | 912229 | 113812 | 455192 | 361298 |
| 竣工产值 | 万元 | 3046230 | 3313298 | 3703164 | 3473307 | 3994976 | 4742897 |
| 房屋施工面积 | 万平方米 | 3483 | 3809 | 4013 | 4373 | 4655 | 5805 |
| #本年新开工 | 万平方米 | 1705 | 1688 | 1708 | 1740 | 1943 | 2692 |
| 房屋竣工面积 | 万平方米 | 1139 | 1590 | 1602 | 1417 | 1306 | 1185 |
| #住　宅 | 万平方米 | 555 | 1142 | 920 | 758 | 773 | 693 |
| 从业人员年平均人数 | 万人 | 34.59 | 35.45 | 43.52 | 40.17 | 51.9 | 36.5 |
| 建筑业劳动生产率 | 元/人 | 146274 | 167237 | 176486 | 224262 | 180800 | 309259 |
| 自有机械设备总台数 | 台 | 73779 | 55749 | 54928 | 80816 | 56478 | 51275 |
| 自有机械设备总功率 | 万千瓦 | 91.21 | 156.65 | 122.45 | 127.08 | 129.85 | 154.95 |
| 自有机械设备净值 | 万元 | 176534 | 219353 | 229913 | 299349 | 238903 | 390822 |
| 所有者权益 | 万元 | 1177553 | 1364205 | 1622684 | 1680636 | 1963818 | 2287009 |
| 利润总额 | 万元 | 101848 | 149017 | 237782 | 266340 | 414811 | 344352 |
| 上缴税金 | 万元 | 168211 | 179384 | 237743 | 274807 | 381884 | 366796 |
| 工资总额 | 万元 | 641394 | 649615 | 800835 | 824305 | 1109175 | 942251 |

注: 1. 建筑业劳动生产率按建筑业总产值计算。

2. 建筑业增加值2006年起采用以企业营业利润为主的收入法计算。

3. 建筑业汇总单位数为具有建筑业新资质的独立核算建筑业企业报送统计局数，下同。

# 13-2 分地区建筑业主要指标(2011年)

## MAIN INDICATORS OF CONSTRUCTION ENTERPRISES BY REGION(2011)

| 指　　标 | 单　位 | 全　市 | 平阴县 | 济阳县 | 商河县 | 章丘市 |
|---|---|---|---|---|---|---|
| 汇总单位数（总承包与专业承包） | 个 | 464 | 28 | 28 | 22 | 42 |
| 特　级 | 个 | 4 | | | | |
| 一　级 | 个 | 69 | 1 | 0 | 0 | 4 |
| 二　级 | 个 | 169 | 5 | 10 | 6 | 8 |
| 三　级 | 个 | 222 | 22 | 18 | 16 | 30 |
| 建筑业增加值 | 万元 | 1791905 | 16613 | 69803 | 27521 | 158494 |
| 建筑业总产值 | 万元 | 11291079 | 115340 | 269687 | 79845 | 902171 |
| 房屋和土木工程建筑业 | 万元 | 9639936 | 114723 | 222562 | 72953 | 873720 |
| 建筑安装业 | 万元 | 1114808 | 519 | 36660 | 5773 | 19927 |
| 建筑装饰业 | 万元 | 367217 | 98 | 8532 | 1119 | 2458 |
| 其它建筑业 | 万元 | 169117 | 0 | 1933 | 0 | 6066 |
| 竣工产值 | 万元 | 4742897 | 28473 | 192071 | 46603 | 445678 |
| 房屋施工面积 | 万平方米 | 5804.82 | 120.55 | 235.01 | 61.88 | 409.64 |
| 房屋竣工面积 | 万平方米 | 1185.36 | 20.52 | 109.59 | 29.79 | 159.12 |
| #住　宅 | 万平方米 | 692.70 | 16.39 | 65.78 | 24.45 | 124.91 |
| 从业人员年平均人数 | 万人 | 36.51 | 0.50 | 1.88 | 0.67 | 2.97 |
| 建筑业劳动生产率 | 元/人 | 309259 | 230680 | 143451 | 119172 | 303751 |
| 自有机械设备总台数 | 台 | 51275 | 1268 | 0 | 1496 | 4798 |
| 自有机械设备总功率 | 千瓦 | 1549451 | 20665 | 0 | 23863 | 91433 |
| 自有机械设备净值 | 万元 | 390822 | 4796 | 0 | 2464 | 21338 |
| 资产合计 | 万元 | 11993173 | 69419 | 145111 | 45350 | 353558 |
| 负债合计 | 万元 | 9706164 | 35566 | 67830 | 14447 | 247851 |
| 所有者权益 | 万元 | 2287009 | 33853 | 77281 | 30903 | 105717 |
| 利润总额 | 万元 | 344352 | 2434 | 30352 | 8789 | 41622 |
| 上缴税金 | 万元 | 366796 | 2846 | 7868 | 2668 | 32530 |
| 工资总额 | 万元 | 942251 | 10222 | 29141 | 15400 | 82130 |

注：本表统计口径为具有建筑业资质等级的独立核算建筑业单位。

# 13-3 建筑业增加值构成(2011年)

VALUE ADDED OF CONSTRUCTION BY STRUCTURE(2011)

单位:万元

| 指 标 | 建筑业增加值 | 本年提取固定资产折旧 | 营业税金及附加 | 管理费中的税金 | 营业利润 | 应付职工薪酬(本年贷方累计发生额 |
|---|---|---|---|---|---|---|
| **总 计** | 1768721 | 131411 | 354704 | 12093 | 328263 | 942251 |
| 其中:国有及国有控股企业 | 1102510 | 110406 | 252794 | 7116 | 175778 | 556416 |
| **一、按登记注册类型分组** | | | | | | |
| 内资企业 | 1757051 | 129157 | 349384 | 12010 | 326535 | 939965 |
| 国有企业 | 412008 | 52095 | 91926 | 4048 | 52200 | 211739 |
| 集体企业 | 63169 | 1397 | 7268 | 438 | 7849 | 46217 |
| 股份合作企业 | 1719 | 207 | 806 | 34 | -675 | 1347 |
| 联营企业 | 289 | 7 | 194 | 32 | 2 | 53 |
| 其他联营企业 | 289 | 7 | 194 | 32 | 2 | 53 |
| 有限责任公司 | 1103718 | 68386 | 224388 | 5931 | 218595 | 586418 |
| 国有独资公司 | 232654 | 5134 | 44189 | 1163 | 43315 | 138854 |
| 其他有限责任公司 | 871064 | 63252 | 180199 | 4768 | 175280 | 447564 |
| 股份有限公司 | 27843 | 958 | 2987 | 408 | 6883 | 16608 |
| 私营企业 | 148027 | 5933 | 21780 | 1117 | 41689 | 77508 |
| 私营独资企业 | 616 | 0 | 125 | 71 | 92 | 329 |
| 私营合伙企业 | 154 | 4 | 18 | 0 | 1 | 132 |
| 私营有限责任公司 | 129506 | 5770 | 20513 | 1015 | 37800 | 64409 |
| 私营股份有限公司 | 17751 | 160 | 1125 | 32 | 3796 | 12638 |
| 其他企业 | 278 | 175 | 37 | 0 | -9 | 76 |
| 港、澳、台商投资企业 | 10215 | 2218 | 5188 | 76 | 902 | 1832 |
| 合资经营企业(港或澳、台资) | 10216 | 2218 | 5188 | 76 | 902 | 1832 |
| 港、澳、台商独资经营企业 | 0 | 0 | 0 | 0 | 0 | 0 |
| 外商投资企业 | 1455 | 36 | 131 | 8 | 826 | 454 |
| 中外合资经营企业 | 659 | 18 | 123 | 6 | 68 | 444 |
| 外资企业 | 796 | 18 | 9 | 1 | 759 | 10 |
| **二、按国民经济行业分组** | | | | | | |
| 房屋和土木工程建筑业 | 1464535 | 111913 | 305795 | 8542 | 256067 | 782219 |
| 建筑安装业 | 211759 | 15485 | 30710 | 1784 | 42024 | 121756 |
| 建筑装饰业 | 64738 | 2163 | 13239 | 696 | 25792 | 22849 |
| 其他建筑业 | 27690 | 1850 | 4961 | 1071 | 4381 | 15427 |
| **三、按隶属关系分组** | | | | | | |
| 中央 | 686640 | 73906 | 166601 | 2264 | 101881 | 341989 |
| 省(自治区、直辖市) | 192113 | 28378 | 36121 | 2274 | 19308 | 106032 |
| 市 | 344531 | 11520 | 70164 | 2425 | 57262 | 203160 |
| 县(区、市)及其他 | 545438 | 17607 | 81819 | 5130 | 149813 | 291071 |
| **四、按企业资质等级分组** | | | | | | |
| 施工总承包 | 1576378 | 119790 | 324675 | 9270 | 277992 | 844651 |
| 特级 | 194127 | 29602 | 48686 | 602 | 16522 | 98715 |
| 一级 | 1073264 | 81551 | 237996 | 5753 | 167247 | 580716 |
| 二级 | 172806 | 5910 | 21756 | 1394 | 62726 | 81020 |
| 三级以下 | 136181 | 2727 | 16237 | 1521 | 31496 | 84199 |
| 专业承包 | 192344 | 11620 | 30029 | 2823 | 50272 | 97601 |
| 一级 | 79827 | 3214 | 15251 | 1089 | 17494 | 42778 |
| 二级 | 79889 | 4119 | 10822 | 1058 | 26566 | 37325 |
| 三级以下 | 32628 | 4287 | 3956 | 676 | 6212 | 17498 |

# 13-4 建筑业施工产值构成(2011年)

## OUTPUT VALUE OF CONSTRUCTION BY STRUCTURE(2011)

单位:万元

| 指　　标 | 建筑业总产值 | | | | 竣工产值 |
|---|---|---|---|---|---|
| | 合　计 | 建筑工程 | 安装工程 | 其他产值 | |
| **总　计** | 11291079 | 10000821 | 928960 | 361298 | 4742897 |
| 其中：国有及国有控股企业 | 7844016 | 6992273 | 561857 | 289885 | 3230127 |
| **一、按登记注册类型分组** | | | | | |
| 内资企业 | 10907370 | 9618311 | 927837 | 361223 | 4742897 |
| 国有企业 | 3192966 | 2449041 | 459333 | 284593 | 1441928 |
| 集体企业 | 253539 | 212667 | 39677 | 1195 | 154788 |
| 股份合作企业 | 19094 | 15679 | 3415 | 0 | 10315 |
| 联营企业 | 120 | 0 | 0 | 120 | 0 |
| 其他联营企业 | 120 | 0 | 0 | 120 | 0 |
| 有限责任公司 | 6694659 | 6330506 | 324701 | 39452 | 2691956 |
| 国有独资公司 | 1095994 | 1092306 | 0 | 3688 | 612657 |
| 其他有限责任公司 | 5598665 | 5238200 | 324701 | 35765 | 2079299 |
| 股份有限公司 | 90010 | 82325 | 6635 | 1050 | 75985 |
| 私营企业 | 655885 | 526997 | 94075 | 34813 | 366829 |
| 私营独资企业 | 2825 | 0 | 2825 | 0 | 154 |
| 私营合伙企业 | 307 | 0 | 0 | 307 | 307 |
| 私营有限责任公司 | 594416 | 475081 | 84828 | 34506 | 337831 |
| 私营股份有限公司 | 58337 | 51916 | 6421 | 0 | 28537 |
| 其他企业 | 1096 | 1096 | 0 | 0 | 1096 |
| 港、澳、台商投资企业 | 376179 | 376179 | 0 | 0 | 0 |
| 合资经营企业(港或澳、台资) | 376179 | 376179 | 0 | 0 | 0 |
| 港、澳、台商独资经营企业 | 0 | 0 | 0 | 0 | 0 |
| 外商投资企业 | 7530 | 6332 | 1123 | 75 | 0 |
| 中外合资经营企业 | 7448 | 6249 | 1123 | 75 | 0 |
| 外资企业 | 82 | 82 | 0 | 0 | 0 |
| **二、按国民经济行业分组** | | | | | |
| 房屋和土木工程建筑业 | 9639936 | 9135755 | 278768 | 225414 | 3882107 |
| 建筑安装业 | 1114808 | 485426 | 619471 | 9912 | 612161 |
| 建筑装饰业 | 367217 | 305598 | 29297 | 32322 | 136153 |
| 其他建筑业 | 169117 | 74043 | 1424 | 93650 | 112476 |
| **三、按隶属关系分组** | | | | | |
| 中　央 | 5258070 | 4723741 | 463148 | 71181 | 2024523 |
| 省(自治区、直辖市) | 1217025 | 902549 | 101072 | 213404 | 684501 |
| 市 | 1935696 | 1824607 | 90329 | 20760 | 744299 |
| 县（区、市）及其他 | 2880288 | 2549925 | 274410 | 55953 | 1289575 |
| **四、按企业资质等级分组** | | | | | |
| 施工总承包 | 10321362 | 9449240 | 653480 | 218642 | 4375441 |
| 特级 | 1697333 | 1697333 | 0 | 0 | 688315 |
| 一级 | 7365812 | 6658046 | 509462 | 198304 | 3012509 |
| 二级 | 744138 | 608174 | 120222 | 15742 | 334591 |
| 三级及以下 | 514079 | 485687 | 23796 | 4597 | 340026 |
| 专业承包 | 969717 | 551582 | 275480 | 142656 | 367456 |
| 一级 | 472844 | 247198 | 133678 | 91968 | 127742 |
| 二级 | 364209 | 250220 | 82395 | 31594 | 170239 |
| 三级及以下 | 132664 | 54164 | 59406 | 19093 | 69476 |

# 13-5 建筑施工企业设备

POWER OF MACHINERY AND MAIN ECONOMIC

| 指　　标 | 企业个数（个） | 年末从业人员（万人） | 增加值（万元） | 自有机械设备净值（万元） | 自有机械设备总台数* | 自有机械设备总功率（千瓦） |
|---|---|---|---|---|---|---|
| **总　计** | 464 | 29.50 | 1768721 | 390822 | 51275 | 1549451 |
| 其中：国有及国有控股企业 | 88 | 12.28 | 1102510 | 287225 | 28412 | 1018999 |
| **一、按登记注册类型分组** | | | | | | |
| 内资企业 | 457 | 29.02 | 1757051 | 377957 | 50861 | 1530443 |
| 国有企业 | 53 | 5.31 | 412008 | 92189 | 22023 | 552714 |
| 集体企业 | 44 | 1.48 | 63169 | 5989 | 2508 | 24419 |
| 股份合作企业 | 5 | 0.10 | 1719 | 328 | 159 | 738 |
| 联营企业 | 1 | 0.01 | 289 | 13 | 126 | 40 |
| 其他联营企业 | 1 | 0.01 | 289 | 13 | 126 | 40 |
| 有限责任公司 | 169 | 17.53 | 1103718 | 249132 | 16834 | 741419 |
| 国有独资公司 | 4 | 1.25 | 232654 | 3683 | 151 | 5739 |
| 其他有限责任公司 | 165 | 16.28 | 871064 | 245449 | 16683 | 735680 |
| 股份有限公司 | 20 | 0.91 | 27843 | 1962 | 932 | 37189 |
| 私营企业 | 163 | 3.67 | 148027 | 28346 | 8279 | 173924 |
| 私营独资企业 | 2 | 0.02 | 616 | 37 | 7 | 49 |
| 私营合伙企业 | 1 | 0.01 | 154 | 0 | 0 | 0 |
| 私营有限责任公司 | 151 | 3.22 | 129506 | 25860 | 7790 | 168510 |
| 私营股份有限公司 | 9 | 0.43 | 17751 | 2449 | 482 | 5365 |
| 其他企业 | 2 | 0.01 | 278 | 0 | 0 | 0 |
| 港、澳、台商投资企业 | 2 | 0.47 | 10215 | 12865 | 412 | 18992 |
| 合资经营企业(港或澳、台资) | 1 | 0.47 | 10216 | 12865 | 412 | 18992 |
| 港、澳、台商独资经营企业 | 1 | 0.00 | | 0 | 0 | 0 |
| 外商投资企业 | 5 | 0.01 | | 1 | 2 | 16 |
| 中外合资经营企业 | 4 | 0.01 | 1455 | 1 | 2 | 16 |
| 外资企业 | 1 | 0.00 | 796 | 0 | 0 | 0 |
| **二、按国民经济行业分组** | | | | | | |
| 房屋和土木工程建筑业 | 244 | 24.46 | 1464535 | 321215 | 39462 | 1331856 |
| 建筑安装业 | 108 | 3.34 | 211759 | 56297 | 9507 | 173375 |
| 建筑装饰业 | 86 | 1.41 | 64738 | 4734 | 1787 | 20335 |
| 其他建筑业 | 26 | 0.30 | 27690 | 8576 | 519 | 23885 |
| **三、按隶属关系分组** | | | | | | |
| 中　央 | 21 | 6.73 | 686640 | 236475 | 14759 | 712242 |
| 省(自治区、直辖市) | 40 | 2.17 | 192113 | 21130 | 10391 | 178336 |
| 市 | 48 | 7.53 | 344531 | 56007 | 5970 | 236333 |
| 县（区、市）及其他 | 355 | 13.08 | 545438 | 77210 | 20155 | 422540 |
| **四、按企业资质等级分组** | | | | | | |
| 施工总承包 | 239 | 26.28 | 1576378 | 356954 | 44913 | 1430726 |
| 特级 | 4 | 3.63 | 194127 | 125067 | 4028 | 370514 |
| 一级 | 45 | 15.25 | 1073264 | 203573 | 28349 | 791550 |
| 二级 | 71 | 3.75 | 172806 | 15975 | 7326 | 138111 |
| 三级及以下 | 119 | 3.65 | 136181 | 12339 | 5210 | 130551 |
| 专业承包 | 225 | 3.22 | 192344 | 33868 | 6362 | 118725 |
| 一级 | 24 | 1.18 | 79827 | 18712 | 2540 | 41225 |
| 二级 | 98 | 1.34 | 79889 | 8347 | 2772 | 51699 |
| 三级及以下 | 103 | 0.70 | 32628 | 6809 | 1050 | 25801 |

# 及主要经济效益指标（2011年）

INDICATORS OF CONSTRUCTION（2011）

| 技术装备率（元/人） | 动力装备率（千瓦/人） | 房屋建筑面积竣工率（%） | 产值利润率（%） | 产值利税率（%） | 全员劳动生产率（元/人） | 计算劳动生产率平均人数（万人） |
|---|---|---|---|---|---|---|
| 13247.2 | 5.3 | 20.42 | 3.05 | 6.30 | 309259 | 36.51 |
| 23381.3 | 8.3 | 15.85 | 2.45 | 5.77 | 425519 | 18.43 |
| | | | | | | |
| 13024.1 | 5.3 | 20.42 | 3.14 | 6.46 | 302946 | 36.00 |
| 17351.3 | 10.4 | 13.82 | 1.74 | 4.74 | 587277 | 5.44 |
| 4050.2 | 1.7 | 36.68 | 2.99 | 6.03 | 198465 | 1.28 |
| 3369.3 | 0.8 | 81.82 | −3.46 | 0.94 | 196643 | 0.10 |
| 2232.1 | 0.7 | | 2.01 | 190.89 | 6801 | 0.02 |
| 2232.1 | 0.7 | | 2.01 | 190.89 | 6801 | 0.02 |
| 14210.3 | 4.2 | 18.36 | 3.46 | 6.90 | 282420 | 23.70 |
| 2935.0 | 0.5 | 16.75 | 4.56 | 8.69 | 185303 | 5.91 |
| 15079.4 | 4.5 | 19.04 | 3.25 | 6.55 | 314709 | 17.79 |
| 2152.9 | 4.1 | 43.22 | 7.65 | 11.42 | 100480 | 0.90 |
| 7716.0 | 4.7 | 43.07 | 6.36 | 9.85 | 143705 | 4.56 |
| 2341.8 | 0.3 | | 3.24 | 10.15 | 182284 | 0.02 |
| 0.0 | 0.0 | | 0.26 | 6.03 | 34886 | 0.01 |
| 8038.4 | 5.2 | 41.45 | 6.36 | 9.98 | 146271 | 4.06 |
| 5669.0 | 1.2 | 62.79 | 6.52 | 8.50 | 122557 | 0.48 |
| 0.0 | 0.0 | | −0.84 | 2.52 | 102439 | 0.01 |
| 27325.2 | 4.0 | | 0.24 | 1.64 | 759958 | 0.50 |
| 27371.7 | 4.0 | | 0.24 | 1.64 | 759958 | 0.50 |
| 0.0 | 0.0 | | | | | 0.00 |
| 51.3 | 0.1 | | 7.51 | 9.35 | 697213 | 0.01 |
| 52.2 | 0.1 | | 0.91 | 2.64 | 702594 | 0.01 |
| 0.0 | 0.0 | | 604.00 | 616.02 | 412000 | 0.00 |
| | | | | | | |
| 13133.7 | 5.4 | 20.06 | 2.80 | 6.06 | 315899 | 30.52 |
| 16866.1 | 5.2 | 42.23 | 3.89 | 6.81 | 333705 | 3.34 |
| 3368.7 | 1.4 | 0.00 | 7.03 | 10.82 | 156150 | 2.35 |
| 28424.3 | 7.9 | 0.00 | 2.92 | 6.49 | 560361 | 0.30 |
| | | | | | | |
| 35156.3 | 10.6 | 15.29 | 2.04 | 5.25 | 432795 | 12.15 |
| 9727.1 | 8.2 | 15.21 | 1.60 | 4.75 | 626912 | 1.94 |
| 7442.6 | 3.1 | 15.90 | 3.42 | 7.17 | 233955 | 8.27 |
| 5903.6 | 3.2 | 31.73 | 5.25 | 8.27 | 203613 | 14.15 |
| | | | | | | |
| 13581.8 | 5.4 | 20.22 | 2.83 | 6.07 | 319635 | 32.29 |
| 34430.1 | 10.2 | 28.74 | 1.01 | 3.92 | 473362 | 3.59 |
| 13350.1 | 5.2 | 16.99 | 2.46 | 5.77 | 343641 | 21.43 |
| 4254.8 | 3.7 | 24.38 | 8.40 | 11.51 | 202371 | 3.68 |
| 3384.3 | 3.6 | 40.95 | 6.15 | 9.60 | 143050 | 3.59 |
| 10516.5 | 3.7 | 45.15 | 5.38 | 8.77 | 229845 | 4.22 |
| 15847.0 | 3.5 | | 3.89 | 7.34 | 391298 | 1.21 |
| 6210.8 | 3.8 | 43.97 | 7.22 | 10.48 | 240513 | 1.51 |
| 9787.1 | 3.7 | 52.76 | 5.65 | 9.14 | 88661 | 1.50 |

# 13-6 建 筑 企 业

ASSETS OF CONSTRUCTION

| 指 标 | 资本金合计 | 国家资本金 | 流动资产合计 | 存 货 |
|---|---|---|---|---|
| 总 计 | 1547178 | 414843 | 9923198 | 2327019 |
| 其中：国有及国有控股企业 | 889406 | 404211 | 7175293 | 1593214 |
| 一、按登记注册类型分组 | | | | |
| 内资企业 | 1506802 | 409561 | 9669921 | 2287669 |
| 国有企业 | 418272 | 200230 | 2906463 | 819191 |
| 集体企业 | 45158 | 0 | 188041 | 63663 |
| 股份合作企业 | 8284 | 65 | 49630 | 28684 |
| 联营企业 | 1100 | 0 | 1309 | 0 |
| 其他联营企业 | 1100 | 0 | 1309 | 0 |
| 有限责任公司 | 798792 | 209266 | 5949185 | 1256223 |
| 国有独资公司 | 46172 | 30800 | 589756 | 102453 |
| 其他有限责任公司 | 752620 | 178466 | 5359430 | 1153770 |
| 股份有限公司 | 25187 | 0 | 73040 | 21105 |
| 私营企业 | 209503 | 0 | 501212 | 98395 |
| 私营独资企业 | 600 | 0 | 9963 | 1367 |
| 私营合伙企业 | 300 | 0 | 571 | 383 |
| 私营有限责任公司 | 191641 | 0 | 469233 | 92441 |
| 私营股份有限公司 | 16962 | 0 | 21445 | 4203 |
| 其他企业 | 506 | 0 | 1040 | 408 |
| 港、澳、台商投资企业 | 35258 | 5250 | 244730 | 38510 |
| 合资经营企业(港或澳、台资) | 35000 | 5250 | 244704 | 38509 |
| 港、澳、台商独资经营企业 | 258 | 0 | 26 | 1 |
| 外商投资企业 | 5118 | 32 | 8547 | 840 |
| 中外合资经营企业 | 2095 | 32 | 8005 | 840 |
| 外资企业 | 3023 | 0 | 541 | 0 |
| 二、按国民经济行业分组 | | | | |
| 房屋和土木工程建筑业 | 1235799 | 354035 | 8376912 | 1768956 |
| 建筑安装业 | 220053 | 56334 | 1220521 | 482487 |
| 建筑装饰业 | 68331 | 2758 | 215118 | 40172 |
| 其他建筑业 | 22996 | 1717 | 110647 | 35405 |
| 三、按隶属关系分组 | | | | |
| 中央 | 488847 | 213272 | 4452134 | 1029605 |
| 省(自治区、直辖市) | 258050 | 38745 | 1405569 | 340160 |
| 市 | 255230 | 122302 | 2009090 | 351519 |
| 县（区、市）及其他 | 545051 | 40525 | 2056405 | 605736 |
| 四、按企业资质等级分组 | | | | |
| 施工总承包 | 1305542 | 400270 | 9203969 | 2172289 |
| 特级 | 309394 | 116250 | 2693479 | 381681 |
| 一级 | 669448 | 249693 | 5264853 | 1373392 |
| 二级 | 223975 | 25856 | 930568 | 289188 |
| 三级以下 | 102724 | 8471 | 315069 | 128028 |
| 专业承包 | 241637 | 14573 | 719229 | 154730 |
| 一级 | 67408 | 1677 | 302481 | 68494 |
| 二级 | 98984 | 8732 | 244225 | 52340 |
| 三级以下 | 75244 | 4165 | 172522 | 33897 |

# 资 产 实 力 （2011年）

ENTERPRISES(2011)

单位:万元

| 固定资产合计 | 固定资产原值 | 流动负债 | 非流动负债 | 负债合计 | 所有者权益 |
|---|---|---|---|---|---|
| 868761 | 1399846 | 9145741 | 524428 | 9706164 | 2287010 |
| 584124 | 1019076 | 6833107 | 491581 | 7326641 | 1305255 |
| | | | | | |
| 848802 | 1367252 | 8892036 | 520550 | 9448580 | 2232580 |
| 272612 | 503688 | 2872310 | 132900 | 3007163 | 560451 |
| 17988 | 26541 | 158302 | 2030 | 162907 | 55107 |
| 3868 | 4964 | 56373 | 0 | 56415 | 1404 |
| 20 | 38 | 0 | 0 | 229 | 1100 |
| 20 | 38 | 0 | 0 | 229 | 1100 |
| 457632 | 712552 | 5442401 | 370343 | 5833298 | 1259173 |
| 32436 | 43994 | 488729 | 61989 | 550718 | 99472 |
| 425196 | 668558 | 4953672 | 308354 | 5282581 | 1159701 |
| 21342 | 24504 | 48772 | 4747 | 53519 | 46003 |
| 73619 | 93410 | 313429 | 10531 | 334602 | 307028 |
| 48 | 60 | 10925 | 0 | 10925 | 1153 |
| 9 | 31 | 458 | 0 | 458 | 322 |
| 66392 | 85901 | 291075 | 10531 | 312248 | 287108 |
| 7171 | 7419 | 10972 | 0 | 10972 | 18445 |
| 1722 | 1557 | 448 | 0 | 448 | 2314 |
| 19696 | 31787 | 247720 | 3878 | 251598 | 51605 |
| 19695 | 31779 | 247709 | 3878 | 251587 | 51347 |
| 1 | 8 | 10 | 0 | 10 | 258 |
| 263 | 807 | 5986 | 0 | 5986 | 2825 |
| 261 | 757 | 5837 | 0 | 5837 | 2430 |
| 2 | 50 | 149 | 0 | 149 | 395 |
| | | | | | |
| 681851 | 1123802 | 7756912 | 508598 | 8293250 | 1825038 |
| 147045 | 219089 | 1142779 | 10846 | 1155293 | 315557 |
| 24427 | 30916 | 145951 | 939 | 153477 | 113567 |
| 15438 | 26039 | 100100 | 4044 | 104144 | 32849 |
| | | | | | |
| 369240 | 658284 | 4282578 | 269624 | 4552202 | 753812 |
| 97242 | 189882 | 1419918 | 97009 | 1520901 | 312242 |
| 154590 | 233306 | 1796220 | 125761 | 1922039 | 366138 |
| 247689 | 318374 | 1647026 | 32035 | 1711022 | 854818 |
| | | | | | |
| 751302 | 1232884 | 8589200 | 502710 | 9120240 | 1956639 |
| 135006 | 256187 | 2621653 | 205045 | 2826699 | 470802 |
| 474298 | 794556 | 4983915 | 284937 | 5274680 | 993072 |
| 78970 | 110008 | 747583 | 5076 | 771103 | 331869 |
| 63029 | 72133 | 236049 | 7652 | 247758 | 160897 |
| 117459 | 166962 | 556541 | 21718 | 585924 | 330371 |
| 26963 | 43244 | 248678 | 5536 | 254254 | 94572 |
| 39221 | 55074 | 163353 | 8210 | 178015 | 142732 |
| 51275 | 68644 | 144510 | 7973 | 153655 | 93066 |

# 13-7 建筑企业损益及分配(2011年)

PROFIT LOSS AND DISTRIBUTION OF CONSTRUCTION ENTETPTISES(2011)

单位:万元

| 指标 | 营业收入 | 营业利润 | 利润总额 | 利税总额 | 应付职工薪酬（本年贷方累计发生额 |
|---|---|---|---|---|---|
| **总计** | 10786655 | 328263 | 344352 | 653611 | 942251 |
| 其中：国有及国有控股企业 | 7719190 | 175778 | 192534 | 618053 | 556416 |
| **一、按登记注册类型分组** | | | | | |
| 内资企业 | 10598919 | 326535 | 342885 | 645831 | 939965 |
| 国有企业 | 2986986 | 52200 | 55431 | 642708 | 211739 |
| 集体企业 | 238918 | 7849 | 7589 | 206054 | 46217 |
| 股份合作企业 | 19078 | -675 | -660 | 195982 | 1347 |
| 联营企业 | 5614 | 2 | 2 | 6804 | 53 |
| 其他联营企业 | 5614 | 2 | 2 | 6804 | 53 |
| 有限责任公司 | 6575428 | 218595 | 231942 | 514362 | 586418 |
| 国有独资公司 | 1156348 | 43315 | 49923 | 235226 | 138854 |
| 其他有限责任公司 | 5419080 | 175280 | 182020 | 496728 | 447564 |
| 股份有限公司 | 88874 | 6883 | 6887 | 107368 | 16608 |
| 私营企业 | 682932 | 41689 | 41703 | 185408 | 77508 |
| 私营独资企业 | 3292 | 92 | 92 | 182375 | 329 |
| 私营合伙企业 | 528 | 1 | 1 | 34887 | 132 |
| 私营有限责任公司 | 630002 | 37800 | 37808 | 184079 | 64409 |
| 私营股份有限公司 | 49110 | 3796 | 3802 | 126359 | 12638 |
| 其他企业 | 1088 | -9 | -9 | 102430 | 76 |
| 港、澳、台商投资企业 | 179233 | 902 | 902 | 760859 | 1832 |
| 合资经营企业(港或澳、台资) | 179233 | 902 | 902 | 760860 | 1832 |
| 港、澳、台商独资经营企业 | 0 | 0 | | | 0 |
| 外商投资企业 | 8504 | 826 | 565 | 697778 | 454 |
| 中外合资经营企业 | 8359 | 68 | 68 | 702662 | 444 |
| 外资企业 | 145 | 759 | 498 | 412498 | 10 |
| **二、按国民经济行业分组** | | | | | |
| 房屋和土木工程建筑业 | 9053859 | 256067 | 270215 | 586114 | 782219 |
| 建筑安装业 | 1163659 | 42024 | 43394 | 377099 | 121756 |
| 建筑装饰业 | 409096 | 25792 | 25806 | 181956 | 22849 |
| 其他建筑业 | 160042 | 4381 | 4937 | 565297 | 15427 |
| **三、按隶属关系分组** | | | | | |
| 中央 | 5307774 | 101881 | 107424 | 540219 | 341989 |
| 省(自治区、直辖市) | 1158208 | 19308 | 19413 | 646325 | 106032 |
| 市 | 1848298 | 57262 | 66234 | 300189 | 203160 |
| 县（区、市）及其他 | 2472376 | 149813 | 151281 | 354894 | 291071 |
| **四、按企业资质等级分组** | #VALUE! | | | | |
| 施工总承包 | 9805212 | 277992 | 292188 | 611823 | 844651 |
| 特级 | 1566134 | 16522 | 17182 | 490544 | 98715 |
| 一级 | 7046113 | 167247 | 180926 | 524568 | 580716 |
| 二级 | 703379 | 62726 | 62475 | 264846 | 81020 |
| 三级以下 | 489586 | 31496 | 31605 | 174655 | 84199 |
| 专业承包 | 981444 | 50272 | 52163 | 282009 | 97601 |
| 一级 | 464653 | 17494 | 18387 | 409684 | 42778 |
| 二级 | 369978 | 26566 | 26284 | 266797 | 37325 |
| 三级以下 | 146813 | 6212 | 7493 | 96154 | 17498 |

# 13－8 施工工程个数及施工面积(2011年)

## NUMBER OF PROJECTS AND SPACE UNDER CONSTRUCTION(2011)

| 指　　标 | 房屋建筑施工面积(万平方米) | 房屋建筑竣工面积(万平方米) | 住宅(万平方米) | 房屋建筑竣工造价(万元) |
|---|---|---|---|---|
| **总　计** | 5804.82 | 1185.36 | 692.70 | 2152146 |
| 其中：国有及国有控股企业 | 3430.06 | 543.74 | 231.54 | 1319720 |
| **一、按登记注册类型分组** | | | | |
| 内资企业 | 5804.82 | 1185.36 | 692.70 | 2152146 |
| 国有企业 | 553.14 | 76.45 | 34.18 | 164585 |
| 集体企业 | 207.68 | 76.17 | 62.67 | 63197 |
| 股份合作企业 | 7.70 | 6.30 | 6.30 | 9800 |
| 联营企业 | 0.00 | 0.00 | 0.00 | 0 |
| 其他联营企业 | 0.00 | 0.00 | 0.00 | 0 |
| 有限责任公司 | 4625.58 | 849.40 | 463.36 | 1673195 |
| 国有独资公司 | 1367.39 | 229.00 | 94.47 | 612657 |
| 其他有限责任公司 | 3258.19 | 620.40 | 368.89 | 1060538 |
| 股份有限公司 | 96.73 | 41.80 | 22.40 | 60668 |
| 私营企业 | 313.99 | 135.24 | 103.79 | 180702 |
| 私营独资企业 | 0.00 | 0.00 | 0.00 | 0 |
| 私营合伙企业 | 0.00 | 0.00 | 0.00 | 0 |
| 私营有限责任公司 | 290.18 | 120.29 | 90.15 | 157743 |
| 私营股份有限公司 | 23.81 | 14.95 | 13.65 | 22959 |
| 其他企业 | 0.00 | 0.00 | 0.00 | 0 |
| 港、澳、台商投资企业 | 0.00 | 0.00 | 0.00 | 0 |
| 合资经营企业(港或澳、台资) | 0.00 | 0.00 | 0.00 | 0 |
| 港、澳、台商独资经营企业 | 0.00 | 0.00 | 0.00 | 0 |
| 外商投资企业 | 0.00 | 0.00 | 0.00 | 0 |
| 中外合资经营企业 | 0.00 | 0.00 | 0.00 | 0 |
| 外资企业 | 0.00 | 0.00 | 0.00 | 0 |
| **二、按国民经济行业分组** | | | | |
| 房屋和土木工程建筑业 | 5676.87 | 1138.99 | 683.79 | 2074120 |
| 建筑安装业 | 109.79 | 46.37 | 8.91 | 78027 |
| 建筑装饰业 | 1.02 | 0.00 | 0.00 | 0 |
| 其他建筑业 | 17.14 | 0.00 | 0.00 | 0 |
| **三、按隶属关系分组** | | | | |
| 中央 | 2052.90 | 313.81 | 77.29 | 984963 |
| 省(自治区、直辖市) | 102.37 | 15.57 | 6.89 | 56794 |
| 市 | 1908.58 | 303.54 | 209.37 | 438947 |
| 县（区、市）及其他 | 1740.96 | 552.44 | 399.15 | 671442 |
| **四、按企业资质等级分组** | | | | |
| 施工总承包 | 5757.30 | 1163.90 | 682.70 | 2135948 |
| 特级 | 253.85 | 72.95 | 35.09 | 187304 |
| 一级 | 4460.56 | 758.01 | 407.65 | 1551997 |
| 二级 | 567.92 | 138.45 | 96.17 | 194843 |
| 三级以下 | 474.98 | 194.50 | 143.79 | 201804 |
| 专业承包 | 47.52 | 21.46 | 10.00 | 16199 |
| 一级 | 0.00 | 0.00 | 0.00 | 0 |
| 二级 | 41.12 | 18.08 | 10.00 | 15334 |
| 三级以下 | 6.39 | 3.37 | 0.00 | 865 |

## 13-9 济南市建筑业特级、一级资质企业一览表(2011年)

SUMMARY OF CONSTRUCTION ENTERPRISES WITH GRADE Ⅰ QUALIFICATION(2011)

| 企业名称 | 经济类型 | 隶属关系 | 所属行业 |
|---|---|---|---|
| 山东正元建设工程有限责任公司 | 国有 | 中央 | 房屋建筑业 |
| 中铁十四局集团第四工程有限公司 | 国有 | 中央 | 铁路工程建筑 |
| 山东黄河工程局 | 国有 | 中央 | 港口及航运工程建筑 |
| 山东电力建设第二工程公司 | 国有 | 中央 | 架线及设备工程建筑 |
| 山东电力建设第一工程公司 | 国有 | 中央 | 架线及设备工程建筑 |
| 山东送变电工程公司 | 国有 | 中央 | 架线及设备工程建筑 |
| 济南市黄河工程局 | 国有 | 中央 | 管道工程建筑 |
| 济南宏铁建筑装饰工程有限公司 | 国有 | 中央 | 建筑装饰业 |
| 山东高速齐鲁建设集团公司 | 国有 | 省 | 房屋建筑业 |
| 山东省水利工程局 | 国有 | 省 | 河湖治理及防设施工程建筑 |
| 山东水利工程总公司 | 国有 | 省 | 河湖治理及防设施工程建筑 |
| 山东省工业设备安装总公司 | 国有 | 省 | 工矿工程建筑 |
| 山东省路桥集团有限公司 | 国有 | 省 | 架线及设备工程建筑 |
| 济钢集团山东建设工程有限公司 | 国有 | 省 | 电气安装 |
| 山东省装饰集团总公司 | 国有 | 省 | 建筑装饰业 |
| 山东省城乡建设勘察院 | 国有 | 省 | 其他工程准备活动 |
| 济南一建集团总公司 | 国有 | 市 | 房屋建筑业 |
| 济南城建集团有限公司 | 国有 | 市 | 铁路工程建筑 |
| 济南黄河路桥工程公司 | 国有 | 市 | 市政道路工程建筑 |
| 山东省城建工程集团公司 | 股份合作 | 省 | 房屋建筑业 |
| 山东省齐鲁装饰设计院 | 其他联营 | 省 | 建筑装饰业 |
| 中建八局第一建设有限公司 | 国有独资公司 | 中央 | 房屋建筑业 |
| 山东三箭建设工程股份有限公司 | 国有独资公司 | 市 | 房屋建筑业 |
| 中建八局第二建设有限公司 | 其他有限责任公司 | 中央 | 房屋建筑业 |

13-9续1

| 企业名称 | 经济类型 | 隶属关系 | 所属行业 |
| --- | --- | --- | --- |
| 中铁十局集团建筑工程有限公司 | 其他有限责任公司 | 中央 | 房屋建筑业 |
| 中铁十四局集团有限公司 | 其他有限责任公司 | 中央 | 铁路工程建筑 |
| 中铁十局集团有限公司 | 其他有限责任公司 | 中央 | 铁路工程建筑 |
| 中铁十四局集团隧道工程有限公司 | 其他有限责任公司 | 中央 | 铁路工程建筑 |
| 中铁十局集团电务工程有限公司 | 其他有限责任公司 | 中央 | 铁路工程建筑 |
| 中铁十局集团济南铁路工程有限公司 | 其他有限责任公司 | 中央 | 公路工程建筑 |
| 中铁十四局集团电气化工程有限公司 | 其他有限责任公司 | 中央 | 架线及设备工程建筑 |
| 普利置业有限公司 | 其他有限责任公司 | 省 | 房屋建筑业 |
| 山东电建建设集团有限公司 | 其他有限责任公司 | 省 | 架线及设备工程建筑 |
| 山东剑桥装饰工程有限公司 | 其他有限责任公司 | 省 | 建筑装饰业 |
| 山东省建设建工（集团）有限责任公司 | 其他有限责任公司 | 市 | 房屋建筑业 |
| 济南四建集团有限责任公司 | 其他有限责任公司 | 市 | 房屋建筑业 |
| 济南长兴建设集团有限公司 | 其他有限责任公司 | 市 | 房屋建筑业 |
| 济南二建集团工程有限公司 | 其他有限责任公司 | 市 | 房屋建筑业 |
| 山东三箭建设工程管理有限公司 | 其他有限责任公司 | 市 | 房屋建筑业 |
| 济南建工总承包集团有限公司 | 其他有限责任公司 | 市 | 房屋建筑业 |
| 济南金曰公路工程有限公司 | 其他有限责任公司 | 市 | 公路工程建筑 |
| 山东琴通路桥集团有限公司 | 其他有限责任公司 | 市 | 公路工程建筑 |
| 济南汇通联合市政工程有限责任公司 | 其他有限责任公司 | 市 | 市政道路工程建筑 |
| 济南建设设备安装有限责任公司 | 其他有限责任公司 | 市 | 管道和设备安装 |
| 山东省机械施工有限公司 | 其他有限责任公司 | 市 | 其他工程准备活动 |
| 济南消防工程有限公司 | 其他有限责任公司 | 市 | 其他工程准备活动 |
| 山东港基建设集团有限公司 | 其他有限责任公司 | 县 | 房屋建筑业 |
| 山东长箭建设集团有限公司 | 其他有限责任公司 | 县 | 房屋建筑业 |

13-9续2

| 企业名称 | 经济类型 | 隶属关系 | 所属行业 |
| --- | --- | --- | --- |
| 章丘市第二建筑安装(集团)有限责任公司 | 其他有限责任公司 | 县 | 房屋建筑业 |
| 山东平安建设集团有限公司 | 其他有限责任公司 | 县 | 房屋建筑业 |
| 济南通达公路工程有限公司 | 其他有限责任公司 | 县 | 公路工程建筑 |
| 济南金鼎电力安装有限公司 | 其他有限责任公司 | 县 | 电气安装 |
| 山东国舜建设集团有限公司 | 其他有限责任公司 | 县 | 管道和设备安装 |
| 福建省永泰建筑工程公司济南分公司 | 其他有限责任公司 | 其他 | 房屋建筑业 |
| 山东省邮电工程有限公司 | 其他有限责任公司 | 其他 | 架线及设备工程建筑 |
| 山东万得福装饰工程有限公司 | 其他有限责任公司 | 其他 | 建筑装饰业 |
| 济南长泰建设集团有限公司 | 股份有限公司 | 县 | 房屋建筑业 |
| 济南舜联建设集团有限公司 | 私营有限责任公司 | 其他 | 房屋建筑业 |
| 山东天宝建安工程有限公司 | 私营有限责任公司 | 其他 | 房屋建筑业 |
| 山东中恒建设集团有限公司 | 私营有限责任公司 | 其他 | 房屋建筑业 |
| 山东华森建筑消防项目咨询管理有限公司 | 私营有限责任公司 | 其他 | 电气安装 |
| 山东宏雁电子系统工程有限公司 | 私营有限责任公司 | 其他 | 电气安装 |
| 山东优士科技发展有限公司 | 私营有限责任公司 | 其他 | 电气安装 |
| 山东省鸿鑫工程有限公司 | 私营有限责任公司 | 其他 | 建筑装饰业 |
| 山东省永隆装饰工程有限公司 | 私营有限责任公司 | 其他 | 建筑装饰业 |
| 山东德泰装饰有限公司 | 私营有限责任公司 | 其他 | 建筑装饰业 |
| 山东省鲁美建材装饰有限公司 | 私营有限责任公司 | 其他 | 建筑装饰业 |
| 山东福缘来装饰有限公司 | 私营有限责任公司 | 其他 | 建筑装饰业 |
| 山东福思特建筑装饰有限公司 | 私营有限责任公司 | 其他 | 建筑装饰业 |
| 山东盛顺装饰有限公司 | 私营有限责任公司 | 其他 | 建筑装饰业 |
| 山东津单幕墙有限公司 | 私营有限责任公司 | 其他 | 建筑装饰业 |
| 山东海威装饰工程有限公司 | 私营有限责任公司 | 其他 | 建筑装饰业 |
| 山东省公路建设(集团)有限公司 | 与港澳台商合资经营 | 其他 | 公路工程建筑 |

# 主要统计指标解释

## EXPLANATORY NOTES ON MAIN STATISTICAL INDICATORS

**建筑业统计单位** 指从事房屋、构筑物建造和设备安装活动的法人企业。建筑业法人企业应同时具备的条件是：①依法成立，有自己的名称、组织机构和场所，能够承担民事责任；②独立拥有和使用资产，承担负债，有权与其他单位签订合同；③独立核算盈亏，能够编制资产负债表。

**建筑业总产值(即自行完成施工产值)** 是以货币表现的建筑安装企业在一定时期内生产的建筑业产品的总和。建筑业总产值包括：

⑴建筑工程产值：指列入建筑工程预算内的各种工程价值。

⑵设备安装工程产值：指设备安装工程价值，不包括被安装设备本身价值。

⑶房屋、构筑物修理产值：指房屋、构筑物修理所完成的价值，但不包括被修理房屋、构筑物本身的价值和生产设备的修理价值。

⑷非标准设备制造产值：指加工制造没有定型的、非标准的生产设备的加工费和原材料价值，以及附属加工厂为本企业承建工程制作的非标准设备的价值。

**建筑业增加值** 指建筑业企业在报告期内以货币表现的建筑业生产经营活动的最终成果。目前建筑业增加值采用分配法(收入法)计算，即从收入的角度出发，根据生产要素在生产过程中应得的收入份额计算。具体计算公式为：

建筑业增加值＝本年提取的固定资产折旧+应付工资+应付福利费+管理费用中的劳动待业保险金、税金+工程结算税金及附加+工程结算利润

**房屋建筑施工面积** 指在报告期内施工的全部房屋建筑面积，包括本期新开工的房屋面积、上期施工跨入本期继续施工的房屋面积、上期停缓建在本期恢复施工的房屋面积、本期竣工的房屋面积及本期施工后又停缓建的房屋面积。

**房屋建筑竣工面积** 指在报告期内房屋建筑按照设计要求全部完工，达到了住人和使用条件，经验收鉴定合格，正式移交使用单位的房屋建筑面积。

**自有机械设备年末总台数** 指归本企业所有，属于本企业固定资产的生产性机械设备年末总台数。包括施工机械、生产设备、运输设备以及其他设备。

**自有机械设备年末总功率** 指本企业自有施工机械、生产设备、运输设备以及其他设备等列为在册固定资产的生产性机械设备年末总功率，按设定能力或查定能力计算。包括机械本身的动力和为该机械服务的单独动力设备，如电动机等。计算单位用千瓦，动力换算可按1马力＝0.735千瓦折合成千瓦数。电焊机、变压器、锅炉不计算动力。

**营业收入** 指企业经营主要业务和其他业务所确认的收入总额。营业收入合计包括“主营业务收入”和“其他业务收入”。根据会计“利润表”中“营业收入”项目的本期总额数填报。

**营业利润** 指企业从事生产经营活动所取得的利润。执行2006年《企业会计准则》的企业，营业利润为营业收入减去营业成本、营业税金及附加、销售费用、管理费用、财务费用、资产减值损失，再加上公允价值变动收益和投资收益。未执行2006年《企业会计准则》的企业，营业利润为主营业务收入减去主营业务成本、主营业务税金及附加，加上其他业务利润后，再减支销售费用、管理费用、财务费用后的金额。

**企业总收入** 指与企业生产经营直接有关的各项收入，包括工程结算收入和其他业务收入。计算公式为：

企业总收入＝工程结算收入＋其他业务收入

# 14

# 运输与邮电

## TRANSPORTATION POST AND TELECOMMUNICATION SERVICES

# 14-1 邮电业务量

POSTAL AND TELECOMMUNICATIONS SERVICES

| 指　　　　标 | 单位 | 2006年 | 2007年 | 2008年 | 2009年 | 2010年 | 2011年 |
|---|---|---|---|---|---|---|---|
| 国内分类业务量 | | | | | | | |
| 长途电话 | 万次 | 50725 | 87188 | 89052 | 92892 | | |
| 年末市内电话 | 万户 | 194.00 | 194.90 | 189.70 | 192 | 177.40 | 152.10 |
| 本地网电话通话量 | 万次 | 505252 | 494268 | 504981 | 575369 | | |
| 年末农村电话 | 万户 | 49.90 | 48.30 | 44.30 | 45.00 | 35.90 | 34.70 |
| 年末住宅电话 | 万户 | 191.00 | 187.30 | 156.90 | 138 | 137.50 | 117.39 |
| 年末移动电话用户 | 万户 | 346.0 | 407.8 | 505.5 | 582.1 | 857.60 | 931.10 |
| 宽带网及互联网拨号注册电话 | 户 | 762576 | 826231 | 886818 | 1009065 | 1173000 | 1327000 |
| 每百人互联网用户数 | 户/百人 | 12.64 | 13.66 | 14.69 | 16.73 | 19.42 | 21.90 |
| 邮电局所 | 处 | 223 | 227 | 222 | 208 | 211 | 211 |
| 国际及港澳分类业务量 | | | | | | | |
| 函　件 | 万件 | 5.70 | 6.40 | 10.40 | 7.20 | 6.18 | 5.00 |
| 包　件 | 万件 | 0.86 | 1.10 | 1.10 | 1.20 | 1.36 | 1.48 |
| 特快专递 | 万件 | 2.10 | 3.70 | 7.40 | 15.40 | | |
| 国际电话 | 万次 | 78.00 | 74.20 | 92.60 | 95.30 | | |
| 港澳电话 | 万次 | 28.00 | 35.80 | 30.40 | 31.20 | | |

## 14-2 邮电通信设备拥有量

TELECOMMUNICATIONS FACILITIES

| 年份 | 交换机总容量(万门) | 市话 | 农话 | 电话机(万部) | 市话 | 农话 |
|---|---|---|---|---|---|---|
| 1978 | | | | 2.68 | 2.27 | 0.41 |
| 1980 | | | | 3.56 | 3.10 | 0.46 |
| 1981 | | | | 3.69 | 3.22 | 0.47 |
| 1982 | | | | 3.95 | 3.48 | 0.47 |
| 1983 | | | | 4.57 | 4.08 | 0.49 |
| 1984 | 3.31 | 2.46 | 0.85 | 4.98 | 4.48 | 0.50 |
| 1985 | 3.75 | 2.82 | 0.93 | 6.16 | 5.65 | 0.51 |
| 1986 | 4.50 | 3.48 | 1.02 | 6.56 | 5.99 | 0.57 |
| 1987 | 5.57 | 4.46 | 1.11 | 7.60 | 7.00 | 0.60 |
| 1988 | 6.04 | 4.55 | 1.49 | 8.65 | 8.02 | 0.63 |
| 1989 | 6.08 | 4.56 | 1.52 | 8.97 | 8.31 | 0.66 |
| 1990 | 6.35 | 4.95 | 1.40 | 9.87 | 9.12 | 0.75 |
| 1991 | 9.37 | 7.88 | 1.49 | 10.48 | 9.64 | 0.84 |
| 1992 | 13.69 | 12.02 | 1.67 | 14.03 | 13.25 | 0.78 |
| 1993 | 18.36 | 15.27 | 3.09 | 19.44 | 18.05 | 1.39 |
| 1994 | 31.96 | 29.07 | 2.89 | 28.60 | 26.68 | 1.92 |
| 1995 | 50.16 | 42.43 | 7.73 | 39.18 | 36.48 | 2.70 |
| 1996 | 57.45 | 51.82 | 5.63 | 57.92 | 54.03 | 3.89 |
| 1997 | 72.43 | 57.70 | 14.73 | 64.34 | 59.44 | 4.90 |
| 1998 | 108.00 | 98.20 | 9.90 | 73.00 | 66.60 | 6.40 |
| 1999 | 124.00 | 95.00 | 29.00 | 89.75 | 71.55 | 18.20 |
| 2000 | 173.72 | 133.31 | 40.41 | 106.34 | 83.08 | 23.26 |
| 2001 | 176.80 | 130.44 | 46.36 | 131.62 | 97.33 | 34.29 |
| 2002 | 182.60 | 105.90 | 38.60 | 156.90 | 118.30 | 38.60 |
| 2003 | 212.00 | 162.09 | 49.91 | 203.30 | 161.10 | 42.20 |
| 2004 | 235.30 | 179.90 | 55.40 | 252.10 | 203.90 | 48.20 |
| 2005 | 253.95 | 195.66 | 58.29 | 258.90 | 206.30 | 52.60 |
| 2006 | 253.80 | 203.80 | 50.00 | 243.90 | 194.00 | 49.90 |
| 2007 | 224.50 | 197.50 | 48.00 | 243.20 | 194.90 | 48.30 |
| 2008 | 238.60 | 178.30 | 60.30 | 234.00 | 189.70 | 44.30 |
| 2009 | 237.20 | 192.20 | 45.00 | 237.00 | 192.00 | 45.00 |
| 2010 | 151.00 | 122.40 | 28.60 | 213.30 | 177.40 | 35.90 |
| 2011 | — | — | — | 186.80 | 152.10 | 34.70 |

# 14-3 交通运输业基本情况

## BASIC CONDITIONS OF TRANSPORTATION

| 指　　标 | 2006年 | 2007年 | 2008年 | 2009年 | 2010年 | 2011年 |
|---|---|---|---|---|---|---|
| 客运量总计(万人) | 7991 | 15389 | 15899 | 14640 | 16465 | 15225 |
| 铁　路 | 2248 | 2518 | 2845 | 3072 | 3327 | 3627 |
| 公　路 | 5541 | 12630 | 12786 | 11246 | 12758 | 11165 |
| 民　航 | 202 | 241 | 269 | 322 | 379 | 433 |
| 旅客周转量(亿人公里) | 276 | 312 | 413 | 518 | 562 | 622 |
| 铁　路 | 219 | 245 | 265 | 278 | 308 | 335 |
| 公　路 | 58 | 67 | 70 | 144 | 139 | 144 |
| 民　航 |  |  | 78 | 96 | 116 | 143 |
| 货运量总计(万吨) | 16199 | 17184 | 21935 | 20858 | 22946 | 25403 |
| 铁　路 | 7413 | 7784 | 8344 | 9028 | 9913 | 10825 |
| 公　路 | 8784 | 9398 | 13588 | 11827 | 13029 | 14574 |
| 民　航 | 2 | 2 | 2 | 3 | 3 | 4 |
| 货物周转量(亿吨公里) | 877 | 939 | 1048 | 1254 | 1365 | 1448 |
| 铁　路 | 821 | 878 | 966 | 1046 | 1132 | 1193 |
| 公　路 | 56 | 61 | 81 | 207 | 232 | 254 |
| 公路通车里程(公里) |  |  |  |  |  |  |
| 公路通车里程 | 9833 | 10273 | 11011 | 11347 | 11611 | 11940 |
| 有路面里程 | 9709 | 10156 | 10940 | 11314 | 11611 | 8204 |
| 高级、次高级 | 9252 | 9717 | 10531 | 10823 | 11191 | 11669 |
| #高速公路 | 194 | 310 | 343 | 347 | 347 | 347 |
| 中　级 | 437 | 424 | 365 | 491 | 421 | 271 |
| 低　级 | 21 | 15 | 44 | 0 | 0 | 0 |
| 无路面里程 | 124 | 117 | 71 | 33 | 0 | 0 |
| 民用航空 |  |  |  |  |  |  |
| 始发航线(条) | 119 | 75 | 116 | 156 | 140 | 99 |
| 通航城市(个) | 56 | 44 | 40 | 57 | 45 | 50 |
| 起飞架次(架次) | 41901 | 23175 | 52557 | 63602 | 69961 | 77856 |
| 民用车辆(辆) |  |  |  |  |  |  |
| 民用汽车 | 436288 | 460721 | 532549 | 659209 | 807378 | 928553 |
| 私人汽车 | 309504 | 359025 | 422572 | 541943 | 671567 | 786802 |
| 载客汽车 | 245501 | 306689 | 374396 | 490449 | 627849 | 755966 |
| #大　型 | 7844 | 8522 | 9895 | 10317 | 10928 | 11624 |
| 普通载货汽车 | 73767 | 73480 | 80668 | 100173 | 117994 | 126250 |
| #大　型 | 18046 | 17948 | 19989 | 18052 | 22572 | 25614 |
| 摩托车 | 577669 | 531006 | 493790 | 460987 | 421347 | 380518 |
| 其它机动车 | 66186 | 80552 | 77485 | 68587 | 61535 | 46337 |
| 载货挂车 | 3736 | 3971 | 4259 | 5231 | 6382 | 7233 |

注：1. 公路通里程自2006年起调整统计口径，增加了村道公路统计。
2. 民用航空的相关统计口径2007年有所调整。
3. 自2009年5月起，全省实施新的运输量月度调查方案，调查范围较老口径有所扩大，与之相比的去年同期数据采用交通部反馈的2008年公路运输量专项调查反馈数据。2007公路客运量及公路旅客周转量口径调整。

# 14－4　独立核算公路交通运输企业财务指标(2011年)

## MAIN INDICATORS OF ROAD ENTERPRISES WITH INDEPENDENT ACCOUNTING SYSTEM(2011)

| 指　　标 | 单　位 | 合　计 | 国　有 | 集　体 | 其　他 |
|---|---|---|---|---|---|
| 单位个数 | 个 | 278 | 15 | 4 | 259 |
| 亏损个数 | 个 | 29 | 5 | 2 | 22 |
| 资本金合计 | 万元 | 186850 | 73627 | 1260 | 111963 |
| 流动资产合计 | 万元 | 228797 | 98463 | 1727 | 128607 |
| 其中：存货 | 万元 | 7297 | 5316 | 62 | 1918 |
| 固定资产合计 | 万元 | 448702 | 73131 | 11227 | 364345 |
| 固定资产原价合计 | 万元 | 1223511 | 332302 | 18368 | 872842 |
| 累计折旧 | 万元 | 296998 | 171276 | 7314 | 118408 |
| 其中：本年折旧 | 万元 | 97602 | 29588 | 1638 | 66376 |
| 资产总计 | 万元 | 836090 | 296976 | 13596 | 525518 |
| 流动负债合计 | 万元 | 463686 | 158944 | 10182 | 294559 |
| 长期负债合计 | 万元 | 101885 | 52518 | 0 | 49367 |
| 负债合计 | 万元 | 579476 | 218293 | 9852 | 351330 |
| 所有者权益合计 | 万元 | 331220 | 77218 | 3414 | 250588 |
| 其中：股本 | 万元 | 86311 | 50181 | 14 | 36116 |
| 主营业务收入 | 万元 | 738515 | 208202 | 3487 | 526826 |
| 主营业务成本 | 万元 | 525897 | 219109 | 3338 | 303451 |
| 营运费用 | 万元 | 62839 | 47312 | 0 | 15527 |
| 业务税金及附加 | 万元 | 24376 | 6781 | 58 | 17537 |
| 主营业务利润 | 万元 | 172005 | -17436 | 83 | 189358 |
| 管理费用 | 万元 | 72065 | 42385 | 289 | 29391 |
| 其中：税金 | 万元 | 1790 | 1055 | 0 | 735 |
| 财产保险费 | 万元 | 53 | 10 | 0 | 44 |
| 劳动、待业保险费 | 万元 | 4115 | 2720 | 0 | 1394 |
| 财务费用 | 万元 | 10489 | 2963 | 0 | 7526 |
| 利息支出 | 万元 | 6522 | 2764 | 0 | 3758 |
| 营业利润 | 万元 | 93467 | -58743 | -206 | 152415 |
| 利润总额（亏损为-） | 万元 | 139522 | -14040 | -206 | 153767 |
| 应交所得税 | 万元 | 20013 | 557 | 0 | 19456 |
| 转作奖金的利润 | 万元 | 0 | 0 | 0 | 0 |
| 应付利润 | 万元 | 1171 | 508 | 0 | 663 |
| 其中：已分配股利 | 万元 | 6085 | 508 | 0 | 5578 |
| 本年应付工资总额 | 万元 | 1171323 | 679333 | 4877 | 487113 |
| 本年应付福利费总额 | 万元 | 54881 | 15270 | 143 | 39468 |

## 14-5 分地区公路交通(2011年)

ROAD TRANSPORTATION BY REGION(2011)

| 指标 | 济南市 | 市区 | 平阴县 | 济阳县 | 商河县 | 章丘市 |
|---|---|---|---|---|---|---|
| 公路通车里程(公里) | 11940 | 2821 | 1183 | 1852 | 2200 | 2272 |
| 有路面里程 | 8204 | 2663 | 892 | 737 | 627 | 1893 |
| 高级、次高级 | 11669 | 2763 | 1164 | 1844 | 2179 | 2190 |
| #高速公路 | 347 | 183 | 36 | 0 | 0 | 47 |
| 中级 | 271 | 58 | 19 | 8 | 21 | 82 |
| 低级 | 0 | 0 | 0 | 0 | 0 | 0 |
| 无路面里程 | 0 | 0 | 0 | 0 | 0 | 0 |
| 公路客运量(万人) | 11165 | 9840 | 252 | 337 | 157 | 578 |
| 旅客周转量(万人公里) | 1441000 | 1329699 | 17553 | 36998 | 20792 | 35958 |
| 公路货运量(万吨) | 14574 | 10796 | 943 | 149 | 343 | 2343 |
| 货运周转量(万吨公里) | 2536000 | 1946156 | 170370 | 33882 | 91230 | 294362 |

注：公路通里程自2006年起调整统计口径，增加了村道公路统计。

# 主要统计指标解释

EXPLANATORY NOTES ON MAIN STATISTICAL INDICATORS

**公路里程** 指在一定时期内实际达到《公路工程技术标准JTJ01-88》规定的等级公路，并经公路主管部门正式验收交付使用的公路里程数。包括大中城市的郊区公路以及通过小城镇街道部分的公路里程和桥梁、渡口的长度，不包括大中城市的街道、厂矿、林区生产用道和农业生产用道的里程。两条或多条公路共同经由同一路段，只计算一次，不得重复计算里程长度。它是反映公路建设发展规模的重要指标，也是计算运输网密度等指标的基础资料。

**民用航空航线里程** 指民航运输定期班机飞行的航线长度的总和。航线长度按机场之间的距离计算，通常有两种计算方法：一是将每条航线长度相加称为重复计算航线里程；一是将两线或两条以上航线经过同一区段里程，只计算一次航线长度称为不重复计算航线里程。一般常用的是后者，它能确切反映民航运输网的规模，是表明民航事业为国民经济服务和方便人民生活程度的主要指标。

**货(客)运量** 指在一定时期内，各种运输工具实际运送的货物(旅客)数量。它是反映运输业为国民经济和人民生活服务的数量指标，也是制定和检查运输生产计划、研究运输发展规模和速度的重要指标。货运按吨计算，客运按人计算。货物不论运输距离长短、货物类别，均按实际重量统计。旅客不论行程远近或票价多少，均按一人一次客运量统计；半价票、小孩票也按一人统计。

**货物(旅客)周转量** 指在一定时期内，由各种运输工具运送的货物(旅客)数量与其相应运输距离的乘积之总和。它是反映运输业生产总成果的重要指标，也是编制和检查运输生产计划，计算运输效率、劳动生产率以及核算运输单位成本的主要基础资料。计算货物周转量通常按发出站与到达站之间的最短距离，也就是计费距离计算。计算公式为：

货物(旅客)周转量＝Σ货物(旅客)运输量×运输距离

**移动电话用户** 指在移动电话营业部门登记，通过移动电话交换机进入移动电话网、占有移动电话号码的电话用户。用户数量以实际办理登记手续进入邮电部门移动电话网的户数进行计算，一部或一台移动电话统计为一户。

**电话用户** 指接入国家公众固定电话网，并按固定电话业务进行经营管理的电话用户。1997年以前，电话用户分为市内电话用户和农村电话用户。市内电话用户是指接入县城及县以上城市电话网上的电话用户；农村电话用户是指接入县邮电局农话台及县以下农村电话交换点，以县城为中心(除市话用户外)联通县、乡(镇)、行政村、村民小组的用户。从1997年起，电话用户数分组调整为以用户所在区域划分为"城市电话用户"和"乡村电话用户"，与过去的按市内电话和农村电话划分方法不同。而电话用户数、电话机部数统计方法不变。

# 15

# 国 内 贸 易

## DOMESTIC TRADE

# 15-1 各时期分行业社会消费品零售总额

TOTAL RETAIL SALES OF CONSUMER GOODS BY SECTION IN EACH PERIOD 单位:万元

| 年　份 | 社会消费品零售总额 | 批发零售业 | 住宿业 | 餐饮业 | 制造业 | 其　他 | 农民对非农业居民 |
|---|---|---|---|---|---|---|---|
| 1949 | 11426 | 7312 | | 556 | 3514 | – | 44 |
| 1952 | 22248 | 16985 | | 1223 | 3592 | – | 448 |
| 1957 | 34568 | 29279 | | 1935 | 2381 | 3 | 970 |
| 1962 | 41436 | 35784 | | 1655 | 2946 | 266 | 785 |
| 1965 | 40795 | 36470 | | 1829 | 1856 | 287 | 353 |
| 1970 | 42993 | 39397 | | 1537 | 1468 | 321 | 270 |
| 1975 | 60105 | 53239 | | 2565 | 2914 | 1217 | 170 |
| 1978 | 81335 | 70661 | | 2907 | 5120 | 2222 | 425 |
| 1979 | 96036 | 80703 | | 4000 | 9060 | 823 | 1450 |
| 1980 | 119775 | 95121 | | 4392 | 16489 | 1299 | 2474 |
| "六五时期" | | | | | | | |
| 1981 | 135236 | 103303 | | 5388 | 21353 | 2157 | 3035 |
| 1982 | 152094 | 116241 | | 8165 | 21398 | 2778 | 3512 |
| 1983 | 167948 | 127884 | | 9225 | 23569 | 2953 | 4317 |
| 1984 | 200301 | 150233 | | 11342 | 29563 | 4506 | 4657 |
| 1985 | 243080 | 181867 | | 14823 | 32342 | 5535 | 8513 |
| "七五时期" | | | | | | | |
| 1986 | 294102 | 219730 | | 17880 | 35565 | 5456 | 15471 |
| 1987 | 331504 | 240192 | | 20305 | 45386 | 8963 | 16658 |
| 1988 | 425984 | 300090 | | 30808 | 60463 | 12300 | 22323 |
| 1989 | 484392 | 343978 | | 28634 | 71653 | 9729 | 30398 |
| 1990 | 528221 | 382047 | | 25599 | 71505 | 10886 | 38184 |
| "八五时期" | | | | | | | |
| 1991 | 597989 | 424836 | | 27443 | 78452 | 14186 | 53072 |
| 1992 | 732882 | 535080 | | 37096 | 77951 | 21108 | 61647 |
| 1993 | 1013726 | 723914 | | 56059 | 80101 | 28475 | 125177 |
| 1994 | 1454386 | 1037687 | | 86141 | 99621 | 27914 | 203023 |
| 1995 | 1880151 | 1345321 | | 133501 | 115105 | 42533 | 243691 |
| "九五时期" | | | | | | | |
| 1996 | 2256851 | 1570947 | | 176100 | 141201 | 22261 | 346342 |
| 1997 | 2618976 | 1744014 | | 216727 | 177219 | 50392 | 430624 |
| 1998 | 2911018 | 1893486 | | 255616 | 207595 | 76994 | 477327 |
| 1999 | 3175983 | 2043078 | | 305333 | 225132 | 83892 | 518548 |
| 2000 | 3547062 | 2287545 | | 377550 | 233128 | 102535 | 546304 |
| "十五时期" | | | | | | | |
| 2001 | 3975320 | 2574216 | | 485494 | 237545 | 118179 | 559886 |
| 2002 | 4464927 | 2935804 | | 613178 | 231947 | 143702 | 540296 |
| 2003 | 5371750 | 4373831 | | 741565 | – | 256354 | – |
| 2004 | 6984935 | 5691288 | 57973 | 940191 | – | 295483 | – |
| 2005 | 8078776 | 6575543 | 66490 | 1084425 | – | 352318 | – |
| "十一五时期" | | | | | | | |
| 2006 | 9393436 | 7571831 | 78098 | 1324135 | – | 419372 | – |
| 2007 | 11031462 | 8791908 | 86322 | 1648409 | – | 504823 | – |
| 2008 | 13566824 | 10684195 | 96391 | 2142271 | – | 643968 | – |
| 2009 | 15956509 | 12710608 | 105378 | 2438279 | – | 702244 | – |
| 2010 | 18024610 | 14022650 | 150810 | 3081114 | – | 770036 | – |
| "十二五时期" | | | | | | | |
| 2011 | 21142868 | 16338362 | 175067 | 3717616 | | 911823 | |

# 15-2 各时期分经济类型社会消费品零售总额

TOTAL RETAIL SALES OF CONSUMER GOODS BY OWNERSHIP IN EACH PERIOD 单位:万元

| 年份 | 社会消费品零售总额 | 国有经济 | 集体经济 | 个体私营经济 | 外商经济 | 其他经济 |
|---|---|---|---|---|---|---|
| 1949 | 11426 | 858 | 702 | 9817 | | 49 |
| 1952 | 22248 | 4477 | 3729 | 13595 | | 447 |
| 1957 | 34568 | 21263 | 10281 | 2056 | | 968 |
| 1962 | 41436 | 26711 | 13026 | 914 | | 785 |
| 1965 | 40795 | 26497 | 13073 | 874 | | 351 |
| 1970 | 42993 | 28030 | 14493 | 201 | | 269 |
| 1975 | 60105 | 37778 | 21946 | 211 | | 170 |
| 1978 | 81335 | 52570 | 28140 | 199 | | 426 |
| 1979 | 96036 | 62064 | 32363 | 159 | | 1450 |
| 1980 | 119775 | 77023 | 39067 | 1211 | | 2474 |
| "六五时期" | | | | | | |
| 1981 | 135236 | 80674 | 49816 | 1710 | | 3036 |
| 1982 | 152094 | 89154 | 55034 | 4395 | | 3511 |
| 1983 | 167948 | 83740 | 67198 | 12694 | | 4316 |
| 1984 | 200301 | 96029 | 82113 | 17501 | | 4658 |
| 1985 | 243080 | 103846 | 103423 | 27297 | | 8514 |
| "七五时期" | | | | | | |
| 1986 | 294102 | 119937 | 119604 | 39090 | | 15471 |
| 1987 | 331504 | 132402 | 142140 | 40304 | | 16658 |
| 1988 | 425984 | 171523 | 181448 | 50690 | | 22323 |
| 1989 | 484392 | 189207 | 207893 | 56893 | | 30399 |
| 1990 | 528221 | 194266 | 235278 | 60492 | | 38185 |
| "八五时期" | | | | | | |
| 1991 | 597989 | 222732 | 246294 | 75892 | | 53071 |
| 1992 | 732882 | 277528 | 285520 | 108186 | | 61648 |
| 1993 | 1013726 | 359506 | 295086 | 151448 | | 207686 |
| 1994 | 1454386 | 408523 | 376890 | 334396 | | 334577 |
| 1995 | 1880151 | 461009 | 457112 | 524465 | | 437565 |
| "九五时期" | | | | | | |
| 1996 | 2256851 | 499440 | 509011 | 697406 | | 550994 |
| 1997 | 2618976 | 392398 | 673909 | 892087 | | 660582 |
| 1998 | 2911018 | 502099 | 625080 | 1020020 | | 763819 |
| 1999 | 3175983 | 493841 | 656408 | 1177837 | | 847897 |
| 2000 | 3547062 | 512597 | 691345 | 1392669 | | 950451 |
| "十五时期" | | | | | | |
| 2001 | 3975320 | 522287 | 717509 | 1599367 | | 1136157 |
| 2002 | 4464927 | 535283 | 740616 | 1886842 | | 1302186 |
| 2003 | 5371750 | 807107 | | 3082963 | | 1481680 |
| 2004 | 6984935 | 558795 | 279397 | 4608707 | 139699 | 1398337 |
| 2005 | 8078776 | 599845 | 298245 | 5403876 | 196676 | 1580134 |
| "十一五时期" | | | | | | |
| 2006 | 9393436 | 674116 | 342016 | 6357187 | 250355 | 1769762 |
| 2007 | 11031462 | 892898 | 456440 | 9392382 | 289742 | – |
| 2008 | 13566824 | 959144 | 489702 | 11704387 | 413591 | – |
| 2009 | 15956509 | 2794510 | 1469647 | 11083176 | 609176 | – |
| 2010 | 18024610 | 3180263 | 1590837 | 12476406 | 777104 | – |
| "十二五时期" | | | | | | |
| 2011 | 21142868 | | | | | |

# 15-3 限额以上批发零售贸易法人企业商品销售情况(2011年)

TOTAL PURCHASE SALES AND INVENTORY BY SECTOR ABOVE DESIGNATED SIZE(2011) 单位:万元

| 指　　标 | 商品销售总额 | 批　发 | 零　售 |
|---|---|---|---|
| 总　计 | 24835981 | 16850784 | 7985198 |
| 一、批发业 | 17335951 | 15850125 | 1485826 |
| 1.按批发行业小类分组 | | | |
| 农畜产品批发 | 439545 | 433970 | 5576 |
| 谷物、豆及薯类批发 | 24859 | 24859 | 0 |
| 种子、饲料批发 | 19784 | 18617 | 1167 |
| 棉、麻批发 | 318966 | 318966 | 0 |
| 其他农畜产品批发 | 75936 | 71528 | 4409 |
| 食品、饮料及烟草制品批发 | 1770087 | 1714167 | 55921 |
| 米、面制品及食用油批发 | 428803 | 415888 | 12915 |
| 糕点、糖果及糖批发 | 236481 | 236481 | 0 |
| 果品、蔬菜批发 | 224312 | 184531 | 39781 |
| 肉、禽、蛋及水产品批发 | 10130 | 10130 | 0 |
| 盐及调味品批发 | 9318 | 9318 | 0 |
| 饮料及茶叶批发 | 68618 | 66477 | 2141 |
| 烟草制品批发 | 752688 | 752688 | 0 |
| 其他食品批发 | 39738 | 38655 | 1084 |
| 纺织、服装及日用品批发 | 270439 | 209029 | 61411 |
| 纺织品、针织品及原料批发 | 43948 | 40947 | 3001 |
| 服装批发 | 39224 | 38868 | 357 |
| 鞋帽批发 | 22687 | 22687 | 0 |
| 厨房、卫生间用具及日用杂货批发 | 7243 | 4829 | 2414 |
| 化妆品及卫生用品批发 | 111158 | 74998 | 36160 |
| 其他日用品批发 | 46179 | 26700 | 19479 |
| 文化、体育用品及器材批发 | 283197 | 274063 | 9134 |
| 文具用品批发 | 4925 | 4925 | 0 |
| 图书批发 | 221774 | 213935 | 7839 |
| 首饰、工艺品及收藏品批发 | 33494 | 33428 | 66 |
| 其他文化用品批发 | 23004 | 21775 | 1229 |
| 医药及医疗器材批发 | 2660019 | 2617642 | 42376 |
| 西药批发 | 1586131 | 1565671 | 20460 |
| 中药材及中成药批发 | 798941 | 778941 | 20000 |
| 医疗用品及器材批发 | 274946 | 273030 | 1916 |
| 矿产品、建材及化工产品批发 | 7323390 | 6516251 | 807139 |
| 煤炭及制品批发 | 1201438 | 1200756 | 682 |
| 石油及制品批发 | 2407573 | 1620391 | 787181 |
| 非金属矿及制品批发 | 182244 | 182244 | 0 |
| 金属及金属矿批发 | 1817670 | 1801222 | 16448 |

15-3续1

| 指　　标 | 商品销售总额 | 批　发 | 零　售 |
|---|---|---|---|
| 建材批发 | 260281 | 257454 | 2827 |
| 化肥批发 | 600677 | 600677 | 0 |
| 农药批发 | 73485 | 73485 | 0 |
| 其他化工产品批发 | 780023 | 780023 | 0 |
| 机械设备、五金交电及电子产品批发 | 4037756 | 3537952 | 499804 |
| 农业机械批发 | 33672 | 33613 | 59 |
| 汽车、摩托车及零配件批发 | 1143158 | 1117284 | 25875 |
| 五金、交电批发 | 69870 | 65719 | 4151 |
| 家用电器批发 | 1308628 | 1308524 | 104 |
| 计算机、软件及辅助设备批发 | 291828 | 275870 | 15959 |
| 通讯及广播电视设备批发 | 67332 | 67332 | 0 |
| 其他机械设备及电子产品批发 | 1123268 | 669612 | 453656 |
| 贸易经纪与代理 | 38332 | 38332 | 0 |
| 其他批发 | 513186 | 508718 | 4467 |
| 再生物资回收与批发 | 55133 | 55064 | 70 |
| 其他未列明的批发 | 458053 | 453655 | 4398 |
| 2.按登记注册类型分组 | | | |
| 内资企业 | 16279963 | 14795611 | 1484352 |
| 国有企业 | 2283866 | 2123427 | 160439 |
| 集体企业 | 309610 | 267828 | 41783 |
| 股份合作企业 | 125098 | 125098 | 0 |
| 联营企业 | 2480 | 2106 | 374 |
| 国有联营企业 | 2480 | 2106 | 374 |
| 有限责任公司 | 6400621 | 5932836 | 467784 |
| 国有独资公司 | 828539 | 828539 | 0 |
| 其他有限责任公司 | 5572081 | 5104297 | 467784 |
| 股份有限公司 | 557868 | 297487 | 260382 |
| 私营企业 | 5356498 | 5214378 | 142121 |
| 私营独资企业 | 144141 | 144055 | 86 |
| 私营合伙企业 | 24063 | 24063 | 0 |
| 私营有限责任公司 | 5112296 | 4970261 | 142035 |
| 私营股份有限公司 | 75998 | 75998 | 0 |
| 其他企业 | 1243921 | 832452 | 411470 |
| 港、澳、台商投资企业 | 976194 | 976194 | 0 |
| 合资经营企业（港或澳、台资） | 274740 | 274740 | 0 |
| 港、澳、台商独资经营企业 | 701454 | 701454 | 0 |
| 外商投资企业 | 79794 | 78320 | 1475 |

15-3续2

| 指　　标 | 商品销售总额 | 批　发 | 零　售 |
|---|---|---|---|
| 中外合资经营企业 | 62580 | 62580 | 0 |
| 中外合作经营企业 | 9900 | 9896 | 4 |
| 外资企业 | 7315 | 5844 | 1471 |
| 二、零售业 | 7500031 | 1000659 | 6499371 |
| 1.按零售行业小类分组 | | | |
| 综合零售 | 3003192 | 572680 | 2430512 |
| 百货零售 | 2094397 | 19643 | 2074754 |
| 超级市场零售 | 898083 | 553037 | 345046 |
| 其他综合零售 | 10713 | 0 | 10713 |
| 食品、饮料及烟草制品专门零售 | 109585 | 33111 | 76474 |
| 粮油零售 | 14012 | 0 | 14012 |
| 糕点、面包零售 | 8232 | 0 | 8232 |
| 果品、蔬菜零售 | 8770 | 2130 | 6640 |
| 肉、禽、蛋及水产品零售 | 18479 | 2095 | 16384 |
| 饮料及茶叶零售 | 48964 | 27603 | 21361 |
| 烟草制品零售 | 2587 | 0 | 2587 |
| 其他食品零售 | 8541 | 1283 | 7258 |
| 纺织、服装及日用品专门零售 | 110490 | 31356 | 79134 |
| 纺织品及针织品零售 | 3031 | 699 | 2332 |
| 服装零售 | 71661 | 30332 | 41329 |
| 鞋帽零售 | 1736 | 0 | 1736 |
| 钟表、眼镜零售 | 7599 | 0 | 7599 |
| 化妆品及卫生用品零售 | 26464 | 326 | 26138 |
| 文化、体育用品及器材专门零售 | 182184 | 59773 | 122411 |
| 文具用品零售 | 34075 | 30646 | 3428 |
| 图书零售 | 61406 | 23187 | 38219 |
| 音像制品及电子出版物零售 | 2056 | 0 | 2056 |
| 珠宝首饰零售 | 55830 | 254 | 55576 |
| 工艺美术品及收藏品零售 | 10602 | 1742 | 8860 |
| 照相器材零售 | 8701 | 0 | 8701 |
| 其他文化用品零售 | 9514 | 3943 | 5571 |
| 医药及医疗器材专门零售 | 121036 | 7853 | 113183 |
| 药品零售 | 117858 | 7466 | 110392 |
| 医疗用品及器材零售 | 3178 | 387 | 2791 |
| 汽车、摩托车、燃料及零配件专门零售 | 2777185 | 188895 | 2588290 |
| 汽车零售 | 2096700 | 132874 | 1963826 |
| 汽车零配件零售 | 91434 | 10283 | 81151 |
| 摩托车及零配件零售 | 12333 | 6870 | 5463 |
| 机动车燃料零售 | 576718 | 38867 | 537851 |

15-3续3

| 指　　标 | 商品销售总额 | 批　发 | 零　售 |
|---|---|---|---|
| 家用电器及电子产品专门零售 | 887104 | 96346 | 790758 |
| 家用电器零售 | 616103 | 17732 | 598371 |
| 计算机、软件及辅助设备零售 | 174350 | 50556 | 123794 |
| 通信设备零售 | 80349 | 23789 | 56560 |
| 其他电子产品零售 | 16302 | 4269 | 12033 |
| 五金、家具及室内装修材料专门零售 | 177706 | 5302 | 172403 |
| 五金零售 | 15583 | 4591 | 10992 |
| 家具零售 | 86065 | 0 | 86065 |
| 涂料零售 | | | |
| 其他室内装修材料零售 | 6870 | 0 | 6870 |
| 无店铺及其他零售 | 69188 | 711 | 68477 |
| 邮购及电子销售 | 131550 | 5344 | 126206 |
| 生活用燃料零售 | 34623 | 0 | 34623 |
| 其他未列明的零售 | 22686 | 683 | 22003 |
| 2.按登记注册类型分组 | 910 | 910 | 0 |
| 内资企业 | 73331 | 3751 | 69580 |
| 国有企业 | | | |
| 集体企业 | 6503804 | 441544 | 6062260 |
| 股份合作企业 | 253097 | 55502 | 197595 |
| 联营企业 | 40295 | 2514 | 37781 |
| 国有联营企业 | 5809 | 0 | 5809 |
| 集体联营企业 | 1543 | 0 | 1543 |
| 有限责任公司 | 4266 | 0 | 4266 |
| 其他有限责任公司 | 1692289 | 128757 | 1563532 |
| 股份有限公司 | 1692289 | 128757 | 1563532 |
| 私营企业 | 2704400 | 47204 | 2657196 |
| 私营独资企业 | 1645306 | 202133 | 1443173 |
| 私营合伙企业 | 53480 | 4957 | 48523 |
| 私营有限责任公司 | 10363 | 0 | 10363 |
| 私营股份有限公司 | 1517183 | 165447 | 1351736 |
| 其他企业 | 64279 | 31729 | 32550 |
| 港、澳、台商投资企业 | 162609 | 5434 | 157175 |
| 港、澳、台商独资经营企业 | 133663 | 6078 | 127584 |
| 港、澳、台商投资股份有限公司 | 125837 | 6078 | 119759 |
| 外商投资企业 | 7825 | 0 | 7825 |
| 外资企业 | 862564 | 553037 | 309527 |
| 外商投资股份有限公司 | 125837 | 6078 | 119759 |

## 15-4 限额以上批发零

CAPITAL POWER OF WHOLESALES AND RETAIL SALES TRADE

| 指　　标 | 法人企业数（个） | 流动资产合计 | 存货 | 固定资产原价 | 累计折旧 | 本年折旧 |
|---|---|---|---|---|---|---|
| 总计 | 996 | 8984832 | 2112753 | 2080595 | 610763 | 108891 |
| 一、批发业 | 525 | 5436587 | 1334000 | 1399021 | 415181 | 66869 |
| 1.按批发行业小类分组 | | | | | | |
| 农畜产品批发 | 12 | 294552 | 86869 | 33972 | 9541 | 497 |
| 谷物、豆及薯类批发 | 2 | 33713 | 27807 | 10428 | 2911 | 189 |
| 种子、饲料批发 | 3 | 5351 | 2330 | 1799 | 749 | 113 |
| 棉、麻批发 | 4 | 250039 | 55189 | 21593 | 5783 | 169 |
| 其他农畜产品批发 | 3 | 5450 | 1544 | 152 | 98 | 25 |
| 食品、饮料及烟草制品批发 | 31 | 517899 | 193001 | 74415 | 24990 | 4044 |
| 米、面制品及食用油批发 | 7 | 161026 | 93289 | 37956 | 9881 | 1632 |
| 糕点、糖果及糖批发 | 2 | 62947 | 14084 | 2321 | 402 | 92 |
| 果品、蔬菜批发 | 6 | 8403 | 355 | 854 | 400 | 38 |
| 肉、禽、蛋及水产品批发 | 2 | 4468 | 2865 | 235 | 115 | 28 |
| 盐及调味品批发 | 1 | 3230 | 567 | 3363 | 1731 | 133 |
| 饮料及茶叶批发 | 7 | 20507 | 8397 | 1067 | 459 | 247 |
| 烟草制品批发 | 1 | 248606 | 72199 | 27329 | 11612 | 1781 |
| 其他食品批发 | 5 | 8713 | 1246 | 1290 | 390 | 93 |
| 纺织、服装及日用品批发 | 17 | 60789 | 19557 | 7810 | 1818 | 356 |
| 纺织品、针织品及原料批发 | 2 | 4568 | 6 | 43 | 26 | 7 |
| 服装批发 | 5 | 17639 | 4793 | 491 | 273 | 99 |
| 鞋帽批发 | 2 | 2182 | 453 | 1878 | 252 | 94 |
| 厨房、卫生间用具及日用杂货批发 | 1 | 2855 | 1991 | 157 | 75 | 12 |
| 化妆品及卫生用品批发 | 5 | 15900 | 8228 | 4552 | 820 | 30 |
| 其他日用品批发 | 2 | 17646 | 4086 | 689 | 371 | 114 |
| 文化、体育用品及器材批发 | 10 | 176454 | 52682 | 83758 | 11426 | 2080 |
| 文具用品批发 | 1 | 1765 | 733 | 68 | 53 | 6 |
| 图书批发 | 4 | 154602 | 40538 | 82599 | 10907 | 1866 |
| 首饰、工艺品及收藏品批发 | 2 | 15772 | 10469 | 559 | 250 | 150 |
| 其他文化用品批发 | 3 | 4316 | 942 | 534 | 216 | 59 |
| 医药及医疗器材批发 | 75 | 949820 | 162504 | 45195 | 14636 | 3154 |
| 西药批发 | 50 | 558845 | 111137 | 28734 | 7310 | 1507 |
| 中药材及中成药批发 | 18 | 304443 | 35024 | 10408 | 4724 | 852 |
| 医疗用品及器材批发 | 7 | 86532 | 16343 | 6052 | 2602 | 795 |
| 矿产品、建材及化工产品批发 | 224 | 2281718 | 575124 | 1113811 | 337801 | 53660 |
| 煤炭及制品批发 | 65 | 357338 | 60423 | 12978 | 4817 | 2820 |
| 石油及制品批发 | 19 | 739155 | 301707 | 1035017 | 310568 | 46614 |
| 非金属矿及制品批发 | 3 | 73837 | 11600 | 23 | 13 | 0 |

## 售贸易企业资产实力 (2011年)

ABOVE DESIGNATED SIZE (2011)

单位:万元

| 资产合计 | 负债合计 | 所有者权益 | | | | | |
|---|---|---|---|---|---|---|---|
| | | | 实收资本 | 国家资本 | 集体资本 | 法人资本 | 个人资本 |
| 12248172 | 9482237 | 2765935 | 1013125 | 106128 | 61979 | 435147 | 295183 |
| 7205924 | 5251665 | 1954259 | 588929 | 71315 | 53532 | 225317 | 173354 |
| | | | | | | | |
| 372954 | 307591 | 65363 | 28462 | 2146 | 20818 | 650 | 4848 |
| 46966 | 38209 | 8757 | 1767 | 1767 | 0 | 0 | 0 |
| 6815 | 3798 | 3018 | 2900 | 0 | 0 | 0 | 2900 |
| 313143 | 262548 | 50595 | 22845 | 0 | 20818 | 600 | 1427 |
| 6029 | 3036 | 2993 | 950 | 379 | 0 | 50 | 521 |
| 648342 | 393791 | 254552 | 23050 | 9663 | 513 | 8633 | 4242 |
| 208097 | 169618 | 38479 | 9131 | 7015 | 0 | 1516 | 600 |
| 65357 | 62563 | 2794 | 3200 | 1700 | 0 | 1200 | 300 |
| 9124 | 4466 | 4658 | 899 | 0 | 213 | 125 | 560 |
| 4811 | 3644 | 1166 | 1300 | 0 | 0 | 0 | 1300 |
| 6624 | 1885 | 4739 | 850 | 850 | 0 | 0 | 0 |
| 30864 | 25262 | 5601 | 5167 | 0 | 300 | 4717 | 150 |
| 313781 | 118985 | 194797 | 1000 | 0 | 0 | 1000 | 0 |
| 9686 | 7368 | 2318 | 1504 | 98 | 0 | 75 | 1332 |
| 67915 | 56364 | 11551 | 9761 | 0 | 0 | 7525 | 2236 |
| 4591 | 5840 | -1249 | 130 | 0 | 0 | 115 | 15 |
| 17857 | 16179 | 1678 | 1051 | 0 | 0 | 100 | 951 |
| 4189 | 1526 | 2663 | 2250 | 0 | 0 | 2250 | 0 |
| 2938 | 2766 | 172 | 300 | 0 | 0 | 300 | 0 |
| 19692 | 12718 | 6975 | 5810 | 0 | 0 | 4760 | 1050 |
| 18648 | 17336 | 1312 | 220 | 0 | 0 | 0 | 220 |
| 302199 | 217266 | 84933 | 11993 | 8738 | 0 | 680 | 2575 |
| 1781 | 1796 | -16 | 50 | 0 | 0 | 25 | 25 |
| 279440 | 204019 | 75422 | 9038 | 8533 | 0 | 0 | 505 |
| 16339 | 8952 | 7386 | 900 | 0 | 0 | 655 | 245 |
| 4640 | 2499 | 2140 | 2005 | 205 | 0 | 0 | 1800 |
| 1060456 | 947661 | 112795 | 87248 | 5499 | 1736 | 57473 | 22372 |
| 612448 | 541267 | 71181 | 58237 | 809 | 80 | 41408 | 15772 |
| 356310 | 322029 | 34282 | 25200 | 4690 | 1656 | 15081 | 3774 |
| 91698 | 84365 | 7332 | 3811 | 0 | 0 | 985 | 2827 |
| 3537747 | 2344131 | 1193616 | 269624 | 43144 | 28402 | 84333 | 107104 |
| 384322 | 317236 | 67086 | 67591 | 6200 | 400 | 23871 | 37120 |
| 1748022 | 882648 | 865374 | 62086 | 30100 | 1919 | 21181 | 2245 |
| 75398 | 76495 | -1097 | 1500 | 0 | 0 | 0 | 1500 |

15-4续1

| 指标 | 法人企业数（个） | 流动资产合计 | 存货 | 固定资产原价 | 累计折旧 | 本年折旧 |
|---|---|---|---|---|---|---|
| 金属及金属矿批发 | 88 | 549324 | 79974 | 19367 | 8423 | 2106 |
| 建材批发 | 14 | 79435 | 5695 | 5922 | 1782 | 796 |
| 化肥批发 | 4 | 205066 | 72679 | 12267 | 5821 | 450 |
| 农药批发 | 5 | 36441 | 5733 | 2038 | 331 | 124 |
| 其他化工产品批发 | 26 | 241121 | 37313 | 26199 | 6046 | 750 |
| 机械设备、五金交电及电子产品批发 | 130 | 989244 | 199246 | 27282 | 9761 | 2530 |
| 农业机械批发 | 5 | 5387 | 1878 | 1302 | 516 | 284 |
| 汽车、摩托车及零配件批发 | 34 | 339001 | 88066 | 4423 | 2068 | 543 |
| 五金、交电批发 | 15 | 21590 | 1987 | 2930 | 1296 | 266 |
| 家用电器批发 | 14 | 205739 | 45782 | 492 | 180 | 49 |
| 计算机、软件及辅助设备批发 | 23 | 89031 | 6392 | 2556 | 1267 | 201 |
| 通讯及广播电视设备批发 | 4 | 51879 | 6956 | 2721 | 872 | 202 |
| 其他机械设备及电子产品批发 | 35 | 276618 | 48185 | 12859 | 3563 | 986 |
| 贸易经纪与代理 | 4 | 8105 | 3382 | 767 | 212 | 49 |
| 其他批发 | 22 | 158006 | 41635 | 12010 | 4995 | 499 |
| 再生物资回收与批发 | 6 | 11088 | 820 | 2073 | 475 | 43 |
| 其他未列明的批发 | 16 | 146917 | 40815 | 9938 | 4520 | 456 |
| 2.按登记注册类型分组 | | | | | | |
| 内资企业 | 516 | 4971590 | 1226237 | 1384343 | 410353 | 66200 |
| 国有企业 | 30 | 642687 | 225001 | 159735 | 35748 | 5693 |
| 集体企业 | 8 | 21180 | 1430 | 1843 | 808 | 39 |
| 股份合作企业 | 1 | 17205 | 3098 | 325 | 98 | 49 |
| 联营企业 | 1 | 456 | 83 | 88 | 32 | 4 |
| 国有联营企业 | 1 | 456 | 83 | 88 | 32 | 4 |
| 有限责任公司 | 120 | 2000225 | 430264 | 125852 | 43897 | 6545 |
| 国有独资公司 | 1 | 248606 | 72199 | 27329 | 11612 | 1781 |
| 其他有限责任公司 | 119 | 1751619 | 358065 | 98523 | 32285 | 4764 |
| 股份有限公司 | 6 | 589965 | 275250 | 944198 | 284242 | 42675 |
| 私营企业 | 319 | 1572818 | 252923 | 75892 | 24816 | 7669 |
| 私营独资企业 | 20 | 39578 | 9421 | 2151 | 524 | 163 |
| 私营合伙企业 | 4 | 5324 | 1772 | 217 | 121 | 34 |
| 私营有限责任公司 | 288 | 1478137 | 236503 | 71606 | 23467 | 7343 |
| 私营股份有限公司 | 7 | 49779 | 5227 | 1919 | 704 | 130 |
| 其他企业 | 31 | 127055 | 38187 | 76409 | 20712 | 3525 |
| 港、澳、台商投资企业 | 5 | 384593 | 100437 | 9458 | 2482 | 300 |
| 与港澳台商合资经营企业 | 2 | 69280 | 26670 | 6009 | 1510 | 37 |
| 港澳台商独资经营企业 | 3 | 315313 | 73767 | 3450 | 972 | 263 |

| 资产合计 | 负债合计 | 所有者权益 | 实收资本 | | | | |
|---|---|---|---|---|---|---|---|
| | | | | 国家资本 | 集体资本 | 法人资本 | 个人资本 |
| 599092 | 509399 | 89693 | 80258 | 1121 | 4829 | 28479 | 45830 |
| 88584 | 82887 | 5697 | 14025 | 5223 | 2831 | 2068 | 3903 |
| 242843 | 217896 | 24947 | 5419 | 0 | 2400 | 200 | 2819 |
| 59806 | 34568 | 25237 | 13402 | 0 | 0 | 5150 | 8252 |
| 339682 | 223003 | 116679 | 25342 | 500 | 16023 | 3384 | 5435 |
| 1035947 | 875211 | 160736 | 121835 | 1978 | 535 | 40659 | 20063 |
| 7907 | 6013 | 1894 | 1388 | 3 | 185 | 1050 | 150 |
| 348756 | 258389 | 90366 | 66157 | 0 | 0 | 7245 | 3412 |
| 27054 | 22617 | 4438 | 3404 | 0 | 0 | 1168 | 2236 |
| 206220 | 215897 | -9677 | 4608 | 0 | 300 | 3533 | 775 |
| 98390 | 83989 | 14401 | 12111 | 0 | 50 | 8018 | 4043 |
| 55795 | 43102 | 12693 | 9500 | 0 | 0 | 9420 | 80 |
| 291826 | 245204 | 46621 | 24667 | 1975 | 0 | 10225 | 9367 |
| 8671 | 5773 | 2898 | 2500 | 0 | 0 | 1415 | 1085 |
| 171694 | 103877 | 67817 | 34456 | 147 | 1529 | 23950 | 8830 |
| 14228 | 11030 | 3198 | 2546 | 0 | 1399 | 180 | 968 |
| 157466 | 92848 | 64619 | 31909 | 147 | 130 | 23770 | 7862 |
| | | | | | | | |
| 6710269 | 4867697 | 1842572 | 502607 | 63814 | 51614 | 213525 | 173354 |
| 879309 | 691010 | 188300 | 70505 | 53609 | 400 | 16484 | 12 |
| 23966 | 15759 | 8207 | 2155 | 0 | 1872 | 85 | 198 |
| 17436 | 16866 | 570 | 500 | 0 | 0 | 500 | 0 |
| 512 | 415 | 97 | 55 | 0 | 0 | 55 | 0 |
| 512 | 415 | 97 | 55 | 0 | 0 | 55 | 0 |
| 2382423 | 1841870 | 540554 | 183308 | 9617 | 48872 | 87345 | 36974 |
| 313781 | 118985 | 194797 | 1000 | 0 | 0 | 1000 | 0 |
| 2068642 | 1722885 | 345757 | 182308 | 9617 | 48872 | 86345 | 36974 |
| 1485484 | 742195 | 743289 | 12633 | 0 | 185 | 12438 | 10 |
| 1713350 | 1448455 | 264896 | 217613 | 0 | 85 | 93150 | 124378 |
| 43085 | 33115 | 9970 | 7905 | 0 | 0 | 2716 | 5189 |
| 5420 | 4208 | 1212 | 1208 | 0 | 0 | 50 | 1158 |
| 1613530 | 1365972 | 247558 | 203500 | 0 | 85 | 88994 | 114421 |
| 51316 | 45160 | 6156 | 5000 | 0 | 0 | 1390 | 3610 |
| 207788 | 111128 | 96661 | 15838 | 588 | 200 | 2968 | 11782 |
| 406856 | 310277 | 96580 | 70250 | 0 | 0 | 11750 | 0 |
| 83038 | 69756 | 13283 | 10000 | 0 | 0 | 10000 | 0 |
| 323818 | 240521 | 83297 | 60250 | 0 | 0 | 1750 | 0 |

15-4续2

| 指　　　标 | 法人企业数（个） | 流动资产合　计 | 存　货 | 固定资产原　价 | 累计折旧 | 本年折旧 |
|---|---|---|---|---|---|---|
| 外商投资企业 | 4 | 80405 | 7326 | 5219 | 2345 | 368 |
| 中外合资经营企业 | 1 | 69408 | 6837 | 3686 | 2173 | 289 |
| 中外合作经营企业 | 1 | 9423 | 228 | 100 | 29 | 7 |
| 外资企业 | 2 | 1574 | 261 | 1434 | 143 | 72 |
| 二、零售业 | 471 | 3548245 | 778753 | 681575 | 195582 | 42022 |
| 1.按零售行业小类分组 | | | | | | |
| 综合零售 | 35 | 1839848 | 235028 | 435790 | 118769 | 21582 |
| 百货零售 | 21 | 1549886 | 93457 | 389385 | 95672 | 19179 |
| 超级市场零售 | 12 | 287965 | 140272 | 45784 | 22776 | 2316 |
| 其他综合零售 | 2 | 1998 | 1299 | 621 | 321 | 87 |
| 食品、饮料及烟草制品专门零售 | 29 | 45919 | 15064 | 11935 | 5111 | 1799 |
| 粮油零售 | 3 | 3632 | 253 | 3067 | 1810 | 150 |
| 糕点、面包零售 | 2 | 2791 | 717 | 910 | 262 | 81 |
| 果品、蔬菜零售 | 3 | 4662 | 1027 | 3899 | 1255 | 382 |
| 肉、禽、蛋及水产品零售 | 6 | 8612 | 5693 | 689 | 223 | 39 |
| 饮料及茶叶零售 | 8 | 20927 | 6157 | 2608 | 1320 | 1114 |
| 烟草制品零售 | 2 | 877 | 309 | 15 | 11 | 1 |
| 其他食品零售 | 5 | 4418 | 909 | 746 | 230 | 32 |
| 纺织、服装及日用品专门零售 | 24 | 43756 | 20451 | 1993 | 782 | 231 |
| 纺织品及针织品零售 | 3 | 1601 | 179 | 160 | 29 | 7 |
| 服装零售 | 15 | 30308 | 12253 | 989 | 486 | 128 |
| 鞋帽零售 | 1 | 1652 | 726 | 20 | 1 | 0 |
| 钟表、眼镜零售 | 1 | 2299 | 545 | 10 | 6 | 0 |
| 化妆品及卫生用品零售 | 4 | 7895 | 6748 | 814 | 260 | 96 |
| 文化、体育用品及器材专门零售 | 34 | 87868 | 27576 | 16450 | 7585 | 1161 |
| 文具用品零售 | 3 | 20699 | 6296 | 861 | 398 | 178 |
| 图书零售 | 15 | 27052 | 10474 | 10274 | 5592 | 664 |
| 珠宝首饰零售 | 9 | 21557 | 7021 | 3849 | 1043 | 228 |
| 工艺美术品及收藏品零售 | 3 | 9788 | 2913 | 981 | 331 | 31 |
| 照相器材零售 | 1 | 565 | 4 | 9 | 7 | 1 |
| 其他文化用品零售 | 3 | 8207 | 869 | 475 | 213 | 60 |
| 医药及医疗器材专门零售 | 20 | 38516 | 13809 | 6096 | 3076 | 369 |
| 药品零售 | 18 | 37029 | 13052 | 5973 | 3003 | 357 |
| 医疗用品及器材零售 | 2 | 1487 | 757 | 123 | 74 | 12 |
| 汽车、摩托车、燃料及零配件专门零售 | 200 | 1171775 | 407294 | 110560 | 39174 | 12029 |
| 汽车零售 | 146 | 1055623 | 383741 | 98023 | 34264 | 10997 |
| 汽车零配件零售 | 10 | 41027 | 8487 | 1880 | 762 | 212 |

| 资产合计 | 负债合计 | 所有者权益 | 实收资本 | | | | |
| --- | --- | --- | --- | --- | --- | --- | --- |
| | | | | 国家资本 | 集体资本 | 法人资本 | 个人资本 |
| 88799 | 73691 | 15107 | 16072 | 7501 | 1919 | 42 | 0 |
| 75839 | 61047 | 14792 | 12762 | 7501 | 1919 | 0 | 0 |
| 9559 | 9349 | 210 | 210 | 0 | 0 | 42 | 0 |
| 3402 | 3296 | 106 | 3100 | 0 | 0 | 0 | 0 |
| 5042248 | 4230572 | 811676 | 424197 | 34812 | 8446 | 209829 | 121829 |
| | | | | | | | |
| 2634323 | 2220343 | 413980 | 164411 | 15120 | 395 | 96165 | 21466 |
| 2306360 | 1939689 | 366672 | 125989 | 13620 | 395 | 90765 | 21209 |
| 325526 | 279678 | 45848 | 37122 | 1500 | 0 | 4100 | 257 |
| 2437 | 977 | 1460 | 1300 | 0 | 0 | 1300 | 0 |
| 63027 | 36773 | 26253 | 19423 | 74 | 3000 | 10481 | 3591 |
| 7418 | 1006 | 6412 | 4803 | 0 | 0 | 4753 | 50 |
| 3438 | 1784 | 1654 | 1050 | 0 | 0 | 650 | 400 |
| 7954 | 3295 | 4659 | 4010 | 0 | 3000 | 1000 | 10 |
| 9704 | 6947 | 2758 | 2028 | 0 | 0 | 0 | 2028 |
| 28330 | 19496 | 8833 | 6589 | 0 | 0 | 3484 | 828 |
| 995 | 490 | 505 | 101 | 0 | 0 | 31 | 70 |
| 5188 | 3755 | 1433 | 842 | 74 | 0 | 563 | 205 |
| 47685 | 45816 | 1870 | 6712 | 0 | 20 | 1152 | 5540 |
| 1764 | 1214 | 550 | 571 | 0 | 20 | 51 | 500 |
| 31914 | 32260 | −345 | 4600 | 0 | 0 | 970 | 3630 |
| 1800 | 1490 | 310 | 300 | 0 | 0 | 0 | 300 |
| 2304 | 1843 | 461 | 510 | 0 | 0 | 0 | 510 |
| 9903 | 9009 | 894 | 731 | 0 | 0 | 131 | 600 |
| 110399 | 62347 | 48051 | 24078 | 2128 | 270 | 7166 | 14515 |
| 31551 | 9389 | 22161 | 12210 | 0 | 0 | 1202 | 11008 |
| 34066 | 21503 | 12563 | 3315 | 1773 | 0 | 541 | 1001 |
| 24661 | 15753 | 8908 | 6528 | 0 | 270 | 4852 | 1406 |
| 10604 | 6290 | 4314 | 1775 | 305 | 0 | 470 | 1000 |
| 568 | 439 | 129 | 50 | 0 | 0 | 0 | 50 |
| 8949 | 8974 | −24 | 200 | 50 | 0 | 100 | 50 |
| 49542 | 35642 | 13900 | 13130 | 1193 | 0 | 11137 | 800 |
| 47854 | 34112 | 13742 | 13020 | 1162 | 0 | 11118 | 740 |
| 1688 | 1530 | 157 | 110 | 31 | 0 | 19 | 60 |
| 1682020 | 1481580 | 200440 | 131339 | 9936 | 3544 | 42022 | 60101 |
| 1551364 | 1389066 | 162298 | 101470 | 428 | 3066 | 35244 | 50733 |
| 42263 | 37011 | 5252 | 4153 | 0 | 0 | 266 | 3887 |

15-4续3

| 指　　标 | 法人企业数（个） | 流动资产合　计 | 存　货 | 固定资产原　价 | 累计折旧 | 本年折旧 |
|---|---|---|---|---|---|---|
| 摩托车及零配件零售 | 5 | 2321 | 663 | 220 | 21 | 8 |
| 机动车燃料零售 | 39 | 72804 | 14404 | 10437 | 4127 | 811 |
| 家用电器及电子产品专门零售 | 84 | 248818 | 47935 | 42710 | 11219 | 1983 |
| 家用电器零售 | 41 | 190731 | 29382 | 41278 | 10592 | 1810 |
| 计算机、软件及辅助设备零售 | 28 | 38303 | 13910 | 629 | 220 | 97 |
| 通信设备零售 | 8 | 14538 | 3255 | 510 | 244 | 27 |
| 其他电子产品零售 | 7 | 5246 | 1388 | 293 | 162 | 50 |
| 五金、家具及室内装修材料专门零售 | 22 | 25079 | 2548 | 48852 | 5644 | 2297 |
| 五金零售 | 11 | 5091 | 1369 | 311 | 143 | 19 |
| 家具零售 | 5 | 8110 | 355 | 7915 | 2366 | 338 |
| 涂料零售 | 1 | 465 | 310 | 653 | 540 | 40 |
| 其他室内装修材料零售 | 5 | 11413 | 514 | 39973 | 2594 | 1900 |
| 无店铺及其他零售 | 23 | 46667 | 9049 | 7190 | 4223 | 572 |
| 邮购及电子销售 | 1 | 15631 | 3638 | 2054 | 1411 | 355 |
| 生活用燃料零售 | 11 | 14328 | 2929 | 4204 | 2547 | 116 |
| 花卉零售 | 1 | 375 | 72 | 441 | 47 | 29 |
| 其他未列明的零售 | 10 | 16333 | 2411 | 491 | 219 | 72 |
| 2.按登记注册类型分组 | | | | | | |
| 内资企业 | 462 | 3228776 | 625927 | 633193 | 171991 | 38633 |
| 国有企业 | 32 | 59425 | 20412 | 22925 | 11665 | 1196 |
| 集体企业 | 14 | 9946 | 2940 | 5061 | 1968 | 383 |
| 联营企业 | 2 | 368 | 70 | 543 | 279 | 55 |
| 集体联营企业 | 2 | 368 | 70 | 543 | 279 | 55 |
| 有限责任公司 | 115 | 411258 | 98409 | 129767 | 34088 | 7638 |
| 其他有限责任公司 | 115 | 411258 | 98409 | 129767 | 34088 | 7638 |
| 股份有限公司 | 17 | 2002930 | 184238 | 395323 | 97233 | 19942 |
| 私营企业 | 259 | 701875 | 305281 | 75177 | 25442 | 8818 |
| 私营独资企业 | 27 | 12778 | 3634 | 4609 | 836 | 388 |
| 私营合伙企业 | 4 | 2009 | 502 | 51 | 23 | 6 |
| 私营有限责任公司 | 217 | 662425 | 292213 | 66002 | 22662 | 8019 |
| 私营股份有限公司 | 11 | 24664 | 8932 | 4515 | 1921 | 405 |
| 其他企业 | 23 | 42974 | 14576 | 4397 | 1315 | 601 |
| 港、澳、台商投资企业 | 4 | 39650 | 16861 | 11683 | 3375 | 1597 |
| 港、澳、台商独资经营企业 | 3 | 37845 | 15672 | 8985 | 2780 | 1292 |
| 港、澳、台商投资股份有限公司 | 1 | 1805 | 1189 | 2698 | 595 | 305 |
| 外商投资企业 | 5 | 279819 | 135966 | 36698 | 20216 | 1792 |
| 外资企业 | 3 | 37845 | 15672 | 8985 | 2780 | 1292 |
| 外商投资股份有限公司 | 1 | 1805 | 1189 | 2698 | 595 | 305 |

| 资产合计 | 负债合计 | 所有者权益 | 实收资本 | 国家资本 | 集体资本 | 法人资本 | 个人资本 |
|---|---|---|---|---|---|---|---|
| 2525 | 946 | 1579 | 1392 | 0 | 0 | 0 | 1392 |
| 85868 | 54557 | 31311 | 24324 | 9508 | 478 | 6512 | 4039 |
| 304284 | 227634 | 76650 | 29040 | 516 | 9 | 22070 | 6446 |
| 239821 | 187439 | 52382 | 9136 | 113 | 5 | 6264 | 2754 |
| 41831 | 22304 | 19527 | 15502 | 403 | 4 | 13271 | 1826 |
| 17175 | 13529 | 3646 | 3400 | 0 | 0 | 2075 | 1325 |
| 5458 | 4362 | 1095 | 1001 | 0 | 0 | 450 | 541 |
| 89121 | 71673 | 17448 | 17176 | 0 | 1209 | 12987 | 2980 |
| 5271 | 3265 | 2006 | 1734 | 0 | 9 | 1251 | 474 |
| 14407 | 11054 | 3354 | 3018 | 0 | 1200 | 218 | 1600 |
| 578 | 223 | 355 | 355 | 0 | 0 | 0 | 355 |
| 68866 | 57131 | 11734 | 12069 | 0 | 0 | 11518 | 551 |
| 61849 | 48764 | 13085 | 18888 | 5847 | 0 | 6650 | 6391 |
| 16498 | 9648 | 6849 | 5811 | 0 | 0 | 5811 | 0 |
| 27325 | 23934 | 3391 | 11029 | 5618 | 0 | 516 | 4895 |
| 771 | 746 | 26 | 101 | 0 | 0 | 0 | 101 |
| 17255 | 14436 | 2819 | 1947 | 229 | 0 | 323 | 1395 |
| | | | | | | | |
| 4676690 | 3940919 | 735770 | 370103 | 34812 | 8446 | 204515 | 121829 |
| 86179 | 63754 | 22425 | 17188 | 16747 | 0 | 441 | 0 |
| 13892 | 9295 | 4596 | 5106 | 0 | 4933 | 173 | 0 |
| 632 | 615 | 17 | 59 | 0 | 19 | 41 | 0 |
| 632 | 615 | 17 | 59 | 0 | 19 | 41 | 0 |
| 557963 | 436178 | 121784 | 110539 | 8013 | 2266 | 75901 | 23859 |
| 557963 | 436178 | 121784 | 110539 | 8013 | 2266 | 75901 | 23859 |
| 2794014 | 2370391 | 423623 | 115936 | 9937 | 650 | 84369 | 20980 |
| 1163425 | 1008741 | 154684 | 114781 | 115 | 309 | 39466 | 74892 |
| 18122 | 10095 | 8026 | 5618 | 0 | 0 | 1796 | 3822 |
| 2038 | 459 | 1578 | 1150 | 0 | 0 | 1100 | 50 |
| 1105299 | 984812 | 120488 | 94753 | 115 | 309 | 35298 | 59033 |
| 37967 | 13375 | 24592 | 13260 | 0 | 0 | 1272 | 11988 |
| 60586 | 51944 | 8641 | 6493 | 0 | 270 | 4125 | 2098 |
| 52063 | 32188 | 19875 | 19353 | 0 | 0 | 0 | 0 |
| 47753 | 23449 | 24304 | 14276 | 0 | 0 | 0 | 0 |
| 4310 | 8739 | -4429 | 5077 | 0 | 0 | 0 | 0 |
| 313496 | 257465 | 56031 | 34740 | 0 | 0 | 5314 | 0 |
| 47753 | 23449 | 24304 | 14276 | 0 | 0 | 0 | 0 |
| 4310 | 8739 | -4429 | 5077 | 0 | 0 | 0 | 0 |

# 15-5 限额以上批发零售

PROFIT LOSS AND DISTRIBUTION OF WHOLESALES AND

| 指标名称 | 法人企业数（个） | 主营业务收入 | 主营业务成本 | 主营业务税金及附加 |
|---|---|---|---|---|
| 总计 | 996 | 29244789 | 27264413 | 98672 |
| 一、批发业 | 525 | 22396664 | 21074050 | 74779 |
| 1.按批发行业小类分组 | | | | |
| 农畜产品批发 | 12 | 369076 | 354476 | 99 |
| 谷物、豆及薯类批发 | 2 | 24851 | 21863 | 1 |
| 种子、饲料批发 | 3 | 19308 | 18062 | 4 |
| 棉、麻批发 | 4 | 282749 | 273699 | 71 |
| 其他农畜产品批发 | 3 | 42169 | 40852 | 23 |
| 食品、饮料及烟草制品批发 | 31 | 1569120 | 1304311 | 40637 |
| 米、面制品及食用油批发 | 7 | 382969 | 370375 | 706 |
| 糕点、糖果及糖批发 | 2 | 204338 | 195278 | 281 |
| 果品、蔬菜批发 | 6 | 219341 | 178292 | 209 |
| 肉、禽、蛋及水产品批发 | 2 | 10130 | 7646 | 6 |
| 盐及调味品批发 | 1 | 8372 | 5261 | 52 |
| 饮料及茶叶批发 | 7 | 61957 | 48310 | 218 |
| 烟草制品批发 | 1 | 643323 | 464986 | 39093 |
| 其他食品批发 | 5 | 38691 | 34164 | 72 |
| 纺织、服装及日用品批发 | 17 | 224692 | 198071 | 12715 |
| 纺织品、针织品及原料批发 | 2 | 32352 | 32823 | 6 |
| 服装批发 | 5 | 34429 | 31774 | 363 |
| 鞋帽批发 | 2 | 20596 | 18918 | 23 |
| 厨房、卫生间用具及日用杂货批发 | 1 | 6191 | 5472 | 9 |
| 化妆品及卫生用品批发 | 5 | 89217 | 70624 | 12203 |
| 其他日用品批发 | 2 | 41908 | 38459 | 111 |
| 文化、体育用品及器材批发 | 10 | 221974 | 196455 | 334 |
| 文具用品批发 | 1 | 5052 | 4925 | 2 |
| 图书批发 | 4 | 165892 | 147197 | 274 |
| 首饰、工艺品及收藏品批发 | 2 | 28627 | 22935 | 38 |
| 其他文化用品批发 | 3 | 22403 | 21399 | 20 |
| 医药及医疗器材批发 | 75 | 2301647 | 2178156 | 2673 |
| 西药批发 | 50 | 1389648 | 1326908 | 1369 |
| 中药材及中成药批发 | 18 | 674983 | 630794 | 871 |
| 医疗用品及器材批发 | 7 | 237015 | 220454 | 432 |
| 矿产品、建材及化工产品批发 | 224 | 14495343 | 13805985 | 13473 |
| 煤炭及制品批发 | 65 | 1006497 | 953393 | 2186 |
| 石油及制品批发 | 19 | 10053568 | 9527821 | 9644 |
| 非金属矿及制品批发 | 3 | 182028 | 179779 | 17 |

# 贸易企业损益及分配（2011年）

RETAIL SALES TRADE ABOVE DESIGNATED SIZE(2011)

单位:万元

| 销售费用 | 管理费用 | 财务费用 | 营业利润 | 利润总额 | 应交所得税 | 应付职工薪酬（本年贷方累计发生额） | 应交增值税 |
|---|---|---|---|---|---|---|---|
| 918170 | 490499 | 129089 | 467914 | 455119 | 122644 | 382036 | 356223 |
| 554375 | 273798 | 81890 | 368096 | 356783 | 92963 | 233656 | 230538 |
| | | | | | | | |
| 4413 | 4934 | 6910 | -49 | 448 | 258 | 2509 | 334 |
| 176 | 1166 | 1390 | 263 | 263 | 1 | 525 | 7 |
| 718 | 450 | 8 | 54 | 130 | 38 | 283 | 24 |
| 2882 | 3122 | 5355 | -671 | -251 | 133 | 1495 | 125 |
| 637 | 195 | 157 | 304 | 306 | 86 | 207 | 179 |
| 60179 | 52309 | 7284 | 112240 | 113268 | 28698 | 33917 | 44870 |
| 8624 | 4699 | 5370 | 4517 | 5323 | 1256 | 4484 | 1241 |
| 2587 | 585 | 2027 | -1652 | -1657 | 161 | 303 | 2215 |
| 26487 | 12610 | 420 | 1703 | 1785 | 312 | 516 | 10179 |
| 1484 | 866 | 144 | -16 | -16 | 2 | 583 | 50 |
| 1230 | 1363 | 27 | 394 | 423 | 110 | 763 | 369 |
| 8769 | 2307 | 318 | 2036 | 2221 | 386 | 2460 | 1625 |
| 8009 | 29084 | -1079 | 104650 | 104589 | 26319 | 23659 | 28632 |
| 2989 | 796 | 57 | 609 | 600 | 151 | 1149 | 559 |
| 4529 | 6934 | 454 | 4183 | 4141 | 1357 | 3464 | 3083 |
| 313 | 43 | -6 | -828 | -829 | 0 | 24 | 53 |
| 894 | 685 | 102 | 611 | 611 | 156 | 445 | 1760 |
| 0 | 1512 | 0 | 143 | 141 | 33 | 430 | 272 |
| 707 | 33 | 1 | -31 | -31 | 2 | 149 | 72 |
| 763 | 2572 | 322 | 4050 | 4046 | 1098 | 1194 | 431 |
| 1852 | 2088 | 35 | 238 | 202 | 68 | 1222 | 496 |
| 9160 | 11930 | 780 | 3745 | 3924 | 1015 | 5620 | 729 |
| 28 | 109 | 13 | -24 | -26 | 0 | 70 | 11 |
| 5871 | 11509 | 709 | 755 | 935 | 234 | 3900 | 257 |
| 2512 | 73 | 29 | 3047 | 3047 | 759 | 1426 | 281 |
| 749 | 238 | 30 | -33 | -32 | 22 | 224 | 179 |
| 57310 | 31930 | 10332 | 26246 | 26849 | 7032 | 20150 | 25659 |
| 24171 | 15963 | 6478 | 17626 | 18123 | 5316 | 12500 | 15628 |
| 21719 | 10329 | 3419 | 8178 | 8058 | 1505 | 4645 | 7500 |
| 11419 | 5638 | 436 | 443 | 668 | 211 | 3005 | 2531 |
| 318723 | 129667 | 41006 | 192330 | 179204 | 45903 | 139718 | 115351 |
| 35478 | 7161 | 7987 | 918 | 1611 | 794 | 2905 | 11360 |
| 239132 | 97433 | 5819 | 174895 | 159874 | 39585 | 126613 | 83058 |
| 1734 | 394 | 2198 | -2093 | -2094 | 1 | 123 | 136 |

15-5续1

| 指标名称 | 法人企业数（个） | 主营业务收入 | 主营业务成本 | 主营业务税金及附加 |
|---|---|---|---|---|
| 金属及金属矿批发 | 88 | 1601700 | 1556752 | 719 |
| 建材批发 | 14 | 247467 | 238876 | 152 |
| 化肥批发 | 4 | 595094 | 581279 | 282 |
| 农药批发 | 5 | 61188 | 54769 | 7 |
| 其他化工产品批发 | 26 | 747802 | 713316 | 466 |
| 机械设备、五金交电及电子产品批发 | 130 | 2739869 | 2579866 | 4319 |
| 农业机械批发 | 5 | 30373 | 27722 | 11 |
| 汽车、摩托车及零配件批发 | 34 | 1043049 | 976477 | 308 |
| 五金、交电批发 | 15 | 63295 | 57952 | 143 |
| 家用电器批发 | 14 | 722258 | 698267 | 2287 |
| 计算机、软件及辅助设备批发 | 23 | 272398 | 260804 | 336 |
| 通讯及广播电视设备批发 | 4 | 57591 | 52772 | 66 |
| 其他机械设备及电子产品批发 | 35 | 550905 | 505873 | 1169 |
| 贸易经纪与代理 | 4 | 33861 | 30334 | 97 |
| 其他批发 | 22 | 441082 | 426396 | 433 |
| 再生物资回收与批发 | 6 | 46592 | 45045 | 209 |
| 其他未列明的批发 | 16 | 394490 | 381352 | 224 |
| 2.按登记注册类型分组 | | | | |
| 内资企业 | 516 | 21424811 | 20173859 | 74390 |
| 国有企业 | 30 | 2086064 | 2009123 | 2588 |
| 集体企业 | 8 | 276861 | 234632 | 346 |
| 股份合作企业 | 1 | 107433 | 101497 | 64 |
| 联营企业 | 1 | 2120 | 1816 | 9 |
| 国有联营企业 | 1 | 2120 | 1816 | 9 |
| 有限责任公司 | 120 | 5297227 | 4895279 | 44868 |
| 国有独资公司 | 1 | 643323 | 464986 | 39093 |
| 其他有限责任公司 | 119 | 4653903 | 4430293 | 5775 |
| 股份有限公司 | 6 | 8317601 | 7864652 | 8177 |
| 私营企业 | 319 | 4259022 | 4049563 | 17117 |
| 私营独资企业 | 20 | 124811 | 109425 | 593 |
| 私营合伙企业 | 4 | 20523 | 20003 | 7 |
| 私营有限责任公司 | 288 | 4043316 | 3853773 | 16342 |
| 私营股份有限公司 | 7 | 70373 | 66363 | 175 |
| 其他企业 | 31 | 1078483 | 1017299 | 1222 |
| 港、澳、台商投资企业 | 5 | 886267 | 821282 | 332 |
| 与港澳台商合资经营企业 | 2 | 235259 | 226455 | 161 |
| 港澳台商独资经营企业 | 3 | 651008 | 594827 | 172 |

| 销售费用 | 管理费用 | 财务费用 | 营业利润 | 利润总额 | 应交所得税 | 应付职工薪酬（本年贷方累计发生额） | 应交增值税 |
|---|---|---|---|---|---|---|---|
| 21690 | 12104 | 10855 | 2118 | 2307 | 1458 | 3437 | 4501 |
| 2968 | 1624 | 2668 | 2011 | 1898 | 240 | 1623 | 7613 |
| 2968 | 2515 | 5198 | 3049 | 2690 | 677 | 882 | 123 |
| 3414 | 2211 | 558 | 303 | 1269 | 292 | 1754 | 65 |
| 11339 | 6226 | 5724 | 11130 | 11649 | 2855 | 2381 | 8495 |
| 88838 | 30587 | 15249 | 28016 | 27368 | 7288 | 25669 | 35085 |
| 1989 | 725 | –15 | –45 | 151 | 64 | 275 | 101 |
| 33523 | 12063 | 10184 | 10905 | 10768 | 2550 | 5620 | 2843 |
| 3197 | 1646 | 284 | 161 | 187 | 111 | 1070 | 685 |
| 18499 | 3281 | 253 | 3157 | 2790 | 853 | 8929 | 20107 |
| 3134 | 2044 | 982 | 5339 | 4742 | 1258 | 1518 | 783 |
| 2990 | 2930 | 375 | 391 | 402 | 104 | 476 | 458 |
| 25508 | 7899 | 3188 | 8108 | 8331 | 2346 | 7781 | 10108 |
| 1618 | 120 | –13 | 1713 | 1738 | 469 | 180 | 482 |
| 9606 | 5388 | –114 | –329 | –156 | 944 | 2428 | 4945 |
| 237 | 454 | 183 | 637 | 854 | 225 | 373 | 1581 |
| 9369 | 4934 | –296 | –966 | –1010 | 719 | 2055 | 3364 |
| | | | | | | | |
| 521458 | 261480 | 68737 | 355041 | 343426 | 89616 | 225701 | 227555 |
| 42111 | 27639 | 9845 | 7384 | 8230 | 2956 | 19695 | 12820 |
| 25785 | 14215 | 508 | 1972 | 2117 | 305 | 953 | 10843 |
| 3807 | 97 | 1950 | 16 | 19 | 5 | 299 | 440 |
| 47 | 267 | 0 | –11 | –11 | 0 | 115 | 41 |
| 47 | 267 | 0 | –11 | –11 | 0 | 115 | 41 |
| 119755 | 72392 | 33413 | 137940 | 139206 | 38068 | 56554 | 80080 |
| 8009 | 29084 | –1079 | 104650 | 104589 | 26319 | 23659 | 28632 |
| 111746 | 43308 | 34492 | 33290 | 34616 | 11750 | 32895 | 51448 |
| 197791 | 86686 | –241 | 161303 | 146515 | 39487 | 109874 | 72594 |
| 102528 | 50284 | 21569 | 25957 | 27478 | 7626 | 23933 | 41401 |
| 11087 | 1315 | 336 | 2730 | 2516 | 547 | 746 | 6120 |
| 168 | 295 | 2 | 49 | 48 | 6 | 69 | 62 |
| 87893 | 47374 | 20513 | 23003 | 24690 | 6885 | 22677 | 34720 |
| 3380 | 1299 | 718 | 175 | 223 | 188 | 442 | 499 |
| 29634 | 9899 | 1695 | 20480 | 19873 | 1169 | 14277 | 9338 |
| 30869 | 9582 | 10243 | 14431 | 14756 | 3677 | 6666 | 2520 |
| 3596 | 1629 | 454 | 3437 | 3593 | 870 | 2782 | 1076 |
| 27273 | 7952 | 9789 | 10995 | 11164 | 2807 | 3884 | 1444 |

15-5续2

| 指　标　名　称 | 法人企业数（个） | 主营业务收入 | 主营业务成本 | 主营业务税金及附加 |
|---|---|---|---|---|
| 外商投资企业 | 4 | 85587 | 78909 | 57 |
| 中外合资经营企业 | 1 | 70857 | 64896 | 51 |
| 中外合作经营企业 | 1 | 9899 | 9721 | 6 |
| 外资企业 | 2 | 4831 | 4292 | 0 |
| 二、零售业 | 471 | 6848125 | 6190363 | 23893 |
| 1.按零售行业小类分组 | | | | |
| 综合零售 | 35 | 2447416 | 2155121 | 11794 |
| 百货零售 | 21 | 1713917 | 1474463 | 10679 |
| 超级市场零售 | 12 | 724282 | 673057 | 965 |
| 其他综合零售 | 2 | 9217 | 7601 | 151 |
| 食品、饮料及烟草制品专门零售 | 29 | 100647 | 77936 | 482 |
| 粮油零售 | 3 | 13708 | 9935 | 66 |
| 糕点、面包零售 | 2 | 8232 | 6540 | 40 |
| 果品、蔬菜零售 | 3 | 7905 | 6106 | 91 |
| 肉、禽、蛋及水产品零售 | 6 | 16274 | 13605 | 51 |
| 饮料及茶叶零售 | 8 | 45351 | 34272 | 206 |
| 烟草制品零售 | 2 | 2587 | 2315 | 2 |
| 其他食品零售 | 5 | 6591 | 5163 | 26 |
| 纺织、服装及日用品专门零售 | 24 | 102841 | 90485 | 187 |
| 纺织品及针织品零售 | 3 | 3205 | 2543 | 7 |
| 服装零售 | 15 | 63985 | 54551 | 113 |
| 鞋帽零售 | 1 | 1736 | 1308 | 0 |
| 钟表、眼镜零售 | 1 | 7599 | 7193 | 6 |
| 化妆品及卫生用品零售 | 4 | 26317 | 24890 | 60 |
| 文化、体育用品及器材专门零售 | 34 | 154284 | 120818 | 2236 |
| 文具用品零售 | 3 | 30091 | 18413 | 254 |
| 图书零售 | 15 | 50432 | 38238 | 363 |
| 珠宝首饰零售 | 9 | 49057 | 41856 | 1550 |
| 工艺美术品及收藏品零售 | 3 | 9583 | 8669 | 24 |
| 照相器材零售 | 1 | 6171 | 5988 | 4 |
| 其他文化用品零售 | 3 | 8950 | 7654 | 41 |
| 医药及医疗器材专门零售 | 20 | 108384 | 85431 | 502 |
| 药品零售 | 18 | 105668 | 83134 | 488 |
| 医疗用品及器材零售 | 2 | 2717 | 2296 | 14 |
| 汽车、摩托车、燃料及零配件专门零售 | 200 | 2943812 | 2768412 | 5142 |
| 汽车零售 | 146 | 2352415 | 2203120 | 3865 |
| 汽车零配件零售 | 10 | 78488 | 72056 | 80 |
| 摩托车及零配件零售 | 5 | 9964 | 9222 | 34 |

| 销售费用 | 管理费用 | 财务费用 | 营业利润 | 利润总额 | 应交所得税 | 应付职工薪酬（本年贷方累计发生额） | 应交增值税 |
|---:|---:|---:|---:|---:|---:|---:|---:|
| 2048 | 2737 | 2910 | −1377 | −1399 | −329 | 1290 | 463 |
| 1727 | 2287 | 2854 | −1267 | −1267 | −329 | 1002 | 413 |
| 49 | 102 | 7 | 19 | 0 | 0 | 73 | 48 |
| 273 | 347 | 49 | −129 | −132 | 0 | 215 | 2 |
| 363795 | 216701 | 47199 | 99819 | 98336 | 29681 | 148380 | 125685 |
| 177115 | 103932 | 25639 | 35393 | 39340 | 12520 | 71341 | 63490 |
| 137010 | 76937 | 24800 | 30594 | 35574 | 10443 | 56870 | 57436 |
| 39412 | 26373 | 795 | 4692 | 3665 | 2052 | 13866 | 5867 |
| 693 | 622 | 44 | 107 | 101 | 25 | 605 | 188 |
| 12728 | 4029 | 796 | 5343 | 5023 | 1026 | 5752 | 5716 |
| 2876 | 265 | −4 | 639 | 636 | 159 | 1165 | 39 |
| 1239 | 268 | 8 | 138 | 144 | 36 | 606 | 313 |
| 680 | 108 | 100 | 819 | 819 | 177 | 403 | 769 |
| 993 | 504 | 54 | 1073 | 909 | 106 | 941 | 3266 |
| 6399 | 2118 | 628 | 2197 | 2084 | 508 | 2254 | 1127 |
| 231 | 66 | 10 | −38 | −29 | 0 | 49 | 20 |
| 310 | 699 | 1 | 514 | 460 | 39 | 335 | 182 |
| 6037 | 2382 | 613 | 7621 | 521 | 177 | 3577 | 2518 |
| 280 | 162 | 21 | 193 | 192 | 0 | 198 | 132 |
| 4358 | 1520 | 519 | 7407 | 307 | 147 | 2720 | 2208 |
| 300 | 110 | 17 | 0 | 0 | 0 | 242 | 4 |
| 391 | 1 | 0 | 7 | 7 | 2 | 117 | 4 |
| 707 | 589 | 56 | 14 | 14 | 28 | 300 | 170 |
| 13018 | 9584 | 237 | 9997 | 10719 | 2558 | 10107 | 4529 |
| 3354 | 1059 | 4 | 6957 | 7196 | 1753 | 3535 | 1043 |
| 4813 | 6683 | −9 | 1677 | 2119 | 410 | 4884 | 2224 |
| 3549 | 786 | 191 | 1127 | 1164 | 288 | 1131 | 924 |
| 430 | 456 | −5 | 128 | 135 | 70 | 212 | 39 |
| 123 | 23 | 5 | 28 | 22 | 6 | 24 | 34 |
| 750 | 578 | 51 | 79 | 83 | 31 | 322 | 267 |
| 9751 | 10018 | 57 | 2864 | 2938 | 773 | 6256 | 2823 |
| 9521 | 9874 | 49 | 2838 | 2914 | 766 | 6187 | 2715 |
| 230 | 144 | 9 | 27 | 25 | 7 | 69 | 111 |
| 77316 | 59396 | 15084 | 20051 | 19593 | 9365 | 30601 | 30250 |
| 68680 | 48552 | 12633 | 17014 | 17049 | 9054 | 23872 | 27051 |
| 3460 | 1729 | 547 | 691 | 683 | 153 | 1235 | 716 |
| 317 | 147 | 10 | 237 | 237 | 21 | 140 | 145 |

15-5续3

| 指 标 名 称 | 法人企业数（个） | 主营业务收入 | 主营业务成本 | 主营业务税金及附加 |
|---|---|---|---|---|
| 机动车燃料零售 | 39 | 502946 | 484013 | 1162 |
| 家用电器及电子产品专门零售 | 84 | 812463 | 759333 | 1471 |
| 家用电器零售 | 41 | 575624 | 534824 | 990 |
| 计算机、软件及辅助设备零售 | 28 | 145220 | 138079 | 279 |
| 通信设备零售 | 8 | 76501 | 72828 | 165 |
| 其他电子产品零售 | 7 | 15118 | 13602 | 37 |
| 五金、家具及室内装修材料专门零售 | 22 | 57305 | 39133 | 1513 |
| 五金零售 | 11 | 14404 | 13394 | 30 |
| 家具零售 | 5 | 15803 | 10016 | 396 |
| 涂料零售 | 1 | 6870 | 5030 | 180 |
| 其他室内装修材料零售 | 5 | 20228 | 10694 | 907 |
| 无店铺及其他零售 | 23 | 120973 | 93694 | 566 |
| 邮购及电子销售 | 1 | 36047 | 24936 | 250 |
| 生活用燃料零售 | 11 | 19191 | 17608 | 27 |
| 花卉零售 | 1 | 910 | 828 | 0 |
| 其他未列明的零售 | 10 | 64825 | 50323 | 289 |
| 2.按登记注册类型分组 | | | | 289 |
| 内资企业 | 462 | 5987743 | 5405592 | 22592 |
| 国有企业 | 32 | 214125 | 186054 | 863 |
| 集体企业 | 14 | 32996 | 30417 | 167 |
| 联营企业 | 2 | 4447 | 4161 | 5 |
| 集体联营企业 | 2 | 4447 | 4161 | 5 |
| 有限责任公司 | 115 | 1428923 | 1293514 | 4623 |
| 其他有限责任公司 | 115 | 1428923 | 1293514 | 4623 |
| 股份有限公司 | 17 | 2746914 | 2453708 | 12364 |
| 私营企业 | 259 | 1403629 | 1293324 | 4355 |
| 私营独资企业 | 27 | 45940 | 39571 | 1050 |
| 私营合伙企业 | 4 | 9399 | 9060 | 4 |
| 私营有限责任公司 | 217 | 1290035 | 1203828 | 2729 |
| 私营股份有限公司 | 11 | 58255 | 40865 | 572 |
| 其他企业 | 23 | 156709 | 144415 | 215 |
| 港、澳、台商投资企业 | 4 | 140552 | 121874 | 372 |
| 港、澳、台商独资经营企业 | 3 | 133261 | 114897 | 372 |
| 港、澳、台商投资股份有限公司 | 1 | 7291 | 6977 | 0 |
| 其他港、澳、台投资企业 | 0 | 0 | 0 | 0 |
| 外商投资企业 | 5 | 719831 | 662897 | 929 |
| 外资企业 | 3 | 133261 | 114897 | 372 |
| 外商投资股份有限公司 | 1 | 7291 | 6977 | 0 |

| 销售费用 | 管理费用 | 财务费用 | 营业利润 | 利润总额 | 应交所得税 | 应付职工薪酬（本年贷方累计发生额） | 应交增值税 |
|---|---|---|---|---|---|---|---|
| 4860 | 8968 | 1893 | 2109 | 1624 | 137 | 5354 | 2337 |
| 39967 | 17289 | 1357 | 13716 | 14489 | 2526 | 14471 | 10682 |
| 29444 | 13088 | 738 | 13191 | 13921 | 2267 | 10349 | 8934 |
| 6677 | 1875 | 393 | 598 | 547 | 179 | 2972 | 780 |
| 3073 | 1682 | 212 | −136 | −41 | 58 | 897 | 706 |
| 772 | 643 | 14 | 62 | 62 | 21 | 253 | 262 |
| 7589 | 5082 | 3360 | 2018 | 2049 | 227 | 2768 | 711 |
| 389 | 360 | 1 | 230 | 223 | 60 | 275 | 132 |
| 2276 | 2303 | 137 | 723 | 711 | 160 | 888 | 395 |
| 16 | 20 | 0 | 1630 | 1630 | 0 | 86 | 117 |
| 4908 | 2399 | 3221 | −564 | −514 | 7 | 1519 | 68 |
| 20275 | 4990 | 57 | 2816 | 3664 | 509 | 3506 | 4961 |
| 7910 | 1647 | −69 | 2126 | 2295 | 488 | 1394 | 1803 |
| 982 | 2078 | 65 | −900 | −225 | 6 | 1604 | 648 |
| 131 | 84 | 8 | −141 | −133 | 0 | 91 | 0 |
| 11252 | 1181 | 54 | 1731 | 1727 | 16 | 418 | 2511 |
| | | | | | | | |
| 311748 | 188671 | 46575 | 88014 | 86979 | 26456 | 135143 | 116316 |
| 9639 | 17812 | 16 | 2356 | 3539 | 653 | 14062 | 4863 |
| 1413 | 767 | 136 | 82 | 115 | 109 | 732 | 621 |
| 208 | 55 | 6 | 12 | 12 | 3 | 59 | 37 |
| 208 | 55 | 6 | 12 | 12 | 3 | 59 | 37 |
| 74643 | 44953 | 9874 | 12656 | 11533 | 4110 | 34512 | 19340 |
| 74643 | 44953 | 9874 | 12656 | 11533 | 4110 | 34512 | 19340 |
| 161534 | 89575 | 26979 | 54850 | 61289 | 17697 | 53238 | 66673 |
| 57852 | 32322 | 9126 | 15919 | 8389 | 3803 | 29945 | 23534 |
| 1638 | 1508 | 329 | 1886 | 1869 | 267 | 711 | 1656 |
| 241 | 76 | 12 | 7 | 16 | 3 | 74 | 36 |
| 50987 | 28646 | 8756 | 4166 | | 1546 | 24529 | 20188 |
| 4987 | 2092 | 29 | 9860 | 9531 | 1988 | 4631 | 1654 |
| 6459 | 3189 | 439 | 2140 | 2102 | 82 | 2595 | 1249 |
| 12180 | 3489 | 185 | 3032 | 3052 | 1647 | 4577 | 2236 |
| 8393 | 1907 | | 7208 | 7242 | 1647 | 2782 | 2236 |
| 3788 | 1583 | 254 | | | 0 | 1795 | 0 |
| 0 | 0 | 0 | 0 | 0 | 0 | 0 | 0 |
| 39867 | 24541 | 439 | 8772 | 8305 | 1578 | 8660 | 7133 |
| 8393 | 1907 | | 7208 | 7242 | 1647 | 2782 | 2236 |
| 3788 | 1583 | 254 | | | 0 | 1795 | 0 |

# 15－6 限额以上餐饮业

MAIN ECONOMIC INDICATORS OF ENTERPRISES IN

| 指标名称 | 法人企业数（个） | 资产合计 | 负债合计 | 所有者权益合计 | |
|---|---|---|---|---|---|
| | | | | | 实收资本 |
| 总计 | 243 | 352436 | 281395 | 71041 | 85872 |
| 1.按餐饮行业小类分组 | | | | | |
| 正餐服务 | 236 | 315528 | 252758 | 62770 | 79204 |
| 快餐服务 | 5 | 33336 | 26314 | 7021 | 6109 |
| 其他餐饮服务 | 2 | 3573 | 2323 | 1250 | 559 |
| 2.按登记注册类型分组 | | | | | |
| 内资企业 | 235 | 321205 | 254052 | 67152 | 76857 |
| 国有企业 | 25 | 95621 | 53568 | 42053 | 30282 |
| 集体企业 | 4 | 3652 | 1801 | 1852 | 2628 |
| | 2 | 2149 | 699 | 1450 | 929 |
| 有限责任公司 | 39 | 67547 | 61697 | 5849 | 12145 |
| 其他有限责任公司 | 39 | 67547 | 61697 | 5849 | 12145 |
| 股份有限公司 | 5 | 2261 | 3332 | -1070 | 1135 |
| 私营企业 | 125 | 104928 | 93460 | 11468 | 23121 |
| 私营独资企业 | 34 | 15539 | 18449 | -2911 | 3715 |
| 私营合伙企业 | 2 | 199 | 1 | 198 | 188 |
| 私营有限责任公司 | 88 | 88959 | 74878 | 14081 | 19118 |
| 私营股份有限公司 | 1 | 232 | 132 | 100 | 100 |
| 其他企业 | 35 | 45046 | 39495 | 5551 | 6617 |
| 港、澳、台商投资企业 | 5 | 5256 | 3375 | 1882 | 3533 |
| 合资经营企业（港或澳、台资） | 2 | 3599 | 2724 | 875 | 2983 |
| 港、澳、台商独资经营企业 | 3 | 1658 | 651 | 1007 | 550 |
| 外商投资企业 | 3 | 25975 | 23968 | 2007 | 5483 |
| 外资企业 | 3 | 25975 | 23968 | 2007 | 5483 |

# 主 要 经 济 指 标 （2011年）

CATARING TRADES ABOVE DESIGNATED SIZE(2011)

单位:万元

| 主营业务收入 | 主营业务成本 | 销售费用 | 管理费用 | 财务费用 | 营业利润 | 利润总额 | 应付职工薪酬（本年贷方累计发生额） |
|---|---|---|---|---|---|---|---|
| 354941 | 173998 | 122884 | 42960 | 5235 | -6513 | -7179 | 59786 |
| 312123 | 153124 | 103923 | 41346 | 4732 | -6087 | -6635 | 54897 |
| 40314 | 19285 | 18498 | 1191 | 476 | -679 | -859 | 4620 |
| 2505 | 1588 | 463 | 422 | 27 | 254 | 315 | 269 |
| 318158 | 158522 | 103233 | 39867 | 4656 | -2451 | -2928 | 53087 |
| 46137 | 20753 | 13172 | 10384 | 186 | -31 | 444 | 8447 |
| 4220 | 1709 | 1303 | 843 | 101 | 40 | 48 | 907 |
| 1856 | 907 | 474 | 302 | 0 | 68 | 70 | 249 |
| 74948 | 35959 | 25548 | 9793 | 1630 | -1249 | -938 | 12752 |
| 74948 | 35959 | 25548 | 9793 | 1630 | -1249 | -938 | 12752 |
| 7065 | 3721 | 2493 | 425 | 85 | -86 | -86 | 1143 |
| 129016 | 69995 | 40779 | 12771 | 1698 | -1654 | -2467 | 20395 |
| 30199 | 17515 | 9024 | 1780 | 198 | 75 | 59 | 4455 |
| 1017 | 557 | 244 | 3 | 1 | 176 | 176 | 161 |
| 97309 | 51665 | 31511 | 10781 | 1496 | -1900 | -2697 | 15733 |
| 491 | 259 | 0 | 208 | 3 | -6 | -6 | 47 |
| 54915 | 25479 | 19465 | 5349 | 956 | 460 | 2 | 9193 |
| 10060 | 5328 | 3941 | 1691 | 54 | -1522 | -1541 | 2615 |
| 5348 | 2549 | 2709 | 1417 | 35 | -1661 | -1689 | 2077 |
| 4712 | 2780 | 1232 | 274 | 19 | 140 | 148 | 539 |
| 26724 | 10147 | 15709 | 1401 | 525 | -2540 | -2711 | 4084 |
| 26724 | 10147 | 15709 | 1401 | 525 | -2540 | -2711 | 4084 |

## 15－7 限额以上住宿业

**MAIN ECONOMIC INDICATORS OF ENTERPRISES IN**

| 指标名称 | 法人企业数（个） | 资产合计 | 负债合计 | 所有者权益合计 | |
|---|---|---|---|---|---|
| | | | | | 实收资本 |
| 总　计 | 90 | 601046 | 355931 | 245115 | 149411 |
| 1.按住宿行业小类分 | | | | | |
| 旅游饭店 | 58 | 525110 | 278929 | 246181 | 135529 |
| 一般旅馆 | 29 | 75155 | 75374 | -220 | 13356 |
| 其他住宿服务 | 3 | 782 | 1628 | -846 | 526 |
| 2.按登记注册类型分 | | | | | 138988 |
| 内资企业 | 86 | 578105 | 328654 | 249451 | 142873 |
| 国有企业 | 32 | 415937 | 249627 | 166310 | 76967 |
| 集体企业 | 5 | 13103 | 5361 | 7743 | 4578 |
| 股份合作企业 | 2 | 16551 | 6759 | 9792 | 1220 |
| 有限责任公司 | 16 | 84334 | 36121 | 48214 | 52646 |
| 其他有限责任公司 | 16 | 84334 | 36121 | 48214 | 52646 |
| 股份有限公司 | 5 | 1030 | 2046 | -1016 | 429 |
| 私营企业 | 21 | 38692 | 22538 | 16154 | 5716 |
| 私营独资企业 | 2 | 2093 | 1715 | 379 | 241 |
| 私营合伙企业 | 2 | 715 | 493 | 222 | 310 |
| 私营有限责任公司 | 17 | 35884 | 20331 | 15554 | 5165 |
| 其他企业 | 5 | 8457 | 6202 | 2255 | 1317 |
| 港澳台商投资企业 | 3 | 22469 | 26855 | -4387 | 6488 |
| 与港澳台商合资经营企业 | 2 | 22421 | 26822 | -4402 | 6473 |
| 港澳台商独资企业 | 1 | 48 | 33 | 15 | 15 |
| 外商投资企业 | 1 | 472 | 421 | 51 | 50 |
| 中外合资经营企业 | 1 | 472 | 421 | 51 | 50 |

# 主 要 经 济 指 标 （2011年）

QUARTERING TRADES ABOVE DESIGNATED SIZE（2011）

单位：万元

| | | | | | | | |
|---|---|---|---|---|---|---|---|
| 主营业务收入 | 主营业务成本 | 销售费用 | 管理费用 | 财务费用 | 营业利润 | 利润总额 | 应付职工薪酬（本年贷方累计发生额） |
| 242423 | 70014 | 91351 | 61853 | 5324 | 925 | 988 | 40876 |
| 206905 | 63198 | 72192 | 54084 | 4100 | 2345 | 2216 | 33443 |
| 33384 | 6187 | 18269 | 7124 | 1222 | -1267 | -1075 | 7104 |
| 2135 | 628 | 891 | 646 | 2 | -153 | -153 | 329 |
| 235102 | 69009 | 89182 | 58493 | 5054 | 814 | 1035 | 39539 |
| 145974 | 41182 | 54309 | 42348 | 3626 | -3259 | -3124 | 24766 |
| 4137 | 1451 | 1848 | 1027 | -6 | -394 | -393 | 1075 |
| 5252 | 1772 | 1526 | 1009 | 4 | 667 | 662 | 407 |
| 33147 | 8621 | 14460 | 6985 | 772 | 590 | 638 | 6419 |
| 33147 | 8621 | 14460 | 6985 | 772 | 590 | 638 | 6419 |
| 2257 | 1009 | 618 | 678 | 2 | -179 | -178 | 358 |
| 24438 | 9261 | 9569 | 3890 | 459 | -50 | -8 | 4154 |
| 3143 | 901 | 1059 | 972 | 28 | 3 | 4 | 518 |
| 658 | 286 | 133 | 300 | 7 | -103 | -103 | 140 |
| 20638 | 8073 | 8377 | 2618 | 424 | 51 | 90 | 3497 |
| 19896 | 5713 | 6852 | 2556 | 197 | 3438 | 3439 | 2360 |
| 7080 | 856 | 2122 | 3294 | 270 | 146 | -13 | 1256 |
| 6870 | 821 | 2114 | 3291 | 270 | -9 | -18 | 1237 |
| 210 | 35 | 9 | 3 | 0 | 155 | 6 | 19 |
| 241 | 149 | 47 | 66 | 0 | -35 | -35 | 80 |
| 241 | 149 | 47 | 66 | 0 | -35 | -35 | 80 |

## 15－8　商品交易市场分类情况(2011年)

## FREE MARKETS IN URBAN AND RURAL AREAS (2011)

| 指　标 | 合计 | | |
|---|---|---|---|
| | | 城市 | 农村 |
| 商品交易市场个数总计(个) | 432 | 263 | 169 |
| 消费品市场 | 358 | 210 | 148 |
| 消费品综合市场 | 33 | 11 | 22 |
| 农副产品市场 | 139 | 73 | 120 |
| 农副产品综合市场 | 151 | 58 | 93 |
| 农副产品专业市场 | 34 | 15 | 19 |
| 工业消费品市场 | 128 | 123 | 5 |
| 工业消费品综合市场 | 101 | 98 | 3 |
| 工业消费品专业市场 | 27 | 25 | 2 |
| 其　他 | 4 | 3 | 1 |
| 生产资料市场 | 74 | 53 | 21 |
| 生产资料综合市场 | 10 | 3 | 7 |
| 工业生产资料市场 | 42 | 34 | 8 |
| 农业生产资料市场 | 10 | 4 | 6 |
| 农业生产资料综合市场 | 6 | 2 | 4 |
| 农业生产资料专业市场 | 4 | 2 | 2 |
| 其　他 | 12 | 12 | |

## 15-9 销售过亿元的商品交易市场一览表(2011年)

## SUMMARY OF CONSUMER GOODS MARKETS WITH ANNUAL TRANSACTION VALUE ABOVE RMB 100 MILLION YUAN(2011)

| 序号 | 市场名称 | 市场类别 | 年末营业面积(平方米) | 市场总摊位数(个) | 年成交额(万元) |
|---|---|---|---|---|---|
| 1 | 济南科技市场 | 计算机及辅助设备市场 | 18000 | 479 | 265505 |
| 2 | 济南东门小商品批发市场 | 工业消费品综合市场 | 14000 | 1180 | 25000 |
| 3 | 济南市新世界商城 | 工业消费品综合市场 | 33000 | 1110 | 98490 |
| 4 | 济南海鲜大市场 | 水产品市场 | 30000 | 900 | 480000 |
| 5 | 济南市人防永新商城 | 服装市场 | 5000 | 235 | 19600 |
| 6 | 济南博茗茶叶市场 | 茶叶市场 | 82000 | 680 | 159500 |
| 7 | 济南段店润发商贸中心 | 其他综合市场 | 80000 | 800 | 10175 |
| 8 | 济南段店润发汽车配件市场 | 机动车零配件市场 | 24472 | 400 | 29000 |
| 9 | 华东汽车配件市场 | 机动车零配件市场 | 21363 | 270 | 18000 |
| 10 | 山东匡山汽车大世界 | 汽车市场 | 127000 | 81 | 896526 |
| 11 | 山东匡山钢材市场 | 金属材料市场 | 13000 | 80 | 18000 |
| 12 | 山东老屯汽车配件城 | 机动车零配件市场 | 33000 | 860 | 18600 |
| 13 | 山东老屯茶城 | 茶叶市场 | 8000 | 122 | 9600 |
| 14 | 济南西市场小商品批发市场 | 工业消费品综合市场 | 35000 | 806 | 11205 |
| 15 | 济南中恒商场 | 工业消费品综合市场 | 39000 | 1532 | 16000 |
| 16 | 山东齐鲁鞋城 | 鞋帽市场 | 11176 | 368 | 81256 |
| 17 | 济南泺口服装批发市场 | 服装市场 | 116600 | 3950 | 421000 |
| 18 | 济南众鑫鞋城 | 鞋帽市场 | 27800 | 365 | 83657 |
| 19 | 山东东亚金星家居 | 家具市场 | 81000 | 490 | 62831 |
| 20 | 山东灯具批发市场 | 灯具市场 | 40000 | 208 | 23000 |
| 21 | 济南黄台装饰材料市场 | 装饰材料市场 | 45000 | 500 | 12300 |
| 22 | 山东建材市场 | 建材市场 | 45000 | 510 | 198000 |
| 23 | 山东济南重汽配件城 | 机动车零配件市场 | 61938 | 435 | 320000 |
| 24 | 山东泉胜物流大市场 | 其他专业市场 | 236000 | 1200 | 33020 |
| 25 | 济南市堤口路果品批发市场 | 干鲜果品市场 | 100000 | 1100 | 180000 |
| 26 | 七里堡蔬菜综合批发市场 | 农产品综合市场 | 165000 | 1340 | 740683 |
| 27 | 山东汽车城 | 机动车零配件市场 | 11000 | 108 | 75000 |
| 28 | 济南永君钢材市场 | 金属材料市场 | 37000 | 82 | 36000 |
| 29 | 山东济南维尔康肉类水产综合批发市场 | 水产品市场 | 7800 | 350 | 262000 |
| 30 | 济南高科技市场 | 计算机及辅助设备市场 | 5500 | 156 | 20100 |
| 31 | 平阴黄河市场 | 其他农产品市场 | 2000 | 484 | 31276 |
| 32 | 济阳县曲堤镇蔬菜批发市场 | 蔬菜市场 | 233570 | 725 | 170043 |
| 33 | 济阳县方正家具市场 | 家具市场 | 17000 | 82 | 24632 |
| 34 | 商河县小商品批发城 | 工业消费品综合市场 | 19000 | 300 | 15551 |
| 35 | 商河县富东农贸综合市场 | 农产品综合市场 | 11000 | 220 | 25831 |
| 36 | 商河县白桥大蒜市场 | 蔬菜市场 | 19000 | 310 | 31635 |
| 37 | 商河县尹巷棉花市场 | 棉麻土畜、烟叶市场 | 199800 | 44 | 20557 |
| 38 | 商河县商南农贸市场 | 蔬菜市场 | 6000 | 200 | 14481 |
| 39 | 章丘市刁镇蔬菜批发市场 | 蔬菜市场 | 40000 | 595 | 61500 |
| 40 | 章丘市绣惠钢铁设备交易中心 | 金属材料市场 | 85400 | 460 | 45650 |
| 41 | 章丘市秀水建筑装饰材料市场 | 装饰材料市场 | 65000 | 322 | 16100 |

# 15-10 限额以上住宿业和餐

## MAIN ECONOMIC INDICATORS OF ENTERPRISES IN QUARTERING

| 指标 | 法人企业数（个） | 从业人员期末人数（人） | 营业额(万元) | 客房收入 |
|---|---|---|---|---|
| 总计 | 357 | 44451 | 619771 | 151898 |
| 一、住宿业 | 97 | 16741 | 251370 | 108106 |
| 1.按住宿行业小类分 | | | | |
| 旅游饭店 | 62 | 12733 | 210443 | 81546 |
| 一般旅馆 | 32 | 3822 | 38791 | 25428 |
| 其他住宿服务 | 3 | 186 | 2135 | 1132 |
| 2.按登记注册类型分 | | | | |
| 内资企业 | 93 | 16279 | 244049 | 104923 |
| 国有企业 | 34 | 9574 | 147092 | 60095 |
| 集体企业 | 6 | 645 | 4867 | 1448 |
| 股份合作企业 | 2 | 241 | 5254 | 1824 |
| 有限责任公司 | 17 | 2505 | 34589 | 17148 |
| 其他有限责任公司 | 17 | 2505 | 34589 | 17148 |
| 股份有限公司 | 5 | 233 | 2257 | 1199 |
| 私营企业 | 23 | 1857 | 25499 | 12050 |
| 私营独资企业 | 2 | 232 | 3156 | 1804 |
| 私营合伙企业 | 2 | 74 | 658 | 513 |
| 私营有限责任公司 | 19 | 1551 | 21685 | 9734 |
| 其他企业 | 6 | 1224 | 24490 | 11160 |
| 港澳台商投资企业 | 3 | 419 | 7080 | 3101 |
| 与港澳台商合资经营企业 | 2 | 402 | 6870 | 2911 |
| 港澳台商独资企业 | 1 | 17 | 210 | 190 |
| 外商投资企业 | 1 | 43 | 241 | 83 |
| 中外合资经营企业 | 1 | 43 | 241 | 83 |
| 二、餐饮业 | 260 | 27710 | 368401 | 43792 |
| 1.按餐饮行业小类分 | | | | |
| 正餐服务 | 253 | 24587 | 325222 | 43532 |
| 快餐服务 | 5 | 2947 | 40346 | 261 |
| 其他餐饮服务 | 2 | 176 | 2833 | 0 |
| 2.按登记注册类型分 | | | | |
| 内资企业 | 252 | 25218 | 331059 | 43713 |
| 国有企业 | 27 | 4373 | 49425 | 15127 |
| 集体企业 | 4 | 357 | 4086 | 955 |
| 股份合作企业 | 2 | 138 | 1856 | 402 |
| 有限责任公司 | 43 | 5235 | 77907 | 6314 |
| 其他有限责任公司 | 43 | 5235 | 77907 | 6314 |
| 股份有限公司 | 5 | 426 | 7072 | 403 |
| 私营企业 | 136 | 10190 | 135780 | 13794 |
| 私营独资企业 | 36 | 2412 | 31071 | 2780 |
| 私营合伙企业 | 2 | 97 | 1017 | 0 |
| 私营有限责任公司 | 96 | 7559 | 103124 | 11014 |
| 私营股份有限公司 | 2 | 122 | 568 | 0 |
| 其他企业 | 35 | 4499 | 54934 | 6719 |
| 港澳台商投资企业 | 5 | 673 | 10039 | 80 |
| 与港澳台商合资经营企业 | 2 | 459 | 5348 | 80 |
| 港澳台商独资企业 | 3 | 214 | 4691 | 0 |
| 外商投资企业 | 3 | 1819 | 27303 | 0 |
| 外资企业 | 3 | 1819 | 27303 | 0 |

## 饮业法人企业经营情况（2011年）

TRADES AND CATARING TRADES ABOVE DESIGNATED SIZE(2011)

| | | | 客房数（间） | 床位数（个） | 餐位数（位） | 年末餐饮营业面积（平方米） |
|---|---|---|---|---|---|---|
| 餐费收入 | 商品销售收入 | 其他收入 | | | | |
| 410181 | 17134 | 40558 | 23908 | 40266 | 135572 | 903586 |
| 106990 | 4398 | 31876 | 15322 | 24912 | 33141 | 204459 |
| | | | | | | |
| 95949 | 3870 | 29078 | 8924 | 14717 | 26184 | 182408 |
| 10149 | 525 | 2689 | 6077 | 9749 | 5997 | 19851 |
| 891 | 3 | 109 | 321 | 446 | 960 | 2200 |
| | | | | | | |
| 105420 | 4346 | 29361 | 14728 | 23982 | 31521 | 185603 |
| 61280 | 2816 | 22901 | 8182 | 13358 | 17890 | 95686 |
| 3142 | 3 | 275 | 374 | 705 | 976 | 8300 |
| 3080 | 349 | 2 | 236 | 432 | 600 | 8000 |
| 13860 | 417 | 3164 | 2223 | 3653 | 4212 | 29332 |
| 13860 | 417 | 3164 | 2223 | 3653 | 4212 | 29332 |
| 1015 | 23 | 20 | 436 | 688 | 1110 | 2200 |
| 10612 | 736 | 2101 | 2248 | 3496 | 3929 | 24869 |
| 1306 | 15 | 31 | 356 | 418 | 750 | 5030 |
| 145 | 0 | 0 | 155 | 260 | 206 | 2900 |
| 9161 | 721 | 2070 | 1737 | 2818 | 2973 | 16939 |
| 12430 | 3 | 898 | 1029 | 1650 | 2804 | 17216 |
| 1412 | 53 | 2515 | 558 | 860 | 1300 | 18000 |
| 1392 | 53 | 2515 | 468 | 740 | 1300 | 18000 |
| 20 | 0 | 0 | 90 | 120 | 0 | 0 |
| 158 | 0 | 0 | 36 | 70 | 320 | 856 |
| 158 | 0 | 0 | 36 | 70 | 320 | 856 |
| 303191 | 12736 | 8682 | 8586 | 15354 | 102431 | 699127 |
| | | | | | | |
| 261527 | 12736 | 7428 | 8550 | 15290 | 85379 | 667591 |
| 39160 | 0 | 926 | 36 | 64 | 10870 | 24536 |
| 2505 | 0 | 329 | 0 | 0 | 6182 | 7000 |
| | | | | | | |
| 265929 | 12736 | 8682 | 8554 | 15290 | 93226 | 674243 |
| 30573 | 1272 | 2454 | 2648 | 4875 | 12553 | 91786 |
| 2905 | 60 | 167 | 293 | 591 | 1140 | 5848 |
| 1236 | 164 | 54 | 76 | 136 | 560 | 2600 |
| 64692 | 2181 | 4721 | 1172 | 2172 | 22258 | 138378 |
| 64692 | 2181 | 4721 | 1172 | 2172 | 22258 | 138378 |
| 6668 | 0 | 0 | 93 | 93 | 1610 | 6485 |
| 115187 | 5554 | 1245 | 2871 | 4978 | 40684 | 278310 |
| 26335 | 1932 | 23 | 578 | 1057 | 10687 | 62997 |
| 1017 | 0 | 0 | 0 | 0 | 365 | 1465 |
| 87337 | 3552 | 1222 | 2293 | 3921 | 29536 | 212948 |
| 498 | 70 | 0 | 0 | 0 | 96 | 900 |
| 44667 | 3506 | 42 | 1401 | 2445 | 14421 | 150836 |
| 9960 | 0 | 0 | 32 | 64 | 2442 | 7821 |
| 5269 | 0 | 0 | 32 | 64 | 1396 | 5100 |
| 4691 | 0 | 0 | 0 | 0 | 1046 | 2721 |
| 27303 | 0 | 0 | 0 | 0 | 6763 | 17063 |
| 27303 | 0 | 0 | 0 | 0 | 6763 | 17063 |

# 主要统计指标解释

## EXPLANATORY NOTES ON MAIN STATISTICAL INDICATORS

**社会消费品零售总额** 指企业(单位、个体户)通过交易直接售给个人、社会集团非生产、非经营用的实物商品金额，以及提供餐饮服务所取得的收入金额。个人包括城乡居民和入境人员，社会集团包括机关、社会团体、部队、学校、企事业单位、居委会或村委会等。

**商品销售总额** 指对本单位以外的单位和个人出售的商品金额(包括售给本单位消费用的商品，含增值税)，本指标反映批发和零售业在国内市场上销售商品以及出口商品的总量。

**限额以上单位标准** 指批发业年主营业务收入在2000万元及以上；零售业年主营业务收入在500万元及以上；住宿业、餐饮业年主营业务收入在200万元及以上。

**零售业企业经营方式** (1)独立商店：指独立经营，未与其他商业单位建立连锁关系的商店。(2)连锁商店：指在核心企业或总店的领导下，由分散的、经营同类商品或服务的商业企业，通过规模化经营，实现规模效益的经济联合组织形式，也称为公司联号。一般连锁商店应由10个以上分店组成。其经营特征：①经营同类商品；②使用统一商号；③统一采购配送，采购与销售相分离。

**零售业企业业态**

——*便利店*：位于商业中心区、交通要道以及车站、医院、学校、娱乐场所、办公楼、加油站等公共活动区；商圈范围小，顾客步行5分钟内到达，目标顾客主要为单身者、年轻人，顾客多为有目的的购买；营业面积一般在100平方米左右，利用率高；以即时食品、日用小百货为主，有即时消费性、小容量、应急性等特点，商品品种在3000种左右，售价一般高于市场平均水平；商品销售方式以开架自选为主，结算在收银处统一进行；营业时间一般在16小时以上，提供即时性食品的辅助设施，开设多项服务项目；信息管理系统程度较高。

——*折扣店*：位于居民区、交通要道等租金相对便宜的地区；辐射半径2公里左右，目标顾客主要为商圈内的居民；自有品牌占有较大的比例，商品平均价格低于市场平均水平；以开架自选方式进行商品销售，并统一结算；用工精简，为顾客提供有限的服务；信息管理系统程度一般。

——*超市*：位于市、区商业中心、居住区；辐射半径2公里左右，目标顾客以居民为主；营业面积在6000平方米以下；经营包装食品、生鲜食品和日用品。食品超市与综合超市商品结构有所不同；采用自选销售，出入口分设，在收银台统一结算；营业时间12小时以上；信息管理系统程度较高。

——*大型超市*：位于市、区商业中心、城郊结合部、交通要道及大型居住区；辐射半径2公里以上，目标顾客以居民、流动顾客为主；实际营业面积在6000平方米以上；以大众化衣、食、日用品为主，品种齐全，注重自有品牌开发；采用自选销售方式，出入口分设，在收银台统一结算；设不低于营业面积40%的停车场；信息管理系统程度较高。

——*仓储会员店*：位于城乡结合部的交通要道；辐射半径5公里以上，目标顾客以中小零售店、餐饮店、集团购买和流动顾客为主；营业面积一般在6000平方米以上；以大众化衣、食、日用品为主，自有品牌占相当部分，商品在4000种左右，实行低价、批量销售；采用自选销售，出入口分设，在收银台统一结算；设相当于营业面积的停车场；信息管理系统程度较高并对顾客实行会员制管理。

——*百货店*：位于市、区级商业中心、历史形成的商业集聚地；目标顾客以追求时尚和品味的流动顾客为主；营业面积一般在6000平方米以上；综合性商品结构，门类齐全，以服饰、鞋类、箱包、化妆品、家庭用品、家用电器为主；采取柜台销售和开架面售相结合方式进行商品销售；注重服务，设餐饮、娱乐等服务项目和设施；信息管理系统程度较高。

——*专业店*：位于市、区级商业中心以及百货店、购物中心内；目标顾客以有目的选购某类商品的流动顾客为主；营业面积根据商品特点而定；以销售某类商品为主，体现专业性、深度性、品种丰富，选择余地大；采取柜台销售或开架面售方式进行商品销售；从业人员具有丰富的专业知识；信息管理系统程度较高。

——*专卖店*：一般位于市、区级商业中心、专业街以及百货店、购物中心内；目标顾客以中高档消费者和追求时尚的年轻人为主；以销售某一品牌系列商品为主，具有销售量少、质优、高毛利等特点；采取柜台销售或开架面售方式进行商品销售，商店陈列、照明、包装、广告讲究；注重品牌声誉，从业人员具备丰富的专业知识，提供专业性服务；信息管理系统程度一般。

——*家居建材商店*：位于城乡结合部、交通要道或消费者自有房产比较高的地区；目标顾客以拥有自有房产的顾客为主；营业面积一般在6000平方米以上；经营商品以改善、建设家庭居住环境有关的装饰、装修等用品、日用杂品、技术及服务为主；采取开架自选方式销售商品；提供一站式购足和一条龙服务，停车位一般在300个以上；信息管理系统程度较高。

——*厂家直销中心*：一般远离市区；目标顾客多为重视品牌的有目的的购买；单个建筑面积在100-200平方米左右；品牌商品生产商直接设立，商品均为本企业的品牌；采用自选式售货方式进行商品销售；各个租赁店使用各自的信息管理系统。

——*其　他*：指上述未列明的零售业态。

**批发零售贸易业** 指不直接从事商品的生产，而是从农业、工业或其他的单位那里购买(或调拨)成品或半成品，未做任何加工，或只做简单的加工(如进行简单的分类、清洗、整理和包装等)，通过转卖以获取利益的单位。

**餐饮业** 指在一定的场所(永久、半永久或临时性的设施)内，以烹饪、调制等手段，向购买者提供各种主要供现场消费的食品、饮料，并且所提供的这种服务要大于所提供的其他服务(如娱乐)的单位。

**住宿业** 指有偿为顾客提供临时住宿的服务活动。不包括提供长期住宿场所的活动(如出租房屋、公寓等)

**批　发** 指除零售以外的一切商品销售活动，包括对生产经营单位批发、对批发零售贸易业批发和出口。

**零　售** 指售给城乡居民直接用于生活消费的商品和社会集团直接用于公用消费的商品。包括：(1)售给城乡居民生活用的消费品；(2)售给机关、团体、学校、部队、企业、事业单位附设的专供本单位人员食用，不对外营业的食堂的各种食品、燃料；(3)售给部队干部、战士生活用的粮食、副食品、衣着品、日用品、燃料；(4)售给来华外国人、华侨、港澳台同胞的消费品；(5)售给行政事业单位、社会团体的办公、纸张、帐册、文印用品、计算工具、书报杂志和奖品；公共用品的纺织品、针织品；学校用的教学用品；文体用品；非专用的劳动保护用品，如工作服、套袖、围群、手套、毛巾、肥皂等；日用百货和杂品，包括职工食堂用的餐具、炊具、设备和清洁卫生工具等；家具、设备、日用电器、电讯设备、电影器材和照相器材，取暖用的设备和燃料，防暑、降温的饮料；供职工乘用的交通工具和油料；零星修理各种公用消费品、生活用房屋的各种零配件、材料、工具、建筑材料等；中、西药品、中药材和医疗器材；其他非生产性设备和用品。

# 16

# 对外贸易与国际旅游

## FOREIGN ECONOMY TRADE AND INTERNATIONAL TOURISM

# 16-1 海关进出口商品总值

TOTAL VALUE OF IMPORTS AND EXPORTS BY CATEGORY OF COMMODITIES

单位:万美元

| 指　标 | 2010年 进出口总额 | 出　口 | 进　口 | 2011年 进出口总额 | 出　口 | 进　口 |
|---|---|---|---|---|---|---|
| **总　值** | 743776 | 404888 | 338888 | 1041422 | 604456 | 436966 |
| **按贸易方式分** | | | | | | |
| 一般贸易 | 553473 | 292033 | 261440 | 696025 | 372267 | 323758 |
| 援助物资 | 745 | 745 | – | 822 | 814 | 8 |
| 捐赠物资 | 17 | 17 | – | – | – | – |
| 补偿贸易 | – | – | – | – | – | – |
| 来料加工装配贸易 | 4443 | 2628 | 1815 | 9306 | 5264 | 4042 |
| 进料加工贸易 | 68542 | 56058 | 12484 | 72721 | 56731 | 15990 |
| 对外承包工程出口货物 | 43852 | 43852 | – | 149297 | 149297 | – |
| 投资设备 | 8870 | – | 8870 | 2869 | – | 2869 |
| 出料加工贸易 | – | – | – | – | – | – |
| **海关特殊监管区域进口设备** | 123 | – | 123 | 67 | – | 67 |
| **海关特殊监管区域物流货物** | 10616 | 1494 | 9122 | 28120 | 14250 | 13870 |
| 易货贸易 | – | – | – | – | – | – |
| **保税监管场所进出境货物** | 20510 | 8054 | 12456 | 56139 | 5801 | 50338 |
| 来料加工装配进口设备 | – | – | – | – | – | – |
| 租赁贸易 | 32403 | – | 32403 | 25673 | – | 25673 |
| 其他贸易 | 182 | 7 | 175 | 383 | 32 | 351 |
| **按运输方式分** | | | | | | |
| 水路运输 | 627057 | 364169 | 262888 | 909052 | 548712 | 360340 |
| 铁路运输 | 3933 | 3606 | 327 | 6587 | 6263 | 324 |
| 公路运输 | 10679 | 7429 | 3250 | 22779 | 17235 | 5544 |
| 航空运输 | 54612 | 22336 | 32276 | 74195 | 26187 | 48008 |
| 邮件运输 | 3078 | 2862 | 216 | 3264 | 3134 | 130 |
| 其他运输 | 44417 | 4486 | 39931 | 25545 | 2925 | 22620 |
| **按企业性质分** | | | | | | |
| 国有企业 | 291989 | 136821 | 155168 | 453169 | 241907 | 211262 |
| 集体企业 | 22851 | 17693 | 5158 | 37178 | 24461 | 12717 |
| 外商投资企业 | 229660 | 131488 | 98172 | 262930 | 168104 | 94826 |
| 中外合资 | 139254 | 73831 | 65423 | 134276 | 77061 | 57215 |
| 中外合作 | 4382 | 4238 | 144 | 5032 | 4907 | 125 |
| 外商独资 | 86024 | 53419 | 32605 | 123622 | 86136 | 37486 |
| 其　他 | 199276 | 118886 | 80390 | 288145 | 169984 | 118161 |

## 16-2 主要国别(地区)海关进出口商品总值

TOTAL VALUE OF IMPORTS AND EXPORTS OF MAIN COUNTRIES OR TERRITORIES BY CATEGOTY OF COMMODITIES　　单位:万美元

| 国　别(地区) | 2010年<br>进出口总值 | 出口 | 进口 | 2011年<br>进出口总值 | 出口 | 进口 |
|---|---|---|---|---|---|---|
| **总　值** | 743776 | 404888 | 338888 | 1041422 | 604456 | 436966 |
| | | | | | | |
| **亚　洲** | 307149 | 208442 | 98707 | 467584 | 338240 | 129344 |
| 香　港 | 4737 | 4105 | 632 | 6319 | 5496 | 823 |
| 印　度 | 81902 | 64845 | 17057 | 194359 | 176346 | 18013 |
| 印度尼西亚 | 9747 | 6246 | 3501 | 9293 | 6258 | 3035 |
| 日　本 | 52799 | 30506 | 22293 | 54569 | 36257 | 18312 |
| 马来西亚 | 25299 | 7382 | 17917 | 59468 | 8646 | 508822 |
| 巴基斯坦 | 1944 | 1944 | 0 | 2840 | 2833 | 7 |
| 菲律宾 | 2428 | 2318 | 110 | 3468 | 3390 | 78 |
| 卡塔尔 | 2013 | 1074 | 939 | 2561 | 335 | 2226 |
| 沙特阿拉伯 | 6346 | 4322 | 2024 | 5192 | 3298 | 1894 |
| 新加坡 | 9704 | 4721 | 4983 | 7488 | 3813 | 3675 |
| 韩　国 | 40994 | 24295 | 16699 | 32981 | 16942 | 16039 |
| 泰　国 | 8177 | 6840 | 1337 | 16597 | 15373 | 1224 |
| 土耳其 | 4005 | 2800 | 1205 | 6499 | 4853 | 1646 |
| 阿拉伯联合酋长国 | 5478 | 3239 | 2239 | 6153 | 3536 | 2617 |
| 越　南 | 6571 | 6335 | 236 | 7634 | 7367 | 267 |
| 台湾省 | 11434 | 6845 | 4589 | 13379 | 8177 | 5202 |
| | | | | | | |
| **非　洲** | 44012 | 29046 | 14966 | 63242 | 48596 | 14646 |
| 埃　及 | 3113 | 2768 | 345 | 3779 | 3769 | 10 |
| 南　非 | 17487 | 3040 | 14447 | 18417 | 4624 | 13793 |
| 尼日利亚 | 3025 | 3004 | 21 | 11023 | 10965 | 58 |
| | | | | | | |
| **欧　洲** | 144182 | 78755 | 65427 | 190611 | 107108 | 83503 |
| 比利时 | 10624 | 7078 | 3546 | 13658 | 12079 | 1579 |
| 英　国 | 9376 | 6911 | 2465 | 14250 | 11592 | 2658 |
| 德意志联邦共和国 | 50861 | 16650 | 34211 | 57943 | 16185 | 41758 |
| 法　国 | 5340 | 2823 | 2517 | 7195 | 3930 | 3265 |
| 意大利 | 13007 | 8091 | 4916 | 16929 | 12688 | 4241 |
| 荷　兰 | 9254 | 7613 | 1641 | 17309 | 15477 | 1832 |
| 西班牙 | 8319 | 7650 | 669 | 6243 | 5330 | 913 |
| 芬　兰 | 2289 | 818 | 1471 | 1352 | 985 | 367 |
| 瑞　典 | 4107 | 1122 | 2985 | 4763 | 1125 | 3638 |
| 瑞　士 | 3318 | 538 | 2780 | 3716 | 749 | 2967 |
| 俄罗斯 | 7767 | 7116 | 651 | 20432 | 12151 | 8281 |
| | | | | | | |
| **拉丁美洲** | 88664 | 46434 | 42230 | 130854 | 54733 | 76121 |
| 阿根廷 | 2022 | 1544 | 478 | 2068 | 1963 | 105 |
| 巴　西 | 29065 | 11556 | 17509 | 45221 | 14100 | 31121 |
| 智　利 | 26118 | 2956 | 23162 | 31969 | 4255 | 27713 |
| 墨西哥 | 4955 | 4747 | 208 | 7194 | 4375 | 2818 |
| | | | | | | |
| **北美洲** | 109088 | 34996 | 74092 | 119020 | 43123 | 75897 |
| 加拿大 | 11601 | 6095 | 5506 | 19439 | 4474 | 14965 |
| 美　国 | 97483 | 28897 | 68586 | 99580 | 38648 | 60932 |
| | | | | | | |
| **大洋洲** | 50681 | 7215 | 43466 | 70111 | 12656 | 57455 |
| 澳大利亚 | 46397 | 6376 | 40021 | 64438 | 10638 | 53800 |
| 新西兰 | 3862 | 418 | 3444 | 4330 | 678 | 3652 |

## 16-3 海关进出口商品分类金额

VALUE OF IMPORTS AND EXPORTS BY CATEGORY OF COMMODITIES 单位:万美元

| 商品类别 | 2010年 | | 2011年 | |
|---|---|---|---|---|
| | 出口 | 进口 | 出口 | 进口 |
| **总 值** | 404888 | 338888 | 604456 | 436966 |
| **活动物;动物产品** | 30 | 3969 | 44 | 3626 |
| 活动物 | – | – | – | – |
| 肉及食用杂碎 | – | 11 | – | 56 |
| 鱼、甲壳动物、软体动物及其他水生无脊椎动物 | | 388 | – | 667 |
| 乳品;蛋品;天然蜂蜜;其他食用动物产品 | 27 | 3549 | 39 | 2900 |
| 其他动物产品 | 3 | 21 | 5 | 3 |
| **植物产品** | 2657 | 1203 | 2736 | 1869 |
| 活树及其他活植物;鳞茎、根及类似品;插花及装饰用簇叶 | – | – | 5 | 3 |
| 食用蔬菜、根及块茎 | 1431 | 19 | 1172 | 33 |
| 食用水果及坚果;柑桔属水果或甜瓜的果皮 | 648 | 34 | 953 | 438 |
| 咖啡、茶、马黛茶及调味香料 | 235 | 39 | 219 | 71 |
| 谷 物 | 1 | 5 | 6 | 4 |
| 制粉工业产品;麦芽;淀粉、菊粉;面筋 | 101 | 116 | 149 | 8 |
| 含油子仁及果实;杂项子仁及果实;工业用或药用植物;稻草、秸秆及饲料 | 229 | 981 | 231 | 1203 |
| 虫胶;树胶、树脂及其他植物液、汁 | 12 | 4 | … | 19 |
| 编结用植物材料;其他植物产品 | 0 | 5 | … | 90 |
| **动、植物油、脂及其分解产品;精制的食用油脂;动、植物蜡** | 131 | 7871 | 154 | 5594 |
| 动、植物油、脂及其分解产品;精制的食用油脂;动、植物蜡 | 131 | 7871 | 154 | 5594 |
| **食品;饮料、酒及醋;烟草、烟草及烟草用品的制品** | 1938 | 1376 | 1948 | 2458 |
| 肉、鱼、甲壳动物、软体动物及其他水生无脊椎动物的制品 | 10 | 2 | 13 | – |
| 糖及糖食 | 17 | 22 | 7 | 10 |
| 可可及可可制品 | – | 2 | | … |
| 谷物、粮食粉、淀粉或乳的制品;糕饼点心 | 144 | 4 | 159 | 1 |
| 蔬菜、水果、坚果或植物其他部分的制品 | 634 | 10 | 679 | 1 |
| 杂项食品 | 36 | 80 | 85 | 39 |
| 饮料、酒及醋 | 1 | 709 | | 1377 |
| 食品工业的残渣及废料;配制的动物饲料 | 1096 | 547 | 1005 | 1030 |
| 烟草、烟草及烟草代用品的制品 | | | | |
| **矿产品** | 927 | 120758 | 1911 | 205185 |
| 盐;硫磺;泥土及石料;石膏料、石灰及水泥 | 894 | 136 | 1798 | 237 |
| 矿砂、矿渣及矿灰 | 5 | 93352 | 2 | 149444 |
| 矿物燃料、矿物油及其蒸馏产品;沥青物质;矿物蜡 | 28 | 27270 | 111 | 55504 |

16-3续1

| 商品类别 | 2010年 | | 2011年 | |
|---|---|---|---|---|
| | 出口 | 进口 | 出口 | 进口 |
| **化学工业及其相关工业的产品** | 40037 | 5619 | 53758 | 8285 |
| 无机化学品；贵金属、稀土金属、放射性元素及其同位素的有机及无机化合物 | 1731 | 1794 | 1002 | 1906 |
| 有机化学品 | 18502 | 652 | 24090 | 2518 |
| 药　品 | 7002 | 12 | 3828 | 35 |
| 肥　料 | 4940 | 3 | 7018 | 17 |
| 鞣料浸膏及染料浸膏；鞣酸及其衍生物；染料、颜料及其他着色料；油漆及清漆；油灰及其他胶粘剂；墨水、油墨 | 1877 | 706 | 5585 | 817 |
| 精油及香膏；芳香料制品及化妆盥洗品 | 29 | 21 | 19 | 17 |
| 肥皂、有机表面活性剂、洗涤剂、润滑剂、人造蜡、调制蜡、光洁剂、蜡烛及类似品、塑料用膏、“牙科用蜡”及牙料月熟石膏制剂 | 576 | 417 | 800 | 411 |
| 蛋白类物质；改性淀粉；胶；酶 | 300 | 162 | 313 | 76 |
| 炸药；烟火制品；火柴；引火合金；易燃材料制品 | | | | |
| 照相及电影用品 | - | 21 | … | 24 |
| 杂项化学产品 | 5080 | 1831 | 6103 | 2464 |
| **塑料及其制品；橡胶及其制品** | 9487 | 22238 | 13954 | 20186 |
| 塑料及其制品 | 8581 | 20944 | 12468 | 18985 |
| 橡胶及其制品 | 906 | 1294 | 1486 | 1201 |
| **生皮、皮革、毛皮及其制品；鞍具及挽具；旅行用品、手提包及类似容器、动物肠线（蚕胶丝除外）制品** | 961 | 42 | 1693 | 71 |
| 生皮（毛皮除外）及皮革 | - | 35 | - | 63 |
| 皮革制品；鞍具及挽具；旅行用品、手提包及类似容器；动物肠线（蚕胶丝除外）制品 | 817 | 1 | 1407 | 2 |
| 毛皮、人造毛皮及其制品 | 144 | 6 | 285 | 6 |
| **木及木制品；木炭；软木及软木制品；稻草、秸秆、针茅或其他编结材料制品；蓝筐及柳条编结品** | 1749 | 1228 | 2147 | 2854 |
| 木及木制品；木炭 | 539 | 1228 | 924 | 2854 |
| 软木及软木制品 | 8 | - | 3 | - |
| 稻草、秸秆、针茅或其他编结材料制品；蓝筐及柳条编结品 | 1202 | - | 1220 | - |
| **木浆及其他纤维状纤维素浆；回收（废碎）纸或纸板；纸、纸板及其制品** | 1142 | 19213 | 1270 | 24784 |
| 木浆及其他纤维状纤维素浆；回收（废碎）纸或纸板 | - | 18619 | 2 | 24167 |
| 纸及纸板；纸浆、纸或纸板制品 | 1109 | 527 | 1218 | 580 |
| 书籍、报纸、印刷图画及其他印刷品；手稿、打字稿及设计图纸 | 33 | 67 | 50 | 37 |

16-3续2

| 商品类别 | 2010年 | | 2011年 | |
|---|---|---|---|---|
| | 出口 | 进口 | 出口 | 进口 |
| **纺织原料及纺织制品** | 23765 | 4559 | 31282 | 12345 |
| 蚕　丝 | 353 | – | 322 | – |
| 羊毛、动物细毛或粗毛；马毛纱线及其机织物 | 56 | 144 | – | 113 |
| 棉　花 | 1112 | 2678 | 1004 | 9292 |
| 其他植物纺织纤维；纸纱线及其机织物 | 2 | 6 | 4 | 1 |
| 化学纤维长丝 | 324 | 391 | 391 | 464 |
| 化学纤维短纤 | 1882 | 420 | 2007 | 1250 |
| 絮胎、毡呢及无纺织物；特种纱线；线、绳、索、缆及其制品 | 521 | 370 | 846 | 550 |
| 地毯及纺织材料的其他铺地制品 | 106 | 35 | 120 | 35 |
| 特种机织物；簇绒织物；花边；装饰毯；装饰带；刺绣品 | 84 | 159 | 73 | 211 |
| 浸渍、涂布、包覆或层压的纺织物；工业用纺织制品 | 165 | 54 | 244 | 62 |
| 针织物或钩编织物 | 41 | 92 | 21 | 151 |
| 针织或钩编的服装及衣着附件 | 10773 | 3 | 15451 | 1 |
| 非针织或非钩编的服装及衣着附件 | 4912 | 13 | 6596 | 17 |
| 其他纺织制成品；成套物品；旧衣着及旧纺织品；碎织物 | 3434 | 194 | 4203 | 198 |
| **鞋、帽、伞、杖、鞭及其零件；已加工的羽毛及其制品；人造花；人发制品** | 773 | – | 905 | 1 |
| 鞋靴、护腿和类似品及其零件 | 186 | – | 148 | – |
| 帽类及其零件 | 140 | – | 317 | … |
| 雨伞、阳伞、手杖、鞭子、马鞭及其零件 | 2 | – | … | … |
| 已加工羽毛、羽绒及其制品；人造花；人发制品 | 445 | – | 440 | 1 |
| **石料、石膏、水泥、石棉、云母及类似材料的制品；陶瓷产品；玻璃及其制品** | 12856 | 537 | 13852 | 582 |
| 石料、石膏、水泥、石棉、云母及类似材料的制品 | 1772 | 234 | 2284 | 196 |
| 陶瓷产品 | 5728 | 41 | 5458 | 20 |
| 玻璃及其制品 | 5356 | 262 | 6110 | 366 |
| **天然或养殖珍珠、宝石或半宝石、贵金属、包贵金属及其制品；仿手饰；硬币** | 651 | 940 | 2730 | 2637 |
| 天然或养殖珍珠、宝石或半宝石、贵金属、包贵金属及其制品；仿手饰；硬币 | 651 | 940 | 2730 | 2637 |
| **贱金属及其制品** | 84122 | 7215 | 116819 | 8613 |
| 钢　铁 | 40699 | 466 | 38935 | 803 |
| 钢铁制品 | 39808 | 2890 | 73870 | 3280 |
| 铜及其制品 | 1046 | 1427 | 1162 | 2108 |
| 镍及其制品 | 6 | 15 | 19 | 14 |

16-3续3

| 商品类别 | 2010年 | | 2011年 | |
|---|---|---|---|---|
| | 出口 | 进口 | 出口 | 进口 |
| 铝及其制品 | 1778 | 951 | 1926 | 1209 |
| 铅及其制品 | 4 | 4 | 9 | 2 |
| 锌及其制品 | 4 | 7 | 1 | – |
| 锡及其制品 | 3 | – | 2 | – |
| 其他贱金属、金属陶瓷及其制品 | 23 | 253 | 29 | 103 |
| 贱金属工具、器具、利口器、餐匙、餐叉及其零件 | 406 | 932 | 474 | 831 |
| 贱金属杂项制品 | 345 | 270 | 392 | 263 |
| **机器、机械器具、电气设备及其零件；录音机及放声机、电视图像、声音的录制和重放设备及其零件、附件** | 125826 | 73510 | 228734 | 75130 |
| 核反应堆、锅炉、机器、机械器具及其零件 | 77950 | 57833 | 160796 | 53766 |
| 电机、电气设备及其零件；录音机及放声机、电视图像、声音的录制和重放设备及其零件、附件 | 47876 | 15677 | 67938 | 21364 |
| **车辆、航空器、船舶及有关运输设备** | 80615 | 48451 | 111503 | 37301 |
| 铁道及电车道机车、车辆及其零件；铁道及电车道轨道固定装置及其零件、附件；各种机械（包括电动机械）交通信号设备 | 976 | 17 | 1649 | 41 |
| 车辆及其零件、附件，但铁道及电车道车辆除外 | 58134 | 8515 | 86196 | 5070 |
| 航空器、航空器及其零件 | 1714 | 39595 | 1683 | 32180 |
| 船舶及浮动结构体 | 19791 | 324 | 21975 | 10 |
| **光学、照相、电影、计量、检验、医疗或外科用仪器及设备、精密仪器及设备；钟表；乐器；上述物品的零件、附件** | 5757 | 19638 | 6804 | 24658 |
| 光学、照相、计量、检验、医疗或外科用仪器及设备、精密仪器及设备；上述物品的零件、附件 | 5600 | 19633 | 6587 | 24651 |
| 钟表及其零件 | 1 | 5 | 4 | 6 |
| 乐器及其零件、附件 | 156 | – | 213 | 1 |
| **武器、弹药及其零件、附件** | – | – | – | – |
| 武器、弹药及其零件、附件 | – | – | – | – |
| **杂项制品** | 8735 | 521 | 9195 | 775 |
| 家具；寝具、褥垫、弹簧床垫、软坐垫及类似的填充制品；未列名灯具及照明装置；发光标志、发光铭牌及类似品；活动房屋 | 6547 | 402 | 6648 | 606 |
| 玩具、游戏品、运动用品及其零件、附件 | 992 | 28 | 1104 | 43 |
| 杂项制品 | 1196 | 91 | 1443 | 126 |
| **艺术品、收藏品及古物** | – | – | – | 9 |
| **特殊交易品及未分类商品** | 2729 | – | 3017 | 3 |

## 16-4 按企业性质分海关进出口商品总值(2011年)

IMPORT AND EXPORT VALUE OF COMMODITIES BY OWNERSHIP(2011) 单位:万美元

| 指标 | 合计 | 国有企业 | 外商投资企业 | | | | 集体企业 | 其他 |
|---|---|---|---|---|---|---|---|---|
| | | | | 中外合作 | 中外合资 | 外商独资 | | |
| **进口商品总值** | 436966 | 211262 | 94826 | 125 | 57215 | 37486 | 12717 | 118161 |
| 一般贸易 | 323758 | 199957 | 41040 | 88 | 22157 | 18795 | 12471 | 70290 |
| 来料加工装配贸易 | 4042 | 80 | 1094 | – | 653 | 441 | – | 2868 |
| 进料加工贸易 | 15990 | 8832 | 4681 | – | 2035 | 2646 | 241 | 2236 |
| 租赁贸易 | 25673 | – | 25673 | – | 25673 | – | – | – |
| **海关特殊监管区域进口设备** | 67 | 59 | 1 | – | – | 1 | – | 7 |
| **海关特殊监管区域物流货物** | 13870 | 1109 | 11667 | – | 12 | 11655 | – | 1094 |
| 投资设备 | 2869 | – | 2869 | – | 578 | 2291 | – | – |
| **保税监管场所进出境货物** | 50338 | 1176 | 7562 | – | 5946 | 1616 | 4 | 41596 |
| 国际无偿援助和捐赠物资 | 8 | – | 0 | – | – | – | – | 8 |
| 其他贸易 | 351 | 49 | 239 | 37 | 161 | 41 | 1 | 62 |
| **出口商品总值** | 604456 | 241907 | 168104 | 4907 | 77061 | 86136 | 24461 | 169984 |
| 一般贸易 | 372267 | 66885 | 124433 | 4859 | 62370 | 57204 | 22505 | 158444 |
| 国际无偿援助和捐赠物资 | 814 | 450 | – | – | – | – | 364 | – |
| 来料加工装配贸易 | 5264 | 70 | 1626 | – | 873 | 753 | – | 3568 |
| 进料加工贸易 | 56731 | 26781 | 22328 | 47 | 8005 | 14276 | – | 7622 |
| 对外承包工程出口货物 | 149297 | 147710 | – | – | – | – | 1587 | – |
| **保税监管场所进出境货物** | 5801 | – | 5796 | – | 5796 | – | 5 | – |
| **海关特殊监管区域物流货物** | 14250 | 9 | 13892 | – | – | 13892 | – | 349 |
| 其他贸易 | 32 | 2 | 29 | 1 | 17 | 11 | – | 1 |

## 16-5 历年海关进出口总额

TOTAL IMPORTS AND EXPORTS BY CATEGORY(CUSTOMS STATISTICS) 单位:万美元

| 年份 | 进出口总额 | 进口总额 | 出口总额 |
|---|---|---|---|
| 1993 | 27446 | 21371 | 6075 |
| 1994 | 41746 | 23579 | 18167 |
| 1995 | 66587 | 29812 | 36775 |
| 1996 | 91347 | 48193 | 43154 |
| 1997 | 104230 | 52862 | 51368 |
| 1998 | 79943 | 45096 | 34847 |
| 1999 | 96125 | 60199 | 35926 |
| 2000 | 143935 | 86827 | 57108 |
| 2001 | 150143 | 90746 | 59397 |
| 2002 | 149264 | 79755 | 69509 |
| 2003 | 201554 | 117980 | 83545 |
| 2004 | 304678 | 167373 | 137305 |
| 2005 | 376213 | 198370 | 177843 |
| 2006 | 438930 | 194981 | 243949 |
| 2007 | 621804 | 278277 | 343527 |
| 2008 | 802699 | 342979 | 459720 |
| 2009 | 565704 | 260998 | 304706 |
| 2010 | 743776 | 338888 | 404888 |
| 2011 | 1041422 | 436966 | 604456 |

# 16-6 利 用 外 资 情 况

## UTILIZATION OF FOREIGN CAPITAL

| 指 标 | 2006年 | 2007年 | 2008年 | 2009年 | 2010年 | 2011年 |
|---|---|---|---|---|---|---|
| **利用外资合同数(个)** | 149 | 129 | 69 | 74 | 87 | 86 |
| 对外借款 | – | – | – | – | – | – |
| 外商直接投资 | 149 | 129 | 69 | 74 | 87 | 86 |
| 外商其他投资 | – | – | – | – | – | – |
| **合同外资金额(万美元)** | 83293 | 102667 | 146672 | 115165 | 120903 | 141440 |
| 对外借款 | – | – | – | – | – | – |
| 外商直接投资 | 65823 | 103667 | 146672 | 115165 | 120903 | 141440 |
| 外商其他投资 | 17470 | – | – | – | – | – |
| **实际使用外资(万美元)** | 68203 | 61714 | 96441 | 98062 | 104011 | 110002 |
| 对外借款 | 4850 | 5643 | 9993 | – | – | – |
| 外商直接投资 | 40353 | 56071 | 86448 | 98062 | 104011 | 110002 |
| 外商其他投资 | 23000 | – | – | – | – | – |

# 16-7 对 外 经 济 技 术 合 作

## TECHNOLOGICAL COOPERATION WITH FOREIGN COUNTRIES OR TERRITORIES

| 指 标 | 单位 | 2006年 | 2007年 | 2008年 | 2009年 | 2010年 | 2011年 |
|---|---|---|---|---|---|---|---|
| **对外承包和劳务合作合同金额** | 万美元 | 82454 | 195285 | 392137 | 336350 | 345291 | 385394 |
| 对外承包 | 万美元 | 68352 | 178742 | 378661 | 324203 | 329172 | 385394 |
| 劳务合作 | 万美元 | 14102 | 14797 | 13476 | 12147 | 16119 | – |
| 设计咨询 | 万美元 | – | 1746 | – | – | – | – |
| **对外承包和劳务合作合同项数** | 项 | 560 | 559 | 427 | 245 | 467 | – |
| 对外承包 | 项 | 37 | 58 | 30 | 28 | 47 | – |
| 劳务合作 | 项 | 523 | 493 | 397 | 217 | 420 | – |
| 设计咨询 | 项 | – | 8 | – | – | – | – |
| **对外承包和劳务合作营业额** | 万美元 | 47059 | 84730 | 85655 | 154792 | 150697 | 216052 |
| 对外承包 | 万美元 | 33726 | 64374 | 67614 | 136805 | 135079 | 216052 |
| 劳务合作 | 万美元 | 13333 | 18886 | 18041 | 17987 | 15613 | – |
| 设计咨询 | 万美元 | – | 1470 | – | – | – | – |
| **外派劳务人数** | 人 | – | – | – | – | – | 9903 |
| **境外投资企业数** | 个 | – | – | – | – | – | 44 |
| **中方协议投资额** | 万美元 | – | – | – | – | – | 24533 |

## 16-8 出口500万美元以上企业一览表(2011年)

SUMMARY OF ENTERPRISES WITH ANNUAL EXPORTS VALUE ABOVE 5MILLION DOLLAR(2011)　单位:万美元

| 单位名称 | 出口额 | 单位名称 | 出口额 |
|---|---|---|---|
| 山东电力基本建设总公司 | 132455 | 山东华民钢球股份有限公司 | 1825 |
| 中国重型汽车集团有限公司 | 55255 | 济南安达刹车片有限公司 | 1794 |
| 济钢集团有限公司 | 35422 | 山东威明汽车产品有限公司 | 1716 |
| 济南玫德铸造有限公司 | 25121 | 山东金鲁阳重工有限公司 | 1597 |
| 中国电子进出口山东公司 | 21948 | 济南元首进出口有限公司 | 1551 |
| 浪潮集团有限公司 | 16769 | 山东电力设备制造有限公司 | 1549 |
| 山东省冶金设计院股份有限公司 | 14282 | 山东丰汇设备技术有限公司 | 1494 |
| 山东力诺光伏高科技有限公司 | 10495 | 济南邦和工贸有限公司 | 1461 |
| 山东冠世时装加工有限公司 | 8273 | 济南实达紧固件有限公司 | 1450 |
| 济南澳海炭素有限公司 | 6906 | 济南中天建材工业有限公司 | 1374 |
| 山东省农业生产资料有限责任公司 | 6656 | 济南博意达商贸有限公司 | 1360 |
| 齐鲁天和惠世制药有限公司 | 6342 | 济南百事达科技有限公司 | 1286 |
| 山东太古飞机工程有限公司 | 5799 | 西门子变压器有限公司 | 1273 |
| 济南圣泉集团股份有限公司 | 5050 | 济南市冶金科学研究所 | 1269 |
| 山东源和电站工程技术有限公司 | 5043 | 山东华辰国际集团有限公司 | 1265 |
| 山东集鑫汽车销售有限公司 | 4463 | 山东福瑞达生物化工有限公司 | 1246 |
| 齐鲁安替制药有限公司 | 4248 | 济南世纪华泰科技有限公司 | 1244 |
| 济南轻骑对外贸易有限责任公司 | 3913 | 济南固锝电子器件有限公司 | 1231 |
| 济南裕兴化工有限责任公司 | 3877 | 山东百利通亚陶科技有限公司 | 1192 |
| 山东齐发药业有限公司 | 3532 | 济南圣泉海沃斯树脂有限公司 | 1189 |
| 山东绿霸化工股份有限公司 | 3150 | 章丘市瑞烨机械有限公司 | 1179 |
| 济南台有玻璃制品有限公司 | 3054 | 海湾电子（山东）有限公司 | 1173 |
| 济南鲁东耐火材料有限公司 | 2801 | 济南柴油机股份有限公司 | 1162 |
| 济南万方炭素有限责任公司 | 2761 | 山东胜利股份有限公司 | 1152 |
| 济阳县华龙饰品有限公司 | 2728 | 中集车辆（山东）有限公司 | 1128 |
| 章丘海尔电机有限公司 | 2725 | 济南祥瑞化工有限公司 | 1114 |
| 山东中氟化工科技有限公司 | 2548 | 山东汇润丝绸有限公司 | 1110 |
| 济南轻骑标致摩托车有限公司 | 2498 | 济南裕鲁科技有限公司 | 1106 |
| 山东冠世针织有限公司 | 2311 | 山东省华源经贸有限公司 | 1075 |
| 济南弘正科技有限公司 | 2295 | 济南大自然化学有限公司 | 1055 |
| 山东球墨铸铁管有限公司 | 2189 | NEC软件（济南）有限公司 | 1048 |
| 中国山东对外经济技术合作集团有限公司 | 2005 | 济南尼克焊接技术有限公司 | 1038 |
| 山东德礼贸易发展有限公司 | 1943 | 山东凯莱(国际)贸易有限公司 | 1036 |
| 济南秦工国际贸易有限公司 | 1926 | 济南华明生化有限公司 | 1034 |

16-8续

| 单位名称 | 出口额 | 单位名称 | 出口额 |
| --- | --- | --- | --- |
| 济南华辰实业有限责任公司 | 1009 | 济南爱诺馨家纺有限责任公司 | 686 |
| 济南嘉亚经贸发展有限公司 | 999 | 章丘市铜铝铸造厂 | 662 |
| 济南思迈迩制衣有限公司 | 998 | 济南多保利机械有限公司 | 660 |
| 山东华氟化工有限公司 | 985 | 商河宏业棉纺织（集团）有限公司 | 653 |
| 山东科赛怡锐化工有限公司 | 958 | 济南冠和制衣有限公司 | 651 |
| 山东星辉数控机械科技有限公司 | 944 | 山东明水化工有限公司 | 644 |
| 济南轨道交通装备有限责任公司 | 937 | 济南浩然国际贸易有限公司 | 639 |
| 济南天章纺织品进出口有限公司 | 932 | 济南鑫磊精密机械有限公司 | 634 |
| 济南鑫耐锻造有限公司 | 931 | 山东博世磨具实业有限公司 | 633 |
| 山大奥太电气有限公司 | 931 | 山东中德设备有限公司 | 631 |
| 济南今日家具制造有限公司 | 918 | 傲伟经贸公司 | 628 |
| 济南金属颜料有限公司 | 914 | 山东乐家进出口有限公司 | 627 |
| 九阳股份有限公司 | 898 | 济南扬银洗涤制品有限公司 | 614 |
| 章丘振宇锻造有限公司 | 896 | 山东三力工业集团有限公司 | 604 |
| 济南华菱劲通钢管有限公司 | 895 | 法瑞钠（济南）焊接器材有限公司 | 603 |
| 济南晶恒山田电子精密科技有限公司 | 873 | 平阴县外贸公司 | 591 |
| 山东华顺天成经贸有限公司 | 871 | 济南派克线缆有限公司 | 587 |
| 济南黄河特钢有限责任公司 | 847 | 济南二机床集团有限公司 | 583 |
| 济南水玲珑贸易有限公司 | 816 | 济南江华锻铸机械有限公司 | 573 |
| 山东美捷家用纺织品有限公司 | 815 | 济南浩源农副产品有限公司 | 553 |
| 山东诺斯家纺织品有限公司 | 786 | 济南新华能气动有限责任公司 | 546 |
| 山东润孚隆工贸有限公司 | 784 | 济南协信锻造法兰有限公司 | 541 |
| 山东省瀚森国际经贸合作有限公司 | 776 | 齐鲁制药有限公司 | 540 |
| 山东法因数控机械有限公司 | 771 | 山东省宏业纺织股份有限公司 | 538 |
| 山东东岳国际经贸合作股份有限公司 | 759 | 山东凯信达工贸有限公司 | 531 |
| 山东克莱特服饰有限公司 | 759 | 济南普华永信贸易有限公司 | 530 |
| 济南成林塑胶制品有限公司 | 758 | 山东正和经贸发展有限公司 | 528 |
| 山东立达进出口公司 | 744 | 济南天马泰山石材有限公司 | 527 |
| 济南海富塑胶有限公司 | 727 | 济南锐捷机械设备有限公司 | 523 |
| 济南世纪天邦汽车进出口贸易有限公司 | 721 | 山东巨力电工设备有限公司 | 512 |
| 济南欣特铸锻有限公司 | 708 | 济南兰德塑胶有限公司 | 502 |
| 济南塞诺富隆化工有限公司 | 703 | 济南晶恒有限责任公司 | 502 |
| 济南金池建材有限公司 | 697 | 山东力诺进出口贸易有限公司 | 502 |

# 16-9 涉外宾馆接待国际旅游者

FOREIGN TOURISTS RECEIVED BY TOURIST HOTELS

| 指　　标 | 2006年 | 2007年 | 2008年 | 2009年 | 2010年 | 2011年 |
|---|---|---|---|---|---|---|
| **国际旅游者人数合计(人次)** | 135940 | 160609 | 170263 | 187303 | 230985 | 289953 |
| 外国人 | 82134 | 97048 | 107487 | 116357 | 153327 | 193963 |
| #日　本 | 17069 | 19826 | 22000 | 24848 | 27226 | 32498 |
| 菲律宾 | 313 | 961 | 1464 | 1176 | 1262 | 2461 |
| 新加坡 | 5605 | 6204 | 6642 | 7519 | 9511 | 12323 |
| 韩　国 | 18223 | 22019 | 23665 | 26523 | 26501 | 31921 |
| 加拿大 | 2881 | 3421 | 3909 | 4088 | 4097 | 4986 |
| 英　国 | 1953 | 2557 | 2955 | 3110 | 7015 | 8284 |
| 德　国 | 3422 | 3632 | 3900 | 4113 | 10662 | 12393 |
| 法　国 | 1930 | 2559 | 2929 | 3024 | 4539 | 5404 |
| 意大利 | 977 | 1300 | 1487 | 1541 | 2072 | 3282 |
| 瑞　士 | 255 | 439 | 536 | 573 | 717 | 837 |
| 澳大利亚 | 2463 | 2996 | 4008 | 4559 | 5198 | 7529 |
| 新西兰 | 584 | 705 | 874 | 1149 | 1151 | 1445 |
| 美　国 | 9348 | 10930 | 12025 | 12000 | 13815 | 17860 |
| 港澳和台湾同胞 | 53806 | 63651 | 62776 | 70946 | 77658 | 95990 |
| #台湾同胞 | 19788 | 20547 | 21782 | 24541 | 31243 | 39750 |
| **国际旅游者人天数合计(人天)** | 278496 | 334722 | 355482 | 424977 | 534367 | 678516 |
| 外国人 | 202368 | 231992 | 236716 | 267238 | 357446 | 446616 |
| 港澳和台湾同胞 | 76128 | 102730 | 118766 | 157739 | 176921 | 231900 |
| #台湾同胞 | 29406 | 35528 | 44160 | 53971 | 68195 | 92831 |
| **旅游外汇收入(亿美元)** | 0.53 | 0.71 | 0.83 | 0.93 | 1.14 | 1.42 |
| #商品性收入 | 0.11 | 0.14 | 0.16 | 0.18 | 0.22 | 0.34 |
| 附:平均每天来济国际旅游人数(人次) | 372 | 440 | 466 | 513 | 633 | 794 |
| 星级宾馆开房率(%) | 59.6 | 70.5 | 63.8 | 63.3 | 65.2 | 68 |

## 16-10 济南与国外结成友好城市一览表(2011年末)

FOREIGN FRIENDLY CITIES OF JINAN(END OF 2011)

| 国别 | 城市 | 缔结日期 |
|---|---|---|
| 日本 | 和歌山市 | 1983.1.14 |
| 英国 | 考文垂市 | 1983.10.3 |
| 美国 | 萨克拉门托市 | 1985.5.29 |
| 日本 | 山口市 | 1985.9.20 |
| 加拿大 | 里贾纳市 | 1987.8.10 |
| 巴布亚新几内亚 | 首都地区 | 1988.9.28 |
| 韩国 | 水原市 | 1993.9.27 |
| 俄罗斯 | 下诺夫哥罗德市 | 1994.9.25 |
| 芬兰 | 万达市 | 2001.8.27 |
| 法国 | 雷恩市 | 2002.7.17 |
| 澳大利亚 | 郡德乐普市 | 2003.9.4 |
| 德国 | 奥格斯堡市 | 2004.10.10 |
| 乌克兰 | 哈尔克夫市 | 2007.5.23 |
| 以色列 | 卡法萨巴市 | 2009.5.11 |
| 白俄罗斯 | 维捷布斯克市 | 2009.9.20 |
| 佛得角 | 普拉亚市 | 2009.9.22 |
| 巴西 | 波多韦柳市 | 2011.10.13 |
| 土耳其 | 马尔马里斯 | 2011.10.21 |

## 16-11 济南与各友好城市交流

BASIC STATISTICS OF TRANSMISSION BETWEEN FOREIGN FRIENDLY CITIES AND JINAN

| 指标 | 2006年 | 2007年 | 2008年 | 2009年 | 2010年 | 2011年 |
|---|---|---|---|---|---|---|
| **出访交流考察** | | | | | | |
| 批数 | 18 | 418 | 35 | 16 | 382 | 357 |
| 人次 | 216 | 1533 | 200 | 94 | 1700 | 1184 |
| **派出进修生** | | | | | | |
| 批数 | – | – | – | – | – | – |
| 人次 | – | – | – | – | – | – |
| **接待来访团组** | | | | | | |
| 批数 | 29 | 282 | 35 | 31 | 295 | 259 |
| 人次 | 612 | 5128 | 450 | 185 | 3100 | 2782 |

# 主要统计指标解释

## EXPLANATORY NOTES ON MAIN STATISTICAL INDICATORS

**海关进出口总额** 指实际进出我国国境的货物总金额。包括对外贸易实际进出口货物，来料加工装配进出口货物，国家间、联合国及国际组织无偿援助物资和赠送品，华侨、港澳台同胞和外籍华人捐赠品，租赁期满归承租人所有的租赁货物，进料加工进出口货物，边境地方贸易及边境地区小额贸易进出口货物（边民互市贸易除外），中外合资企业、中外合作经营企业、外商独资经营企业进出口货物和公用物品，到、离岸价格在规定限额以上的进出口货样和广告品（无商业价值、无使用价值和免费提供出口的除外），从保税仓库提取在中国境内销售的进口货物，以及其他进出口货物。进出口总额用以观察一个国家在对外贸易方面的总规模。我国规定出口货物按离岸价格统计，进口货物按到岸价格统计。

**利用外资** 指我国各级政府、部门、企业和其他经济组织通过对外借款、吸收外商直接投资以及用其他方式筹措的境外现汇、设备、技术等。

**对外借款** 是我国利用外资的重要部分。指通过对外正式签订借款协议，从境外筹措的资金，包括外国政府贷款、国际金融组织贷款、外国银行商业贷款、出口信贷以及对外发行债券等。1996年及以前还包括对外发行股票。

**外商直接投资** 指外国企业和经济组织或个人（包括华侨、港澳台胞以及我国在境外注册的企业）按我国有关政策、法规，用现汇、实物、技术等在我国境内开办外商独资企业、与我国境内的企业或经济组织共同举办中外合资经营企业、合作经营企业或合作开发资源的投资（包括外商投资收益的再投资）。即“外方投资者的投资股本”和总投资与注册资本差额部分的“外方股东对企业的直接贷款”。

**外商其他投资** 指除对外借款和外商直接投资以外的各种利用外资的形式。包括企业在境内外股票市场公开发行的以外币计价的股票（目前主要是在香港证券市场发行的H股和在境内证券市场发行的B股）发行价总额，国际租赁进口设备的应付款，补偿贸易中外商提供的进口设备、技术、物料的价款，加工装配贸易中外商提供的进口设备、物料的价款，外商投资企业差额借款。

**对外承包工程** 指各对外承包公司以招标议标承包方式承揽的下列业务：⑴承包国外工程建设项目，⑵承包我国对外经援项目，⑶承包我国驻外机构的工程建设项目，⑷承包我国境内利用外资进行建设的工程项目，⑸与外国承包公司合营或联合承包工程项目时我国公司分包部分，⑹对外承包兼营的房屋开发业务。对外承包工程的营业额是以货币表现的本期内完成的对外承包工程的工作量，包括以前年度签订的合同和本年度新签订的合同在报告期内完成的工作量。

**对外劳务合作** 指以收取工资的形式向业主或承包商提供技术和劳动服务的活动。我国对外承包公司在境外开办的合营企业，中国公司同时又提供劳务的，其劳务部分也纳入劳务合作统计。劳务合作营业额按报告期内向雇主提交的结算数（包括工资、加班费和奖金等）统计。

**对外设计咨询** 指以服务成果向业主收费的技术服务项目。包括承担地形地貌测绘，地质资源勘探与普查，建设区域规划，提供设计文件、图纸、生产工艺技术资料和工程技术经济咨询，工程项目的可行性考察、研究和评估，进行技术指导和培训人员等；也包括承担国（境）内利用外资进行建设的工程项目的上述规定的设计咨询项目的收取外币部分。

**旅游者人数** 包括入境国际旅游者人数、出境居民人数和国内旅游者人数。

⑴入境国际旅游者人数：指来中国参观、访问、旅行、探亲、访友、休养、考察、参加会议和从事经济、科技、文化、教育、宗教等活动的外国人、华侨、港澳同胞和台湾同胞的人数。不包括外国在我国的常驻机构，如使领馆、通讯社、企业办事处的工作人员；来我国常住的外国专家、留学生以及在岸逗留不过夜人员。

⑵出境居民人数：指大陆居民因公务活动或私人事务短期出境的人数。公务活动出境居民人数包括在国际交通工具上的中国服务员工，因私出境居民人数不包括在国际交通工具上的中国服务员工。

⑶国内旅游者人数：指我国大陆居民和在我国常住1年以上的外国人、华侨、港澳台同胞离开常住地在境内其他地方的旅游设施内至少停留一夜，最长不超过6个月的人数。

**国际旅游(外汇)收入** 指入境旅游的外国人、华侨、港澳同胞和台湾同胞在中国大陆旅游过程中发生的一切旅游支出，对于国家来说就是国际旅游（外汇）收入。

**国际旅行社** 指经营对外招徕并接待外国人、华侨、港澳同胞和台湾同胞来中国、归国或回内地旅游业务的旅行社。

**国内旅行社** 指负责经营招徕、组团、接待国内旅客的旅游业务，以及不对外招徕，负责经营接待国际旅行社或其它涉外部门组织的外国人、华侨、港澳同胞和台湾同胞来中国、归国或回内地的旅游业务的旅行社。

**涉外饭店** 指经有关部门批准，允许接待外国人、华侨、港澳同胞和台湾同胞的饭店。

**三资企业** 指中外合资经营企业、中外合作经营企业、外资企业、港澳台与大陆合资经营企业、港澳台与大陆合作经营企业，港澳台独资企业。

**建成投产企业** 指已完成原企业合同中规定的基建规模后已投入正常生产，或已正式开业经营。

**从业人员** 指在三资企业中工作，并取得劳动报酬或经营收入的全部人员。

**外国人** 包括加入外国国籍的中国血统华人，外国人的国别按所持护照区分。

**华侨** 指定居在国外但未加入外国国籍的中国同胞。从2000年起，华侨统计在外国人内。

**港澳同胞和台湾同胞** 指居住在我国港澳地区和台湾省的中国同胞，凡已加入外国国籍或定居在其他国家、地区的港澳和台湾同胞，应列为“外国人”或“华侨”。

**客房出租率** 指报告期客房实际出租天数除以报告期客房可出租天数的百分数。

17

# 科技

# SCIENCE AND TECHNOLOGY

## 17-1 科 技 综 合 情 况

BASIC STATISTICS ON SCIENCE AND TECHNOLOGY

| 指　　标 | 单位 | 2005年 | 2006年 | 2007年 | 2008年 | 2009年 | 2010年 |
|---|---|---|---|---|---|---|---|
| R&D活动单位 | 个 | 287 | 324 | 308 | 327 | 413 | 445 |
| R&D活动全时人员 | 人年 | 16800 | 20102 | 23294 | 26693 | 30067 | 33389 |
| R&D活动经费内部支出 | 万元 | 339413 | 420865 | 518560 | 576555 | 679824 | 814450 |
| 基础研究 | 万元 | 8298 | 9994 | 13274 | 16065 | 29891 | 42834 |
| 应用研究 | 万元 | 157323 | 36596 | 115545 | 65516 | 71432 | 92867 |
| 试验发展 | 万元 | 169713 | 362899 | 384176 | 484491 | 578501 | 678750 |
| 日常性支出 | 万元 | 335471 | 409489 | 512995 | 566072 | 59948 | 719001 |
| 人员劳务费 | 万元 | 86181 | 109961 | 146075 | 174301 | 168930 | 201119 |
| 资产性支出 | 万元 | 76942 | 126615 | 251122 | 147612 | 80340 | 95450 |
| 仪器设备 | 万元 | 116838 | 120177 | 234599 | 140704 | 72182 | 85139 |
| R&D活动经费外部支出 | 万元 | 27218 | 43638 | 42731 | 51057 | 46702 | 41114 |
| 科技成果情况 | | | | | | | |
| 专利申请数 | 件 | 1202 | 1912 | 1908 | 2657 | 4487 | 4425 |
| #发明专利申请数 | 件 | 407 | 727 | 755 | 1240 | 1708 | 1770 |
| 拥有发明专利数 | 件 | 1304 | 1570 | 2928 | 1943 | 3348 | 3717 |
| 科技项目（课题）情况 | | | | | | | |
| 项目（课题）数 | 项 | 6631 | 9218 | 10356 | 11469 | 12980 | 13895 |
| 项目参加人员折合全时当年 | 人年 | 16972 | 22888 | 29329 | 31675 | 32956 | 30439 |

# 17－2 科技投入情况(2010年)

## BASIC STATISTICS ON SCIENCE AND TECHNOLOGICAL ITEMS(2010)

| 指　　标 | 单位 | 合计 | 科研机构 | 高等院校 | 规模以上工业企业 | 其他 |
|---|---|---|---|---|---|---|
| **有R&D活动单位数** | 个 | 445 | 68 | 29 | 238 | 110 |
| **R&D人员** | 人 | 44348 | 4844 | 9234 | 23302 | 6968 |
| #研究人员 | 人 | 25276 | 3401 | 7994 | 11193 | 2688 |
| 博士生 | 人 | 3332 | 465 | 2546 | 244 | 77 |
| 硕士生 | 人 | 7017 | 1297 | 2987 | 1976 | 757 |
| 本科生 | 人 | 18434 | 2321 | 2662 | 11851 | 1600 |
| 其他 | 人 | 15565 | 761 | 1039 | 9231 | 4534 |
| **R&D人员折合全时人员** | 人年 | 33389 | 4140 | 4935 | 19341 | 4973 |
| 基础研究 | 人年 | 3169 | 654 | 2448 | 16 | 51 |
| 应用研究 | 人年 | 5569 | 1652 | 2337 | 118 | 1462 |
| 试验发展 | 人年 | 24651 | 1834 | 150 | 19207 | 3460 |
| **R&D经费内部支出** | 万元 | 814450 | 77671 | 73911 | 588735 | 74133 |
| 基础研究 | 万元 | 42833 | 6210 | 35889 | 104 | 630 |
| 应用研究 | 万元 | 92867 | 30379 | 35489 | 7585 | 19414 |
| 试验发展 | 万元 | 678750 | 41082 | 2533 | 581046 | 54089 |
| **日常性支出** | 万元 | 719001 | 57760 | 63980 | 532470 | 64791 |
| #人员劳务费 | 万元 | 201119 | 27353 | 13604 | 128736 | 31426 |
| **资产性支出** | 万元 | 95450 | 19911 | 9931 | 56265 | 9343 |
| #仪器和设备 | 万元 | 85139 | 12492 | 9426 | 54939 | 8282 |

## 17-3 规模以上工业企业科技活动情况(2011年)

MAIN INDICATORS OF INDUSTRIAL ENTERPRISES ABOVE DESIGNATED SIZE(2011)

单位:个

| 指　　标 | 企业数 | 有R&D活动的单位数 | R&D活动项目数 | 企业办科技机构数 |
|---|---|---|---|---|
| **总　计** | 1417 | 208 | 2517 | 262 |
| **按登记注册类型分** | | | | |
| 国有企业 | 55 | 11 | 173 | 6 |
| 集体企业 | 40 | 1 | 4 | 5 |
| 股份合作企业 | 15 | 1 | 4 | 1 |
| 国有联营企业 | 1 | 1 | 97 | 4 |
| 集体联营企业 | 2 | | | 1 |
| 国有独资公司 | 12 | 5 | 486 | 14 |
| 其他有限责任公司 | 344 | 74 | 942 | 86 |
| 股份有限公司 | 55 | 31 | 352 | 47 |
| 私营独资企业 | 148 | 1 | 1 | 2 |
| 私营合伙企业 | 6 | | | |
| 私营有限责任公司 | 501 | 49 | 250 | 64 |
| 私营股份有限公司 | 36 | 7 | 88 | 13 |
| 其他企业 | 33 | 2 | 3 | 2 |
| 合资经营企业(港或澳、台资) | 29 | 4 | 38 | 2 |
| 合作经营企业(港或澳、台资) | 1 | 1 | 1 | 1 |
| 港、澳、台商独资经营企业 | 20 | 1 | 1 | 1 |
| 港、澳、台商投资股份有限公司 | 2 | 2 | 15 | 2 |
| 中外合资经营企业 | 67 | 12 | 47 | 9 |
| 中外合作经营企业 | 4 | | | |
| 外资企业 | 44 | 5 | 15 | 2 |
| 外商投资股份有限公司 | 2 | | | |
| **按工业行业大类分** | | | | |
| 采矿业 | 27 | 1 | 9 | 1 |
| 　煤炭开采和洗选业 | 7 | 1 | 9 | 1 |
| 　石油和天然气开采业 | 2 | | | |
| 　黑色金属矿采选业 | 2 | | | |
| 　非金属矿采选业 | 16 | | | |
| 制造业 | 1353 | 204 | 2503 | 258 |
| 　农副食品加工业 | 63 | 4 | 27 | 4 |

17-3续

| 指　　　标 | 企业数 | 有R&D活动的单位数 | R&D活动项目数 | 企业办科技机构数 |
|---|---|---|---|---|
| 食品制造业 | 46 | 6 | 55 | 5 |
| 饮料制造业 | 16 | 2 | 30 | 6 |
| 纺织业 | 42 | 4 | 48 | 4 |
| 纺织服装、鞋、帽制造业 | 17 | | | |
| 皮革、毛皮、羽毛(绒)及其制品业 | 8 | | | |
| 木材加工及木、竹、藤、棕、草制品业 | 10 | | | |
| 家具制造业 | 7 | 1 | 3 | 1 |
| 造纸及纸制品业 | 21 | 1 | 1 | 1 |
| 印刷业和记录媒介的复制 | 29 | 3 | 28 | 1 |
| 文教体育用品制造业 | 9 | | | 1 |
| 石油加工、炼焦及核燃料加工业 | 6 | 1 | 5 | 3 |
| 化学原料及化学制品制造业 | 125 | 17 | 116 | 27 |
| 医药制造业 | 44 | 17 | 293 | 20 |
| 化学纤维制造业 | 1 | | | |
| 橡胶制品业 | 3 | 1 | 7 | 1 |
| 塑料制品业 | 38 | 2 | 13 | 2 |
| 非金属矿物制品业 | 143 | 13 | 38 | 17 |
| 黑色金属冶炼及压延加工业 | 14 | 2 | 103 | 4 |
| 有色金属冶炼及压延加工业 | 9 | 1 | 4 | 1 |
| 金属制品业 | 83 | 3 | 13 | 2 |
| 通用设备制造业 | 278 | 39 | 419 | 38 |
| 专用设备制造业 | 90 | 18 | 138 | 28 |
| 交通运输设备制造业 | 88 | 13 | 410 | 21 |
| 电气机械及器材制造业 | 70 | 21 | 213 | 24 |
| 通信设备、计算机及其他电子设备制造业 | 37 | 19 | 456 | 35 |
| 仪器仪表及文化、办公用机械制造业 | 44 | 16 | 83 | 12 |
| 工艺品及其他制造业 | 11 | | | |
| 电力、燃气及水的生产和供应业 | 37 | 3 | 5 | 3 |
| 电力、热力的生产和供应业 | 19 | 2 | 3 | 2 |
| 燃气生产和供应业 | 12 | | | |
| 水的生产和供应业 | 6 | 1 | 2 | 1 |

## 17-4 规模以上工业企业技术改造及引进吸收(2011年)

INNOVATION AND RESORB OF INDUSTRIAL ENTERPRISES ABOVE DESIGNATED SIZE(2011) 单位:万元

| 指标 | 技术改造经费支出 | 引进国外技术经费支出 | 引进技术的消化吸收经费支出 | 购买国内技术经费支出 |
|---|---|---|---|---|
| **总计** | 610618 | 24980 | 34426 | 22587 |
| **按登记注册类型分** | | | | |
| 国有企业 | 3703 | | 152 | 41 |
| 集体企业 | 380 | | | |
| 股份合作企业 | 200 | | | |
| 国有联营企业 | 41258 | 2013 | 3648 | 6860 |
| 集体联营企业 | | | | |
| 国有独资公司 | 366378 | 13506 | 10701 | 11928 |
| 其他有限责任公司 | 85977 | 6302 | 6739 | 845 |
| 股份有限公司 | 75182 | 480 | 12586 | 1200 |
| 私营独资企业 | | | | |
| 私营合伙企业 | | | | |
| 私营有限责任公司 | 6146 | 1372 | | 214 |
| 私营股份有限公司 | 21086 | | 600 | |
| 其他企业 | 4110 | | | 1500 |
| 合资经营企业(港或澳、台资) | | 1305 | | |
| 合作经营企业(港或澳、台资) | | | | |
| 港、澳、台商独资经营企业 | | | | |
| 港、澳、台商投资股份有限公司 | 4925 | | | |
| 中外合资经营企业 | 1014 | 2 | | |
| 中外合作经营企业 | | | | |
| 外资企业 | 260 | | | |
| 外商投资股份有限公司 | | | | |
| **按工业行业大类分** | | | | |
| 采矿业 | | | | |
| 煤炭开采和洗选业 | | | | |
| 石油和天然气开采业 | | | | |
| 黑色金属矿采选业 | | | | |
| 非金属矿采选业 | | | | |
| 制造业 | 610598 | 24980 | 34426 | 22587 |
| 农副食品加工业 | 240 | | | |

17-4续

| 指　　标 | 技术改造经费支出 | 引进国外技术经费支出 | 引进技术的消化吸收经费支出 | 购买国内技术经费支出 |
|---|---|---|---|---|
| 食品制造业 | 1783 | | | 20 |
| 饮料制造业 | 980 | | | 200 |
| 纺织业 | 6938 | | | |
| 纺织服装、鞋、帽制造业 | | | | |
| 皮革、毛皮、羽毛(绒)及其制品业 | | | | |
| 木材加工及木、竹、藤、棕、草制品业 | | | | |
| 家具制造业 | | | | |
| 造纸及纸制品业 | | | | |
| 印刷业和记录媒介的复制 | 4905 | | | |
| 文教体育用品制造业 | 60 | | | |
| 石油加工、炼焦及核燃料加工业 | 64526 | | 12546 | 1100 |
| 化学原料及化学制品制造业 | 23465 | | 100 | 150 |
| 医药制造业 | 36206 | | 141 | 255 |
| 化学纤维制造业 | | | | |
| 橡胶制品业 | 441 | | | |
| 塑料制品业 | 21 | | | |
| 非金属矿物制品业 | 2436 | 480 | | 5 |
| 黑色金属冶炼及压延加工业 | 41258 | 2013 | 3648 | 6860 |
| 有色金属冶炼及压延加工业 | 200 | | | |
| 金属制品业 | | | | |
| 通用设备制造业 | 22592 | | 694 | 1521 |
| 专用设备制造业 | 3997 | 124 | 40 | 15 |
| 交通运输设备制造业 | 349011 | 15098 | 11971 | 11833 |
| 电气机械及器材制造业 | 16532 | 2068 | 301 | 493 |
| 通信设备、计算机及其他电子设备制造业 | 34921 | 3825 | 4976 | 130 |
| 仪器仪表及文化、办公用机械制造业 | 88 | 1372 | 10 | 6 |
| 工艺品及其他制造业 | | | | |
| 电力、燃气及水的生产和供应业 | 20 | | | |
| 电力、热力的生产和供应业 | | | | |
| 燃气生产和供应业 | | | | |
| 水的生产和供应业 | 20 | | | |

## 17-5 规模以上工业企业技术资源(2011年)

## TECHNICAL RESOURCES OF INDUSTRIAL ENTERPRISES ABOVE DESITNATED SIZE(2011)

| 指　　标 | R&D经费内部支出合计（万元） | 新产品产值（万元） | 研究与试验发展活动（R&D）人员数（人） | R&D人员折合全时当量（人年） |
|---|---|---|---|---|
| **总　计** | 654542 | 9164040 | 25498 | 20766.5 |
| **按登记注册类型分** | | | | |
| 国有企业 | 27049 | 170711 | 1098 | 907.0 |
| 集体企业 | 498 | 6000 | 56 | 36.1 |
| 股份合作企业 | 1012 | 29600 | 77 | 77.0 |
| 国有联营企业 | 82712 | 980000 | 2006 | 1243.8 |
| 集体联营企业 | | 1102 | | |
| 国有独资公司 | 217372 | 3464141 | 5099 | 4595.3 |
| 其他有限责任公司 | 212180 | 3473111 | 9822 | 8461.3 |
| 股份有限公司 | 42212 | 533331 | 3419 | 2298.9 |
| 私营独资企业 | 303 | 200 | 6 | 6.0 |
| 私营合伙企业 | | | | |
| 私营有限责任公司 | 22072 | 195289 | 1867 | 1448.4 |
| 私营股份有限公司 | 17144 | 103698 | 614 | 536.8 |
| 其他企业 | 591 | 6860 | 51 | 12.8 |
| 合资经营企业(港或澳、台资) | 2787 | 2096 | 256 | 143.1 |
| 合作经营企业(港或澳、台资) | 152 | | 15 | 15.0 |
| 港、澳、台商独资经营企业 | 725 | 522 | 24 | 1.2 |
| 港、澳、台商投资股份有限公司 | 2846 | 6149 | 299 | 281.2 |
| 中外合资经营企业 | 9015 | 190667 | 714 | 640.8 |
| 中外合作经营企业 | | | | |
| 外资企业 | 873 | 564 | 75 | 61.8 |
| 外商投资股份有限公司 | | | | |
| **按工业行业大类分** | | | | |
| 采矿业 | 1897 | | 53 | 13.7 |
| 煤炭开采和洗选业 | 1897 | | 53 | 13.7 |
| 石油和天然气开采业 | | | | |
| 黑色金属矿采选业 | | | | |
| 非金属矿采选业 | | | | |
| 制造业 | 636078 | 9129221 | 25250 | 20591.2 |
| 农副食品加工业 | 2355 | 18455 | 143 | 51.5 |

17-5续

| 指　　标 | R&D经费内部支出合计（万元） | 新产品产值（万元） | 研究与试验发展活动（R&D）人员数（人） | R&D人员折合全时当量（人年） |
|---|---|---|---|---|
| 食品制造业 | 1855 | 18227 | 277 | 197.0 |
| 饮料制造业 | 2304 | 24315 | 151 | 67.2 |
| 纺织业 | 7292 | 119500 | 316 | 303.5 |
| 纺织服装、鞋、帽制造业 | | | | |
| 皮革、毛皮、羽毛(绒)及其制品业 | | | | |
| 木材加工及木、竹、藤、棕、草制品业 | | | | |
| 家具制造业 | 415 | 195 | 38 | 38.0 |
| 造纸及纸制品业 | 96 | | 26 | 3.3 |
| 印刷业和记录媒介的复制 | 3857 | 7349 | 210 | 199.6 |
| 文教体育用品制造业 | | 185 | | |
| 石油加工、炼焦及核燃料加工业 | 757 | 1102 | 436 | 106.9 |
| 化学原料及化学制品制造业 | 28377 | 188479 | 1071 | 669.5 |
| 医药制造业 | 44292 | 517848 | 2107 | 1924.4 |
| 化学纤维制造业 | | | | |
| 橡胶制品业 | 364 | 4958 | 33 | 22.7 |
| 塑料制品业 | 1136 | 22662 | 80 | 80.0 |
| 非金属矿物制品业 | 17166 | 201932 | 795 | 708.6 |
| 黑色金属冶炼及压延加工业 | 83372 | 980000 | 2037 | 1274.4 |
| 有色金属冶炼及压延加工业 | 1012 | 29600 | 77 | 77.0 |
| 金属制品业 | 623 | 31502 | 77 | 52.4 |
| 通用设备制造业 | 54062 | 463178 | 4175 | 3647.4 |
| 专用设备制造业 | 13478 | 122359 | 979 | 730.4 |
| 交通运输设备制造业 | 213048 | 3677141 | 4685 | 4131.6 |
| 电气机械及器材制造业 | 30678 | 356004 | 1826 | 1154.5 |
| 通信设备、计算机及其他电子设备制造业 | 123326 | 2302647 | 5016 | 4584.9 |
| 仪器仪表及文化、办公用机械制造业 | 6211 | 41584 | 695 | 566.3 |
| 工艺品及其他制造业 | | | | |
| 电力、燃气及水的生产和供应业 | 1567 | 34820 | 195 | 161.6 |
| 电力、热力的生产和供应业 | 501 | 34820 | 34 | 18.4 |
| 燃气生产和供应业 | | | | |
| 水的生产和供应业 | 1067 | | 161 | 143.2 |

# 17-6 规模以上工业企业科技活动项目(2011年)

## TECHNOLOGY PROJECT ACTIVITIES OF INDUSTRIAL ENTERPRISES ABOVE DESIGNATED SIZE (2011)

| 指　　标 | R&D活动项目数（项） | R&D活动项目经费内部支出（万元） | 新产品开发项目数（项） | 新产品开发经费支出（万元） |
|---|---|---|---|---|
| **总　计** | 2517 | 565730 | 2641 | 618513 |
| **按登记注册类型分** | | | | |
| 国有企业 | 173 | 23882 | 174 | 28897 |
| 集体企业 | 4 | 400 | 20 | 1164 |
| 股份合作企业 | 4 | 650 | 6 | 1556 |
| 国有联营企业 | 97 | 62334 | 68 | 59849 |
| 集体联营企业 | | | 1 | 542 |
| 国有独资公司 | 486 | 212753 | 432 | 207866 |
| 其他有限责任公司 | 942 | 181509 | 923 | 189765 |
| 股份有限公司 | 352 | 34063 | 459 | 53563 |
| 私营独资企业 | 1 | 303 | | |
| 私营合伙企业 | | | | |
| 私营有限责任公司 | 250 | 20300 | 298 | 32051 |
| 私营股份有限公司 | 88 | 15426 | 103 | 22629 |
| 其他企业 | 3 | 510 | 13 | 337 |
| 合资经营企业(港或澳、台资) | 38 | 2429 | 23 | 2113 |
| 合作经营企业(港或澳、台资) | 1 | 120 | | |
| 港、澳、台商独资经营企业 | 1 | 350 | 2 | 1457 |
| 港、澳、台商投资股份有限公司 | 15 | 1219 | 22 | 3470 |
| 中外合资经营企业 | 47 | 8732 | 53 | 11616 |
| 中外合作经营企业 | | | | |
| 外资企业 | 15 | 750 | 44 | 1640 |
| 外商投资股份有限公司 | | | | |
| **按工业行业大类分** | | | | |
| 采矿业 | 9 | 1897 | 1 | 29 |
| 　煤炭开采和洗选业 | 9 | 1897 | 1 | 29 |
| 　石油和天然气开采业 | | | | |
| 　黑色金属矿采选业 | | | | |
| 　非金属矿采选业 | | | | |
| 制造业 | 2503 | 563164 | 2638 | 618334 |
| 　农副食品加工业 | 27 | 2224 | 28 | 2400 |

17-6续

| 指　　　标 | R&D活动项目数（项） | R&D活动项目经费内部支出（万元） | 新产品开发项目数（项） | 新产品开发经费支出（万元） |
|---|---|---|---|---|
| 食品制造业 | 55 | 1708 | 53 | 1863 |
| 饮料制造业 | 30 | 1157 | 30 | 2983 |
| 纺织业 | 48 | 6820 | 46 | 6074 |
| 纺织服装、鞋、帽制造业 | | | | |
| 皮革、毛皮、羽毛(绒)及其制品业 | | | | |
| 木材加工及木、竹、藤、棕、草制品业 | | | | |
| 家具制造业 | 3 | 414 | 3 | 415 |
| 造纸及纸制品业 | 1 | 20 | | |
| 印刷业和记录媒介的复制 | 28 | 3127 | 21 | 3344 |
| 文教体育用品制造业 | | | 1 | 145 |
| 石油加工、炼焦及核燃料加工业 | 5 | 279 | 5 | 875 |
| 化学原料及化学制品制造业 | 116 | 21926 | 131 | 30713 |
| 医药制造业 | 293 | 37070 | 306 | 46814 |
| 化学纤维制造业 | | | | |
| 橡胶制品业 | 7 | 314 | 11 | 972 |
| 塑料制品业 | 13 | 1099 | 13 | 1136 |
| 非金属矿物制品业 | 38 | 13806 | 33 | 12286 |
| 黑色金属冶炼及压延加工业 | 103 | 62994 | 74 | 60439 |
| 有色金属冶炼及压延加工业 | 4 | 650 | 6 | 1556 |
| 金属制品业 | 13 | 559 | 13 | 644 |
| 通用设备制造业 | 419 | 48658 | 409 | 49291 |
| 专用设备制造业 | 138 | 12066 | 211 | 17363 |
| 交通运输设备制造业 | 410 | 207929 | 426 | 212417 |
| 电气机械及器材制造业 | 213 | 27316 | 225 | 34656 |
| 通信设备、计算机及其他电子设备制造业 | 456 | 107395 | 489 | 124533 |
| 仪器仪表及文化、办公用机械制造业 | 83 | 5634 | 104 | 7413 |
| 工艺品及其他制造业 | | | | |
| 电力、燃气及水的生产和供应业 | 5 | 669 | 2 | 150 |
| 电力、热力的生产和供应业 | 3 | 499 | 1 | 25 |
| 燃气生产和供应业 | | | | |
| 水的生产和供应业 | 2 | 170 | 1 | 125 |

# 17-7 规 模 以 上 工 业

R&D FUNDS OF INDUSTRIAL

| 指　　标 | R&D经费内部支出 | 按活动类型分组 | | 按支出用途分组 | |
|---|---|---|---|---|---|
| | | 应用研究支出 | 试验发展支出 | 经常费支出 | 资产性支出 |
| **总　计** | 654542 | 28130 | 626412 | 600217 | 54325 |
| **按登记注册类型分** | | | | | |
| 国有企业 | 27049 | 33 | 27016 | 23087 | 3962 |
| 集体企业 | 498 | | 498 | 344 | 154 |
| 股份合作企业 | 1012 | | 1012 | 882 | 130 |
| 国有联营企业 | 82712 | | 82712 | 81962 | 751 |
| 集体联营企业 | | | | | |
| 国有独资公司 | 217372 | 11880 | 205492 | 204091 | 13281 |
| 其他有限责任公司 | 212180 | 12485 | 199695 | 194339 | 17841 |
| 股份有限公司 | 42212 | | 42212 | 34697 | 7515 |
| 私营独资企业 | 303 | | 303 | 51 | 252 |
| 私营合伙企业 | | | | | |
| 私营有限责任公司 | 22072 | 111 | 21961 | 20119 | 1953 |
| 私营股份有限公司 | 17144 | 140 | 17004 | 13485 | 3658 |
| 其他企业 | 591 | | 591 | 362 | 229 |
| 合资经营企业(港或澳、台资) | 2787 | | 2787 | 2446 | 341 |
| 合作经营企业(港或澳、台资) | 152 | | 152 | 152 | |
| 港、澳、台商独资经营企业 | 725 | | 725 | 307 | 419 |
| 港、澳、台商投资股份有限公司 | 2846 | | 2846 | 1674 | 1172 |
| 中外合资经营企业 | 9015 | 16 | 8999 | 7973 | 1042 |
| 中外合作经营企业 | | | | | |
| 外资企业 | 873 | | 873 | 804 | 69 |
| 外商投资股份有限公司 | | | | | |
| **按工业行业大类分** | | | | | |
| 采矿业 | 1897 | 33 | 1864 | 1897 | |
| 煤炭开采和洗选业 | 1897 | 33 | 1864 | 1897 | |
| 石油和天然气开采业 | | | | | |
| 黑色金属矿采选业 | | | | | |
| 非金属矿采选业 | | | | | |
| 制造业 | 636078 | 24632 | 611446 | 583361 | 52717 |
| 农副食品加工业 | 2355 | 166 | 2189 | 2224 | 132 |

# 企业R&D经费情况 (2011年)

ENTERPRISES ABOVE DESIGNATED SIZE(2011)

单位：万元

| 按资金来源分组 | | | | R&D经费外部支出 |
|---|---|---|---|---|
| 政府资金 | 企业资金 | 国外资金 | 其他资金 | |
| 23197 | 621167 | 1499 | 8679 | 26747 |
| | | | | |
| 730 | 25727 | 592 | | 391 |
| 8 | 490 | | | |
| | 1012 | | | |
| 284 | 82428 | | | 4309 |
| | | | | |
| 2430 | 214732 | 152 | 58 | 3332 |
| 12057 | 192641 | 591 | 6891 | 13233 |
| 4051 | 37418 | 164 | 579 | 2049 |
| | 303 | | | |
| | | | | |
| 1899 | 20140 | | 34 | 2260 |
| 474 | 15618 | | 1051 | 410 |
| 30 | 561 | | | 150 |
| 74 | 2713 | | | 487 |
| 32 | 120 | | | |
| | 725 | | | |
| 102 | 2744 | | | 37 |
| 1016 | 7984 | | 14 | 90 |
| | | | | |
| 10 | 863 | | | |
| | | | | |
| | | | | |
| | 1897 | | | 13 |
| | 1897 | | | 13 |
| | | | | |
| | | | | |
| | | | | |
| 23097 | 602855 | 1499 | 8627 | 26716 |
| 65 | 2290 | | | |

17-7续

| 指标 | R&D经费内部支出 | 按活动类型分组 | | 按支出用途分组 | |
|---|---|---|---|---|---|
| | | 应用研究支出 | 试验发展支出 | 经常费支出 | 资产性支出 |
| 食品制造业 | 1855 | | 1855 | 1385 | 470 |
| 饮料制造业 | 2304 | | 2304 | 1908 | 397 |
| 纺织业 | 7292 | | 7292 | 6252 | 1040 |
| 纺织服装、鞋、帽制造业 | | | | | |
| 皮革、毛皮、羽毛(绒)及其制品业 | | | | | |
| 木材加工及木、竹、藤、棕、草制品业 | | | | | |
| 家具制造业 | 415 | | 415 | 414 | 1 |
| 造纸及纸制品业 | 96 | | 96 | 82 | 14 |
| 印刷业和记录媒介的复制 | 3857 | | 3857 | 1536 | 2322 |
| 文教体育用品制造业 | | | | | |
| 石油加工、炼焦及核燃料加工业 | 757 | | 757 | 756 | 1 |
| 化学原料及化学制品制造业 | 28377 | 140 | 28238 | 24583 | 3794 |
| 医药制造业 | 44292 | | 44292 | 35872 | 8420 |
| 化学纤维制造业 | | | | | |
| 橡胶制品业 | 364 | | 364 | 319 | 45 |
| 塑料制品业 | 1136 | | 1136 | 1136 | |
| 非金属矿物制品业 | 17166 | | 17166 | 14198 | 2969 |
| 黑色金属冶炼及压延加工业 | 83372 | | 83372 | 82566 | 806 |
| 有色金属冶炼及压延加工业 | 1012 | | 1012 | 882 | 130 |
| 金属制品业 | 623 | | 623 | 545 | 78 |
| 通用设备制造业 | 54062 | 6784 | 47278 | 48213 | 5849 |
| 专用设备制造业 | 13478 | | 13478 | 12063 | 1415 |
| 交通运输设备制造业 | 213048 | 8180 | 204868 | 198535 | 14513 |
| 电气机械及器材制造业 | 30678 | | 30678 | 24612 | 6066 |
| 通信设备、计算机及其他电子设备制造业 | 123326 | 9363 | 113964 | 119199 | 4127 |
| 仪器仪表及文化、办公用机械制造业 | 6211 | | 6211 | 6082 | 129 |
| 工艺品及其他制造业 | | | | | |
| 电力、燃气及水的生产和供应业 | 1567 | | 1567 | 1516 | 51 |
| 电力、热力的生产和供应业 | 501 | | 501 | 499 | 1 |
| 燃气生产和供应业 | | | | | |
| 水的生产和供应业 | 1067 | | 1067 | 1017 | 50 |

| 按资金来源分组 | | | | R&D经费外部支出 |
|---|---|---|---|---|
| 政府资金 | 企业资金 | 国外资金 | 其他资金 | |
| 42 | 1813 | | | 218 |
| 23 | 1742 | | 539 | 147 |
| 86 | 7206 | | | 16 |
| | | | | |
| | | | | |
| | | | | |
| | 415 | | | |
| 4 | 92 | | | |
| 202 | 3655 | | | 27 |
| | | | | |
| | 757 | | | 487 |
| 728 | 27647 | | 3 | 521 |
| 1879 | 41822 | 592 | | 4023 |
| | | | | |
| 10 | 353 | | | 1 |
| | 1136 | | | |
| 2872 | 14063 | | 231 | 71 |
| 284 | 83088 | | | 4309 |
| | 1012 | | | |
| 20 | 603 | | | |
| 2854 | 50084 | | 1123 | 701 |
| 2295 | 11020 | 164 | | 333 |
| 1234 | 206659 | 743 | 4412 | 5415 |
| 1608 | 28978 | | 92 | 1434 |
| 8187 | 112913 | | 2226 | 7476 |
| 705 | 5507 | | | 1540 |
| | | | | |
| 100 | 1467 | | | 18 |
| | 501 | | | 8 |
| | | | | |
| 100 | 967 | | | 10 |

# 17-8 规模以上工业企业办科技机构情况(2011年)

## SCIENCE AND TECHNOLOGY INSTITUTIONS OF INDUSTRIAL ENTERPRISES ABOVE DESIGNATED SIZE (2011)

| 指　　标 | 机构数（个） | 机构人员（人） | | | | 机构经费支出（万元） | 仪器和设备原价（万元） |
|---|---|---|---|---|---|---|---|
| | | 合计 | 博士毕业 | 硕士毕业 | 本科毕业 | | |
| **总　计** | 262 | 22986 | 380 | 3346 | 13554 | 465638 | 274018 |
| **按登记注册类型分** | | | | | | | |
| 国有企业 | 6 | 1399 | 15 | 232 | 969 | 20870 | 12378 |
| 集体企业 | 5 | 140 | 1 | 5 | 84 | 925 | 776 |
| 股份合作企业 | 1 | 160 | | 3 | 32 | 1000 | 300 |
| 国有联营企业 | 4 | 2145 | 19 | 294 | 1799 | 107159 | 17560 |
| 集体联营企业 | 1 | 13 | 3 | 8 | 2 | 315 | 268 |
| 国有独资公司 | 14 | 2719 | 16 | 293 | 1757 | 67416 | 56132 |
| 其他有限责任公司 | 86 | 9122 | 141 | 1551 | 5131 | 188048 | 105781 |
| 股份有限公司 | 47 | 3531 | 35 | 414 | 1796 | 30269 | 47958 |
| 私营独资企业 | 2 | 51 | 1 | 1 | 28 | 202 | 62 |
| 私营合伙企业 | | | | | | | |
| 私营有限责任公司 | 64 | 2167 | 99 | 305 | 1036 | 20177 | 9670 |
| 私营股份有限公司 | 13 | 794 | 29 | 175 | 486 | 22092 | 11074 |
| 其他企业 | 2 | 64 | 1 | 10 | 25 | 118 | 114 |
| 合资经营企业(港或澳、台资) | 2 | 50 | 2 | 6 | 33 | 542 | 57 |
| 合作经营企业(港或澳、台资) | 1 | 7 | | | 2 | 20 | |
| 港、澳、台商独资经营企业 | 1 | 49 | | | 4 | 703 | |
| 港、澳、台商投资股份有限公司 | 2 | 170 | 1 | 13 | 81 | 1647 | 5358 |
| 中外合资经营企业 | 9 | 311 | 15 | 31 | 229 | 3227 | 5531 |
| 中外合作经营企业 | | | | | | | |
| 外资企业 | 2 | 94 | 2 | 5 | 60 | 909 | 1000 |
| 外商投资股份有限公司 | | | | | | | |
| **按工业行业大类分** | | | | | | | |
| 采矿业 | 1 | 3 | | 1 | 2 | 1897 | |
| 　煤炭开采和洗选业 | 1 | 3 | | 1 | 2 | 1897 | |
| 　石油和天然气开采业 | | | | | | | |
| 　黑色金属矿采选业 | | | | | | | |
| 　非金属矿采选业 | | | | | | | |
| 制造业 | 258 | 22932 | 379 | 3338 | 13509 | 463684 | 273973 |
| 　农副食品加工业 | 4 | 141 | 8 | 17 | 46 | 2535 | 1974 |

17-8续

| 指　　标 | 机构数（个） | 机构人员（人） | | | | 机构经费支出（万元） | 仪器和设备原价（万元） |
|---|---|---|---|---|---|---|---|
| | | 合计 | 博士毕业 | 硕士毕业 | 本科毕业 | | |
| 食品制造业 | 5 | 211 | 13 | 15 | 152 | 1396 | 12931 |
| 饮料制造业 | 6 | 229 | 2 | 5 | 116 | 2633 | 2259 |
| 纺织业 | 4 | 147 | 2 | 20 | 114 | 6271 | 5542 |
| 纺织服装、鞋、帽制造业 | | | | | | | |
| 皮革、毛皮、羽毛(绒)及其制品业 | | | | | | | |
| 木材加工及木、竹、藤、棕、草制品业 | | | | | | | |
| 家具制造业 | 1 | 36 | 2 | 6 | 15 | 414 | 372 |
| 造纸及纸制品业 | 1 | 30 | 2 | 5 | 18 | 15 | 14 |
| 印刷业和记录媒介的复制 | 1 | 158 | | 8 | 75 | 1597 | 5313 |
| 文教体育用品制造业 | 1 | 49 | 1 | 2 | 10 | 125 | 10 |
| 石油加工、炼焦及核燃料加工业 | 3 | 753 | 4 | 12 | 37 | 1649 | 268 |
| 化学原料及化学制品制造业 | 27 | 1816 | 29 | 232 | 1133 | 34493 | 15860 |
| 医药制造业 | 20 | 2025 | 58 | 633 | 933 | 41523 | 31342 |
| 化学纤维制造业 | | | | | | | |
| 橡胶制品业 | 1 | 62 | 5 | 3 | 29 | 901 | 794 |
| 塑料制品业 | 2 | 105 | 1 | 5 | 33 | 1156 | 360 |
| 非金属矿物制品业 | 17 | 664 | 26 | 69 | 357 | 5172 | 10651 |
| 黑色金属冶炼及压延加工业 | 4 | 2145 | 19 | 294 | 1799 | 107159 | 17560 |
| 有色金属冶炼及压延加工业 | 1 | 160 | | 3 | 32 | 1000 | 300 |
| 金属制品业 | 2 | 34 | | | 17 | 192 | 184 |
| 通用设备制造业 | 38 | 3138 | 35 | 283 | 1995 | 35486 | 28790 |
| 专用设备制造业 | 28 | 914 | 20 | 55 | 637 | 8983 | 5090 |
| 交通运输设备制造业 | 21 | 2460 | 12 | 267 | 1475 | 63324 | 55294 |
| 电气机械及器材制造业 | 24 | 1962 | 59 | 227 | 1000 | 21906 | 36622 |
| 通信设备、计算机及其他电子设备制造业 | 35 | 5071 | 58 | 1101 | 3050 | 119730 | 39359 |
| 仪器仪表及文化、办公用机械制造业 | 12 | 622 | 23 | 76 | 436 | 5023 | 3085 |
| 工艺品及其他制造业 | | | | | | | |
| 电力、燃气及水的生产和供应业 | 3 | 51 | 1 | 7 | 43 | 58 | 45 |
| 电力、热力的生产和供应业 | 2 | 39 | | 2 | 37 | 8 | |
| 燃气生产和供应业 | | | | | | | |
| 水的生产和供应业 | 1 | 12 | 1 | 5 | 6 | 50 | 45 |

# 17-9 规模以上工业企业自主知识产权及相关情况(2011年)

## INDEPENDENT INTELLECTUAL PROPERTY RIGHTS OF INDUSTRIAL ENTERPRISES ABOVE DESIGNATED SIZE (2011)

| 指　　标 | 专利申请数（件） | 发明专利（件） | 有效发明专利数（件） | 发表科技论文（篇） | 拥有注册商标数（件） | 境外注册（件） | 形成国家或行业标准数（项） |
|---|---|---|---|---|---|---|---|
| **总　计** | 3244 | 1194 | 1362 | 654 | 2121 | 491 | 173 |
| **按登记注册类型分** | | | | | | | |
| 国有企业 | 130 | 32 | 89 | 89 | 20 | 1 | 23 |
| 集体企业 | 27 | 3 | 35 | | 4 | | 9 |
| 股份合作企业 | 15 | 1 | 2 | | 2 | | |
| 国有联营企业 | 95 | 22 | 37 | 86 | 164 | 164 | 13 |
| 集体联营企业 | 7 | 4 | | | 2 | | |
| 国有独资公司 | 486 | 99 | 297 | 52 | 335 | 10 | 18 |
| 其他有限责任公司 | 1189 | 557 | 337 | 190 | 947 | 287 | 33 |
| 股份有限公司 | 431 | 139 | 124 | 116 | 292 | 14 | 25 |
| 私营独资企业 | 14 | 6 | 1 | | 5 | | |
| 私营合伙企业 | | | | | | | |
| 私营有限责任公司 | 502 | 169 | 273 | 73 | 114 | 2 | 18 |
| 私营股份有限公司 | 160 | 121 | 87 | 21 | 157 | 12 | 14 |
| 其他企业 | 21 | 6 | 26 | | 14 | | |
| 合资经营企业(港或澳、台资) | 39 | 9 | 2 | | 3 | | |
| 合作经营企业(港或澳、台资) | | | | | | | |
| 港、澳、台商独资经营企业 | | | | | | | |
| 港、澳、台商投资股份有限公司 | 19 | 2 | 2 | 5 | 16 | | 4 |
| 中外合资经营企业 | 93 | 22 | 45 | 22 | 41 | 1 | 16 |
| 中外合作经营企业 | | | | | | | |
| 外资企业 | 16 | 2 | 5 | | 5 | | |
| 外商投资股份有限公司 | | | | | | | |
| **按工业行业大类分** | | | | | | | |
| 采矿业 | 6 | | | 16 | | | |
| 　煤炭开采和洗选业 | 6 | | | 16 | | | |
| 　石油和天然气开采业 | | | | | | | |
| 　黑色金属矿采选业 | | | | | | | |
| 　非金属矿采选业 | | | | | | | |
| 制造业 | 3205 | 1190 | 1359 | 614 | 2121 | 491 | 173 |
| 　农副食品加工业 | 14 | 7 | 4 | 5 | 10 | 1 | |

17-9续

| 指　　标 | 专利申请数（件） | 发明专利（件） | 有效发明专利数（件） | 发表科技论文（篇） | 拥有注册商标数（件） | 境外注册（件） | 形成国家或行业标准数（项） |
|---|---|---|---|---|---|---|---|
| 食品制造业 | 24 | 7 | 18 | 16 | 18 | | |
| 饮料制造业 | 3 | | 6 | 1 | 51 | | |
| 纺织业 | 20 | 10 | 8 | 22 | 48 | 11 | 4 |
| 纺织服装、鞋、帽制造业 | | | | | | | |
| 皮革、毛皮、羽毛(绒)及其制品业 | | | | | 1 | | |
| 木材加工及木、竹、藤、棕、草制品业 | | | | | 1 | | |
| 家具制造业 | | | 3 | | 6 | | |
| 造纸及纸制品业 | 8 | 8 | | | 1 | | |
| 印刷业和记录媒介的复制 | 34 | 2 | 2 | | 17 | | 4 |
| 文教体育用品制造业 | 3 | 1 | | | 4 | | |
| 石油加工、炼焦及核燃料加工业 | 11 | 7 | | | 7 | | |
| 化学原料及化学制品制造业 | 256 | 139 | 89 | 59 | 279 | 16 | 21 |
| 医药制造业 | 104 | 86 | 154 | 21 | 391 | 31 | 14 |
| 化学纤维制造业 | | | | | | | |
| 橡胶制品业 | 2 | | | 4 | 9 | 1 | 2 |
| 塑料制品业 | | | 6 | | 11 | | 5 |
| 非金属矿物制品业 | 130 | 39 | 23 | 25 | 52 | 2 | 16 |
| 黑色金属冶炼及压延加工业 | 100 | 23 | 39 | 86 | 164 | 164 | 13 |
| 有色金属冶炼及压延加工业 | 9 | 1 | 2 | | 1 | | |
| 金属制品业 | 29 | 8 | 9 | 5 | 9 | | 1 |
| 通用设备制造业 | 307 | 101 | 312 | 71 | 116 | 6 | 35 |
| 专用设备制造业 | 265 | 49 | 130 | 25 | 29 | 2 | 28 |
| 交通运输设备制造业 | 652 | 125 | 197 | 83 | 357 | 10 | 1 |
| 电气机械及器材制造业 | 284 | 84 | 131 | 80 | 28 | 3 | 20 |
| 通信设备、计算机及其他电子设备制造业 | 845 | 479 | 151 | 98 | 478 | 243 | 4 |
| 仪器仪表及文化、办公用机械制造业 | 105 | 14 | 75 | 13 | 32 | 1 | 5 |
| 工艺品及其他制造业 | | | | | 1 | | |
| 电力、燃气及水的生产和供应业 | 33 | 4 | 3 | 24 | | | |
| 电力、热力的生产和供应业 | 32 | 4 | 3 | 19 | | | |
| 燃气生产和供应业 | | | | | | | |
| 水的生产和供应业 | 1 | | | 5 | | | |

# 主要统计指标解释

## EXPLANATORY NOTES ON MAIN STATISTICAL INDICATORS

**科技活动**：是指在自然科学、农业科学、医药科学、工程与技术科学、人文与社会科学领域（简称科学技术领域）中，与科技知识的产生、发展、传播和应用密切相关的有组织的活动。在企（事）业中只有列入单位工作计划的科技活动才予以统计，而独立发明人等在企（事）业外或计划外进行的科技活动不在统计范围之内。科研活动可分为研究与试验发展（简称R&D，包括基础研究、应用研究和试验发展）、研究与试验发展（R&D）成果应用及相关的科技服务三类活动。

**基础研究**：是指为了获得关于现象和可观察事实的基本原理的新知识（揭示客观事物的本质、运动规律，获得新发现、新学说）而进行的实验性或理论性研究。基础研究属于科学研究范畴。从研究目的看，基础研究不以任何专门或特定的应用或使用为目的，它只是通过试验分析或理论性研究对事物的特性、结构和各种关系进行分析，加深对客观事物的认识，解释现象的本质，揭示物质运动的规律或提出和验证各种设想、理论和定律。从研究结果看，基础研究的结果具有一般的或普遍的正确性，通常表现为一般的原则、理论和规律，其成果以科学论文和科学著作为主要形式。

**应用研究**：是指为获得新知识而进行的创造性研究，主要针对某一特定的目的或目标。应用研究也属于科学研究范畴。从研究目的看，应用研究是探索基础研究成果的可能用途，或是为达到预定的目标探索应采取的新方法（原理性）或新途径，为解决实际问题提供科学依据。从研究结果看，应用研究的成果一般只影响科学技术的某些领域和有限范围，并具有专门的性质，针对具体的领域、问题或情况，其成果形式以科学论文、专著、原理性模型或发明专利等为主。

**试验发展**：是指利用从基础研究、应用研究和实际经验所获得的现有知识，为产生新的产品、材料和装置，建立新的工艺、系统和服务，以及对已产生和建立的上述各项做实质性的改进而进行的系统性工作。在社会科学领域，试验发展是指通过把基础研究、应用研究获得的知识转变成可以实施的计划（包括为检验和评估实施示范项目）的过程。

**科技活动人员合计**：指企业内部直接参加科技项目以及项目的管理人员和直接服务的人员。不包括全年累计从事科技活动时间不足制度工作时间10%的人员。

**科技活动人员合计中全时人员**：指企业科技活动人员中在报告期实际从事科技活动的时间占制度工作时间90%及以上的人员。在企业科技活动管理部门（科研管理处、部、科等）专职从事科技管理工作的人员、企业办科技机构中专职从事科技活动以及管理和直接服务人员，以及上述人员以外在报告期主要从事科技项目活动的人员可视作全时人员。

**企业内部用于科技活动的经费支出**：指在报告期企业内部用于全部科技活动的直接支出，以及用于科技活动的管理费、服务费以及外协加工费等支出。不包括生产性活动支出、归还贷款支出以及与外单位合作或委托外单位进行科技活动而转拨给对方的经费支出，也不包括来自政府部门的科技活动资金和当年形成用于科技活动的固定资产，以及购买专利等无形资产支出。

**企业内部用于科技活动的经费支出中人员人工费（包括各种补贴）**：指企业在报告期支付给科技活动人员的工资薪金，包括基本工资、奖金、津贴、补贴、各种保险、年终加薪、加班工资以及与科技活动人员任职或者受雇有关的其他支出。

**当年形成用于科技活动的固定资产中的仪器和设备**：指企业在报告期形成的用于科技活动的固定资产中的仪器和设备原价，其中设备包括用于科技活动的各类机器和设备、试验测量仪器、运输工具、工装工具等。

**全部科技项目数**：指企业在报告期当年立项并开展研究工作、以前年份立项仍继续进行的科技项目数，包括当年完成和年内研究工作已告失败的科技项目，但不包括委托外单位进行的科技项目数。

**全部科技项目经费内部支出**：指企业内部在报告期进行科技项目研究和试制等的实际支出。包括劳务费、原材料费、设备购置费、其他日常支出、外协加工费等，不包括委托或与外单位合作进行项目研究而拨付给对方使用的经费，企业科技活动管理部门的费用，用于科技活动目的的基建支出，以及为科技活动提供间接服务人员的费用等。

**专利申请数**：指企业在报告期内向国内外知识产权行政部门提出专利申请并被受理的件数。

**专利申请数中发明专利**：指企业在报告期内向国内外知识产权行政部门提出发明专利申请并被受理的件数。

**新产品产值**：指报告期企业生产的新产品的产值。新产品是指采用新技术原理、新设计构思研制、生产的全新产品，或在结构、材质、工艺等某一方面比原有产品有明显改进，从而显著提高了产品性能或扩大了使用功能的产品。新产品产值、新产品销售收入既包括经政府有关部门认定并在有效期内的新产品，也包括企业自行研制开发，未经政府有关部门认定，从投产之日起一年之内的新产品。

**拥有注册商标**：指企业在报告期末拥有的注册商标件数。包括在境内和境外注册的商标件数，一件商标在境内外同时注册时只统计一件。

**技术改造经费支出**：指企业在报告期进行技术改造而发生的费用支出。技术改造指企业在坚持科技进步的前提下，将科技成果应用于生产的各个领域（产品、设备、工艺等），用先进工艺、设备代替落后工艺、设备，实现以内涵为主的扩大再生产，从而提高产品质量、促进产品更新换代、节约能源、降低消耗，全面提高综合经济效益。

# 18

# 教育与文化

## EDUCATION AND CULTURE

# 18-1 教育事业

## BASIC STATISTICS

| 指　　标 | 1952年 | 1957年 | 1962年 | 1965年 | 1970年 | 1975年 | 1980年 |
|---|---|---|---|---|---|---|---|
| 学校数(所) | 2679 | 3106 | 3731 | 4318 | 5359 | 5412 | 5066 |
| 高等教育 | 5 | 4 | 12 | 8 | 2 | 4 | 11 |
| 中等教育 | 37 | 67 | 112 | 410 | 1204 | 922 | 759 |
| 中等职业学校 | 16 | 16 | 15 | 15 | 17 | 21 | 30 |
| 职业中专 | – | – | 4 | 227 | 151 | 112 | 6 |
| 普通中学 | 21 | 51 | 93 | 159 | 1024 | 783 | 710 |
| 小　学 | 2636 | 3034 | 3606 | 3899 | 4152 | 4485 | 4295 |
| 专任教师(人) | 8555 | 13452 | 19606 | 26760 | 32508 | 42432 | 49608 |
| 高等教育 | 671 | 1325 | 2598 | 2451 | 922 | 2468 | 3744 |
| 中等教育 | 1108 | 2569 | 3418 | 5321 | 9607 | 15274 | 19062 |
| 中等职业学校 | 311 | 787 | 765 | 685 | 914 | 985 | 1338 |
| 职业中专 | – | – | 24 | 975 | 118 | 640 | 50 |
| 普通中学 | 797 | 1782 | 2629 | 3502 | 8445 | 13571 | 17294 |
| 小　学 | 6773 | 9550 | 13571 | 18971 | 21954 | 24654 | 26775 |
| 在校学生（万人） | 26.87 | 31.95 | 49.82 | 68.27 | 80.20 | 90.28 | 83.56 |
| 高等教育 | 0.43 | 0.82 | 1.65 | 1.40 | 0.30 | 0.61 | 1.58 |
| 中等教育 | 2.73 | 5.14 | 5.80 | 10.43 | 18.97 | 25.43 | 20.24 |
| 中等职业学校 | 0.69 | 0.93 | 0.51 | 0.65 | 0.12 | 0.58 | 0.31 |
| 职业中专 | – | – | 0.07 | 2.08 | 1.04 | 0.92 | 0.04 |
| 普通中学 | 2.04 | 4.21 | 5.22 | 7.50 | 17.81 | 23.86 | 19.63 |
| 小　学 | 23.70 | 25.98 | 42.35 | 56.42 | 60.91 | 64.22 | 61.47 |
| 各类学校毕业生数(万人) | 4.38 | 8.58 | 10.60 | 10.45 | 12.09 | 22.66 | 18.07 |
| 高等教育 | 0.14 | 0.11 | 0.31 | 0.43 | – | 0.20 | 0.03 |
| 中等教育 | 0.60 | 1.14 | 1.72 | 1.90 | 1.02 | 11.83 | 8.41 |
| 中等职业学校 | 0.13 | 0.14 | 0.32 | 0.03 | – | 0.20 | 0.46 |
| 普通中学 | 0.46 | 1.00 | 1.40 | 1.80 | 0.38 | 11.58 | 7.89 |
| 每一教师负担学生数(人) | 31.41 | 23.75 | 25.41 | 23.27 | 24.67 | 21.28 | 16.84 |
| 高等教育 | 6.41 | 6.19 | 6.35 | 5.71 | 3.25 | 2.47 | 4.22 |
| 中等教育 | 24.64 | 20.01 | 16.97 | 19.60 | 19.75 | 16.65 | 10.62 |
| 中等职业学校 | 22.33 | 11.84 | 6.64 | 9.51 | 1.36 | 5.95 | 2.29 |
| 普通中学 | 25.63 | 23.64 | 19.84 | 21.41 | 21.09 | 17.58 | 11.35 |
| 小　学 | 34.99 | 27.20 | 31.21 | 29.74 | 27.74 | 26.05 | 22.96 |
| 平均每万人口在校学生(人) | 843 | 922 | 1418 | 1829 | 1968 | 2062 | 1822 |
| #大学生 | 14 | 24 | 47 | 38 | 7 | 14 | 34 |
| 中专生 | 22 | 27 | 14 | 17 | 3 | 13 | 7 |
| 中学生 | 64 | 122 | 150 | 256 | 463 | 566 | 429 |
| 小学生 | 743 | 750 | 1206 | 1513 | 1494 | 1466 | 1339 |

注：2011年高等教育不包括社会力量办学。

# 基 本 情 况
ON EDUCATION

| 1985年 | 1990年 | 1995年 | 2000年 | 2005年 | 2008年 | 2009年 | 2010年 | 2011年 |
|---|---|---|---|---|---|---|---|---|
| 4511 | 3924 | 3360 | 1725 | 1251 | 1092 | 1059 | 1025 | 1010 |
| 16 | 16 | 16 | 16 | 59 | 66 | 66 | 66 | 72 |
| 593 | 529 | 440 | 423 | 348 | 315 | 309 | 302 | 295 |
| 40 | 39 | 41 | 40 | 91 | 76 | 72 | 73 | 70 |
| 44 | 48 | 57 | 55 | 27 | 22 | 24 | 23 | 25 |
| 491 | 417 | 312 | 297 | 247 | 221 | 218 | 209 | 205 |
| 3899 | 3368 | 2890 | 1273 | 832 | 699 | 672 | 645 | 631 |
| | | | | | | | | |
| 46806 | 55978 | 58779 | 62869 | 77334 | 81287 | 82940 | 83106 | 84697 |
| 4614 | 7245 | 7500 | 8269 | 24341 | 28475 | 29312 | 29526 | 30752 |
| 17530 | 21618 | 23946 | 26817 | 27435 | 27675 | 28191 | 28370 | 29950 |
| 2367 | 2890 | 2941 | 2916 | 4738 | 4505 | 4574 | 4511 | 4195 |
| 1032 | 1747 | 1845 | 1948 | 1818 | 1696 | 1777 | 1801 | 2319 |
| 13572 | 16065 | 17621 | 20585 | 21915 | 21522 | 21738 | 21943 | 23767 |
| 24579 | 26922 | 27417 | 27417 | 25201 | 24746 | 25036 | 24801 | 23584 |
| | | | | | | | | |
| 78.38 | 79.48 | 91.69 | 95.79 | 129.28 | 140.52 | 142.66 | 144.6 | 145.15 |
| 3.02 | 3.73 | 5.66 | 9.30 | 48.71 | 60.78 | 63.26 | 64.25 | 63.95 |
| 25.34 | 28.08 | 36.64 | 44.99 | 42.50 | 40.07 | 32.96 | 41.76 | 42.04 |
| 1.92 | 2.51 | 4.79 | 5.75 | 9.88 | 8.7 | 8.21 | 8.1 | 9.21 |
| 1.63 | 2.32 | 2.84 | 3.80 | 3.17 | 3.24 | 3.2 | 2.9 | 3.35 |
| 21.49 | 22.45 | 27.15 | 33.82 | 30.91 | 28.56 | 29.2 | 30.18 | 30.47 |
| 49.98 | 47.57 | 49.23 | 41.40 | 37.88 | 39.51 | 39.06 | 38.4 | 38.97 |
| | | | | | | | | |
| 17.31 | 17.12 | 20.88 | 23.65 | 33.58 | 36.52 | 36.91 | 38.1 | 40.1 |
| 0.45 | 1.03 | 1.68 | 1.55 | 13.49 | 16.46 | 17.12 | 17.57 | 19.64 |
| 7.36 | 8.24 | 10.39 | 10.80 | 14.03 | 13.61 | 13.12 | 13.55 | 13.72 |
| 0.52 | 0.62 | 1.16 | 1.84 | 3.29 | 3.54 | 3.11 | 3.13 | 2.90 |
| 6.39 | 6.66 | 7.78 | 8.16 | 10.40 | 9.27 | 8.92 | 9.20 | 9.7 |
| | | | | | | | | |
| 16.75 | 14.20 | 15.60 | 15.24 | 16.72 | 17.29 | 17.2 | 17.4 | 17.14 |
| 6.55 | 5.15 | 7.54 | 11.25 | 20.01 | 21.34 | 21.58 | 21.76 | 20.3 |
| 14.46 | 12.99 | 15.30 | 16.78 | 15.49 | 14.48 | 11.69 | 14.72 | 14.04 |
| 8.12 | 8.69 | 16.30 | 18.84 | 20.86 | 19.3 | 17.95 | 17.96 | 21.95 |
| 15.83 | 13.98 | 15.41 | 16.43 | 14.1 | 13.27 | 10.11 | 13.75 | 12.82 |
| 20.33 | 17.67 | 18.20 | 15.10 | 15.03 | 15.97 | 15.6 | 15.48 | 16.52 |
| | | | | | | | | |
| 1605 | 1518 | 1691 | 1702 | 2177 | 2325 | 2363 | 2395 | 2393 |
| 62 | 71 | 104 | 165 | 820 | 1006 | 1048 | 1064 | 1057 |
| 39 | 48 | 88 | 102 | 195 | 191 | 182 | 192 | 191 |
| 473 | 473 | 553 | 601 | 521 | 472 | 364 | 500 | 503 |
| 1024 | 908 | 908 | 736 | 638 | 654 | 647 | 636 | 644 |

## 18－2　普通高等院校一览表(2011年)

BASIC STATISTICS ON INSTITUTIONS OF HIGHER EDUCATION(2011)　　单位:人

| 指　　标 | 在校学生数 | 毕业生数 | 招生数 | 教职工人数 | 专任教师 | 正高级 | 副高级 | 中级 |
|---|---|---|---|---|---|---|---|---|
| 总　计 | 509307 | 154500 | 155257 | 41851 | 27957 | 3566 | 7817 | 10826 |
| 综合性大学 | | | | | | | | |
| 山东大学 | 58693 | 15421 | 15586 | 7903 | 4001 | 1127 | 1345 | 1188 |
| 济南大学 | 33896 | 7504 | 9189 | 2596 | 1911 | 269 | 606 | 965 |
| 山东青年政治学院 | 9124 | 3393 | 3547 | 776 | 533 | 51 | 151 | 219 |
| 山东女子学院 | 8107 | 3191 | 3369 | 732 | 476 | 43 | 119 | 226 |
| 理工院校 | | | | | | | | |
| 山东建筑大学 | 23629 | 5080 | 6460 | 2024 | 1307 | 168 | 447 | 677 |
| 山东轻工业学院 | 23395 | 4797 | 6950 | 1471 | 1237 | 148 | 421 | 582 |
| 山东交通学院 | 17295 | 4334 | 5185 | 1276 | 882 | 74 | 262 | 469 |
| 山东电力高等专科学校 | 2536 | 1789 | 441 | 270 | 147 | 28 | 61 | 29 |
| 医药院校 | | | | | | | | |
| 山东中医药大学 | 18452 | 3501 | 5882 | 1131 | 885 | 133 | 244 | 277 |
| 济南护理学院 | 831 | | 831 | 332 | 193 | | 58 | 69 |
| 师范院校 | | | | | | | | |
| 山东师范大学 | 32538 | 7712 | 9004 | 2632 | 1845 | 342 | 572 | 615 |
| 齐鲁师范学院 | 5637 | 2137 | 2032 | 643 | 432 | 48 | 96 | 188 |
| 济南幼儿师范专科学校 | 281 | | 281 | 423 | 255 | | 90 | 105 |
| 山东师范大学历山学院 | 3118 | 540 | 890 | 236 | 181 | 23 | 64 | 66 |
| 财经院校 | | | | | | | | |
| 山东经济学院 | 19897 | 5041 | 4414 | 1386 | 1119 | 164 | 331 | 548 |
| 山东财政学院 | 16154 | 4400 | 3609 | 1020 | 790 | 123 | 283 | 336 |
| 山东经济学院燕山学院 | 6169 | 991 | 2062 | 383 | 345 | 40 | 114 | 191 |
| 政法院校 | | | | | | | | |
| 山东警察学院 | 3290 | 1319 | 954 | 510 | 283 | 25 | 99 | 138 |
| 山东司法警官职业学院 | 3508 | 1087 | 1511 | 198 | 134 | 2 | 31 | 43 |
| 山东政法学院 | 11217 | 3190 | 3116 | 753 | 511 | 46 | 128 | 288 |
| 体育院校 | | | | | | | | |
| 山东体育学院 | 7152 | 1906 | 2048 | 856 | 597 | 59 | 196 | 276 |
| 艺术院校 | | | | | | | | |
| 山东艺术学院 | 8474 | 2075 | 2271 | 907 | 720 | 62 | 176 | 348 |
| 山东工艺美术学院 | 7363 | 1868 | 1999 | 713 | 480 | 55 | 90 | 247 |
| 职业技术学院 | | | | | | | | |
| 山东协和学院 | 10925 | 4289 | 4955 | 912 | 661 | 104 | 148 | 234 |
| 山东商业职业技术学院 | 16048 | 5668 | 5065 | 1190 | 770 | 17 | 232 | 219 |
| 山东劳动职业技术学院 | 10162 | 3042 | 3365 | 737 | 462 | 20 | 97 | 189 |
| 山东职业学院 | 14938 | 4708 | 5432 | 835 | 540 | 21 | 154 | 247 |
| 山东力明科技职业学院 | 13154 | 3706 | 3781 | 834 | 608 | 23 | 129 | 149 |
| 山东圣翰财贸职业学院 | 9136 | 3201 | 2844 | 801 | 420 | 35 | 81 | 171 |
| 山东英才学院 | 10041 | 3074 | 3747 | 966 | 690 | 92 | 153 | 355 |
| 山东外事翻译职业学院 | 7484 | 2663 | 2979 | 660 | 438 | | | |
| 山东杏林科技职业学院 | 7875 | 2841 | 2960 | 678 | 462 | 52 | 112 | 186 |
| 山东旅游职业学院 | 5497 | 2287 | 1745 | 475 | 362 | 7 | 79 | 125 |
| 济南工程职业技术学院 | 8975 | 3548 | 2530 | 526 | 404 | 11 | 84 | 118 |
| 山东电子职业技术学校 | 7442 | 2917 | 2537 | 458 | 379 | 3 | 128 | 150 |
| 济南职业学院 | 9769 | 3450 | 3408 | 675 | 534 | 14 | 101 | 137 |
| 山东现代职业学院 | 9531 | 3105 | 3319 | 945 | 606 | 61 | 122 | 213 |
| 山东凯文科技职业学院 | 6696 | 2401 | 2048 | 692 | 410 | 63 | 71 | 42 |
| 山东城市建设职业学校 | 8596 | 2812 | 3339 | 523 | 379 | 8 | 102 | 118 |
| 山东传媒职业学院 | 2431 | 651 | 895 | 276 | 231 | 5 | 40 | 83 |

注:济南铁道职业技术学院改为山东职业学院。

## 18－3 中等专业学校一览表(2011年)

BASIC STATISTICS ON SPECIALIZED SECONDARY SCHOOLS (2011)

单位:人

| 指标 | 在校学生数 | 毕业生数 | 招生数 | 教职工人数 | 专任教师 | 副高级 | 中级 |
|---|---|---|---|---|---|---|---|
| **总计** | 30449 | 8588 | 11460 | 1504 | 1035 | 299 | 425 |
| **工科学校** | | | | | | | |
| 山东省邮电学校 | | | | 95 | 34 | 22 | 5 |
| 济南信息工程学校 | 1274 | 261 | 617 | 235 | 158 | 38 | 66 |
| 山东省特殊教育学校 | 927 | 368 | 522 | 105 | 61 | 20 | 37 |
| 山东省环境保护学校 | 531 | 350 | 223 | 83 | 44 | 23 | 12 |
| 济南电子机械工程学校 | 2192 | 518 | 937 | 301 | 261 | 67 | 138 |
| **医药学校** | | | | | | | |
| 济南卫生学校 | 5009 | 1346 | 1496 | | | | |
| **师范学校** | | | | | | | |
| 济南幼儿师范专科学校 | 1760 | 389 | 750 | | | | |
| **财经学校** | | | | | | | |
| 山东省商贸学校 | 3841 | 1228 | 1483 | 293 | 203 | 65 | 88 |
| **体育学校** | | | | | | | |
| 济南市体育运动学校 | 424 | 116 | 207 | | | | |
| **艺术学校** | | | | | | | |
| 山东省电影学校 | 557 | 25 | 129 | 104 | 82 | 5 | 9 |
| 济南艺术学校 | 886 | 173 | 356 | 186 | 128 | 30 | 40 |
| 山东济艺术设计学校 | 42 | | 40 | 82 | 52 | 23 | 25 |
| **其它学校** | | | | | | | |
| 山东省人口学校 | | 1097 | | 20 | 12 | 6 | 5 |

## 18－4 分县(市)区儿童学前教育基本情况(2011年)

STUDENT ENROLLMENT IN ADULT SCHOOLS BY TYPE(2011)

| 指标 | 幼儿园数(所) | 在园人数(人) | 入园人数(人) | 教职工数(人) | 专任教师(人) |
|---|---|---|---|---|---|
| 全市 | 1332 | 154792 | 59116 | 15562 | 9181 |
| 历下区 | 84 | 17886 | 5529 | 2473 | 1267 |
| 市中区 | 94 | 16548 | 4993 | 2080 | 1238 |
| 槐荫区 | 106 | 14951 | 4752 | 1706 | 856 |
| 天桥区 | 76 | 16551 | 4926 | 2116 | 1051 |
| 历城区 | 204 | 26843 | 8165 | 2680 | 1697 |
| 长清区 | 200 | 11705 | 8827 | 977 | 650 |
| 平阴县 | 130 | 9236 | 4567 | 673 | 489 |
| 济阳县 | 110 | 8716 | 5380 | 610 | 372 |
| 商河县 | 181 | 17957 | 8415 | 903 | 623 |
| 章丘市 | 147 | 14399 | 3562 | 1344 | 938 |

# 18-5 图书及出版事业

BASIC STATISTICS ON BOOKS AND PUBLISHING

| 指　　标 | 单　位 | 2006年 | 2007年 | 2008年 | 2009年 | 2010年 | 2011年 |
|---|---|---|---|---|---|---|---|
| **公共图书馆** | | | | | | | |
| 机构数 | 个 | 8 | 11 | 12 | 12 | 12 | 12 |
| 从业人员 | 人 | 377 | 407 | 417 | 420 | 423 | 426 |
| 总藏量 | 千册(件) | 7524 | 7882 | 8761 | 9084 | 9412 | 9890 |
| 建筑面积 | 千平方米 | 80.0 | 67.0 | 72.0 | 69.7 | 69.7 | 70 |
| #书　库 | 千平方米 | 22.0 | 23.0 | 25.0 | 24.0 | 24.0 | 25 |
| 阅览室 | 千平方米 | 20.0 | 20.0 | 22.0 | 21.1 | 22.0 | 22 |
| 阅览室席位数 | 千个 | 4.0 | 4.2 | 4.3 | 4.5 | 4.4 | 4.6 |
| 书刊外借人次 | 万人次 | 90.6 | 110.0 | 135.3 | 98.0 | 101.2 | 123.0 |
| 书刊外借册数 | 万册次 | 198.5 | 213.5 | 215.2 | 192.2 | 203.9 | 230.2 |
| **出版事业** | | | | | | | |
| 出版单位 | | | | | | | |
| 图　书 | 个 | 14 | 15 | 15 | 15 | 15 | 15 |
| 报　纸 | 个 | 39 | 53 | 52 | 52 | 52 | 52 |
| 杂　志 | 个 | 102 | 152 | 152 | 152 | 152 | 149 |
| **出版种类** | | | | | | | |
| 图　书 | 种 | 7205 | 5886 | 4559 | 6370 | 6586 | 8305 |
| 报　纸 | 种 | 53 | 53 | 52 | 52 | 52 | 54 |
| 杂　志 | 种 | 147 | 152 | 152 | 152 | 158 | 155 |
| **出版数量** | | | | | | | |
| 图　书 | 万册，万份 | 28822 | 39999 | 21607 | 23810 | 26603 | 31087 |
| 报　纸 | 万册，万份 | 114534 | 145423 | 144236 | 156026 | 184706 | 157553 |
| 杂　志 | 万册，万份 | 7072 | 6318 | 7281 | 6697 | 6995 | 8284 |
| **报纸出版总印张数** | | | | | | | |
| 总　计 | 万印张 | 1083815 | 1030849 | 1065227 | 899593 | 900483 | 660146 |
| 综合报 | 万印张 | 725990 | 600464 | 514920 | 705436 | 857132 | 595239 |
| 专业报 | 万印张 | 357825 | 430385 | 550307 | 194157 | 43351 | 64907 |
| 省级报 | 万印张 | 928880 | 899545 | 1043994 | 832232 | 847019 | 558451 |
| 综合报 | 万印张 | 586655 | 486376 | 507890 | 647124 | 811675 | 493544 |
| 专业报 | 万印张 | 342225 | 413169 | 536104 | 185108 | 35344 | 64907 |
| 市级报 | 万印张 | 139335 | 131304 | 21233 | 67361 | 53464 | 101695 |
| 综合报 | 万印张 | 123735 | 114088 | 7031 | 58312 | 45456 | 101695 |
| 专业报 | 万印张 | 15600 | 17216 | 14202 | 9049 | 8008 | 0 |

# 18－6 文化事业机构和人员

## NUMBER OF INSTITUTIONS AND PERSONS IN CULTURE

| 指标 | 2006年 | 2007年 | 2008年 | 2009年 | 2010年 | 2011年 |
|---|---|---|---|---|---|---|
| **机构数(个)** | | | | | | |
| 电影业 | 10 | 13 | 13 | 9 | 12 | 15 |
| 艺术业 | 30 | 26 | 26 | 24 | 29 | 28 |
| 文物业 | 17 | 19 | 21 | 26 | 24 | 22 |
| 图书馆业 | 8 | 11 | 12 | 12 | 12 | 12 |
| 广播电视业 | 24 | 24 | 10 | 10 | 10 | 9 |
| 群众文化业 | 140 | 141 | 145 | 146 | 151 | 152 |
| 艺术教育业 | 0 | 1 | 1 | 1 | 1 | 1 |
| 文艺科研业 | 2 | 2 | 2 | 2 | 2 | 2 |
| 非文化产业 | 2 | 2 | 2 | 3 | 3 | 3 |
| **从业人员数(人)** | | | | | | |
| 电影业 | 359 | 439 | 439 | 382 | 470 | 458 |
| 艺术业 | 1997 | 1780 | 1757 | 1697 | 1891 | 1841 |
| 文物业 | 614 | 750 | 799 | 812 | 809 | 799 |
| 图书馆业 | 377 | 407 | 417 | 420 | 423 | 426 |
| 广播电视业 | 2886 | 3591 | 3309 | 8546 | 8855 | 15898 |
| 群众文化业 | 484 | 478 | 492 | 583 | 552 | 679 |
| 艺术教育业 | 0 | 88 | 93 | 98 | 104 | 107 |
| 文艺科研业 | 66 | 65 | 66 | 70 | 72 | 63 |
| 非文化产业 | 50 | 46 | 46 | 46 | 44 | 45 |

# 主要统计指标解释

## EXPLANATORY NOTES ON MAIN STATISTICAL INDICATORS

**普通高等学校** 指按照国家规定的设置标准和审批程序批准举办，通过国家统一招生考试，招收高中毕业生为主要培养对象，实施高等教育的全日制大学、独立设置的学院和高等专科学校、短期职业大学。

**小学学龄儿童入学率** 指调查范围内已入小学学习的学龄儿童占校内外学龄儿童总数(包括弱智儿童，不包括盲聋哑儿童)的比重。计算公式为：

小学学龄儿童入学率＝已入学的小学学龄儿童数／校内外小学学龄儿童总数×100%

**文化事业机构** 指从事专业文化工作和为专业文化工作服务的独立建制的单位。不包括这些单位另外举办独立核算的其他机构和各部门的业余文化组织。

**电影放映单位** 指具有放映机器设备、固定或不固定的放映场所与专职或兼职的放映技术人员，经有关部门登记批准，经常为一定的观众对象放映电影的机构。包括经批准对外开放进行营业，并与电影发行放映管理机构分帐的专用放映单位和军委系统租片单位。

# 19

# 卫生体育

## SPORTS AND PUBLIC HEALTH

# 19－1 体 育 事 业

## STATISTICS OF SPORTS INSTITUTIONS

| 指　　标 | 单 位 | 2006年 | 2007年 | 2008年 | 2009年 | 2010年 | 2011年 |
|---|---|---|---|---|---|---|---|
| 体育部门职工人数 | 人 | 741 | 725 | 743 | 656 | 696 | 660 |
| #业余体育学校 | 人 | 350 | 460 | 393 | | 247 | 234 |
| 总计中:教练员 | 人 | 150 | 232 | 232 | 199 | 210 | 208 |
| 等级裁判员 | 人 | 76 | 66 | 35 | | | |
| 一级裁判员 | 人 | 19 | 13 | 10 | | | |
| 二级裁判员 | 人 | 57 | 53 | 25 | 30 | 206 | 175 |
| 三级裁判员 | 人 | － | － | | | 1178 | 263 |
| 二级运动员发展人数 | 人 | 713 | 542 | 380 | 377 | 351 | 372 |
| 少年儿童业余体校在校学生 | 人 | 670 | 600 | 475 | | | |
| 业余体校 | 所 | 4 | 4 | 6 | 12 | 12 | 12 |
| 运动员获奖牌数 | 枚 | 517.5 | 340 | 459 | 398 | 713 | 633 |
| #世界级　金　牌 | 枚 | － | 16 | 9 | 6 | 15 | 18 |
| 银　牌 | 枚 | － | 3 | 8 | 3 | 6 | 8 |
| 铜　牌 | 枚 | － | 2 | 0 | 5 | 3 | 5 |
| #洲　际　金　牌 | 枚 | 14 | 6 | 2 | 12 | 17 | 0 |
| 银　牌 | 枚 | 4 | 3 | 1 | 2 | 3 | 0 |
| 铜　牌 | 枚 | 4 | 0 | 0 | | 8 | 0 |
| #全　国　金　牌 | 枚 | 35 | 40 | 28 | 17 | 37 | 19 |
| 银　牌 | 枚 | 20 | 50 | 27 | 10 | 20 | 19 |
| 铜　牌 | 枚 | 13 | 37 | 18 | 12 | 19 | 30 |
| #全　省　金　牌 | 枚 | 178.5 | 72 | 121 | 119 | 347 | 172 |
| 银　牌 | 枚 | 138 | 58 | 115 | 10 | 112 | 190 |
| 铜　牌 | 枚 | 111 | 53 | 130 | 12 | 126 | 172 |
| 运动员破全国纪录 | 人次 | 0 | 0 | 0 | 0 | 0 | 0 |
| 运动员破全省记录 | 人次 | 10 | 0 | 0 | 0 | 0 | 0 |
| 运动员破全市纪录 | 人次 | 10 | 0 | 0 | 0 | 0 | 0 |
| 体育设施 | | | | | | | |
| 体育场 | 个 | 6 | 5 | 5 | 8 | 12 | 12 |
| 体育馆 | 个 | 5 | 3 | 5 | 10 | 9 | 9 |
| 游泳馆 | 个 | 5 | 3 | 2 | 2 | 5 | 5 |
| 室内外游泳池 | 个 | 6 | 2 | 3 | 3 | 2 | 2 |
| 有固定看台的灯光球场 | 个 | 3 | 2 | 2 | 2 | 2 | 2 |

注:等级裁判员为当年新评定的人数。

## 19-2 各时期卫生事业情况

## STATISTICS OF HEALTH INSTITUTIONS IN MAJOR YEARS

| 年份 | 卫生机构（个） | 医院及卫生院 | 卫生工作人员（人） | 卫生技术人员 | 卫生机构床位（张） | 医院及卫生院 |
|---|---|---|---|---|---|---|
| 1952 | 208 | 22 | 6277 | 4778 | 3160 | 1906 |
| 1957 | 708 | 45 | 10740 | 7991 | 5972 | 3401 |
| 1962 | 1191 | 98 | 13705 | 9648 | 7917 | 5662 |
| 1965 | 1144 | 114 | 18885 | 14881 | 9035 | 6438 |
| 1970 | 682 | 130 | 13273 | 10341 | 7878 | 6462 |
| 1975 | 934 | 137 | 20021 | 14956 | 9066 | 8050 |
| 1978 | 1017 | 148 | 24949 | 19198 | 11496 | 9856 |
| 1979 | 1078 | 152 | 26385 | 20110 | 11902 | 10781 |
| 1980 | 1091 | 151 | 27843 | 21295 | 12301 | 11052 |
| “六五”时期 | | | | | | |
| 1981 | 1188 | 152 | 29597 | 22559 | 12428 | 11436 |
| 1982 | 1159 | 151 | 30636 | 22814 | 12379 | 11383 |
| 1983 | 1177 | 156 | 31924 | 23948 | 12966 | 11674 |
| 1984 | 1160 | 157 | 32967 | 24502 | 13728 | 12960 |
| 1985 | 1175 | 165 | 34232 | 26185 | 14356 | 13791 |
| “七五”时期 | | | | | | |
| 1986 | 1184 | 167 | 35803 | 27360 | 14757 | 14165 |
| 1987 | 1137 | 166 | 37129 | 28159 | 15457 | 14721 |
| 1988 | 1103 | 171 | 38384 | 29167 | 16165 | 15580 |
| 1989 | 1137 | 180 | 39926 | 29878 | 16698 | 16176 |
| 1990 | 1300 | 178 | 41444 | 31130 | 18214 | 17216 |
| “八五”时期 | | | | | | |
| 1991 | 1233 | 177 | 40957 | 30815 | 18439 | 17538 |
| 1992 | 1331 | 180 | 41996 | 31541 | 18818 | 18178 |
| 1993 | 1285 | 193 | 43274 | 32871 | 20243 | 19320 |
| 1994 | 1228 | 213 | 43630 | 33007 | 20001 | 19064 |
| 1995 | 1185 | 216 | 43648 | 32848 | 20747 | 19534 |
| “九五”时期 | | | | | | |
| 1996 | 1674 | 214 | 45765 | 35219 | 20428 | 19716 |
| 1997 | 1567 | 220 | 44664 | 34188 | 21422 | 20706 |
| 1998 | 1574 | 227 | 45110 | 34596 | 21965 | 21130 |
| 1999 | 1570 | 226 | 45121 | 34000 | 21735 | 21086 |
| 2000 | 1414 | 231 | 45166 | 35669 | 21698 | 20830 |
| “十五”时期 | | | | | | |
| 2001 | 1414 | 231 | 45296 | 35790 | 21906 | 21033 |
| 2002 | 1708 | 243 | 39386 | 31945 | 21576 | 21042 |
| 2003 | 1868 | 246 | 41925 | 33803 | 22674 | 22262 |
| 2004 | 1917 | 243 | 41625 | 33998 | 24044 | 22588 |
| 2005 | 2138 | 246 | 41499 | 34129 | 24695 | 23524 |
| “十一五”时期 | | | | | | |
| 2006 | 2285 | 240 | 43023 | 35124 | 27695 | 26101 |
| 2007 | 2265 | 243 | 42513 | 34579 | 26055 | 25328 |
| 2008 | 5092 | 286 | 44416 | 36143 | 28939 | 27555 |
| 2009 | 5163 | 281 | 46311 | 37648 | 30920 | 28749 |
| 2010 | 5086 | 277 | 54711 | 39366 | 31947 | 29844 |
| “十二五”时期 | | | | | | |
| 2011 | 5159 | 262 | 58590 | 42116 | 34920 | 31545 |

# 19-3 卫生事业机构及床位

NUMBER OF HEALTH INSTITUTIONS AND BEDS

| 指　　标 | 2006年 | 2007年 | 2008年 | 2009年 | 2010年 | 2011年 |
|---|---|---|---|---|---|---|
| **各类卫生机构数(个)** | 2285 | 2265 | 5092 | 5163 | 5086 | 5159 |
| 医　院 | 162 | 158 | 202 | 199 | 196 | 200 |
| 社区卫生服务中心 | 1 | 115 | 137 | 222 | 252 | 253 |
| 卫生院 | 78 | 85 | 84 | 82 | 81 | 62 |
| 门诊部 | 47 | 30 | 28 | 22 | 90 | 43 |
| 急救中心(站) | 1 | 1 | 1 | 1 | 1 | 1 |
| 采血供应机构 | 2 | 3 | 3 | 3 | 3 | 4 |
| 妇幼保健院(所、站) | 12 | 12 | 12 | 12 | 11 | 12 |
| 专科疾病防治院(所、站) | 9 | 8 | 8 | 8 | 8 | 8 |
| 疾病预防控制中心(防疫站) | 13 | 13 | 12 | 12 | 12 | 12 |
| 医学科学研究机构 | 1 | 7 | 7 | 0 |  | 0 |
| 其他卫生机构 | 3 | 2 | 2 | 2 | 25 | 6 |
| **各类卫生机构病床数（张）** | 27695 | 26055 | 28939 | 30920 | 31947 | 34920 |
| 医　院 | 21298 | 20847 | 22496 | 23631 | 24707 | 27984 |
| 社区卫生服务中心 | 15 | 82 | 714 | 743 | 1317 | 2625 |
| 卫生院 | 4803 | 4481 | 5059 | 5118 | 5137 | 3561 |
| 门诊部 | 272 | 53 | 55 | 47 | 77 | 89 |
| 急救中心(站) | – | – | – | – | – | 0 |
| 采血供应站 | – | – | – | – | – | 0 |
| 妇幼保健院(所、站) | 562 | 492 | 524 | 614 | 618 | 563 |
| 专科疾病防治院(所、站) | 220 | 100 | 91 | 91 | 91 | 98 |
| 疾病预防控制中心(防疫站) | – | – | – | – | – | 0 |
| 医学科学研究机构 | – | – | – | – | – | 0 |
| 其他卫生机构 | 22 | 0 | 0 | 0 | 0 | 0 |
| **千人拥有量** |  |  |  |  |  |  |
| 平均每千人拥有病床(张) | 4.59 | 4.31 | 4.79 | 5.12 | 5.29 | 5.77 |
| 每千人拥有卫生技术人员(人) | 5.82 | 5.72 | 5.98 | 6.24 | 6.52 | 6.96 |
| 每千人拥有医生(人) | 2.54 | 2.47 | 2.57 | 2.73 | 2.91 | 3.03 |
| 每千人拥有护士(人) | 1.98 | 2.00 | 2.12 | 2.22 | 2.30 | 2.54 |

# 19-4 分地区卫生事业机构及床位(2011年)

## NUMBER OF HEALTH INSTITUTIONS AND BEDS BY DISTRICT(2011)

| 指标 | 全市 | 市区 | 平阴县 | 济阳县 | 商河县 | 章丘市 |
|---|---|---|---|---|---|---|
| **各类卫生机构数(个)** | 5159 | 3210 | 254 | 616 | 301 | 778 |
| 医院 | 200 | 183 | 3 | 2 | 3 | 9 |
| 疗养院 | 0 | 0 | 0 | 0 | 0 | 0 |
| 社区卫生服务中心 | 253 | 218 | 6 | 3 | 4 | 22 |
| 卫生院 | 62 | 22 | 6 | 8 | 12 | 14 |
| 门诊部 | 43 | 36 | 6 | 0 | 0 | 1 |
| 诊所、卫生所、医务室 | 1240 | 1047 | 61 | 15 | 23 | 94 |
| 急救中心(站) | 1 | 1 | 0 | 0 | 0 | 0 |
| 采血供应机构 | 4 | 2 | 0 | 0 | 0 | 2 |
| 妇幼保健院(所、站) | 12 | 8 | 1 | 1 | 1 | 1 |
| 专科疾病防治院(所、站) | 8 | 4 | 1 | 1 | 0 | 2 |
| 疾病预防控制中心(防疫站) | 12 | 8 | 1 | 1 | 1 | 1 |
| 卫生监督所 | 12 | 8 | 1 | 1 | 1 | 1 |
| 医学科学研究机构 | 0 | 0 | 0 | 0 | 0 | 0 |
| 其他卫生构 | 6 | 5 | 0 | 0 | 0 | 1 |
| **各类卫生机构病床数(张)** | 34920 | 26811 | 1204 | 1149 | 1169 | 4587 |
| 医院 | 27984 | 24020 | 822 | 861 | 672 | 1609 |
| 疗养院 | 0 | 0 | 0 | 0 | 0 | 0 |
| 社区卫生服务中心 | 2625 | 1450 | 0 | 30 | 0 | 1145 |
| 卫生院 | 3561 | 861 | 350 | 240 | 479 | 1631 |
| 门诊部 | 89 | 63 | 6 | 0 | 0 | 20 |
| 妇幼保健院(所、站) | 563 | 366 | 6 | 18 | 18 | 155 |
| 专科疾病防治院(所、站) | 98 | 51 | 20 | 0 | 0 | 27 |
| **千人拥有量** | | | | | | |
| 平均每千人拥有病床(张) | 5.77 | 7.69 | 3.23 | 2.07 | 1.88 | 4.51 |
| 每千人拥有卫生技术人员(人) | 6.96 | 9.44 | 4.11 | 2.89 | 2.42 | 4.5 |
| 每千人拥有医生(人) | 3.03 | 4.11 | 1.59 | 1.51 | 0.94 | 1.95 |
| 每千人拥有护士(人) | 2.54 | 3.58 | 1.27 | 0.88 | 0.82 | 1.38 |

# 19-5 分地区卫生技术人员分类情况(2011年)

MEDICAL TECHNICAL PERSONNEL BY REGION(2011)

单位:人

| 指　　标 | 全　市 | 市　区 | 平阴县 | 济阳县 | 商河县 | 章丘市 |
|---|---|---|---|---|---|---|
| 各类卫生机构工作人员合计 | 58590 | 43468 | 2459 | 2477 | 2574 | 7612 |
| #卫生技术人员小计 | 42116 | 32903 | 1533 | 1603 | 1507 | 4570 |
| 医　生 | 18328 | 14328 | 593 | 837 | 583 | 1987 |
| 执业医师 | 16626 | 13449 | 483 | 655 | 423 | 1616 |
| 执业助理医师 | 1702 | 879 | 110 | 182 | 160 | 371 |
| 注册护士 | 15357 | 12485 | 473 | 490 | 509 | 1400 |
| 药剂人员 | 2962 | 2330 | 146 | 102 | 95 | 289 |
| 检验人员 | 2493 | 2002 | 88 | 91 | 74 | 238 |
| 其　他 | 2976 | 1758 | 233 | 83 | 246 | 656 |
| 在合计中: | | | | | | |
| 医院工作人员合计 | 34247 | 29088 | 884 | 1123 | 972 | 2180 |
| #卫生技术人员小计 | 27826 | 23510 | 706 | 944 | 831 | 1835 |
| 医　生 | 11444 | 9675 | 288 | 404 | 250 | 827 |
| 执业医师 | 11031 | 9398 | 268 | 377 | 215 | 773 |
| 执业助理医师 | 413 | 277 | 20 | 27 | 35 | 54 |
| 注册护士 | 11587 | 9807 | 272 | 394 | 369 | 745 |
| 药剂人员 | 1842 | 1586 | 68 | 47 | 48 | 93 |
| 检验人员 | 1657 | 1440 | 32 | 58 | 43 | 84 |
| 其　他 | 1296 | 1002 | 46 | 41 | 121 | 86 |
| 卫生院工作人员合计 | 3842 | 1304 | 527 | 391 | 476 | 1144 |
| #卫生技术人员小计 | 3407 | 1079 | 478 | 371 | 443 | 1036 |
| 医　生 | 1548 | 510 | 186 | 206 | 207 | 439 |
| 执业医师 | 1027 | 373 | 123 | 115 | 129 | 287 |
| 执业助理医师 | 521 | 137 | 63 | 91 | 78 | 152 |
| 注册护士 | 841 | 261 | 141 | 72 | 88 | 279 |
| 药剂人员 | 392 | 148 | 51 | 44 | 39 | 110 |
| 检验人员 | 234 | 79 | 37 | 20 | 27 | 71 |
| 其　他 | 392 | 81 | 63 | 29 | 82 | 137 |

# 19－6 医院、卫生院工作情况

## BASIC STATISTICS ON HOSPITALS AND HEALTH INSTITUTIONS IN RURAL AREAS

| 指　　标 | 单　位 | 2006年 | 2007年 | 2008年 | 2009年 | 2010年 | 2011年 |
|---|---|---|---|---|---|---|---|
| **医　院** | | | | | | | |
| 单位数 | 个 | 162 | 158 | 202 | 199 | 195 | 200 |
| 诊疗人次数 | 万人次 | 1355 | 1427 | 1553 | 1655 | 1680 | 1809 |
| #门诊人次数 | 万人次 | 1225 | 1239 | 1380 | 1418 | 1491 | 1652 |
| 急诊人次数 | 万人次 | 62 | 72 | 76 | 79 | 83 | 81 |
| 健康检查人数 | 万人次 | 88 | 78 | 79 | 75 | 89 | 94 |
| 入院人数 | 万人 | 40.0 | 44.9 | 53.2 | 57.9 | 61.3 | 65.8 |
| 出院人数 | 万人 | 39.9 | 44.2 | 53.0 | 55.1 | 61.3 | 65.9 |
| 平均开放病床数 | 张 | 18342 | 19219 | 20979 | 21887 | 23724 | 26090 |
| 病床使用率 | % | 77.02 | 82.78 | 83.71 | 84.22 | 85.72 | 84.18 |
| 病床周转次数 | 次 | 21.73 | 23.00 | 25.30 | 25.17 | 25.84 | 25.30 |
| 出院者平均住院日 | 日 | 12.34 | 12.70 | 11.80 | 12.00 | 12.10 | 12.30 |
| **卫生院** | | | | | | | |
| 单位数 | 个 | 78 | 85 | 84 | 82 | 81 | 62 |
| 诊疗人次数 | 万人次 | 255 | 247 | 322 | 286 | 313 | 261 |
| #门诊人次数 | 万人次 | 217 | 229 | 306 | 272 | 293 | 240 |
| 急诊人次数 | 万人次 | 4.7 | 8.7 | 7.3 | 5.5 | 5.3 | 4.7 |
| 健康检查人数 | 万人次 | 7.0 | 22.0 | 15.4 | 12.8 | 25.3 | 36.6 |
| 入院人数 | 万人 | 3.9 | 4.5 | 4.9 | 7.0 | 7.5 | 7.1 |
| 出院人数 | 万人 | 3.9 | 5.1 | 5.8 | 7.7 | 7.3 | 7.1 |
| 平均开放病床数 | 张 | 2604 | 2551 | 3057 | 5019 | 4490 | 3309 |
| 使用率 | % | 40.83 | 38.10 | 40.59 | 31.28 | 42.67 | 43.48 |
| 病床周转次数 | 次 | 14.90 | 20.10 | 19.00 | 15.54 | 17.41 | 21.40 |
| 出院者平均住院日 | 日 | 7.49 | 6.60 | 6.10 | 5.71 | 7.63 | 6.40 |

# 19－7 医 疗 机 构

REVENUE AND EXPENDITURE

| 机构分类 | 总收入 | | | |
|---|---|---|---|---|
| | 合计 | 财政补助收入 | 上级补助收入 | 业务收入/事业收入 |
| 合 计 | 1648288 | 245542 | 17098 | 1383946 |
| 医院 | 1383728 | 137109 | 10842 | 1235777 |
| 社区卫生服务中心(站) | 49519 | 8885 | 4089 | 36545 |
| 卫生院 | 43686 | 14522 | 598 | 28566 |
| 门诊部 | 4874 | 780 | 187 | 3907 |
| 诊所.卫生所.医务室 | 11346 | 0 | 333 | 10935 |
| 急救中心(站) | 1304 | 1280 | 25 | 0 |
| 妇幼保健院(所、站) | 36213 | 6297 | 211 | 29706 |
| 专科疾病防治院(所、站) | 8505 | 2483 | 34 | 5989 |

## 收 入 与 支 出(2011年)

IN HEALTH INSITITUTIONS(2011)

单位:万元

| 总支出 | | | 总支出中:人员支出(万元) |
|---|---|---|---|
| 合计 | 财政专项支出 | 业务支出/事业支出 | |
| 1600982 | 104821 | 1482195 | 325139 |
| 1370575 | 89324 | 1281250 | 258919 |
| 48101 | 3550 | 44551 | 15560 |
| 43062 | 981 | 42081 | 15894 |
| 4254 | 345 | 3909 | 890 |
| 9909 | 0 | 6102 | 3777 |
| 1006 | 182 | 824 | 573 |
| 34247 | 3700 | 30547 | 8342 |
| 8734 | 1329 | 7405 | 1481 |

# 主要统计指标解释

## EXPLANATORY NOTES ON MAIN STATISTICAL INDICATORS

**等级裁判员人数** 指经考核正式批准授予等级裁判员称号的人数。裁判员等级分为国际裁判、国家级裁判、一级裁判、二级裁判、三级裁判。

**体育场** 指有400米跑道(中心含足球场),有固定道牙,跑道6条以上,并有固定看台的室外田径场地。体育场按看台容纳观众人数分为:甲级25000人以上,乙级15000-25000人,丙级5000-15000人,丁级5000人以下。

**体育馆** 指有固定看台,可供篮球、排球、羽毛球、乒乓球、体操等项目训练比赛活动用的室内运动场地。体育馆按看台容纳观众人数分为:甲级6000人以上,乙级4000-6000人,丙级2000-4000人,丁级2000人以下。

**医院** 指设有固定床位,能收容病人住院并能为病人提供医疗、护理服务的医疗机构,包括县及县以上医院、农村乡卫生院和其他医院三部分。医院按所属性质不同分为卫生部门、工业及其他部门和集体经济单位三类。县及县以上医院按业务性质不同分为综合医院和专科医院。

**卫生技术人员** 指卫生事业机构支付工资的全部职工中现任职务为卫生技术工作的专业人员,包括中医师、西医师、中西医结合高级医师、护师、中药师、西药师、检验师、其他技师、中医士、西医士、护士、助产士、中药剂士、西药剂士、检验士、其他技士、其他中医、护理员、中药剂员、西药剂员、检验员和其他初级卫生技术人员。

**医生** 指经卫生部门审查合格,从事医疗工作的专业人员。分为中医医生和西医医生。包括卫生技术人员中的中医师、西医师、中西医结合高级医师、中医士、西医士和其他中医。

**卫生机构**:指从卫生行政部门取得《医疗机构执业许可证》,或从民政和工商行政、机构编制管理部门取得法人单位登记证书,为社会提供医疗保健、疾病控制、卫生监督或从事医学科研和教育等工作的单位。包括医院、疗养院、社区卫生服务中心(站)、乡镇(街道)卫生院、门诊部、诊所(卫生所、医务室)、村卫生室、急救中心(站)、采供血机构、妇幼保健院(所、站)、专科疾病防治院(所、站)、疾病预防控制中心(防疫站)、卫生监督机所(中心)、医学科研机构、医学在职培训机构、健康教育所(站)等其他卫生机构。

**医疗机构**:指从卫生行政部门取得《医疗机构执业许可证》的机构,包括医院、疗养院、社区卫生服务中心(站)、乡镇(街道)卫生院、门诊部、诊所(卫生所、医务室)、村卫生室、妇幼保健院(所、站)、专科疾病防治院(所、站)、急救中心(站)和临床检验中心。

**事业收入**:事业单位开展专业业务活动及辅助活动所取得的收入。包括单位收到的从财政专户核拨的预算外资金和部分经财政部门核准不上缴财政专户管理的预算外资金。

# 20

# 民政、司法和其它

## SOCIAL WELFARE CIVIL ADMINISTRATION AND OTHERS

# 20－1 社会治安主要指标

## MAIN INDICATORS OF SOCIAL OFFENSE

| 指　标 | 单　位 | 2006年 | 2007年 | 2008年 | 2009年 | 2010年 | 2011年 |
|---|---|---|---|---|---|---|---|
| 刑事案件 | | | | | | | |
| 当年全部立案数 | 起 | 31282 | 32400 | 40936 | 60953 | 53290 | 53770 |
| 当年全部破案数 | 起 | 16935 | 18784 | 25953 | 28920 | 24249 | 29560 |
| 治安案件 | | | | | | | |
| 受理数 | 件 | 29025 | 31349 | 55181 | 76630 | 94248 | 177322 |
| 查处数 | 件 | 26007 | 26633 | 51761 | 73624 | 90271 | 168373 |
| 城市交通事故 | | | | | | | |
| 交通事故 | 起 | 1034 | 1501 | 1235 | 860 | 774 | 762 |
| 伤亡人数 | 人 | 1431 | 2113 | 1690 | 1269 | 1121 | 838 |
| #死亡人数 | 人 | 342 | 324 | 290 | 264 | 263 | 259 |
| 损失折款 | 万元 | 292 | 264 | 271 | 253 | 189 | 247 |
| 火灾事故 | | | | | | | |
| 火灾起数 | 起 | 1049 | 1883 | 863 | 795 | 791 | 571 |
| 伤亡人数 | 人 | 1 | 4 | 8 | 5 | 9 | 1 |
| #死亡人数 | 人 | 0 | 3 | 5 | 5 | 6 | 1 |
| 损失折款 | 万元 | 66 | 201 | 182 | 250 | 462 | 773 |

# 20-2 分地区社会治安主要指标(2011年)

## MAIN INDICATORS OF SOCIAL OFFENSE BY DISTRICT (2011)

| 指标 | 单位 | 全市 | 市区 | 平阴县 | 济阳县 | 商河县 | 章丘市 |
|---|---|---|---|---|---|---|---|
| 刑事案件 | | | | | | | |
| 当年全部立案数 | 起 | 53770 | 45768 | 1308 | 878 | 908 | 4908 |
| 当年全部破案数 | 起 | 29560 | 24673 | 787 | 431 | 537 | 3032 |
| 治安案件 | | | | | | | |
| 受理数 | 起 | 177322 | 142062 | 4723 | 5339 | 6141 | 19057 |
| 查处数 | 起 | 168373 | 133261 | 4620 | 5301 | 6139 | 19052 |
| 城市交通事故 | | | | | | | |
| 交通事故 | 起 | 762 | 662 | 19 | 17 | 41 | 23 |
| 伤亡人数 | 人 | 838 | 745 | 7 | 28 | 36 | 22 |
| #死亡人数 | 人 | 259 | 189 | 21 | 16 | 12 | 21 |
| 损失折款 | 万元 | 247 | 221 | 5 | 5 | 9 | 9 |
| 火灾事故 | | | | | | | |
| 火灾起数 | 起 | 571 | 426 | 33 | 21 | 76 | 15 |
| 伤亡人数 | 人 | 1 | | | | 1 | |
| #死亡人数 | 人 | 1 | | | | 1 | |
| 损失折款 | 万元 | 773 | 332 | 124 | 41 | 235 | 42 |

注:当年全部立案数为公安数据。

## 20-3 分地区社会

BASIC STATISTICS ON SOCIAL SECURITY AND

| 指　　标 | 单　位 | 济南市(汇总) | 济南市（省本级） | 济南市(市本级) | 历下区 | 市中区 |
|---|---|---|---|---|---|---|
| **优抚情况** | | | | | | |
| 享受定期抚恤金人数 | 人 | 2360 | | | 68 | 115 |
| #城镇享受人数 | 人 | 399 | | | 36 | 47 |
| 享受定期补助人数 | 人 | 38982 | | | 267 | 939 |
| #在乡复员军人 | 人 | 10965 | | | 104 | 330 |
| 参战退役人员 | 人 | 5091 | | | 87 | 183 |
| **社会救济情况** | | | | | | |
| 城镇居民最低生活保障人数 | 人 | 55868 | | | 6036 | 9974 |
| 农村居民最低生活保障人数 | 人 | 82562 | | | | 2457 |
| **民政经费** | 万元 | 148009 | | 54785 | 9355 | 11952 |
| 退役安置费 | 万元 | 48089 | | 36087 | 2788 | 3457 |
| 城市居民最低生活保障费 | 万元 | 18828 | | | 2170 | 3678 |
| 农村最低生活保障费 | 万元 | 10876 | | | | 463 |
| 其它农村社会救济费 | 万元 | 6143 | | | 2 | 55 |
| 其它城市社会救济费 | 万元 | 1761 | | 816 | 234 | 244 |
| 社会福利费 | 万元 | 11588 | | 9346 | 387 | 18 |
| 自然灾害生活救助费 | 万元 | 840 | | 70 | | 8 |
| 医疗救助费 | 万元 | 4987 | | | 299 | 289 |
| **社会办收养性单位** | | | | | | |
| 收养性单位总数 | 个 | 158 | 3 | 4 | 13 | 14 |
| 职工人数 | 人 | 2621 | 951 | 268 | 166 | 147 |
| 床位数 | 张 | 23016 | 1200 | 1160 | 1356 | 2108 |
| 收养人数 | 人 | 16307 | 1038 | 1000 | 781 | 903 |
| #老人 | 人 | 15704 | 946 | 489 | 781 | 903 |
| **社会保障及扶贫** | | | | | | |
| 建立社会保障服务网络的乡镇数 | 个 | 55 | | | | |
| 城市市区居民最低生活保障金标准 | 元 | 400 | | | 400 | 400 |

## 保障和救济（2011年）

RECEIVING RELIEF FLINDS BY DISTRICT(2011)

| 槐荫区 | 天桥区 | 历城区 | 长清区 | 高新区 | 平阴县 | 济阳县 | 商河县 | 章丘市 |
|---|---|---|---|---|---|---|---|---|
| 60 | 71 | 403 | 341 | 14 | 225 | 388 | 406 | 269 |
| 23 | 26 | 53 | 5 |  | 23 | 20 | 125 | 41 |
| 640 | 1297 | 4961 | 5616 | 330 | 3173 | 7089 | 5555 | 9115 |
| 253 | 382 | 2589 | 1123 | 68 | 823 | 2154 | 1023 | 2116 |
| 146 | 214 | 459 | 966 | 67 | 425 | 890 | 611 | 1043 |
| 8427 | 13348 | 3501 | 2701 | 79 | 1642 | 2988 | 2860 | 4312 |
| 1280 | 2751 | 12506 | 11433 | 824 | 8448 | 12408 | 16714 | 13741 |
| 7320 | 10794 | 10237 | 8832 | 783 | 4871 | 8960 | 7961 | 12161 |
| 1079 | 1231 | 338 | 676 | 19 | 456 | 522 | 372 | 1065 |
| 3097 | 4697 | 1277 | 778 | 26 | 404 | 815 | 767 | 1119 |
| 205 | 350 | 1657 | 1422 | 100 | 1050 | 1548 | 2350 | 1734 |
| 35 | 288 | 395 | 788 | 35 | 440 | 717 | 695 | 2695 |
| 47 | 24 | 175 | 14 |  | 54 | 52 | 9 | 92 |
| 12 | 65 | 111 | 560 | 3 | 190 | 747 | 59 | 90 |
| 15 | 5 | 236 | 223 | 5 | 45 | 59 | 94 | 80 |
| 314 | 444 | 691 | 693 | 52 | 449 | 510 | 541 | 705 |
| 16 | 12 | 27 | 14 | 2 | 9 | 10 | 12 | 22 |
| 232 | 199 | 153 | 79 | 16 | 92 | 74 | 73 | 166 |
| 1107 | 1540 | 2310 | 2458 | 57 | 1487 | 2788 | 2423 | 3022 |
| 696 | 1233 | 1786 | 1577 | 48 | 952 | 1788 | 2423 | 2082 |
| 696 | 1233 | 1786 | 1577 | 48 | 952 | 1788 | 2423 | 2082 |
| 2 | 2 | 6 | 6 |  | 6 | 8 | 11 | 14 |
| 400 | 400 | 400 | 380 | 400 | 300 | 300 | 300 | 320 |

## 20-4 社会办福

BASIC STATISTICS ON SOCIAL

| 指标 | 单位 | 济南市（汇总） | 济南市（省本级） | 济南市（市本级） | 历下区 | 市中区 |
|---|---|---|---|---|---|---|
| **福利企业** | | | | | | |
| 单位数 | 个 | 63 | | 2 | 2 | 4 |
| 职工人数 | 人 | 3037 | | 189 | 44 | 203 |
| #残疾职工 | 人 | 1351 | | 79 | 21 | 94 |
| 纳税总额 | 万元 | 1908 | | 53 | 36 | 110 |
| #增值税总额 | 万元 | 746 | | 28 | 18 | 49 |
| 盈利总额 | 万元 | 1526 | | 13 | 24 | 78 |
| 亏损总额 | 万元 | | | | | |
| **福利工厂** | | | | | | |
| 单位数 | 个 | 65 | 2 | 2 | 2 | 4 |
| 职工人数 | 人 | 3205 | 168 | 189 | 44 | 203 |
| #残疾职工 | 人 | 1411 | 60 | 79 | 21 | 94 |
| 纳税总额 | 万元 | 2624 | 716 | 53 | 36 | 110 |
| #增值税总额 | 万元 | 1255 | 510 | 28 | 18 | 49 |
| 盈利总额 | 万元 | 2389 | 863 | 13 | 24 | 78 |

## 利 企 业 情 况（2011年）

WELFARE INSTITUTIONS(2011)

| 槐荫区 | 天桥区 | 历城区 | 长清区 | 高新区 | 平阴县 | 济阳县 | 商河县 | 章丘市 |
|---|---|---|---|---|---|---|---|---|
| 4 | 10 | 11 | 4 | 1 | 6 | 7 | | 12 |
| 104 | 336 | 628 | 221 | 284 | 233 | 369 | | 426 |
| 44 | 150 | 349 | 133 | 110 | 78 | 130 | | 163 |
| 103 | 172 | 261 | 245 | 179 | 269 | 332 | | 147 |
| 47 | 49 | 139 | 70 | 43 | 144 | 100 | | 59 |
| 101 | 138 | 160 | 222 | 62 | 57 | 526 | | 145 |
| | | | | | | | | |
| 4 | 10 | 11 | 4 | 1 | 6 | 7 | | 12 |
| 104 | 336 | 628 | 221 | 284 | 233 | 369 | | 426 |
| 44 | 150 | 349 | 133 | 110 | 78 | 130 | | 163 |
| 103 | 172 | 261 | 245 | 179 | 269 | 332 | | 147 |
| 47 | 49 | 139 | 70 | 43 | 144 | 100 | | 59 |
| 101 | 138 | 160 | 222 | 62 | 57 | 526 | | 145 |

## 20-5 社会保障和救济

BASIC STATISTICS ON SOCIAL SECURITY AND RECEIVING RELIEF FLINDS

| 指　　标 | 单　位 | 2006年 | 2007年 | 2008年 | 2009年 | 2010年 | 2011年 |
|---|---|---|---|---|---|---|---|
| **优抚情况** | | | | | | | |
| 享受定期补助人数 | 人 | 14903 | 22830 | 24105 | 23895 | 23996 | 38982 |
| #在乡红军老战士等 | 人 | | | | | | |
| 在乡复员军人 | 人 | 11899 | 11806 | 11788 | 11610 | 11552 | 10965 |
| 带病回乡退伍军人 | 人 | 3004 | 4880 | 5836 | 5897 | 6086 | |
| **社会救济情况** | | | | | | | |
| 城镇居民最低生活保障人数 | 人 | 67395 | 64030 | 58974 | 61096 | 59840 | 55868 |
| 农村居民最低生活保障人数 | 人 | 32646 | 66796 | 66785 | 73481 | 79174 | 82562 |
| **收养性单位情况** | | | | | | | |
| 收养性单位总数 | 个 | 117 | 118 | 97 | 107 | 159 | 158 |
| 职工人数 | 人 | 1405 | 1359 | 1819 | 2050 | 2280 | 2621 |
| 床位数 | 张 | 18375 | 14738 | 15432 | 17564 | 22591 | 23016 |
| 收养人数 | 人 | 17804 | 13703 | 13998 | 15839 | 17224 | 16307 |
| #老　人 | 人 | 17556 | 13133 | 13488 | 15250 | 16790 | 15704 |
| **社会保障及扶贫** | | | | | | | |
| 建立社会保障服务网络的乡镇数 | 个 | 64 | 61 | 61 | 61 | 55 | 55 |
| 城市市区居民最低生活保障金标准 | 元 | 230 | 280 | 300 | 330 | 360 | 400 |

# 20-6 律师、公证、司法基本情况(2011年)

## BASIC STATISTICS ON LAW、NOTARIZATIONS AND MENDIATION(2011)

| 指　　标 | 单　位 | 全　市 | 市　区 | 平阴县 | 济阳县 | 商河县 | 章丘市 |
|---|---|---|---|---|---|---|---|
| **律师工作** | | | | | | | |
| 律师事务所 | 个 | 234 | 223 | 2 | 2 | 2 | 5 |
| 执业律师 | 人 | 3372 | 3279 | 15 | 13 | 10 | 55 |
| #专职律师 | 人 | 3102 | 3009 | 15 | 13 | 10 | 55 |
| 担任常年法律顾问 | 家 | 3162 | 2879 | 31 | 45 | 39 | 168 |
| 民事诉讼代理 | 件 | 15634 | 14826 | 81 | 165 | 180 | 382 |
| 刑事诉讼辩护及代理 | 件 | 3550 | 3310 | 29 | 58 | 51 | 102 |
| 行政诉讼代理 | 件 | 339 | 329 | 0 | 1 | 2 | 7 |
| 非诉讼法律事务 | 件 | 3643 | 3643 | 0 | 0 | 0 | 0 |
| **公证工作** | | | | | | | |
| 公证处 | 个 | 11 | 1 | 7 | 1 | 1 | 1 |
| 公证处人员 | 人 | 196 | 168 | 9 | 6 | 4 | 9 |
| #公证员 | 人 | 86 | 71 | 3 | 3 | 3 | 6 |
| 办理公证总数 | 件 | 64240 | 54939 | 6918 | 1071 | 397 | 915 |
| #国内民事公证 | 件 | 32823 | 30553 | 304 | 970 | 277 | 719 |
| 国内经济公证 | 件 | 24052 | 17021 | 6614 | 101 | 120 | 196 |
| 涉外公证 | 件 | 7365 | 7365 | 0 | 0 | 0 | 0 |
| 办理经济公证涉及金额 | 亿元 | 124.32 | 108.51 | 6.43 | 1.43 | 0.05 | 7.90 |
| **基层司法工作** | | | | | | | |
| 人民调解委员会 | 个 | 5507 | 2258 | 346 | 898 | 995 | 1010 |
| 人民调解员 | 人 | 19210 | 8233 | 1314 | 2966 | 3145 | 3552 |
| 调解纠纷总数 | 件 | 32496 | 13720 | 3069 | 4648 | 5350 | 5209 |
| #调解成功 | 件 | 31313 | 13013 | 2890 | 4643 | 5738 | 4979 |
| 法律事务所 | 个 | 124 | 88 | 14 | 6 | 4 | 12 |
| 基层法律工作者 | 人 | 775 | 592 | 64 | 32 | 23 | 64 |
| 担任法律顾问 | 家 | 1478 | 951 | 191 | 32 | 15 | 289 |
| 民事诉讼代理 | 件 | 11278 | 7531 | 1874 | 516 | 193 | 1164 |
| 非诉讼代理 | 件 | 5996 | 4731 | 322 | 292 | 248 | 403 |
| 挽回经济损失 | 万元 | 27829 | 22988 | 3122 | 924 | 375 | 420 |
| **法律援助工作** | | | | | | | |
| 法律援助机构 | 个 | 12 | 8 | 1 | 1 | 1 | 1 |
| 执业人员 | 人 | 39 | 33 | 0 | 3 | 0 | 3 |
| 办理法律援助案件 | 件 | 4447 | 2855 | 480 | 344 | 324 | 444 |

# 主要统计指标解释

## EXPLANATORY NOTES ON MAIN STATISTICAL INDICATORS

**社会福利事业单位收养人数**　包括民政部门管理和城镇、农村集体举办的社会福利事业单位中收养的老人、少年儿童、缺乏生活自理能力的残疾人员和精神病人。

**社会福利企业单位**　指以安置城镇有一定劳动能力的盲、聋、哑和肢体残疾人员就业为目的，享受国家减免税待遇的国有或集体企业。包括福利工厂、福利商业和服务业、假肢厂和安置农场等单位。

**律师**　指受聘参加法律顾问处工作，担任法律顾问、刑（民）事代理人、刑事辩护人，办理非诉讼事件、解答法律询问，代写法律事务文书等主要从事律师业务的专职法律工作者和兼职律师。

**公证人员**　指在国家公证机关依法办理公证事务的司法人员，包括公证员、助理公证员和在公证处工作的其他人员。

**调解人员**　指在人民调解委员会担负调解民间一般民事纠纷和轻微违法行为引起纠纷的工作人员，包括调解委员会的委员和调解小组的调解员。

**立案**　指检察机关对犯罪线索进行初步调查后，认为存在职务犯罪事实并需要追究刑事责任时，依法决定作为刑事案件进行侦查的诉讼活动，是追究犯罪的开始。

FL

# 附　录

APPENDIX

# 十五副省级

MAIN STATISTICAL INDICATORS

| 城市名称 | 生产总值(亿元) | 第一产业(亿元) | 第二产业(亿元) | #工业增加值(亿元) | 第三产业(亿元) | 固定资产投资额(亿元) | #房地产开发投资额(亿元) | 地方公共财政预算收入(亿元) | 地方公共财政预算支出(亿元) | 金融机构人民币存款余额(亿元) | #城乡储蓄人民币存款余额(亿元) | 金融机构人民币贷款余额(亿元) |
|---|---|---|---|---|---|---|---|---|---|---|---|---|
| 济　南 | 4406.3 | 237.9 | 1829.0 | 1507.9 | 2339.5 | 1934.3 | 527.2 | 325.4 | 396.9 | 8275.8 | 2427.5 | 6893.7 |
| 沈　阳 | 5914.9 | 279.1 | 3027.6 | 2726.5 | 2608.2 | 4560.6 | 1684.7 | 620.1 | 641.4 | 8895.7 | 3729.5 | 6889.0 |
| 大　连 | 6150.1 | 395.7 | 3204.2 | 2816.0 | 2550.2 | 4553.6 | 1107.5 | 651.0 | 735.1 | 9092.7 | 3744.5 | 7165.8 |
| 长　春 | 4003.1 | 290.1 | 2092.7 | 1784.3 | 1620.2 | 2433.4 | 666.4 | 288.6 | 518.7 | 5568.2 | 2337.8 | 5156.0 |
| 哈尔滨 | 4243.4 | 447.2 | 1647.2 | 1197.2 | 2149.0 | 3012.0 | 562.0 | 300.3 | 557.1 | 6551.9 | 2896.6 | 4873.3 |
| 南　京 | 6145.5 | 163.6 | 2761.0 | 2390.5 | 3220.9 | 3757.3 | 896.7 | 635.0 | 666.0 | 13945.9 | 3910.2 | 3910.2 |
| 杭　州 | 7011.8 | 236.1 | 3322.2 | 2939.1 | 3453.6 | 3105.2 | 1302.3 | 785.2 | 747.5 | 18155.4 | 5487.1 | 15888.9 |
| 宁　波 | 6010.5 | 255.8 | 3335.4 | 3004.8 | 2419.4 | 2392.9 | 756.9 | 657.6 | 750.7 | 10435.9 | 3666.2 | 10210.0 |
| 厦　门 | 2535.8 | 24.7 | 1304.1 | 1116.7 | 1207.0 | 1126.3 | 436.3 | 370.7 | 389.6 | 4696.4 | 1498.4 | 4035.8 |
| 青　岛 | 6615.6 | 306.4 | 3150.7 | 2794.6 | 3158.5 | 3502.5 | 782.7 | 566.0 | 658.7 | 8638.5 | 3198.5 | 6947.8 |
| 武　汉 | 6536.8 | 192.0 | 3119.7 | 2594.7 | 3225.2 | 4255.2 | 1274.2 | 673.3 | 721.4 | 11356.5 | 3995.3 | 9468.6 |
| 广　州 | 12303.1 | 203.1 | 4532.5 | 4096.1 | 7567.5 | 3413.6 | 1306.7 | 979.5 | 1185.7 | 25791.7 | 10032.6 | 16333.4 |
| 深　圳 | 11502.1 | 5.7 | 5343.3 | 4995.1 | 6153.0 | 2136.4 | 590.2 | 1339.6 | 1590.6 | 24081.1 | 7760.8 | 16355.7 |
| 成　都 | 6854.6 | 327.3 | 3143.9 | 2610.8 | 3383.4 | 5006.0 | 1595.6 | 680.7 | 858.0 | 17098.0 | 5945.0 | 13767.0 |
| 西　安 | 3864.2 | 173.1 | 1697.2 | 1189.6 | 1993.9 | 3141.8 | 1002.7 | 318.5 | 494.6 | 10430.3 | 4155.7 | 7564.9 |
| 济南位次 | 11 | 8 | 12 | 12 | 11 | 14 | 14 | 12 | 14 | 12 | 13 | 10 |

# 城 市 资 料 (2011年)

OF 15 LARGEST CITIES(2011)

| 规模以上工业增加值(亿元) | 规模以上工业利润总额(亿元) | 社会消费品零售总额(亿元) | 进出口总额(海关)(亿美元) | #出口总额(亿美元) | 实际外商直接投资(亿美元) | 城市居民人均可支配收入(元) | 城市居民人均消费性支出(元) | 农民人均纯收入(元) | 居民消费价格指数(%) |
|---|---|---|---|---|---|---|---|---|---|
| | 242.6 | 2114.3 | 104.1 | 60.5 | 11.0 | 28892 | 18046 | 10412 | 105.4 |
| 2960.9 | 692.0 | 2426.9 | 106.2 | 48.3 | 55.0 | 23320 | 18069 | 11575 | 105.4 |
| 2485.4 | 313.0 | 1924.8 | 600.1 | 311.9 | 110.1 | 24276 | 18846 | 14213 | 105.4 |
| 1749.4 | 614.5 | 1512.2 | 173.4 | 22.7 | 7.7 | 20487 | 19709 | 7400 | 105.5 |
| 743.8 | 99.2 | 2070.4 | 51.2 | 22.6 | 7.9 | 20031 | 16233 | 9508 | 105.6 |
| 2400.6 | 589.8 | 2670.3 | 573.4 | 308.7 | 35.7 | 32200 | 20763 | 13108 | 105.4 |
| 2337.8 | 800.3 | 2548.4 | 639.7 | 415.2 | 47.2 | 34065 | 22642 | 15245 | 104.8 |
| 2381.3 | 614.9 | 2018.9 | 981.9 | 608.3 | 28.1 | 34058 | 21779 | 16518 | 105.3 |
| 1116.4 | 294.3 | 810.7 | 701.7 | 426.5 | 17.3 | 33565 | 22314 | 11928 | 105.2 |
| | 639.0 | 2232.9 | 721.5 | 405.8 | 36.0 | 28568 | 19297 | 12370 | 105.0 |
| 2458.8 | 351.0 | 2959.0 | 227.9 | 117.3 | 37.6 | 23738 | 17141 | 9814 | 105.2 |
| 4147.7 | 958.5 | 5243.0 | 1161.7 | 564.7 | 42.7 | 34438 | 28209 | 14700 | 105.5 |
| 5228.8 | 1054.2 | 3520.9 | 4141.0 | 2455.3 | 46.0 | 36505 | 24080 | | 105.4 |
| 2185.3 | 501.6 | 2861.3 | 379.1 | 229.6 | 65.5 | 23932 | 17795 | 9895 | 105.4 |
| 1012.6 | 216.1 | 1935.2 | 125.8 | 58 0 | 20.1 | 25981 | 19306 | 9738 | 105.6 |
| 11 | 13 | 9 | 14 | 11 | 13 | 7 | 12 | 9 | 5 |

# 二十六省会城市

MAIN STATISTICAL

| 城市名称 | 生产总值(亿元) | 第一产业(亿元) | 第二产业(亿元) | #工业增加值(亿元) | 第三产业(亿元) | 固定资产投资额(亿元) | #房地产开发投资额(亿元) | 地方公共财政预算收入(亿元) | 地方公共财政预算支出(亿元) | 金融机构本外币存款余额（亿元） |
|---|---|---|---|---|---|---|---|---|---|---|
| 济南 | 4406.3 | 237.9 | 1829.0 | 1507.9 | 2339.5 | 1934.3 | 527.2 | 325.4 | 396.9 | 8364.1 |
| 石家庄 | 4082.6 | 414.9 | 2031.9 | 1808.7 | 1635.8 | 3027.0 | 789.1 | 221.2 | 393.2 | 6755.8 |
| 太原 | 2080.1 | 33.9 | 949.2 | 708.5 | 1097.1 | 1024.1 | 312.1 | 174.7 | 239.3 | 7641.0 |
| 呼和浩特 | 2177.3 | 109.4 | 790.0 | 651.4 | 1277.8 | 1031.7 | 344.5 | 151.4 | 255.4 | 3224.0 |
| 沈阳 | 5914.9 | 279.1 | 3027.6 | 2726.5 | 2608.2 | 4560.6 | 1684.7 | 620.1 | 641.4 | 9040.7 |
| 长春 | 4003.1 | 290.1 | 2092.7 | 1784.3 | 1620.2 | 2433.4 | 666.4 | 288.6 | 518.7 | 5619.1 |
| 哈尔滨 | 4243.4 | 447.2 | 1647.2 | 1197.2 | 2149.0 | 3012.0 | 562.0 | 300.3 | 557.1 | 6612.5 |
| 南京 | 6145.5 | 163.6 | 2761.0 | 2390.5 | 3220.9 | 3757.3 | 896.7 | 635.0 | 666.0 | 14242.0 |
| 杭州 | 7011.8 | 236.1 | 3322.2 | 2939.1 | 3453.6 | 3105.2 | 1302.3 | 785.2 | 747.5 | 18396.6 |
| 合肥 | 3636.6 | 208.2 | 2002.2 | 1560.4 | 1426.2 | 3360.0 | 880.3 | 338.5 | 474.4 | 5822.1 |
| 福州 | 3734.8 | 325.1 | 1737.5 | 1390.1 | 1672.2 | 2720.3 | 956.5 | 320.0 | 365.3 | 6910.1 |
| 南昌 | 2688.9 | 134.8 | 1579.3 | 1223.7 | 974.8 | 2002.7 | 279.7 | 187.0 | 299.4 | 5120.1 |
| 郑州 | 4912.7 | 131.7 | 2898.4 | 2590.3 | 1882.6 | 2900.0 | 923.6 | 502.3 | 565.3 | 9026.8 |
| 武汉 | 6536.8 | 192.0 | 3119.7 | 2594.7 | 3225.2 | 4255.2 | 1274.2 | 673.3 | 721.4 | 11519.6 |
| 长沙 | 5619.3 | 252.1 | 3151.7 | 2662.5 | 2215.5 | 3510.2 | 886.9 | 407.6 | 511.3 | 7364.3 |
| 广州 | 12303.1 | 203.1 | 4532.5 | 4096.1 | 7567.5 | 3413.6 | 1306.7 | 979.5 | 1185.7 | 26460.8 |
| 南宁 | 2211.5 | 306.3 | 846.3 | 629.3 | 1058.9 | 1950.9 | 377.2 | 186.3 | 302.3 | 4728.1 |
| 海口 | 712.8 | 48.2 | 177.9 | 123.6 | 486.7 | 404.6 | 145.1 | 60.9 | 99.7 | 2354.1 |
| 成都 | 6854.6 | 327.3 | 3143.9 | 2610.8 | 3383.4 | 5006.0 | 1595.6 | 680.7 | 858.0 | 17287.0 |
| 贵阳 | 1383.1 | 62.6 | 586.8 | 454.9 | 733.7 | 1600.6 | 467.4 | 187.1 | 277.3 | 3625.1 |
| 昆明 | 2509.6 | 133.8 | 1161.2 | 848.9 | 1214.6 | 2701.1 | 626.0 | 317.7 | 441.6 | 7604.6 |
| 西安 | 3864.2 | 173.1 | 1697.2 | 1189.6 | 1993.9 | 3141.8 | 1002.7 | 318.5 | 494.6 | 10526.3 |
| 兰州 | 1360.0 | 40.0 | 656.6 | 497.3 | 663.5 | 951.0 | 159.7 | 86.4 | 175.2 | 3833.6 |
| 西宁 | 770.7 | 27.4 | 411.3 | 356.3 | 332.0 | 528.0 | 117.3 | 45.3 | 150.0 | 1873.4 |
| 银川 | 974.8 | 46.7 | 528.9 | 402.5 | 399.3 | 733.9 | 207.7 | 96.6 | 149.6 | 1820.3 |
| 乌鲁木齐 | 1700.0 | 21.0 | 782.0 | 675.0 | 897.0 | 636.2 | 195.6 | 206.2 | 238.5 | 4098.8 |
| 济南位次 | 9 | 9 | 12 | 12 | 7 | 18 | 16 | 10 | 14 | 9 |

## 主要经济指标 (2011年)

INDICATORS OF 26 CITIES(2011)

| 金融机构本外币贷款余额(亿元) | 规模以上工业增加值(亿元) | 社会消费品零售总额(亿元) | 进出口总额(海关)(亿美元) | #出口总额(亿美元) | 实际利用外资(亿美元) | 城市居民人均可支配收入(元) | 城市居民人均消费性支出(元) | 农民人均纯收入(元) | 居民消费价格指数(%) |
|---|---|---|---|---|---|---|---|---|---|
| 8009.8 | | 2114.3 | 104.1 | 60.5 | 11.0 | 28892 | 18046 | 10412 | 105.4 |
| 3698.1 | 1746.3 | 1663.0 | 141.7 | 70.8 | 8.1 | 20534 | 12519 | 7822 | 105.7 |
| 5731.2 | 687.2 | 973.3 | 85.3 | 35.1 | 6.8 | 20149 | 13111 | 8888 | 105.4 |
| 3269.6 | | 890.1 | 20.3 | 10.2 | 8.9 | 28877 | 19106 | 10038 | 105.5 |
| 7040.0 | 2960.9 | 2426.9 | 106.2 | 48.3 | 55.0 | 23320 | 18069 | 11575 | 105.4 |
| 5251.0 | 1749.4 | 1512.2 | 173.4 | 22.7 | 7.7 | 20487 | 19709 | 7400 | 105.5 |
| 5070.1 | 743.8 | 2070.4 | 51.2 | 22.6 | 7.9 | 20031 | 16233 | 9608 | 105.6 |
| 11723.5 | 2400.6 | 2670.3 | 573.4 | 308.7 | 35.7 | 32200 | 20763 | 13108 | 105.4 |
| 16573.7 | 2337.8 | 2548.4 | 639.7 | 415.2 | 47.2 | 34065 | 22642 | 15245 | 104.8 |
| 5512.6 | 1489.7 | 1111.1 | 123.1 | 78.2 | 18.1 | 22459 | 15697 | 7862 | 105.7 |
| 6190.7 | 1387.4 | 1896.8 | 347.3 | 241.3 | 12.8 | 26633 | 18363 | 10107 | 104.9 |
| 4126.5 | 761.2 | 928.3 | 78.8 | 56.3 | 22.9 | 20741 | 15234 | 8434 | 105.0 |
| 6157.1 | 2340.2 | 1987.1 | 160.0 | 96.4 | 31.0 | 22477 | 14605 | 11050 | 104.9 |
| 10157.5 | 2458.8 | 2959.0 | 227.9 | 117.3 | 37.6 | 23738 | 17141 | 9814 | 105.2 |
| 7483.8 | 2014.2 | 2125.9 | 74.9 | 40.8 | 26.0 | 27163 | 18177 | 13400 | 105.5 |
| 17732.9 | 4147.7 | 5243.0 | 1161.7 | 564.7 | 42.7 | 34438 | 28209 | 14700 | 105.5 |
| 4845.1 | 532.9 | 1073.2 | 25.1 | 16.6 | 3.7 | 20622 | 14561 | 5848 | 105.7 |
| 2461.2 | 113.9 | 387.2 | 39.4 | 15.2 | 4.1 | 19730 | 14344 | 7160 | 105.4 |
| 14163.0 | 2185.3 | 2861.3 | 379.1 | 229.6 | 65.5 | 23932 | 17795 | 9895 | 105.4 |
| 3030.1 | 365.2 | 584.3 | 37.7 | 27.8 | 2.8 | 19420 | 14300 | 7381 | 105.5 |
| 7501.6 | 698.2 | 1271.7 | 120.2 | 66.0 | 12.7 | 21966 | 14106 | 6985 | 104.9 |
| 7700.2 | 1012.6 | 1935.2 | 125.8 | 58.0 | 20.1 | 25981 | 19306 | 9788 | 105.6 |
| 2917.9 | 465.0 | 639.7 | 18.8 | 12.3 | 1.1 | 15953 | 12352 | 5252 | 105.4 |
| 1853.3 | 318.5 | 271.3 | 8.2 | 5.9 | | 15842 | 10551 | 6634 | 105.7 |
| 1990.3 | 357.8 | 274.5 | 12.1 | 8.1 | 1.9 | 19481 | 14931 | 7070 | 105.5 |
| 2579.4 | 675.0 | 695.0 | 90.3 | 67.0 | 1.6 | 16141 | 11756 | 8436 | 104.5 |
| 6 | 13 | 8 | 14 | 12 | 14 | 4 | 10 | 7 | 13 |

# 山东省十七城市

## MAIN STATISTICAL INDICATORS

| 城市名称 | 生产总值(亿元) | 第一产业(亿元) | 第二产业(亿元) | 第三产业(亿元) | 固定资产投资额(亿元) | #房地产开发投资额(亿元) | 地方公共财政预算收入(亿元) | 地方公共财政预算支出(亿元) | 金融机构本外币存款余额(亿元) | #城乡储蓄本外币存款余额(亿元) | 金融机构本外币贷款余额(亿元) |
|---|---|---|---|---|---|---|---|---|---|---|---|
| 全省 | 45429.2 | 3973.8 | 24037.4 | 17418.0 | 25928.4 | 4108.1 | 3455.7 | 5001.2 | 46986.5 | 22305.7 | 37521.9 |
| 济南市 | 4406.3 | 237.9 | 1829.0 | 2339.5 | 1934.3 | 527.2 | 325.4 | 396.9 | 8364.1 | 2446.7 | 8009.8 |
| 青岛市 | 6615.6 | 306.4 | 3150.7 | 3158.5 | 3502.5 | 782.7 | 566.0 | 658.7 | 8901.3 | 3244.1 | 7495.3 |
| 淄博市 | 3280.2 | 116.8 | 1975.4 | 1188.1 | 1499.2 | 197.2 | 203.6 | 253.2 | 2744.9 | 1442.6 | 1927.0 |
| 枣庄市 | 1561.7 | 126.4 | 920.3 | 515.0 | 823.8 | 136.8 | 100.1 | 160.3 | 974.2 | 572.3 | 815.0 |
| 东营市 | 2676.4 | 99.2 | 1914.8 | 662.4 | 1574.4 | 122.9 | 135.3 | 179.8 | 1927.7 | 794.6 | 1439.6 |
| 烟台市 | 4906.8 | 361.4 | 2830.9 | 1714.5 | 2883.8 | 569.0 | 303.2 | 407.5 | 4467.9 | 2383.5 | 3071.0 |
| 潍坊市 | 3541.9 | 359.3 | 1961.4 | 1221.2 | 2603.2 | 405.9 | 253.9 | 358.3 | 3748.9 | 2081.8 | 3001.5 |
| 济宁市 | 2896.7 | 351.1 | 1535.9 | 1009.6 | 1391.7 | 182.2 | 207.1 | 300.5 | 2634.9 | 1460.6 | 1646.5 |
| 泰安市 | 2304.3 | 215.0 | 1202.8 | 886.5 | 1473.7 | 86.1 | 138.1 | 208.4 | 1571.7 | 970.6 | 1055.3 |
| 威海市 | 2111.0 | 171.2 | 1139.4 | 800.4 | 1341.6 | 352.3 | 136.4 | 200.6 | 1810.2 | 1064.6 | 1259.1 |
| 日照市 | 1214.1 | 112.1 | 660.7 | 441.3 | 880.7 | 62.9 | 68.5 | 124.4 | 1161.1 | 551.8 | 1107.1 |
| 莱芜市 | 611.9 | 41.2 | 370.4 | 200.3 | 350.1 | 28.8 | 39.2 | 59.2 | 606.9 | 323.9 | 531.6 |
| 临沂市 | 2770.5 | 279.0 | 1382.1 | 1109.4 | 1608.6 | 190.7 | 141.3 | 284.9 | 2507.1 | 1628.1 | 1833.6 |
| 德州市 | 1950.7 | 229.6 | 1059.8 | 661.3 | 1153.7 | 117.6 | 95.1 | 191.3 | 1426.3 | 921.3 | 1003.1 |
| 聊城市 | 1905.2 | 243.4 | 1086.0 | 575.8 | 1041.1 | 90.9 | 96.6 | 173.5 | 1366.6 | 845.7 | 1110.7 |
| 滨州市 | 1817.6 | 178.1 | 972.3 | 667.2 | 1010.7 | 106.3 | 130.8 | 201.0 | 1309.7 | 586.7 | 1256.5 |
| 菏泽市 | 1475.7 | 228.0 | 793.1 | 454.6 | 552.3 | 148.5 | 111.6 | 231.4 | 1326.4 | 984.9 | 877.1 |
| 济南位次 | 3 | 7 | 6 | 2 | 4 | 3 | 2 | 3 | 2 | 2 | 1 |

## 主要经济指标 (2011年)

OF 17 CITIES IN SHANDONG(2011)

| 规模以上工业主营业务收入(亿元) | 规模以上工业利税总额(亿元) | 规模以上工业利润总额(亿元) | 社会消费品零售总额(亿元) | 出口总额(亿美元) | 实际到帐外资金额(亿美元) | 城市居民人均可支配收入(元) | 城市居民人均消费性支出(元) | 农民人均纯收入(元) | 农民人均生活费支出(元) | 居民消费价格指数(%) |
|---|---|---|---|---|---|---|---|---|---|---|
| 102470.2 | 11136.2 | 6998.3 | 16675.9 | 1257.9 | 111.6 | 22792 | 14561 | 8342 | 5901 | 105.0 |
| 4165.2 | 453.5 | 242.6 | 2114.3 | 60.5 | 11.0 | 28892 | 18046 | 10412 | 5905 | 105.4 |
| 12533.0 | 1218.3 | 639.0 | 2232.9 | 405.8 | 36.0 | 28567 | 19297 | 12370 | 7661 | 105.0 |
| 9497.2 | 1216.8 | 748.5 | 1186.3 | 53.2 | 4.5 | 24955 | 15994 | 10878 | 6453 | 104.5 |
| 3399.4 | 400.5 | 236.9 | 480.6 | 8.4 | 1.2 | 20193 | 13463 | 8397 | 5051 | 104.8 |
| 8295.1 | 1656.9 | 1001.7 | 448.9 | 43.6 | 1.4 | 27343 | 17532 | 10025 | 5829 | 104.4 |
| 12086.1 | 1263.5 | 977.4 | 1616.5 | 266.9 | 13.4 | 26542 | 18395 | 11716 | 5384 | 104.2 |
| 9377.9 | 792.9 | 530.0 | 1349.8 | 103.6 | 7.2 | 22508 | 15170 | 10409 | 6382 | 104.4 |
| 4276.1 | 516.8 | 328.8 | 1130.1 | 30.7 | 7.3 | 22406 | 14692 | 8712 | 4721 | 104.9 |
| 4550.2 | 579.5 | 361.3 | 806.7 | 11.9 | 1.0 | 22687 | 14888 | 8974 | 4855 | 104.4 |
| 4998.0 | 378.7 | 247.5 | 802.8 | 107.4 | 7.3 | 25290 | 17002 | 12334 | 6823 | 104.6 |
| 2516.1 | 196.4 | 136.4 | 365.4 | 39.1 | 3.7 | 20098 | 13781 | 8756 | 4352 | 104.5 |
| 1507.8 | 64.9 | 38.1 | 198.4 | 11.4 | 1.0 | 23509 | 14219 | 9626 | 5194 | 104.2 |
| 5717.2 | 491.5 | 340.3 | 1366.1 | 36.2 | 2.7 | 24232 | 13881 | 8018 | 4696 | 103.8 |
| 5189.7 | 596.5 | 327.8 | 757.5 | 17.5 | 1.9 | 19771 | 12700 | 8350 | 4142 | 105.2 |
| 5294.1 | 503.7 | 347.7 | 630.0 | 18.8 | 0.8 | 20649 | 13847 | 7735 | 4553 | 104.8 |
| 4978.0 | 362.8 | 238.6 | 505.8 | 28.4 | 10.4 | 22540 | 14808 | 8744 | 5968 | 103.9 |
| 3467.1 | 462.4 | 290.6 | 775.2 | 14.4 | 0.8 | 16658 | 11216 | 7119 | 4140 | 104.1 |
| 9 | 8 | 12 | 2 | 5 | 3 | 1 | 3 | 5 | 6 | 1 |

附录四

# 济南市统计局　国家统计局济南调查队<br>二〇一一年统计调查工作大事记

## CHRONICLE OF EVENTS OF JINAN STATISTICAL UNDERTAKING

1月5日，济南市统计局、经信委联合召开全市软件和信息服务业统计工作会议。

1月6日，济南市统计局召开会议，安排部署《2010年济南市国民经济和社会发展统计公报》、《2010年经济社会发展统计手册》、两会服务材料准备和2010年科学发展考核四项重点工作。

1月10日，济南市统计局被评为2010年度"省级文明机关"，这是该局自2005年以来连续第六年荣获该荣誉称号。

1月12日，济南市统计局召开了全市基本单位名录库工作领导小组会议。会上传达贯彻了国家及山东省普查中心主任会议、全国基本单位统计年报会议精神，印发了国家统计局马建堂局长致全国统计系统名录库建设总结布置会议代表的一封信和省统计局潘振文副局长在全省普查系统工作会议上的讲话，交流了名录库建设维护更新使用管理情况，部署了基本单位名录库中临时码的清查工作和2011年工作任务。

1月21日，济南市统计局、国家统计局济南调查队联合召开2010年度局队处(室)负责人述职大会。

1月25日，国家统计局办公室印发《关于2010年全国地方统计年鉴评比结果的通报》(国统办字〔2011〕8号)，《济南统计年鉴-2010》在全国市(县)级年鉴组评比中被评为二等奖。

1月26日，济南市召开全市统计工作会议，总结了2010年全市统计工作，部署了2011年工作任务。

1月28日，济南市统计局、国家统计局济南调查队举行2011年迎新春联欢会。局队在职、离岗和离退休人员参加了联欢会。

2月12日，山东省第六次人口普查领导小组办公室主任、省统计局副局长潘振文，来到位于山东省旅游职业技术学院的人口普查数据处理现场，检查指导济南市第六次人口普查工作，了解数据处理工作完成情况，并亲切看望了工作人员。

2月22日，为全面、真实、客观反映济南市"十一五"时期经济社会发展成就，为"两会"代表委员参政议政提供科学依据和优质服务，济南市统计局、国家统计局济南调查队整理编纂了《济南市"十一五"经济社会发展报告》一书，并于"两会"现场发放到每一位人大代表、政协委员手中。

2月25日，济南市统计局、国家统计局济南调查队圆满完成"两会"统计服务工作。

3月1日，济南市统计局召开2011年建设领域统计工作专题会议。会议传达学习了省统计局建设领域重点统计工作专题会议精神，并对投资统计起点提高后规范投资数据发布和使用，提高投资统计数据质量，部门档案化管理和信息抄送的落实，以及2011年固定资产投资和房地产业统计报表等重点工作进行了全面安排部署。

3月7日，济南市召开12345市民服务热线办理工作会议。济南市统计局被济南市人民政府通报表彰为12345市民服务热线办理工作先进单位。

3月10日，济南市统计局、国家统计局济南调查队组织召开全市统计系统加强队伍建设争创全国精神文明建设工作先进单位动员大会。

3月18日，济南市统计局、济南市科学技术局、济南市发展和改革委员会、济南市教育局、济南市财政局联合公布全市R&D资源清查主要数据公报。济南市第二次全国R&D资源清查公报的发布，标志着济南市R&D资源清查工作取得了重要阶段性成果。

3月23日，国家统计局核算司副司长董礼华一行四人，在山东省统计局副局长姜玉山、省统计局核算处处长陈汉臻等领导的陪同下，到济南调研2011年1季度宏观经济运行情况。

3月23-25日，山东省统计局左振华副巡视员率贸易外经处一行来到济南市调研。调研组先后实地考察了商河县等地的贸易企业和商品交易市场，并与企业负责人和统计工作人员就今年来的经营情况进行了座谈讨论。

3月29日，济南市统计局、国家统计局济南调查队组织部分处级以上领导干部，到省博物馆参观了"全国检察机关惩治和预防渎职侵权犯罪展览·山东巡展"。

3月29日，济南市统计局召开全市统计法制工作会议。

3月30日，济南市召开全市干部档案工作表彰会议，市统计局干部档案工作被评为优秀等次。

4月1日，济南市规模以下工业抽样调查样本村授牌仪式在章丘举行。

4月2日，济南市统计局、国家统计局济南调查队机关党委、团支部组织部分青年干部，到济南英雄山烈士陵园开展了祭扫革命烈士活动。

4月8日，济南市统计局召开全市推进“四大工程”暨“企业一套表”试点工作会议。会议下发了《关于成立济南市推进统计“四大工程”建设暨“企业一套表”试点工作领导机构的通知》和《济南市“企业一套表”试点工作实施方案(试行)》。

4月13日，国家统计局山东调查总队段连芳副总队长等一行3人到济南市历下区，就部分服务业抽样调查联网直报工作进行调研，并对历下区服务业抽样调查工作给予了充分肯定。

4月19日，济南市统计局、国家统计局济南调查队召开会议部署统计年鉴及城市年报工作。

4月26-27日，山东省统计工作巡查组组长、省统计局副局长潘振文带领省统计局巡查组一行8人，到济南开展第二次统计巡查工作。巡查期间，召开了省统计局巡查济南统计工作动员大会，还对随机抽取的济阳、历下2个县(市)区和60个调查单位进行了实地巡查和数据核查。

5月4日，济南市统计局团支部组织召开“五四”团员青年座谈会。

5月9日，济南市统计局召开加强规模以上工业企业基层基础建设工作座谈会。

5月11日，济南市统计局、济南市第六次人口普查领导小组办公室在《大众日报》、《济南日报》、济南电台、济南电视台、济南统计信息网等省、市主要新闻媒体上发布了《济南市2010年第六次全国人口普查主要数据公报》。

5月12日，在省政府节能考核工作评比表彰中，济南市统计局被省政府授予“山东省节能先进单位”称号，并记集体二等功，市统计局副局长苑子建被授予“山东省节能突出贡献个人”称号，记一等功。

5月17日，济南市统计局组织离退休老干部到焦裕禄纪念馆、周村古街参观学习。

5月19日-23日，济南市统计局、国家统计局济南调查队积极响应市委号召，组织干部职工开展了“慈心一日捐”现场捐款活动。截至5月23日下午，局队在岗及离退休干部职工166人参加了本次“慈心一日捐”活动，共计捐款43600元。

5月23日-26日，济南市统计局、国家统计局济南调查队会同市农业局联合进行夏粮测产。

5月25日，济南市统计局召开全市调整部分“三上”企业统计事权工作及“双过半”目标工作布置会议。

5月26日，济南市统计局、国家统计局济南调查队广播体操队参加了“体彩杯”市直机关广播体操比赛，并获得二等奖。

5月28日，在全省统计系统2010年度统计行政处罚案卷评查活动中，济南市继2009年后再次被评选为案卷规范市，随机抽检的3个案卷也全部被评为A类案卷。

6月3日，济南市第六次人口普查办公室召开业务工作会议，安排部署近期工作。会议传达了省人普办主任会议精神，并就近期的普查工作进行了安排，对相关软件的操作方法和步骤进行了培训。

6月9日、10日，第五届省会城市群经济圈年会在滨州召开。省统计局副局长姜玉山出席会议并讲话，济南市统计局局长王祯祥应邀出席并主持会议。

6月21日，济南市副市长张宗祥到济南市统计局、国家统计局济南调查队检查指导工作，对局队工作给予充分肯定并提出更高的要求。

6月23日，济南市政府召开加快服务业发展，确保实现“双过半”工作调度会议。济南市副市长张宗祥出席会议并作重要指示。济南市统计局局长王祯祥主持会议并作了半年预测情况的汇报。

6月24日，在市直机关庆祝建党90周年暨表彰大会上，济南市统计局孟照龙同志被表彰为市直机关优秀党员并作了典型发言。

6月23日至25日，济南市召开全市上半年经济形势分析会。会议总结了上半年统计工作，分析了推进“四大工程”建设的意义、要求和全市统计现状，提出了推进“四大工程”建设的五条指导性意见，部署了下半年重点工作。

6月29日，济南市统计局、国家统计局济南调查队召开庆祝建党90周年大会，回顾党的光辉历史，组织党员干部重温入党誓词，并表彰了近年来局队涌现出来的先进基层党组织、优秀共产党员和优秀党务工作者。

7月1日，济南市统计局召开了物流统计综合协调会议，传达学习省经信委、省统计局物流统计工作培训会议精神。

7月7日，济南统计局、国家统计局济南调查队党组中心组举行学习会，专题学习胡锦涛总书记在庆祝中国共产党成立90周年大会上的重要讲话精神。

7月26日，为深入开展"深入基层、服务群众"主题活动，济南市统计局党组副书记、国家统计局济南调查队队长商伟一行来到章丘市官庄镇朱家峪村，看望了困难群众，并送去了慰问品。

7月28日，济南市统计局正式启动了全市"企业一套表"试点培训工作，有针对性地对全市各县(市)区和局有关处(室)专业人员进行了综合业务和数据处理程序的培训。

7月28日，济南市统计局召开2011年上半年统计新闻发布会。新闻发言人、市统计局副局长郭金豹通报了上半年济南市国民经济发展情况，并就当前关注的居民消费价格指数、城乡居民收入、现代服务业发展等热点问题回答记者提问。

7月30—8月1日，济南市统计局、国家统计局济南调查队举办全市统计系统领导干部培训班。

8月12日，中共济南市统计局党组、中共国家统计局济南调查队党组集中组织严守换届纪律《公开承诺书》签署仪式。局队领导班子全体成员做出郑重承诺：在这次换届中，认真履行职责，严格遵守"5个严禁、17个不准"的纪律要求，自觉抵制用人上的不正之风。领导班子全体成员还进行了严肃换届纪律知识集中闭卷测试。

8月16日，济南市统计局召开保障性安居工程统计制度及程序培训会议。

8月16-17日，为全面掌握全市"企业一套表"试点工作进展情况，济南市成立由市统计局分管局长带队、各专业处室组成的五个检查督导组，对全市10个县(市)区和高新区近阶段"企业一套表"试点的培训情况，参与"一套表"试点企业的基层基础情况，第一次试点上报的上报率和数据衔接真实状况，试点工作中存在的问题和建议等情况进行了检查督导。

8月19日，济南市统计局、国家统计局济南调查队召开党组(扩大)会议，深入学习胡锦涛总书记"七一"重要讲话、全省上半年经济形势分析暨省局党组中心组(扩大)理论学习读书会议和市委九届十次全体会议精神，总结"企业一套表"改革第一次数据上报情况，研究部署下一步工作任务。

8月29日，国家统计局济南调查队队长商伟带领全体领导班子成员和济南调查队主要调查数据基层基础工作检查领导小组的成员，深入实地，对各专业自查情况进行逐一检查。

8月31日-9月2日，在市直机关游泳比赛中，济南市统计局、国家统计局济南调查队游泳队获得体育道德风尚奖，徐雯同志获得女子乙组50米蛙泳第六名的好成绩。

9月2日，国家统计局山东调查总队党组书记、总队长刘同星对《国家统计局济南调查队主要调查数据基层基础工作自查报告》(济调字〔2011〕20号)作出批示："济南队主要数据基层基础工作抓得及时，抓得具体，抓得扎实，取得很好的效果，防止了自查工作走过场的现象。各队都要像济南队这样，把自查工作扎实搞好，认真总结，严格整改，使基层基础工作做到渠道畅通，操作规范，把数据质量建立在可靠的基础之上，建立在源头数据质量之上。"

9月18日，济南市2011年全国统计从业资格考试圆满结束。全市10个区县、高新区及直报单位共842名统计从业人员参加了《统计基础知识与统计实务》、《统计法基础知识》全国统一考试。

9月26日，济南市统计局党组书记、局长王祯祥应邀来到济南新闻广播《政务监督热线》直播间，做客《政务监督热线—2011济南市优化发展环境民主评议特别节目》，就社会公众所关心的统计方面的热点问题与听众朋友进行交流，听取意见和建议。

10月8日，济南市政府办公厅下发《转发市统计局关于切实做好"企业一套表"统计改革工作的意见的通知》(济政办字〔2011〕68号)。

10月14日，济南市统计执法检查员暨普法骨干培训会议召开。会议对参会人员进行了统计法律培训，并对下一步各县(市)区统计法律培训和《执法检查证》的换发工作做了相关部署。

10月20日，济南市统计局、国家统计局济南调查队举办第二届济南统计开放日活动。活动分为座谈、观摩、开展统计咨询三个部分。

10月26日，济南市统计局副局长郭金豹参加了舜网举办的"走向公开透明的济南统计——第二届济南统计开放日活动"访谈，与两位市民代表一起，走进舜网直播间，畅谈"第二届济南统计开放日"活动感受。

10月26日，济南市统计局、国家统计局济南调查队召开三季度经济发展情况新闻发布会。市统计局副局长、新闻发言人郭金豹通报了三季度济南市国民经济运行情况。

11月3日，济南市政府办公厅印发《关于对济政办字〔2011〕68号文件贯彻落实情况进行专项督查的通知》(济政办督字〔2011〕15号)。文件指出:济南市政府督查室、市统计局将于近期组成5个督查组,对各县(市)区政府,济南高新区管委会就贯彻落实《济南市人民政府办公厅转发市统计局关于切实做好"企业一套表"统计改革工作意见的通知》(济政办字〔2011〕68号)情况联合开展专项督查工作。

**11月16日**,国家统计局《党性修养作风建设问题研究》课题组一行6人,在省统计局机关党委有关人员的陪同下来济南调研。

同日,济南市第六次人口普查总结表彰大会在济南龙奥大厦召开。会议总结了我市第六次人口普查工作,表彰了为人口普查工作作出突出贡献的先进集体和先进个人。

**12月2日**,济南市统计局、国家统计局济南调查队召开全市统计基层基础工作会议。会议总结了全市统计基层基础建设工作经验,分析查摆了目前存在的问题,并安排部署了下一阶段工作任务。

**12月14日**,国家统计局下发《国家统计局关于表彰2006-2010年全国统计法制宣传教育先进单位和先进个人的决定》(国统字〔2011〕115号),对全国统计系统"五五"普法工作中涌现出的先进单位和先进个人进行了表彰。济南市统计局和国家统计局济南调查队双双荣获全国统计法制宣传教育先进单位荣誉称号,姜宁同志荣获全国统计法制宣传教育先进个人荣誉称号。

**12月19日**,济南市统计局召开领导干部会议,认真学习贯彻马建堂局长重要批示精神,要求进一步统一思想,提高认识,认真研究,周密部署,奋力推进四大工程,切实做好企业一套表改革工作,确保全年任务圆满完成。

**12月30日**,济南市统计局、国家统计局济南调查队召开局队长(扩大)会议。会议传达了中央政治局常委、国务院副总理李克强关于统计工作的重要指示精神,印发了《全国统计工作会议传达提纲》,并安排部署了近期的重点工作。